The Australian
Wine
Annual
澳洲

葡萄酒年鉴
2015

U0146163

[澳] 杰里米·奥利弗 著

王占华 蔡莲莉 译

JEREMYOLIVER

最具影响力的澳洲葡萄酒指南
jeremyoliver.com

为您提供购买、窖藏和乐享葡萄酒的专业意见

18000余种葡萄酒，逐一评级
前所未有的最全面酒款及酒庄信息，无时差新鲜分享
详尽记录每款新发布酒品的大师品鉴心得
一网打尽价格在20澳元之下的最佳澳洲美酒
每款美酒配备全彩高清酒标图案
高性价比优质佳酿选购秘籍

北京出版集团公司
北京美术摄影出版社

图书在版编目（CIP）数据

　　2015 澳洲葡萄酒年鉴 ／（澳）奥利弗著；王占华，蔡莲莉译. — 北京：北京美术摄影出版社，2015. 1
　　书名原文：The Australian wine annual 2015
　　ISBN 978-7-80501-727-3

　　Ⅰ. ① 2⋯ Ⅱ. ①奥⋯ ②王⋯ ③蔡⋯ Ⅲ. ①葡萄酒—酿酒工业—澳大利亚—2015—年鉴 Ⅳ. ① F461.168-54

　　中国版本图书馆 CIP 数据核字 (2014) 第 295681 号

北京市版权局著作权合同登记号：01-2014-7471

顾　　问：尹力学
责任编辑：董维东
执行编辑：张立红
特约编辑：张　晓
责任印制：彭军芳

2015 澳洲葡萄酒年鉴

2015 AOZHOU PUTAOJIU NIANJIAN

［澳］杰里米·奥利弗　著　王占华　蔡莲莉　译

出　版　北京出版集团公司
　　　　　北京美术摄影出版社
地　址　北京北三环中路 6 号
邮　编　100120
网　址　www.bph.com.cn
总发行　北京出版集团公司
发　行　京版北美（北京）文化艺术传媒有限公司
经　销　新华书店
印　刷　深圳市彩视印刷发展有限公司
版　次　2015 年 1 月第 1 版第 1 次印刷
开　本　198 毫米 ×129 毫米 1/32
印　张　11
字　数　705 千字
书　号　ISBN 978-7-80501-727-3
定　价　78.00 元
质量监督电话　010-58572393

目录

本书已经写了很长一段时间，我也很享受写作的过程。因为澳大利亚的好酒实在太多，所以我要写的东西也太多。澳大利亚今年的优质葡萄酒产量比往年多，利润也比之前多——真是锦上添花。我们生产的一些红葡萄酒和白葡萄酒虽然平价——尤其是 2012 年的，但味道很棒。澳大利亚的葡萄酒尽管不完美，但它们装在瓶子里，在看中它的地方迅速传播，肆虐葡萄酒的价格市场。

之所以肆虐价格市场，是因为 2014 年的河地葡萄供应过剩。这是很奇怪的一个现象。引起该现象的主要原因在于凉爽的季节。不过可惜的是，这部分 "多" 出来的葡萄酒最终都会以廉价的瓶装酒或是桶装酒进入出口市场。不管哪种形式，都将对澳大利亚的葡萄酒品牌造成冲击。

姑且不谈这个，我们来讨论下目前人们对澳大利亚葡萄酒的关注度。在 2010 年和 2012 年，我们生产出了过去 60 年来最好的两种红酒。现在，我们已经没有再喝普通澳大利亚红酒的借口了。

澳大利亚有 4 个葡萄酒品牌入选由《Drinks Business》评出的十大最有影响力葡萄酒品牌。当地的读者可能会对这个榜单感到愕然：哈迪（Hardy's）位列第四，黄尾袋鼠（Yellow Tail）第六，杰卡斯（Jacob's Creek）第九，利达民（Lindemans）第十。而极有可能是澳大利亚唯一奢侈品牌的奔富（Penfolds）则不在榜单之列，禾富（Wolf Blass）亦是。

澳大利亚的顶级品牌逐渐有了自己的市场。澳大利亚的葡萄酒品牌亦是如此，像奔富、杰卡斯、哈迪和禾富都是其中的佼佼者。澳大利亚葡萄酒越来越受欢迎，也慢慢地找到了盈利的方式，在中国等地也都具有一定竞争力。澳大利亚佳酿红酒公司的总裁尼尔·麦奎根（Neil McGuigan）认为美国消费增长时，他们公司的红酒库存会因此消耗殆尽，到时他们就不得不从其他地区抽调红酒了。

在过去五年里，美国人均葡萄酒消费量从 8.7 升上升到了 9.2 升，麦奎根估计总消费量要达到 1.65 亿升。他指出，加州葡萄酒产业可抓住这个契机，迅速扩大自己的市场，他们公司在短期内也会持续关注美国市场。他相信，美国是一个沉睡的巨大市场，美国葡萄酒消费的增长相对中国大陆而言会更快，也更容易。

这并非百害而无一利。我们因此有了一个平台，可以将葡萄酒未来的增长区域集合在一起。重要的是，两个澳大利亚葡萄酒的法定评级机构——澳大利亚葡萄酒、葡萄和红酒研究发展机构被并入澳大利亚葡萄和葡萄酒局（AGWA）。不过对葡萄酒饮用者而言，这种并入行为的重要性并不那么明显。

这种行为能够减少不必要的重复工作以及烦琐的公事程序，同时也能大力推动葡萄酒业的发展。联邦政府能够更有目的性地推进出口和纯粹的研究工作。平台的另一部分建设工作也已有条不紊地展开；相较于过去的澳大利亚葡萄酒机构，澳大利亚葡萄和葡萄酒局更容易推动澳元市场化。事实上，这是一个很好的消息。

澳大利亚移民局推出的出色澳大利亚餐厅策略告诉世人，澳大利亚政府欢迎任何可以提供食物和与葡萄酒相关服务的机构（可以是临时的，也可以是正式的），只要你想就可以。对葡萄酒酿酒厂、餐饮业经营者而言，这是一个讲述自己故事的平台，而富含深度的故事又能将它们带上世界的舞台。

澳大利亚人擅长讲故事。这个策略在早期得到了来自世界各地许多人的支持。为了回报他们的信任，澳大利亚旅游局和澳大利亚葡萄酒机构进行了紧密合作。

葡萄酒和其他商品的不同

然而，现在休息还为时过早。澳元如今还处于高位，无法为出口者提供任何帮助，主要的出口市场增长也比较缓慢。2014 年产的葡萄酒太多，太普通，我们并不稀罕；而且，葡萄酒产区遭遇因厄尔尼诺现象引起干旱的概率比往常翻了一倍。反对酒精的游说集团轻易地取得了澳大利亚媒体的信任，葡萄酒业的发展完全暴露在众人的眼光之下。澳大利亚广播公司（ABC）总是在播放一些受政府资助的"专家"的言论，他们说葡萄酒是一种为社会所不能容忍的药物，它导致澳大利亚人的大量死亡，导致澳大利亚医院人满为患，导致澳大利亚人在健康方面大量烧钱。没错，每个人都有言论自由，我们不反对。不过，我在电视上并没有看到有人提出与此不同的看法。

究竟何为不同的看法？澳大利亚的葡萄酒产业为许多农村地区的居民——不管是有技术的，还是没有技术的——提供了就业机会。它是地区旅游业中难以把握的一个因素，直接、间接地给那些濒临困境的农村地区带去了财富。在海外，每开一瓶（好的）澳大利亚葡萄酒，其每受一次青睐都是一个广告，可以吸引人们来澳大利亚旅游。每年来澳大利亚旅游的人数因此节节攀升。澳大利亚旅游局不生产他们大肆宣传的葡萄酒或者食物（如果他们想的话则另当别论）。葡萄酒有助于澳大利亚人显示自己国家的传统以及创新理念，颂扬过去的荣光和历史，在不失尊敬的前提下寻求竞争和超越的品质。葡萄酒是一种酒精饮料——不要羞于承认这一点——不过是一种温和的酒精饮料，和食物搭配饮用口感最好，葡萄酒可以最大限度地让人享受到食物的美味。我不会深入探究因受葡萄酒启发而诞生的艺术、文学、音乐甚至科学，但我希望你们正走在这条路上。

葡萄酒和啤酒不同，它的成本相对较高，制作工序也不如啤酒那么简单。啤酒只要将水、庄稼融合在一起，运用发酵工艺进行处理即可，制作过程几乎没有什么风险。而葡萄酒的制作始于一种风险大、需要精耕细作的农业；之后是制造工业，从作坊规模化到难以形容的工业化——一切可能诞生的地方；接着是营销，产品需审查、定价、缴税，迎合不同口味的众人，接受他们的赞扬和批评，要让每个人都能从该产品中获益。不管是大规模还是小规模的葡萄酒庄，都需要处理这些问题。丝毫不能松懈。

试想一下，如果城市和农村没有了葡萄酒业，它们将剩下什么？荒废倒还不至于。但是只需要一点儿时间，我们就会珍惜起这个东西来——不管我们是否有喝葡萄酒。

澳大利亚财富酒庄（TWE）的关键问题以及旗下品牌

写作时，关于澳大利亚最大的（兴许也是世界上最大的）优质葡萄酒酿造商——财富酒庄的所有权问题一直在我的脑海里挥之不去。经过 20 多年的收购，财富酒庄达到了今天的规模，坐拥多个著名品牌，包括奔富（Penfolds）、酝思（Wynns）、禾富（Wolf Blass）、玫瑰山（Rosemount）、利达民（Lindemans）、索莱（Saltram）、塞佩特（Seppelt）、冷溪山（Coldstream hills）、魔鬼之穴（Devil's Lair）、利奥博林（Leo Buring）、格兰罗文的百利（Baileys of Glenrowan）、赫斯科特（Heemskerk）、格兰（T'gallant）、安妮道（Annie's Lane）、马洛其（Maglieri）和圣休伯特（St Huberts）。

该公司收购品牌的大部分交易都发生在葡萄酒市场的高峰期——通常 15 年为一个周期，这个时期被普遍认为是公司的乐观期。而在市场的低谷期，压力开始显现：资产低于账面价值，上市公司看起来脆弱不堪。这便是财富酒庄遭遇的问题。在市场无明显上升趋势的时候，没有人可以为它做任何事。

放眼世界，没有一家公司可与其媲美。虽说路易威登集团旗下也拥有一系列著名的香槟品牌，其也有浓厚的企业精神，但财富酒庄拥有的是各种不同价位、不同口味，产自不同地区的葡萄酒品牌。还有哪家葡萄酒公司拥有如此多的标志性品牌？答案是，几乎没有。

财富酒庄的良好经营是澳大利亚葡萄酒业未来发展的关键。从历史上来说，这家公司（不管是哪种形式）经营得好的话，澳大利亚的其他葡萄酒公司也就经营得好。该酒庄拥有各大葡萄酒品牌，在葡萄酒业具有重大影响力。财富酒庄花费了大笔资金在多个出口市场营销澳大利亚的葡萄酒，给其他葡萄酒酿造商起了表率作用。他们兢兢业业地坚持了 25 年。虽然财富酒庄并不是在这方面投钱的唯一一家公司，但它始终是最重要的一家公司。

从历史角度来说，这家公司的主要任务就是将澳大利亚国宝级的葡萄酒品牌纳入旗下，并不遗余力地树立其在国内和国际的知名度。这是我通过和过去 20 年来的公司总裁们的个人关系获知的。过去我总是将财富酒庄的总裁比喻成澳大利亚板球队的队长，巧的是，今天这两个人的名字竟然是一样的！

从另一方面来说，财富酒庄凭借其品牌的知名度和地理的优势，训练出了一批专业的澳大利亚葡萄酒专家，既有葡萄种植方面的专家，也有葡萄酒酿造、市场营销和管理方面的专家。

但事实是，今天的财富酒庄经营得还是不够好。公司的一些重要品牌，尤其是奔富和禾富，名气都极大。实在难以想象这些品牌彼此相互竞争的情形，这种情形在由同一个分销商进行分销的重要出口市场中尤为突出。在市场高峰期，人们购买了财富酒庄的证券组合，但投资并未带来相应的回报。股票持有者不得不面对资产账面价值降低的现实。无数的记者对此进行了疯狂的报道，而这些人大部分都不了解葡萄酒产业的重要性，财富酒庄的股价因此狂跌。

在写作本书的时候，财富酒庄的市值大约为 $35 亿。财富酒庄的股票持有者在卖出手中的股票之前可能会考虑几个问题。我们会对此进行一番大致的梳理。美银美林分析师大卫·艾灵顿（David Errington）表示，财富酒庄著名的美国品牌贝灵哲市值大概为 $8 亿，奔富品牌的市值约为 $30 亿。

约 $7.5 亿的持股金额，再加上在一些重要市场（如加拿大、欧洲）市场占有率大幅超过奔富的禾富品牌，公司的资产价值开始提升。这还不包括酝思古纳华拉酒庄（Wynns Coonawarra Estate）、塞佩特、索莱、冷溪山和魔鬼之穴等品牌的价值。

如果我是该公司的股票持有人，我还希望继续持股，争取获益更多。

考虑到澳大利亚已经卖掉了自己的大部分标志品牌，如维吉麦（Vegemite）、阿诺茨（Arnotts）、霍顿（Holden）、萨福科（Safcol）和托比大叔（Uncle Tobys），实在难以想象外国投资审查委员会会会像我预料中那样大力维护澳方，将财富酒庄的著名品牌（尤其是奔富）留在澳大利亚人的手里。

我的想法其实很简单。因为这家公司极其重要，公司的品牌和地位对澳大利亚的葡萄酒业具有举足轻重的影响，我非常渴望看到这些品牌的所有者能将它交到尊重其价值，且有能力、有资源，决心维护品牌完整性和领先地位的人手上。但是并非只有澳大利亚人才能做到这一点。说一句比较不近人情的话，你完全没有理由认为这件事非澳大利亚人做不可。

就目前而言，因市场处于低谷，股价也相对偏低，财富酒庄的资产也被大大地低估了。所以，如果将这家公司卖给一只拥有足够现金和财富，却想着要在市场好转的时候结束公司，将品牌分开出售给最高竞价者的集团，那将是一个极大的耻辱。

葡萄酒的在线销售

令人惊讶的是，走在市场前列的澳大利亚网站 Wine Planet 竟然倒闭了。这个网站约建立于 2001 年，是澳大利亚第一个（兴许也是世界上第一个）尝试在国内提供全方位葡萄酒在线零售服务的网站。其之所以能从当时初出茅庐的竞争对手中脱颖而出，原因在于他们明白葡萄酒需要故事。葡萄酒作家马克斯·艾伦（Max Allen）就是他们雇用的写手。该网站既是购物网站，也是一个可供学习、探索、分享的地方，类似之后出现的葡萄酒在线销售平台，很可能比今天业内领先的一些网站做得还好。

此后，在线零售业的发展似乎矛盾重重。每个成熟的葡萄酒在线零售商都需要进行既能提供信息又能吸引人的前端开发，用于讲述他们的故事以及展示葡萄酒。而一旦你将产品放入购物车——购物车真是一个致命的区域——这些珍贵的品牌和年份所需要的就是支持购买行为的生活化理由了。

葡萄酒在线零售商面对的挑战就是做它所承诺的事情。从理论上来说，这并不是很难。葡萄酒庄都是讲故事（真实或伪造的）的高手，每个新的年份诞生时，他们可以重新编故事，也可以重复从前的故事。所以，葡萄酒永远都是有内容的，人们并不缺少关注、购买葡萄酒的理由。

问题在于搜索引擎，如 wine-searcher.com（我也有在上面注册），它可以给我们提供信息，告诉你可以在哪里、以何种价格、在网上的哪个国家或是某个实体店里买到你想要的葡萄酒。这个网站开始提供的是后端服务，而后又发展了自己的前端服务（我还为此写了一个故事）。这种前端服务的确令人印象深刻，但问题是，它是否会比我所知道的来自其他地区、采用不同语言进行编辑的网站更好？假设这些网站想要有更多露脸博宣传的机会，那又需要多少与葡萄酒相关的在线杂志？更重要的是，有多少杂志可以存续下来？即便没有所罗门国王那样的智慧，我们也知道优胜劣汰是不变的经济规律。

作为一个纯粹的葡萄酒作家，我没有答案。在线技术可以让卖家和客户之间的联系更紧密，可以让学习和选择变得更容易。不过，大部分人选择的基础在于价格——本性使然。也许最终葡萄酒庄会通过建立平行的葡萄酒销售渠道——旧的直销渠道专用概念，以及保证葡萄酒（至少）在投放市场时不会进入在线零售商（除非通过自家的网站进行售卖）和线下主要零售商争夺的危险领域，以此来掌握自身的命运。技术就是为此而存在的——葡萄酒庄只需要知道他们在做什么就行了。

今天的在线零售是价格战，也是品牌战。我是怎么知道的？我点开了澳大利亚主要在线零售商的网站，然后就不自觉地被吸引了。矛盾的确是真实存在的。

$20以内的最佳葡萄酒

　　本书罗列的葡萄酒比我以往看到的少，这多少让人有点儿不安。其原因是多方面的。可能是因为人们对新的葡萄酒年份要求高，也可能是因为葡萄酒庄努力地想要在竞争激烈的由科尔斯（Coles）和伍尔沃斯（Woolworths）两大零售业巨头占据的市场中保证葡萄酒的品质。认为双头垄断可能会导致葡萄酒品质下降的说法合理吗？葡萄酒庄的资金投入主要集中在维持葡萄酒的品质上，如保证作物低产优质，购买新的酒桶，相应增加葡萄酒的成熟期，等等。对葡萄酒庄来说，主要的费用就是库存费用和现金支出，所以出现利润极低的情况时，他们大概就能知道该削减哪方面的支出了。$1或$2都是无关痛痒的小钱，但累积起来的数目还是惊人的。

　　重要的是，从以往的经验来看，这张榜单上的葡萄酒价格会逐渐升高，涨到$20以上。只要是市场认可的品质，酿酒商就能从它们身上看到更多的商业利益。当然，这种影响是正面的。葡萄酒庄也有获得利益的权利。

　　我是一名严格的葡萄酒评分员。我和当地的评论员不一样，我不需要分别为澳大利亚和来自世界各地的葡萄酒评分。我对所有的葡萄酒都一视同仁，我的评分无关它们的来源、价格。我常会觉得震惊，一些我很了解的澳大利亚葡萄酒评分通常都在一个分数段。这些分数只能表现出国人沾沾自喜的情绪，却无法真实地表现出其在国际上的需求。我实在不知道这些分数到底有何价值。要知道，当今的葡萄酒市场就是一个世界市场。

　　不过，这些评分也有积极的一面。这张榜单上的葡萄酒都相当好。想要被列入这张榜单，葡萄酒评分必须达到17/20，或者90/100，相当于银奖的水平。对价格非常低廉的葡萄酒而言，这种品质就相当高了。在这张榜单上，你看不到任何无标签或者自有品牌的葡萄酒——这上面的每个葡萄酒品牌都有自己的故事，且值得信赖。

　　榜单上既包括规模宏大的葡萄酒庄，也包括一些推出价值不菲的葡萄酒的小规模酒庄。自然，大型葡萄酒庄可以创造更大的经济效益。不过，大型葡萄酒庄的绝大部分商品都不能申请葡萄酒平衡税的退税，所以为了在市场上生存，他们只能自我吹捧。我的建议是，即便你对大规模的葡萄酒生产是有概念的，你在判断之前还是要先尝尝酒的味道。

　　小型葡萄酒庄，如蓝宝丽丝酒庄（Blue Pyrenees Estate）、候德乐溪（Hoddles Creek）、可利（Coriole）、金百利（Jim Barry）、水轮（Water Wheel）、颂恩克拉克（Thorn Clarke）、亚库米（Alkoomi）、蒂姆亚当斯（Tim Adams）和剑牌（Riposte）等，在榜单上都占有一席之地。

　　今年的榜单与以往的不同之处就在于，红酒的比重相对较大，赤霞珠和西拉的尤其多。大部分都是2012年份的葡萄酒，这一年的葡萄酒品质相当超群，为此我还增加了一两个类目，以彰显这些葡萄酒的品质。以往不受待见的德宝西拉和可利红石这次都上榜了。

　　$20以内的最佳澳大利亚葡萄酒到底是哪一款？依然是我常在书中提到的金百利，沃特维尔雷司令干白葡萄酒（2014），打败魔鬼之穴隐藏岩赤霞珠-西拉干红葡萄酒（2012）成为最佳。果不其然，雷司令依然是品质最高的葡萄酒。

　　尽管在制作这个榜单时，对葡萄酒的品质要求没有那么严格，但我们依然没有理由放弃这些单价在$20以内的澳大利亚葡萄酒。所以，请尽情享受自己的发现之旅吧。

澳大利亚葡萄酒的当前趋势

倘若世界上还有一个地方的葡萄酒业比澳大利亚的葡萄酒业在更卖力地追求葡萄酒市场千变万化的趋势，我想知道那是哪里。一些趋势是知识扩充和经验丰富到达一定程度后的结果，而有一些则可能是葡萄酒庄对过往的技术感到厌烦而寻求更完美的方式所导致的结果。

我们先来谈谈历史较短的西拉。在 20 世纪 90 年代末以及接下来的 10 年里，五克拉酒庄西拉 - 维欧尼混酿取得的成功招致了大批模仿者。那些一直在生产西拉葡萄酒的酿酒商（有些好几代都在生产西拉葡萄酒）猛然发现是时候进行扩张了。超级商场里的柜子上摆满了整整齐齐的西拉 - 维欧尼混酿，甚至有些正规的餐厅还将它们倒在玻璃杯里进行出售。它们就如同今天的现调伏特加一样，随处可见。但是这些酒有一个问题：大部分的口感都不好，有些甚至连味道都不好闻。要用合适的水果才能酿出味道合适的酒。正如五克拉酒庄（Clonakilla's）的蒂姆·科克（Tim Kirk）所言，这并不是一蹴而就的。

所以，西拉 - 维欧尼混酿的没落如同其诞生一般迅速。只有一部分优质的混酿一直存续到了今天。不安的葡萄酒酿造商又开始进行探索，试图做出一些与之前截然不同的事情。通过舞台之左（Stage Left）以及雅拉河谷的一些著名酒庄，我们知道他们已经找到了答案。对所有位于气候较为凉爽地区的酿酒商来说都是如此。

答案就在于茎。事实上，完全就是茎的问题。

在葡萄成熟季节，如果天气足够温暖的话，茎可以在更好的条件下木化，酿酒师就能够将整枝的葡萄用来发酵，而不用为了发酵将茎拔除——这是大部分红酒发酵的做法。茎的木化达到必要水平的话，它们的确是能对葡萄酒的香味复杂度和质地产生积极影响的——有时候甚至是巨大的影响，因为它们可以让采用西拉和黑皮诺酿造的葡萄酒在成熟过程中获得更多的复杂度以及更有特色的口感，并激发出果实的鲜香、泥土的芳香，有时候甚至是花香。

不过，这毕竟是一种风险极高的行为。不管葡萄茎的品质如何，木化的茎有多少，酿造过程中总是会出错。酿酒师们常会将还未完全成熟的茎用于发酵，葡萄酒的汁液会更丰富，植物味、类似罐装豌豆的香气会更重。对酿酒师而言，这更像是一种风格和意图的表现，而非一种完全集中于酿造出可以喝且平衡尽可能好的葡萄酒的行为。有些酿酒商甚至还曾向我坦白，酿酒光有茎也是不够的。既然如此，那为什么一开始又要烦恼用葡萄酿酒的问题呢？

葡萄酒酿造商自以为那些经验丰富，可以深刻认识到酿造师智慧和风格上抱负的葡萄酒饮用者会继续购买他们那些在常规酿造过程中产生瑕疵的葡萄酒，因为他们知道瑕疵发生的可能性，也知道有时候在酿造过程中酿酒商会忽略一些非常基本的技术问题。亲爱的读者们，当代的酿酒商就是这么自负。有人曾以此写了一篇故事，故事说的是一位偶然才有机会穿上衣服的君主。好了，这个话题就谈到这里。

然而悲哀的是，在很多类似的情况中，酿酒商总是看不到那些显而易见的常识，而那些本有风格，可以引起关注的葡萄酒也被弄成了更像蔬菜汤的东西。更可悲的是，在 20 世纪 80 年代，葡萄酒酿造商遭遇的就是同样的技术问题。不同时代的人遭遇了同样的问题，表明在现代的葡萄酒酿造过程中，历史或许会发挥更大的作用。

最后我要说的是，这个问题并不是普遍性的，只有生长于凉爽地带（尤其是雅拉河谷）的西拉才会遭遇这种问题。值得庆幸的是，黑皮诺的这种现象相较西拉而言，并不那么明显。

澳大利亚黑皮诺的现状令我觉得欣慰。大约是在第一个十年，新葡萄酒产区的第一批酿酒商都深深地被黑皮诺浓郁、纯粹的果香吸引，这种果香正是他们想留在瓶装葡萄酒中的。确切地说，这种现象发生在 20 世纪 80 年代早期的雅拉河谷和塔斯马尼亚。

这些酒不可避免地会被当成真正的酒。刚开始可能是因为客户并不知道什么是真正的酒，而且他们更青睐甜果酱风味的酒和甘露酒。但事情并非总是一成不变的，迟早有一天，客户会看重葡萄酒的复杂度、收敛性、香味以及鲜味，而非甜味。如今的澳大利亚便是如此。相当一部分酿酒商正在努力应对这种趋势，尽力培育出不管在哪些方面都足以和世界顶级的皮诺相提并论的澳大利亚皮诺。

2012 绝对是一个合适的年份，这一年很可能会成为一个分水岭——确确实实，这一年是澳大利亚皮诺的一个转折点。可以与之相提并论的就只有 2010 年。不管怎样，改变都是美妙的，无法阻挡的。我们正在向那个我们 15 年前不敢梦想的领域迈进。

勃艮第霞多丽白葡萄酒也正在经历类似的情形。如同我在《澳大利亚葡萄酒指南》中所说的，一些酒在四年的时间里发展成了狂野风格，当其也同雅拉河谷的葡萄酒一样，不仅丧失果味，也丧失平衡度和可饮用性的话，这种风格会表现得尤为明显。在我看来，近年来固守成规的葡萄酒酿造商最大的让步就是有一大部分人对收获时间进行了调整，同时也改进了酿酒技术，以确保产出的葡萄可以再一次成为他们提供的霞多丽酒的王牌。

结果立竿见影。只需要了解下 2012 年霞多丽葡萄酒的品质和平衡度，你就知道我说的是什么了。这种发展真的让我觉得很欣慰。我希望未来的变化是小幅度的，稳步前进的，而不是我们所习惯的那种可以引起宇宙大爆炸的改变。

欧洲产的雷司令酒甜，而澳大利亚产的雷司令酒不甜，历史上一直都是如此。我和本书的许多读者都是喝这样的酒长大的。这件事几乎变成了一件值得骄傲的事。如果你想尝尝那种微甜的雷司令酒，那你可能就要去别的地方了——也许可以去德国或者法国阿尔萨斯看看。当然，你是不会这样做的，因为在澳大利亚，我们喝的就是比较不甜的雷司令酒，事实就是这样的。

为什么会这样？我想这里面包含了一种民族文化自卑感——哪怕只是短短的几个月。更不用说那种自我克制的愉悦心理了——因为科学证明，甜雷司令会给人类带来痛苦。换言之，我们是时候觉醒，多去看看外面的世界了。

在这种被我不厌其烦拿来与现代都会美型男相较而言的潮流中，一些主要制造不甜雷司令的酿酒商开始挖掘这种葡萄的另一面，酿造出了一批美味、拥有残留糖分（葡萄酒酿造过程中影响最大的副作用）的葡萄酒。普西河谷普瑞玛雷司令干白葡萄酒便是早期的实验成果之一，这款葡萄酒堪称完美。我们当中可没多少人会质疑酒庄所有者罗伯特·希尔·斯密斯（Robert Hill Smith）的男子气概。不久之后，和他一样赞同制造全干雷司令葡萄酒概念的同道中人杰夫·格罗斯（Jeff Grosset）也走上了这条道路。格罗塞特可能也觉得该证明点儿什么了。他的格罗斯女神雷司令半干型白葡萄酒亦备受推崇。说实在的，这款酒完全有理由得到这种推崇。

在过去的五年里，这种潮流一直都是存在的。一些饮用澳大利亚雷司令酒的特殊年龄段的男性可能会难以适应这种潮流。在今天，如果你认为澳大利亚所有的雷司令都是不甜的话，那你可就错了。

还好，较甜的雷司令葡萄酒酿造技术有突飞猛进的发展，你可以试着让那些守旧的人接受新事物。

也许澳大利亚雷司令酒正在遭遇中年危机，但它可以顺利渡过这个危机；那些澳大利亚雷司令酒的传统拥护者同样也可以，只要他们知道什么对自己最好。

不管你如何形容澳大利亚雷司令酒的口感——稍甜、半干，反正它们的口感都不会如辛普森沙漠那般干燥，而且也比前些年好了许多。原因就在于经过实践之后，用雷司令酿酒的酿造师找到了平衡糖分以及结构中矿物味的诀窍，也更懂得该如何调节酸度，以去除糖分的明显影响。因此，酿造出来的酒比之前好，接近或者已然达到了国际品质水平，而且口感非常好。即便是一个脾气暴躁、十分讲究、固守成规的五十多岁男人也会这么觉得。

我曾经在很多场合看批评的一个葡萄酒产区就是西斯寇特。我拒绝参加当地的庆典，因为我认为当地的很多葡萄酒都还未达到值得庆祝的水准。事实上，我曾公开说过大部分西斯寇特产区的酿酒商还不清楚他们的果园结的是什么果，因为他们会不遗余力地利用一切机会来彰显风土或者产区特色，将他们的西拉酒带入困境。

至于该葡萄酒产区或澳大利亚其他产区的葡萄酒可以通过 15% 或以上的酒精度来彰显其风土特色的说法，我认为这根本是无稽之谈，毫无根据。

现在，睁大眼睛看清楚了。以爵士山庄园（Jasper Hill）为例，在 20 世纪 80 年代末和 90 年代初，该庄园采用西斯寇特西拉酿造的葡萄酒酒精度约为 13%。迈克狄龙庄园的皮瑞特西拉干红葡萄酒在 10 年的时间里酒精度一直保持中等，这款酒口感明快，带有一点儿辛辣味（受罗讷河谷产区的葡萄酒影响）。因为受干旱影响较大，爵士山庄园延续了其在 20 世纪 80 年代末和 90 年代初的做法。西斯寇特葡萄酒酿造厂曾酿造出一些酒精度在 14.5% 以下的西拉葡萄酒；宝地西拉干红葡萄酒（西斯寇特）口感天然，带点刺激味，具有非常强烈的罗讷河谷葡萄酒风味，酒精度适中。绿石西拉干红葡萄酒（2012）的酒精度是 13.5%。

现在，魔鬼已经从瓶子里出来了。西斯寇特产区的西拉葡萄酒酒精度必须达到 15% 的神话被彻底打破了——事实就是如此。谁干的？聪明的西斯寇特酿造商。希望其他人也来效仿他们的行为。既然人们已经重新拥有了鉴赏力，那该产区的酿造商完全没有理由放弃开发自己的潜力，但开发潜力说的并不是让你对西拉进行"精雕细琢"。

在 20 多年的时间里，我每年都要撰写澳大利亚葡萄酒指南，但是我一直都不欣赏起泡酒。很多澳大利亚的葡萄酒酿造商还是一如既往地固执，一头扎进基酒（含酒精的果味酒）的酿造中。结果，起泡酒变成了醇香多汁的水果、层次复杂的发酵面包以及酸度不均衡的混合物。你尝了一口，你想知道为什么人们酿造出这样的酒来——离优雅的葡萄酒十万八千里，平衡度还远比不上香槟基酒。

而在近期，他们显然已经找到了自己的方向。据我所知，这些酒的酒精度基准线已经从 13.5% 下降到了 12.5%。也就是说，他们采用比较不成熟的葡萄酿造的基酒（酒精度约为 11.5%），果香味并不那么明显。再者，他们通过效仿那些较优质的霞多丽、雷司令和长相思葡萄酒酿造工艺，酿造出了结构更丰富、更有矿物口感的基酒，为创造具有复杂度、层次感和特殊风味的葡萄酒奠定了坚实的基础，与此同时，还更好地留住了基酒的天然酸味（因为酿造基酒的葡萄收获时间较早）。

我喜欢今年的起泡酒。我想多开几支起泡酒，和质量过硬的法国香槟进行比较。我相信，其中有些起泡酒的口感好过法国的香槟，而且好得还不是一星半点儿。不要误会我，我也很喜欢香槟和法国的葡萄酒。但每次我去学习有关葡萄酒酿造的知识时，人们总是会告诉我，香槟是澳大利亚起泡酒永远也无法企及的高度。事实是，我们不仅在慢慢地朝香槟靠近，而且我们在许多方面都做得更好。

澳大利亚的葡萄酒酿造师和全球的葡萄酒酿造师一样，都认为最好的葡萄酒理应完全展示其产区特色。并非所有的产区都会产出相同的葡萄酒。这也是我的"年度最佳葡萄酒"决选名单中有诸多入选前一年度榜单的葡萄酒的原因。如何选择最能体现产区特色的葡萄品种和酿造技术因人而异，也都需要时间的积淀。随着葡萄园主人和酿酒师掌握的知识和经验越来越丰富，葡萄园及其产区会慢慢形成自己的风格和表现形式。

接下来，我会逐一介绍澳大利亚最重要的酿酒葡萄品种。

Chardonnay 霞多丽

澳大利亚葡萄酒业中品质最不稳定的一种葡萄品种。诚实地说，我难以相信现在的霞多丽品质刚刚好，以及在过去 12 个月里投放市场的澳大利亚霞多丽葡萄酒获得了有史以来最大的利润。因为到目前为止，我没有看到这些酒的优雅、平衡度和酿酒师想要的那种复杂度。这种品质不稳定的状况会残留多久，大家都不知道。因为近年来我们的霞多丽酿酒师莫名地将目光转向了风带的研究以及因经验和历史而学到的各种知识。

去年，我曾如此写道："许多雅拉河谷的酿造师纷纷调低了 2012 年霞多丽葡萄酒的酸度，真是一个有意思的现象。看来，我必须再尝尝另外年份的酒（1 个或者 2 个都可以），我才能确定这种变化是永久有效的！" 2013 年份的酒展示出了同样的积极趋势，因此我现在仍然有信心。

在近些年里，澳大利亚霞多丽葡萄酒产量最大的一个年份要数 2012 年。过去那种酿造毫无果味、复杂度、特色口感而让人难以下咽的酸葡萄酒的概念走到了尽头，这是我希望看到的。2012 年份的酒苹果乳酸发酵过程简化（或是取消了），酿酒师们采用了适当的新式发酵过程。

有趣的是，维多利亚州一些同样具有影响力，且坚决捍卫错误观念的酿酒商现在成了修正观念的主要推动者，这是值得夸赞的。我在这里要说说 2012 年的橡木岭酒庄（Oakridge）出品的系列，这款酒的品质提升有目共睹。酿造过程几乎毫无瑕疵，酒的平衡度也很完美，相较之前 4 个年份的酒而言，果香更浓郁，酸度也降低了许多。为什么我要说橡木岭？因为该酒庄对雅拉河谷那些历史较短的小酒庄以及整个澳大利亚东南部的小酒庄有重大的影响力。在此我要强调，我没有任何贬低该酒庄的意思，看我给的评分和评论就能知道了。即便这些酒并不完美，但起码酿酒师已经展示出了自己的态度。

今天的澳大利亚霞多丽葡萄酒结构层次都比以往丰富，保留了纯粹的果香，品质优良。菲历士海特斯布瑞干红葡萄酒就是一个典型的例子。菲历士酒庄（Vasse Felix）的酿酒师弗吉尼亚·威尔科（Virginia Willcock）在收获季早期精心挑选葡萄，力求酿造出一种表现玛格丽特河产区特色，味道比较单调、果香味也较淡的葡萄酒（这两者几乎是矛盾的）。她依然强调葡萄酒的优雅和集中，避免采用苹果乳酸发酵，且对橡木进行了精心挑选。

露纹酒庄（Leeuwin）也紧随其后，出品了一款更集中，散发着更浓郁矿物味的葡萄酒——露纹艺术系列霞多丽干白葡萄酒（2011），不过这款酒还是比今年最好的霞多丽葡萄酒略逊色了一些——和橡木的融合还不够。海特斯布瑞白葡萄酒、吉宫酒庄（Giaconda）霞多丽白葡萄酒（2012）、酷雍混合霞多丽干白葡萄酒（2012）和温特娜伊莎贝拉霞多丽干白葡萄酒（2012）的平衡度都不错，和橡木的融合也够紧密。不过，依然是露纹酒庄的霞多丽最显眼。

澳大利亚霞多丽葡萄酒要面对的下一个挑战就是，解决这个难题从而成为世界级的名酒。在品尝特级勃艮第白葡萄酒时，你尝不到明显的橡木味，即便是品尝直接从橡木桶里倒出来的酒也一样。

吉宫酒庄的霞多丽白葡萄酒依然是今年的最佳白葡萄酒。这款酒拥有出色的平衡度、独特的复杂度，酿造过程也极为巧妙，因此成为了最难被其他酿酒商效仿的一款酒。

玛格丽特河产区出产的霞多丽品质依然高于澳大利亚任何一个葡萄酒产区。虽然雅拉河谷的霞多丽品质一直在提升，但还无法超过玛格丽特河产区。雅拉河谷因拥有众多的霞多丽葡萄园而成为了一个重要的世界级霞多丽葡萄酒产区。其他气候较为凉爽的产区，如莫宁顿半岛、大南区、塔斯马尼亚和阿德莱德山等出产的霞多丽品质都十分优良，会有越来越多的葡萄酒评论家发现它们的。

Marsanne/Roussanne 玛珊 / 瑚珊

这两种源自罗讷河谷的白葡萄品种在澳大利亚较好的葡萄酒产区备受青睐。尽管如此，目前这还只是一个关注度较高、值得开发的小众市场而已。它们主要分布在维多利亚州，集中在雅拉河谷、纳甘比湖区和上高宝产区，以及新近开发的比奇沃斯产区。新南威尔士州的马奇和穆任百特曼（堪培拉产区）也都大量种植。

通常情况下，雅伦堡（Yeringberg）和德宝等较为成熟的葡萄酒酿造商出品的玛珊（瑚珊）葡萄酒更为收敛，香气十足，而雷文沃斯酒庄 (Ravensworth) 等较新的酿造商则似乎更倾向于出品复杂度更高、具有早熟风格的葡萄酒，其中可明显看到酿酒师的个人特色。维多利亚东北部的诸圣酒庄（All Saints）和卢森格林酒庄（Rutherglen Estate）出品的葡萄酒有浓郁的橡木味，风格也更加复杂。

Pinot Gris/Pinot Grigio 灰皮诺

灰皮诺葡萄酒是午餐时间咖啡馆常客的宠儿，也是澳大利亚最被高估的一款葡萄酒。灰皮诺的种植区域广泛分布于澳大利亚的各个地区，所以我们是时候酿造出一些更能表现区域特色的葡萄酒，在这个拥挤的市场里一展光彩了。

澳大利亚葡萄酒研究所 (The Australian Wine Research Institute) 日前推出"灰皮诺风格谱"（PinotG Style Spectrum），将在酒标上注明灰皮诺葡萄酒的风格，如是"脆爽"还是"甘美"，抑或"介于两者之间"，以增加买家在根据个人喜好选购灰皮诺葡萄酒时的信心。想要帮助买家是一回事，清楚卖家的意愿又是另一回事。我不知道究竟有多少灰皮诺的酿造者愿意提供自己的酒和酒标去做这样的分类。而且显然，他们的意愿没有不合理之处。接下来我们是不是还要为霞多丽创建一个默尔索 / 普里尼 / 夏布利风格谱？

格兰特酒庄创始人的热情让莫宁顿半岛变得生机勃勃。这里的人们自诩为澳大利亚灰皮诺葡萄酒生产中心，斯科佩罗酒庄（Scorpo）和酷薙酒庄（Kooyong）给这一头衔增加了些许可信度。不过从更客观的角度来看，这个头衔或许应属于塔玛河谷，灰沙酒庄（Grey Sands，拥有澳大利亚目前最好的灰比诺葡萄园）以及笛手溪酒庄（Pipers Brook）所在地。笛手溪酒庄与火焰湾酒庄（Bay of Fires）都生产了大量品质卓越的灰皮诺葡萄酒。莫里拉酒庄 (Moorilla Estate) 的缪斯系列灰比诺葡萄酒 (Muse Series) 也逐渐崭露头角，成为翘楚；蒂姆亚当斯酒庄出品的灰皮诺葡萄酒品质极其超群。

阿德莱德山区也有一批自称为灰皮诺葡萄酒优秀酿造商的酒庄，如派克与乔伊斯酒庄（Pike & Joyce）、阿尔塔（Alta）和翰斯科（Henschke，小汉普顿葡萄园）。但这里的灰皮诺过于丰满，形状走样，而且不新鲜。塞佩特采用的则是德隆堡葡萄园（原为科波拉葡萄园）出产的灰比诺，芳香四溢，散发着白垩的矿香。珂莱酒庄 (Curly Flat) 的灰皮诺葡萄酒经过不断改良，复杂度增加，初具皮诺风格。维多利亚州东北部基尼酒庄（Pizzini）、赫莉花园酒庄（Holly's Garden）和红河岸酒庄（Redbank）近几年出品的葡萄酒富含白垩矿香，味道也较为集中。

Riesling 雷司令

澳大利亚雷司令的转变和霞多丽类似。今年的雷司令和去年不同，颜色单一（虽然如此，价值往往极高），风味极其特别，富含白垩的矿香，散发着烟熏味，绵柔顺滑，伴有淡淡的清香。

雷司令应该是最能反映种植区和原产地特点的葡萄品种。尽管一些雷司令生长得最好的地区已经获得了不少关注，酿酒商还是希望借助更加广泛的酿酒工艺，通过葡萄酒来展示区域特色。他们采用的许多工艺都源自欧洲的酿酒厂，尤其是法国阿尔萨斯、奥地利以及德国的酿酒厂。为了维持葡萄和叶子的平衡，葡萄园的藤蔓都修剪得很短，工人会提前采摘，之后则会小心管理葡萄棚。酿酒商们不断地在进行改良，如增加初始发酵酒槽、平衡酸甜及降低二氧化硫浓度等。

塞佩特德隆堡葡萄园就是这方面最好的例子。这里的葡萄藤修剪得很短，已经到短得不能再短的程度了。而出产的雷司令足可以与国际上其他优质的雷司令媲美。新近推出的杰卡斯石园雷司令干白葡萄酒（伊顿谷）也反映了这一有悖于澳大利亚传统的趋势。在南澳大利亚，许多位于伊顿谷和克莱尔山谷的酿造商遵循的也是类似的路径，如格罗斯酒庄（Grosset）的波利山雷司令干白葡萄酒和春之谷雷司令干白葡萄酒，金百利酒庄的弗瑞塔基雷司令干白葡萄酒、KT酒庄的"佩格利蒂葡萄园"雷司令干白葡萄酒、蒂姆亚当斯酒庄的珍藏雷司令干白葡萄酒，凯利卡姆酒庄（Kilikanoon）的莫特珍藏干白葡萄酒和米切尔雷司令干白葡萄酒等。

法兰克兰酒庄（Frankland Estate）的巴里·史密斯（Barrie Smith）和朱迪·卡兰姆（Judi Cullam）通过两年一次的国际雷司令品酒会，为这一趋势做出了巨大贡献。该品酒会为澳大利亚与欧洲的雷司令酿造者提供了一个宝贵的交流平台。法兰克兰酒庄在其酒窖中收藏了各大葡萄园出产的雷司令葡萄酒，每一支都反映了产地的特色，又都深受欧洲葡萄园风格的影响。法兰克兰酒庄的愿景正一步步在实现。堡石酒庄的所有人一直坚称酿出像2008年那样经典的葡萄酒并非偶然。的确如此。我们现在就能举出一个十分有力的例子，一个有关澳大利亚雷司令葡萄酒的真实故事——产自西澳大利亚异常多元化的大南区的葡萄酒品质和风格都有了极大的提升。

不管气候条件如何变化——2009年前炎热干燥，之后又迎来了适合酿造白葡萄酒的葡萄品种生长的季节，伊顿谷和克莱尔山谷出产的雷司令品质一直都很稳定且芳香四溢，形状匀称。人们的疑虑（生怕气候变化引起葡萄品质的变化）没有变成现实。因为雷司令无法在干燥或者极热的环境中生长。雷司令的爱好者们关注的还有塔斯马尼亚出产的口味浓重、香气迷人的品种，如来自赫斯科克酒庄、笛手溪酒庄以及思露酒庄（Stefano Lubiana）的雷司令。而亨蒂、堪培拉和大南区产区的雷司令则更有深度，更加馥郁饱满。

在过去的每一个酿酒年份里，选择酿造甜度更高、具有欧洲风格的葡萄酒，或是新型的半甜葡萄酒的澳大利亚酿酒商越来越多。酿酒商们运用了各种匪夷所思的技术，试图解释这些葡萄酒到底有多甜。购买雷司令葡萄酒时要意识到这一点，要做适当的准备工作，避免买到令自己失望的酒！

Sauvignon Blanc/Semillon 长相思 / 赛美蓉

澳大利亚很少有果园可以产出像新西兰马尔堡产区那样的世界级长相思。不过，只要普罗大众愿意购买任何贴有长相思标签的葡萄酒，且购买时也没有认真去辨别的话，这个事实是不会阻碍他们购买澳大利亚出产的长相思葡萄酒的。

澳大利亚最大的长相思产区位于阿德莱德山。不过，最好、最著名的长相思葡萄酒则产自别处。

维多利亚州的栗树山酒庄（Chestnut Hill，伯内特山）和卡尼巴溪酒庄（Cannibal Creek，吉普斯兰产区）出产的长相思葡萄酒结构紧凑，风味精雕细琢，单宁味幼细，搭配食物饮用极佳；而由斯蒂夫·韦伯（Steve Webber）带领的德保利雅拉河谷酒庄（De Bortoli's Yarra Valley）酿酒团队酿出的则是富含白垩矿香，带点儿咸味，"淡化"葡萄本身的特点，突出其复杂度和风味。遵循同样技术酿造而成的谢尔曼丹 PHI 长相思干白葡萄酒口感和风味也差不多。火焰湾酒庄采用的酿造技术和塔斯马尼亚产区的其他酒庄类似；雅拉河谷产区橡木岭酒庄的大卫·比克内尔（David Bicknell）采用赛美蓉酿制的葡萄酒（现在称之为弗玛尔）美味可口，富含矿香，口感优雅、结构紧凑，复杂度良好。这就是高品质的澳大利亚长相思葡萄酒努力的方向，这是一个全新的现象。出品特里奥莱的玛丽山酒庄（Mount Mary）则专注于研发复杂度良好，具有格拉夫白葡萄酒风格的葡萄酒多年。

大部分澳大利亚的顶级长相思葡萄酒都结合了赛美蓉的长度和新鲜口感，这便是长相思和赛美蓉混酿广受欢迎、大获成功的原因。虽然许多佳酿都产自雅拉河谷，但最顶级的此类混酿则产自玛格丽特河，充分体现了葡萄品种和当地风土的特色。赛美蓉的酸味和其可能含有的青绿水果口味能够丰富酒的口感，使得长相思的口感更为圆润。在今天，没有一个酒庄酿出的混酿比年轻的忏悔酒庄（Peccavi）好。著名的曼达岬酒庄（Cape Mentelle）则擅长出品木桶发酵的沃尔克丽混酿。乔鲁比诺酒庄（Larry Cherubino）、伦敦坡酒庄（Lenton Brae）和红门酒庄（Redgate）也都朝着这个领域大步跨进。

在安德鲁·托马斯（Andrew Thomas）的带领下，久负盛名的赛美蓉产区猎人谷的赛美蓉品质有了明显的提升，矿物味更浓，口感结构更好。天瑞酒庄（Tyrrell）、雅岭酒庄（Briar Ridge）、槲寄生酒庄（Mistletoe）和恋木传奇酒庄（Brokenwood）出品的也是类似风格的葡萄酒，而欢乐山、卡普凯利（Capercaillie）和斯卡博罗（Scarborough）酒庄出品的则是传统的单调、集中风格的葡萄酒。

Voignier 维欧尼

葡萄栽培师和酿酒师需要时间去适应新的葡萄品种，与世界各地相同品种的经典葡萄酒进行比照，不断改善栽培工艺，直到种出成熟的葡萄藤。就酿制维欧尼葡萄酒而言，澳大利亚的酿酒商还有很长的路要走，这就是本土缺乏维欧尼佳酿的原因。澳大利亚的大部分维欧尼葡萄酒采用的都是风味怪异的葡萄——葡萄还处于生长期，但味道却过早地老化了。不过幸运的是，还有一些例外！

御兰堡酒庄（Yalumba）出品的赫吉斯、御兰堡和维吉尔斯系列葡萄酒便是维欧尼葡萄酒的先锋之作，采用的均是来自伊顿谷的葡萄。该产区气候凉爽，可以防止酒产生成熟过头的口感，此外，这个产区的白葡萄酒拥有独特的天然白垩矿香，更加彰显了维欧尼稍纵即逝的甘美芬芳。我曾希望伊顿谷可以不断扩大维欧尼的种植面积。然而随着时间的推移，一个主要的问题变得越来越清晰——维欧尼葡萄酒的受众只有一小部分。我看不到其成为主流的可能。

穆任百特曼（堪培拉产区）的五克拉酒庄出品的维欧尼葡萄酒或许是澳大利亚最经典、最引人注目的一款酒；火焰湾酒庄（吉朗产区）出品的则是美味可口、丰满、带有香料味的维欧尼葡萄酒，还伴随着浓郁的肉味以及还原味。很早之前，我还希望雅拉河谷、西斯寇特和阿德莱德山那些气候较为温暖的产区可以产出品质超群的维欧尼葡萄酒。德保利、雅伦堡和温尼亚马若逊酒庄（Vinea Marson）都找到了方向，致力于酿造复杂度良好、美味可口，但又不会过于丰满的葡萄酒。新近年份的葡萄酒则暴露了维欧尼在发酵过程中的一些问题。相较于其他品种的葡萄，维欧尼出现这类问题的概率更大。

Cabernet Sauvignon and Blends 赤霞珠及其混酿

长期以来，媒体和市场对于赤霞珠及其混酿的关注度远不如西拉。如今的赤霞珠及其混酿正在伺机收回自己的阵地。2010 年和 2012 年良好的气候条件无疑对赤霞珠的采收和酿造产生了十分积极的影响。赤霞珠这种晚熟的葡萄品种在绵长且凉爽的季节中长得最好，甜如蜜糖，单宁丰厚，口感成熟，而且全然没有干旱年份出品的葡萄酒的明显的枯萎干瘪的果味。

阿德莱德山、大南部、煤河谷和马其顿山脉等产区都比较凉爽，可以产出一些品质优良的赤霞珠。然而在过去十年间，产出优质赤霞珠的却是其他的葡萄产区，如玛格丽特河（与其他地区相比，这里更容易产出优质的赤霞珠，数量也更多）、古纳华拉和雅拉河谷。对澳大利亚赤霞珠感兴趣的人，一定要来这三个产区转一转。

赤霞珠酒精度的目标值应当在 13.5% 左右。尽管古纳华拉产区的许多赤霞珠葡萄酒标明的酒精度（可能低于实际的酒精度）均在 14% 左右，但这丝毫不影响它的重新崛起。然而，这对于古纳华拉的赤霞珠葡萄酒来说无疑是一种巨大的挑战。酝思酒庄是古纳华拉产区的领头羊，每年都会将其他酒庄远远地甩在后面，因为该酒庄可以从自己独一无二的葡萄园和得天独厚的原料中获得最大的利益。巴内夫（Balnaves）、郝立克（Hollick）、葡萄之路（Petaluma）、圣雨果（St Hugo）、莱肯菲尔德（Leconfield）和御兰堡酒庄出品的赤霞珠葡萄酒品质也很优秀，但还不足以成为代表产品。想要重振古纳华拉的知名度，这些酒庄要做的还很多。

历史悠久的雅伦河谷的葡萄酒庄，如雅伦堡、圣休伯特、橡木岭和玛丽山等酒庄新近出产的赤霞珠葡萄酒品质都很群超。它们向我们提出了一个问题：为什么这里无法再生产出更多经典的赤霞珠葡萄酒？也许是因为引领大势的墨尔本葡萄酒交易仍将赤霞珠葡萄酒的消费者视为二等公民？事实到底如何，我不得而知。

一些气候比较温暖的产区，如巴罗莎山谷和麦克拉伦谷，出产的赤霞珠葡萄酒品质极佳，尤其是 2010 年和 2012 年的。在相对凉爽的 2011 年，麦克拉伦谷甚至还推出了几款极富特色的赤霞珠葡萄酒。而颠覆葡萄酒酿酒业传统的福林湖酒庄（Lake's Folly）继 2011 年推出产自下猎人谷的优质赤霞珠葡萄酒后，又推出了 2012 年份的。

Merlot 梅洛

澳大利亚几乎无法连续生产出任何世界级的梅洛，但话又说回来，谁又做得到呢？梅洛有一些众所周知的缺陷。欧洲的酿酒师一般会采用赤霞珠和品丽珠来弥补这些缺陷。但在澳大利亚，酿酒师一般对其置之不理。澳大利亚的酿酒师都非同寻常地克制，让葡萄自发和酿酒原料进行混合。由此，他们得到新鲜、直接、充满果香味的澳大利亚梅洛，但是这种梅洛缺乏长度、结构和寿命。澳大利亚缺乏采用无性繁殖的高品质梅洛葡萄园，这个问题的影响正在慢慢显现。

澳大利亚最好的梅洛产自玛格丽特河、古纳华拉和雅拉河谷（2008 年的雅拉优伶卡罗达斯就是一款品质极佳的酒）。阿德莱德山、伊顿谷和国王谷偶尔也能产出品质优良的梅洛。

Pinot Noir 黑皮诺

近年来的葡萄生长季十分干热，无疑给澳大利亚稳步兴起的高档黑皮诺酿造商带来了极大的困难，而 2010 年和 2012 年则给了这些酒庄发光发热的机会。2010 年和 2012 年澳大利亚东南部气候凉爽，出品的黑皮诺佳酿香味浓郁、优雅，结构和平衡度都极佳。有意思的是，凉爽气候对雅拉河谷黑皮诺的影响远大于其他地区。塔斯马尼亚产区逐渐有了一批更为成熟的酒庄，经验更丰富的酿酒师，产区的管理得到了提高，葡萄生长季的气候也都不错，不过，产量还是比较少。

维多利亚州的雅拉河谷和莫宁顿半岛的酒庄仍领先于澳大利亚其他产区的黑皮诺酿造商。阿德莱德山区的酒庄偶尔也能酿造出优良的黑皮诺葡萄酒，如格罗斯、沙朗（Shaw & Smith）和剑牌等酒庄。布莱恩·克罗泽（Brian Croser）曾信誓旦旦地说，他一定会让自己的酒庄朦胧山（位于南澳大利亚菲尔半岛）成为澳大利亚最好的黑皮诺酿造商之一。该酒庄 2009 年和 2010 年出品的黑皮诺葡萄酒让他的誓言变成了现实。

宾迪（Bindi）、艾比斯（Epis）和珂莱酒庄的葡萄酒表明这里拥有诸多优质的黑皮诺葡萄园，但气候相对凉爽的马其顿山脉产区仍是一个强劲的对手。不过近年来，马其顿山脉产区的黑皮诺都比往年少。而位于吉普斯兰产区的贝思菲利普酒庄（Bass Phillip）出品的黑皮诺葡萄酒则未能达到早前的预期；威廉唐妮酒庄（William Downie）出品的黑皮诺佳酿则可能成为该产区的最佳。

Sangiovese、Barbera, Nebbiolo et al 桑娇维赛、巴贝拉、内比奥罗等

源自意大利的品种，在澳大利亚的种植仍处于初期阶段。虽然如此，但已有部分成熟的葡萄园可以培育出比意大利更优质的葡萄，真是一个相当鼓舞人心的结果。现在就把品种和相应的产区联系起来还为时过早，但品种和产区的联系已经开始显现了：桑娇维赛主要集中在麦克拉伦谷、国王谷和西斯寇特产区；内比奥罗集中在阿德莱德山、麦克拉伦谷和西斯寇特；巴贝拉集中在国王谷、下猎人谷和马奇。

澳大利亚现有一批实力强劲的酒庄，致力于出品采用这类葡萄酿制的葡萄酒，如可利（品质极佳的2007年维塔珍藏桑娇维赛干红葡萄酒）、绿石、基尼、艾丽佛（Arrivo，可惜现在已经倒闭了）、温尼亚马尔逊、格奈（Castagna）、玛根（Margan）、派拉蒙（Primo Estate，约瑟夫内比奥罗干红葡萄酒）、雷文沃斯、萨顿（Sutton Grange）和奔富（其出品的酒窖精选桑娇维赛干红葡萄酒，认可度极高）等。另外，这张榜单中也包括布莱恩·弗里曼（Brian Freeman）喜欢的科维纳-罗蒂内拉混酿，这种葡萄酒会随着年份的增加而更富有深度，口感层次也会更丰富。

澳大利亚最好的霞多丽和西拉葡萄酒是由吉宫酒庄的酿酒师瑞克·金伯纳（Ric Kinzbrunner）酿制的。但他并不满足于此。他还酿造出了澳大利亚最好的内比奥罗葡萄酒（这张榜单相对较短）。他从2011年开始做的事至今仍是个谜，但他的酒的确具有说服力。

Shiraz 西拉

澳大利亚有很多西拉葡萄酒酿造商仍只满足于在某些特定的市场里追求产品的普及度，而不是专注于西拉葡萄酒的酿制。这是一种短见的策略，最终会将他们推到危险的边缘。我觉得世人已经开始向澳大利亚的西拉葡萄酒提出新的要求了，这个时代不同于以往那个通过过高的酒精度和毫无果味将澳大利亚葡萄酒推上世界舞台的时代。一旦这些葡萄酒不符合大众胃口的事实变得显而易见时，澳大利亚葡萄酒的地位将会一落千丈。

不过，还是有好消息的。有相当一部分酒庄（尤其是麦克拉伦谷和巴罗莎山谷产区的酒庄）已经酿造出了平衡度更佳，也更清新的葡萄酒，这些酒更好地呈现了产区的特色和品质。就让我们拭目以待吧。这些举动——从2010年到2012年份的葡萄酒中可以明显地看到——是风格转变的信号，这种现象不会只是昙花一现。

近些年来，大部分深受欢迎的澳大利亚西拉葡萄酒都来自非西拉产区。古纳华拉便是其中之一，其出品的西拉葡萄酒香味浓郁，结构紧凑，不过缺乏水果甜味。这个产区气候足够凉爽，可以更多地留住葡萄的辛辣味。酝思古纳华拉酒庄近期刚推出一款黑标签西拉干红葡萄酒，以及一款口感明快的V&A小巷西拉干红葡萄酒，均是管理良好的古纳华拉产区出品的优质葡萄酒。该酒庄出品的迈克尔西拉干红葡萄酒（2010）品质也相当卓越。

维多利亚州的西拉葡萄酒产区地图一直在变更。美味可口、带有辛辣味的优雅葡萄酒产区移到了气候较为温暖的南澳大利亚地区。一些西拉干红葡萄酒，如贝思0号西拉以及结构更有深度的汤姆森家族珍藏都极为紧密、细致，极具澳大利亚风格。而其他酒庄，如温尼亚马尔逊、德保利雅拉河谷、吉宫、艾伊斯（Allies）、格奈、雅拉优伶、詹姆希德（Jamesheed）和萨顿等出品的西拉干红葡萄酒则更优雅、美味可口，结构也更紧凑，更具法国风格。

就像我在其他地方提到的，我乐意公布这样一个事实：雅拉河谷许多在西拉发酵过程中过分依赖茎（在黑皮诺发酵过程中也常出现这样的问题），无视年份条件和木化程度的执迷不悟的酿酒商已经开始醒悟了。

2012年的西拉葡萄酒平衡度更均衡了，早期迹象表明2013年的酒也会延续这个趋势。这些酒变得更清新，果味更集中，平衡度也更均衡，也拥有更适合封存在瓶子里的结构。这种令人欣喜的进步早就

该发生了。

我们再来看看更西部的产区。乔鲁比诺、亚库米、法兰克兰、金雀花（Plantagenet）和堡石酒庄出品的都是具有大南部风格的优雅葡萄酒，美味可口；曼达岬、忏悔和航海家酒庄出品的西拉干红葡萄酒正逐渐成为玛格丽特河产区西拉葡萄酒的典范。

新南威尔士州的猎人谷也出品了一系列优质的葡萄酒（尤其是 2009 年和 2011 年的），此外，还有希托普斯和堪培拉产区出品的葡萄酒，品质都有一定的提升。再来看看欢乐山、天瑞、安德鲁托马斯和德尤利斯（De Lulius）新近推出的西拉干红葡萄酒，品质都不错。从现代的澳大利亚西拉 - 维欧尼混酿中获得灵感的五克拉酒庄酿造出了澳大利亚最顶级的西拉葡萄酒，该酒庄的西拉系列着实令人印象深刻。还有许多酿酒商仍旧执着于在西拉混酿中加入过量的维欧尼——有时候 1% 就很多了，而他们的酿造技术又不够水平，结果导致酿出来的红酒不管闻起来还是喝起来都像是白葡萄酒。

Shiraz、Grenache and Mourvèdre 西拉、歌海娜和慕合怀特

将罗讷河南部的传统技术和澳大利亚葡萄酒产区结合起来的成果往往是由年份条件和酿酒风格决定的，在类似巴罗莎山谷和麦克拉伦谷这种气候相对温暖的地区更是如此。一直以来，这两个地区都是变革的摇篮。2010 年和 2012 年这样的葡萄生长季让酿酒商得以酿造出风味独特、香味浓郁的开胃型葡萄酒，而气候比较温暖的 2013 年则让他们酿造出了更具果酱味的葡萄酒。

然而，还有很多酿造商会无视年份条件，选择酿造高酒精度、果酱味浓烈的混酿。这类混酿要么太甜，酒体过于浓稠，果酱风味过于浓烈；要么太过狂野。如果他们想要保住酒庄的名气，那在葡萄栽培和酿酒过程中应该多加注意才是。托斯纳酒庄是一个较好的典范，其酿造出来的葡萄酒甜度更低，香味更为浓郁，也更加美味可口。

我相信，是因为消费者的驱使，酒庄才会想方设法酿造出更优雅的葡萄酒，这也是葡萄酒市场和媒体普遍会支持和推动的一种情形。迟早有一天，会有一些酿酒商会跟随时代的步伐，酿造出更好的葡萄酒。

在麦克拉伦谷的克拉伦登地区（这里的海拔比其他地区稍高，气候也更为凉爽），有一些栽培得更好的歌海娜果园。事实证明，有志者事竟成。我认为克拉伦登山酒庄（Clarendon Hills）出品的几款新年份的罗马斯园歌海娜干红葡萄酒无与伦比；巴耐尔酒庄（S.C.Pannell's）出品的歌海娜红葡萄酒（2012）更加质朴，果味更集中，品质比 2010 年的更好。这种风格的澳大利亚歌海娜葡萄酒可以称得上是世界上最顶级的了。

慕合怀特的产区则位于巴罗莎山谷（产量较少）。具有代表性的葡萄酒是：紫蝴蝶酒庄（Hewitson）出品的古老花园慕合怀特干红葡萄酒，极其柔软，香味浓郁，而且很优雅；安德鲁·卡雅（Andrew Caillard）自创品牌旗下的慕合怀特干红葡萄酒，香味浓郁，极其优雅。这些品质对于具有天然吸引力、酒体饱满的葡萄酒而言刚刚好，着实可以取悦一大部分高档皮诺葡萄酒饮用者。

Tempranillo 丹魄

澳大利亚酒庄采用丹魄酿酒的早期经历是极其鼓舞人心的。相关事实表明，丹魄是一种适合澳大利亚葡萄栽培环境的品种，酿酒商们不用多长时间就能掌握该品种的栽培和酿造技术。克莱尔山谷、巴罗莎山谷和麦克拉伦谷产区的酒庄采用这种西班牙葡萄酿出的葡萄酒品质极佳，新南威尔士州和维多利亚州内陆产区的酒庄出品的这类葡萄酒品质也很优秀。索莱酿酒师精选西拉丹魄干红葡萄酒（2012）优雅、香味浓烈，为气候较为温暖的澳大利亚葡萄酒产区指明了未来的发展方向。

杰里米·奥利弗推荐的百佳葡萄酒

　　这种榜单引起的争论应该会比它解决的问题还多吧。因此我将其分成了十个部分，每部分有十个名额，由此构成我今年推荐的百佳葡萄酒榜单。我在结构上作了一些调整：加入了品质快速提升的起泡酒类目，又将西拉葡萄酒分为两类——传统、成熟的澳大利亚风格（也可采用凉爽地区的果实进行酿造），以及深受罗讷河谷影响的开胃型西拉葡萄酒，其中有些就贴着"Syrah"（西拉）的标签（这里加引号是为了不引起过多的争议）。

　　首先我要说的是，我从来没有在一年的时间里给这么多的澳大利亚葡萄酒97或97以上的高分。我非常清楚地知道澳大利亚顶级的葡萄酒不仅品质会越来越高，数量会越来越多，而且它们正朝着一个会让葡萄酒界对其关注越来越多的舞台前进。我们澳大利亚的最佳葡萄酒比以往任何时候都更能心安理得地跻身世界最佳葡萄酒榜单。

　　和以往一样，我们可以在这张榜单中看到产区和葡萄品种之间的联系，这种联系的建立只因为一个理由——品质。不过这并不代表榜单里没有新的品牌。玛格丽特河产区的小酒庄忏悔就位居赤霞珠、赛美蓉、长相思及其混酿榜单之首，真是非常了不起。拥护这个品牌的人可能不会感到意外，因为它已经为此努力了好些年。顺带说一句，在六大最佳的赤霞珠葡萄酒中，西澳大利亚占据了五席，其中四款酒产自玛格丽特河产区。

　　维多利亚州则横扫皮诺类目。这张榜单中的新款葡萄酒是有史以来最多的，而起泡酒类目相当吸引人。

　　价格极其昂贵、品质异常卓越的限量版奔富Bin 170卡琳娜园西拉干红葡萄酒（2010）也许会是年度品酒大会的最佳，如果奔富酒庄可以提供一支酒给人品尝的话。此外，我要在这里特别提一下贝思菲利普酒庄。他们提供给品酒大会的珍藏黑皮诺干红葡萄酒（2012）是用软木塞塞住的，软木塞拔掉之后酒氧化，失去了应有的光泽，所以很遗憾这款酒没能得奖。不过我还是坚持给它原有的评分，我也认为其是澳大利亚最佳的黑皮诺葡萄酒，但是它无法入选榜单，甚至成为年度最佳的葡萄酒，就因为品酒大会上的那瓶酒未能达到要求。软木塞真是开了一个大玩笑！

十佳起泡酒

1. 拉德第霞多丽-黑皮诺起泡酒（2002）　　96
2. 远尘酒庄贝尔塔纳白葡萄酒（2008）　　96
3. 丽星经典西拉起泡酒（2006）　　96
4. 阿拉斯酒庄EJ卡尔迟去渣特级年份起泡酒（2002）　　95
5. 阿拉斯酒庄干型优质白葡萄起泡酒601号　　95
6. 襄桐年份干型桃红起泡酒（2010）　　95
7. 布琅兄弟帕秋莎皮诺-霞多丽起泡酒（2008）　　95
8. 塞佩特塞林格白葡萄起泡酒（2010）　　95
9. 襄桐年份干型起泡酒（2010）　　95
10. 蓝宝丽丝午夜浪漫起泡酒（2010）　　94

十佳雷司令葡萄酒

1. 堡石酒庄波龙古鲁雷司令干白葡萄酒（2013）　　97
2. 凯利卡姆莫特珍藏雷司令干白葡萄酒（2013）　　96
3. 格罗斯春之谷雷司令干白葡萄酒（2013）　　96
4. 格罗斯波利山雷司令干白葡萄酒（2013）　　96
5. 塞佩特姆伯格雷司令干雷司令（2013）　　95
6. 米切尔沃特维尔雷司令干白葡萄酒（2013）　　95
7. 利奥博林莱纳雷司令干白葡萄酒（2013）　　95
8. 魔石雷司令干白葡萄酒（2013）　　95
9. 法兰克兰酒庄孤岭雷司令干白葡萄酒（2013）　　95
10. 金百利弗瑞塔雷司令干白葡萄酒（2013）　　95

十佳赛美蓉葡萄酒，长相思葡萄酒及其混酿

1. 忏悔酒庄长相思-赛美蓉干红葡萄酒（2013）　　95
2. 乔鲁比诺酒庄乔鲁比诺长相思（潘伯顿，2013）95
3. 曼达岬沃尔克丽妃长相思-赛美蓉（2012）　　95
4. 霍罗克斯山赛美蓉干白葡萄酒（2013）　　95
5. 玛丽山特里奥莱干白混酿（2012）　　94
6. 玛根陈年版赛美蓉干白葡萄酒（2009）　　94
7. 汤普森庄园SSB赛美蓉-长相思（2013）　　94
8. 沙朗酒庄长相思干白葡萄酒（2013）　　94
9. 斯卡博罗白标签赛美蓉干白葡萄酒（2013）　　94
10. 德利尤斯阳光园赛美蓉干白葡萄酒（2014）　　94

十佳霞多丽葡萄酒

1. 吉宫酒庄霞多丽干白葡萄酒（2012）　　97
2. 酷雍混合霞多丽干白葡萄酒（2012）　　97
3. 菲历士海特斯布瑞霞多丽干白葡萄酒（2012）　　96
4. 温特娜酒庄伊莎贝拉霞多丽干白葡萄酒（2012）96
5. 露纹艺术系列霞多丽干白葡萄酒（2011）　　96
6. 泰拉若拉珍藏霞多丽干白葡萄酒（2012）　　96
7. 玛丽山霞多丽干白葡萄酒（2012）　　96
8. 福林溯山区霞多丽干白葡萄酒（2013）　　96
9. 奔富珍藏Bin霞多丽干白葡萄酒（2012）　　96
10. 雅碧湖单区发行霞多丽干白葡萄酒（2012）96

十佳黑皮诺葡萄酒

1. 贝思菲利普珍藏黑皮诺干红葡萄酒（2012）　98
2. 正脊酒庄半亩黑皮诺干红葡萄酒（2012）　97
3. 温特娜庄园莉莉莉黑皮诺干红葡萄酒（2012）　96
4. 冷溪山珍藏黑皮诺干红葡萄酒（2012）　96
5. 贝思菲利普高级黑皮诺干红葡萄酒（2012）　96
6. 雅碧湖单区发行-1区黑皮诺干红葡萄酒
（2012）　96
7. 玛丽山黑皮诺干红葡萄酒（2012）　96
8. 司徒妮旋风黑皮诺干红葡萄酒（2012）　96
9. 威廉唐妮莫宁顿半岛黑皮诺干红葡萄酒
（2013）　95
10. 吉宫酒庄黑皮诺干红葡萄酒（2012）　95

十佳开胃型葡萄酒，优雅"西拉"-类西拉葡萄酒

1. 吉宫酒庄西拉干红葡萄酒（2012）　98
2. 塞佩特圣彼得西拉干红葡萄酒（2012）　96
3. 吉宫华纳园西拉干红葡萄酒（2012）　96
4. 五克拉酒庄西拉干红葡萄酒（2013）　96
5. 五克拉西拉-维欧尼干红葡萄酒（2013）　96
6. 天堂四号酒庄戴德尔西拉干红葡萄酒
（2013）　95
7. 冷溪山珍藏西拉干红葡萄酒（2012）　95
8. 绿石酒庄西拉干红葡萄酒（2012）　95
9. 雅伦堡西拉干红葡萄酒（2012）　95
10. 克拉伦登山星光园希腊干红葡萄酒（2011）　95

十佳采用新品种酿制的葡萄酒

1. 格奈秘密基地桑娇维赛-西拉干红葡萄酒
（2012）　96
2. 吉宫酒庄内比奥罗干红葡萄酒（2011）　95
3. 爵士山乔治帕多内比奥罗干红葡萄酒
（2012）　95
4. 蔻巴岭勒格瑞红葡萄酒（2010）　95
5. 索莱酿酒师精选西拉-丹魄干红葡萄酒
（2012）　95
6. 贝斯特西部传统陈酿莫尼耶皮诺干红葡萄酒
（2012）　95
7. 绿石酒庄桑娇维赛干红葡萄酒（2010）　94
8. 泰拉若拉酒庄维欧尼-玛珊-瑚珊混酿
（2012）　94
9. 纳普斯坦琼瑶浆-雷司令-灰皮诺混酿
（2012）　94
10. 派拉蒙酒庄赤霞珠-桑娇维赛混酿（2012）　94

十佳赤霞珠及其混酿

1. 忏悔酒庄赤霞珠干红葡萄酒（2011）　97
2. 霍顿杰克曼赤霞珠混酿（2011）　97
3. 哈迪酒庄托马斯赤霞珠干红葡萄酒
（2010）　96
4. 伍德兰斯酒赤霞珠干红葡萄酒（2011）　96
5. 雨果家族徽章赤霞珠干红葡萄酒（2010）　96
6. 曼达岬赤霞珠干红葡萄酒（2012）　96
7. 吉宫酒庄赤霞珠干红葡萄酒（2012）　96
8. 红河岸塞利田园赤霞珠混酿（2012）　96
9. 翰斯科西里尔·翰斯科赤霞珠干红葡萄酒
（2010）　96
10. 雅伦堡赤霞珠混酿（2012）　95

十佳传统澳大利亚西拉葡萄酒

1. 奔富圣亨利西拉干红葡萄酒（2010）　97
2. 奔富Bin 170卡琳娜园西拉干红葡萄酒
（2010）　97
3. 爵士山艾米丽园西拉-品丽珠混酿（2012）　97
4. 可利乐珍洛西拉干红葡萄酒（2010）　97
5. 金百利古风西拉干红葡萄酒（2010）　96
6. 贝斯特西部传统Bin No. 0西拉干红葡萄酒
（2012）　96
7. 文多西拉干红葡萄酒（2012）　96
8. 雨果家族徽章西拉干红葡萄酒（2010）　96
9. 蓝脊山西拉干红葡萄酒（2012）　96
10. 威拿RSW西拉干红葡萄酒（2012）　96

十佳未来经典葡萄酒

- 堡石酒庄波龙古鲁雷司令干白葡萄酒（波龙古鲁）
- 绿石桑娇维赛干红葡萄酒（西斯寇特）
- 西斯寇特庄园A区西拉干红葡萄酒（西斯寇特）
- 候德乐溪雅拉谷系列霞多丽干白葡萄酒（雅拉河谷）
- 候德乐溪雅拉谷系列黑皮诺干红葡萄酒（雅拉河谷）
- KT珠灵卡酒庄西拉干红葡萄酒（克莱尔山谷）
- 索莱酿酒师精选西拉-丹魄干红葡萄酒（巴罗莎山谷）
- 酝思古纳华拉酒庄艾利克斯88赤霞珠干红葡萄酒（古纳华拉）
- 酝思古纳华拉酒庄V&A小巷赤霞珠-西拉干红葡萄酒（古纳华拉）
- 雅碧湖单区发行-1区黑皮诺干红葡萄酒（莫宁顿半岛）

澳大利亚的五星级美酒

在今天澳大利亚出产的上万款葡萄酒中，我给了其中 29 款酒最高的五星评分。今年，我在榜单上多增加了 4 款酒——这是前所未有的，因为我确信澳大利亚的顶级葡萄酒数量正在增加，且速度非常之快。

没有哪个葡萄酒生产国是独立存在的。来自世界各地的买家（也包括澳大利亚的买家）拥有前所未有的选择，所以澳大利亚葡萄酒的竞争对手是世界各地出产的葡萄酒。说白了就是我们选取的顶级澳大利亚葡萄酒要能够与世界最顶级的葡萄酒竞争，而这具体就要看精英买家如何选择了。如果作为评论家的我们将虚幻摞在事实面前，那不过是在开自己的玩笑罢了。

澳大利亚的优质葡萄酒可以跻身五星葡萄酒之列，而且是名副其实的。我们采用的特级葡萄酒参考标准将我们的葡萄酒推上了世界舞台，抬高了澳大利亚葡萄酒在当代的地位。

每款酒都有自己的特色，每款酒都反映了不同年份的葡萄品种的变化，而通常，这些变化是不会损害品牌的已有品质的。

贝思菲利普珍藏黑皮诺干红葡萄酒

原材料：澳大利亚最好、生长周期最长的黑皮诺。产地：吉普斯兰。由菲利普·琼斯（Phillip Jones）酿造。是一款香味醇厚，散发着浓烈黑皮诺果香的顶级葡萄酒，结构紧密，美味可口，具有勃艮第优质红酒的张力。

克拉伦登山罗马斯园歌海娜干红葡萄酒

澳大利亚最好的歌海娜葡萄酒。香味浓郁，结构极佳，口感明快，风味逐层绽放，拥有丝绸般的质地和独一无二的复杂度。采用勃艮第的酿造技术酿造，会随着年份的增加变得愈发细致、醇香。

五克拉西拉干红葡萄酒

罕见珍酿。优雅之酒，富有深度，风味浓郁，回味绵长，可口细致。中等身型、颜色偏深，味道偏狂野，香气馥郁，既有埃米塔日风格，又有西拉-维欧尼混酿风格。单一发酵，产量最高为 3600 瓶。

克拉伦登山星光园西拉干红葡萄酒

原材料：克拉伦登附近的老藤葡萄。由罗曼·布里泰斯克（Roman Bratasiuk）酿造。近些年的品质尤其出众，富有深度，极其精细，平衡度良好，美味可口。

五克拉西拉-维欧尼干红葡萄酒

由蒂姆·科克酿造。充满异域芳香，富有深度，西拉-维欧尼果香浓郁，具有北罗讷河谷顶级葡萄酒的风格。这款柔软、单宁幼细的开胃型红酒与澳大利亚流行的西拉干红葡萄酒不同，亦有一批效仿者。

库伦赤霞珠-梅洛干红葡萄酒

在过去的 30 年里，这款酒应该是澳大利亚最好、品质最稳定的赤霞珠葡萄酒。原材料：利用生物动力学栽培的葡萄。由技艺精湛的瓦尼亚·库伦（Vanya Cullen）酿造，她是澳大利亚最有才华的酿酒师之一。经过多年的努力，库伦帮助建立了一套新的单宁结构标准，并将其融入澳大利亚的葡萄酒酿造中。

吉宫酒庄霞多丽干白葡萄酒

我认为其是澳大利亚最好的霞多丽干白葡萄酒。产地：维多利亚州比奇沃斯。由瑞克·金伯纳（Rick Kinzbrunner）酿造。结构极佳，肉味均衡，美味可口，复杂度极佳。这款酒更多地体现出勃艮第葡萄酒的风味，而非澳大利亚葡萄酒的风味。

吉宫华纳园西拉干红葡萄酒

采用比奇沃斯华纳园斜坡上的西拉酿造。寿命相对较短。风味浓郁，非常美味可口，带有香料味和肉味，比新近推出的吉宫酒庄西拉干红葡萄酒更细腻、柔软，口感也更清新明快。品质最好的华纳园西拉干红葡萄酒可与罗讷河谷的顶级葡萄酒媲美。

格罗斯波利山雷司令干白葡萄酒

澳大利亚葡萄酒的现代标志之一。杰弗里·格罗斯（Jeffrey Grosset）酿造的克莱尔谷雷司令干白葡萄酒展现了传统澳大利亚葡萄可以达到的极限。该酒庄在澳大利亚葡萄酒的酿制上煞费苦心。令人难以置信的是，在近年较温暖的气候条件下，他们依然可以轻而易举地做到这一点。

格罗斯春之谷雷司令干白葡萄酒

采用沃特维尔亚区东北角的雷司令酿造。香味、矿物味浓郁，穿透力强。相较于更为人熟知的同品种葡萄酒，这款葡萄酒更早熟。其和波利山雷司令干白葡萄酒一样，富含深度，回味绵长。

哈迪艾琳西拉干红葡萄酒

哈迪酒庄西拉干红葡萄酒中最成功的一款混酿，产地一变再变。如今他们将产地定在了条件异常合适的麦克拉伦谷。这款酒酒体丰满，富含橡木香味，风味浓郁，口味优雅、和谐。

杰卡斯石园雷司令干白葡萄酒

原材料：顶级雷司令果园的葡萄。由经验丰富的保乐力加太平洋公司酿造。果香、矿物味浓郁，酸度集中。经典之作。

卡努酒庄莫特珍藏雷司令干白葡萄酒

原材料：干涸法培植的成熟葡萄。近年来澳大利亚最好、品质最稳定的雷司令干白葡萄酒之一。果香浓郁，风味复杂，质地细腻，果味、酸度集中。长期的经典美酒。

丽星经典西拉起泡葡萄酒

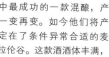

丽星酒庄出品了多款顶级的澳大利亚起泡酒。旗下品牌包括阿拉斯酒庄。由埃德·卡尔（Ed Carr）采用克莱尔谷的优质老藤西拉酿造。这款酒较成熟，质地细腻、轻盈，有复合的泥土味和野生浆果味。

露纹艺术系列霞多丽干白葡萄酒

　　首屈一指的澳大利亚霞多丽葡萄酒。1980年推出首支酒。产自玛格丽特河产区。甘美香甜，风味浓郁，回味绵长。被许多评论家称为"白葡萄酒的葛兰许"。在葡萄酒界，还有哪款酒的品质会比它更稳定吗？

正脊酒庄半亩黑皮诺干红葡萄酒

　　维多利亚州果香最浓郁、口感最优雅的黑皮诺葡萄酒之一。富含深度，回味绵长。结构和风味会随着封瓶年限的增加而愈发丰富。采用六种不同的黑皮诺制作而成，这六种黑皮诺成长于正脊酒庄土壤较浅薄、品质较高也较特别的葡萄园。

玛丽山霞多丽干白葡萄酒

　　口感雅致，风味浓郁，回味悠长，复杂度良好。因为酿造过程中未进行苹果乳酸发酵，所以只能保存几年（因此常被诟病）。被认为是走在时代前列的一款酒。置于新橡木桶中成熟，成熟度低（20%），质地和平衡度都相当好。

玛丽山五重奏干红葡萄酒

　　产地：维多利亚州雅拉河谷。由约翰·米德尔顿（John Middleton）酿造。极其优雅，单宁细幼，平衡度良好。这款赤霞珠混酿需要的只是在瓶中封存一些时日。上流社会对这款酒的标志性地位仍有疑问。不过，这些人并不包括那些懂得葡萄酒精妙之处的鉴赏家。

天堂四号戴德尔西拉干红葡萄酒

　　如果说有一款葡萄酒可以改变澳大利亚西拉干红葡萄酒的面貌，那一定是这款酒。产自吉朗的摩尔宝山谷，质地轻盈，美味可口。采用小葡萄园低矮葡萄藤的葡萄酿造，可与特级葡萄庄园出品的葡萄酒相媲美。

奔富Bin707赤霞珠干红葡萄酒

　　奔富酒庄最优雅、最卓越的赤霞珠葡萄酒。采用不同地区的赤霞珠酿酿而成，置于全新的美国橡木桶中成熟。展现了奔富南澳大利亚赤霞珠的巅峰品质。遵循酒庄传统的酿造方法酿制。结构层次丰富，可长时间保存。

奔富葛兰许干红葡萄酒

　　澳大利亚葡萄酒的标志，最广为人知的一款红酒。自1951年以来，就一直被誉为典范。其风格在近十年里有了较大的发展。采用巴罗莎山谷的西拉酿造。融合了多个不同产区的西拉和小部分赤霞珠的风味。

皮耶诺酒庄霞多丽干白葡萄酒

　　澳大利亚诸多口感较明快、丰富的霞多丽葡萄酒的典范。由迈克·彼得金（Mike Peterkin）采用玛格丽特河的霞多丽酿造。这款酒随着时间的推移，变得愈发细腻、优雅，质地更优良，矿物味也更浓郁。

塞佩特姆伯格雷司令干红葡萄酒

从 2004 年开始，这款酒的风格有了巨大的改变，更突出地表现了澳大利亚雷司令葡萄酒的风格，结构、质地和矿物味都更集中。

塞佩特圣彼得西拉干红葡萄酒

一款产自维多利亚西部格兰屏地区的大西区西拉葡萄酒。采用低产的圣彼得葡萄园、帝国葡萄园和波利斯葡萄园的葡萄酿造。亚当·卡纳比（Adam Carnaby）和他的团队一直在为这款酒争取特级评定。

菲历士海特斯布瑞霞多丽干白葡萄酒

弗吉尼亚·威尔科采用玛格丽特河产区的霞多丽酿造的，充满橡木香味，是澳大利亚最优雅、最具风格、最集中的一款酒，而且丝毫没有失去产区葡萄的浓郁果香和纯正风味。

文多西拉干红葡萄酒

这款品质卓越的酒在选材上非常讲究，采用的是克莱尔谷旱地老葡萄园的葡萄。在过去十年里，这款酒的果香味变得越来越浓郁，但丝毫不损坏其良好的结构和绵长的余韵。

伍德兰赤霞珠干红葡萄酒

每一年份的酒都会以沃森家族成员或者朋友的名字命名。风味浓郁，呈现经典的赤霞珠葡萄酒结构，极致优雅。采用伍德兰葡萄园的葡萄酿制。该葡萄园是玛格丽特产区最特别、最顶级的葡萄园之一。

酝思古纳华拉酒庄约翰路德池赤霞珠干红葡萄酒

原材料：来自澳大利亚最大、管理最好的赤霞珠葡萄园——酝思古纳华拉庄园的葡萄。先前由约翰·韦德（John Wade）酿造。近年来，苏·霍德（Sue Hodder）对其进行了改良。这是一款体态优美、散发着橡木香和赤霞珠果香的佳酿，极其细腻、精致。

酝思古纳华拉酒庄迈克尔西拉干红葡萄酒

首款酒于 1955 年推出，以创始人大卫·酝思最小的儿子命名。1990 年，彼得·道格拉斯（Peter Douglas）重新推出这款酒。经过苏·霍德和艾伦·简金斯（Allen Jenkins）带领的葡萄栽培和酿造团队的努力，这款酒变得更加精致。充满异域的香料味，平衡度极佳，呈现出古纳华拉饱满丰盈的西拉风味。

杰里米·奥利弗推荐的年度之最

本年鉴推出的是杰里米·奥利弗评选的第 15 款年度最佳美酒，是从年度品酒大会上的十佳澳大利亚葡萄酒中脱颖而出的。就我个人而言，去年的品酒大会是相当难以抉择的，然而今年的品酒大会的选择难度有过之而无不及。从中选出最佳的三款酒倒是不难，难的是如何给接下来的 15 款酒排名。也就是说，有几款品质卓越的酒本可以进入决选名单的。

我个人很满意今年的这张年度最佳葡萄酒榜单。我要在这里解释下贝思菲利普珍藏黑皮诺（2012）未进入评分最高的决选名单的原因。贝思菲利普酒庄送到品酒会的酒塞是由 Procock 公司生产的软木塞，这种天然的软木塞两面均有薄膜，可以防止任何分子进入酒瓶中污染葡萄酒。可惜的是，这种软木塞无法防止开过的葡萄酒氧化。如果要防止这样的事情发生，我只能在所有的酒送往品酒大会的路上对其进行评估，但这是不可能的，所以结果只能是这样。不过我没有改变自己的初衷，本书列出的葡萄酒的评级依然不变。

去年的优胜者顺序如下：玫瑰山酒庄蓝山西拉 - 赤霞珠干红葡萄酒（1996），库伦赤霞珠 - 梅洛干红葡萄酒（1998），哈迪哈迪艾琳西拉干红葡萄酒（1998），玛丽山五重奏干红葡萄酒（2000），福林湖赤霞珠混酿（2001），禾富白金牌西拉干红葡萄酒（2001），露纹艺术系列霞多丽干白葡萄酒（2002），巴内夫泰利珍藏赤霞珠干红葡萄酒（2004），翰斯科神恩山干红葡萄酒（2002），塞佩特瑞伯格雷司令干白葡萄酒（2007），奔富葛兰许干红葡萄酒（2004），五克拉西拉 - 维欧尼干红葡萄酒（2009），库伦戴安娜玛德琳赤霞珠混酿（2009），吉宫特级霞多丽干白葡萄酒（2010），以及年度之最酝思古纳华拉酒庄约翰路德池赤霞珠干红葡萄酒（2010）。我很满意这张榜单。如果我能参与其中一款酒的酿造，我会感到非常荣幸！

下面是杰里米·奥利佛 2014 年度最佳葡萄酒决选名单，包括优胜者在内。

年度之最
吉宫酒庄西拉干红葡萄酒（2012）（98）Giaconda Estate Shiraz

1999 年以来，瑞克·金伯纳便一直是采用凉爽地区的澳大利亚西拉酿酒的佼佼者。15 年前，在维多利亚州并没有多少人会采用这种葡萄酿造在我们看来也许更具北罗讷河谷风格的葡萄酒，而金伯纳从自己最喜欢喝的酒中得到了灵感。在 2008 年以前，吉宫酒庄唯一的一款西拉葡萄酒是华纳园西拉干红葡萄酒，这款酒芳香四溢，有复合的花香和香料味，美味可口。其采用的是华纳园朝北斜坡的葡萄。这里距离比奇沃斯 6.5 千米，气候较为凉爽，地势比吉宫酒庄高一些。多年来，我一直将这款酒评为五星级美酒。

在吉宫酒庄，金伯纳花了很多时间去培育葡萄园。15 年前，在比奇沃斯产区时，他主要研究的是如何采用不同品种的葡萄（霞多丽、黑皮诺和赤霞珠）进行混酿。后来，因为华纳产区的葡萄品质一直很稳定，他才认定更温暖的华纳园朝北斜坡是种植近一公顷西拉的合适地点。之前在他看来，只有埃米塔日才是适合种植西拉的地方。这对金伯纳而言，也是一个激进、大胆的决定，因为他本来是要选择向南的斜坡种植葡萄的，以减少热量对地势较高且温暖的地区的影响。

21 世纪的头十年，因为旱季延长，年幼的西拉葡萄藤只能挣扎着生长、结果。为此，在栽培时，必须让它们的根深深扎于含有花岗岩的沃土中，这层土壤上方覆盖着已分解的沙砾和黏土。这样做的结果是惊人的。

采用新栽的西拉酿制的第一支酒是 2008 年份的，我们由此见识到了华纳园的潜力。当时我称其为"特级的罗讷河珍酿"。这款酒层次丰富，肉味、矿物味浓郁，和我们现在期望的一样。在酿造接下来两个年份的葡萄酒时，金伯纳调整了酿造技术，寻求可以表现产区特色、足以与罗讷河谷佳酿媲美的西拉葡萄酒的方法。2010年份和2011年份的葡萄酒在初期味道相近、口感简约，橡木香和单宁味层次丰富，品质优秀，但还未达到金伯纳的预期，甚至还不如华纳园西拉干红葡萄酒（2010）。

2012年份的吉宫西拉干红葡萄酒则完全不同以往。他们将酿酒用的西拉和小部分维欧尼一起放在槽里发酵，之后装进法国橡木桶里（有三分之一是全新的），放在吉宫酒庄类似矿井的地窖里22个月，使其成熟。从酿造初期开始，这一年份的酒就显得很特别。幸运的是，它们最终被安全地装进瓶子里，开启了它们的真正旅程。

我很喜欢瑞克·金伯纳、菲利普·琼斯、乔·格里（Joe Grilli）和罗曼·布里泰斯克这些酿酒师，他们实在，专注于自己的酿造事业。金伯纳一步一个脚印，酿造了一款足以媲美北罗讷河谷那些著名产区的葡萄酒，他不在乎别人说什么。他们清晰的目标会让他们去冒很大的风险，但是风险是可以带来回报的。

在这里，金伯纳所得到的回报就是他酿造的这款西拉葡萄酒，在这之后，他还可以酿造出品质超群的霞多丽葡萄酒、内比奥罗葡萄酒。这款酒让人们看到了澳大利亚葡萄酒的可能性，它颠覆了传统，也暴露了澳大利亚酒庄缺乏想象力和灵感的事实。这就是伟大的酿酒师所做的事情，这也是吉宫酒庄西拉干红葡萄酒（2012）成为年度之最的原因。

决选名单

奔富圣亨利西拉干红葡萄酒（2010）（97）　　　　第二名

像奔富这样大型、品质稳定的酒庄总是有一款酒值得人们长久关注。很长一段时间以来，圣亨利都是这样一款酒。第一支圣亨利诞生于20世纪50年代早期，是由约翰·多文（John Davoren）酿造的。当时的酒放在老旧的橡木大桶里陈酿，这种桶不同于我们现在所接到的新式的小橡木桶。这款酒的风味和结构完全不同于葛兰许——其实这样的比较并不合理，但人们常会这样做。2010年份的圣亨利在我看来是最好的，而它的表现也的确出众。

忏悔酒庄赤霞珠干红葡萄酒（2011）（97）　　　　第三名

忏悔酒庄是玛格丽特河赤霞珠产区的一家优质酿酒商。其中这款酒的品质最为超群。酿酒采用的赤霞珠来自韦林加普的葡萄园。该葡萄园面积为16公顷，管理成熟、细致。这款酒由布莱恩·弗莱切（Brian Fletcher）、阿曼达·克拉梅（Amanda Kramer）和布鲁斯·杜克（Bruce Dukes）合力酿造，是一款世界级的赤霞珠葡萄酒，果香、矿物味浓郁，风格和结构均达到了国际水平。这款酒扩大了玛格丽特河产区赤霞珠葡萄酒在世界上的名气，着实是一个不小的成就。

吉宫酒庄霞多丽干白葡萄酒（2012）（97）　　　　第四名

想象一下，将三分之二复杂度良好、充满贵族气质的2010年份吉宫酒庄霞多丽干白葡萄酒（2012年度最佳葡萄酒）与三分之一味道狂野、矿物味浓、美味可口的2011年份霞多丽干白葡萄酒混合在一起会是什么味道，你就能知道个大概了。这款酒品质异常稳定，不会随着时间的变化而变质，平衡度极好，反映了吉宫酒庄酿造此类葡萄酒的独特与巧妙。此外，这款优雅之酒极具魅力，值得酿酒师借鉴。

酷雍混合霞多丽干白葡萄酒（2012）（97） 第五名

酷雍酒庄只有一个霞多丽产区，而混合霞多丽干白葡萄酒和表演者园霞多丽干白葡萄酒正是这个产区的两大名酒。从 2001 年表演者园霞多丽干白葡萄酒问世以来，酷雍酒庄的霞多丽葡萄酒品质一直很稳定。在我看来，2012 年份的混合霞多丽干白葡萄酒是最顶级的。这款酒果香、矿物味浓郁，这种矿物味与优质橡木的香味完美融合，以至于几乎闻不到。此外，这款酒平衡度极佳，酸度紧实，令人回味无穷。霞多丽自己是不会变成酒的，是酿酒师用令人难以置信的灵敏度和想象力炮制了这款佳酿。

霍顿杰克曼赤霞珠混酿（2011）（97） 第六名

法兰克兰河边的贾斯汀葡萄园（西澳大利亚最佳产区之一）出品的又一顶级佳酿。由罗斯·帕蒙（Ross Pamment）带领的酿酒团队（澳大利亚最熟练的酿酒团队之一）酿造。考虑到产区的质量和气候的优越性，这款酒的确是值得关注的。这款酒呈现出经典的产区特色，单宁幼细，质地轻盈，香味浓郁，平衡度良好，长度极佳，光泽纯粹。西澳大利亚 2011 年份的又一顶级佳酿。

堡石酒庄波龙古鲁雷司令干白葡萄酒（2013）（97） 第七名

波龙古鲁的雷司令很特别。与大南区亚区的其他雷司令相比，香味更浓郁，麝香味更重，果实更脆弱，形状也更接近核果。这款酒很经典，再现了 2008 年份的波龙古鲁雷司令干白葡萄酒的卓越品质（原料来自同一个葡萄园）。这款酒富含白垩矿香，酸度纯正、集中，不禁让人联想到摩泽尔产区的优质葡萄酒。以后，我再也不会惊讶于戴尔蒂家族所有的堡石葡萄园的雷司令的品质了。要知道，堡石酒庄现在可是澳大利亚的优质酒庄。

爵士山艾米丽园西拉品丽珠混酿（2012）（97） 第八名

爵士山酒庄的复兴速度一直在加快。这款酒结构结实，单宁幼细，平衡度极佳，集中度好，带点儿酸味，又有一点儿麝香味，还有一点胡椒味，我闻的时候感觉就像在闻炸弹。口感明快、纯正，美味可口，矿物味浓郁，带些许肉味，回味绵长——与该酒庄在 20 世纪 80 年代末期和 90 年代早期出品的优质葡萄酒一样。

可利乐洛珍藏西拉干红葡萄酒（2010）（97） 第九名

在麦克拉伦谷产区，应该没有哪家酒庄会比可利更擅长酿制这类早期细腻、平衡度佳，同时又兼具结实结构、果香会随着年限增加而逐渐浓郁的葡萄酒。我在香港吃阿根廷牛排时就曾搭配过这么一款红酒，我还将其作为可以窖藏 20 年以上的红酒推荐给友人。这款酒的浓烈和细腻搭配得恰如其分。

正脊酒庄半亩黑皮诺干红葡萄酒（2012）(97) 第十名

这款 2012 年份的葡萄酒品质明显不如 2010 年的，优雅也不及我品尝过的 2013 年份的样酒（直接从橡木桶里倒出来的）。但是这款酒有一种别样的精致，很是诱人，其复杂度高，酿酒采用的是澳大利亚最顶级的皮诺果园的葡萄。纳特·怀特（Nat White）擅长酿造香味浓郁、拥有丝绸口感（彰显了红山的凉爽气候）、长度极佳、风味纯正、收结美味可口的葡萄酒。这款酒在未来 15 年内会变得更加丰盈，酒身和结构都会更加饱满。

三滴庄园 3 Drops

通信地址：Wragg Road, Mount Barker, WA 6324 · **电话**：(08)9315 4721 · **传真**：(08)9315 4724 · **网址**：www.3drops.com · **电子邮箱**：info@3drops.com
产区：大南区(Great Southern) **酿酒师**：罗伯特·迪勒德帝(Robert Diletti)
葡萄栽培师：雷·威廉姆斯(Ray Williams) **执行总裁**：乔安·布拉德布里(Joanne Bradbury)

三滴庄园是澳大利亚大南区新兴的一座小庄园。庄园酿造的雷司令葡萄酒回味绵长，口感紧实，结构结实。它的葡萄园面积达15公顷，毗邻庄园的橄榄园。两座果园的水都来自庄园所在地的大型湿地。"三滴"——水、葡萄酒和橄榄油在这座家族庄园中占有特殊地位。庄园的葡萄园不对外开放。

★★

Chardonnay 霞多丽

2013	82	2014-2015
2012	91	2014-2017
2011	90	2013-2016
2010	86	2012-2015
2009	81	2010-2011

巴克山
当前年份：2012 $20-$29
          82

这款年轻的霞多丽醇美可口，香气直接，甘甜诱人，带有菠萝、西番莲、番石榴和白桃的浓郁果香，融合了橡木的香草香。口感圆润多汁，事实上有点偏油腻了。果香浓郁，富有深度，余味稍微带点酸，不过持续的时间不长。

★★★

Riesling 雷司令

2013	93	2025-2033
2011	93	2023-2031
2010	93	2018-2022+
2009	90	2014-2019
2008	93	2013-2016+
2007	94	2015-2019
2006	93	2011-2014+
2005	91	2013-2017

巴克山
当前年份：2012 $20-$29
          93

这款质朴年轻的雷司令余韵悠长，结构结实，散发着番石榴和番木瓜的浓郁果香，其中还夹杂着花香和麝香香气，并因白花、梨和酸橙汁的香气变得愈发馥郁。绵延持久，细腻通透，酸橙、梨、热带水果和苹果类水果的果香馥郁，稍带细腻的白垩矿香，收口明快，有刺激的酸味。

★

Sauvignon Blanc 长相思

2013	90	2015-2018
2012	87	2013-2014
2011	85	2012-2013
2010	92	2010-2011
2009	88	2009-2010+
2006	85	2006-2007
2005	88	2005-2006+

巴克山
当前年份：2012 $20-$29
          90

这款长相思清新醇美，柔润多汁，味道简单，稍带醋栗、荔枝的青草味以及荨麻味。口感雅致，绵延持久，荔枝、醋栗和西番莲的果香浓郁，绵柔密顺，收口明快，带有酸味。

亚伯酒庄 Abel's Tempest

通信地址：2 Bowen Road, Moonah Tas 7009 · **电话**：1300 651 650 · **网址**：www.heemskerk.com.au
电子邮箱：infoC@heemskerk.com.au
产区：煤河谷(Coal River Valley)、德文谷(Derwent Valley)、塔玛河谷（Tamar Valley）、塔斯马尼亚(Tasmania) **酿酒师**：安娜·普利(Anna Pooley)
葡萄栽培师：杰米·赫维特(Jamie Hewet) **执行总裁**：大卫·迪亚利(David Dearie)

财富酒庄旗下翰斯科品牌的副牌，出品入门级的葡萄酒，采用塔斯马尼亚普遍栽种的葡萄酿酒，口感明快、简单，香味浓郁。出品的葡萄酒包括口感明快、清脆的霞多丽黑皮诺葡萄酒（2011年，91/100，饮用期：2013—2016年及之后），而这也将成为未来酒品的风格。

★

Chardonnay 霞多丽

2012	86	2014-2017
2011	86	2012-2013
2010	93	2012-2015
2009	86	2010-2011+

塔斯马尼亚
当前年份：2012 $20-$29
          86

甘美多汁，稍带橡木香，洋溢着红宝石葡萄柚、苹果和梨的果香，还夹杂着一点香草、丁香和肉桂的香味。口感顺滑、油腻，核果、甜瓜和苹果类水果香味浓郁，稍微有点甜腻。

Pinot Noir 黑皮诺 ★

塔斯马尼亚
当前年份：2012
89

$20-$29

2012	89	2014-2017
2011	86	2013-2016
2010	89	2011-2014
2009	88	2011-2014

柔软温和，易于入口，属开胃型葡萄酒。散发着淡淡花香，稍带樱桃、李子和葡萄的果香。口感顺滑、细腻、雅致，浆果、樱桃和李子类水果果香馥郁，结构稍软，不够结实。

Sauvignon Blanc 长相思 ★

塔斯马尼亚
当前年份：2013
91

$20-$29

2013	91	2015-2016
2012	89	2014-2017
2010	88	2011-2012
2009	81	2009-2010

风格偏狂野，辛辣、浓烈，矿物味浓郁，散发着葡萄味、甜瓜和醋栗的果香，混杂着一丝青草味。属于不甜的开胃型红酒，富含白垩矿香，风味特别，葡萄柚和甜瓜的浓郁果香与烟熏肉和矿物味互为补充，余味绵长，带点辛辣味。

亚库米 Alkoomi

通信地址： 1141 Wingebellup Road, 法兰克兰河, WA 6396 · **电话：** (08)9855 2229 ·
传真： (08)9855 2284 · **网址：** www.alkoomiwines.com · **电子邮箱：** into@alkoomiwines.com.au
产区： 法兰克兰河（Frankland River ） **酿酒师：** 安德鲁·切丽（Andrew Cherry)
葡萄栽培师： 罗德·霍莱特(Rod Hallett) **执行总裁：** 桑迪·霍莱特(Sandy Hallett)

澳大利亚大南区最早创立的酒庄之一，坐落于法兰克兰河亚区北部。其出品的红葡萄酒浓烈、结构结实、回味绵长。近几个年份的葡萄酒重拾了酒庄先前所为人熟知的那种风格和结构。2012年份的赤霞珠干红就是一款典型的味道集中的佳酿。该酒庄出品的葡萄酒通常都是这种风格。就个人而言，我比较喜欢复杂度良好、口感清新的鞣桉赛美蓉干红，这款酒陈年缓慢。

Blackbutt Cabernet Blend 黑基木赤霞珠混酿 ★★

法兰克兰河
当前年份：2009
89

$50-$99

2009	89	2017-2021+
2008	89	2016-2020+
2007	92	2019-2027
2005	81	2010-2013
2004	93	2012-2016
2002	92	2010-2014+
2001	93	2013-2021
1999	88	2004-2007

开胃型葡萄酒，复杂度良好，带有辛辣味、泥土味、浓郁的黑莓和李子果味以及雪松味。口感顺滑、雅致，稍酸、细腻的单宁提升了绵长的果香味，收结独特，偏平实。

Cabernet Sauvignon 赤霞珠 ★

法兰克兰河
当前年份：2012
91

$20-$29

2012	91	2024-2032
2010	89	2015-2018+
2008	86	2010-2013+
2007	89	2015-2019
2006	86	2011-2014
2005	86	2010-2013
2004	87	2012-2016
2003	84	2005-2008+
2002	86	2007-2010
2001	89	2009-2013
1999	92	2011-2019

一款令人满意的葡萄酒。平衡度良好，回味绵长。既有紫罗兰和薄荷香，又带点儿泥土味，还夹杂着黑莓、红莓、乌梅的果香，巧克力/雪松/香草的橡木香。口感柔和，带有清脆的矿香，甘甜的果香，收口细腻、不甜，有明显的辣味。

Chardonnay 霞多丽 ★

法兰克兰河
当前年份：2012
87

$20-$29

2012	87	2014-2017
2011	89	2013-2016
2010	88	2012-2015
2009	90	2011-2014+
2008	89	2009-2010
2007	86	2008-2009+
2005	89	2007-2010
2004	89	2006-2009
2003	86	2005-2008
2002	93	2007-2010
2001	89	2003-2006+

醇美可口，橡木香浓郁，桃子、菠萝和芒果香馥郁，另带有一点香草香和丁香味，以及橡木产生的柠檬味。口感绵柔密顺，质地黏稠，回味绵长，果味浓郁，带有奶油味和肉味，复杂度良好，收口带有刺激的酸味。

★ ★ ★　　　　　　　　　　　　　　　Jarrah Shiraz 红柳桉树西拉

2009	91	2021-2029+
2007	94	2019-2027
2003	89	2011-2015+
2002	92	2010-2014+
2001	89	2006-2009
2000	86	2005-2008
1999	93	2007-2011+

法兰克兰河　　　　　　　　　　$30-$49
当前年份: 2009　　　　　　　　　　91

　　酒体颜色偏暗，略带泥土味。小黑莓和李子的果香味浓郁，夹杂着胡椒和香料味，底蕴中带着些许草味、胡桃和黑巧克力的香味。芳香馥郁，中等身型，口感顺滑柔润，果味、烟味和厚重的巧克力橡木香绵长，单宁幼细，收口偏咸。

★ ★ ★　　　　　　　　　　　　　　　　Riesling 雷司令

2013	91	2012-2025
2012	89	2017-2020+
2011	91	2019-2023
2010	92	2018-2022+
2009	86	2011-2014+
2008	92	2013-2016+
2007	88	2009-2012
2006	93	2011-2014+
2005	86	2007-2010
2004	90	2009-2012+

法兰克兰河　　　　　　　　　　$12-$19
当前年份: 2013　　　　　　　　　　91

　　口感优雅，平衡度好，回味绵长，紧实集中。梨、苹果和酸橙果味明快通透，带有淡淡花香。香味馥郁，但温和不刺激，白垩的矿香味更突出了酸橙、苹果和梨新鲜的果香味，收口带有清新、微酸的柑橘味。

★ ★　　　　　　　　　　　Shiraz Viognier 西拉-维欧尼混酿

2011	80	2013-2016
2010	91	2018-2022+
2009	84	2011-2014
2008	90	2013-2016
2007	87	2009-2012
2006	87	2008-2011
2005	88	2007-2010+
2004	91	2009-2012
2003	91	2008-2011+
2002	91	2007-2010+

法兰克兰河　　　　　　　　　　$20-$29
当前年份: 2011　　　　　　　　　　80

　　橡木香浓郁，不过缺乏水分和光泽。李子和醋栗果味丰富而集中，入口顺滑，但不持久，清淡的红酸栗味道完全被干瘪葡萄的风味掩盖了。

★ ★ ★　　　　　　　　　Wandoo Semillon 鞣桉赛美蓉

2007	92	2019-2027
2006	92	2014-2018+
2005	93	2013-2017+
2004	92	2012-2016+

法兰克兰河　　　　　　　　　　$30-$49
当前年份: 2007　　　　　　　　　　92

　　这款年轻的赛美蓉口感清新、雅致，略带咸味。甜瓜和醋栗的草香让人不禁联想到海草的味道，底蕴中有清甜的香草橡木味和矿物味，略带点丁香和黄油的味道。回味绵长，味道集中，富含白垩矿香，酸橙/柠檬果味浓郁，收口有清新的酸味。

诸圣酒庄 All Saints Estate

通信地址: All Saints Road,Wahgunyah Vic. 3687 · 电话: (02)6035 2222 · 传真: (02)6035 2200 ·
网址: www.allsaintswine.com.au · 电子邮箱: cellar]allsaintswine.com.au
产区: 卢森格林(Rutherglen)　酿酒师: 丹·克雷恩(Dan Crane)
葡萄栽培师: 尼克·布朗(NickBrown)　执行总裁: 伊莉莎·布朗(Eliza Brown)

　　卢森格林产区最早的家族酒庄之一。如今由米拉瓦地区久负盛名的布朗兄弟之一彼得·布朗(Peter Brown)经营。圣徒酒庄一直在努力，致力于完善和提升旗下酒品的平衡度和融合度，尤其是在红酒以及橡木处理方面。该酒庄出品的2012年份的西拉细致、优雅。对酒而言，酒品被收藏家收藏是信誉的体现，地区的优势地位和历史名声则会转变为资本。

★ ★　　　　　　Family Cellar Durif 家族酒窖杜瑞夫红葡萄酒

2009	91	2021-2029
2008	90	2020-2028+
2007	91	2015-2019+
2006	94	2018-2026
2004	88	2012-2016
2003	88	2011-2015+
2000	89	2008-2012+
1999	88	2007-2011
1998	86	2003-2006

卢森格林　　　　　　　　　　$50-$99
当前年份: 2009　　　　　　　　　　91

　　这款酒饱满成熟，有橡木香，酒体紧实均匀，丰盈多汁，散发着乌梅、各式浆果和红樱桃浓郁的果香和烟熏味。舌面上味道稍显枯燥，两侧味道丰富。浓郁的果香与摩卡咖啡/巧克力的橡木味道融合在一起，单宁刚中带柔，收口顺滑，平衡度佳。饮用之前要进行充分的醒酒。

Family Cellar Shiraz 家族酒窖西拉干红葡萄酒 ★★

卢森格林
当前年份：2010　　　　　　　　$50-$99
90

橡木香浓郁，口感雅致，带有血丝李、黑莓、石南和丁香的浓郁香味，底蕴中有肉味、烟熏味和清淡的炭味和产区泥土的香味。酒身饱满，橡木香浓郁、细致、清脆的单宁提升了蓝莓、红酸栗、红莓和李子的清新果味，不过在舌中缺乏了一点浓郁的味道。

2010	90	2018-2022+
2008	86	2010-2013
2007	93	2019-2027
2004	91	2009-2012+

Family Cellar Marsanne 家族酒窖玛珊干白葡萄酒 ★★

卢森格林
当前年份：2010　　　　　　　　$30-$49
90

复杂度良好，口感特别、柔软顺滑。闻起来有花香、苹果、丁香和肉桂的香味，底味中带有一丝泥土气息和洗浸奶酪的香味。口感顺滑柔润。这款精心酿制的葡萄酒带有明显的香草橡木味，透露出清新的苹果、甜瓜和柑橘类果味。随着葡萄酒在玻璃杯中放置的时间越来越长，香味也会越来越浓郁。

2010	90	2012-2015+
2009	91	2014-2017
2008	86	2010-2013
2007	88	2009-2012
2006	88	2008-2011
2004	90	2009-2012
2003	87	2004-2005+

Shiraz 西拉 ★★

卢森格林
当前年份：2012　　　　　　　　$20-$29
90

口感雅致，平衡度好，颇有卢森格林产区的风格。色泽偏暗，香味略为封闭，带有血丝李、黑莓和雪松味的橡木香，略带草药味和香料味。口感顺滑，红李和浆果的清新果味延续了细腻、清脆的单宁味，并与陈酿的橡木桶相融合。收口略带泥土味，以及甘草和黑樱桃的味道。

2012	90	2020-2024
2010	90	2018-2022+
2009	87	2011-2014
2008	88	2013-2016+
2007	90	2009-2012+
2006	90	2014-2018
2004	87	2009-2012
2003	80	2005-2008
2002	85	2007-2010
2000	87	2005-2008
1999	88	2004-2007
1998	87	2003-2006
1997	88	2002-2005
1996	87	1998-2001

阿兰代尔酒庄 Allandale

通信地址：132 Lovedale Road, L.ovedale NSW 2325・**电话：**(02)4990 4526・**传真：**(02)4990 1714・
网址：www.allandalewinerv.com.au・**电子邮箱：**wines@ allandalewinery.com.au
产区：猎人谷(Hunter Valley)　**酿酒师：**比利・史奈顿(Bill Sneddon)
葡萄栽培师：比利・史奈顿　**执行总裁：**比利・史奈顿

阿兰代尔酒庄出品的传统猎人谷白葡萄酒品质值得信赖，价格也合理。不过酿酒的赤霞珠产自新南威尔士的马奇和希托普斯产区。酒庄出品的赛美蓉葡萄酒为传统的猎人谷风格，味道浓郁、单调、清爽，适合窖藏。

Old Vines Semillon 老藤赛美蓉干白葡萄酒 ★★

下猎人谷
当前年份：2013　　　　　　　　$12-$19
91

风味浓郁。甜瓜和柠檬汁的味道馥郁，略带草药味，回味绵长，口感明快、雅致，有柠檬和甜瓜的清香。余韵悠长、集中，有柑橘的酸味。

2013	91	2021-2025
2009	89	2014-2017+
2007	88	2012-2015
2005	90	2010-2014+
2004	90	2012-2016
2003	89	2011-2015
2002	88	2007-2010
2001	90	2006-2009
2000	93	2005-2008+
1998	86	2000-2003+
1997	89	2002-2005

阿尔塔 Alta

通信地址： 102 Main Street, Hahndorf SA 5245 · **电话：** （08）8388 7155 · **传真：** （08）8388 7155 ·
网址： www.altavineyards.com.au · **电子邮箱：** info@altavineyards.com.au
产区： 阿德莱德山（Adelaide Hills） **酿酒师：** 萨拉·弗莱切（Sarah Fletcher）
执行总裁： 萨拉·弗莱切

　　阿德莱德山产区的著名酒庄。其出品的长相思和灰皮诺葡萄酒相较澳大利亚大部分同品种的葡萄酒而言，复杂度更高，口感更雅致，也更可口。2013年份的葡萄酒不论从风味还是从质地来看，都更像是欧洲酒，而非澳大利亚酒。很适合饮用，物有所值。

★★

Pinot Grigio 灰皮诺

2013	92	2015-2018
2012	89	2013-2014
2011	87	2012-2013
2009	82	2009-2010

阿德莱德山　　　　　　　　　　　$12-$19
当前年份：2013　　　　　　　　　　92
　　口感明快的开胃型葡萄酒。略带香料味，散发着甜瓜和柠檬的清香。余味绵长，酒体匀称，柑橘类水果的果香营造了收结前的紧实口感。底味中含有奶油和果仁味，些许肉味，而后是细腻的白垩香，收口干脆，有清新的酸味以及浓烈的果香味，余味绵长。

★★★

Sauvignon Blanc 长相思

2013	92	2015-2018
2012	92	2013-2014+
2011	91	2012-2013+
2009	91	2011-2014
2008	88	2009-2010
2007	93	2008-2009

阿德莱德山　　　　　　　　　　　$12-$19
当前年份：2013　　　　　　　　　　92
　　口感雅致，味道微妙，类似桑塞尔地区出产的红酒。清新明快，带有浓郁的西番莲、醋栗和荔枝果香味，纯粹而细腻。入口温和、不刺激，厚重绵长，主轴细腻，带有白垩香，持久度因此增加，平衡度也更好，收口细腻，略带咸味和矿物味。

安布利酒庄 Amberley

没有酒窖。**葡萄酒酿造地址：** 10460 Vasse Highivday, Nannup WA 6275 · **电话：** (08)9756 3600 ·
传真： (08)97563666 · **网址：** www.amberleyestate.com.au · **电子邮箱：** rustorners@amberleyestate.com.au
产区： 玛格丽特河(Margaret River) **酿酒师：** 兰瑟·帕金(Lance Parkin)
葡萄栽培师： 瑞斯·托马斯（Rhys丁Thomas） **执行总裁：** 迈克尔·伊斯特(Michael East)

　　低调神秘的酒庄之一。其中最神秘的要数秘密巷赤霞珠-梅洛混酿。每瓶售价不到$20，品质却胜于不少价格高出其两倍的同产区葡萄酒。这真是一款物美价廉的美酒，有几款酒能做到这样呢！安布利酒庄出品的白葡萄酒品质也相当超群，价格也合理。本年鉴推介的是白诗南半干白葡萄酒，浓郁多汁，香味丰富，复杂度会随着年限的增加而丰富。

★

Chenin Blanc 白诗南

2013	88	2015-2018+
2012	92	2013-2014+
2011	91	2012-2013+
2009	91	2011-2014
2008	88	2009-2010
2007	93	2008-2009
2006	87	2006-2007
2005	91	2005-2006+

西澳大利亚　　　　　　　　　　　$12-$19
当前年份：2013　　　　　　　　　　88
　　新鲜多汁，风味丰富，略带桃子和杏仁的清香，底味中有奶油味和黄油味。明快清脆，甜度可能不及新近年份的葡萄酒，酒体饱满，核果味浓郁，收口有明显的甜味，酸度适中。

★★★

Secret Lane Cabernet Merlot 秘密巷赤霞珠梅洛混酿

2012	90	2017-2020
2010	92	2015-2018+
2009	92	2017-2021
2007	91	2015-2019
2005	87	2010-2013
2004	86	2006-2009
2003	86	2005-2008
2001	86	2003-2006+
1999	87	2004-2007
1998	84	2003-2006

玛格丽特河　　　　　　　　　　　$12-$19
当前年份：2012　　　　　　　　　　90
　　质朴柔顺，轻等身型，平衡度良好。散发着黑醋栗、紫罗兰、黑樱桃果味以及新鲜的雪松/香草味橡木融合而成的纯粹、明快的香味。回味绵长柔顺，幼细的单宁烘托出了小浆果和樱桃的生动风味。收口之前略带薄荷和西红柿风味，收口则略酸。

33

Secret Lane Sauvignon Blanc 秘密巷长相思干白葡萄酒 ★ ★

玛格丽特河 $12-$19
当前年份：2013 90

口感雅致，风味丰富，带有荔枝类水果的青草香，略带坚果味。回味绵长，白垩的矿香和清新的柠檬酸味烘托出了醋栗、甜瓜和荔枝的明快多汁。

2013	90	2014-2015+
2012	88	2013-2014
2011	90	2012-2013+
2010	89	2010-2011+
2009	84	2010-2011
2008	90	2009-2010+
2007	94	2009-2012
2006	80	2006-2007

Secret Lane Semillon Sauvignon Blanc 秘密巷赛美蓉长相思混酿 ★ ★

玛格丽特河 $12-$19
当前年份：2013 85

草香味浓郁。醋栗和荔枝的果香味掩盖了奶油和坚果味。果味浓厚、直接，稍甜，不过缺乏新鲜感，收口显单调，带有香料味。

2013	85	2014-2015
2012	92	2013-2014+
2011	90	2012-2013
2010	91	2011-2012+
2009	90	2010-2011
2008	91	2010-2013
2005	89	2010-2013
2004	84	2004-2005

安戈瓦酒庄 Angove

通信地址： Bookmark Avenue, Renmark SA 5341・电话(08)8580 3100・**传真：** (08)8580 3155・
网址： www.angove.com.au・**电子邮箱：** angove@angove.com.au
产区： 麦克拉伦谷（McLaren Vale）・河地（Riverlands）
酿酒师： 托尼・英格(Tony Ingle)、保罗・科尼奇(Paul Kernich)
葡萄栽培师： 尼克・巴坎姆(Nick Bakkum) **执行总裁：** 约翰・安戈瓦(John Angove)

澳大利亚最大的家族酒庄之一。安戈瓦酒庄不断提高葡萄酒的品质以迎合高端消费市场的需求。这些行为并没有改变其葡萄酒物美价廉的优势。梅迪亚西拉干红葡萄酒和两款产自麦克拉伦谷的瓦博斯系列红酒表明，酒庄越来越重视出品高品质红酒（尤其是2012年份的瓦博斯系列西拉歌海娜混酿）的麦克拉伦谷产区。

Nine Vines Rosé 九藤系列桃红葡萄酒 ★

南澳大利亚 $12-$19
当前年份：2014 87

清新醇美，色泽纯粹，果味香甜、浓郁。混合了花香以及覆盆子、蓝莓和草莓的香料味。口感明快多汁，浓烈的白垩香提升了成熟的果味，收口既甜又酸，恰如其分。

2014	87	2015-2016
2013	86	2014-2015
2012	87	2013-2014
2011	87	2012-2013
2010	88	2010-2011+
2009	90	2010-2011
2008	82	2008-2009
2007	88	2008-2009
2003	87	2003-2004+

The Medhyk Shiraz 梅迪亚西拉干红葡萄酒 ★ ★ ★

麦克拉伦谷 $50-$99
当前年份：2012 91

口味封闭，带有泥土味和橡木香，中等偏饱满身型。混合了血丝李、黑莓和石南的涩味，以及新鲜的香草味橡木香。顺滑柔润，回味绵长、香甜，略带多汁的浆果风味，还夹杂着幼细的单宁味以及巧克力橡木味，收结混杂着果味、香料味和甘草味。

2012	91	2024-2032+
2010	93	2022-2030+
2009	88	2017-2021
2008	89	2020-2028

Vineyard Select Cabernet Sauvignon 酒庄精选赤霞珠干红葡萄酒 ★

古纳华拉 $12-$19
当前年份：2012 90

口感极其清新、雅致，具有典型的产区葡萄酒特点。散发着浓郁的小豇莓、黑醋栗和紫罗兰的香味，底味中有雪松/香草橡木味，略带干草味。中等偏饱满身型，回味绵长细腻，黑醋栗、桑葚和乌梅风味纯正，单宁幼细、不甜腻，收结平衡度佳。物超所值。

2012	90	2020-2024+
2010	89	2015-2018+
2009	86	2011-2014+
2008	89	2016-2020
2007	87	2012-2015
2006	87	2011-2014
2005	88	2010-2013+
2004	89	2009-2012
2003	87	2005-2008+
2002	85	2004-2007+

★

Vineyard Select Riesling 酒庄精选雷司令干白葡萄酒

2010	87	2012-2015
2009	91	2014-2017+
2008	82	2009-2010
2007	84	2008-2009+
2006	87	2008-2011
2005	86	2010-2013
2004	88	2009-2012
2003	83	2004-2005+

克莱尔谷
当前年份：2010

$12-$19
87

口感清新，圆润多汁，芳香四溢，略带橡木味。具有柠檬、酸橙类水果的清甜，又有白垩香。收口长度中等，带有明显的酸味以及一点点甜味。

★

Vineyard Select Sauvignon Blanc 酒庄精选长相思

2012	87	2013-2014
2011	91	2012-2013+
2009	89	2009-2010+

阿德莱德山
当前年份：2012

$12-$19
87

口感明快，略带草本香，混杂着醋栗、甜瓜和荔枝的香味。圆润丰腴，偏油腻，甜瓜和类似西番莲的风味持久且清新。

★

Vineyard Select Shiraz 酒庄精选西拉干红葡萄酒

2013	88	2015-2018+
2012	89	2017-2020+
2011	85	2013-2016
2010	90	2015-2018+
2009	89	2011-2014
2008	88	2010-2013+
2007	89	2009-2012+
2006	88	2011-2014
2005	88	2007-2010+

麦克拉伦谷
当前年份：2013

$12-$19
88

醇美多汁，易于入口，香味丰富，既有麝香香气，又稍带黑醋栗、覆盆子、红酸栗和新鲜的雪松/巧克力橡木味，稍带薄荷味。口感顺滑，散发着类似红枣的浓香以及浓郁的摩卡/香草橡木味，单宁细腻、紧凑。收口有清新的酸味，平衡度佳。

★★

Warboys Vineyard Shiraz 瓦博斯系列西拉干红葡萄酒

2012	90	2014-2017
2011	89	2013-2016
2010	92	2018-2022+
2009	88	2011-2014

麦克拉伦谷
当前年份：2012

$30-$49
90

芳香四溢，气味清新，果味香浓。丁香和肉桂的香味烘托出了新鲜黑莓、黑醋栗、红酸栗和雪松味的橡木结合产生的辛辣味。口感顺滑，柔润多汁，橡木味恰如其分，单宁味温和。

★★★ ## Warboys Vineyard Shiraz Grenache 瓦博斯系列西拉歌海娜混酿

2012	94	2017-2020
2010	88	2012-2015
2009	92	2017-2021+

麦克拉伦谷
当前年份：2012

$30-$49
94

醇美可口，花香四溢，夹杂着红莓、蓝莓和黑莓产生的辛辣味，以及明快清新的橡木味。回味绵长，口感顺滑，多汁、富有节奏的浆果风味和烟熏橡木味、干燥的单宁味相互交织，持久度因此增加，临收口时带有香料味和类似甘草的味道。收口时略酸，果味集中。

安妮道 Annie's Lane

通信地址： Quelltaler Road, VJatervale SA 5452 **电话：** (08)8843 2320 **传真：** (08)8843 0220
网址： www.annieslane.com.au **电子邮箱：** cellardoor@annieslane.com.au
产区： 克莱尔谷(Clare Valley) **酿酒师：** 阿莱克斯・麦肯瑟(Alex MacKenzie)
葡萄栽培师： 弗兰克・安菲尔德(Frank Armfield) **执行总裁：** 迈克尔・克拉克 (Michael Clarke)

　　财富酒庄旗下品牌，前身为克莱尔谷历史悠久的奎尔泰勒酒庄。因为品牌结构和新品牌的完善，安妮道酒庄在市场上获得了新的发展机会。其出品的卡本查奥西拉干红葡萄酒香味浓郁，结构紧实，是产区的标杆。以奎尔泰勒命名的葡萄酒售价在$30之内，一如既往地品质卓越。酒庄出品的雷司令干白葡萄酒品质超群，是2012年份克莱尔谷产区的另一款经典。安妮道酒庄的酒品都极具性价比。

Cabernet Merlot 赤霞珠梅洛混酿 ★

克莱尔谷
当前年份：2012　　　　　　　　　88

　　纯美可口，香气直接，果香浓郁，略带果酱风味。口感细腻、雅致。风味浓烈，小红莓、小黑莓和雪松味的橡木产生了类似辣椒的香味，稍带薄荷和豌豆味。中等偏饱满身型，柔顺收敛，浆果的柔滑与温和的单宁交织在一起，余韵悠长。

$12-$19

2012	88	2017-2020+
2009	87	2014-2017
2008	88	2013-2016
2007	85	2009-2012
2006	86	2008-2011
2005	87	2007-2010+
2002	91	2010-2014
2001	85	2003-2006
2000	87	2002-2005
1999	86	2001-2004

Chardonnay 霞多丽 ★

克莱尔谷
当前年份：2013　　　　　　　　　86

　　味道浓郁，圆润多汁，混杂着清新的香草橡木味、桃子的果香以及由酵母产生的淡奶油味。不够紧实，集中度欠佳，但色泽相当纯粹。

$12-$19

2013	86	2014-2015+
2012	86	2013-2014+
2011	86	2013-2016
2010	91	2012-2015+
2009	89	2011-2014
2008	87	2010-2013
2007	86	2007-2008
2006	87	2007-2008+

Copper Trail Shiraz 卡本查奥西拉干红葡萄酒 ★ ★ ★

克莱尔谷
当前年份：2012　　　　　　　　　92

　　橡木味浓郁。雪松、香草、烟熏牡蛎的橡木味混杂着香料味，以及丰富而集中的黑醋栗、乌梅和紫罗兰香味。口感顺滑、集中，单宁紧实，略带颗粒。色泽偏深，油腻浓厚，小黑莓和李子的浓郁果香层层弥漫，收结有辛辣味。

$50-$99

2012	92	2024-2032
2010	93	2022-2030
2008	89	2016-2020
2006	91	2014-2018+
2005	93	2013-2017+
2004	90	2016-2024
2002	95	2010-2014
2000	88	2002-2005+
1999	92	2007-2011
1998	93	2006-2010

Quelltaler Riesling 奎尔泰勒雷司令干白葡萄酒 ★ ★ ★

克莱尔谷
当前年份：2012　　　　　　　　　93

　　口感丰腴、油腻，苹果和梨果香淳朴，底味中有白垩香、酸橙和薰衣草的香味，略带湿板岩的味道。回味绵长，纯粹通透，醇美可口，细腻多汁，口感丰润，收结干脆，有刺激味。

$20-$29

2012	93	2020-2024+
2011	93	2016-2019+
2009	95	2021-2029
2006	88	2008-2011+
2005	91	2010-2013+
2004	92	2009-2012+
2003	94	2008-2011

Riesling 雷司令 ★

克莱尔谷
当前年份：2013　　　　　　　　　87

　　简单直接，稍甜，带有酸橙汁、苹果和柠檬皮融合的果酱风味。有细腻的白垩香，略带矿物香。缺乏集中度和紧实度。

$12-$19

2013	87	2018-2021
2012	92	2020-2028+
2011	88	2013-2016
2010	88	2015-2018
2009	89	2014-2017
2008	89	2010-2013
2007	89	2009-2012+
2006	87	2008-2011

Semillon Sauvignon Blanc 赛美蓉长相思混酿 ★

克莱尔谷
当前年份：2013　　　　　　　　　91

　　平衡度极好，回味绵长，不甜。带有醋栗、甜瓜和柠檬类水果的青草香。易于入口，醋栗、甜瓜和黑加仑果香充盈，浓郁多汁，口感雅致，收结集中，有明显的酸味。

$12-$19

2013	91	2018-2021
2012	89	2013-2014+
2011	89	2012-2013
2010	87	2011-2012
2009	85	2009-2010
2007	82	2007-2008
2006	89	2007-2008+

Shiraz 西拉 ★

克莱尔谷
当前年份：2012　　　　　　　　　89

　　口感清新多汁，色泽偏暗，略有薄荷香味。中等偏饱满身型，带有红莓、乌梅和香草橡木融合而成的甜果酱味。入口细腻，小黑莓的风味提升，变得饱满、细致，稍带一点雪松橡木味。收结有产区桉树的味道。

$12-$19

2012	89	2020-2024
2010	90	2018-2022
2009	87	2011-2014
2008	86	2010-2013+
2007	88	2009-2012+
2006	89	2011-2014
2005	85	2007-2010
2003	89	2011-2015+
2002	82	2004-2007

阿特拉斯 Atlas

通信地址：PO Box 45f3, Clare Valley. Barossa Valley SA 5453・**电话**：0419 847 491・
传真：(08)8842 3207・**网址**：www.atlaswines.com.au・**电子邮箱**：office@atlaswlnes.com.au
产区：克莱尔谷　**酿酒师**：亚当（Adam Burton）　**执行总裁**：亚当・巴顿

　　亚当・巴顿擅长采用南澳大利亚地区的克莱尔谷和巴罗莎山谷的葡萄酿造传统红酒和白葡萄酒。这款雷司令白葡萄酒的原料来自采用干涸法种植的老雷司令果园的葡萄。该果园采用的是有机和生物动力学的培植理念。看看我的评分就知道我深深被这款酒吸引了。2013年份的雷司令葡萄酒纯正，味道集中，值得窖藏。

★★★★ 　　　　　　　　　172° Riesling 172°雷司令干白葡萄酒

2013	95	2025-2033	克莱尔谷	$20-$29
2012	95	2024-2032	当前年份：2013	95
2011	93	2013-2019		

　　适合窖藏。苹果皮、酸橙汁和柠檬皮香味质朴，略有白垩香。白花和黄花的鲜香更烘托了果香的浓郁。回味绵长、紧实，伴随着清新的柠檬和酸橙味，细腻的白垩香，增加了持久度，柑橘酸味也更持久。平衡度极佳，口感清新。

格兰罗文的百利 Baileys of Glenrowan

通信地址：779 Taminick Gap Road, Glenrowan Vic 3675・**电话**：（03）5766 2392・**传真**：(03) 5766 2596・**网址**：evww.baileysofglenrowan.com.au・**电子邮箱**：cellardoor@baileysofglenrowan.com.au
产区：维多利亚州东北部（NE Victoria）　**酿酒师**：保罗・达伦博格（Paul Dahlenburg）
葡萄栽培师：克里斯・蒂姆斯（Chris Timms）　**执行总裁**：大卫・迪亚利（David Dearie）

　　保罗・达伦博格让百利品牌重获新生，其成就甚至超越了传奇酿酒师哈里・汀森（Harry Tinson，人称HJT），他是酒庄最重要的酿酒师。百利酒庄出品的三款西拉葡萄酒质量稳定，品质卓越，我最喜欢的是1920年代街区西拉红葡萄酒，评级为三星，是该产区品质超群的一款经典酒。该酒庄出品的红酒，包括杜瑞夫和小西拉系列都有浓郁的泥土味，果香会随着时间的推移变得丰富而集中。酒庄也出品了一些吸引人的窖藏酒。

★★★ 　　　　　　　1904 Block Shiraz 1904街区西拉干红葡萄酒

2005	93	2017-2025+	格兰罗文	$30-$49
2004	93	2016-2024+	当前年份：2005	93
2003	90	2015-2023		
2000	90	2005-2008		
1999	93	2011-2019+		
1998	91	2010-2018		

　　质朴，富有产区特色，寿命较长，平衡度佳。散发着泥土味、肉味和铁味，李子和樱桃的果香浓郁，复杂度佳，口感坚实，干燥收敛，风味和质地层次丰富。收口绵长，有清新的红色和黑色果实香味，略有涩味。需要时间成熟。

★★★ 　　　　　　1920's Block Shiraz 1920年代街区西拉干红葡萄酒

2012	95	2024-2032+	格兰罗文	$30-$49
2010	93	2022-2030+	当前年份：2012	95
2009	94	2021-2029		
2006	91	2018-2026+		
2005	87	2010-2013+		
2003	91	2015-2023		
2001	87	2003-2006		
2000	92	2005-2008+		
1999	91	2011-2019		
1998	89	2006-2010+		
1997	87	2002-2005		
1996	88	2001-2004		

　　质朴，具有产区特色的西拉葡萄酒典型。色泽偏深，带有李子、黑莓、黑醋栗和香草/巧克力味橡木的香味，夹杂着麝香香气。油腻浓烈，具有深色果实的甜美，单宁紧实、幼细。收口绵长，余韵带有烟熏味和肉味。

Durif 杜瑞夫 ★★★

格兰罗文 $30-$49
当前年份：2012 95

2012	95	2032-2042+
2010	91	2030-2040
2009	93	2021-2029+

质朴，集中度高，口味纯正，香味浓郁，回味绵长。具有典型产区特色的一款红酒。紫罗兰、黑醋栗、覆盆子和雪松味橡木融合，层次丰富，风味浓郁，结构结实，质地优秀。黑莓、乌梅和黑巧克力的香味馥郁，略带烟熏味和雪松味，平衡度极佳，回味极其绵长。

Petite Sirah 小西拉 ★★★

格兰罗文 $30-$49
当前年份：2012 94

2012	94	2024-2032+
2010	93	2022-2030+
2009	95	2021-2029+

一款深度和长度都极佳的产区葡萄酒。红莓、李子、黑莓和石南的香味浓郁，底味中有巧克力利口酒的味道。舌头味道紧实收敛，略带黑莓、李子和蓝莓的浓烈酸味，收口绵长，平衡度佳，质地优秀。

Shiraz 西拉干红葡萄酒 ★★★

格兰罗文 $20-$29
当前年份：2012 93

2012	93	2024-2032+
2010	91	2022-2030
2009	92	2017-2021
2006	86	2011-2014
2005	89	2010-2013+
2004	89	2012-2016+
2003	91	2008-2011
2002	91	2010-2014+
2000	89	2005-2008
1999	87	2004-2007

另一经典的产区葡萄酒。黑莓和李子的果香浓郁通透，底味包括雪松、巧克力、薄荷和香料的味道。回味绵长直接，略带黑莓和李子的酸味，紧接着是泥土味、稍复杂的肉味，由收敛的橡木味和紧实幼细的单宁味衬托。收口极其绵长、集中、新鲜，酸度适中，因此可以存放较长时间。

博尔基尼酒庄 Balgownie Estate

通信地址： Hermitage Road, Maiden Gully, Vic 3551・**电话：**(03) 5449 6222・**传真：**(03) 5449 6506・
网址： www.balgownieestate.com.au・**电子邮箱：** info@balgownieestate.com.au
产区： 本迪戈(Bendigo)、雅拉河谷 **酿酒师：** 托尼・温斯皮尔（Tony Winspear）
葡萄栽培师： 斯蒂夫・布洛克（Steve Bullock） **执行总裁：** 罗德・福瑞斯特(Rod Forrester)、戴斯・福瑞斯特(Des Forrester)、比尔・弗里曼(Bill Freeman)

博尔基尼酒庄早期只是本迪戈附近的一个小酒庄，用了很长时间才发展到今天的规模。酒庄的顶级葡萄酒采用的葡萄则来自本迪戈化学家、音乐家和人称"布加迪狂魔"的斯图亚特・安德森（Stuart Anderson）种植的葡萄园。博尔基尼酒庄如今发行的两款酒令我印象深刻：一款是2011年的本迪戈西拉，品质超群，完全让人联想不到当年葡萄生长季遭遇的困难；另一款是2013年的雅拉谷黑皮诺，相较之前的年份，口感更柔润，香味也更浓郁。酒庄出品的本迪戈霞多丽葡萄酒品质一直很稳定，你可能忍不住会想，为什么不在这个不适合（？！）霞多丽生长的地方多种植一些霞多丽呢？

Estate Cabernet Sauvignon 酒庄赤霞珠干红葡萄酒 ★★★★

Bendigo $30-$49
当前年份：2010 95

2010	95	2022-2030+
2009	96	2029-3039+
2008	94	2020-2028
2006	89	2011-2014+
2005	94	2017-2025
2004	93	2016-2024
2003	93	2015-2023
2002	93	2014-2022+
2001	89	2013-2021
2000	89	2012-2020
1999	89	2004-2007
1998	87	2006-2010+
1997	86	2005-2009
1996	90	2008-2016

口感紧实、雅致，平衡度佳，风味浓郁，可长时间保存。带有矿物味和石墨味，黑莓、黑醋栗、乌梅和雪松味橡木融合产生的香味馥郁，略带巧克力味和碘味。入口绵长、顺滑，单宁紧实干燥，黑色果实的风味集中，稍带橡木味。为该酒庄的经典美酒，经久不衰。

★ ★ ★   Estate Chardonnay 酒庄霞多丽干白葡萄酒

2012	94	2020-2024+
2011	92	2016-2019+
2010	95	2015-2018+
2009	93	2014-2017
2008	87	2010-2013
2006	91	2011-2014+
2005	93	2007-2010
2001	92	2003-2006+
2000	89	2002-2005
1999	77	2000-2001

本迪戈
当前年份：2012

$30-$49

94

　　口感雅致，平衡度佳，回味绵长，饱满明快。稍显光滑，带有桃子、奶油、甜瓜和芒果的特别香味，底味中丁香、肉桂和香草橡木的香气。淋漓尽致地释放出了核果、甜瓜和柑橘的醇美风味，收口有清新的酸味，芳香持久。

★ ★ ★ ★   Estate Shiraz 酒庄西拉干红葡萄酒

2011	93	2023-2031+
2010	95	2022-2030+
2009	95	2021-2029+
2008	90	2013-2016
2007	89	2019-2027
2006	90	2011-2014+
2005	90	2013-2017
2004	91	2012-2016+
2003	95	2011-2015+
2002	94	2010-2014+
2001	92	2009-2013
2000	89	2005-2008
1999	89	2004-2007
1997	93	2009-2017

本迪戈
当前年份：2011

$30-$49

93

　　回味绵长，口感细腻、紧实。没有2011年份西拉葡萄酒的缺点。芳香四溢，带有黑莓、黑醋栗和烟熏味橡木融合而成的类似紫罗兰的香味。柔顺持久，颇具风格，稍带黑樱桃、李子、黑莓和石南的酸味，收口雅致，带有明快的酸味。

★ ★   Yarra Valley Chardonnay 雅拉谷霞多丽干白葡萄酒

2013	88	2015-2018
2012	89	2014-2017
2011	89	2013-2016
2009	90	2011-2014+
2008	90	2010-2013
2007	86	2008-2009+
2006	89	2008-2011
2004	92	2006-2009

雅拉河谷
当前年份：2013

$20-$29

88

　　一款精心酿制的酒，工序复杂，葡萄的香味需要一段时间才能完全与橡木味相融合。适合瓶装。带有甜瓜和葡萄柚的清新果香，夹杂着丁香和肉桂的香味，深度中等，入口有种温暖季节水果特有的油腻感，收口带有橡木味，微酸。

★ ★   Yarra Valley Pinot Noir 雅拉谷黑皮诺干红葡萄酒

2013	93	2021-2025
2012	89	2014-2017
2010	93	2015-2018+
2008	90	2010-2013
2007	86	2008-2009
2006	84	2008-2011
2004	87	2006-2009

雅拉河谷
当前年份：2013

$20-$29

93

　　一款美味年轻的黑皮诺葡萄酒。芳香四溢，橡木味浓郁，带有黑樱桃、李子和覆盆子的清甜果香，满溢的深色花花香更烘托出它的清甜，混杂着清新、紧实的香草橡木香。回味绵长，口感顺滑，长度极佳，樱桃/黑莓的顺滑、醇美与橡木味、幼细的单宁交织，余韵悠长，带有清新的酸味和一点薄荷味。

巴内夫酒庄 Balnaves

通信地址： Main Road, Coonawarra SA 5263・**电话：**(O8)8737 2946・**传真：**(08)8737 2945・
网址： wvdw.balnaves.com.au・**电子邮箱：** cellar@balnaves.com.au
产区： 古纳华拉(Coonawarra)　**酿酒师：** 彼得・比塞尔(Peter Bissell)
葡萄栽培师： 彼得・巴内夫（Peter Balnaves）　　**执行总裁：** 道格・巴内夫(Doua Balnaves)

　　在过去十年里，巴内夫酒庄已然成为古纳华拉最顶级的葡萄栽培者和红酒酿造商之一。酒庄不断地改进酿造技术，酿造出了成熟期长收获期长的红酒，这类红酒略干瘪，带有肉味，大部分口感紧实、收敛。酒庄最成功的泰利赤霞珠干红葡萄酒就是这种风格的红酒，果味层次丰富；而巴内夫赤霞珠干红口感则更雅致、明快。酒庄还有许多2011年份的酒未投放市场。

Cabernet Merlot 赤霞珠梅洛混酿　★ ★

古纳华拉　$20-$29

当前年份：2011　　91

口感雅致，顺滑细腻，结构极佳，带有血丝李、黑醋栗和新鲜雪松/香草味橡木融合产生的清甜和淡淡薄荷味，底味中有草本和类似薄荷的味道。单宁细腻，呈颗粒状，入口绵长，有烟熏味，散发着李子、浆果和新鲜雪松橡木的浓香，香味持久，收口带有辛辣味。

2011	91	2019-2023+
2010	90	2022-2030
2009	90	2017-2021
2008	91	2016-2020+
2007	91	2019-2027
2006	87	2011-2014
2005	89	2010-2013+
2004	95	2016-2024
2002	89	2007-2010+
2001	90	2009-2013
2000	88	2002-2005+

Cabernet Sauvignon 赤霞珠　★ ★ ★

古纳华拉　$30-$49

当前年份：2010　　92

酒体深邃，浓香四溢。它散发着略带泥土气息的甜美花香，融合了黑醋栗、黑莓和乌梅略带石南质感的清新果香，更有一丝巧克力/雪松橡木的风味萦绕其间，底蕴中透露出淡淡薄荷和干草的清香。口感精致、细腻，深邃的果味在味蕾上逐层绽放，收口带有浓郁的香味，香醇的肉味和淡淡的草本清香在舌尖久久萦绕，回味隽永。

2010	92	2022-2030
2009	91	2017-2021
2008	91	2016-2020
2007	95	2019-2027+
2006	91	2014-2018
2005	92	2013-2017
2004	95	2016-2024
2002	90	2010-2014
2001	89	2009-2013+
2000	89	2002-2005
1999	89	2007-2011
1998	93	2006-2010+
1997	87	2002-2005

Chardonnay 霞多丽　★ ★

古纳华拉　$20-$29

当前年份：2013　　88

一款精心酿制的霞多丽酒，工序复杂，需要时间去成熟，散发自己的风味。口味封闭，略带白桃和甜瓜的薄荷果香，底味为香草橡木味。入口略带桃子、油桃和甜瓜的香味，顺滑，散发着肉味，收口带有刺激的酸味。

2013	88	2015-2018
2012	87	2014-2017+
2011	90	2013-2016
2010	90	2012-2015+
2007	89	2009-2012
2006	90	2008-2011
2005	90	2007-2010+
2004	87	2006-2009
2003	91	2005-2008
2002	88	2004-2007
2001	83	2002-2003+

Shiraz 西拉　★ ★ ★

古纳华拉　$20-$29

当前年份：2010　　88

口感过熟，略紧实粗糙。香味浓郁，既有泥土味、草本味，又有红莓、李子的果香味，融合了雪松/香草橡木味，底味则带有薄荷味。入口紧实，稍显强烈，带有葡萄类果香，但缺乏水果的甜味，收口紧实，带有肉味。这款酒会随着时间的推移变得更加顺滑柔润，不过现在还难以和雅致的顶级古纳华拉西拉相提并论。

2010	87	2018-2022
2009	88	2017-2021
2008	92	2016-2020+
2006	88	2011-2014+
2005	92	2013-2017
2004	88	2012-2016+
2002	87	2007-2010
2001	90	2003-2006

The Blend Cabernet Blend 布兰德赤霞珠混酿　★ ★

古纳华拉　$12-$19

当前年份：2012　　88

醇香可口，单宁味强烈、诱人，但稍微有点干燥。带有黑醋栗、乌梅的果香，混杂着雪松和巧克力橡木味，底蕴中透露出薄荷和干草味。回味绵长、单调，黑醋栗和乌梅的浓郁果香下透出一股葡萄干和西梅干的香味。这款精心酿制的酒缺乏水果的甜度和清新，有点像烘烤过的水果。

2012	88	2020-2024
2011	89	2019-2023+
2010	91	2018-2022+
2009	88	2014-2017
2008	92	2016-2020
2007	88	2012-2015
2006	88	2008-2011
2005	90	2010-2013+
2004	93	2012-2016+
2002	86	2004-2007+
2001	86	2006-2009
2000	86	2002-2005+

★★★★

The Tally Reserve Cabernet Sauvignon
泰利珍藏赤霞珠干红葡萄酒

2010	93	2022-2030+
2009	96	2021-2029
2008	95	2028-2038
2007	93	2019-2027+
2006	92	2014-2018
2005	94	2013-2017+
2004	97	2024-2034
2001	96	2013-2021
2000	91	2008-2012+
1998	93	2010-2018

古纳华拉
当前年份：2010

$50-$99
93

酒体饱满，回味绵长，红莓、黑莓、蓝莓、黑醋栗和李子的果香味浓郁，夹杂着巧克力香味、青草香和葡萄香，稍带碘味和类似紫罗兰的香味。入口味道直接，果酱味重，浓郁的果香味稍显淡，全新橡木的味道则相对强烈。口感干燥、收敛，收口有巧克力的香味，余韵绵长。被当作产区的经典美酒稍微有点言过其实了。

班诺克本酒庄 Bannockburn

通信地址：1750 Midland Hwy,Bannockburn Vic 3331 · 电话：(03)5281 1363 · 传真：(03)5281 1349 ·
网址：wwwv.bannockburnvineyards.com · 电子邮箱：infer@bannockburnvineyards.com
产区：吉朗（Geelong） 酿酒师：迈克尔·格罗瓦(Michael Glover}
葡萄栽培师：卢卡斯·格里斯比(Lucas Grigsby) 执行总裁：菲利普·哈里森(Phillip Harrison)

在我看来，班诺克本酒庄还没有能力重回巅峰。不过，酒庄的霞多丽酒品质仍然有说服力，虽然近几个年份的酒发酵得有些过头了。也许正是因为这样，酒庄的霞多丽酒有了一种黏稠，类似糖浆的口感。新近年份的酒品质有些参差不齐，黑皮诺依然品质卓越，而西拉酒的品质就差强人意了。就我而言，这些酒体现了酒庄在酿造技术上反复遇到的问题。

★★★

Chardonnay 霞多丽

2011	88	2013-2016
2010	91	2012-2015+
2008	92	2010-2013+
2007	93	2012-2015+
2006	93	2011-2014+
2005	87	2007-2010
2004	88	2006-2009
2003	93	2008-2011+
2002	94	2007-2010+
2001	88	2006-2009
2000	90	2002-2005+
1999	93	2004-2007
1998	93	2006-2010
1997	94	2002-2005+

吉郎
当前年份：2011

$30-$49
88

复杂度佳，细腻的花香烘托出了葡萄柚、甜瓜和柠檬融合而成的烟熏味，以及浓烈的酵母味道。口感顺滑油腻，桃香稍显刺激。香味不持久，偏油腻，多汁，收口缺乏新鲜味。总的来说，缺乏平衡度，不够吸引人。

★

Pinot Noir 黑皮诺

2010	86	2012-2015
2008	90	2013-2016
2007	82	2009-2012+
2006	89	2008-2011+
2005	80	2007-2010
2004	88	2006-2009
2003	86	2005-2008
2002	91	2007-2010+
2001	90	2006-2009
2000	91	2005-2008
1999	94	2007-2011
1998	94	2003-2006

吉郎
当前年份：2010

$50-$99
86

口感青涩，散发红樱桃般的植物清香，融合了香甜的雪松/香草橡木气息，以及细腻的红花味，底蕴中透露出芦笋罐头和森林的香气。中等偏饱满身型，入口后，原本清新的樱桃果味变淡了，收口有草本味，多汁。这款酒缺乏成熟葡萄和酒体结构应有的悠长余味。

Shiraz 西拉

2008	82	2010-2013
2006	82	2007-2008+
2005	80	2007-2010
2004	89	2009-2012
2003	89	2008-2011+
2002	88	2004-2007+
2001	95	2009-2013+
2000	96	2012-2020
1999	89	2001-2004+
1998	95	2006-2010
1997	95	2009-2017
1996	93	2004-2008

吉郎
当前年份：2008

$30-$49
82

不够新鲜，红色果实的果味单调，夹杂着糖浆、洋葱皮和罐装玉米的味道。舌前味道混杂，浓烈的果味略显粗糙，舌中缺乏表现，舌后干燥。一款奇怪的酒，陈酿时间可以再长一些，放在近年推出较好。

班洛克酒庄 Banrock Station

通信地址: Holmes Road, Kingston on Murray SA 5331 · **电话:** (08)8583 0299 · **传真:** (08)8583 0288 ·
网址: www.banrockstation.com · **电子邮箱:** cellardoor@banrockstation.com.au
产区: 河地产区(Riverlands) **酿酒师:** 保罗 · 巴雷特(Paul Barret)
葡萄栽培师: 希罗 · 威廉姆斯(Shylo Williams) **执行总裁:** 迈克尔 · 伊斯特(Michael East)

　　班洛克酒庄的葡萄园位于湿地,其在酿造葡萄酒的同时还致力于环境保护。因新近几个年份的酒品质超群,所以我也将该酒庄列入本年鉴中。新近几个年份的酒颠覆了人们对于河地葡萄、大公司、价格和质量的预期。该酒庄着实令人印象深刻,我从没想到我能看到这一天!西拉赤霞珠混酿是该酒庄最经典的一款酒。

Cabernet Merlot 赤霞珠梅洛混酿 ★

		河地 $5-$11
		当前年份: 2013　82

2013	82	2014-2015+
2012	81	2014-2017
2010	83	2011-2012+
2000	84	2001-2002

　　重量中等,口感雅致,富含果香的年轻红酒。味道清新,略带小红莓和李子融合而成的薄荷味,底蕴中有雪松橡木味。入口顺滑,柔润细腻,幼细、干燥的单宁烘托出水果的甜味,收口有清新的酸味。

Chardonnay 霞多丽

河地 $5-$11
当前年份: 2013　85

2013	85	2014-2015+
2012	81	2012-2013
2011	84	2011-2012+

　　散发着成熟的霞多丽风味,略带果酱味,桃子和奶油香味浓郁,底蕴中有葡萄柚和油桃的果香。中等偏饱满身型,风雨多汁,果香香味持久,收口略微有点甜,有柔和的酸味。品质纯正,价格平易近人。

Shiraz Cabernet 西拉赤霞珠混酿 ★

河地 $5-$11
当前年份: 2013　81

2013	81	2014-2015
2012	89	2014-2017
2011	80	2011-2012
2010	87	2012-2015

　　味道简单,带有果酱味、薄荷味和花香,以及一点橡木味。入口味道直接,甜黑莓和李子类水果的香味浓郁,收口稍干,有烘烤味。

吧王酒庄 Barwang

通信地址: Barwang Road, Young NSW 2594 · **电话:** (02) 9722 1299 · **传真:** (02) 9722 1260 ·
网址: www.mcwilliams.com.au · **电子邮箱:** communications@mcwilliamswines.com.au
产区: 坦巴伦巴(Tumbarumba),希托普斯(Hilltops)
酿酒师: 安德鲁 · 海金斯(Andrew Higgins)
葡萄栽培师: 特里 · 麦克雷(Terry McLeary)、安东尼 · 皮特(Anthony Pitt)
执行总裁: 罗伯特 · 布拉克维尔(Robert Blackwell)

　　位于希托普斯产区。吧王葡萄园所在地干燥、偏远,出品各种品质卓越的葡萄酒。稍让人觉得困惑的是,吧王现在也用来形容坦巴伦巴产区的葡萄酒。单调、独特的842霞多丽就产自该地区。我挑选的是味道辛辣、可口的2012年份的西拉酒,产自希托普斯。

842 Chardonnay 842霞多丽干白葡萄酒 ★★

坦巴伦巴 $30-$49
当前年份: 2012　87

2012	87	2017-2020+
2010	92	2015-2018
2009	90	2011-2014+
2007	90	2009-2012+

　　回味绵长,口感雅致,结构紧实。带有桃子、甜瓜和葡萄柚融合而成的清新果香,夹杂着纷柔、类似丁香的香草橡木味。口感紧实,单调质朴,葡萄柚和甜瓜果味持久,有刺激的柠檬酸味,几乎超出了可接受的限度。

2011	82	2013-2016
2010	92	2018-2022+
2009	91	2017-2021+
2008	92	2016-2020+
2007	85	2009-2012+
2006	91	2014-2018
2005	88	2010-2013+
2004	88	2016-2024
2003	91	2011-2015
2002	88	2010-2014
2001	92	2009-2013

希托普斯 $20-$29
当前年份: 2011   82

缺乏成熟度，带有小黑莓、小蓝莓、李子和雪松/香草橡木味，底蕴中透露巧克力和草本味。入口有浓郁的橡木香，主轴细腻、干燥，有灰尘味，最开始有水果的甜味，味道直接，收口单调，舌头两侧有不成熟的感觉。

2013	88	2015-2018
2012	90	2014-2017+
2011	87	2013-2016
2008	87	2010-2013
2007	90	2009-2012+
2006	86	2008-2011
2005	91	2007-2010+
2004	84	2005-2006
2002	87	2004-2007
2001	87	2003-2006
2000	90	2002-2005

坦巴伦巴 $20-$29
当前年份: 2013   88

口感雅致，单调直接，集中度高，不过缺少果味。带有桃子、甜瓜的细腻果香，略有香草橡木的香气，底蕴中有奶油味和些许白花味。入口绵长清新，而后有桃子、甜瓜和葡萄柚的果味，底蕴中有灰尘味和类似丁香的香料味，收口有刺激的柠檬酸味。

2012	90	2020-2024
2011	86	2013-2016+
2009	87	2011-2014
2008	93	2016-2020+
2007	91	2015-2019+
2006	89	2014-2018
2003	86	2008-2011
2002	88	2007-2010+
2001	93	2009-2013
2000	89	2005-2008+
1999	85	2004-2007

希托普斯 $20-$29
当前年份: 2012   90

一款收敛、流行的西拉酒，带有灰尘味、泥土味以及甜黑醋栗、黑莓和覆盆子融合而成的果味，底蕴中有清新的烟熏肉味，略带橡木味和葡萄味。酒体中等偏饱满，散发着黑醋栗、覆盆子和乌梅的辛辣味，香味持久，夹杂着雪松橡木味，单宁细腻无味，收口有烟熏味和辛辣味，余味持久。

贝思菲利普 Bass Phillip

通信地址: 16 Hunts Road, Leongatha South Vic 3953 · 电话: (03) 5664 3341 · 传真: (03) 5664 3209 ·
电子邮箱: bpwines@tpg.com.au
产区: 南吉普斯兰（South Gippsland）   酿酒师: 菲利普·琼斯
葡萄栽培师: 菲利普·琼斯   执行总裁: 菲利普·琼斯

刚开始，菲利普·琼斯在利昂加莎葡萄园种植的是宝嘉龙庄园酿造波尔多红酒的葡萄品种，后来又加种了三排黑皮诺。他发现这个葡萄园更适合出品勃艮第风格的葡萄酒。近期，他对两个葡萄园进行了合理的规划：原来的葡萄园出产的葡萄用于酿造Estate（酒庄）、Premium（精选）和Reserve（珍藏）系列，毗邻利昂加莎葡萄园的"村庄"葡萄园生产的葡萄则只用于酿造"Crown Prince"（王子）系列。酒庄出品的两款2012年份的霞多丽葡萄酒最为顶级，这两款酒的味道极其纯正；另有一款美味可口的加美，以及用两款顶级黑皮诺制作的葡萄酒，口感雅致、香味浓郁、平衡度佳。

2012	91	2017-2020+
2011	84	2013-2016
2010	88	2012-2015+
2009	94	2014-2017
2007	87	2009-2012
2003	88	2005-2008
2001	93	2003-2006+
2000	91	2005-2008
1999	93	2001-2004

南吉普斯兰 $50-$99
当前年份: 2012   91

一款雅致的年轻黑皮诺酒，厚重丰满，带有泥土味、石头味，浓郁的新鲜覆盆子、红樱桃的果香味，清新的雪松/香草橡木味，还有肉味、麝香香气和一点白胡椒味。重量中等，香甜多汁，带有甜樱桃、覆盆子和草莓的明快持久果味，单宁细致、干燥，收口有清新的酸味。

Estate Chardonnay 酒庄霞多丽干白葡萄酒　　　★ ★ ★

南吉普斯兰　　　　　　　　　　　$50-$99
当前年份：2012　　　　　　　　　　　95

复杂度佳，醇美优雅。带有辛辣味，轻微的奶油味、桃子和柠檬的果香，以及一点杏仁味，夹杂着坚果香草橡木味，底蕴中有清新的酵母味。入口顺滑、绵柔密顺，桃味、类似牛轧糖的风味浓厚，临收口时醇美，有果仁味，收口有诱人的柠檬酸味。平衡度极佳的一款酒。

2012	95	2020-2024
2011	91	2013-2016+
2010	94	2012-2015+
2008	92	2013-2016

Estate Pinot Noir 酒庄黑皮诺干红葡萄酒　　　★ ★ ★

南吉普斯兰　　　　　　　　　　　$50-$99
当前年份：2012　　　　　　　　　　　88

口味封闭，略带草本味，汁液丰富。带有麝香香气、香料味，以及红樱桃、血丝李和杏仁糖融合而成的辣味，复杂度稍过，有类似清漆的味道。入口绵长雅致，红樱桃、雪松味橡木和草本味浓郁，单宁细腻、干燥，收口有些许草本味和清漆味。

2012	88	2020-2024
2011	90	2016-2019
2010	93	2015-2018
2009	95	2015-2019
2008	92	2013-2016
2007	95	2012-2015
2005	95	2010-2013+
2004	90	2009-2012
2003	83	2005-2008+
2002	93	2010-2014+
2001	95	2006-2009
2000	89	2005-2008
1999	94	2004-2007

Gamay 加美　　　★ ★ ★

南吉普斯兰　　　　　　　　　　　$30-$49
当前年份：2012　　　　　　　　　　　93

一款带有烟熏味的年轻葡萄酒，充满深度，味道干净，平衡度佳。红樱桃、麝香香味、清甜的花香浓郁，令人陶醉，夹杂着泥土味，底蕴中含有些许丁香和肉桂的香味。口感绵长、丰润，有浓郁的樱桃、李子和红莓果香，而后是细腻松织的单宁味，收口有绵长的果味、狂野复杂的肉味。

2012	93	2017-2020
2011	86	2013-2016
2010	92	2012-2015
2007	87	2009-2012
2001	84	2001-2002
1997	90	1999-2002+

Gewurztraminer 琼瑶浆　　　★ ★ ★ ★

南吉普斯兰　　　　　　　　　　　$30-$49
当前年份：2012　　　　　　　　　　　95

香料味完美，层次变化丰富，充满特色。带有麝香香气，琼瑶浆的花香，荔枝、玫瑰油和矿物的强烈香味。入口绵长，清新集中，有白亚香气，略带果味，通透诱人，富有深度，增加了绵长而直接的回味，收口醇美、紧实，有明显的酸味。平衡度极佳，质地优秀，复杂的味道令人欣喜。

2012	95	2016-2019+
2011	95	2016-2019+
2004	86	2005-2006
2001	85	2002-2003+

Premium Chardonnay 精选霞多丽干白葡萄酒　　　★ ★ ★ ★

南吉普斯兰　　　　　　　　　　　$50-$99
当前年份：2012　　　　　　　　　　　95

清脆的橡木味，优雅平衡，带有核果、梨和苹果的清淡花香，底蕴中略带肉味、橡木味和矿物味。口感丰润、绵柔密顺，有绵长的果味，与细腻的香草橡木味相互交织，更显葡萄酒的风格与魅力，收口顺滑、紧实集中，自然优雅。

2012	95	2020-2024
2011	93	2016-2019
2010	95	2015-2018
2009	93	2014-2017
2007	95	2009-2012+
2004	93	2006-2009+

★★★★   Premium Pinot Noir 精选黑皮诺干红葡萄酒

年份	评分	适饮期
2012	96	2032-2042
2011	92	2019-2023
2010	95	2018-2022
2009	96	2015-2019
2008	94	2016-2020+
2007	94	2012-2015
2005	91	2013-2017
2004	95	2009-2012+
2003	95	2011-2015+
2002	93	2014-2022+
2001	93	2009-2013
2000	87	2005-2008
1999	96	2007-2011

南吉普斯兰
当前年份：2012

$100-$199
96

品质卓越，质地优良，类似欧洲国家的皮诺香味层层散开。带有黑樱桃的浓郁果香，玫瑰花园的香气，肉味和泥土味，复杂度佳，舌面味道紧实，酒体中等偏饱满。樱桃、小浆果、血丝李果味馥郁，橡木味紧实浓烈，单宁细致干燥，回味绵长、紧实，收口有明显的酸味。

★★★★★   Reserve Pinot Noir 珍藏黑皮诺干红葡萄酒

年份	评分	适饮期
2012	98	2032-2042+
2010	96	2022-2030
2009	97	2021-2029
2007	93	2015-2019
2005	96	2013-2017+
2004	97	2012-2016
2003	96	2015-2023
2001	96	2013-2021
2000	87	2002-2005
1999	83	2001-2004+
1998	93	2003-2006+
1997	97	2009-2017+
1996	95	2004-2008+
1995	93	2003-2007+
1994	93	2002-2006
1991	95	2003-2011
1989	95	2001-2009

南吉普斯兰
当前年份：2012

$200+
98

极其纯正，香味浓郁，集中度佳，几乎称得上是澳大利亚最顶级的黑皮诺葡萄酒。玫瑰花瓣、红樱桃、黑樱桃、血丝李和清新雪松味的橡木融合而成的香味浓郁，略带肉味和五香味。单宁细腻，带有樱桃果味，入口顺滑，平衡度佳。集中丰富的香味层层散开，蔓延到舌下，香味款款来袭，收口清新纯美，平衡度好，余韵绵长。

博斯沃斯酒庄 Battle of Bosworth

通信地址：Gaffney Road, WillungaSA 5172 · **电话**：(08)8556 2441 · **传真**：（08）8556 4881 ·
网址：vvww.battleofbosworth.com.au · **电子邮箱**：Info@battleofbosworth.com.au
产区：麦克拉伦谷(McLaren Vale)   **酿酒师**：乔奇·博斯沃斯(Joch Bosworth)
葡萄栽培师：乔奇·博斯沃斯   **执行总裁**：路易斯·赫姆斯利·史密斯(Louise Hemsley-Smlth)

博斯沃斯家族从19世纪40年代开始在麦克拉伦谷种植葡萄，而我们现在讨论的博斯沃斯酒庄则诞生于20世纪70年代。博斯沃斯酒庄的红酒果味浓郁，口感顺滑，价格平易近人，2012年份的赤霞珠干红就是其中的典型。这些酒不会过度细腻或者讲究，但价格很便宜。1995年，博斯沃斯酒庄在威朗加附近的80公顷葡萄园中引进绿色管理体系。

★★   Cabernet Sauvignon 赤霞珠

年份	评分	适饮期
2012	90	2020-2024
2011	88	2013-2016+
2010	89	2015-2018+
2009	90	2017-2021
2008	88	2013-2016+
2007	89	2012-2015
2006	88	2008-2011
2005	89	2010-2013
2004	90	2009-2012+

麦克拉伦谷
当前年份：2012

$20-$29
90

一款纯正、醇美的赤霞珠葡萄酒。紫罗兰、乌梅、黑醋栗和清甜的香草/雪松味橡木味融合而成的香味浓郁，略带干草味。饱满偏中等身型，入口顺滑细腻，黑醋栗、桑葚和乌梅浓香多汁，单宁细腻、干燥。收口质朴，有清新的酸味，余味绵长。

★★   Shiraz 西拉

年份	评分	适饮期
2012	89	2017-2020+
2011	86	2013-2016+
2010	90	2018-2022
2009	92	2014-2017+
2008	82	2010-2013
2007	91	2012-2015+
2006	86	2008-2011
2005	90	2010-2013
2004	90	2012-2016

麦克拉伦谷
当前年份：2012

$20-$29
89

醇美可口，稍微有点不够顺滑。带有乌梅、黑醋栗、白胡椒和收敛的摩卡/黑巧克力/香草味橡木融合而成的烟熏味。汁液丰富，黑醋栗和黑葛融合而成的类似蜜饯的果味浓郁，细腻柔顺，收口温和，略酸，风味持久。

火焰湾酒庄 Bay of Fires

通信地址：40 Baxters Road, Pipers River, Tas 7252・电话：(03)6382 7622・传真：(03)6382 7225・
网址：www.bayoffireswines.com.au・电子邮箱：cellardoor@bayoffireswines.com.au
产区：塔斯马尼亚　酿酒师：彼得・奥利奇(Peter Oredge)
葡萄栽培师：克雷格・卡莱克(Craig Callec)　执行总裁：迈克尔・伊斯特(Michael East)

　　火焰湾是一家著名酒庄，致力于出品细腻、风格独特的葡萄酒。酒的品质更接近欧洲酒，相对澳大利亚葡萄酒更复杂，更美味可口，香味诱人，结构细腻。霞多丽、黑皮诺和长相思都是塔斯马尼亚产区的顶级佳酿，2013年份的雷司令品质也有很大提高。令人稍感羞耻的是，酒庄采用塔斯马尼亚黑皮诺酿造的葡萄酒贴的是哈迪的商标，而对火焰湾来说，这款酒其实可以为其带来最大的知名度。

Chardonnay 霞多丽 ★ ★ ★ ★

塔斯马尼亚 　　　　　　　　　　　　　　$30-$49
当前年份：2012　　　　　　　　　　　　　94
　　迷人复杂，美味可口，狂野特别。略带葡萄柚、甜瓜、白桃和柠檬的果香，底蕴中含有辣味、咸味和矿物味。酒体中等，入口绵长清新，紧实集中，有细腻的白垩香，果味新鲜。收口绵长持久，集中度好，舌头两侧味道复杂，有明显的矿物味和咸味。

2012	94	2017-2020+
2010	93	2015-2018+
2009	95	2014-2017
2008	94	2013-2016
2007	93	2009-2012+

Pinot Gris 灰皮诺 ★ ★ ★

塔斯马尼亚 　　　　　　　　　　　　　　$30-$49
当前年份：2013　　　　　　　　　　　　　88
　　一款明快浓郁、通透年轻的白葡萄酒。散发着白垩味和矿物味，稍甜。带有果仁味、柠檬味和甜瓜类果香。入口稍甜，有简单、类似果酱的柠檬和甜瓜味，底蕴中带有细腻的白垩味，收口稍带薄荷味。

2013	88	2015-2018
2011	93	2013-2016
2010	95	2012-2015+
2009	90	2011-2014+
2008	93	2010-2013+
2007	86	2008-2009
2006	86	2007-2008+

Pinot Noir 黑皮诺 ★ ★ ★ ★

塔斯马尼亚 　　　　　　　　　　　　　　$30-$49
当前年份：2012　　　　　　　　　　　　　94
　　时髦现代，颇具俄勒冈葡萄酒的风格。品质质朴，带有明快的果香和自然的橡木味道。闻起来略带覆盆子、血丝李、烟熏培根味的橡木和清甜的花香融合而成的强烈烧烤味。口感相当明快紧实，樱桃/李子果香纯正，绵长顺滑，舌面结构好。想要品尝到它的极致平衡和优雅，则需要时间和耐性。

2012	94	2020-2024
2011	94	2016-2019+
2010	95	2015-2018+
2009	95	2014-2017+
2008	96	2013-2016+
2007	92	2009-2012+
2006	90	2008-2011

Riesling 雷司令 ★

塔斯马尼亚 　　　　　　　　　　　　　　$30-$49
当前年份：2013　　　　　　　　　　　　　93
　　一款精心酿造的具有德国风格的白葡萄酒，平衡度佳。有明显的甜味，酸味温和，质地细腻。白花、苹果、梨和杏仁香味浓郁，略带股腐霉葡萄味，停留在舌面时清新多汁。回味绵长，质朴紧实，主要为桃子、苹果和梨类水果的香味。收口明快集中，平衡度佳。

2013	93	2018-2021+
2011	88	2013-2016
2010	88	2012-2015
2009	90	2014-2017
2008	89	2010-2013+
2007	89	2008-2009+
2006	91	2011-2014
2005	93	2010-2013+

★ ★ ★ ★   Sauvignon Blanc 长相思

2013	93	2015-2018
2012	87	2012-2013+
2011	94	2013-2016

塔斯马尼亚 $30-$49

当前年份：2013   93

带有烟熏味和矿物味。醋栗和西番莲的咸果味层层散开，很是特别。入口绵长质朴，质地含颗粒状，矿物味持久，水果味清新多汁，收口绵长，清爽美味。

贝思酒庄 Best's Great Western

通信地址： 111 Best's Road, Great Western Vic 3374 **· 电话：** (03)5356 2250 **· 传真：** (03)5356 2430 **·**
网址： www.bestswines.com **· 电子邮箱：** info@bestswines.com
产区： 大西区、格兰屏(Grampians)   **酿酒师：** 贾斯汀·普歇(Justin Purser)
葡萄栽培师： 本·托马森(Ben Thomson)   **执行总裁：** 本·托马森

    贝思酒庄是澳大利亚葡萄酒的一个标志，是维多利亚州西部一个历史悠久的酒庄。维多利亚州西部的西拉是澳大利亚最顶级的西拉。酒庄的葡萄酒具有典型的大西区风格，带有黑胡椒味和异域香料味，但又有浓郁的果味，烈度足够，结构良好，又不会过于厚重。2012年份的Bin No. 0西拉干红葡萄酒就是一款经典的美酒，而且很可能是酒庄最顶级的葡萄酒。不过我觉得略逊于同一年份的汤普森家族珍藏西拉干红，可能是因为收获的时间稍早了。酒庄给我的最大惊喜是2012年份的莫尼耶皮诺干红葡萄酒，毫无疑问这是目前品质最佳的一款黑皮诺葡萄酒。

★ ★ ★ ★   Bin No. '0' Shiraz 西拉干红葡萄酒

2012	96	2032-2042
2010	95	2030-2040
2009	95	2029-2039
2008	94	2020-2028+
2007	86	2012-2015+
2006	95	2018-2026
2005	92	2017-2025
2004	93	2016-2024
2003	87	2011-2015
2002	87	2010-2012
2001	92	2009-2013+

大西区格兰屏 $50-$99

当前年份：2012   96

    一款典型的大西区西拉葡萄酒，带有新鲜黑莓、樱桃和李子融合而成的辣味，优雅的雪松/巧克力橡木味使得辣味更为突出，底蕴中有干草的味道。回味极其绵长、质朴，酒体会在舌头上留下颜色；在体验到深色多汁的水果味之后，紧接着而来的是细腻的质感，收口相当美味，稍带黑胡椒、干草和甘草的味道。平衡度极佳，极其优雅、集中。

★ ★   Bin No. 1 Shiraz 西拉干红葡萄酒

2012	92	2017-2020
2011	88	2013-2016
2010	91	2011-2014+
2009	90	2011-2014+
2008	88	2010-2013
2007	86	2009-2012+
2006	89	2011-2014

大西区格兰屏 $20-$29

当前年份：2012   92

    质朴优雅，中等身型，带有辣味。闻起来有清新深刻的花香，略带黑莓、黑醋栗、覆盆子和新鲜椰子雪糕/香草味橡木融合的果酱类风味。入口顺滑，平衡度佳。底蕴细腻，回味绵长，明快浓郁。收口清新可口，优雅迷人。

★ ★ ★   Cabernet Sauvignon 赤霞珠

2012	93	2024-2032+
2010	90	2015-2018+
2009	93	2017-2021+
2008	89	2016-2020
2006	93	2018-2026+
2005	90	2013-2017
2001	91	2009-2013+
2000	87	2005-2008
1999	91	2011-2019
1998	91	2010-2018
1997	90	2005-2009+
1996	88	1998-2001

大西区格兰屏 $20-$29

当前年份：2012   93

    一款精心酿制的红酒，纯粹，中等偏饱满身型，平衡集中，适合窖藏。闻起来具有橡木香，雪松中又夹带一点烟熏味，还有被压碎的黑醋栗和乌梅的果香。回味绵长质朴，细腻，有白垩香，舌头味道悠长、果味浓郁优雅，收口干脆，有清新的酸味。

47

大西区格兰屏　　　　　　　　　　$20-$29
当前年份：2012　　　　　　　　　　89

　　一款温润、精致的霞多丽干白，口感顺滑，果味甘甜，风格不同于现代的葡萄酒。带有细腻的白桃果味，奶油果仁香草味的橡木香，底蕴中透露出菠萝和小麦粉的香气。入口有明显的酒香，但不油腻，酒体中等，舌头上明快多汁，余味悠长，酸度温和。

2012	89	2017-2020
2011	91	2013-2016
2010	87	2012-2015
2009	89	2011-2014+
2008	82	2010-2013
2007	89	2009-2012+
2005	89	2007-2010+
2001	92	2006-2009
2000	84	2002-2005
1998	86	2003-2006
1997	88	2002-2005

Pinot Meunier 莫尼耶皮诺 ★

大西区格兰屏　　　　　　　　　　$50-$99
当前年份：2012　　　　　　　　　　95

　　一款狂野醉人的红酒，香味浓郁，带有红花、兰花、红樱桃、浆果和收敛的橡木味融合而成的明显香味。入口绵长，质朴柔顺，甜味明快，略带小浆果和李子类水果的胡椒味，烘托出了细腻、爽脆的单宁味。收口有明显的酸味、泥土味和辣味。适合窖藏，可充分发展平衡度和结构。

2012	95	2024-2032+
2011	86	2013-2016
2010	89	2018-2022
2008	87	2016-2020
2005	89	2013-2017
2004	90	2012-2016
2003	87	2008-2011
2002	87	2007-2010+
1999	90	2004-2007
1998	89	2003-2006
1997	87	2005-2009
1996	90	2004-2008

Pinot Noir 黑皮诺 ★★

大西区格兰屏　　　　　　　　　　$20-$29
当前年份：2011　　　　　　　　　　91

　　优雅迷人，酒体会随着时间的推移变得更加丰腴。散发着淡淡的薄荷香，樱桃、玫瑰花瓣和清淡的雪松/香草味橡木融合而成的草本味、尘土味，舌面表现温和多汁，清甜丰富的果味夹杂着细腻、爽脆的单宁味。适合窖藏。

2011	91	2016-2019
2010	93	2015-2018+
2009	86	2011-2014
2006	89	2011-2014+
2001	88	2003-2006+
2000	87	2005-2008
1999	87	2001-2004
1998	89	2000-2003+
1997	77	1998-1999
1996	89	2001-2004
1994	86	1996-1999

Riesling 雷司令 ★★★

大西区格兰屏　　　　　　　　　　$20-$29
当前年份：2013　　　　　　　　　　93

　　平衡度佳，清新集中，辛辣刺激。带有酸橙汁、核果、梨和苹果的醉人香味，香甜的花香提升了香味的层次，底蕴中透露出淡淡的白垩香。主轴细腻、简练，口感绵长明快，果味浓郁，收口平衡，既有浓烈的酸橙汁和柠檬皮味道，甜度恰如其分，还有清脆的酸味。

2013	93	2018-2021+
2012	87	2017-2020
2011	92	2019-2023+
2010	91	2018-2022
2009	88	2011-2014+
2008	89	2016-2020
2007	89	2012-2015
2006	92	2014-2018
2005	91	2013-2017
2004	90	2009-2024+

Thomson Family Reserve Shiraz 汤普森家族珍藏西拉干红葡萄酒 ★★★★

大西区格兰屏　　　　　　　　　　$100-$199
当前年份：2012　　　　　　　　　　94

　　成熟丰富，橡木味浓郁。带有黑莓、黑醋栗、桑葚、乌梅和胡椒融合而成的泥土香，略带点辣味，底蕴中有明显的巧克力和香草味。酒体中等偏饱满，黑色水果口感质朴紧实，回味绵长，主轴坚实，收口悠长，有明快的果香和持久的薄荷香。

2012	94	2024-2032+
2010	96	2022-2030+
2008	93	2020-2028+
2006	95	2026-2036
2005	95	2035-2045
2004	94	2034-2044+
2001	94	2021-2031+
1998	95	2018-2028+
1997	95	2009-2017+
1996	93	2016-2026
1995	95	2025-2035
1994	95	2014-2034

贝丝妮酒庄 Bethany

通信地址： Bethany Road, Bethany via Tanunda SA 5352 · **电话：** (08) 8563 2086 ·
传真： (08)8563 0046 · **网址：** www.bethany.com.au · **电子邮箱：** bethany@bethany.com.au
产区： 巴罗莎谷(Barossa Valley)　**酿酒师：** 杰弗里·施拉波尔(Geoffrey Schrapel)、罗伯特·施拉波尔(Robert Schrapel)　**葡萄栽培师：** 杰弗里·施拉波尔、罗伯特·施拉波尔　**执行总裁：** 杰弗里·施拉波尔、罗伯特·施拉波尔

　　1852年，施拉波尔家族开始在偏远的巴罗莎谷贝丝妮角种植葡萄。其葡萄酒酿造历史则始于20世纪80年代。酒庄的红葡萄酒因酒香浓郁、橡木味直接和结构良好快速成为消费者的宠儿。2010年份的西拉干红则重新回到了巅峰状态——其最好的西拉酒是1994年份的，这款酒会让那些享受清新成熟巴罗莎西拉的人铭记于心。酒庄最著名的葡萄酒之一是精选迟摘雷司令干白，平衡度极佳，带有迟摘葡萄的香甜。

★

Chardonnay 霞多丽

2012	88	2013-2014+
2011	87	2012-2013+
2010	88	2012-2015
2009	86	2010-2011
2001	80	2001-2002
2000	80	2001-2002
1999	82	2000-2001
1998	81	1998-1999
1997	81	1998-1999
1996	82	1997-1998

巴罗莎谷　　　　　　　　　　　$12-$19
当前年份：2012　　　　　　　　　88

　　圆润多汁，饱满温和。有辛辣味。散发着桃子的甘甜果香，混杂着奶油、黄油和香草味的橡木香，略带红茶的清香。入口有明显的橡木香，余味绵长、不复杂，收口柔软顺滑。

★ ★ ★

Eden Valley Riesling 伊顿谷雷司令

2013	93	2021-2025
2012	90	2020-2024
2011	93	2019-2023
2010	93	2015-2018+
2009	89	2014-2017
2008	91	2013-2016+
2006	92	2011-2014+
2003	90	2008-2011
2002	82	2004-2007
2001	89	2006-2009
2000	87	2001-2002+

伊顿谷　　　　　　　　　　　　$12-$19
当前年份：2013　　　　　　　　　93

　　优雅醇美，品质超群。闻起来带有玫瑰花园和柠檬花的芳香，底蕴中透露出矿物味和酸橙汁的香味。口感绵长甜美，集中紧实。质感细腻，有明快的柑橘类果味，收口干燥，平衡度佳，有清新的柠檬味。

★ ★ ★

GR Reserve Shiraz 特级珍藏西拉干红葡萄酒

2008	91	2016-2020+
2006	87	2011-2014+
2005	93	2013-2017+
2004	93	2016-2024
1999	82	2001-2004
1998	82	2003-2006+
1997	77	1999-2002
1996	90	2001-2004
1995	86	2000-2003
1994	92	1999-2002+
1992	90	1997-2000

巴罗莎谷　　　　　　　　　　　$50-$99
当前年份：2008　　　　　　　　　91

　　丰腴盈润，果味甘甜。带有一丝泥土气息，以及黑莓和黑巧克力的肉味，血丝李层次丰富的果香味。口感富裕成熟，略带浆果、李子融合而成的波特酒和葡萄香味，融合了奶油香草、巧克力味橡木的香甜。尽管质地还有些许不成熟以及金属的生硬感，但结构和长度会随着时间的增加而愈发充盈、悠长。

★ ★

Lawrence & Edna Shiraz 劳伦斯&艾德娜西拉干红葡萄酒

2012	89	2017-2020+
2010	89	2015-2018+
2008	91	2013-2016
2006	89	2011-2014

巴罗莎谷　　　　　　　　　　　$20-$29
当前年份：2012　　　　　　　　　89

　　一款味道相对简单，略带果酱味的西拉葡萄酒。散发着泥土气息和花香，红酸栗、李子和雪松味橡木融合而成的淡辣味，馥郁浓烈。口感柔顺多汁，黑醋栗、覆盆子、桑葚和蓝莓果香明快均匀，单宁细腻柔润，结构紧实，收口清新，余韵悠长。

★

Old Vine Grenache 老藤歌海娜干红葡萄酒

2012	88	2020-2024+
2010	88	2012-2015+
2009	88	2014-2017
2008	82	2010-2013
2006	90	2008-2011+
2005	83	2007-2010
2004	88	2006-2009+
2002	84	2004-2007
2000	84	2002-2005
1999	80	2000-2001
1998	77	1999-2000
1997	80	1998-1999

巴罗莎谷　　　　　　　　　　　$20-$29
当前年份：2012　　　　　　　　　88

　　成熟多汁，带有甘甜醉人的玫瑰园芳香，底蕴中透露出雪松味的橡木香、丁香和肉豆蔻的香料香，交织着黑醋栗、覆盆子和蓝莓融合而成的果酱风味。口感顺滑柔润，味道直接，甜水果味稍显刺激，收口新鲜感和集中度欠佳，有点甜腻。

★ ★ ★

Reserve Riesling 珍藏雷司令

2012	88	2017-2020+
2011	93	2023-2031
2010	93	2022-2030
2009	91	2014-2017+
2007	90	2012-2015
2006	90	2011-2014
2005	88	2007-2010+
2004	91	2006-2009+

伊顿谷　　　　　　　　　　　　$20-$29
当前年份：2012　　　　　　　　　88

　　细腻明快，带有花香，缺乏复杂度。散发着苹果、梨、酸橙和柠檬的果香。口感清新多汁，回味绵长，保留了梨/苹果的原果味，底蕴中透露出一丝灰尘味。

Select Late Harvest Riesling 精选迟摘雷司令干白葡萄酒 ★★

巴罗莎谷 $20-$29

当前年份：2009 93

一款清新明快、芳香丰腴的雷司令葡萄酒。甜味、刺激的酸味和细腻的白垩香结合得恰到好处。入口后，梨、苹果和热带水果的果香浓郁，舌面结构圆润丰腴，浓郁的果味散发到极致，收口清新集中，带有刺激的柠檬酸味。

2009	93	2011-2014+
2008	91	2013-2016
2007	84	2008-2009+
2006	88	2007-2008
2005	86	2007-2010
2004	86	2005-2006+
2003	89	2004-2005+
2002	87	2003-2004+
1999	90	2001-2004
1998	89	2000-2003+
1997	90	1999-2002

Semillon 赛美蓉 ★★

巴罗莎谷 $12-$19

当前年份：2013 91

现在的酒体有些过于厚重，味道刺激。不过，如果放到明年的话，这款酒会散发出赏心悦目的果香味、温和的橡木味，会更诱人一些。有些许酯味和清漆味，另有柠檬、酸橙汁和柠檬皮混合而成的明快香气，底蕴中透出些许烟熏香草味和类似口香糖的橡木香。口感顺滑丰腴，带有清新酸橙、甜瓜和柠檬的明快多汁，与橡木味融合在一起，恰到好处。收口绵长，带有刺激的柠檬酸味。

2013	91	2018-2021+
2012	81	2013-2014
2011	91	2016-2019
2010	91	2012-2015+
2009	83	2011-2014
2008	86	2010-2013
2007	90	2012-2015
2006	88	2008-2011
2005	90	2010-2013
2004	90	2006-2009+
2003	88	2005-2008
2002	89	2004-2007
2001	86	2003-2006
2000	88	2002-2005

Shiraz 西拉 ★

巴罗莎谷 $20-$29

当前年份：2010 91

足以让人回想起贝丝妮酒庄出品的首款西拉——魅力、优雅。带有甜味、泥土味，白胡椒、黑醋栗、红酸栗、紫罗兰和奶油香草味橡木融合而成的淡淡肉味，夹杂着些许具有产区特色的果酱风味。口感顺滑，舌面风味温和，融合了浆果/李子的甜味、橡木的辣以及单宁的柔润。收口清新平衡。

2010	91	2018-2022+
2009	86	2011-2014
2008	85	2010-2013
2006	88	2011-2014+
2005	86	2010-2013
2004	88	2009-2012+
2003	88	2008-2011+
2002	83	2004-2007
2001	85	2003-2006+
2000	82	2002-2005
1999	86	2001-2004+
1998	86	2000-2003
1997	82	1999-2002

宾迪酒园 Bindi

通信地址：343 Melton Road, Gisborne Vic 3437 · **电话**：(03)5428 2584 · **传真**：(03)5428 2564 ·
网址：www.bindlwines.com.au · **电子邮箱**：michael@bindiwines.com.au
产区：马其顿山脉(Macedon Range) **酿酒师**：迈克尔·迪隆(Michael Dhillon)
葡萄栽培师：迈克尔·迪隆 **执行总裁**：迈克尔·迪隆

宾迪酒庄历时不久即成为著名酒庄。酒庄位于阳光明媚的凉爽地带，气候变化相对温和。其葡萄园内恰巧有一个土壤肥沃的斜坡，富含石英。近期酒庄在葡萄酒命名和商标方面作了一些变化，他们希望买家可以了解对宾迪酒庄有重要贡献的人，而其中最重要的就是科斯塔·瑞德（Kostas Rind），他是酒庄的启蒙之人，亦是我孩童时代的邻居。2012年份的红酒属封闭型，需要时间来慢慢释放出香味；而2013年份的红酒味道则更开放，果味也更浓郁。

Block 5 Pinot Noir 5区黑皮诺干红葡萄酒 ★★★★

马其顿山脉 $50-$99

当前年份：2013 93

年轻单调的皮诺可以酿造出颜色、香味和质量都优秀的葡萄酒。这款酒散发出浓郁的花香，带有麝香香气，以及新鲜黑莓、红莓、覆盆子和味道收敛的橡木融合而成的香味，底蕴中透出一股强烈的干草味和些许可乐的味道。口感绵长，雅致多汁，果味香甜，主轴纯粹、细腻，烘托出了丰盈黏稠的果汁味。给点儿时间让它充分释放自己的味道吧！

2013	93	2021-2025+
2012	93	2020-2024+
2011	91	2019-2023
2010	95	2022-2030
2009	94	2021-2029
2008	91	2013-2016
2007	88	2012-2015+
2006	92	2011-2014
2005	97	2013-2017+
2004	96	2012-2016
2003	97	2011-2015
2002	89	2004-2007
2001	94	2006-2009+

Dixon (Formerly Composition) Pinot Noir
狄克逊（原名创作）黑皮诺干红葡萄酒

2013	90	2021-2025
2012	90	2014-2017+
2011	89	2013-2016
2010	93	2018-2022+
2009	93	2014-2017+
2008	90	2010-2013+
2007	89	2009-2012
2006	92	2008-2011+
2005	90	2007-2010
2004	90	2006-2009

马其顿山脉
当前年份：2013

$30-$49
90

一款相当迷人的年轻黑皮诺葡萄酒，清新多汁，带些许果酱风味。有明显的花香以及由覆盆子和红樱桃融合而成的柑橘类香味。在细腻柔顺的单宁烘托下，口感绵长明快，樱桃、浆果的果味略干瘪，不过会随着时间的推移而变得充盈。一款会随着年限增加而变得优雅、平衡的酒。

Kostas Rind (Formerly Composition) Chardonnay
科斯塔瑞德（原名创作）霞多丽干白葡萄酒

2013	93	2018-2021+
2012	93	2020-2024
2011	90	2013-2016+
2010	92	2018-2022
2009	93	2014-2017
2008	88	2010-2013
2007	90	2009-2012
2006	89	2008-2011
2005	94	2010-2013
2004	91	2006-2009
2003	95	2008-2011+
2002	95	2007-2010+
2001	89	2003-2006+
2000	86	2008-2012

马其顿山脉
当前年份：2013

$30-$49
93

有种介于新世界和旧世界葡萄酒的风格，复杂度佳，纯粹清新，会随着时间的推移发生变化。闻起来有黄花、桃子和甜瓜的细腻清香，混杂着黄油味的橡木香以及特别的矿物味，底蕴中透出些许丁香、肉桂和柠檬皮的香味。口感顺滑丰腴，黄桃、油桃、甜瓜和葡萄柚的果香浓郁集中，酸味紧实，余味绵长，带有灰尘味的矿香。

Original Vineyard Pinot Noir 老藤黑皮诺干红葡萄酒

2013	93	2025-2031
2012	88	2017-2020
2011	91	2016-2019+
2010	94	2022-2030
2009	91	2014-2017+
2008	90	2010-2013+
2007	91	2011-2014
2005	91	2010-2013
2004	93	2009-2012
2003	95	2008-2011
2002	90	2007-2010
2001	90	2006-2009

马其顿山脉
当前年份：2013

$50-$99
93

一款迷人年轻的黑皮诺干红，会随着时间的推移变得更丰腴。闻起来有股淡淡的香味和辣味，另有些许薄荷味，烘托了由草莓、覆盆子、红樱桃和玫瑰花瓣融合而成的麝香香气。酒体中等偏饱满，柔顺优雅，樱桃、浆果明快多汁，构造出了舌下的紧实感。主轴细腻柔顺，交织着清新的雪松橡木味，余味绵长，恰到好处，平衡度佳。

Quartz Chardonnay 石英霞多丽干白葡萄酒

2013	92	2012-2025
2012	94	2020-2024
2011	95	2019-2023+
2010	96	2018-2022+
2009	94	2014-2017+
2008	87	2010-2013
2007	93	2009-2012
2006	89	2008-2011+
2005	97	2010-2013+
2004	95	2009-2012
2003	97	2011-2015
2002	97	2007-2010+

马其顿山脉
当前年份：2013

$50-$99
92

一款复杂、橡木味浓郁、矿物香强烈的年轻霞多丽葡萄酒，品质会随着时间的推移发生变化：酯味会消失，并释放出真正的特色。这款酒香味封闭，葡萄柚、甜瓜和酸橙汁的香味中带有湿板岩和浴盐的味道；舌头上会有绵长、密顺的浓郁香味，烘托出了果仁味和略甜的果味，收口汁液丰富，有刺激的酸味和可口的矿物味。

黑杰克酒庄 BlackJack

通信地址：3379 Old Calder Highway, Harcourt Vic 3453 · 电话：(03)5474 2355 · 传真：(03)5474 2355 · 网址：www.blackjackwines.com.au · 电子邮箱：sales@blackjackwines.com.au 产区：本迪戈 酿酒师：伊恩·麦肯兹(Ian McKenzie)、肯·波洛克(Ken Pollock) 葡萄栽培师：肯·波洛克

该酒庄是以一位美国水手的名字命名的。在19世纪50年代，这名美国水手弃船潜逃，找到了卡斯肯梅恩金矿区的路。黑杰克酒庄因出品品质质朴、醇美多汁的红葡萄酒而闻名，而且价格都相当地平易近人。2012年份的西拉葡萄口感更雅致，在光泽度和香味方面也略胜一筹。这些酒酿造技术纯熟，果香浓郁，平衡度和新鲜感都能保存得很好。或许有人认为这只跟葡萄藤有关，但我想这更关乎酿酒师的意识和酿酒的雄心。

Block 6 Shiraz 6区西拉干红葡萄酒 ★★★

本迪戈 $30-$49
当前年份：2012   93

口感顺滑，紧实集中，平衡度佳。香味明快，略带由黑醋栗、黑莓、清新雪松/摩卡味的橡木融合而成的薄荷味，胡椒味浓郁。在细腻、爽脆的单宁味衬托下，黑醋栗、黑莓和红酸栗的浓郁果味和谐地与顺滑细腻的橡木味相融合，余味悠长，细腻优雅，带有清新的酸味。

2012	93	2024-2032+
2010	91	2022-2030
2009	93	2021-2029
2008	92	2020-2028
2007	91	2012-2015+
2006	90	2008-2011+
2005	91	2013-2017
2004	89	2009-2012
2003	88	2008-2011

Cabernet Merlot 赤霞珠梅洛混酿 ★

本迪戈 $20-$29
当前年份：2012   86

香甜，散发着由黑醋栗和覆盆子融合而成的薄荷味，底蕴中有淡淡的雪松、香草橡木味，以及灰尘味和草本味。酒体中等偏饱满，单调，舌头两侧有不成熟感，多汁浆果的直接果味变得稀薄，余味略短，带有金属质感。

2012	86	2017-2020
2010	87	2015-2018
2009	88	2014-2017
2008	90	2016-2020
2007	89	2015-2019+
2006	88	2011-2014+
2005	89	2013-2017+
2004	90	2012-2016
2003	85	2005-2008+
2002	89	2007-2010

Shiraz 西拉 ★★

本迪戈 $30-$49
当前年份：2012   93

一款精心酿制的流行红酒，绵长浓郁，紧实细腻。散发着黑醋栗、黑莓、乌梅和烟熏摩卡/香草味的橡木融合而成的浓香，带有些许黑胡椒、香料和香草的味道。入口甘甜多汁，主轴细腻，有粉末质感，先是单调，而后舌下又有了深度和饱满度，收口优雅，香味持久，有清新的酸味。

2012	93	2024-2032+
2011	86	2013-2016
2010	90	2018-2022
2009	89	2017-2021
2008	90	2016-2020
2007	90	2012-2015+
2006	89	2011-2014+
2005	88	2010-2013+
2004	90	2009-2012+
2003	87	2005-2008
2002	87	2004-2007+
2001	92	2006-2009+
2000	90	2002-2005+

宝黛酒庄 Bleasdale

通信地址： Wellington Road, Langhorne Creek SA 5255 · **电话：**(08)8537 3001 · **传真：**(08)8537 3224 ·
网址： www.bleasdale.com.au · **电子邮箱：** cellar@bleasdale.com.au
产区： 兰汉溪(Langhorne Creek)、阿德莱德山（Adelaide Hills） **酿酒师：** 保罗·霍克尔(Paul Hotker)、马特·劳伯(Matt Laube) **葡萄栽培师：** 山姆·博曼(Sam Bowman) **执行总裁：** 彼得·贝林(Peter Perrin)

宝黛酒庄的发展展示了兰汉溪产区许多的传统和历史，其出品的红酒醇美香甜，优雅绵长。2012年份的红酒清新优雅，自然平衡——这也是宝黛酒庄红葡萄酒的特点。弗兰克波茨干红葡萄酒带有薄荷味，香味层层散开，有格调——这是很多比其更珍贵的品牌葡萄酒都想拥有的品质。

Bremerview Shiraz 布雷默风景西拉干红葡萄酒 ★★

兰汉溪 $12-$19
当前年份：2012   90

可以在接下来十年中的任何一年饮用。这款拥有惊人复杂度、美味可口的西拉酒略带黑醋栗、桑葚、乌梅和黑莓的果味，底味中有温和的橡木香，以及具有衬托作用的胡椒味。口感柔软顺滑，散发着黑醋栗、乌梅和紫罗兰的浓香，与雪松、香草味的橡木交织在一起，单宁温和，有粉末质感。

2012	90	2020-2024+
2010	92	2022-2030
2009	89	2017-2021
2008	87	2013-2016
2007	91	2015-2019
2006	88	2011-2014
2004	87	2006-2009
2003	85	2008-2011
2002	87	2007-2010+
2001	89	2003-2006+
2000	90	2008-2012
1999	89	2004-2007

Frank Potts Cabernet Blend 弗兰克波茨赤霞珠混酿 ★★★

兰汉溪 $20-$29
当前年份：2012   92

一款精心酿制的混酿，平衡度佳，优雅，寿命长。散发着紫罗兰和小红花的淳朴香味，透露出黑醋栗和清新雪松/香草味的橡木融合而成的清香，略带具有产区特色的薄荷味。口感柔软顺滑，小浆果的紧实浓香层层散开，交织着橡木香和细腻柔韧的单宁味，余味绵长，酸味适中。

2012	92	2024-2032+
2010	92	2022-2030+
2009	92	2029-2039
2008	89	2013-2016+
2007	92	2015-2019+
2006	91	2018-2026
2005	84	2007-2010
2004	91	2016-2024
2003	90	2011-2015
2002	89	2010-2014
2001	89	2009-2013
2000	89	2005-2008+
1999	93	2007-2011

52

★

Mulberry Tree Cabernet Sauvignon 桑葚树赤霞珠干红葡萄酒

2012	88	2020-2024+
2011	82	2013-2016
2010	89	2022-2030
2009	86	2014-2017
2008	88	2013-2016+
2007	88	2012-2015+
2006	83	2008-2011
2005	80	2007-2010
2004	88	2009-2012

兰汉溪
当前年份：2012

$12-$19

88

　　一款淳朴成熟的赤霞珠葡萄酒。散发着黑醋栗、覆盆子和桑葚的纯正果香，夹杂着略带雪松味的橡木香，以及细腻的单宁味，稍带灰尘味和草本味。口感柔润、均衡。

★ ★

Second Innings Malbec 第二回合马尔贝克干红葡萄酒

2012	88	2017-2020+
2011	91	2016-2019+
2010	90	2018-2022
2009	90	2017-2021
2008	86	2010-2013
2007	90	2015-2019
2006	89	2014-2018
2005	82	2007-2010
2004	87	2009-2012
2003	88	2008-2011
2002	82	2004-2007
2001	90	2006-2009
2000	89	2005-2008

兰汉溪
当前年份：2012

$12-$19

88

　　一款精心酿制的马尔贝克干红。顺滑、丰腴、成熟。散发着浓郁的花香，略带成熟的黑醋栗、覆盆子、李子和蓝莓的植物味，与新鲜雪松味和略带巧克力味的橡木香相互交织，稍带煮熟的欧洲防风草的味道，底蕴中透出细腻、柔润的单宁味和收敛的橡木味，丰润、果香浓郁。相对两星这样的评级而言，收口略短。

蓝宝丽丝酒庄 Blue Pyrenees Estate

通信地址：Vinoca Road，Avoca Vic 3467・**电话**：(03)5465 1111・**传真**：（03）5465 3529・
网址：www.bluepyrenees.com.au・**电子邮箱**：info@bluepyrenees.com.au
产区：宝丽丝产区(Pyrenees)　**酿酒师**：安德鲁・柯纳(Andrew Koerner)
葡萄栽培师：西恩・豪威（Sean Howe）　　**执行总裁**：安德鲁・柯纳

　　1963年由雷米・马丁（Remy Martin）创建。蓝宝丽丝酒庄是敢于在凉爽气候栽种葡萄的现代澳大利亚酒庄之一。酒庄还保留着深受法国影响的主体建筑，主要特色在于它的大型葡萄园拥有多种土壤类型、多个斜坡和不同的朝向。当前年份是近几年来品质最佳的葡萄酒。安德鲁・柯纳酿造出了风格更优雅，更有魅力，也更美味可口的红酒，而他也擅长酿造更单调、清新、明快的起泡酒。酒庄最成功的两款葡萄酒分别为2012年份的理查德森和2010年份的午夜浪漫起泡酒，显示了蓝宝丽丝的前进方向——仔细说来就是出品价格便宜的庄园系列葡萄酒。

★ ★

Estate Cabernet Sauvignon 庄园赤霞珠干红葡萄酒

2012	92	2024-2032+
2011	86	2013-2016
2010	88	2015-2018
2009	91	2021-2029
2008	89	2013-2016+
2006	90	2018-2026
2005	90	2017-2025
2004	89	2012-2016
2004	89	2009-2012+
2003	82	2005-2008

宝丽丝
当前年份：2012

$12-$19

92

　　优雅纯正，平衡度佳。散发着黑醋栗、红莓和雪松/香草味橡木融合而成的浓郁香味，基调中带有干草的灰尘味。口感绵长顺滑，透露出黑莓的浓郁果味，主轴坚实、均衡，收口带有辣味和矿物味。这款精心酿制的葡萄酒物超所值。

★

Estate Merlot 庄园梅洛干红葡萄酒

2012	91	2020-2024+
2011	81	2013-2016
2010	89	2012-2015+
2009	89	2014-2017+
2008	88	2010-2013+
2006	90	2011-2014+
2005	92	2013-2017
2004	91	2012-2016

宝丽丝
当前年份：2012

$12-$19

91

　　一款芳香四溢、平衡度佳的年轻梅洛葡萄酒。闻起来有乌梅、清新雪松味橡木的香味，略带樱桃核和矿物的香味。口感顺滑柔润，长度细腻舒服，带有小黑樱桃、黑莓、黑醋栗和乌梅的浓郁多汁，基调中有雪松/巧克力味橡木香，单宁细腻、干燥，有粉末质感。余味绵长清新，一丝产区薄荷和欧洲红酒的恰如其分的辣味萦绕其间。

Estate Reserve Cabernet Blend 酒庄珍藏赤霞珠混酿 ★★★

宝丽丝 $30-$49
当前年份：2009 93
　　产自维多利亚中部的一款极其优雅的赤霞珠混酿。散发着泥土味，略带小黑莓和柔顺雪松/巧克力味橡木融合而成的矿物味，透出薄荷和石墨的精妙味道。入口绵长，缓慢富有节奏，薄荷味的黑莓、李子果味紧实，层层散开，与细腻、雪松味的橡木香相互交织，基调中带有细腻柔顺但紧实的单宁味。会随着年限的增加而散发出更浓烈的薄荷味和明显的产区特色。

2009	93	2021-2029+
2008	92	2020-2028+
2006	90	2014-2018+
2004	92	2016-2024
2002	82	2007-2010+
2001	87	2009-2013+
2000	83	2005-2008
1999	93	2007-2011+
1998	93	2010-2018
1997	89	2005-2009
1996	93	2008-2016
1995	93	2003-2007

Estate Shiraz 酒庄西拉干红葡萄酒 ★

宝丽丝 $20-$29
当前年份：2012 90
　　绵长优雅，平衡度佳。散发着一股由小红莓、黑醋栗、紫罗兰和胡椒融合而成的紧实质朴香味，底蕴中透露出雪松橡木香和一丝薄荷味。酒体中等偏饱满，果味润明快，柔顺的单宁味衬托出了小黑莓、李子和收弛有度的雪松/巧克力味橡木融合而成的浓郁香味，会随着时间的推移而愈发美味可口。

2012	90	2017-2020+
2011	81	2013-2016
2009	89	2014-2017+
2008	89	2013-2016
2005	89	2010-2013
2004	83	2006-2009+
2003	86	2005-2008+

Midnight Cuvée Sparkling 午夜浪漫起泡酒 ★★

宝丽丝 $30-$49
当前年份：2010 94
　　一款单调的起泡酒，平衡度佳，极其优雅，富有风格。散发着白花、桃子、苹果和梨融合而成的淳朴动人的芳香，基调中有奶油味和甜瓜类水果的香味。口感纯正爽快，透露出清新甜瓜和柑橘明快通透的果味，略带烟草的底味，余味因此变得更加悠长，绵柔密顺，收口紧实细腻，干燥美味，带有爽快的酸味。

2010	94	2015-2018
2009	93	2014-2017
2008	90	2013-2016
2002	91	2010-2014
2001	89	2009-2013
2000	83	2002-2005
1998	87	2000-2003

Reserve Shiraz 珍藏西拉干红葡萄酒 ★★

宝丽丝 $30-$49
当前年份：2012 92
　　一款会随着时间成熟，变成优雅、带有灰尘味的产区西拉干红。绵长美味，带有辣味，稍带新鲜黑醋栗、覆盆子、乌梅和烟熏味橡木融合而成的薄荷香，基调中有明显的薄荷味和桉树味。在紧实细腻、带有灰尘味的单宁的支撑下，酒体中等偏饱满，细腻柔顺，果味紧实绵长，收口矿物味和辣味稍重。

2012	92	2020-2024+
2009	91	2017-2021+
2006	91	2014-2018
2005	86	2010-2013
2004	89	2012-2016

Vintage Brut Sparkling 年份干型起泡酒 ★★

宝丽丝 $20-$29
当前年份：2010 92
　　明快复杂，美味可口。散发着桃子、奶油、柠檬花和黄油融合而成的奶油味，带有面包酵母和牛轧糖融合而成的烟熏底味。入口时有松脆的水珠，纯正膨胀，带有桃子、梨和苹果类水果的浓郁果香，复杂的奶油味增加了余味的长度，雅致轻柔，收口带有辣味和柠檬味。

2010	92	2015-2018+
2009	91	2014-2017
2008	88	2013-2016+
2007	82	2009-2012
2006	86	2008-2011
2004	88	2009-2012
2002	88	2007-2010
2001	80	2006-2009
2000	88	2005-2008+
1999	89	2001-2004
1998	87	2000-2003

宝云庄 Bowen Estate

通信地址： Riddoch Highway, Coonawarra SA 5263 · **电话：** (08)8737 2229 · **传真：** (08)8737 2173 ·
网址： www.bowenestate.com.au · **电子邮箱：** bowen@bowenestate.com.au
产区： 古纳华拉　**酿酒师：** 艾玛·宝云(Emma Bowen)、道格·宝云(Doug Bowen)
葡萄栽培师： 道格·宝云　**执行总裁：** 乔伊·宝云(Joy Bowen)

　　宝云庄是一座深受尊重的酒庄，葡萄园和酿酒厂均为家族所有。坐落于古纳华拉红土壤带状区域中央。宝云家族拥有的葡萄园面积达33公顷，葡萄藤都是手工修剪的。其葡萄酒极其丰润，果味浓郁，会随着时间的推移变得愈发优雅、平衡。艾玛·宝云酿造的葡萄酒更精妙、细腻，虽然2012年份的葡萄酒酒精度稍高了一点。

★★★　　　　　　　　　　　　　　　　　　　**Cabernet Sauvignon 赤霞珠**

2011	88	2016-2019+
2010	93	2022-2030
2009	93	2021-2029
2008	89	2016-2020
2007	89	2012-2015+
2006	90	2011-2014+
2005	90	2013-2017
2004	91	2009-2012
2003	86	2005-2008+
2002	92	2010-2014
2001	94	2006-2009+
2000	90	2005-2008

古纳华拉　　　　　　　　　　　$20-$29
当前年份：2011　　　　　　　　　88
　　略带黑醋栗、桑葚、乌梅和清新雪松/香草味橡木融合而成的青草味，透露出些许干草的灰尘味。酒体中等偏饱满，温和雅致，带有雪松味、烟熏味、雪茄味以及赤霞珠的香甜，收口略有咸味和青涩的酸味。然而，称得上是凉爽产区出品的一款佳酿。

★★　　　　　　　　　　　　　　　　　　　　　**Chardonnay 霞多丽**

2012	89	2014-2017
2011	92	2013-2016+
2010	90	2012-2015+
2009	90	2011-2014+
2008	88	2010-2013
2007	89	2009-2012+
2006	89	2008-2011

古纳华拉　　　　　　　　　　　$20-$29
当前年份：2012　　　　　　　　　89
　　散发出苹果、梨和桃子的清新果香，底蕴中透着奶油香草味。入口爽滑多汁，橡木味浓郁，口感略收敛。会随着时间的推移慢慢散发出果仁和类似牛轧糖的复合味道，越变越顺滑，富有魅力。

★★　　　　　　　　　　　　　　　　　　　　　　　**Shiraz 西拉**

2012	90	2020-2024+
2011	88	2013-2016+
2010	92	2018-2022+
2009	90	2014-2017+
2008	89	2013-2016
2007	92	2012-2015+
2006	94	2014-2018+
2005	92	2010-2013+
2004	87	2006-2009
2003	93	2011-2015
2002	92	2014-2022
2001	95	2009-2013+

古纳华拉　　　　　　　　　　　$20-$29
当前年份：2012　　　　　　　　　90
　　一款果香浓郁、酒精度较高的古纳华拉西拉干红。散发着由黑醋栗、黑莓、乌梅和清新雪松/香草味橡木融合而成的浓郁香味，基调中有股淡淡的肉味和些许白胡椒的味道。口感多汁丰腴，带有类似芳香剂的浓重香气，与细腻紧实、蓬松的单宁味和橡木味相互交织，收口有水果的甜味。只需要更温和一些，多点果酱味，便能得到更高的评级。

博斯格鲁夫酒庄 Box Grove

通信地址： PO Box 86, Avenel Vic 3664 · **电话：** 0409 210 015 · **网址：** www.boxgrovevinr:yardcom.au ·
电子邮箱： sarah@boxgrovevineyard.com.au
产区： 纳甘比湖产区(Nagambie Lakes)　**酿酒师：** 莉莉安·卡特（Lilian Carter）
葡萄栽培师： 莎拉·高夫(Sarah Gough)　**执行总裁：** 莎拉·高夫

　　博斯格鲁夫酒庄由莎拉·高夫所有、经营。莎拉·高夫之前是墨尔本"The Age"报纸的葡萄酒评论员。高夫和莉莉安·卡特致力于采用意大利和罗讷河谷的葡萄品种酿造迷人的佳酿，我最爱的是香味浓郁的瑚珊葡萄酒和西拉瑚珊混酿（一种罕见的混酿）。酒庄的葡萄酒相对比较年轻，我希望在未来十年里，这些葡萄酒可以更富有深度，拥有更加良好的结构。

Roussanne 瑚珊　　　　　　　　　　　　　　　　　　　　★ ★

2011	92	2016-2019
2010	87	2012-2015
2009	88	2011-2014+
2008	91	2013-2016+

纳甘比湖　　　　　　　　　　　　$20-$29
当前年份：2011　　　　　　　　　92

极其纯正，富于变化。散发着金银花、苹果、梨和白桃融合而成的芳香，底蕴中透露出丁香、肉桂和些许麝香组成的香料味。口感柔顺雅致，绵长细腻，主轴带有矿物味，透出一股由柑橘、甜瓜和桃子类水果融合而成的明快果香，酸味强烈。平衡度佳，美味可口。

Shiraz Roussanne 西拉瑚珊混酿　　　　　　　　　　　　★ ★

2012	93	2020-2024+
2010	90	2018-2022+
2009	89	2014-2017+
2008	80	2010-2013

纳甘比湖　　　　　　　　　　　　$20-$29
当前年份：2012　　　　　　　　　93

带有欧洲葡萄酒的风格，结构良好，果味新鲜。散发着一股由黑醋栗、桑葚、乌梅和清新摩卡/巧克力味橡木融合而成的浓郁芳香，黑胡椒味和清新的花香将其衬托得更为明显。口感顺滑细腻，带有丝绸质感，透出小浆果、樱桃的浓郁果香，柔顺悠长，由细腻、带有灰尘味的单宁进行烘托，收口有清新明快的酸味。橡木味自始至终都非常充裕。

Vermentino 维蒙蒂诺干白葡萄酒　　　　　　　　　　　　★

2013	89	2015-2015+
2012	87	2013-2014+
2011	89	2013-2016

纳甘比湖　　　　　　　　　　　　$20-$29
当前年份：2013　　　　　　　　　89

清新明快，带有花香。芳香馥郁，美味可口。散发着由甜瓜和柑橘类水果组成的香味——温和、香辣，略带草本味。口感绵长明快，透出苹果、梨和柑橘油腻的风味，收口干净明快。

莱拉酒庄 Brand's Laira

通信地址： Riddoch Highway, Coonawarra SA 5263 · **电话：** (08)8736 3260 · **传真：** (08)8736 3208 ·
网址： www.mcwilliamswinoes-corn.au · **电子邮箱：** communications@mcwilliamswines-corn.au
产区： 古纳华拉　　**酿酒师：** 彼得·温伯格(Peter Weinberg)
葡萄栽培师： 特里·麦克雷、安东尼·皮特　　**执行总裁：** 罗伯特·布莱克维尔(Robert Blackwell)

莱拉酒庄是迈克威廉帝国在古纳华拉的根基。酒庄的红酒稳定平衡，偶尔具有质朴风格，通常都可以长时间窖藏。其葡萄酒通常都很成熟——大约在15%，可以连连参加巡回酒展。酒庄酿酒采用的葡萄生长于该产区最佳的红土地。对我来说，莱拉的葡萄酒还有开发的潜力。一些品质卓越的葡萄酒就带有这种潜力，如基业系列西拉干红葡萄酒（新包装）和布洛克赤霞珠干红葡萄酒。

171 (Formerly The Patron) Cabernet Sauvignon
171（原名为守护神）赤霞珠　　　　　　　　　　　　★ ★ ★

2010	93	2030-2040
2009	93	2021-2029
2006	91	2018-2026+
2004	92	2016-2024
2002	86	2007-2010+
2001	90	2009-2013
2000	92	2008-2012
1999	95	2007-2011+
1998	94	2006-2010+
1997	88	2002-2005+
1996	95	2004-2008+
1991	92	1999-2003+
1990	85	1995-1998

古纳华拉　　　　　　　　　　　　$50-$99
当前年份：2010　　　　　　　　　93

从重量和浓度来说，都更富有加州葡萄酒的风格。这是一款味道浓烈、极其成熟的赤霞珠葡萄酒。它散发着浓郁的果香，由黑醋栗、乌梅、巧克力/雪松/香草味橡木组成的些许矿物质，底味中透露出一丝干草香气。口感丰腴，充满果香，甜黑醋栗和巧克力味橡木的香味浓郁，基调中带有葡萄和醋栗的精妙风味，收敛干燥，会随着时间的推移变得愈发丰润、平衡，富有深度。

★★★   Blockers Cabernet Sauvignon 布洛克赤霞珠干红葡萄酒

2012	91	2024-2032+
2010	90	2022-2030
2008	92	2013-2016+
2007	93	2019-2027
2006	86	2011-2014
2005	91	2010-2013+
2004	91	2012-2016+
2003	82	2005-2008+
2002	84	2004-2007
2001	91	2006-2009+
2000	91	2002-2005+
1999	91	2004-2007+

古纳华拉 $20-$29
当前年份：2012   91

    一款果味浓郁的赤霞珠葡萄酒，极其成熟，但又不会过于成熟。结构和平衡度都极佳。带有绿薄荷和巧克力的香味，黑醋栗、乌梅和桑葚果味浓郁，底味中有雪松橡木味和些许擦剂的味道。口感顺滑柔润，酒体中等偏饱满，余味悠远绵长，单宁紧实，带有矿物质感，舌头上留有黑色浆果和李子类水果的风味，以及些许肉味。

★★   Cabernet Merlot 赤霞珠梅洛混酿

2012	90	2024-2032
2010	90	2022-2030
2009	90	2014-2017
2008	92	2016-2020+
2007	84	2009-2012
1999	86	2001-2004
1998	89	2003-2006
1997	87	2002-2005
1996	82	2001-2004
1995	89	2000-2003
1994	87	1996-1999

古纳华拉 $20-$29
当前年份：2012   90

    一款具有说服力的古纳华拉红酒。优雅，酒体中等偏饱满。透露出一股黑莓、红莓和雪松/香草味橡木融合而成的清新香味，以及薄荷和干草混合的底味。口感绵长柔润，带有浆果、樱桃、李子和清新雪松味橡木融合而成的顺滑香味，单宁细腻、干燥，带有尘土质感。

★★★   Foundation Shiraz 基业系列西拉干红葡萄酒

2012	90	2024-2032
2010	90	2022-2030
2009	92	2017-2021+
2008	92	2016-2020+
2007	87	2015-2019+
2006	91	2014-2018
2005	90	2013-2017
2004	92	2012-2016+
2003	88	2005-2008
2002	86	2004-2007
2001	92	2006-2009+
2000	87	2002-2005+
1999	89	2001-2004

古纳华拉 $20-$29
当前年份：2012   90

    一款稳定直接、优雅顺滑的西拉干红。散发着一股由果酱红莓、黑醋栗和黑莓融合而成的香味，甘甜、有薄荷味和些许香料味，基调中有雪松/香草橡木味和白胡椒味。口感绵长细腻，在淡淡的果酱味和收敛的橡木味之后，有一股淳朴的香气，收口有明显的酸味，多汁。

★★★   Stentiford's Reserve Old Vines Shiraz
斯滕蒂福德珍藏老藤西拉干红葡萄酒

2008	91	2020-2028+
2006	89	2014-2018
2005	93	2025-2035
2003	89	2011-2015
2002	87	2007-2010
2000	89	2005-2008+
1999	95	2007-2011+
1998	96	2010-2018
1997	94	2005-2009
1996	95	2004-2008
1995	91	2003-2007
1991	87	1996-1999
1990	86	1992-1995+

古纳华拉 $50-$99
当前年份：2008   91

    一款带有皮革味和雪松味的老风格西拉干红。会随着窖藏时间的增加而愈发柔润。散发着黑醋栗、覆盆子和乌梅的浓郁果香，底蕴中带有碘味、薄荷味和干草味。口感绵长顺滑，浆果和醋栗类水果香味集中，单宁刺激，含颗粒物，底味中带有石墨和草的味道。

★★   Two Row Merlot 梅洛

2008	87	2010-2013+
2007	88	2012-2015
2006	90	2011-2014
2005	89	2010-2013
2004	90	2009-2012
2003	90	2008-2011
2002	84	2004-2007+
2001	93	2006-2009
2000	90	2002-2005+
1999	90	2001-2004

古纳华拉 $20-$29
当前年份：2008   87

    一款成熟过头，带有果酱味和醋栗类香味的梅洛。富有产区葡萄的特色，散发着桑葚、李子和黑樱桃的纯正风味以及肉味。口感丰盈直接，单宁细腻，收口温和、偏淡。酒精度为15%，应该是因为酿酒用的是早摘的葡萄。

57

布雷莫顿酒庄 Bremerton

通信地址: Strathalbyn Road, Langhorne Creek SA 5255 · **电话**: (08) 8537 3093 ·
传真: (08) 8537 3109 · **网址**: www.bremerton.com.au · **电子邮箱**: info@bremerton.corn.au
产区: 兰汉溪　**酿酒师**: 瑞贝卡·威尔森(Rebecca Willson)
葡萄栽培师: 汤姆·基兰(Tom Keelan)　**执行总裁**: 马克·阿什登(Mark Ashenden)

　　布雷默顿出品的红酒极其成熟，果香和橡木味浓郁，价格平易近人，适合立即饮用。由于近年来气候持续干热，兰汉溪产区的葡萄酒品质有了一定变化——略咸，带有矿物味。不过，酒庄现在的葡萄酒已经慢慢回到了干旱前的水平。2012年份的坦布林红酒混酿相当明快、美味。如果酒庄接下来出品的红酒也这般优雅清新的话，那就太棒了。

Coulthard Cabernet Sauvignon 库特哈德赤霞珠干红葡萄酒　★

兰汉溪　　　　　　　　　$20-$29
当前年份: 2012　　　　　　　88
　　价格易于接受，成熟顺滑，醇美可口，带有巧克力味和一丝烘烤味。散发出黑醋栗、李子和收敛雪松/香草味橡木融合而成的浓郁香气。底蕴中带有蚁酸和碘味，以及薄荷味。口感甘甜多汁，黑醋栗、乌梅和橡木香味馥郁，主轴紧实，收口有清新的酸味。

2012	88	2020-2024
2010	87	2015-2018
2009	86	2011-2014+
2008	86	2010-2013

Old Adam Shiraz 传统亚当西拉干红葡萄酒　★ ★

兰汉溪　　　　　　　　　$30-$49
当前年份: 2010　　　　　　　90
　　极其成熟，带有波特酒的风味，酒精度高达15.5%，无疑适合那些喜欢高酒精度的饮用者。散发着葡萄干和醋栗类的香气，香甜的炭味和雪松橡木味衬托出了新鲜醋栗和黑莓类水果的果香，口感极其顺滑丰盈，似糖浆般黏稠，西梅干、李子和巧克力风味更강。单宁细腻柔顺，基调中有烟熏橡木味，余味绵长醇郁。

2010	90	2022-2030
2009	89	2017-2021
2008	89	2016-2020+
2007	89	2012-2015
2006	92	2011-2014+
2005	90	2010-2013
2004	93	2012-2016
2003	88	2008-2011
2002	84	2007-2010
2001	89	2006-2009
1999	88	2004-2007
1998	88	2006-2010
1997	83	2002-2005

Sauvignon Blanc 长相思　★ ★

兰汉溪　　　　　　　　　$12-$19
当前年份: 2011　　　　　　　89
　　清新，带有草味和些许由西番莲、醋栗和黑醋栗融合而成的热带水果风味，口感浓郁多汁，余味绵长紧实，变化多端，收口明快，干燥集中。

2011	89	2012-2013
2010	90	2011-2012+
2009	84	2009-2010+
2007	90	2008-2009
2005	90	2006-2007

Selkirk Shiraz 塞尔科克西拉干红葡萄酒　★

兰汉溪　　　　　　　　　$20-$29
当前年份: 2010　　　　　　　88
　　丰盈成熟，汁液丰富，橡木味浓郁，富有深度。带有乌梅、浆果、紫罗兰和强烈的摩卡/巧克力味橡木融合而成的烟熏味，直接，透露出一丝薄荷气息。口感柔润顺滑，充满橡木味，收口丰润，带有矿物味，又有一些干草和干果的味道。

2010	88	2015-2018+
2009	86	2011-2014+
2008	89	2010-2013+
2007	88	2009-2012
2006	89	2008-2011
2005	88	2010-2013
2003	87	2005-2008
2002	87	2004-2007+
2000	92	2005-2008+
1999	86	2001-2004

Tamblyn Cabernet Blend 坦布林赤霞珠混酿　★

兰汉溪　　　　　　　　　$12-$19
当前年份: 2012　　　　　　　90
　　一款明快浓烈的赤霞珠混酿，透出一股黑醋栗、紫罗兰、覆盆子和红酸果的果香味，底味中有清新雪松/香草橡木香。口感柔软顺滑，黑樱桃、黑醋栗、乌梅和奶油味橡木味的汁液丰富，底蕴中有温和的单宁味，收结美味和谐，有清新的酸味。

2012	90	2017-2020
2010	89	2015-2018
2009	89	2011-2014+
2008	82	2010-2013
2007	87	2009-2012
2006	88	2008-2011
2005	88	2010-2013
2003	89	2005-2008
2002	88	2004-2007+
2001	89	2003-2006+
2000	86	2002-2005

★

Verdelho 华帝露干红葡萄酒

2011	89	2013-2016
2010	89	2012-2015
2008	89	2009-2010
2007	87	2008-2009
2006	82	2006-2007
2005	88	2006-2007
2004	87	2004-2005+
2003	87	2003-2004+
2002	88	2003-2004+
2001	81	2002-2003+

兰汉溪　　　　　　　　　　　　　　$12-$19

当前年份：2011　　　　　　　　　　　　　89

　　带有热带水果的香味和些许矿物味。散发着菠萝和甜瓜类水果的淡淡草香，以及有烘托作用的兰花清香。口感绵长多汁，果味明快集中，蔓延到舌下，收口清新，带有柠檬的酸味。

★

Walter's Reserve Cabernet 沃尔特珍藏赤霞珠干红葡萄酒

2010	87	2010-2022
2009	82	2011-2014
2007	85	2012-2015
2006	89	2014-2018
2005	85	2007-2010
2004	89	2012-2016
2002	82	2007-2010
2001	89	2009-2013+
2000	86	2002-2005

兰汉溪　　　　　　　　　　　　　　$50-$99

当前年份：2010　　　　　　　　　　　　　87

　　一款极其成熟——甚至有些过熟了，带有果酱味的赤霞珠干红。散发着一股烘烤的浆果和李子融合而成的烟熏味，底蕴中透出葡萄干和清漆的味道。入口舒服顺滑，不过清甜水果和橡木融合而成的薄荷香带有明显的药味。收口温和。

雅岭酒庄 Briar Ridge

通信地址：593 Mount View Road, Mount View NSW 2325 · 电话：(02)4490 3670 ·
传真：(02)4990 7802 · 网址：www.briarridge.com.au · 电子邮箱：cellardoor@briarridge.com.au
产区：下猎人谷(Lower Hunter Valley)　酿酒师：格温·奥尔森（Gwyn Olsen）
葡萄栽培师：贝琳达·凯利（Belinda Kelly）、莉兹·雷利（Liz Riley）
执行总裁：斯蒂夫·戴维斯（Steve Davis）

　　位于猎人谷。我最喜欢的小型酒庄之一。其出品的葡萄酒延续了产区长久以来的传统——优雅复杂，虽然在酿造过程中也采用了一些当代的酿酒技巧。我一直以来都很喜欢施托克豪森系列葡萄酒，不过在这里我要介绍的是戴利山产区两个葡萄园生产的葡萄酒。其中，我印象最深刻的是赛美蓉干白，细腻多汁，平衡度佳，给猎人谷的葡萄酒注入了一些新的内涵。

Dairy Hill Semillon 戴利山赛美蓉干白葡萄酒

2014	93	2022-2026+
2013	90	2015-2018
2011	93	2019-2023+

下猎人谷　　　　　　　　　　　　　$20-$29

当前年份：2014　　　　　　　　　　　　　93

　　清新适度，寿命较长，富有风格和产区特色。基调中的柠檬花、柠檬和草本味沁人心脾，口感绵长柔润，带有白垩香，甜瓜和柠檬果香味持久，质地松软绵柔，收口细腻集中，带有清新的柑橘类酸味。

Dairy Hill Shiraz 戴利山西拉干红葡萄酒

2011	91	2023-2031+
2010	87	2015-2018+
2009	88	2017-2021+

下猎人谷　　　　　　　　　　　　　$20-$29

当前年份：2011　　　　　　　　　　　　　91

　　柔顺优雅。黑红浆果、李子和干草组成的香味略带草本气息，底蕴中透出清新、紧实的雪松橡木味。口感柔润顺滑，酒体中等，小浆果、摩卡和巧克力香味雅致，由富有丝绸和灰尘质感的单宁支撑，收口有干净的果香，悠远绵长。

★

Hand Picked (Formerly Rock Pile) Chardonnay 手摘（原名为洛克派）霞多丽干白葡萄酒

2013	89	2015-2018
2012	88	2014-2017
2010	89	2012-2015
2008	87	2010-2013
2007	89	2009-2012+
2006	90	2008-2011
2005	90	2007-2010+
2004	88	2006-2009
2003	76	2003-2004
2002	90	2004-2007
2001	90	2003-2006+

下猎人谷　　　　　　　　　　　　　$20-$29

当前年份：2013　　　　　　　　　　　　　89

　　一款顺滑温和的葡萄酒，适合早期饮用，这时的果味较为新鲜明快。散发着一股桃子、奶油、香草味橡木和些许丁香融合而成的淡淡草本香和腰果类果仁味，口感轻柔，带有甜瓜、桃子和柑橘香味的汁液丰富，余味绵长，带有温和的酸味。

59

Stockhausen Semillon 施托克豪森赛美蓉干白葡萄酒　　★★★

下猎人谷　　　　　　　　　　　　　　$20-$29
当前年份：2013　　　　　　　　　　　　90
　　富有风格，集中度佳。散发着新鲜甜瓜、矿物、酸橙汁和柠檬融合而成的通透香味，底味中有粉末质感。口感丰润，果味香甜，基调中有灰尘味的多酚物质，余味绵长，有浓郁持久的柠檬味。随着时间的推移会散发出愈发浓郁的烟熏味，复杂度也会提升。

2013	90	2015-2018+
2012	93	2020-2024+
2010	93	2018-2022
2009	93	2017-2021
2008	90	2013-2016
2007	92	2012-2015+
2006	92	2014-2018
2005	90	2010-2013+

Stockhausen Shiraz 施托克豪森西拉干红葡萄酒　　★★★

下猎人谷　　　　　　　　　　　　　　$20-$29
当前年份：2011　　　　　　　　　　　　92
　　价格易于接受，风味复杂，香味浓郁细腻。散发出一股石南味黑醋栗、桑葚、乌梅和黑莓融合而成的香味，夹杂着一点麝香香气，与清新雪松橡木味相互交织，底蕴中透出泥土味和些许矿物味。酒体中等，口感绵长顺滑，黑色和红色水果的香味浓郁质朴，余味绵长，略带酸味。

2011	92	2016-2019+
2009	91	2017-2021+
2007	95	2015-2019+
2006	94	2018-2026
2005	93	2013-2017
2002	90	2007-2010+
2001	89	2003-2006
2000	85	2005-2008
1999	95	2007-2011
1998	95	2006-2010+
1997	94	2005-2009
1996	84	2001-2004

水桥酒坊 Bridgewater Mill

通信地址：Mount Barker Road, Bridgewater SA 5155・**电话**：(08) 8339 9222 **传真**：(08)8339 9299・
网址：www.petaluma.com.au・**电子邮箱**：cellardoor@petaluma.com.au
产区：阿德莱德山　**酿酒师**：安德鲁・哈迪(Andrew Hardy)
葡萄栽培师：迈克・哈姆斯(Mike Harms)　　**执行总裁**：罗伯・穆雷(Rob Murray)

　　创建于20世纪80年代末期，是葡萄之路的副牌。酒庄出品了一系列明快时髦的葡萄酒，其中的长相思葡萄酒（也许）曾是澳大利亚最美味的长相思（在几年的时间里），一直到沙朗酒庄的长相思面世。去年，酒庄的所有人里昂・内森（Lion Nathan）决定结束这个品牌，将它的葡萄酒业务并入葡萄之路全新的入门级品牌。在2016年的年鉴中，我会将这些葡萄酒列入葡萄之路酒庄的类目下。

Chardonnay 霞多丽　　★

Various, 南澳大利亚　　　　　　　　　$20-$29
当前年份：2010　　　　　　　　　　　　91
　　一款精心酿制的白葡萄酒。美味可口，平衡性佳，酒体中等，味道刺激——可以说是肉味和沉淀酵母味，其中，有甜瓜、柠檬和蛋黄酱融合而成的黄油味。口感绵柔密顺，层次复杂，带有收敛的果香和果仁味，清新的橡木味和几近刺激的酸味。

2010	91	2012-2015+
2008	81	2008-2009
2007	82	2007-2008
2006	88	2007-2008+
2005	87	2007-2010
2004	92	2006-2009+
2002	83	2003-2004+
2001	81	2002-2003
2000	88	2002-2005
1999	87	2001-2004
1998	81	1999-2000

Pinot Grigio (Pinot Gris until 2010) 灰皮诺(2010年前称Pinot Gris)　★

阿德莱德山　　　　　　　　　　　　　$20-$29
当前年份：2011　　　　　　　　　　　　87
　　一款精心酿制的干红，干净清新，略显单调、空洞，缺乏浓郁的香味。带有不明显的桃子和热带水果果香，质感柔软，长度中等，清新但十分收敛。收口干净，带有刺激味。

2011	87	2012-2013+
2010	88	2011-2012+
2009	90	2010-2011+
2008	84	2008-2009

Sauvignon Blanc 长相思　　★★

阿德莱德山　　　　　　　　　　　　　$20-$29
当前年份：2011　　　　　　　　　　　　90
　　一款富于变化、清新收敛的长相思干白。带有果香和淡淡的草本味。西番莲和醋栗果味紧实合适，收口明快清新，有柠檬酸味。这一年份的一款佳酿。

2011	90	2012-2013+
2010	91	2011-2012
2009	90	2010-2011
2008	82	2008-2009
2007	85	2008-2009
2006	82	2006-2007
2005	88	2005-2006
2004	87	2004-2005+
2003	87	2003-2004
2002	87	2002-2003
2001	87	2002-2003

2010	89	2015-2018
2008	90	2013-2016
2007	83	2009-2012
2005	81	2007-2010
2001	91	2006-2009
2000	89	2002-2005+
1997	86	2002-2005
1996	90	2001-2004
1995	88	2000-2003
1994	91	1999-2002
1993	92	2001-2005

阿德莱德山 $20-$29
当前年份：2010   89

因为缺乏紧实度和果味集中度，所以分数平平。这款西拉葡萄酒闻起来有胡椒味、麝香味，还有黑醋栗、黑莓、石南和丁香融合而成的类似紫罗兰的香味，其中夹杂着雪松/香草橡木味，因带有薄荷、番茄茎和猪肉气味的薄荷香而变得更浓烈。酒体中等偏饱满，口感柔润顺滑，洋溢着黑莓、李子和石南的果香味，雪松橡木味和白垩香的单宁味。收口带有烟熏味和还原味。

恋木传奇 Brokenwood

通信地址： 401-427 McDonalds Road, Pokolbin NSW 2320 · **电话：** (02)4998 7559 ·
传真： (02)4998 7893 · **网址：** www.brokenwood.com.au · **电子邮箱：** sales@brokenwood.com.au
产区： 多产区   **酿酒师：** 西蒙·斯蒂勒(Simon Steele)
葡萄栽培师： 凯茨巴里 (Keith Barry)   **执行总裁：** 伊恩·里格(Iain Riggs)

尽管酒庄酿酒用的葡萄来源广泛（比奇沃斯、奥兰芝、国王谷和麦克拉伦谷），但最重要的来源地是猎人谷，这里的葡萄酿造出来的是最适合饮用，也最令人关注的葡萄酒。可惜的是，雷纳庄园西拉干红葡萄酒和产自猎人谷的夫人庄园西拉干红葡萄酒一样都已经停产了。不过我还是将这款酒列入了年鉴中，因为人们可能还不认识它。酒庄目前出品的最好的葡萄酒是2010年份的韦德2区西拉干红葡萄酒———一款可以被当作酒庄代表作在麦克拉伦谷售卖的葡萄酒，以及大部分来自同一产区的2012年份的宝帝西拉干红葡萄酒———一款品质可与昔日采用猎人谷和麦克拉伦谷西拉混酿品质媲美的葡萄酒，成绩斐然。这款酒细腻芳香，质地出众，曾一度被澳大利亚酿酒商美称为"勃艮第葡萄酒"。满分100分，我给95分，适饮期为2024年到2032年及之后。

2010	91	2022-2030
2009	91	2021-2029
2008	86	2010-2013+
2005	89	2010-2013+
2004	92	2012-2016+
2003	83	2005-2008
2002	91	2007-2010+
2000	89	2005-2008
1999	90	2004-2007+
1997	90	2000-2005
1996	87	2004-2008
1994	90	2002-2006

多产区（现在主要为国王谷） $30-$49
当前年份：2010   91

一款精心酿制的赤霞珠混酿，寿命中等。散发着一股黑醋栗、覆盆子和清新雪松/香草味橡木的香味，甘甜，带有脂酸味，混杂着紫罗兰和红花的味道。酒体中等偏饱满，口感顺滑，多汁雅致，带有水果和奶油巧克力/香草味橡木的浓郁气味，由细致、带有丝绸质感的单宁支撑，收口略带灰尘味，有清新的酸味。

2011	92	2023-2031
2009	96	2021-2029
2007	96	2019-2027
2005	95	2017-2025
2004	95	2016-2024
2003	92	2015-2023
2002	93	2014-2022
2001	86	2006-2009
2000	97	2012-2020
1999	94	2011-2019
1998	95	2010-2018
1997	86	2002-2005+
1996	94	2004-2008+

下猎人谷 $100-$199
当前年份：2011   92

会随着时间的推移而不断变化。散发着黑红浆果、李子和明亮雪松味橡木融合而成的香料味，带有泥土气息，丁香和白胡椒味更衬托出了这种香味的浓郁，基调中略带有皮革味。口感多汁圆润、集中，舌下带有辛辣味和矿物味。收结伴有烟熏味、肉味的渣滓。由柔顺、颗粒状的单宁支撑，缺乏期待的长度。

2011	92	2023-2031
2009	94	2017-2021+
2006	93	2018-2026
2005	88	2010-2013+
2003	82	2005-2008

下猎人谷 $30-$49
当前年份：2011   92

一款典型的猎人谷"勃艮第"风格的葡萄酒，细腻柔顺、温和。透出一股数量有限的黑红浆果、李子和樱桃融合而成的果香味，带有泥土和尘土气息，底蕴中透出香草/雪松橡木味，香料味和清新的胡椒味。由细腻、带有尘土味的主干支撑，口感绵长矜持，散发着清新略酸的水果和橡木味，回味绵长，平衡度佳，收口带有辛辣味。酒体会随着时间的推移而愈发丰腴。

ILR Reserve Semillon 永久珍藏赛美蓉干白葡萄酒 ★★★★

下猎人谷
当前年份：2007　　　　　　　　　　　$30-$49
92

一款非常年轻的赛美蓉干白，单调、慢熟。清新柠檬
和甜瓜的浓郁香味中带着通透明快。气味浓郁，带着些许
糖浆味，柑橘和甜瓜略生硬的香味持久——但不是非常持
久，收口清新明快。绝对是一款精心酿制的酒，不过缺乏
顶级佳酿应有的长度和复杂度。

2007	92	2015-2019+
2006	95	2014-2018+
2005	96	2013-2017
2004	95	2012-2016+
2003	95	2011-2015+
2002	96	2014-2022
2001	91	2009-2013
2000	88	2005-2008+
1999	95	2007-2011+
1998	87	2003-2006+
1997	92	2005-2009
1996	90	2004-2008
1995	87	2000-2003

Indigo Vineyard Chardonnay 靛蓝霞多丽干白葡萄酒 ★

比奇沃斯
当前年份：2013　　　　　　　　　　　$30-$49
88

散发着绿橄榄、腰果、甜瓜和新鲜香草味橡木融合而
成的灰尘味，底味中含有酸橙汁、葡萄柚和肉豆蔻的香
气。口感顺滑温和，甜瓜/柠檬香味持久，基调中有果仁
味，酸味明快刺激。

2013	88	2015-2018
2011	86	2013-2016
2010	89	2012-2015
2008	88	2010-2013
2006	88	2008-2011
2005	89	2007-2010
2004	88	2006-2009

Mistress Block Vineyard Shiraz 夫人庄园西拉干红葡萄酒 ★★★

下猎人谷
当前年份：2011　　　　　　　　　　　$50-$99
93

复杂芳香，散发着黑莓、红莓、蓝莓和乌梅融合而成
胡椒味，而蓝花的香味更凸显了胡椒味。易于入口，口感
顺滑柔润，带有小浆果、李子和樱桃类水果融合而成的泥
土味和皮革味，夹杂着细腻、丝绸质感的单宁，十分紧
实。余味绵长温和，有灰尘味和辣味。

2011	93	2019-2023+
2010	93	2022-2030
2009	95	2021-2029+

Pinot Gris 灰皮诺 ★

比奇沃斯
当前年份：2011　　　　　　　　　　　$20-$29
87

宽阔甜腻，过早成熟。透出一股丁香类的辣味，以及
梨和千层酥融合而成的甜味。口感圆润多汁，桃子、油桃
风味浓郁，蔓延至舌下，收口紧实，有水果的甜味。

2011	87	2012-2013
2010	88	2012-2015
2008	88	2009-2010

Semillon 赛美蓉 ★★★

下猎人谷
当前年份：2014　　　　　　　　　　　$20-$29
93

一款经典的产区赛美蓉葡萄酒。香味穿透力强，淳
朴，略带蜜瓜和柠檬融合而成的脂酸味，透出丝丝白垩
味。口感绵长多汁，通透的果香萦绕舌尖；单宁细腻，有
白垩香；紧实、单调、集中，收口有清新的柠檬酸味。

2014	93	2022-2016+
2013	92	2025-2033
2012	92	2020-2024
2011	88	2013-2016
2010	90	2012-2015
2009	88	2011-2014+
2008	92	2016-2020
2007	90	2012-2015+
2006	90	2011-2014
2005	90	2007-2010

Wade Block 2 Vineyard Shiraz 韦德2区西拉干红葡萄酒 ★★★★

麦克拉伦谷
当前年份：2010　　　　　　　　　　　$30-$49
96

一款富有深度、清新芳香的经典西拉葡萄酒。花香和
胡椒味烘托出了与黑醋栗、覆盆子、乌梅、黑莓融合而成
的浓烈泥土味，与柔顺带有雪松、巧克力、摩卡和香草味
的橡木香相互交织。口感绵长，富有风格。风味质朴，紧
实明快，富有深度，更增添了几分优雅和魅力，灰尘味的
单宁极其细腻，带有新橡木桶的香味，收口极其清新，平
衡度佳，炕土的香气萦绕其中，很有水准的一款酒。

2010	96	2022-2030+
2007	94	2019-2027
2006	94	2014-2018
2005	94	2013-2017+
2004	92	2012-2016+
2003	87	2008-2011

通信地址: Caves Road, Willyabrup, WA 6280 · **电话:** (08)9755 6042 · **传真:** (08)9755 6214 ·
网址: www.brooklandvalley.com.au · **电子邮箱:** customers@brooklandvalleV.com.au
产区: 玛格丽特河　**酿酒师:** 考特尼泰·连卓尔(Courtney Trencher)
葡萄栽培师: 斯蒂芬·科比(Stephen Kirby)　**执行总裁:** 迈克尔·伊斯特

　　由马尔科姆·琼斯(Malcolm Jones)和黛德·琼斯(Deidre Jones)创立，位于玛格丽特河谷，和皮耶诺一样拥有密植葡萄园。现由美誉葡萄酒业拥有和经营，出品的葡萄酒优雅多汁、平衡细腻，赤霞珠混酿和霞多丽葡萄酒的这些特点尤其明显。采用玛格丽特河不同产区的葡萄酿造的旋律一号葡萄酒风味独特、清新，为明快风格，适合早期饮用。

★★★★　Cabernet Sauvignon Merlot 赤霞珠梅洛混酿

2011	94	2023-2031
2010	90	2018-2022+
2009	94	2021-2029
2008	94	2020-2028
2004	91	2009-2012+
2002	87	2010-2014
2000	83	2005-2008

玛格丽特河　　　　　　　　　　　　　　　$30-$49
当前年份: 2011　　　　　　　　　　　　　94
　　如品牌一般优雅。闻起来有葡萄柚、甜瓜、白桃、热带水果和番石榴的果香，夹杂着带有烟熏香草味的橡木香，底味中透出矿物味和白垩香。入口绵长温和，极其多汁，橡木味富有格调，口感轻柔。收口有培根和肘子的味道。需要时间慢慢成熟。

★★★★　Chardonnay (Formerly Premium) 霞多丽（原名特级）

2012	93	2017-2020+
2011	93	2016-2019+
2010	95	2015-2018+
2009	91	2011-2014+
2008	94	2013-2016
2006	94	2011-2014
2005	96	2010-2013+
2001	87	2003-2006

玛格丽特河　　　　　　　　　　　　　　　$30-$49
当前年份: 2012　　　　　　　　　　　　　93
　　一款如其品牌优雅的葡萄酒。闻起来带有葡萄柚、甜瓜、白桃、番石榴和热带水果的果香，混杂着新鲜、略带烟熏香草味的橡木香，余味中带有淡淡的矿物和白垩的香味。口感绵长温和，果味浓烈，橡木味雅致，舌面表现温和轻柔，收口带有培根和蹄膀的味道。需要时间慢慢成熟。

★★★　Reserve Cabernet Sauvignon 珍藏赤霞珠干红葡萄酒

2011	96	2023-2031+
2004	92	2016-2024
2003	89	2011-2015
2002	89	2010-2014
2001	83	2006-2009
2000	93	2012-2020

玛格丽特河　　　　　　　　　　　　　　　$50-$99
当前年份: 2011　　　　　　　　　　　　　96
　　优雅收敛的葡萄酒典范。透露出紫罗兰、黑醋栗、雪松/香草味橡木、带有麝香味的干草和灌木丛融合而成的浓郁香味。口感绵长，平衡度佳。单宁坚实，富有丝绸质感，馥郁的果香味中夹杂着紧实、细腻的雪松/香草橡木味，收口极其清新、集中。

★★★★　Reserve Chardonnay 珍藏霞多丽干白葡萄酒

2012	95	2020-2024
2009	95	2014-2017
2004	93	2009-2012
2003	89	2005-2008+
2002	95	2007-2010+

玛格丽特河　　　　　　　　　　　　　　　$50-$99
当前年份: 2012　　　　　　　　　　　　　95
　　酒体中等偏饱满，具有产区特色的经典霞多丽白葡萄酒。平衡度良好，风味极其复杂。散发着葡萄柚、甜瓜、白桃和带有新鲜果仁味香草橡木融合而成的馥郁芳香，底味中有盐水、烟熏培根、肉桂和姜的味道。口感绵长，风味浓郁，果实丰满，余味绵长均匀。收口有香辛味，酸味紧实明快，一丝薄荷香萦绕其间。

Verse 1 Cabernet Merlot 旋律一号赤霞珠梅洛 ★★

玛格丽特河
当前年份：2012　　　　　　　　$20-$29
90

一款优雅纯正、富有风格的年轻赤霞珠混酿。薄荷和深色花的香味以及黑莓、红莓、乌梅和樱桃的果香甜美浓郁，与雪松/香草橡木香紧密融合。口感绵长柔顺，果香顺滑细腻，余味绵长、均衡。

2012	90	2017-2020+
2011	89	2013-2016+
2010	86	2012-2015
2009	90	2014-2017+

Verse 1 Chardonnay 旋律一号霞多丽干白葡萄酒 ★

玛格丽特河
当前年份：2013　　　　　　　　$20-$29
88

一款明快清新、富有风味的霞多丽干白，适合早期饮用。葡萄柚和梨散发出浓郁的果香，混杂着橡木、姜和丁香的香味。口感顺滑，甜瓜类水果汁液丰富，余味绵长清新，带有柑橘的酸味和白垩香。

2013	88	2014-2015+
2012	88	2013-2014
2011	89	2012-2013+
2010	90	2012-2015
2009	90	2011-2014
2008	86	2009-2010

Verse 1 Semillon Sauvignon Blanc 旋律一号赛美蓉长相思混酿 ★

玛格丽特河
当前年份：2013　　　　　　　　$12-$19
89

明快清新，醇美可口。散发着荔枝和醋栗的浓郁草香，透出一丝西番莲的果香味。口感绵长均匀，赛美蓉散发出集中的果香，稍带香草橡木味，圆润复杂。

2013	89	2014-2015+
2012	88	2014-2017
2011	86	2012-2013
2010	89	2011-2012+
2009	91	2010-2011+
2008	88	2009-2010

Verse 1 Shiraz 旋律一号西拉干红葡萄酒

玛格丽特河
当前年份：2012　　　　　　　　$20-$29
86

一款顺滑、略有草本味的西拉干红。散发出小黑莓、李子、甜美橡木和稍带灰尘味的番茄茎融合而成的明快香味。入口有小浆果和奶油雪松味橡木的石南味，由柔韧的单宁支撑，收口有绵长的番茄味。

2012	86	2014-2017
2011	89	2013-2016
2008	86	2010-2013
2007	91	2009-2012+

兄弟酒庄 Brothers in Arms

通信地址： Lake Plains Road, Langhorne Creek SA 5255 · **电话：**（08）8537 3382 ·
传真：（08）8537 3388 · **网址：** www.brothersinarms.com.au · **电子邮箱：** wine@brothersinarms.com.au
产区： 兰汉溪　**酿酒师：** 吉姆·犹文（Jim Urlwin）
葡萄栽培师： 盖伊·亚当斯（Guy Adams）　**执行总裁：** 盖伊·亚当斯

1891年，盖伊·亚当斯的四世祖父开辟了著名的梅塔拉葡萄园（现仍为亚当斯家族所有）。盖伊·亚当斯酿造红酒采用的是历史最悠久的葡萄藤的果实。6号西拉干红温和，香味浓郁，物超所值；而西拉干红（尤其是2009年份的）细腻优雅，富有产区紧实充盈的风格。

No. 6 Shiraz 6号西拉干红葡萄酒

兰汉溪
当前年份：2009　　　　　　　　$20-$29
89

有点过于成熟，结构良好、紧实。富有传统的南澳大利亚风格，圆润丰盈。带点辛辣味，散发着李子和黑莓的果酱风味，有些许醋栗和葡萄干的波特风味，口感温和多汁，由类似石墨的单宁支撑。收口有矿物味和可乐味，黑莓和石南的香味，回味悠长。

2009	89	2017-2021+
2008	88	2013-2016+

2009	86	2017-2021
2008	91	2020-2028
2006	84	2011-2014
2005	90	2010-2013+

兰汉溪 $20-$29
当前年份：2009 86

散发着泥土味和肉味，略带乌梅、樱桃核和柔韧皮革融合而成的烘烤味。入口先是顺滑丰盈，而后有香料、葡萄干、醋栗和巧克力味橡木融合而成的水果蛋糕香味，透出些许水果的甜味，收口干燥，带有苦味和青涩口感。一款反映燥热年份的葡萄酒。

★ ★

Shiraz 西拉

2009	91	2021-2029
2007	86	2012-2015
2006	93	2014-2018

兰汉溪 $30-$49
当前年份：2009 91

一款品质好过先前年份的葡萄酒，带有纯正的水果甜味，均衡、富有风格。散发着黑莓、李子和甘甜香草味橡木融合而成的石南香味，透出丝丝醋栗的果香。绵长直接，味道强烈，底味中有黑醋栗和乌梅的浓郁芳香，带有紧实干燥的新鲜橡木味。

布朗兄弟酒庄 Brown Brothers

通信地址: 239 Milawa-Bobinawarrah Road, Milawa Vic 3678 · **电话:** (03)5720 5500 ·
传真: (03)5720 5511 · **网址:** www.brownbrothers.com.au · **电子邮箱:** info@brownbrothers.com.au
产区: 国王谷、西斯寇特(Heathcote)、穆雷谷(Murray Valley)
酿酒师: 温蒂·卡梅隆（Wendy Cameron）、乔伊·蒂尔布鲁克(Joel Tilbrook)、凯特·鲁尼(Cate Looney）、格夫·亚历山大(Geoff Alexander)、克劳伊·厄尔(Chloe Earl)
葡萄栽培师: 布雷特·麦卡伦(Brett McClen)
执行总裁: 罗兰·瓦尔奎斯特(Roland Wahlquist)

布朗兄弟酒庄位于维多利亚州东北部，在澳大利亚葡萄酒界具有特殊地位。其酿酒采用的是澳大利亚种植的商业性葡萄。事实证明，这在一些主要的出口市场（如英国和中国）是一个巨大的优势，轻等身型的特宁高红酒，甘甜、酒精度低、香味扑鼻的森娜红酒，夏季出品的亚历山大麝香葡萄酒以及丰满的橙花麝香葡萄酒都极受欢迎。酒庄的王牌帕秋莎起泡酒一直令人印象深刻，品质超群，是澳大利亚主要的起泡酒之一。因为更高级的1889系列葡萄酒，一些比较老旧的系列都逐渐被淘汰了。

★ 18 Eighty Nine (Formerly Victoria) Cabernet Sauvignon
1889（原名为维多利亚）赤霞珠干红葡萄酒

2012	86	2017-2020+
2009	89	2014-2017
2008	86	2010-2013+
2006	89	2011-2014+
2005	89	2010-2013+
2004	84	2006-2009+
2003	86	2008-2011
2002	87	2007-2010
2001	89	2006-2009+
2000	82	2002-2005
1999	82	2001-2004
1998	85	2000-2003

维多利亚 $12-$19
当前年份：2012 86

一款醇美可口、干净纯正的赤霞珠干红。散发着小黑莓、红莓和收敛的香草味橡木的浓郁芳香，口感甜美多汁，带有不复杂的浆果、李子风味，雪松橡木味和柔润细滑的单宁味。品质淳朴，稍带果酱味的一款酒。

★ 18 Eighty Nine (Formerly Victoria) Chardonnay
1889（原名为维多利亚）霞多丽干白葡萄酒

2013	87	2015-2018
2012	87	2013-2014+
2010	89	2012-2015
2009	87	2010-2011+
2008	87	2009-2010
2006	85	2008-2011
2005	83	2006-2007
2004	87	2006-2009
2003	85	2004-2005
2001	83	2002-2003+

国王谷 $12-$19
当前年份：2013 87

丰满多汁，明快充盈。稍带一点老式风格。散发着一股桃子和奶油的香味，底味中有腰果和香草味橡木的香味。口感顺滑柔软，纯净，略带白花和苹果皮的味道，收口有温和的酸味。

Limited Release Durif 限量版杜瑞夫干红葡萄酒 ★ ★

西斯寇特
当前年份：2012 $20-$29
            92

2012	92	2024-2032+
2009	91	2017-2021+
2008	90	2016-2020
2007	91	2019-2027
2006	93	2018-2028

平衡度佳，香味浓郁，顺滑柔润，价格易于接受。散发着浓郁狂野的香味，带有蓝莓、紫罗兰、黑醋栗和乌梅紧实、类似红枣的风味，与细腻的摩卡橡木味融合完美。基调中有烟熏味和胡椒味，由细腻紧实的单宁支撑，口感优雅，透出浆果、李子的果香，余味绵长、清新，有明快的酸味。

Patricia Cabernet Sauvignon 帕秋莎赤霞珠干红葡萄酒 ★ ★

维多利亚东北部
当前年份：2008 $50-$99
            92

2008	92	2028-2038
2006	92	2018-2026+
2005	91	2017-2025
2004	90	2012-2016
2003	88	2011-2015

均衡，富有节奏，带有产区特色的薄荷香。散发着黑醋栗、捣碎的覆盆子、黑樱桃和李子的明快果香，混杂着烟熏和雪松味的橡木香。酒体中等偏饱满，口感紧实细腻，干燥幼细的单宁味中透出一股小浆果和新橡木的浓郁香味。收口有清新的酸味。需要陈酿很长一段时间。

Patricia Noble Riesling 帕秋莎雷司令贵腐甜白葡萄酒 ★ ★ ★

国王谷
当前年份：2009 $30-$49
            91

2009	91	2014-2017+
2008	94	2016-2020+
2006	92	2011-2014
2002	93	2007-2010+
2000	93	2005-2008+
1999	96	2004-2007
1998	89	2003-2006
1997	85	1998-1999
1996	81	1998-2001
1994	82	1999-2002
1993	92	1998-2001
1992	90	1997-2000
1988	84	1990-1995
1986	89	1994-1998

因葡萄迟摘，所以感染了贵腐霉菌，带有贵腐霉菌的味道。一款集中甘甜、平衡度佳的甜酒。散发着柠檬汁、橙花和焦糖布丁的浓香，底蕴中透出奶油蛋卷的味道。馥郁的柠檬果香和类似焦糖布丁的香味中透出些许灰尘味，形成了带有奶油味和辣味的复杂风味，收结干净、香甜，还有一股清新的酸味。

Patricia Pinot Chardonnay Brut 帕秋莎黑皮诺-霞多丽起泡酒 ★ ★ ★ ★

惠特兰
当前年份：2008 $30-$49
            95

2008	95	2016-2020
2006	95	2011-2014+
2005	95	2010-2013+
2004	93	2009-2012
2001	93	2006-2009
2000	95	2005-2008+
1999	90	2004-2007+

风格收敛，层次复杂。芳香馥郁，清新集中。黑色果味道强烈，夹杂着烟熏味、奶油味和泥土味，由特别的矿物味进行烘制，底味中有烤坚果和面包酵母的味道。口感松脆，红莓/樱桃的果香味持久质朴，底蕴中透出强烈的肉味，层次复杂，悠长完整，收口平衡度佳，略带甜味，有刺激的酸味，矿物味萦绕其间。顶级佳酿！

Patricia Shiraz 帕秋莎西拉干红葡萄酒 ★ ★ ★

西斯寇特
当前年份：2009 $50-$99
            89

2009	89	2017-2021
2008	94	2028-2038
2006	93	2014-2018+
2005	88	2010-2013
2004	90	2012-2016+

产自维多利亚州中部，优雅，带有薄荷香。红花、黑樱桃、红樱桃、雪松味橡木和白胡椒的香味浓郁，入口顺滑柔润，透出红醋栗、覆盆子、黑醋栗和血丝李的香甜果香。由细腻、带有灰尘质感的单宁支撑，收敛，烈度合适。如果味道再简单一些的话，评级会更高。

★★

Shiraz Mondeuse & Cabernet 西拉-梦杜斯-赤霞珠混酿

2006	91	2023-2036+
2005	89	2017-2025
2004	93	2024-2034
1998	90	2010-2018+
1997	90	2009-2017+
1996	91	2008-2016
1995	87	2007-2015
1992	92	2004-2012
1990	91	2002-2010
1989	90	2001-2009
1988	90	2000-2005
1987	90	1999-2004
1986	91	2006-2016

国王谷 $30-$49

当前年份：2006 91

味道强烈，层次丰富，具有明显的产区特色。散发着黑醋栗、乌梅和黑巧克力的薄荷香，后味中有铁屑、薄荷和鲜薄荷叶的味道。果香明快，富有深度；结构坚实，优厚有力；绵长干燥。黑色水果的果香交织着带有烟熏味、摩卡和类似烟灰缸味道的美国橡木香——似乎会让人联想到正准备要开酒的那一刻。

伯格家族酒庄 Burge Family Winemakers

通信地址： Barossa ValleyWay. Lyndoch SA 5351 · **电话：**(08) 8524 4644 · **传真：**(08) 8524 4444
网址： www.burgefamily.com.au · **电子邮箱：** draycott@burgefamily.com.au
产区： 巴罗莎谷（Barossa Valley） **酿酒师：** 里克 · 伯格(Rick Burge)
葡萄栽培师： 里克 · 伯格 **执行总裁：** 里克 · 伯格

里克 · 伯格擅长酿制风格淳朴、口感细腻、浓郁醇美的红酒。酒庄酿造的赛美蓉葡萄酒也在澳大利亚引起了广泛关注（最受关注的是猎人谷出产的赛美蓉）。因为当地气候多变，所以酒庄的红酒品质并不稳定，但仍值得期待，毕竟这些美酒都是出自一位经验丰富、独具风格的酿酒师之手。假如你是一位收藏家，那你可能要等待数年才能开启这款品质超群的德瑞考特西拉干红葡萄酒（2014）。虽然如此，但你最终会发现这种等待是值得的。

★★★★

Draycott Shiraz 德瑞考特西拉干红葡萄酒

2012	91	2020-2024
2008	89	2013-2016
2006	95	2018-2026
2005	89	2010-2013+
2004	95	2016-2024+
2003	80	2005-2008
2001	93	2009-2013
2000	88	2005-2008

巴罗莎谷 $30-$49

当前年份：2012 91

一款非常成熟的西拉干红，带有橡木味，散发着乌梅、黑莓和石南融合的香味，夹杂着带有烟熏味、摩卡和巧克力味的橡木香。口感辛辣，略带肉味，酒体饱满偏中等，带有矿物味和辣味，收口细腻，略单调。橡木香减少了酒品的雅致和平衡。不过陈放一段时间后，味道应该会变得更加和谐、完整。

★★★

G3 Shiraz Grenache Mourvèdre Blend G3 西拉歌海娜慕合怀特混酿

2009	94	2017-2021+
2007	94	2012-2015+

巴罗莎谷 $30-$49

当前年份：2009 94

一款极具南罗讷河谷风格的混酿，结构优良，富有深度和长度。散发着蓝莓、乌梅和黑莓的融合而成的泥土味和石南味，后味中略带橡木味，在花香和些许石南的衬托下，香味更显浓郁。酒体中等偏饱满，风味浓郁，绵长完整。黑莓气息萦绕口中，在干燥细腻的单宁支撑下，收结绵长收敛，带有辣味，平衡度佳。

★★

Old Vines Garnacha 老藤歌海娜

2010	88	2018-2022+
2008	93	2016-2020+
2006	88	2011-2014
2005	89	2010-2013
2004	88	2006-2009+
2003	90	2008-2011+
2001	92	2006-2009+
2000	92	2005-2008
1998	90	2003-2006+

巴罗莎谷 $20-$29

当前年份：2010 88

一款成熟、果香浓郁的典型巴罗莎歌海娜干红葡萄酒，酒精度较高。具有葡萄干的香味，散发着蓝莓、覆盆子和黑醋栗夫人浓郁果香，夹杂着香草/椰子雪糕味的橡木香。口感顺滑，丰美多汁，呈现出些许波特酒和烈酒的特性，口感紧实而扎口，洋溢着乌梅、西梅干、蓝莓和黑莓的香味。收口绵长而温暖。

Olive Hill Semillon 橄榄山赛美蓉干白葡萄酒 ★★★

巴罗莎谷　　　　　　　　　　　　　　　　$20-$29
当前年份：2013　　　　　　　　　　　　　　93
　　紧实集中，富有巴罗莎赛美蓉葡萄酒的特色。散发着甜瓜和柑橘略辛辣的果香，透出烟熏味、奶油味、黄油味和香草橡木香。口感绵长雅致，浓郁的果香与橡木香、坚果味和香料味紧密交织，收口带有清新的酸味。

2013	93	2018-2021+
2012	92	2017-2020+
2011	92	2016-2019+
2010	93	2012-2015+
2008	89	2013-2016
2007	93	2012-2015
2006	89	2008-2011
2005	90	2007-2010
2004	77	2004-2005
2002	90	2004-2007

Olive Hill Shiraz Mourvèdre Grenache Blend ★★★
橄榄山西拉慕合怀特歌海娜混酿

巴罗莎谷　　　　　　　　　　　　　　　　$20-$29
当前年份：2012　　　　　　　　　　　　　　92
　　一款精心酿造的酒品，复杂粗犷。散发着甘甜覆盆子、黑醋栗和蓝莓的果香，夹杂着花香和胡椒味，后味中带有丁香、肉桂、麝香和干草的香料味。口感顺滑柔润，洋溢着浓郁的果香、肉桂和泥土味，单宁细腻，有清新的酸味。收结带有辛辣味，余味绵长。

2012	92	2020-2024+
2010	89	2022-2030+
2008	92	2013-2016+
2006	91	2011-2014
2005	90	2010-2013
2004	92	2009-2012+
2003	91	2011-2015+
2002	93	2007-2010+
2001	94	2006-2009+

坎贝尔酒庄 Campbells

通信地址：4603 Murray Valley Highway, Rutherglen Vic 3685・电话：(02)6033 6000・
传真：(02) 6032 9870・网址：www.campbellswines.com.au・电子邮箱：wine@campbellstwines com.au
产区：卢森格林(Ruthrurglen)　酿酒师：柯林・坎贝尔(Colin Campbell)
葡萄栽培师：马尔科姆・坎贝尔(Malcolrn Campbell)　执行总裁：柯林・坎贝尔、马尔科姆・坎贝尔

　　一座位于卢森格林的家族酒庄，历史悠久。最出名的酒品为：加强型葡萄酒，果味丰富、温和顺滑的博比波西拉干红葡萄酒和巴克利杜瑞大干红葡萄酒，以及近年来带有橡木香和浓郁香气的兄弟西拉干红葡萄酒。坎贝尔酒庄的红酒不同于产区的大部分红酒，其相对不那么浓厚，风格介于传统的澳大利亚葡萄酒风格（浓郁、带有橡木香气）和受欧洲葡萄酒影响的风格（更美味可口）之间。这种红酒在今天越来越受欢迎，兴许是因为这样的风格更适合葡萄品种吧。

Bobbie Burns Shiraz 博比波西拉干红葡萄酒 ★★

卢森格林　　　　　　　　　　　　　　　　$20-$29
当前年份：2012　　　　　　　　　　　　　　87
　　一款精心酿制优雅之酒，温和甜美，果香四溢。散发着甜覆盆子、红樱桃、李子和雪松味橡木融合而成的带有花香和果酱味的明快香气，后味中透出些许肉味、泥土味和薄荷味。口感顺滑简单，柔润温和。果味层次不够丰富。在带有灰尘味的单宁支撑下，收口略带青涩。

2012	87	2017-2020+
2011	87	2016-2019
2010	91	2018-2022+
2009	88	2014-2017+
2008	89	2013-2016
2007	94	2015-2019+
2006	91	2011-2014
2005	88	2010-2013+
2004	94	2016-2024
2003	91	2011-2015
2002	87	2007-2010
2001	90	2006-2009

Chardonnay 霞多丽

卢森格林　　　　　　　　　　　　　　　　$12-$19
当前年份：2011　　　　　　　　　　　　　　87
　　一款适合早期饮用的霞多丽，会在短期窖藏后变得充盈。散发着桃子、奶油、丁香和姜融合而成的新鲜、略带香料味的香气，底蕴中透露出坚果和肉桂般的风味。口感甘美集中，洋溢着桃子、甜瓜和油桃奶油般的香味，在精致、略带白垩气息的单宁支撑下，收口温和而清新。

2011	87	2013-2016
2010	86	2011-2012+
2009	86	2010-2011
2008	85	2009-2010
2007	81	2008-2009+
2006	84	2007-2008+
2005	77	2005-2006
2004	87	2005-2006
2002	87	2003-2004+
2001	86	2002-2003
2000	86	2002-2005

Riesling 雷司令 ★

卢森格林　　　　　　　　　　　　　　　　$12-$19
当前年份：2012　　　　　　　　　　　　　　87
　　一款过早成熟的雷司令，质朴饱满。散发着苹果和酸橙的馥郁果香，在白花的纯净香气的衬托下，更显浓郁。口感馥郁多汁，非常成熟充盈，洋溢着酸橙和苹果果香，悠长丰满，收口带有强烈的酸橙汁味。

2012	87	2017-2020+
2011	89	2016-2019
2010	88	2015-2018
2009	86	2011-2014
2008	87	2010-2013+
2007	83	2008-2009+
2006	88	2008-2011
2005	88	2010-2013+
2004	87	2006-2009
2003	79	2004-2005

★ ★   The Barkly Durif 巴克利杜瑞夫干红葡萄酒

2010	87	2018-2022+
2009	92	2021-2029+
2008	86	2013-2016
2007	90	2015-2019+
2006	88	2011-2014+
2003	89	2011-2015
2002	89	2010-2014+
2001	90	2006-2009
1998	89	2003-2006
1997	89	2002-2005
1996	91	2001-2004+
1995	89	2000-2003
1994	93	2002-2006

卢森格林 $50-$99
当前年份：2010 87
　　这款表现略微有些夸张的红酒缺乏真正的说服力，集中浓厚。散发着黑莓、蓝莓、李子和黑醋栗刺激香气，融入些许肉香和野味儿，底蕴中透出一丝石南的芬芳。单宁紧实，带有粉末质感，味道直接多汁，果酱味较重，收口略显单调，长度一般，缺乏明快的肉味。

★ ★   The Brothers Shiraz 兄弟西拉干红葡萄酒

2010	89	2022-2030
2009	91	2017-2021
2007	89	2015-2019+
2006	89	2011-2014+
2005	94	2013-2017
2004	93	2016-2024+

卢森格林 $50-$99
当前年份：2010 89
　　一款过于成熟、酒精度高的葡萄酒。散发着红莓、黑莓、血丝李和培根味橡木融合而成的烟熏味、肉味和香料味，后味中透出些许泥土气息。黑胡椒的香气则提升了整体的香味。口感丰美，异常多汁，洋溢着李子和浆果般的果味，烟熏橡木的滋味与之缠绵缭绕，在紧实干爽的单宁支撑下，收口带有些许强劲的酒精味。

★   Trebbiano 特雷比奥罗

2012	87	2014-2017
2011	87	2013-2016
2010	88	2011-2012+
2009	86	2010-2011
2008	88	2009-2010+
2007	88	2008-2009+
2006	89	2008-2011
2002	86	2004-2007
1999	87	2000-2001
1997	88	2002-2005

卢森格林 $12-$19
当前年份：2012
　　略带灰尘味、草本味和白垩昧。果香馥郁，口感干燥，带有柠檬的味道，果香回味内敛，温暖、酒精味强劲。在带有灰尘质感的单宁支撑下，余味变得悠长，收结带有坚果味和辣味。

卡尼巴溪酒庄 Cannibal Creek

通信地址：260 Tynong North Roa d,Tynong North Vic 3813 · **电话**：(03)5942 8380 ·
传真：（08）5942 8380 · **网址**：www.cannibalcreek.com.au · **电子邮箱**：wine@cannibalcreek.com.au
产区：吉普斯兰
酿酒师：帕特·哈迪克(Patrick Hardiker)
葡萄栽培师：帕特·哈迪克
执行总裁：帕特·哈迪克、克斯顿·哈迪克(Kirsten hardiker)

　　澳大利亚并没有多少款长相思葡萄酒可以与新西兰马尔堡地区的顶级长相思相提并论，但是卡尼巴溪酒庄的葡萄酒品质几近顶级。酒庄酿造的葡萄酒散发着西番莲与醋栗的浓郁果味，带有强烈的柠檬酸味，主轴为细腻紧实的酚，带有矿物味和粉末质感。会随着时间的推移慢慢成熟，口感清新。采用该地区其他果园酿造的哈迪克长相思口感更质朴些，味道也更咸。

★ ★ ★   Sauvignon Blanc 长相思

2013	91	2015-2018
2012	90	2014-2017
2011	94	2013-2016
2010	93	2012-2015
2009	94	2010-2011
2008	86	2009-2010
2007	91	2009-2012
2005	93	2007-2008+
2005	93	2005-2006+
2003	91	2003-2004+

吉普斯兰西部 $20-$29
当前年份：2013 91
　　这款酒的品质似乎与其一贯的品质有些不同。浓郁（圆润）、油腻紧实，略带矿物味。醋栗、甜瓜和西番莲略带草本的果味与众不同。口感绵长宽阔，洋溢着醋栗的多汁，收结紧实集中，带有柠檬味，略带牡蛎壳的味道。

曼达岬葡萄园 Cape Mentelle

通信地址: 331 Wallcliffe Road, Margaret River WA 628 · **电话:** (08) 9757 0888 · **传真:** (08)9757 3233 ·
网址: www.capementelle.com.au **电子邮箱:** info@Capementelle.com.au
产区: 玛格丽特河
酿酒师: 罗泊特·曼恩(Robert Mann)、伊文·托马森(Evan Thompson)、保罗·卡拉汉(Paul Callaghan)、丹尼尔·索雷尔(Daniel Sorrell)
葡萄栽培师: 阿什利·伍德(Ashley Wood) **执行总裁:** 罗伯特·曼恩

罗伯特·曼恩和他的团队一直致力于实现曼达岬葡萄园创始人大卫·赫恩(David Hohnen)的雄图。经过多年奋斗,酒庄稳步跻身玛格丽特河产区最佳酒庄行列。2012年份的葡萄酒缺少纯正香味,而2011年份的葡萄酒则得到了大部分酿酒师的认可,认为其品质着实出众。酒庄酿造的葡萄酒口感雅致,层次丰富,紧实集中,如林德斯赤霞珠-梅洛干红葡萄酒、维雅儒赤霞珠-梅洛-品丽珠干红葡萄酒和赤霞珠葡萄干红葡萄酒。这些酒都会随着封瓶时间的增加而愈发成熟,长度、深度都会因此增加。这是一家顶级酒庄,酒品质量极其卓越。

Cabernet Merlot 'Trinders' 林德斯赤霞珠梅洛干红葡萄酒　★★★

玛格丽特河　　　　　　　　　$30-$49
当前年份: 2012　　　　　　　　91
　雅致细腻,平衡悠长。散发着浆果、黑醋栗和清新雪松/香草味橡木融合而成的灰尘味,略带草本味,紫罗兰的清香烘托了香味的浓郁。在细腻干燥、带有粉末质感的单宁支撑下,口感绵长多汁,黑醋栗、桑葚、乌梅和樱桃的果味集中,后味带有甘甜的雪松/香草味橡木香,略带烟熏味。收口有清新合适的酸味,味道持久。

2012	91	2020-2024+
2010	92	2018-2022+
2009	92	2014-2017+
2008	93	2016-2020+
2007	93	2015-2019
2006	85	2008-2011
2005	89	2010-2013
2004	91	2012-2016
2003	89	2005-2008+
2002	86	2004-2007
2001	91	2006-2009
2000	86	2005-2008
1999	82	2001-2004

Cabernet Sauvignon 赤霞珠　★★★★

玛格丽特河　　　　　　　　　$50-$99
当前年份: 2012　　　　　　　　96
　富有风格,雅致集中,果味集中,充满魅力。散发着紫罗兰、黑醋栗和浆果的浓郁果味,与雪松/巧克力/香草橡木香相互交织,底蕴中透出石墨和干草的香味。口感顺滑柔润,黑莓和红莓果味浓郁质朴,与新橡木的香味和细腻、带有碎石质感的单宁紧密融合。收口略带矿物味和辣味,余韵悠长持久。

2012	96	2032-2042
2011	95	2031-2041
2009	97	2029-2039+
2008	93	2028-2038
2007	92	2015-2019
2006	88	2011-2014+
2005	88	2013-2017
2004	94	2016-2024+
2003	88	2011-2015
2002	87	2010-2014
2001	95	2013-2021+
1999	93	2008-2012+
1999	93	2007-2011+
1998	93	2010-2018

Chardonnay 霞多丽　★★★★

玛格丽特河　　　　　　　　　$30-$49
当前年份: 2013　　　　　　　　95
　一款精心酿制的葡萄酒,非常内敛精妙。散发着桃子、梨和凤梨的果香,混杂着奶油坚果味的橡木香以及苹果、丁香和肉桂的内敛香气。口感顺滑柔润,洋溢着核果、甜瓜和热带水果融合而成的香甜橡木香。香味绵长持久,慢慢变得浓郁,收口集中,带有爽快清新的柠檬酸味。

2013	95	2018-2021+
2012	95	2020-2024+
2011	92	2016-2019+
2010	97	2018-2022
2009	93	2014-2017+
2008	96	2016-2020
2007	95	2012-2015
2006	95	2008-2011+
2005	93	2010-2013
2004	87	2006-2009
2003	95	2008-2011
2002	90	2004-2007+
2001	93	2003-2006
2000	93	2005-2008

Sauvignon Blanc Semillon 长相思赛美蓉混酿　★★★★

玛格丽特河　　　　　　　　　$20-$29
当前年份: 2013　　　　　　　　88
　一款黏稠、带有奶油味的混酿。具有西番莲和番石榴的浓郁果香,后味中带有热带水果的强烈味道。入口甘美多汁,洋溢着热带水果、黑醋栗和醋栗的果味,舌下感觉顺滑,收口甜腻单调。缺乏惯有的平衡和集中。

2013	88	2014-2015+
2012	93	2013-2014+
2011	95	2013-2016
2010	94	2011-2012+
2009	95	2011-2014
2008	94	2010-2013
2007	92	2008-2009+
2006	86	2006-2007+
2005	94	2005-2007+
2004	93	2004-2005+
2003	94	2004-2005+

★★★★

Shiraz 西拉

年份	评分	适饮期
2012	92	2024-2032
2011	93	2013-2031
2010	92	2018-2022+
2009	95	2017-2021
2008	94	2016-2020+
2007	94	2015-2019
2006	90	2011-2014+
2005	93	2013-2017
2004	96	2012-2016+
2003	91	2011-2015
2002	92	2010-2014+
2001	94	2009-2013+
2000	90	2005-2008+
1999	93	2007-2011

玛格丽特河
当前年份：2012 $30-$49   92

　　酒体饱满偏中等、细密，散发着黑醋栗、红醋栗、覆盆子和乌梅的香气，甘甜、带有灰尘味和胡椒味，与清新的雪松/香草味紧密交织，底味中透出些许薄荷的味道。在带有灰尘味的爽脆单宁支撑下，黑莓和红莓散发出夹杂着香料味的果味，橡木香温和，稍带草本/薄荷味。收结透出一丝番茄的味道。

★★★★

Wallcliffe Sauvignon Blanc Semillon
沃尔克丽妃长相思-赛美蓉干白葡萄酒

年份	评分	适饮期
2012	95	2020-2024+
2011	95	2016-2019+
2010	95	2015-2018+
2009	95	2014-2017+
2008	95	2013-2016+
2007	96	2012-2015+
2006	95	2008-2011+
2005	93	2007-2010
2004	95	2006-2009+
2003	93	2005-2008+
2002	95	2004-2007+
2001	95	2003-2006
2000	87	2001-2002

玛格丽特河
当前年份：2012 $30-$49   95

　　一款足以被当作标杆的葡萄酒，富有风格。散发着醋栗、柠檬皮和香草/丁香/肉桂味橡木融合而成的清香，略带咸味，后味中透出干草、矿物和些许黄油的味道。口感绵长精致，洋溢着醋栗、甜瓜和柠檬的浓郁果味，底蕴中带有细腻的白垩香，与奶油橡木香和果仁酵母味紧密交织。收结悠长，美味可口，带有柑橘的酸味。

★★★★

Wilyabrup Cabernet Blend
维雅儒赤霞珠-梅洛-品丽珠干红葡萄酒

年份	评分	适饮期
2012	94	2024-2032
2011	91	2019-2023
2010	95	2022-2030
2009	95	2021-2029
2008	93	2016-2020+

玛格丽特河
当前年份：2012 $30-$49   94

　　口感雅致，绵长和谐，带有灰尘味，略多汁。散发着紫罗兰、红花、森林浆果、清新雪松/香草味橡木的浓郁芳香，透出些许石墨和干草的香味。酒体中等偏饱满，口感顺滑，洋溢着黑莓、李子和樱桃的质朴果香，与雪松橡木的美味紧密缭绕。底味中透出细密爽脆的单宁，香味逐渐变得浓郁，结构也逐渐完整。收口带有辣味和淡淡的矿物味，绵长美味。

★★★★

Zinfandel 仙粉黛红葡萄酒

年份	评分	适饮期
2012	94	2032-2042
2011	96	2031-2041
2010	95	2022-2030
2009	92	2021-2029
2008	95	2020-2028+
2007	95	2015-2019+
2006	88	2011-2014
2005	95	2017-2025
2004	92	2012-2016+

玛格丽特河
当前年份：2012 $50-$99   94

　　非常优雅、内敛的一款酒，几乎没有仙粉黛葡萄酒的风格。散发着蓝莓、黑莓和石南的精雅芳香，夹杂着香料味，略带果酱风味，与香甜雪松/香草味橡木相互交织，后味中透出薄荷和些许肉味。易于入口，口感顺滑柔润，洋溢着巧克力、摩卡、李子和西梅干的甘美味道，略有酒精味，绵长温暖；单宁干燥，紧实柔软，收口平衡度佳，味道惊人的浓郁。

开普谷酒庄 Capel Vale

通信地址：118 Mallokup Road, Capel WA 6271 · 电话：(08) 9727 1986 · 传真：(08) 0364 4882 ·
网址：www.cabelvaie.com · 电子邮箱：salescapel@capelvale.com
产区：吉奥格拉菲(Geographe)、玛格丽特河、潘伯顿(Pemberton)、巴克山(Mount Barker)
酿酒师：丹尼尔·赫瑟林顿（Daniel Hetherington）
葡萄栽培师：菲尔·史密斯（Phil Smith）　执行总裁：西蒙·普莱登(Simon Pratten)

　　开普谷酒庄在慢慢建立起自己的品牌架构时，我始终推崇它的轻语山雷司令干白葡萄酒，一直以来我都将这款酒视为酒庄的最顶级葡萄酒——紧实单调，带有白垩香，又带有令人心旷神怡的清新感和浓郁香气，绝对是2013年份的另一顶级佳酿。因为酿酒师在橡木选择上与众不同，红酒带有一些摩卡、巧克力和类似松针的味道。在我看来，如果这个问题可以解决的话，红酒的品质会得到很大的提高。

Regional Series Cabernet Sauvignon 区域系列赤霞珠干红葡萄酒 ★

玛格丽特河　　　　　　　　　　　　$20-$29
当前年份：2012　　　　　　　　　　　82
　　因为受不新鲜（确切来说是有问题的）橡木的影响，这款酒缺乏新鲜的果味和清新感。散发着桑葚、黑醋栗和乌梅的甜美芬芳，后味中透出强烈烟熏味和肉味的橡木香，夹杂着些许类似松针的底味。在带有白垩香的单宁支撑下，口感顺滑柔润，果香浓郁，收结香味逐渐变薄，缺乏新鲜度和紧实度，略感青涩。

2012	82	2017-2020
2011	91	2023-2031
2010	88	2022-2030
2009	88	2017-2021
2008	90	2016-2020
2007	87	2012-2015
2006	82	2008-2011

Regional Series Chardonnay 区域系列霞多丽干白葡萄酒 ★

潘伯顿、玛格丽特河　　　　　　　　$20-$29
当前年份：2012　　　　　　　　　　　86
　　这是一款宏大丰美、口感直接的葡萄酒，散发着成熟甜瓜类似太妃糖香味的馥郁芬芳，底蕴中透出奶油、黄油和沉淀酵母的味道。口感圆润，丰盈直接，稍显黏稠，散发着桃子/甜瓜/柠檬带有浓郁奶油风情的滋味，与坚果橡木的滋味紧密结合，小麦粉的醇香在口中久久流连。

2012	86	2013-2014+
2011	92	2013-2016+
2010	89	2012-2015
2009	86	2011-2014

Regional Series Semillon Sauvignon Blanc 区域系列赛美蓉长相思混酿 ★

潘伯顿　　　　　　　　　　　　　　$20-$29
当前年份：2013　　　　　　　　　　　87
　　这款酒略甜，不易于入口，缺乏典型的集中度和新鲜度。口感多汁稍甜，散发着醋栗和黑醋栗略带辛辣的刺激味道，后味中带有灰尘味草本香。浓郁直接，收口带有西番莲和类似浆果的果味，回味不够长，有些辣。

2013	87	2015-2018
2012	82	2012-2013+
2010	91	2012-2015
2008	86	2008-2009
2007	86	2007-2008

Regional Series Shiraz 区域系列西拉干红葡萄酒 ★★

巴克山　　　　　　　　　　　　　　$20-$29
当前年份：2012　　　　　　　　　　　87
　　一款多汁、成熟直接的西拉葡萄酒，散发着乌梅、甜菜和黑醋栗的果香，雪松、巧克力橡木香，后味中透出些许香料和干草的味道。口感顺滑，酒体中等偏饱满，因为过于成熟，舌中缺乏深度和长度。后味中带有奶油橡木味和细腻单宁，醇美可口，适合早期饮用。

2012	87	2014-2017
2011	91	2019-2023
2010	87	2015-2018
2009	89	2011-2014
2008	90	2013-2016

The Scholar Cabernet Sauvignon 学人赤霞珠干红葡萄酒 ★

玛格丽特河　　　　　　　　　　　　$50-$99
当前年份：2012　　　　　　　　　　　90
　　这款酒没有受到开普谷酒庄采用的问题橡木的影响。散发着黑莓和紫罗兰略带肉味的香气，底味中透出泥土气息，与带有薄荷味、类似松针味道的橡木味相融合。入口顺滑，洋溢着烟熏味和果香，单宁紧实干燥，带有粉末质感。余韵绵长、带有辣味。因为橡木的关系，底蕴中似乎带有薄荷、摩卡和巧克力的味道。

2012	90	2020-2024+
2011	83	2016-2019
2010	89	2022-2030
2009	93	2021-2029
2008	89	2016-2020

Whispering Hill Riesling 轻语山雷司令干白葡萄酒 ★★★★

巴克山　　　　　　　　　　　　　　$30-$49
当前年份：2013　　　　　　　　　　　95
　　一款优雅、富有风格的雷司令葡萄酒，香味浓郁、纯正持久。散发着玫瑰花瓣、白花、新鲜酸橙汁、苹果和梨的馥郁果香，底蕴中透出类似爽身粉的味道。味道绵长，具有穿透力，果味层层散开，夹杂着细腻的白垩香，收口紧实，带有柠檬味和些许矿物味。

2013	95	2025-2031
2012	94	2024-2030
2011	93	2019-2023+
2010	95	2022-2030
2009	90	2014-2017
2008	93	2016-2020
2007	93	2012-2015+
2004	94	2012-2016
2003	87	2005-2008

★ ★ ★

Whispering Hill Shiraz 轻语山西拉干红葡萄酒

巴克山
当前年份：2012
$50-$99
89

2012	89	2017-2020
2011	92	2019-2023
2009	94	2017-2021
2008	90	2013-2016+
2007	90	2012-2015+
2005	92	2013-2017+

因为果味缺乏持久度，结构不够紧凑，所以无法得到高分。这款酒还带有些许果酱风味，有些过于成熟。散发着甜浆果的类似味酱味，夹杂着胡椒味和花香，透出些许香料味。口感柔润、雅致，略有些浓稠，洋溢着成熟、香甜的水果味，不过摩卡/黑巧克力橡木味更重一些。

卡普凯利酒庄 Capercaillie

通信地址：4 Londons Road, Lovedale NSW 2325・电话：(02) 4990 2904・传真：(02) 4991 1886・
网址：www.capercailliewine.com.au・电子邮箱：sales@capercailliewine.com.au
产区：猎人谷　酿酒师：彼得・拉恩（Peter Lane）
葡萄栽培师：兰斯・米基切　执行总裁：米歇尔・金（Michelle Jin）

卡普凯利是猎人谷的一个成熟酒庄，除了采用自家葡萄园的葡萄酿酒外，还采用麦克拉伦谷和希托普斯的葡萄酿造葡萄酒。品质最稳定的要数猎人谷赛美蓉干白葡萄酒（原名克里尔），一款单调、带有矿物味的典型猎人谷葡萄酒，会随着时间的流逝而愈发优雅、富有魅力。2013年，经过漫长的等待后，酒庄的旗舰产品吉利西拉干红葡萄酒重新问世。相较之前年份的酒，这一年份的西拉口感更柔润顺滑，不过仍具有典型的猎人谷产区魅力。

★ ★

Ceilidh Shiraz 同乐会西拉干红葡萄酒

猎人谷
当前年份：2008
$30-$49
83

2008	83	2010-2013
2007	89	2012-2015
2006	92	2014-2018+
2005	86	2010-2013
2004	94	2012-2016+
2003	88	2008-2011+
2001	94	2009-2013

香甜，带有西梅干的香味。散发着黑莓、红莓带有的烘烤味和薄荷味的直接香气，缺乏真正的长度。收口极其多汁，回味浅薄。

★ ★ ★

Hunter Valley (Formerly Creel) Semillon 猎人谷（原名克里尔）赛美蓉干白葡萄酒

2013	91	2021-2025
2012	88	2017-2020
2011	94	2023-2031
2008	91	2016-2020
2007	94	2015-2019+
2006	93	2011-2014+
2005	92	2013-2017
2002	91	2010-2014
2001	91	2011-2015
1999	93	2011-2019

下猎人谷
当前年份：2013
$20-$29
91

口感柔顺，香味浓郁。散发着甜瓜和柠檬皮的清新香气，后味中略带滨藜的草本香和泥土味、白亚香。入口顺滑，果味甘甜，洋溢着甜瓜和柠檬的果味，香味持久，圆润多汁，带有白亚香，收口有清新强烈的柑橘酸味。

★ ★

Hunter Valley (Formerly Cuillin) Chardonnay 猎人谷（原名库林）霞多丽干白葡萄酒

下猎人谷
当前年份：2013
$20-$29
90

2013	90	2015-2018
2012	90	2014-2017
2011	87	2013-2016
2009	91	2011-2014+
2008	82	2009-2010
2007	88	2008-2009
2006	87	2008-2011
2005	89	2007-2010
2004	86	2005-2006
2003	82	2004-2005+

顺滑醇美，散发着甜瓜、桃子和金橘明快而不复杂的果味，后味中带有奶油黄油橡木香、坚果味以及些许无花果的果香。口感成熟多汁，洋溢着甜瓜、白桃、奶油和腰果类坚果的浓郁风味，与甘甜香草橡木香相互交织，收结绵长清新，带有明快的酸味。兴许有些过往的风格，也有些多汁，但仍旧是一款美酒，应该会受到不少人的追捧。

★ ★ ★

The Ghillie Shiraz 吉利西拉干红葡萄酒

下猎人谷
当前年份：2013
$30-$49
92

2013	92	2021-2025+
2007	92	2015-2019+
2006	88	2008-2011+
2005	87	2007-2010+
2003	95	2015-2023
2002	95	2014-2022+
2000	90	2008-2012+

优雅顺滑，富有风格，香味浓郁。散发着黑醋栗和黑莓的果香，融入了香甜雪松橡木香、白胡椒、五香和深色花的芬芳提升了香气。口感顺滑多汁，单宁细腻紧实，干燥、带有粉末质感，洋溢着黑醋栗、黑莓和乌梅的馥郁香气。收结绵长，清新美味，底蕴中透出些许碘味和矿物味。装在瓶中陈年的话，会变得越来越丰满温和。

73

卡塞格林酒庄 Cassegrain

通信地址： 764 Fernbank Creek Road, Port Macquarie NSW 2444 · **电话：** (O2) 6532 8377 ·
传真： (02) 6582 8878 · **网址：** www.cassegrainwines.com.au · **电子邮箱：** info@cassegrainwines.com.au
产区： 黑斯廷斯河(Hastings River)
酿酒师： 约翰·卡塞格林(John Cassearain)
葡萄栽培师： 约翰·卡塞格林
执行总裁： 约翰·卡塞格林

卡塞格林酒庄先前以麦觉理港周边为基地，不断发展外扩，变成了气候更凉爽的新南威尔士地区的一个活跃酒庄。其在坦巴伦巴和新英格兰都开辟了葡萄园，前者的葡萄用于酿造优质的佛罗门特霞多丽葡萄酒，后者则是用于酿造黑色系列琼瑶浆干白葡萄酒。酒庄出品的酒品精致优雅、美味复杂，与澳大利亚主流的葡萄酒风格相去甚远，不过红酒缺乏成熟度和真正的魅力。

Edition Noir Gewürztraminer 黑色版本琼瑶酿 ★★

澳大利亚新英格兰　　　　　　　　　　$20-$29
当前年份：2013　　　　　　　　　　　90
　　一款质朴的琼瑶浆葡萄酒，带有咸味、香料味，散发着果香。果味、酸味和矿物味均衡。透出荔枝、玫瑰油香料的芳香，夹杂着麝香香气。口感甘美，温和油腻，果味绵长，带有矿物味。收口集中，略带甜味。

2013	90	2015-2018+
2010	91	2012-2015
2009	87	2010-2011+
2007	88	2019-2012

Fromenteau Reserve Chardonnay 佛罗门特霞多丽葡萄酒 ★★

Cassegrain
FROMENTEAU
RESERVE CHARDONNAY
John Cassegrain

黑斯廷斯河　　　　　　　　　　　　$30-$49
当前年份：2012　　　　　　　　　　77
　　酒体单薄，入口青涩，复杂度低，只有简单的果酱风味。缺乏长度、深度和成熟度。果味层次不够丰富，无法承受在窖藏过程中发展的沉淀酵母味。

2012	77	2013-2014
2011	88	2013-2016
2008	88	2010-2013
2006	92	2008-2011+
2005	91	2010-2013
2004	91	2006-2009
2003	89	2005-2008
2002	93	2004-2007+
2001	89	2003-2006

格奈酒庄 Castagna

通信地址： Ressom Lane, 比奇沃斯 vic 3747 · **电话：** (03) 5728 2888 · **传真：** (03) 5728 2898 ·
网址： www.castagna.com.au · **电子邮箱：** castagna@enigma.com.au
产区： 比奇沃斯
酿酒师： 朱利安·格奈(Julian Castagna)
葡萄栽培师： 朱利安·格奈
执行总裁： 朱利安·格奈

比奇沃斯地区出品高品质葡萄酒，是位于高海拔的小葡萄园之一。酒庄酿造的2012年份高品质红葡萄酒是一个好得出奇的葡萄生长季的反射镜，其无疑同时反映出了葡萄藤年限长、扎根深的好处。这些葡萄酒香味怡人，拥有我们从未遇到过的不同层次的丝绸质感。在朱利安·格奈选择将桑娇维赛混入秘密基地混酿中时，就意味着2012年份钥匙干红葡萄酒不复存在了。而其酿造出来的格奈葡萄酒兴许是从2005年份以来品质最佳的一款酒。这款酒和香味浓郁的2012年份的创世纪西拉干红葡萄酒一样，细致优雅，美味可口。在本年鉴中，我首次列出了金屋藏娇内比奥罗-西拉混酿。

Adam's Rib The Red 金屋藏娇内比奥罗-西拉混酿 ★★★

ADAM'S RIB
2010
THE RED
CASTAGNA
750ML

比奇沃斯　　　　　　　　　　　　　$30-$49
当前年份：2012　　　　　　　　　　92
　　散发着黑莓、乌梅和巧克力的香味，夹杂着泥土味、花香，略有些刺激，后味中透出小山羊皮革、麝香和肉的味道，从中透出红色水果的香气和一丝森林大地的气息。酒体饱满偏中等，洋溢着乌梅、黑莓和樱桃味的果香，香味持久，由干燥直接、带有粉末质感的单宁支撑。收结绵长，带有辣味、肉味和泥土味，夹杂着薄荷和碘味。

2012	92	2020-2024+
2010	93	2022-2030
2009	84	2017-2021

★★★★ Genesis Syrah 创世纪西拉干红葡萄酒

2012	95	2024-2032
2010	96	2022-2030+
2009	93	2017-2021
2008	90	2016-2020
2006	91	2014-2018
2005	95	2013-2017+
2004	95	2009-2012+
2002	95	2010-2014+
2001	91	2003-2006+
2000	90	2002-2005
1999	95	2004-2007

比奇沃斯

当前年份：2012

$50-$99

95

优雅绵长，细密精致。散发着深色花和黑胡椒的香味，层次丰富，夹杂着黑莓、李子和樱桃的石南香气，后味中带有麝香、黑胡椒味，还有一丝玫瑰香水的芬芳。在带有灰尘味、令人垂涎的单宁支撑下，口感通透明快，洋溢着麝香、黑胡椒和略酸的浆果风味，收口明快，带有辣味和酸味。风味和质地在口中绵延生长。

★★★ La Chiave Sangiovese 钥匙桑娇维赛葡萄酒

2010	95	2022-2030+
2009	90	2017-2021
2008	89	2013-2016
2006	91	2011-2014
2004	95	2009-2012+
2002	94	2007-2010
2001	87	2002-2003+

比奇沃斯

当前年份：2010

$50-$99

95

活泼明快，丰满优雅。散发着樱桃、蓝莓、乌梅、兰花带有灰尘味的细腻芳香，底味中透出石南、小山羊皮革和干草融合而成的浓烈泥土味。口感绵长，酒体中等偏饱满，细密、富有节奏，洋溢着浓郁略酸的风味，汁液丰富，与雪松橡木香、细腻干燥的单宁和干草味紧密交织。收结果香绵长，爽快清新的酸味和香料味、草本味均衡融合。

★★★★ Un Segreto Sangiovese Syrah 秘密基地桑娇维赛西拉干红葡萄酒

2012	96	2024-2032
2010	95	2020-2030+
2009	87	2014-2017
2008	91	2013-2016+
2006	88	2011-2014

比奇沃斯

当前年份：2012

$50-$99

96

平衡度佳，口感集中。散发着血丝李、黑樱桃、灌木丛和新鲜雪松/香草味橡木融合而成的馥郁花香，夹杂着香料味，后味中透出白胡椒、丁香和肉桂的香味。口感极其优雅、富有风格，洋溢着樱桃、血丝李、黑莓、石南和紧实橡木融合而成的香味，集中明快，通透干净，底蕴中透出细腻、带有粉末质感的单宁味，味道绵长和谐。收口带有很香的辣味，味道略重。

卡斯特酒庄 Castelli

地址: 380 Mt Shadforth Road, Denmark WA 6333 · **电话:** (08) 9848 3832 · **传真:** (08) 9848 3842 ·
网址: www.castelliestate.com.au · **邮箱:** admin@castelligroup.com.au
产区: 大南区
酿酒师: 迈克·加兰（Milk Garland）
执行总裁: 卢卡·卡斯特（Luca Castelli）

卡斯特酒庄是丹麦镇新兴的小酒庄。酒庄酿造的品质最佳的葡萄酒为赤霞珠和雷司令，这两款酒品雅致细密，具有典型的产区特色。酒庄建成于2004年，比较年轻，因此我们可以期待在接下来几年的时间里酒庄葡萄酒品质的大幅提升。

★★★ Cabernet Sauvignon 赤霞珠

2012	93	2024-2032+
2011	90	2023-2031
2010	92	2022-2030
2009	92	2021-2029

法兰克兰河

当前年份：2012

$30-$49

93

优雅顺滑，平衡度佳。散发着浆果泥、樱桃和李子的香甜，夹杂着花香，与灰尘雪松橡木味紧密交织，后味中透出些许干草的味道。口感绵长顺滑，单宁细腻柔韧，汁液丰富，果味绵长，烈度随之增加，结构也愈发紧凑。收口美味，带有明快的酸味。

Riesling 雷司令 ★

法兰克兰河 $20-$29
当前年份：2013 90

一款富有魅力、适合早期饮用的雷司令酒。馥郁芬芳，复杂度良好，散发着清淡的麝香香气，略带热带水果的果酱风味，透露出些许番石榴的甜美，舌头味道丰富、持久，带有梨、苹果、杏子和鲜橙皮的果味，酸度清新。有些许贵腐酒的味道。

2013	90	2015-2018+
2012	88	2017-2020+
2011	82	2013-2016

堡石酒庄 Castle Rock Estate

通信地址： 2660 Potongorup Road, Porungorup WA 6324 · **电话：** (08)9853 1035 · **传真：** (08)98531010 ·
网址： www.castlerockestate.com.au · **电子邮箱：** diletti@castlerockestate.com.au
产区： 波龙古鲁产区（Porongorup）
酿酒师： 罗伯特·迪勒帝(Robert Diletti)
葡萄栽培师： 安格罗·迪勒帝(AngeloDiletti)
执行总裁： 安格罗·迪勒帝

西澳大利亚黑皮诺葡萄酒酿酒商中的领军者，位于气候凉爽的波龙古鲁山脉，属小型酒庄。该酒庄出品的西拉酒香味浓郁，具有石南香气。2013年份的波龙古鲁雷司令品质也很超群，这款酒的成功凸显了该酒庄在大南区的重要地位。酒庄酿制的葡萄酒带有自然的酸味，2013年份的波龙古鲁长相思和年轻的堡石干白都是如此。

Cabernet Sauvignon Merlot 赤霞珠梅洛混酿 ★

波龙古鲁 $20-$29
当前年份：2010 89

细腻单调，带有淡淡的青涩口感，散发着黑醋栗、乌梅和桑葚融合而成的精致果香，夹杂着淡淡的雪松橡木气息和草味，一丝森林大地的醇香萦绕其间。余韵在收口时变得颇具青草滋味。适合在瓶中缓慢成熟。

2010	89	2012-2030
2008	85	2013-2016
2005	86	2010-2013
2001	89	2006-2009+
2000	72	2002-2005
1999	81	2001-2004
1998	88	2003-2006+
1997	87	2002-2005
1996	84	2001-2004

Diletti Chardonnay 迪勒蒂霞多丽干白葡萄酒 ★★★

波龙古鲁 $20-$29
当前年份：2011 91

复杂度良好，带有迷人的烟熏味，散发着甜瓜、黄桃和葡萄柚的果香，夹杂着奶油香草橡木气息，底蕴中透露出肉味和丁香的芬芳。口感顺滑，略油腻，结构蓬松。入口细腻，芬芳萦绕在口间。收口有果味，柠檬酸味浓烈。

2011	91	2016-2019
2010	93	2012-2015+
2009	94	2011-2014+

Great Southern Chardonnay 大南区霞多丽干白葡萄酒 ★★★

波龙古鲁 $20-$29
当前年份：2013 91

复杂度佳，颇有霞多丽的风格，散发着桃子和葡萄柚的果香，底蕴中带有橡木和清新的奶油酵母气息。萦绕着梨的清甜，入口顺滑，丰润，有蜜瓜的果味，收口有明显的酸味。

2013	91	2015-2018
2012	90	2014-2017
2011	93	2013-2016
2010	91	2012-2015+
2009	88	2011-2014
2008	87	2010-2013
2000	88	2002-2005+
1999	81	2001-2004
1998	77	1999-2000
1997	82	1998-1999
1996	82	1997-1998
1995	84	1996-1997

★★★ Great Southern Pinot Noir 大南区黑皮诺干红葡萄酒

2012	92	2020-2024+
2011	89	2013-2016
2010	88	2012-2015
2009	93	2014-2017+
2008	92	2013-2016
2006	87	2008-2011
2005	90	2010-2013
2004	88	2006-2009
2003	90	2005-2008
2002	86	2004-2007
2001	90	2003-2006
2000	84	2001-2002
1999	84	2000-2001

波龙古鲁
当前年份：2012 $20-$29   92

　　醇美优雅，散发着些许泥土气息及烟熏味的甜美花香，融合了红樱桃、可乐和番茄的香味，底蕴中则带有薄荷味。回味绵长，有樱桃的甜香，幼细的单宁烘托出了橡木气息，提升了复杂度。

★★★★ Porongorup Riesling 波龙古鲁雷司令干白葡萄酒

2013	97	2025-2033
2012	92	2020-2024+
2011	94	2019-2023+
2010	95	2018-2022+
2009	95	2017-2021
2008	93	2016-2020
2007	83	2009-2012
2006	89	2011-2014
2005	84	2007-2010
2004	93	2009-2012
2003	94	2008-2011+
2002	90	2007-2010+
2001	86	2006-2009

大南区
当前年份：2013 $20-$29   97

　　极其纯正，集中度佳，果味清新，平衡度佳。略带麝香和花香，苹果、梨和酸柠檬汁的香味中透出些许白垩香。优雅多汁，芳香四溢，余韵悠长，带有活跃的酸味。

★★★ Porongorup Sauvignon Blanc 波龙古鲁长相思干白葡萄酒

2013	93	2014-2015+
2012	87	2012-2013
2011	92	2012-2014
2010	94	2012-2015
2009	88	2010-2011
2008	86	2008-2009
2006	88	2006-2007+

大南区
当前年份：2013 $20-$29   93

　　果味馥郁，优雅平衡。香气浓郁，散发着新鲜猕猴桃和荔枝的浓郁果味，底蕴中透露出橡木气息。口感顺滑、集中，有甜瓜、百香果和荔枝的清甜，收口带有微酸感。

★★★ Shiraz 西拉

2010	88	2015-2018+
2009	92	2014-2017+
2008	94	2016-2020+
2007	91	2012-2015+
2005	90	2010-2013
2004	82	2006-2009+
2003	84	2008-2011
2002	81	2004-2007

波龙古鲁
当前年份：2010 $30-$49   88

　　胡椒味较重，或者说带有烘烤味和果酱味，底蕴中透出老式雪松橡木气息。酒体中等偏饱满，浸润着犹如成熟的李子和小黑莓般馥郁的果味。在精致又带有白垩质感的单宁支撑下，余韵绵长，但是缺乏应有的酒香和甘美。

襄桐酒庄 Chandon

通信地址: 727 Maroondah Highway, Coldstream Vic3770 • **电话:** (03) 9738 9200 •
传真: (03) 9738 9201 • **网址:** www.chandon.com.au • **电子邮箱:** info@domainechandon.com.cn
产区: 南澳大利亚(Southern Australia)、雅拉谷
酿酒师: 丹·巴克（Dan Buckle）、格林·托马森（Glenn Thompson）亚当·基斯（Adam Keath）
葡萄栽培师: 丹·杜伊奇（Dan Dujic）
执行总裁: 苏珊·考德里（Susan Caudry）

　　襄桐酒庄创立于20世纪80年代中期。它彻底改变了澳大利亚酿造起泡酒的方法和风格，创造了一个采用凉爽地带生长的酿造经典香槟的葡萄品种酿造起泡酒的市场。在竞争力十足的市场上，该酒庄推出了一系列品质超群的葡萄酒，包括年份干型起泡酒（2010年份，也许是该酒庄最顶级的起泡酒）以及口感丰满的年份干型桃红起泡酒（同样为2010年份）。不过，酿酒师丹·巴克并未给酒庄的非起泡酒带来惊喜——这些酒依然缺乏质地和平衡度。

Chardonnay (Formerly Green Point) 霞多丽（原绿皮诺） ★★

雅拉谷 $20-$29
当前年份：2013 87

一款带有浓郁果味的年轻霞多丽。散发着桃子、葡萄和带有果仁、香草、辛辣味的橡木融合而成的香味。口感顺滑多汁，果味馥郁，带有桃子、甜瓜和苹果类水果的明快果香，底味中有奶油糖果的味道，缺乏新鲜味和优雅。

2013	87	2015-2018
2012	88	2014-2017
2011	90	2012-2013+
2010	89	2012-2015
2009	91	2011-2014
2008	90	2010-2013
2007	81	2008-2009
2006	87	2008-2011
2005	91	2007-2010+

Pinot Noir (Formerly Green Point) 黑皮诺(原名绿点)干红葡萄酒 ★

雅拉谷 $30-$49
当前年份：2012 89

味道简单，果味馥郁，带有橡木的香甜烟熏味。散发着樱桃和覆盆子的芬芳，底蕴中透露出淡淡薄荷清香。中等偏饱满身型，果香浓郁，夹杂着橡木气息，收口紧实。可能由于窖藏时间较短，口感略带青涩。

2012	89	2014-2017+
2011	88	2012-2013
2010	88	2012-2015
2008	87	2010-2013
2002	83	2004-2007
2001	90	2003-2006
2000	87	2002-2005
1998	87	2000-2003

Prestige Cuvée 特级佳酿起泡酒 ★★★★

南澳大利亚 $50-$99
当前年份：2004 94

风味复杂，富于变化。明快，带有橡木桶的气息和奶油味。略带白花和黄花的幽香，清新的面包酵母味道提升了白桃的果香和干燥的底味。口感绵长而优雅，带有清新的甜瓜和柑橘的浓郁果香，基调中有白垩香和粉末质感，透出橡木味的复杂层次。收口带有柑橘的酸味，在口中长久流连。如果想要得到更高评级的话，就要保持一定的厚重口味。

2004	94	2016-2024
1996	94	2008-2016
1995	91	2000-2003
1994	95	1999-2002
1993	95	1998-2001+
1992	95	1997-2000

Shiraz (Formerly Green Point) 西拉(原名绿点)干红葡萄酒 ★★

西斯寇特 $20-$29
当前年份：2012 90

一款温和顺滑，带有罗讷河谷风格的西拉干红，透露出些许泥土味。散发着红莓黑莓的明快果香，融入内敛的雪松/香草橡木的气息。细腻干燥的单宁烘托出浆果/梅子的风味，收口带有清新的酸味。

2012	90	2017-2020+
2011	88	2013-2016+
2010	90	2015-2018+
2009	90	2014-2017
2008	90	2013-2016
2007	91	2012-2015
2006	88	2008-2011+
2005	92	2010-2013+
2004	87	2006-2009

Tasmanian Cuvée 塔斯马尼亚特酿起泡酒 ★★★★

西斯寇特 $30-$49
当前年份：2009 93

富有格调，果香集中，单调独特。散发着桃子、腰果和带熏肉味的酵母的肉味，强烈，略带辛辣味，底蕴中透露出丝丝矿物质和蘑菇的风味。余韵绵长而集中，浸润着柑橘和甜瓜的通透果味，由细腻、带有板岩味的质地支撑。收口带有一丝咸味和明快的酸味。非常有塔斯马尼亚特色的一款酒。

2009	93	2014-2017
2008	95	2013-2016+
2007	93	2012-2015
2006	95	2011-2014+
2005	94	2010-2013+
2004	87	2006-2009+
2003	93	2005-2008+
2002	95	2007-2010
1998	91	2003-2006
1995	94	2000-2003
1992	89	1997-2000

★★★★   Vintage Blanc De Blancs 年份白葡萄酒（白中白）

2009	95	2014-2017+
2008	93	2013-2016+
2006	90	2008-2011+
2005	95	2010-2013+
2004	93	2006-2009
2003	94	2005-2008+
2002	94	2004-2007+
2000	85	2002-2005
1999	89	2004-2007
1998	95	2003-2006
1997	94	2002-2005
1996	91	1998-2001

南澳大利亚
当前年份：2009

$30-$49
95

　　这是一款结构精致、风格独特的优雅白葡萄酒。散发着柑橘、桃子和甜瓜的奶油果香，一抹丁香和生姜的幽香飘散其间，底蕴中透露出丝丝新鲜酵母的气息。水珠细腻紧实，口感绵柔质朴，舌头上有强烈集中的香味和白垩香，回味绵长，带有酸味。酒体愈发丰满、香浓。收口带有辣味，紧实集中。

★★★★   Vintage Blanc De Noirs Sparkling White 年份起泡酒（白中黑）

2007	88	2009-2012
1999	93	2004-2007
1997	95	2002-2005+
1996	89	2001-2004
1994	95	1999-2002
1993	94	1998-2001
1992	95	1997-2000
1991	92	1996-1999

南澳大利亚
当前年份：2007

$30-$49
88

　　似乎带有些许烟熏腐坏的味道，浅色光泽，为青绿色，口感成熟，绵柔密顺，饱满有力，略有覆盆子/樱桃果酱风味，余味慢慢变得寡淡，略苦。

★★★★   Vintage Brut 年份干型起泡酒

2010	95	2015-2018+
2009	94	2014-2017
2008	94	2014-2016+
2007	88	2009-2012
2006	91	2008-2011+
2005	92	2007-2010
2004	91	2009-2012
2003	94	2008-2011
2002	96	2007-2010
2001	95	2003-2006+
1999	94	2004-2007+
1998	89	2003-2006+

南澳大利亚
当前年份：2010

$30-$49
95

　　口感雅致，平衡度佳。散发着红莓、樱桃的果味，基调中带有奶油味、轻微肉味的酵母香，类似面包的味道，透出一丝蘑菇的香味。口感绵长顺滑，带有覆盆子、樱桃和草莓的醇美，底味中有果仁味和肉味，收口清新集中，有紧实的酸味。

★★★   Vintage Brut Rosé 年份干型桃红起泡酒

2010	95	2018-2022
2009	89	2014-2017
2008	91	2014-2017
2006	94	2008-2011+
2005	93	2007-2010
2004	93	2006-2009+
2003	94	2005-2008+
2001	88	2003-2006+
1999	87	2001-2004+

南澳大利亚
当前年份：2010

$30-$49
95

　　口感雅致，层次丰富，平衡度佳。散发着覆盆子、草莓的和新鲜面包酵母的浓郁香味，底味中带有奶油味和肉味，透出些许果仁味和辛辣味。口感顺滑爽脆，由紧实、带有灰尘味的单宁支撑，回味绵长，洋溢着黑樱桃和覆盆子的明快果香。这种果香后转变成清新的酸味。收口极其干燥，带有辣味，泥土气息萦绕其间。非常出众的一款美酒。

★★★   ZD Blanc de Blancs Z-D年份起泡酒（白中白）

2009	93	2014-2017+
2008	94	2013-2016+
2006	90	2008-2011+
2005	94	2007-2010+
2004	91	2006-2009
2003	95	2005-2008+
2002	95	2004-2007+
2001	92	2006-2009
2000	90	2605-2008

南澳大利亚
当前年份：2009

$30-$49
93

　　一款结构精致、酒体完整的年轻起泡酒，带有辛辣味和橡木味，略带肉味，坚果、柑橘和桃子芳香四溢，底蕴中透出淡淡丁香和肉桂的馨香，一缕烟熏培根的醇香若有似无。口感悠长，绵柔密顺，清新爽脆，散发着具有浓郁橡木味的桃香，带有果仁味和肉味，回味绵长，舌下干燥，带有白垩香。收口有柠檬味，经久不散。

礼拜山酒庄 Chapel Hill

通信地址： 1 Chapel Hill Road, McLaren Vale，SA 5171・**电话：** (08)8323 8429・
传真：（08）8323 9245・**网址：** www.chapelhiilwine.com.au・**电子邮箱：** winery@chapelhillwlnery.com.au
产区： 麦克拉伦谷(McLaren Vale）
酿酒师： 迈克尔・弗莱戈（Michael Fragos）、布莱恩・理查德斯（Bryn Richards）
葡萄栽培师： 瑞秋・斯帝尔(Rachael Steer)
执行总裁： 马克・奥格鲁夫（Marc Allgrove）

　　麦克拉伦谷产区首屈一指的酿酒商。该酒庄酿造的红酒层次变化丰富，白葡萄酒甘美异常。2012
年份的葡萄酒品质都在意料之中，其中也包括王牌教皇西拉干红葡萄酒。酒庄拥有各个层级的品牌，
包括高端的精选系列（The Chosen）、区域系列（regional collection）和更大胆创新的宗师系列，以
及教皇系列（Vicar）。礼拜山酒庄为声名远播创造了坚实的基础。

Bush Vine Grenache 青藤歌海娜干红葡萄酒　　　　★ ★

麦克拉伦谷　　　　　　　　　　　　　　　$30-$49
当前年份：2012　　　　　　　　　　　　　　　90
　　一款精心酿制的香甜红酒，细腻，带有石南香味。散
发着香甜的李子、蓝莓和黑莓融合而成的果香，夹杂着丁
香、肉桂和干草的辛辣味。口感顺滑多汁，细腻柔韧的单
宁烘托出了蓝色和黑色水果类似红枣的果味，收口有清新
明快的酸味。

2012	90	2020-2024
2011	91	2019-2023+
2010	93	2020-2030
2009	89	2011-2014+
2008	88	2013-2016
2007	90	2012-2015
2006	93	2014-2018

Cabernet Sauvignon 赤霞珠　　　　★ ★ ★

麦克拉伦谷　　　　　　　　　　　　　　　$20-$29
当前年份：2012　　　　　　　　　　　　　　　93
　　这款赤霞珠酒精浓度高达14.5℃，平衡度佳，果味馥
郁，可保存数年。散发着清新兰花、黑莓、雪松味橡木和
干草融合而成的浓郁香气，复杂丰富，变化多端。入口绵
长顺滑，透出带有矿物味的黑莓和李子类水果的果香，与
强烈细腻的橡木味相互交织，由紧实干燥、带有粉末质感
的单宁支撑。

2012	93	2032-2042
2011	91	2019-2023+
2010	95	2030-2040
2009	90	2017-2021+
2008	92	2020-2028
2007	91	2019-2027
2006	90	2014-2018
2005	90	2013-2017
2004	95	2016-2024
2002	86	2007-2010
2001	88	2006-2009+
2000	87	2005-2008
1999	88	2001-2004
1998	83	2003-2006

Shiraz 西拉　　　　★ ★ ★

麦克拉伦谷　　　　　　　　　　　　　　　$30-$49
当前年份：2012　　　　　　　　　　　　　　　92
　　一款绵长复杂、丰满和谐的窖藏西拉干红。散发着紫
罗兰、黑醋栗、黑莓、乌梅和巧克力/雪松味橡木融合而
成的浓郁香味，底味复杂，混有泥土味，淡淡的肉味和
还原味。酒体中等偏饱满，口感紧实柔润，带有浓郁的果
香，与雪松橡木味花香交织，由细腻干燥的单宁支撑。和
麦克拉伦谷产区一贯的葡萄酒相比，结构层次更丰富，不
过其仍是一款颇具说服力的产区经典美酒。

2012	92	2024-2032
2011	89	2019-2023
2010	93	2022-2030+
2009	88	2017-2021
2008	90	2016-2020
2007	91	2012-2015+
2006	94	2014-2018+
2005	89	2007-2010+
2004	91	2012-2016
2002	87	2007-2010
2001	89	2009-2013
2000	86	2003-2005+

The Vicar Shiraz 教皇西拉干红葡萄酒　　　　★ ★ ★ ★

麦克拉伦谷　　　　　　　　　　　　　　　$50-$99
当前年份：2012　　　　　　　　　　　　　　　95
　　一款味道浓烈的麦克拉伦谷西拉干红。散发着浓郁果
香，由紧实优雅、柔软细腻，带有矿物味的单宁支撑。散
发着紫罗兰、黑胡椒、黑醋栗、覆盆子和细腻雪松味橡木
的复杂风味，层次变化丰富。口感绵长悠远，黑醋栗、黑
莓和乌梅带有石南气息的浓郁风味逐层散开，收口平衡集
中。窖藏珍品。

2012	95	2032-2042
2011	92	2023-2031
2010	95	2030-2040
2009	92	2021-2029
2008	94	2016-2020+
2007	92	2019-2027
2006	95	2018-2026
2001	89	2009-2013+
1998	90	2003-2006
1996	94	2004-2008+
1994	92	2002-2006
1993	89	1998-2001

★★·

Chardonnay (Unwooded until 2010)
原味霞多丽（2010年之前未经橡木发酵）

2013	90	2015-2018
2012	91	2014-2017
2011	88	2012-2013+
2010	90	2011-2012+
2009	88	2010-2011
2008	90	2009-2010+
2007	82	2007-2008
2006	88	2008-2011
2005	88	2006-2007
2003	89	2004-2005

麦克拉伦谷 $12-$19
当前年份：2013　　　　　　　　　　90

一款细腻美味，带有灰尘味和橡木味的年轻霞多丽，散发着甜瓜、柠檬和葡萄的浓郁果香，底味中光滑的橡木味。口感绵长多汁，带有清新的果汁风味，余韵悠长雅致，收口干燥，带有白垩香，经久不散。

★

Verdelho 华帝露

2012	90	2017-2020
2011	89	2016-2019
2010	89	2012-2015
2009	89	2010-2011+
2008	91	2009-2010+
2007	85	2007-2008
2006	87	2008-2011
2005	83	2005-2006+
2004	87	2005-2006
2003	86	2003-2004+

麦克拉伦谷 $12-$19
当前年份：2012　　　　　　　　　　90

风格独特，复杂度佳，散发着柑橘、番石榴和醋栗类水果的浓郁果香，底蕴中透露出些许坚果味、蜡味和奶油味。口感绵长收敛，带有酸橙、黑醋栗和番石榴的馥郁果味，底味中有股细腻的咸味。收口带有明显的辣味，清新集中。

查尔斯莫顿酒庄 Charles Melton

通信地址： Krondort Road, Tanunda SA 535 · **电话：** (08)8563 3606 · **传真：** (08)8563 3422 ·
网址： www.charlesmeltonwines.com.au · **电子邮箱：** cellardoer@charlesmeltonwines.com.au
产区： 巴罗莎谷
酿酒师： 查理·莫顿(Charlie Melton)
葡萄栽培师： 查理·莫顿
执行总裁： 查理·莫顿、弗吉尼亚·威科特(Virginia Weckert)

查尔斯莫顿酒庄出品的传统的巴罗莎风格的葡萄酒是目前同等风格葡萄酒中的佼佼者。虽然"九教皇"（Nine popes）这个名字带有些许调侃的味道，但它是最早"重新发现"西拉、歌海娜和慕合怀特混酿优点的系列之一。巴罗莎谷西拉干红的最后一个年份是2006年，其早已被天堂谷西拉干红葡萄酒取代（2005年为首个年份）。有些奇怪的是，查尔斯莫顿酒庄2010年份的红酒具有肉味和植物味，但2011年份的天堂谷西拉干红葡萄酒则优雅，带有诱人的浓郁果香。

★★

Cabernet Sauvignon (Cabernet Shiraz in 2000)
赤霞珠(2000年份的赤霞珠西拉混酿)

2010	90	2018-2022+
2009	90	2017-2021+
2006	88	2008-2011
2005	89	2010-2013+
2004	88	2009-2012+
2003	87	2008-2011
2002	86	2007-2010

巴罗莎谷 $30-$49
当前年份：2010　　　　　　　　　　90

一款优雅柔润，会不断发展的赤霞珠。散发着黑醋栗、覆盆子和血丝李的果香，带有泥土味和些许肉味的质朴香气，底蕴中有雪松橡木味和炙烤的泥土味。酒体中等偏饱满，透出黑莓、蓝莓和红莓的浓郁果味，与细腻蓬松、带有灰尘味的单宁相互交织，收口紧实清新。

★★

Grains of Paradise Shiraz 天堂谷西拉葡萄酒

2011	91	2016-2019
2010	88	2018-2022
2009	93	2021-2029
2006	90	2008-2011
2005	90	2010-2013+

巴罗莎谷 $50-$99
当前年份：2011　　　　　　　　　　91

一款雅致丰满、平衡度佳的巴罗莎西拉干红。散发着黑莓、乌梅的馥郁果香，混杂着烟熏味、巧克力味橡木香，透出一股泥土味和胡椒味，底味中有薄荷和烤羊肉的味道。口感绵长柔润，带有黑醋栗、乌梅和黑莓和甘甜香草味橡木的浓郁香气味，单宁干燥，略带金属质感。不需长时间窖藏，会随着时间的推移而愈发柔和。

Nine Popes Red Rhône Blend 九教皇红葡萄混酿 ★★★

巴罗莎谷 $50-$99
当前年份：2010   89

这款九教皇红色罗纳河谷混酿甜美直接，顺滑而富有橡木味，融入了香醇的肉味和葡萄干气息，散发着黑醋栗、乌梅和摩卡融合而成的香味，辛辣又带有皮革的味道。底蕴中透露出光洁的旧家具气息和淡淡的植物味。口感顺滑柔软，带有葡萄干味，透出李子、浆果和红酸栗的香甜果香。在紧实单宁的支撑下，余韵绵长而完整，但收口缺乏些许集中和精致。

2010	89	2015-2018
2009	92	2017-2021
2008	92	2016-2020
2006	88	2008-2011+
2005	88	2007-2010
2004	93	2009-2012
2003	90	2008-2011
2002	92	2010-2014
2001	88	2003-2006+
2000	86	2002-2005

Voices of Angels Shiraz 天使之声西拉干红葡萄酒 ★★★

巴罗莎谷 $50-$99
当前年份：2010   89

一款香味浓郁的西拉。采用青涩和过熟的水果酿制，带有肉味、泥土味和石南味，散发着黑莓、红莓、李子和香料的芬芳，底蕴中透出些许皮革和醋栗的味道。白胡椒的气息升华了整款酒的香氛。顺滑柔润，优雅紧实，风味丰富，略带桑葚、黑醋栗和李子类水果的果香，夹杂着巧克力橡木味，由细腻柔韧的单宁支撑，略带金属质感。

2010	89	2015-2018+
2009	92	2017-2021+
2008	92	2020-2028
2005	83	2010-2013

栗树山酒庄 Chestnut Hill

通信地址： 1280 Pakenhamload,Mount Burnett Vic 3781 · **电话：** (03)5942 7314 · **传真：** (03) 5942 7314 ·
网址： www.chestnuthillvineyard.com.au · **电子邮箱：** sales@chestnuthilvineyard.com.au
产区： 吉普斯兰(Gippsland)
酿酒师： 查理·贾维尔(Charlie Javor)
葡萄栽培师： 伊卡·贾维尔（Ivka Javor)
执行总裁： 查理(德拉格)·贾维尔Charlie（Drag）Javor

栗树山酒庄酿造的自由系列霞多丽品质超群。其酿造的长相思葡萄酒亦跻身澳大利亚最佳。酒品风格清爽、精雕细琢，富有矿物味，质地层次丰富，收口余味清新。它们与流行的带点甜味、青草味、甜腻味的长相思差别很大。2012年份的酒品复杂度佳，带有矿物味。

Liberty Chardonnay 自由系列霞多丽干白葡萄酒 ★★

伯内特山 $20-$29
当前年份：2012   91

散发着桃子、腰果和香甜香草味橡木融合而成的香味，带有矿物味和些许绿橄榄类果实的香气，基调中透出泥土味、肉味和奶油味，夹杂着一丝丁香和肉桂的醇香，还有一丝特别的烟熏味。入口浓郁明快，略显青涩，收口绵长，余韵带有蜜瓜、柑橘的收敛香味，收口带有辣味和一丝矿物味，有刺激的酸味。需要时间成熟。

2012	91	2014-2017+
2011	91	2016-2019
2010	90	2015-2018
2003	87	2005-2008

Sauvignon Blanc 长相思 ★★★

吉普斯兰 $20-$29
当前年份：2012   94

优雅简朴，带有白垩香，呈现出类似卢瓦河产区葡萄酒的魅力。散发着西番莲和蜜瓜的果香，略带矿物味，底蕴中透露出干草和荨麻的味道。口感圆润多汁，浸润着酸橙、甜瓜和醋栗的明快果味，质地层次丰富，带有板岩滋味，收口带有咸味和辣味，有明显的酸味和些许矿物味。

2012	94	2014-2017+
2011	87	2012-2013
2009	89	2011-2014
2008	95	2010-2013
2007	94	2009-2012
2006	93	2008-2011
2005	93	2006-2007+
2004	92	2006-2009
2003	92	2004-2005+

克莱洛酒庄 Clairault

通信地址: 3277 Caves Road, Willyabrup, WA 6280v1g · 电话: (08)9755 6225 · 传真: (08)9755 6229 ·
网址: www.clairaultwines.com.au · 电子邮箱: clairault@clairaultwines.com.au
产区: 玛格丽特河   酿酒师: 布鲁斯·杜克(Bruce Dukes)
葡萄栽培师: 布莱恩·洛里(Brian Lowrie)   执行总裁: 约翰·斯瑞克(John Streicker)

克莱洛酒庄酿酒采用的葡萄来自酒庄的成熟果园,而玛格丽特河系列葡萄酒采用的则是来自产区不同地方的葡萄。该酒庄展示出了成为玛格丽特河产区最佳葡萄酒酿造商的态势。它出产的红酒和产区同类产品相比,更紧实内敛,典雅而带有淡淡的甘草味,美味怡人,复杂度会随着时间的推移而增加。此外,该酒庄的白葡萄酒(尤其是长相思)品质也十分超群。

★★ Estate Cabernet Sauvignon 酒庄赤霞珠干红葡萄酒

2009	89	2017-2021
2008	93	2020-2028+
2007	88	2012-2015+
2005	87	2010-2013
2004	92	2012-2016
2002	91	2010-2014
2001	89	2006-2009+
2000	86	2005-2008+

玛格丽特河 $30-$49
当前年份: 2009   89

这款葡萄酒略有些老,不够柔润,不过深度和结构都还不错,口感紧实。散发着黑醋栗、桑葚、黑樱桃和李子的浓郁果香,恰到好处,混杂着雪松/香草橡木的香味,底蕴中透露出丝丝薄荷和干草的芬芳。在质地细腻、带有石墨芳香的单宁支撑下,口感优雅,雪松香气飘散,果味绵长,收口略带生涩。

★★ Estate Chardonnay 酒庄霞多丽干白葡萄酒

2012	86	2014-2017
2011	89	2013-2016
2010	93	2015-2018
2008	88	2010-2013
2007	91	2009-2012+
2006	95	2011-2014
2005	72	2006-2007
2004	80	2005-2006
2003	83	2005-2008

玛格丽特河 $20-$29
当前年份: 2012   86

一款过早成熟的年轻霞多丽葡萄酒。散发着核果、奶油味橡木融合而成的黄油味,基调中带有肉味和单调的香味,透出奶油糖果类的香味。入口圆润绵柔,有浓郁的黄油味,几近丰满,果香油腻,透出白圣香、矿物味和柠檬味。集中度欠佳,缺少新鲜感。

★★ Margaret River Cabernet Sauvignon 玛格丽特河赤霞珠干红葡萄酒

2010	86	2012-2015+
2009	93	2017-2021
2008	90	2013-2016
2007	86	2009-2012+
2005	90	2010-2013+
2004	82	2006-2009+
2002	89	2010-2014+

玛格丽特河 $20-$29
当前年份: 2010   86

简单纯朴,散发着黑色水果、红色水果和橡木融合而成的泥土清香。口感还算紧实,透出黑莓、黑醋栗和乌梅的浓郁果味,与雪松/巧克力橡木味紧密结合。收口优雅,长度中等。

★★ Margaret River Chardonnay 玛格丽特河霞多丽干白葡萄酒

2012	86	2014-2017
2011	87	2013-2016
2010	90	2012-2015
2009	87	2010-2011
2007	90	2008-2009+
2005	82	2006-2007+
2004	80	2005-2006
2003	77	2003-2004

玛格丽特河 $20-$29
当前年份: 2012   86

明快成熟,风味浓郁。散发着成熟红宝石葡萄柚、凤梨和热带水果的果味,略带辣味,几乎有清漆的味道,透出一股奶油香草橡木味,底蕴中还有些许酸橙汁的味道。入口绵长单调,带有橡木味,浸润着葡萄柚、桃子和甜瓜的果味,基调中带有香草橡木味。收口有柠檬的酸味。

★★★ Margaret River Sauvignon Blanc 玛格丽特河长相思干白葡萄酒

2010	94	2012-2015
2009	92	2010-2011+
2008	92	2009-2010+
2007	87	2007-2008
2006	89	2007-2008
2005	86	2006-2007+
2004	87	2005-2006
2003	87	2004-2005

玛格丽特河 $20-$29
当前年份: 2010   94

口感集中,果味浓郁,成熟度高。散发着西番莲、猕猴桃、芒果及蜜瓜的清香,略带草本味、矿物味、咸味和烟熏猪肉味。口感极其复杂,层次独特,余韵悠长有力,收口萦绕着果味,带有一丝酸味。

Margaret River Semillon Sauvignon Blanc Blend
玛格丽特河赛美蓉长相思混酿 ★★

玛格丽特河 $20-$29
当前年份：2013   89

这款年轻的葡萄酒味道直接，似乎有一点黏稠。散发着西番莲和番石榴类水果的果香，略带草本味，带有白垩香。口感顺滑多汁，果香馥郁，余韵绵长，带有柠檬的酸味。是一款可以快速成熟、丰满的葡萄酒。

2013	89	2014-2015+
2011	92	2013-2016
2009	90	2010-2011+
2008	91	2009-2010+
2007	88	2007-2008+
2006	90	2008-2011
2005	83	2006-2007+
2003	86	2004-2005
2002	86	2002-2003
2001	92	2006-2009

克拉伦登山酒庄 Clarendon Hills

通信地址：484 Brookmans Road. Blewitt Springs SA 5171·电话：(08) 8363 6111·
传真：(08) 0363 6111·网址：wwv.clarendonhills.com.au·电子邮箱：Info@clarendonhills.com.au
产区：麦克拉伦谷（克拉伦登园，布卢伊特泉园和康格瑞拉园）
酿酒师：罗曼·布里泰斯克（Roman Bratasiuk）
葡萄栽培师：罗曼·布里泰斯克 执行总栽：罗曼·布里泰斯克

    罗曼·布里泰斯克采用各种不同的葡萄品种酿造葡萄酒，包括西拉、梅洛、歌海娜、赤霞珠和慕合怀特等。酒庄酿造的西拉葡萄酒和歌海娜葡萄酒品质最佳，其中的王牌产品星光园西拉干红和罗马斯歌海娜干红均为五星级美酒。2011年份的红酒品质惊人，主要得益于湿润、干燥的气候。我个人十分欣赏克拉伦登山酒庄的雄心和态度，这便是推动他们改善风格、提高质量的原因，更是他们成功的原因。

Astralis Syrah 星光园西拉干红葡萄酒 ★★★★★

麦克拉伦谷 $200+
当前年份：2011   95

果味丰富，平衡度佳，成熟浓郁。散发着石南味黑醋栗、黑莓和细腻香草橡木融合而成辛辣胡椒味，底蕴中透出些许茴香、丁香、肉桂、森林、土地和烟熏肉的味道。口感细腻优雅，带有黑莓、李子和巧克力/雪松味橡木的浓郁香味，夹杂着一丝烟熏味，由细腻、干燥柔韧的单宁支撑。余味绵长，带有辣味和明快的酸味，经久不散。非常令人难忘的一款美酒。

2011	95	2023-2031+
2010	97	2030-2040
2009	91	2017-2021+
2008	95	2020-2028
2007	96	2019-2027
2006	97	2018-2026
2005	95	2010-2013+
2004	97	2016-2024
2003	97	2015-2023+
2002	93	2010-2014+
2001	95	2021-2031+
1999	96	2011-2019
1998	93	2010-2018
1997	93	2009-2017
1996	95	2008-2016
1995	96	2007-2015

Bakers Gully Syrah 贝克谷园西拉干红葡萄酒 ★★

麦克拉伦谷 $50-$99
当前年份：2011   91

绵长完整，散发着石南、黑醋栗、黑莓、乌梅和雪松橡木融合而成的浓烈的泥土和石南味，底蕴透露了淡淡的肉味和尘土气息。酒体饱满偏中等，优雅醇美，带有乌梅和黑醋栗的果香味，单宁紧实细腻、干燥，带有粉末质感，收口复杂，带有肉味、泥土味、果仁味和辣味。

2011	91	2019-2023+
2010	92	2022-2030
2009	87	2014-2017+

Blewitt Springs Grenache 布卢伊特泉歌海娜干红葡萄酒 ★★★★

麦克拉伦谷 $50-$99
当前年份：2011   93

美味可口，带有旧世界葡萄酒的风格。散发着乌梅、红莓和蓝莓的果香，带有泥土味和肉味，略带花香，透出光洁皮革和干草的味道。在细腻、带有矿物味的单宁支撑下，口感顺滑，酒体中等，带有浓郁的黑色水果果香，但优雅适度、柔软，收口带有清脆的酸味，肉味经久不散。

2011	93	2019-2023+
2010	93	2022-2030
2009	95	2021-2029+
2008	92	2016-2020+
2007	95	2015-2019
2006	94	2014-2018
2005	90	2010-2013+
2004	95	2009-2012+
2003	94	2008-2011
2002	88	2004-2007+
1999	87	2001-2004+
1998	93	2003-2006
1997	90	2002-2005

★★ Brookman Merlot 布鲁克曼园梅洛干红葡萄酒

2011	92	2019-2023+
2010	94	2022-2030
2009	91	2021-2029+
2007	90	2012-2015+
2006	93	2014-2018
2005	85	2010-2013
2004	82	2006-2009
2003	85	2005-2008+
2002	87	2010-2014+
2001	88	2013-2021
1998	87	2003-2006

麦克拉伦谷 $50-$99

当前年份：2011　　　　　　　　　　　　　92

优雅，富有风格。散发着强烈的肉味，略带青涩，带有黑莓、浆果和灌木丛的香味。口感细腻，干燥紧实，成熟李子和黑樱桃的风味纯正，余味绵长，带有灰尘味，平衡度佳，有些许辣味。

★★★ Brookman Syrah 布鲁克曼园西拉干红葡萄酒

2011	87	2013-2016+
2010	91	2022-2030
2009	92	2017-2021
2008	91	2016-2020
2007	93	2015-2019+
2006	86	2008-2011+
2005	94	2013-2017
2004	96	2012-2016
2003	87	2005-2008+
2002	89	2007-2010+
1999	89	2004-2007

麦克拉伦谷 $100-$199

当前年份：2011　　　　　　　　　　　　　87

直接黏稠，略简单。散发着乌梅和浆果带有橡木味、烟熏味和巧克力味的果香，但是香味不够浓郁集中。底味青涩多汁，口感香甜直接，不够浓郁，收口多汁，带有草本味，透出一丝胡椒味。一种反映气候不佳的葡萄酒。

★★★★ Clarendon Grenache 克拉伦登园歌海娜干红葡萄酒

2011	94	2023-2031
2010	95	2022-2030
2009	92	2017-2021+
2007	93	2012-2015+
2006	92	2011-2014
2005	94	2013-2017
2004	93	2009-2012+
2003	94	2008-2011+
2002	89	2004-2007+
2001	89	2006-2009

麦克拉伦谷 $50-$99

当前年份：2011　　　　　　　　　　　　　94

平衡度佳，温和协调，风味浓郁，美味可口。散发着红莓和李子的果香，底味中带有葡萄干的味道，丝丝丁香、肉桂味萦绕其中。口感绵长柔润，带有乌梅、樱桃和浆果的浓郁果味。在细腻干燥、带有尘土质感的单宁支撑下，优雅收敛，收口温和绵长。

★★ Hickinbotham Cabernet Sauvignon 希金博特园赤霞珠干红葡萄酒

2011	92	2019-2023+
2010	95	2022-2030
2009	92	2017-2021+
2007	93	2012-2015+
2006	92	2011-2014
2005	94	2013-2017
2004	93	2009-2012+
2003	94	2008-2011+
2002	89	2004-2007+
2001	89	2006-2009

麦克拉伦谷 $100-$199

当前年份：2011　　　　　　　　　　　　　92

柔滑细腻，散发着黑醋栗和清新雪松味橡木融合而成的类似紫罗兰的香味，略带肉味，底味强烈，带有灰尘味和草本味。口感雅致，富有格调，透出黑莓、黑醋栗、乌梅和深色橄榄的浓郁多汁，与细腻雪松/香草橡木味相互交织，单宁细腻干燥。余韵悠长，带有绵延不散的灰尘味和草本味。

★★★★ Hickinbotham Syrah 希金博特园西拉葡萄酒

2011	91	2019-2023
2010	95	2030-2040
2009	90	2021-2029
2007	94	2019-2027
2006	89	2008-2011+
2004	92	2009-2012
2003	95	2011-2015
2002	95	2010-2014+
2001	93	2006-2009
1999	88	2004-2007
1998	91	2003-2006

麦克拉伦谷 $100-$199

当前年份：2011　　　　　　　　　　　　　91

年轻优雅，散发着浆果、李子和淡香巧克力融合而成的泥土味和辛辣味，底蕴中透出泥土味、雪松味和类似茶的香味。口感集中多汁，黑醋栗、黑莓、覆盆子和李子的果味馥郁，舌下有葡萄干和西梅干的味道。在细腻紧实，带有灰尘味的单宁支撑下，收口有绵延不散的干草味。

★★★ Kangarilla Grenache 康格瑞拉园歌海娜干红葡萄酒

2011	90	2019-2023+
2010	91	2018-2022+
2009	93	2021-2029
2004	93	2009-2012+
2002	82	2004-2007
1997	87	2002-2005+
1996	95	2004-2008

麦克拉伦谷 $50-$99

当前年份：2011　　　　　　　　　　　　　90

成熟多汁，散发着蓝莓、覆盆子、黑樱桃和李子融合而成的带有果酱味的浓郁果香，与雪松/胡桃味的橡木香相互交织，底蕴中透出些许清漆味。口感成熟浓郁，长度佳，带有乌梅和蓝莓的浓郁果味，紧实而适度，由细腻、带有粉末质感的丹宁支撑。

85

Liandra Mourvèdre 丽安达园慕合怀特干红葡萄酒 ★

麦克拉伦谷 $50-$99

当前年份：2011   89

结构稍微有些松散，不过在短期或者中期内有成熟的空间，可以散发自己的风味。色泽偏深，带有胡椒味，些许植物味，散发着乌梅、醋栗、葡萄干和巧克力味橡木融合而成的香味。口感绵长细腻，透出黑莓、石南、乌梅融合而成的可乐香味，底味中有草本香，余韵悠长。在细腻爽脆的单宁支撑下，收口多汁，果味馥郁，带有薄荷清香和一丝擦剂的味道。

2011	89	2019-2023
2010	93	2022-2030
2009	86	2017-2021
2007	82	2009-2012

Liandra Syrah 丽安达园西拉干红葡萄酒 ★★★

麦克拉伦谷 $50-$99

当前年份：2011   89

单薄、果味直接。散发着黑莓、乌梅、桑葚、黑巧克力和滑橡木融合而成的接近果酱味的浓香，透出些许煮熟的肉、灌木丛和胡椒组成的烟熏味。入口带有黑莓、葡萄干和醋栗浓郁而直接的香气。收口略带青涩，有些许金属质感。缺乏成熟年份葡萄酒应有的紧实度。

2011	89	2019-2023
2010	94	2022-2030+
2009	92	2021-2029
2008	90	2016-2020
2006	89	2011-2014
2005	89	2010-2013+
2004	87	2006-2009+
2003	88	2005-2008+
2002	88	2010-2014

Moritz Syrah 莫里茨园西拉干红葡萄酒 ★★★

麦克拉伦谷 $50-$99

当前年份：2011   88

复杂度佳，颇具风格，适合早期饮用。散发着葡萄干、浆果和李子融合而成的带有波特酒味的浓郁香气。口感顺滑柔软，带有肉味，风味浓烈。在细腻的单宁支撑下，收口略薄，带有葡萄干的味道。

2011	88	2016-2019
2010	96	2030-2040+
2009	92	2017-2021+
2008	91	2016-2020
2007	95	2015-2019+
2006	93	2011-2014+
2005	83	2010-2013
2004	90	2009-2012
2003	91	2008-2011
2002	88	2007-2010
2001	84	2003-2006+
1999	89	2004-2007+

Onkaparinga Grenache 奥卡帕瑞格歌海娜干红葡萄酒 ★★★

麦克拉伦谷 $100-$199

当前年份：2010   93

味道强烈，带有肉味和辛辣味。散发着李子、黑樱桃和蓝莓融合而成的石南香味，与精致的巧克力/摩卡橡木气息亲密缭绕，底蕴中透露出些许细腻的矿物味和石岩的芬芳。口感复杂，带有辣味和肉味。收口悠长绵延，表现出上佳的平衡度。

2010	93	2022-2030
2009	93	2017-2021+
2007	93	2015-2019

Piggot Range Syrah 皮戈特山岭西拉 ★★★★

麦克拉伦谷 $200+

当前年份：2011   91

酒体饱满偏中等，散发着黑醋栗、甘草、丁香和肉桂的香味，底蕴中透出带有烟熏味、巧克力味的新橡木桶的味道，夹杂着胡椒味和辣味。味道直接、多汁，会慢慢变得单调，带有深色水果的持久香味。收口有明显的肉味、烟熏味和辣味。

2011	91	2019-2023+
2010	95	2022-2030+
2009	95	2029-2039
2008	89	2016-2020+
2005	92	2013-2017
2004	92	2012-2016
2003	97	2015-2023
2002	89	2010-2014+
1999	94	2007-2011
1998	90	2003-2006+

★★★★ Romas Grenache 罗马斯园歌海娜干红葡萄酒

2011	95	2023-2031+
2010	97	2030-2040
2009	97	2029-2039
2008	93	2020-2028
2004	96	2012-2016+
1999	96	2007-2011

麦克拉伦谷 $100-$199

当前年份：2011　　　　　　　　　　95

极其优雅，平衡度佳。散发着玫瑰园、丁香和肉豆蔻融合而成的带有花香和泥土味的浓香，底蕴中透出肉味和石头味。口感绵长柔润，洋溢着李子和清淡葡萄干的质朴口味，清新集中，单宁细腻、带有白垩香。收口带有辣味和泥土味，酸味清新，经久不散。

★★★ Sandown Cabernet Sauvignon 桑当园赤霞珠干红葡萄酒

2011	90	2019-2023
2010	93	2022-2030+
2009	94	2029-2039
2007	91	2015-2019+
2004	83	2009-2012
2003	82	2005-2008+
2002	84	2007-2010
2001	86	2006-2009+

麦克拉伦谷 $50-$99

当前年份：2011　　　　　　　　　　90

优雅柔润，散发着石南味乌梅、黑醋栗和雪松味橡木融合而成的泥土味和肉味，底味中带有些许皮革和薄荷的味道。口感多汁甘甜，透出黑莓和李子类水果的明快果香，由细腻、带有灰尘味的单宁支撑，与新鲜雪松/香草橡木香相互交织。余味绵长柔韧，略辛辣，带有一丝金属质感，会随着封瓶时间的增加而慢慢消散。

克莱菲尔德酒庄 Clayfield

通信地址: 75 Wilde Lane, Moyston Vic 3377 · **电话:** (03) 5354 2689 · **传真:** (03) 5354 2679 ·
网址: www.Clayfieldwines.com · **电子邮箱:** clayfieldwlnes@netconnect.corn.au
产区: 格兰屏
酿酒师: 西蒙·克莱菲尔德(Simon Clayfield)
葡萄栽培师: 西蒙·克莱菲尔德
执行总裁: 西蒙·克莱菲尔德

西蒙·克莱菲尔德是一名富有经验和天赋的维多利亚红酒酿造师。酒庄出品的西拉，优雅，带有异域的香料味，余韵悠长。2012年份的红酒完美地将维多利亚西部地区的西拉特色和受罗讷河谷启发的酿酒哲学结合在一起。酒庄最好的葡萄酒可以与北罗讷河谷的顶级佳酿媲美。

★★ Massif Shiraz 高地西拉干红葡萄酒

2012	90	2020-2024
2010	90	2012-2015+
2009	90	2014-2017+
2008	89	2013-2016+
2007	91	2012-2015+
2006	91	2011-2014
2005	88	2007-2010+
2004	89	2006-2009

格兰屏 $30-$49

当前年份：2012　　　　　　　　　　90

迷人质朴，带有肉味，散发着乌梅、桑葚和石南融合而成的泥土味，被胡椒味衬托得愈发浓郁。口感顺滑雅致，带有黑色、辛辣水果组成的略带矿物味和类似葡萄干糕饼味的持久香气，单宁细腻，收口绵长，带有皮革味和辣味。

★★★ Shiraz 西拉

2012	95	2024-2032+
2010	92	2022-2030
2009	91	2021-2029+
2008	89	2016-2020
2007	90	2012-2015+
2006	93	2011-2014+
2005	89	2010-2013+
2004	95	2016-2024
2003	89	2008-2011
2002	95	2014-2022
2001	95	2009-2013+

格兰屏 $50-$99

当前年份：2012　　　　　　　　　　95

一款寿命较长、美味可口的维多利亚州西部西拉红酒。散发着黑莓、乌梅和胡椒融合而成的带有灰尘味的浓郁香气，层次丰富。底味复杂，透出小山羊皮革和石南的复合味以及雪松橡木味。口感绵长，富有节奏，带有黑色水果的浓郁果香，底蕴中透出肉味和辣味的复合香气以及类似石墨的味道。收结悠长，带有矿物味，萦绕在结构紧实的主轴左右。

攀升酒庄 Climbing

通信地址：892 Davys Plains Road, Cudal via Orange, NSW 2864 · 电话：(02) 8977 2800 ·
传真：（02）9451 6952 · 网址：www.cumuluswines.com.au · 电子邮箱：Linfo@cumuluswines.com.au
产区：奥兰芝(Orange) 酿酒师：黛比·劳瑞兹(Debbie Lauritz)、马特·艾塔拉(Matt Atallah)
葡萄栽培师：马丁·格兰斯顿（Martin Gransden） 执行总裁：彼得·威治伍德(Pater Wedgwood)

　　积云旗下的攀升葡萄酒酿造时采用的是栽种在奥兰芝芝果园海拔600米以上地区的葡萄。近年来因为气候凉爽，红酒会有青涩、不成熟的口感。2012年份的红酒（尤其是赤霞珠干红）需要陈酿，才能散发出成熟的味道。

Cabernet Sauvignon 赤霞珠　　　　　　　　　　　★ ★

奥兰芝　　　　　　　　　　　　　　　　$20-$29
当前年份：2012　　　　　　　　　　　　　90
　　柔顺绵长，优雅平衡，散发着黑色浆果和雪松橡木的芳香，基调中带有灰尘味和草本味。这款葡萄酒在年轻时口感顺滑，但稍微有些多汁，洋溢着赤霞珠和香草/巧克力味橡木融合而成的浓郁香味，单宁细腻、爽脆柔顺。

2012	90	2020-2024+
2011	82	2013-2016
2010	91	2018-2022+
2009	89	2017-2021
2008	86	2010-2013
2007	90	2009-2012+
2005	86	2007-2010
2004	91	2012-2016

Merlot 梅洛　　　　　　　　　　　　　　　　　★

奥兰芝　　　　　　　　　　　　　　　　$20-$29
当前年份：2012　　　　　　　　　　　　　88
　　洋溢着蔓越莓、红酸栗、血丝李和雪松橡木融合而成的浓郁香味，底蕴中透出些许草本味和辣味。口感明快，带有樱桃、李子和些许番茄茎的香味。淳朴简单，回味绵长，主轴细腻爽脆，收口有清新的酸味。

2012	88	2014-2017+
2011	86	2013-2016
2010	82	2011-2012+
2009	82	2011-2014
2008	90	2010-2013+
2007	89	2009-2012
2006	89	2008-2011
2005	81	2006-2007
2004	87	2006-2009+
2003	88	2005-2008

Pinot Gris 灰皮诺　　　　　　　　　　　　　　★

奥兰芝　　　　　　　　　　　　　　　　$20-$29
当前年份：2013　　　　　　　　　　　　　87
　　略带草本味，散发着梨和苹果花融合而成的带有些许果酱味的麝香香气，透出草本和类似腰果的香味。风味绵长浓郁，口感优雅，略油腻，收口明快，香味丰富。

2013	87	2014-2015
2012	85	2013-2014
2011	90	2012-2013+
2008	75	2008-2009
2006	87	2007-2008+

Shiraz 西拉　　　　　　　　　　　　　　　　★ ★

奥兰芝　　　　　　　　　　　　　　　　$20-$29
当前年份：2010　　　　　　　　　　　　　81
　　一款陈化、丧失果味的葡萄酒。散发着黑醋栗、覆盆子和新鲜、带有灰尘味和香草味的橡木融合而成的青涩的薄荷味。味道直接多汁，带有灰尘味的单宁和橡木香干燥，舌下味道浅薄，缺乏富有层次的浓郁香味。

2010	81	2011-2012+
2009	89	2014-2017
2008	92	2013-2016
2007	93	2012-2015
2006	90	2008-2011+
2005	90	2010-2013
2003	89	2005-2008

五克拉酒庄 Clonakilla

通信地址：3 Crisps Lane, Murrumbateman ,NSW 2582 · 电话：(02) 6227 5877 · 传真：(02) 6227 5871 ·
网址：www.clonakilla.com.au · 电子邮箱：wine@clonakilla.com.au
产区：堪培拉(Canberra)、希托普斯(Hilltops) 酿酒师：蒂姆·科克(Tim Kirk)、布莱恩·马丁(Bryan Marlin)
葡萄栽培师：克莱德·莫顿（Clyde Morton） 执行总裁：蒂姆·科克

　　五克拉酒庄是研发澳大利亚罗第丘风格西拉维欧尼混酿的先驱。他们会在过程中最终确定红酒的表现方式。酒庄另一可以与混酿媲美的产品是西拉干红，单一发酵，采用的是酒庄东北侧的TL葡萄园的葡萄。不过，这款酒的产量相对而言会比较少。对此，我们可能并不意外。酿制这款酒时，酿酒师将带有原生酵母的整颗葡萄进行发酵，并在小型的法国橡木桶（1/3是新的）中陈放15个月。这样酿造出来的酒丰满、复杂、美味。酒庄有四款经典佳酿都得到了我的五星评分。2013年份的西拉维欧尼混酿相当细腻，香味浓郁，不过缺少了些许复杂度以及2009年份同款混酿所有的特色。然而，这款酒随着封瓶时间的增加而愈发复杂、特别。

★★ Ballinderry Cabernet Blend 巴林德里赤霞珠混酿

2012	91	2020-2024+
2011	90	2016-2019
2009	92	2017-2021
2008	89	2013-2016+
2006	89	2011-2014
2005	91	2013-2017
2004	90	2009-2012+
2003	86	2008-2011+
2002	90	2007-2010

堪培拉

当前年份：2012 $30-$49
                                                          91

　　温和，香味浓郁，具有旧世界葡萄酒的风格。散发着黑莓、红莓和新鲜雪松/香草味橡木融合而成的带有灰尘味的甜味，底中又透出些许花香和草本香。口感雅致细腻，质朴绵长，带有浆果的馥郁果香，夹杂着灰尘味和雪松橡木味，单宁细腻。收口带有清新的酸度。

★★★ Hilltops Shiraz 希托普斯西拉干红葡萄酒

2013	89	2018-2021
2012	92	2020-2024+
2011	87	2013-2016+
2010	95	2018-2022
2009	89	2014-2017
2008	90	2013-2016
2007	93	2015-2019
2006	88	2008-2011+
2005	88	2010-2013
2004	89	2006-2009
2003	87	2005-2008
2002	87	2004-2007
2001	92	2003-2006+

希托普斯

当前年份：2013 $20-$29
                                                          89

　　胡椒味和辛辣味浓烈，花香四溢，散发着黑醋栗和覆盆子融合而成的类似果酱的清新香气，底蕴中透出雪松/香草橡木味。酒体中等偏饱满，优雅细腻。入口时有小浆果和李子的香甜多汁，而后会产生带有草本和灰尘气息的底味。在细腻爽脆的单宁味下，香味会变得虚薄。收口有清新的酸度，长度中等。

★★★ O'Riada Shiraz 欧瑞达西拉干红葡萄酒

2013	91	2018-2021+
2012	92	2020-2024
2011	90	2016-2019+
2010	92	2015-2018+
2009	91	2014-2017
2008	91	2013-2016
2007	92	2012-2015

堪培拉

当前年份：2013 $30-$49
                                                          91

　　平衡度佳，美味可口，带有辛辣味。在紧实、细腻爽脆的主干支撑下，透出一股带有泥土味的花香，黑莓、覆盆子和李子融合而成的麝香香气，底蕴中含有收敛的雪松/香草橡木香。酒体中等，顺滑柔润，带有小浆果、李子和樱桃的肉味，回味绵长。收结时余韵悠长，伴有恰如其分的酸味。

★★★★ Riesling 雷司令

2014	93	2022-2026+
2013	95	2021-2025+
2011	93	2019-2023+
2009	94	2014-2017+
2008	94	2013-2016+
2007	93	2012-2015
2006	88	2008-2011
2005	93	2013-2017+
2004	91	2006-2009+
2003	88	2005-2008+
2002	93	2004-2007+
2001	88	2003-2006+
2000	92	2008-2012

堪培拉

当前年份：2014 $20-$29
                                                          93

　　质朴纯净，香味浓郁、收敛。散发着酸橙、柠檬衬皮的明快香味，清新的花香更提升了香味的浓郁，底蕴中透出些许白垩香。口感绵长收敛，柑橘风味集中通透，带有细腻的灰尘味，而后发展成明快绵长的酸橙汁香味。这款酒的收口平衡度佳，香味持久，夹杂着细腻的干草和柠檬草香。

★★★★★ Shiraz Viognier 西拉维欧尼混酿

2013	96	2025-2033+
2012	95	2024-2032+
2011	91	2016-2019
2010	97	2022-2030
2009	98	2021-2029+
2008	97	2020-2028+
2007	97	2019-2027
2006	92	2011-2014
2005	95	2013-2017
2004	97	2012-2016+
2003	96	2011-2015+
2002	96	2010-2014
2001	97	2009-2013+
2000	90	2005-2008
1999	89	2007-2011
1998	96	2010-2018

堪培拉

当前年份：2013 $100-$199
                                                          96

　　优雅收敛，顺滑细腻，层次丰富。散发着花香、红莓、黑莓、樱桃和李子融合而成的浓香，与香甜的雪松/香草味橡木香紧紧交织，底蕴中透出些许麝香香料味。口感绵长优雅，果味纯正浓郁。在极致细腻、带有灰尘质感的单宁味和清新细腻的新橡木桶味道支撑下，收口丰盈新鲜。相较于相近年份的酒而言，这款酒更具新世界葡萄酒的风格，更可能在瓶中发展香味、深度和结构。

Syrah 西拉（Syrah） ★★★★★

堪培拉　　　　　　　　　　　　　　$100-$199
当前年份：2013　　　　　　　　　　　96

极其优雅，平衡度佳。散发着兰花、红花、覆盆子、黑莓、红酸栗和新鲜、略带尘土气息的雪松/香草味橡木融合而成的浓香，透出些许干草、白胡椒、丁香和肉桂组成的略带葡萄梗味的灰尘味。口感丰腴浓郁，带有小浆果、紫罗兰的香味，夹杂着新橡木桶的甜香草/巧克力味，由紧实、有粉末质感的单宁支撑，香味持久，收口有浓郁的果味和充盈的酸味。

2013	96	2025-2033+
2012	96	2024-2032
2010	96	2022-2030+
2009	97	2021-2029+

Viognier 维欧尼 ★★★★

堪培拉　　　　　　　　　　　　　　$30-$49
当前年份：2013　　　　　　　　　　　94

顺滑温和，结构平稳。散发着雅致深邃的花香，以及由杏仁、金合欢、丁香和肉桂融合而成的香料味和麝香味，底蕴中透出收敛的奶油香草味橡木香。口感绵长，风味浓郁油腻，顺滑多汁但又不会有过于丰满的感觉在舌头上流动。收口辛辣，平衡度佳，有明快温和的酸味，质朴多汁的柑橘香经久不散。

2013	94	2018-2021+
2012	87	2013-2014+
2011	92	2013-2016+
2010	95	2015-2018+
2009	91	2010-2011+
2008	95	2010-2013+
2007	96	2009-2012
2006	94	2008-2011
2005	95	2007-2010
2004	84	2005-2006
2003	94	2004-2005+
2002	95	2004-2007

克拉弗山酒庄 Clover Hill

通信地址：60 Clover Hill Road，Lebrina，Tas 7254・**电话**：(03) 6395 6286・**传真**：(03) 6395 6257・
网址：www.cloverhillwines.com.au・**电子邮箱**：info@cloverhillwines.com.au
产区：塔斯马尼亚　**酿酒师**：罗伯特・海伍德（Robert Heywood）
葡萄栽培师：亚里克斯・范・德瑞尔(Alex Van Driel)　**执行总裁**：亚当・托皮(Adam Torpy)

塔尔塔尼酒业（Taltarni）旗下的酒庄，位于塔斯马尼亚北部，出品的葡萄酒深度、风格和结构都很优秀，正如2009年份的葡萄酒。与塔斯马尼亚的起泡酒相比，克拉弗山酒庄的酒酸度合适；而与正宗的香槟相比，则更复杂一些。今年的产品和去年青涩、带有热带水果风味的酒相比，风格有了很大的提升。

Brut Rosé 干型桃红起泡酒 ★★

笛手河　　　　　　　　　　　　　　$30-$49
当前年份：2008　　　　　　　　　　　91

一款复杂美味的葡萄酒。散发着樱桃、浆果和些许番茄茎融合而成的辛辣味，因烟熏味、奶油味和果仁味的烘托更显浓烈。酒体氧化，带有些许醛类，味道强烈。口感黏稠，带有肉味，透出一股明快、接近果酱味的果香，质地干燥细腻、带有板岩味。收口略虚薄，不过余味绵长集中。

2008	91	2013-2016+
2006	92	2011-2014
2005	88	2007-2010+

Vintage Sparkling White 年份白葡萄酒起泡酒 ★★★

塔斯马尼亚　　　　　　　　　　　　$30-$49
当前年份：2009　　　　　　　　　　　94

这款酒与去年简单、带有热带水果风味的酒大不相同，品质优越，复杂柔顺，细腻、富有特色。野花的味道提升了酒的烟熏味、奶油味和果仁味，散发着甜瓜、柠檬、丁香和肉桂融合而成的略带咖啡的香气。口感绵长顺滑，带有辣味，水珠紧实爽脆。而后会发展成圆润黏稠的口感，收口紧实集中，略带矿物味和明快的柠檬酸味。

2009	94	2017-2021
2008	91	2013-2016
2007	89	2009-2012
2006	92	2011-2014
2005	92	2010-2013+
2004	85	2006-2009
2003	89	2005-2008+
2002	93	2004-2007
2001	94	2006-2009
2000	87	2005-2008
1999	94	2004-2007+
1998	84	2000-2003+
1997	82	1999-2002

寇巴岭酒庄 Cobaw Ridge

通信地址: 31 Perc Buyers Lane,East Pastoria,Vic 3444 · **电话:** (03) 5423 5227 · **传真:** (03) 5423 5227 ·
网址: www.cobawridge.com.au · **电子邮箱:** cobawridge@bigpond.com
产区: 马其顿山脉　　**酿酒师:** 亚伦·库柏(Alan Cooper)
葡萄栽培师: 亚伦·库柏　　**执行总裁:** 内莉·库柏(Nelly Cooper)

　　位于维多利亚州马其顿产区，由库柏家族经营。这个家族肩负一个使命：让勒格瑞（源自意大利北部南蒂罗尔的一个葡萄酒品种）在澳大利亚葡萄酒界站稳脚跟。本年鉴介绍的这款酒是2010年份的，品质非常出人意料，极可能是除意大利外酿造得最好的一款酒。层次复杂，质地精良，美味可口，展现了澳大利亚葡萄酒的新高度。对大部分热爱澳大利亚葡萄酒，可能有些许厌倦我们总是将焦点放在小部分法国葡萄酒上的人来说，这是一款必试的酒。

★ ★ ★

Lagrein 勒格瑞红葡萄酒

2012	94	2024-2032
2010	95	2022-2030+
2008	91	2016-2020+
2007	88	2015-2019
2006	88	2014-2018
2005	90	2013-2017+
1998	82	2008-2010

马其顿山脉　　　　　　　　　　　　　　　　$30-$49
当前年份：2010　　　　　　　　　　　　　　95

　　散发着泥土味、麝香味和肉味，黑莓、石南、黑醋栗和乌梅的浓郁香气，底蕴中略带黑巧克力和些许麝香组成的薄荷味。酒体中等偏饱满，口感绵长细腻，风味多变，酸果味中夹杂着烟熏肉味和泥土味，提升了紧密、带有粉末质感的单宁的绵长浓郁，收口有明快、持久的辣味，集中平衡。一款拥有复杂度和特色的葡萄酒，不过离成为澳大利亚最佳的勒格瑞葡萄酒还有一段距离。

冷溪山酒庄 Coldstream Hills

通信地址: 31 Maddens Lane, Coldstream, Vic 3770 · **电话:** (03) 5960 7000 · **传真:** (03) 5964 9389 ·
网址: www.coldstreamhills.com.au · **电子邮箱:** Coldstream.hills@cellar-door.com.au
产区: 雅拉谷　　**酿酒师:** 安德鲁·弗莱明(Andrew Fleming)
葡萄栽培师: 杰米·休伊特（Jamie Hewet）、大卫·阿莫兰(David Ammerlaan)
执行总裁: 迈克尔·克拉克（Michael Clarke）

　　冷溪山酒庄是一个采用生长于凉爽地带的葡萄酿酒的世界级酿酒商，由葡萄酒作家詹姆斯·哈利德创立。他和这个如今已并入财富酒庄的品牌是联系在一起的。不管怎么说，冷溪山现在是一个著名品牌，一个真正的国际级品牌。现在的酿酒师安德鲁·弗莱明准许开发新的产区，品牌旗下独立酒庄的数量因此稳步增长。2012年份有几款品质超群的葡萄酒，如珍藏黑皮诺干红葡萄酒（品质令人惊艳）、珍藏西拉干红葡萄酒（对酒庄来说是一个突破）、鹿场园黑皮诺干红葡萄酒和珍藏霞多丽干白葡萄酒（后两款酒在我看来，都应该获得金奖）。

★ ★

Cabernet Sauvignon 赤霞珠

2010	93	2022-2030
2007	83	2009-2012+
2006	88	2011-2014
2005	94	2013-2017
2003	89	2005-2008+

雅拉谷　　　　　　　　　　　　　　　　　$30-$49
当前年份：2010　　　　　　　　　　　　　93

　　优雅细腻，富有格调。散发着略带草本香的灰尘味，具有黑醋栗、桑葚和雪松味橡木融合而成的香气，透出灌木丛和石墨的味道。在含有颗粒物的单宁支撑下，洋溢着乌梅、黑莓和黑醋栗的绵长果香，与细腻、带有奶油味和雪松味的橡木香紧密交织，收口有石南味。

★ ★ ★

Chardonnay 霞多丽

2013	91	2015-2018
2012	91	2014-2017+
2011	92	2013-2016+
2010	92	2015-2018
2009	86	2010-2011+
2008	93	2010-2013+
2007	85	2008-2009
2006	87	2007-2008+
2005	93	2007-2010
2004	90	2005-2006+
2003	90	2004-2005+

雅拉谷　　　　　　　　　　　　　　　　　$30-$49
当前年份：2013　　　　　　　　　　　　　91

　　优雅，略带热带水果的香味。白花香味浓郁，盖过了梨、苹果、甜瓜和白桃的香气，其中还夹杂着奶油香草味和腰果类香味的橡木香。口感顺滑，富有节奏，透出柠檬、甜瓜的明快果香，在细腻、带有灰尘质感的单宁和紧实的橡木香支撑下，收口平衡，香味持久。

雅拉谷　　　　　　　　　$30-$49
当前年份：2012　　　　　　　94

　　一款优雅平衡的葡萄酒。具有桃子、甜瓜和柑橘的香气，因黄花香、香草橡木香和蜡味的衬托，香气更显浓郁。果味质朴，舌中表现丰满，回味绵长均匀，在培根和金合欢味道的支撑下，收口显得新鲜、美味。随着封瓶时间的增加，酒体会变得更加丰盈，但又能保持风格和集中度。

2012	94	2020-2024
2011	93	2016-2019+
2010	93	2015-2018
2009	95	2014-2017+

Merlot 梅洛 ★★★

雅拉谷　　　　　　　　　$30-$49
当前年份：2012　　　　　　　91

　　一款表现超乎寻常的梅洛葡萄酒。香甜纯正，平衡度佳。散发着略带草本味的花香，具有樱桃和李子融合而成的略带烘烤味的香气，底蕴中透出雪松/香草橡木香和一丝荷兰薄荷香。口感绵长优雅，樱桃、李子味略酸，果味持久，与清新的橡木味紧密交织，由细腻、带有粉末质感的单宁支撑。

2012	91	2020-2024
2010	92	2018-2022+
2008	92	2013-2016+
2007	82	2009-2012
2006	89	2008-2011+
2005	93	2010-2013+
2004	86	2006-2009
2003	91	2005-2008
2001	89	2003-2006+
2000	83	2002-2005
1997	89	1999-2002

Pinot Noir 黑皮诺 ★★★

雅拉谷　　　　　　　　　$30-$49
当前年份：2013　　　　　　　91

　　一款精心酿制的黑皮诺葡萄酒，品质会随着封瓶时间的增加而愈发优异。具有黑莓、红花、大黄和泥土的香气，因细腻的橡木香和些许香料味而愈发明显。酒体中等，口感绵长优雅，由顺滑细腻的单宁支撑，会慢慢变得饱满丰腴。收口细腻，带有辣味和温和的酸味，果味隽永。深度和风味会随着封瓶时间的增加而增加。

2013	91	2018-2021+
2012	90	2017-2020+
2011	93	2016-2019
2010	93	2015-2018
2009	94	2014-2017
2008	90	2010-2013
2007	87	2008-2009+
2006	90	2008-2011
2005	93	2007-2010+
2004	83	2005-2006

Reserve Cabernet Sauvignon 珍藏赤霞珠干红葡萄酒 ★★★

雅拉谷　　　　　　　　　$50-$99
当前年份：2006　　　　　　　94

　　优雅，结构精致，寿命较长。散发着黑醋栗、桑葚和带有强烈培根味和香草味橡木融合而成的薄荷香气，底蕴中透出干草和雪松的气息。口感顺滑柔润，酒体中等偏饱满，洋溢着黑色、红色水果的果香和烟熏味的橡木香，由紧实干燥的单宁支撑。余味绵长，但香味还不够持久，有些许薄荷的味道萦绕其间。

2006	94	2018-2026
2005	92	2017-2025
2003	89	2011-2015
2001	93	2009-2013+
2000	95	2008-2012+
1998	82	2000-2003+
1997	84	2002-2005
1995	90	2000-2003
1994	91	2002-2006
1993	93	1998-2002
1992	96	2004-2012+
1991	93	1999-2003
1990	93	1995-1998
1989	87	1991-1994
1988	90	1993-1996+

Reserve Chardonnay 珍藏霞多丽干白葡萄酒 ★★★★

雅拉谷　　　　　　　　　$50-$99
当前年份：2012　　　　　　　94

　　一款具有真正"珍藏"风格的葡萄酒。饱满有力，寿命长。具有甜瓜、葡萄柚和略带烟熏香草味橡木融合而成的复杂、迷人的香味，透出微妙的花香，有颗粒感质感。入口后，口中洋溢着质朴的果香，与带有果仁味和香草味的橡木香紧密交织，香味层层散开。收口紧实集中，有清新的酸味。

2012	94	2020-2024+
2011	95	2019-2023
2010	95	2015-2018+
2007	95	2012-2015
2006	90	2008-2011
2005	96	2010-2013+
2004	95	2009-2012+
2003	94	2008-2011
2002	93	2007-2010
2000	90	2002-2005
1999	90	2001-2004+
1998	94	2003-2006
1997	90	2002-2005

★★★★   Reserve Pinot Noir 珍藏黑皮诺干红葡萄酒

2012	96	2024-2032+
2010	95	2022-2030
2006	89	2008-2011
2005	96	2010-2013+
2004	95	2009-2012+
2002	89	2004-2007+
2000	93	2005-2008+
1998	95	2006-2010+
1997	96	2005-2009
1996	95	2001-2004+
1995	90	1997-2000
1994	93	2002-2014
1993	88	1995-1998
1992	96	2004-2012
1991	92	1999-2003+

雅拉谷 $50-$99

当前年份：2012   96

    一款极佳的黑皮诺葡萄酒，具有紫罗兰、红花、黑樱桃、李子和烟熏味橡木融合而成的浓郁香气，底蕴中透出甜菜、丁香、肉桂和麝香香料的味道。在紧实柔韧、带有灰尘质感的单宁支撑下，口感极其顺滑，平衡度佳，结构优良，散发着层次丰富的馥郁果香，持久集中。收结时有极长的回味，还有恰到好处的酸味。顶级佳酿。

★★★   Reserve Shiraz 珍藏西拉干红葡萄酒

2012	95	2024-2032
2010	92	2018-2022+
2007	91	2012-2015
2006	94	2011-2014+

雅拉谷 $50-$99

当前年份：2012   95

    冷溪山酒庄出品的顶级西拉，酒体中等偏饱满，既有肉味，又有纯正、明快、浓郁的果香。散发着黑莓和乌梅的馥郁香气，提升了隐藏的肉味、细滑皮革味和湿羊毛的特别味道。口感顺滑柔润，洋溢着浓郁的果香以及强烈的雪松橡木香，单宁细腻柔韧，香料味持久绵长。尽管它现在的味道已经足够复杂了，但仍旧可以长时间窖藏。

★★★   Rising Vineyard Chardonnay 瑞星园霞多丽干白葡萄酒

2012	92	2020-2024
2011	88	2013-2016+
2009	95	2014-2017+

雅拉谷 $30-$49

当前年份：2012   92

    一款细腻单调的窖藏霞多丽葡萄酒。会在封瓶的过程中散发自己的风味。味道相对封闭，具有苹果、梨、甜瓜和白桃的清新香气，底味中透出带有蜡味、香草味的收敛橡木香，以及一丝香料味。细腻的酸味提升了苹果和桃类水果带有温和橡木香的果味，香味持久雅致，透出一丝香草味和丁香味，收口平衡紧实。

康博农场酒庄 Coombe Farm

通信地址: 11 St Huberts Road CoLdstream, Vic 377 · **电话:** (03) 9739 1131 · **传真:** (03)9739 1154 ·
网址: www.coombefarm.com.au **电子邮箱:** info@coombefarm.com.au
产区: 雅拉谷   **酿酒师:** 尼科尔·艾斯黛拉(Nicole Esdaile)
葡萄栽培师: 泽维尔·门德(Xavier Mende)   **执行总裁:** 尼科尔·艾斯黛拉

    雅拉谷新兴的一家酒庄，致力于生产高品质葡萄酒。酒庄酿酒采用的是产区中央大葡萄园的葡萄。王牌产品是优雅、复杂度佳的霞多丽葡萄酒，而芳香、带有甘甜果味的黑皮诺葡萄酒品质也很不错。赤霞珠葡萄酒的品质相对差一些，青涩，带有青草味。考虑到酒庄拥有者的抱负，我希望这种情况可以在短期内得到改善。

★   Cabernet Merlot 赤霞珠梅洛混酿

2008	82	2010-2013+
2006	88	2011-2014
2005	81	2007-2010
2004	91	2009-2012

雅拉谷 $20-$29

当前年份：2008   82

    甘甜、带有果酱味和草本味。具有浆果、紫罗兰和雪松味橡木融合而成的淡香，底蕴中有浓郁的植物香。入口后有明快直接的果味，之后果味会迅速变得单调、浅薄，缺乏真正的深度和结构。收口略带青涩。酒庄向来都以出品高品质葡萄酒著称，这款酒就有些不尽如人意了。

Chardonnay 霞多丽 ★ ★ ★

雅拉谷 　　　　　　　　　　　　　　　$20-$29
当前年份：2012　　　　　　　　　　　　　　91
　　一款相当顺滑温和的霞多丽。散发着柠檬、带有香草味和丁香类香味的橡木融合而成的淡淡花香，夹杂着些许蜡味，透出一丝腰果的香气。口感细腻优雅，洋溢着桃子、苹果和梨的果香，香味会慢慢蔓延至舌下。收口细腻优雅，带有柠檬酸味。需要时间成熟。

2012	91	2017-2020
2011	92	2016-2019
2010	93	2015-2018
2008	92	2013-2016
2007	90	2009-2012
2006	93	2008-2011+
2005	88	2007-2010
2004	90	2006-2009
2003	95	2005-2008+

Pinot Noir 黑皮诺 ★ ★

雅拉谷 　　　　　　　　　　　　　　　$20-$29
当前年份：2013　　　　　　　　　　　　　　91
　　一款精心酿制的优雅之酒。具有黑樱桃、红樱桃、李子和雪松/香草味橡木融合而成的带有麝香的浓郁香气，底蕴中透出些许香料、干草和森林大地的味道。口感顺滑多汁，在细腻、带有丝绸质感的单宁支撑下，洋溢着明快持久的果香，收口有恰到好处的酸味，经久不散。

2013	91	2018-2021+
2012	91	2017-2020
2011	91	2013-2016+
2010	92	2015-2018+
2008	90	2013-2016
2007	82	2008-2009
2006	91	2008-2011+
2004	89	2006-2009
2003	87	2004-2005

可利酒庄 Coriole

通信地址：Chaffey's Road, McLaren Vale, SA 5171・电话：(08) 8323 8305・传真：(08) 8323 9136・
网址：www.coriole.corn・电子邮箱：contact@coriole.com
产区：麦克拉伦谷　酿酒师：阿莱克斯・谢拉(Alex Sherrah)
葡萄栽培师：罗素・阿塔斯（Russel Altus）　执行总裁：马克・劳埃德(Mark Lloyd)

　　麦克拉伦谷历史悠久的一座小酒庄。采用产区普遍种植的西拉、桑娇维赛和赛美蓉酿造的葡萄酒，细腻，富有格调。从2010年份的王牌产品乐洛珍藏西拉干红葡萄酒和玛莉凯思琳珍藏赤霞珠梅洛干红葡萄酒中可以清楚地看到酒庄的红酒风格。而在其之前推出的2011年份的酒则比较早熟。这两款酒（尤其是乐洛珍藏西拉干红）均是优雅平衡的典范，极其细腻，余味绵长。根据2012年份西拉葡萄酒的品质来判断，2012年份的这两款红酒应该也值得我们等待。

Barbera 巴贝拉 ★ ★ ★

麦克拉伦谷 　　　　　　　　　　　　　$20-$29
当前年份：2013　　　　　　　　　　　　　　92
　　一款美味的巴贝拉葡萄酒。具有黑莓、覆盆子和黑巧克力融合而成的接近果酱味的甜味，透出些许石南和尼古丁的气味。口感顺滑多汁，果味质朴、绵长；由细腻的主干支撑，酒体的重量逐渐增加，结构逐渐变得完整；收口带有干草和沥青的味道，经久不散。

2013	92	2021-2025
2011	92	2019-2023
2008	82	2010-2013
2007	91	2009-2012+

Chenin Blanc 白诗南 ★ ★

麦克拉伦谷 　　　　　　　　　　　　　$12-$19
当前年份：2013　　　　　　　　　　　　　　91
　　富有格调，集中醇美。略带白桃和热带水果的香气，底味中透出些柑橘香和白垩香。口感绵长，味道浓烈，散发着通透的果味，蔓延至舌下，收口轻快活泼。绵长平衡，稍带矿物味。

2013	91	2018-2021+
2012	89	2014-2017
2011	92	2016-2019+
2010	90	2012-2015+
2009	87	2010-2011
2008	85	2009-2010
2007	88	2008-2009
2006	87	2007-2008+
2005	87	2005-2006+
2004	88	2009-2012
2003	89	2004-2005+

Fiano 菲亚诺 ★ ★

麦克拉伦谷 　　　　　　　　　　　　　$20-$29
当前年份：2013　　　　　　　　　　　　　　92
　　一款富有风格、紧实集中的清新葡萄酒，才刚开始释放复杂味道。具有白花、黄花、柑橘和些许矿物味融合而成的细腻奶油香。口感绵长，洋溢着酸橙汁、苹果和柠檬的浓烈果香，收口明快，带有酸味。

2013	92	2015-2018+
2012	90	2013-2014+
2011	89	2013-2016
2010	90	2012-2015
2009	89	2010-2011+
2008	90	2009-2010+
2007	88	2009-2012

★★★★ Lloyd Reserve Shiraz 乐洛珍藏西拉干红葡萄酒

2011	91	2016-2019+
2010	97	2040-2050
2009	88	2017-2021
2008	95	2016-2020
2007	94	2019-2027
2006	95	2014-2018
2005	91	2013-2017+
2004	96	2016-2024
2002	92	2007-2010+
2001	94	2013-2021
2000	87	2005-2008+
1999	93	2007-2011+
1998	96	2010-2018+

麦克拉伦谷　　　　　　　　　　　　　　　　$50-$99
当前年份：2010　　　　　　　　　　　　　　　97

　　复杂平衡，富有深度。散发出带有烟熏巧克力/雪松味的橡木香，细密甜美，夹杂着黑莓、乌梅和白胡椒浓郁深邃的香气以及辛辣味，底蕴中透出些许薄荷味。酒体中等偏饱满，洋溢着深邃甜美的深色水果香味，夹杂着黑莓、李子的石南味，香气层层散开，由细腻、带有颗粒质感的单宁支撑。余味绵长集中，纯正平衡，带有矿物味。

★★★ Mary Kathleen Reserve Cabernet Merlot 玛莉凯思琳珍藏赤霞珠梅洛干红葡萄酒

2011	93	2019-2023+
2010	93	2022-2030+
2009	93	2021-2029+
2006	91	2014-2018
2005	93	2013-2017+
2004	90	2012-2016+
2003	93	2011-2015+
2002	90	2010-2014
2001	91	2013-2021
2000	88	2005-2008
1999	92	2011-2019
1998	93	2010-2018
1997	93	2005-2009
1996	93	2004-2008+

麦克拉伦谷　　　　　　　　　　　　　　　　$30-$49
当前年份：2010　　　　　　　　　　　　　　　93

　　一款富有风格、寿命较长的混酿，平衡度佳。散发着黑醋栗、乌梅和雪松/巧克力味橡木融合而成的细腻泥土味、肉味和灰尘味，其中透出一丝光滑的皮革味。口感绵长温和，酒体饱满偏中等，洋溢着小浆果、李子和些许西梅干的香气，主轴坚实干燥，带有灰尘味。底味中有肉味，稍带草本味。余味悠长，平衡度佳。

★★ Nebbiolo 内比奥罗

2010	93	2018-2022+
2009	93	2021-2029
2008	89	2016-2020+
2007	90	2012-2015
2005	82	2010-2013
2001	82	2003-2006+

麦克拉伦谷　　　　　　　　　　　　　　　　$30-$49
当前年份：2010　　　　　　　　　　　　　　　93

　　散发着红莓、樱桃和炙烤土地融合而成的略带葡萄梗的香气，底味中带有麝香香气和肉味，透出些许小山羊皮革和柑橘的精妙味道。口感绵长细密，单宁细腻、紧实干燥，洋溢着成熟樱桃、黑莓和红莓的温和香味。极其干净，平衡度佳。收口质朴，带有辣味。

★★ Redstone Shiraz 红石西拉干红葡萄酒

2012	92	2020-2024
2010	92	2022-2030
2008	89	2013-2016
2007	90	2012-2015+
2006	92	2011-2014+
2005	89	2010-2013

麦克拉伦谷　　　　　　　　　　　　　　　　$12-$19
当前年份：2012　　　　　　　　　　　　　　　92

　　富有风格，美味可口，口感绵长。散发着黑醋栗、蓝莓、黑莓和雪松味橡木融合而成的略带肉味的胡椒香气，香料和黑巧克力味更衬托了香味的浓郁。入口光滑柔顺，洋溢着浓烈的小浆果风味、细密的橡木味和泥土味，单宁细腻蓬松，收口有持久的果味和恰当的酸味。

★★★ Sangiovese 桑娇维赛

2012	92	2017-2020+
2011	90	2016-2019
2010	92	2015-2018
2009	88	2011-2014
2008	93	2016-2020
2007	95	2012-2015+
2006	87	2008-2011+
2005	89	2007-2010+
2004	92	2009-2012+
2003	88	2005-2008+
2002	86	2004-2007
2001	87	2003-2006+
1999	88	2004-2007

麦克拉伦谷　　　　　　　　　　　　　　　　$20-$29
当前年份：2012　　　　　　　　　　　　　　　92

　　一款优雅细密，带有较重辛辣味的葡萄酒，口感雅致，结构完整。散发着花香、泥土味和香料味，以及红樱桃、覆盆子、收敛雪松味的橡木和些许可乐融合而成的内敛香气。酒体中等偏饱满，洋溢着红樱桃、李子和浆果的甘甜果香，单宁细腻、带有粉末质感，收口平衡，有明显的酸味。

Shiraz 西拉 ★★★

		麦克拉伦谷		$20-$29

当前年份：2012　94

一款优雅复杂、紧实集中、平衡度佳的年轻西拉葡萄酒，带有明快的酸味。散发着新鲜黑醋栗、黑莓、乌梅和香草/雪松味橡木融合而成的辛辣味和胡椒味，底蕴中透出紫罗兰、矿物、可乐的香气和清淡的肉味。入口后，洋溢着黑莓、李子和巧克力味橡木的悠长香气，单宁紧实细腻，收口略带水果的涩味和薄荷味，味道持久。一款品质出众、颇有产区风范的葡萄酒。

2012	94	2024-2032
2011	90	2016-2019
2010	93	2022-2030
2009	92	2017-2021+
2008	91	2013-2016+
2007	92	2015-2019
2006	92	2014-2018
2005	89	2010-2013+
2004	92	2009-2012+
2003	89	2008-2011
2002	93	2007-2010+
2001	92	2006-2009+
2000	86	2002-2005+

克雷利酒庄 Craiglee

通信地址： Sunbury Road, Sunbury, Vic 3429 **· 电话：**（03）9744 4489 **· 传真：**(03) 9744 4489 **·**
网址： www.craiglee.com.au **· 电子邮箱：** patataraiglee@hotmail.com
产区： 桑伯雷(Sunbury)
酿酒师： 帕特里克·卡莫迪(Patrick Carmody)
葡萄栽培师： 帕特里克·卡莫迪
执行总裁： 帕特里克·卡莫迪

一个位于桑伯雷边缘干燥区域的葡萄园，也是一处历史遗产，包括一个采用重力给料的古代青石酒坊以及酒窖。假如某些官员突然顿悟的话，是很容易对这个地方进行有效开发的。酒庄的葡萄园主要用于种植西拉，酿造辛辣、优雅的葡萄酒。2010年份的西拉干红是我最喜欢的一款酒。2012年份的西拉葡萄酒似乎也有不错的长度，质地和结构都很优良。不过，两者还是很难放在一起比较。

Chardonnay 霞多丽 ★★★

桑伯雷　　　　　　　　$30-$49

当前年份：2012　91

一款均衡顺滑、香味浓郁的霞多丽干白葡萄酒。会随着封瓶时间的增加而愈发复杂。具有柑橘、甜瓜和橄榄油的收敛香气，底味中透出香草味橡木和干草的微妙香味。口感温润，带有桃子味，舌头表现丰满多汁，绵长充盈而又顺滑，收口有温和的酸味、矿物味，略带柠檬果子露的味道，回味隽永。

2012	91	2017-2020+
2011	92	2016-2019+
2010	88	2012-2015+
2009	94	2014-2017
2008	88	2010-2013
2007	87	2009-2012
2006	87	2008-2011
2005	90	2010-2013
2004	89	2006-2009
2003	88	2005-2008+
2002	89	2007-2010+
2001	89	2003-2006+

Shiraz 西拉 ★★★★

桑伯雷　　　　　　　　$50-$99

当前年份：2012　94

在装瓶之后品尝的话，可以知道这是一款雅致完整、醇美可口的西拉葡萄酒。具有覆盆子、黑醋栗、黑胡椒和五香的柔和、浓郁香气，由精妙的奶油香草味橡木香进行烘托。口感绵长温和，舌头表面柔软精致，透出黑醋栗、覆盆子和红酸栗的淡淡果香，夹杂着一丝乌梅和雪松味橡木的香气。在细腻柔顺的单宁支撑下，似乎能够发展出和2010年份西拉酒一样惊人的风味。

2012	94	2024-2032+
2011	90	2016-2019
2010	96	2022-2030+
2009	94	2017-2021+
2008	95	2020-2028+
2007	92	2015-2019+
2006	92	2011-2014+
2005	91	2013-2017+
2004	93	2012-2016
2003	92	2011-2015

库伦酒庄 Cullen

通信地址：Lot 4323 Caves Road, Wilyabrup, WA 6284 · 电话：(08) 9755 5277 · 传真：(08) 9755 5550 ·
网址：www.cullenwines.com.au · 电子邮箱：enquiries@cullenwines.com.au
产区：玛格丽特河　酿酒师：凡亚·库伦(Vanya Cullen)、特雷弗·肯特(Trevor Kent)
葡萄栽培师：彼得·玛蒙(Peter Mammone)　执行总裁：凡亚·库伦(Vanya Cullen)

在澳大利亚葡萄酒界占有特殊地位。澳大利亚高品质葡萄酒的主要酿造商之一，同时也是在酿酒中提倡可持续发展的主要酒庄之一。在酿酒过程中，酿酒师发挥了自己的天赋，展现了酿酒的信念，同时也遵守了保护环境的承诺。作为一个评论家，我必须对酒庄的葡萄酒作出公正的评论。而我的看法正好和大众的相反：新近年份的凯文霞多丽葡萄酒有些扣人，带有甜酸味；而戴安娜玛德琳赤霞珠混酿要么味道不成熟，要么有较重的果酱风味。前者可能是由缓慢的木桶发酵引起的，而后者可能与酒庄根据生物动力日历表选择合适的收获日期有关。不过我有信心，凡亚·库伦和她的团队一定会尽早解决这些问题。

★★★★

Cullen Vineyard Sauvignon Blanc Semillon 库伦酒庄长相思赛美蓉干白葡萄酒

年份	评分	适饮期
2012	89	2017-2020+
2011	94	2019-2023
2010	95	2015-2018
2009	96	2011-2014+
2008	95	2010-2013+
2007	95	2009-2012
2006	92	2011-2014+
2005	95	2010-2013
2004	90	2006-2009
2003	89	2005-2008
2002	96	2004-2007+
2001	96	2006-2009
2000	95	2002-2005+

玛格丽特河　$30-$49
当前年份：2012　89

一款极其紧实单调的收敛风格葡萄酒。略带着荔枝和香草味橡木的草本香气。口感绵长质朴，洋溢着柠檬果味，收口紧实，带有酸味。余韵悠长。但因为葡萄过早收获，我们无法确定它的风味是否会随着封瓶时间的增加而变得丰富。

★★★★★ Diana Madeline Cabernet Blend 戴安娜玛德琳赤霞珠混酿

年份	评分	适饮期
2012	88	2020-2024
2011	94	2023-2031+
2010	98	2030-2040
2009	98	2029-2039
2008	96	2020-2028+
2007	89	2012-2015+
2006	87	2011-2014
2005	97	2017-2025
2004	97	2024-2034
2003	95	2015-2023
2002	95	2014-2022
2001	97	2013-2021+
2000	97	2012-2020+

玛格丽特河　$100-$199
当前年份：2012　88

极其干燥，缺乏新鲜度和浓郁的香味。略带甜栗、乌梅和樱桃的果酱味，底蕴中透出浓郁的雪松橡木香，类似紫罗兰的清香提升了香味。入口后香味饱满，带有丰富直接的果香味，浓郁程度中等，偏果酱风味。而后味道慢慢变干，收口带有颗粒感，散发着橡木香，不过缺乏悠长的余韵和水果的甜味。

★★★ Kevin John Chardonnay 凯文霞多丽干白葡萄酒

年份	评分	适饮期
2012	87	2017-2020
2011	88	2013-2016
2010	92	2015-2018
2009	94	2011-2014+
2008	91	2010-2013+
2007	94	2012-2015
2006	87	2008-2011
2005	93	2010-2013
2004	89	2006-2009
2003	83	2005-2008
2002	96	2007-2010
2001	95	2006-2009+
2000	94	2005-2008

玛格丽特河　$50-$99
当前年份：2012　87

口感绵长，带有辣味和香料味。散发着柑橘、甜瓜和凤梨略有些刺激的浓郁果香，后味干燥，洋溢着果仁香气，有颗粒感，透出些许奶油和牛轧糖的味道。入口后，热带水果、凤梨、甜瓜和桃子散发出浓郁绵长的果香。后味中有香甜的香草橡木香，收口略带油腻的甜酸味。

★★★ Mangan Red Blend 曼根葡红葡萄混酿

年份	评分	适饮期
2013	87	2021-2025
2012	92	2017-2020+
2011	91	2016-2019
2009	92	2014-2017
2008	92	2016-2020
2007	92	2012-2015+
2006	86	2008-2011
2005	92	2010-2013+
2004	92	2009-2012
2003	88	2005-2008
2002	95	2007-2010
2001	89	2004-2007

玛格丽特河　$30-$49
当前年份：2013　87

略带草本味，甜桑葚、红莓、乌梅和雪松味橡木融合而成的类似紫罗兰的芳香。口感绵长优雅，带有黑莓、红莓、蓝莓的收敛风味，透出些许灰尘味和草本味。由细腻、带有粉末质感的单宁支撑，交织着收敛的雪松橡木香，收口单调，略青涩。

Mangan Vineyard Semillon Sauvignon Blanc Blend
曼根园赛美蓉长相思混酿

玛格丽特河
当前年份：2012
　　极其单调，质地细腻，带有白垩香，不过果味太显内敛。具有荔枝和醋栗融合而成的橡木清香，底味中透出草本味。口感绵长、躁动，深邃的柠檬果味融入了酸味，不过缺少光泽度和紧实度。

$30-$49
89

2012	89	2017-2020+
2011	89	2013-2016
2010	94	2012-2015+
2009	94	2011-2014+
2008	91	2013-2016
2007	94	2008-2009+

积云酒庄 Cumulus

通信地址：892 Davys Plains Road. Cudal via Orange, NSW 2864 · **电话**：(02) 6390 7900 ·
传真：(02) 6364 2388 · **网址**：www.cumuluswines.com.au · **电子邮箱**：info@cumuluswines.com.au
产区：奥兰治、中央山脉（Centrel Ranges） **酿酒师**：黛比·劳瑞兹、马特·艾塔拉
葡萄栽培师：马丁·格兰斯顿 **执行总裁**：彼得·威治伍德

　　积云是一个有着三年历史的品牌，是积云酒庄的顶级品牌。酒庄旗下还包括著名的滚动（Rolling）和攀升品牌。我十分欣赏那些年份较好的西拉葡萄酒，口感雅致，美味可口。不过其出品的霞多丽就有些过度讲究了，带有黄铜味。

Shiraz 西拉 ★ ★ ★

奥兰芝
当前年份：2012
　　一款略带草本味的优雅之酒，不过缺乏得高分的品质。会随着时间的推移慢慢变得丰盈。闻起来带有些许烟熏肉味和胡椒味，散发着黑莓、黑醋栗和黑巧克力的香气。口感丰满浓郁，香味层次丰富。在细腻紧实的单宁支撑下，口感悠长浓烈，洋溢着黑莓、红莓和蓝莓的果味，夹杂着细滑的橡木香，收口带有可乐和干草的味道。

$30-$49
89

2012	89	2017-2020+
2011	82	2013-2016
2009	92	2014-2017
2008	86	2010-2013
2007	92	2012-2015+

珂莱酒庄 Curly Flat

通信地址：263 Collivers Road, Lancefield, Vic 3435 · **电话**：(08)5429 1956 · **传真**：(03) 5429 2256 ·
网址：www.curlyflat.com · **电子邮箱**：mail@curlyflat.com
产区：马其顿山脉 **酿酒师**：菲利普·摩根(Phillip Moraghan)、马特·里根(Matt Regan)
葡萄栽培师：丽萨·基摩利(Lisa Kimmorley) **执行总裁**：菲利普·摩根

　　位于凉爽的马其顿产区，包括一个成熟的小葡萄园和酿酒厂。以出品丰满充盈、美味可口的霞多丽葡萄酒著称。酒庄的黑皮诺葡萄酒慢慢形成了香甜细密的风格，果香层次丰富。2011年份的"The Curly"系列黑皮诺干红葡萄酒（87/100,适饮期：2013-2016+）带有草本味、番茄味、多汁，似乎有些成熟过头了。考虑到澳大利亚大部分采用灰皮诺酿制的葡萄酒都不像灰皮诺葡萄酒，所以我很有必要在这里介绍下珂莱的这款灰皮诺。

Chardonnay 霞多丽 ★ ★ ★

马其顿山脉
当前年份：2012
　　一款顺滑质朴、富有节奏的年轻霞多丽。具有小麦粉、牛轧糖和桃子味水果融合而成的接近黄铜味的肉香，后味带有辛辣的香草橡木香，透出些许丁香和肉豆蔻的味道。口感圆润带有黄油味；丰满带有奶油味，洋溢着桃子、油桃类似奶油糖的温和香气，后味中带有果仁味和酵母味，收口明快温和，带有柠檬酸味。需要陈放一段时间（中短期均可）。

$30-$49
90

2012	90	2017-2020
2010	91	2015-2018
2009	95	2014-2017
2008	93	2010-2013+
2007	92	2012-2015
2006	87	2008-2011
2005	92	2010-2013
2004	87	2006-2009
2003	93	2008-2011+
2002	94	2004-2007+
2001	89	2003-2006
2000	88	2002-2005
1999	84	2001-2004

★★★

Pinot Gris/Grigio 灰皮诺

2013	86	2014-2015+
2012	86	2013-2014
2011	92	2013-2016
2010	94	2012-2015+
2009	94	2011-2014+
2008	91	2010-2013+
2007	87	2009-2012
2006	88	2008-2011
2005	86	2007-2010

马其顿山脉 $20-$29

当前年份：2013 86

　　一款有些过于讲究的葡萄酒，与众不同，味道强烈，带有辛辣味、烟熏味和还原味。散发着极有限的由苹果和梨融合而成的略带花香的泥土味。口感温和，绵柔密顺，洋溢着略带树脂味的丰富果香，湿羊毛的底味。尾韵悠长，有温和的酸味。包装前卫，不过酒品缺乏果味，不足以撑起其外表。

★★

Pinot Noir 黑皮诺

2012	90	2017-2020+
2009	91	2014-2017+
2008	91	2013-2016+
2007	86	2009-2012+
2006	91	2011-2014
2005	91	2010-2013
2004	95	2012-2016+
2003	89	2008-2011
2002	89	2004-2007+
2001	89	2003-2006+
2000	89	2002-2005+
1999	90	2001-2004+

马其顿山脉 $30-$49

当前年份：2012 90

　　极其收敛复杂的一款酒。具有红樱桃、覆盆子和雪松味橡木融合而成的带有泥土味的清香，后味带有些许薄荷味。口感顺滑细密，洋溢着覆盆子和红樱桃的淡淡香气，由柔润的单宁支撑。收口略带麝香味和辣味，尾韵绵长，带有果味。

黛伦堡酒庄 d'Arenberg

通信地址： Osborn Road, McLaren Vale, SA 5171 • **电话：** (08) 8329 4888 • 传真(08) 8323 9862 •
网址： wvaw.darenberg.com.au • **电子邮箱：** winery@darenberg.com.au
产区： 麦克拉伦谷 **酿酒师：** 切斯特·奥斯本（Chester Osborn）、杰克·沃顿(Jack Walton)
葡萄栽培师： 吉里奥·迪马斯(Giulio Dimasi)、切斯特·奥斯本 **执行总裁：** 黛瑞·奥斯本(d'Arry Osborn)

　　以歌海娜酿造红酒的最大酒庄之一（全球范围内）。位于恰巧拥有大型、古老歌海娜（罗讷河谷葡萄品种）葡萄园的麦克拉伦谷。每年酒庄都会设法酿造出类型丰富的葡萄酒，始终站在反对广告吹捧的最前沿（如皱皮雷司令贵腐甜白葡萄酒等）。我希望一些年份的葡萄酒瑕疵并不是黛伦堡酒庄江郎才尽的标志。本年鉴中并没有收录2010年份的枯藤西拉干红葡萄酒，但有收录2010年份的铁矿石歌海娜-西拉-慕合怀特干红葡萄酒以及铜矿路赤霞珠干红葡萄酒。这两款酒显示酒庄的王牌产品都有自己的一些特别之处。

★★

d'Arry's Original Shiraz Grenache
达利原生西拉-歌海娜干红葡萄酒

2011	87	2016-2019+
2010	91	2022-2030+
2009	90	2017-2021
2008	90	2016-2020+
2007	89	2012-2015+
2006	91	2018-2026
2005	84	2007-2010
2004	92	2016-2024
2003	87	2008-2011+
2002	90	2010-2014+
2001	88	2006-2009
2000	90	2008-2012

麦克拉伦谷 $12-$19

当前年份：2011 87

　　丰满浓郁，散发着乌梅、黑莓和石南融合而成的质朴肉味，后味中带有马具、矿物和香花的味道。酒体中等偏饱满，顺滑醇美，单宁细腻干燥，略带辣味和金属质感。

★★★

The Cadenzia Grenache Shiraz Mourvedre
高潮篇歌海娜-西拉-慕合怀特干红葡萄酒

2010	92	2018-2022+
2009	91	2014-2017+
2008	93	2016-2020
2006	90	2011-2014
2005	89	2010-2013
2004	93	2012-2016
2003	88	2008-2011

麦克拉伦谷 $20-$29

当前年份：2010 92

　　一款质地复杂、香味层次丰富的陈年葡萄酒。散发着黑莓、蓝莓和乌梅融合而成的带有石南味的质朴香气，略带肉味。后味中带有干草、五香、雪松和香草的味道。酒体中等偏饱满，香味富有深度，洋溢着乌梅和浆果的果香，夹杂着石南味、肉味、巧克力味，由柔韧、略不成熟的单宁支撑。不过毫无疑问，单宁会随着时间的推移而愈发成熟。

The Coppermine Road Cabernet Sauvignon 铜矿路赤霞珠干红葡萄酒 ★★★

麦克拉伦谷　$50-$99
当前年份：2010　93

平衡复杂，寿命较长。散发着黑醋栗、李子和带有雪松、雪茄盒味的橡木融合而成的浓郁深邃芬芳，透出层次丰富的甘甜果味。口感紧实饱满，果香绵长通透，肉味复杂质朴，散发出更浓郁的香味，透出矿物香。收口略带石墨味。

2010	93	2030-2040
2009	92	2021-2029+
2008	92	2020-2028
2007	93	2019-2027
2006	94	2018-2026
2005	89	2017-2025
2004	93	2016-2024+
2003	93	2015-2023
2002	93	2014-2022
2001	93	2009-2013+
2000	93	2012-2020
1999	89	2007-2011+
1998	94	2010-2018+

The Custodian Grenache 守护者歌海娜干红葡萄酒 ★★

麦克拉伦谷　$20-$29
当前年份：2011　90

紧实平衡，陈年效果似乎还不错。散发着红莓、黑莓和血丝李的香甜果香，红花和薰衣草的花香又提升了果香。口感柔软多汁，香味醇美，层次丰富，果味悠长，单宁细腻紧实，带有灰尘味。收口充满果味和新鲜的酸味。

2011	90	2019-2023+
2009	88	2014-2017+
2008	89	2016-2020
2007	93	2015-2019+
2006	90	2011-2014
2005	87	2007-2010+
2004	90	2006-2009+
2002	92	2010-2014
2001	89	2009-2013
2000	92	2005-2008
1999	91	2004-2007+

The Dead Arm Shiraz 枯藤西拉干红葡萄酒 ★★★★

麦克拉伦谷　$50-$99
当前年份：2009　95

粗朴狂野，特色明确。散发着乌梅、黑莓和黑醋栗融合而成的刺激性肉味，底味中带有石南、蓝莓和略带烟熏、巧克力和肉味的橡木组成的麝香香气。色泽偏深，带有还原味，有浓缩的滋味，黑色水果的果味浓郁丰厚，与摩卡/巧克力味橡木香相互交织，由细腻、带有灰尘味和板岩味的单宁支撑。收口带有矿物味，余韵绵长。

2009	95	2021-2029+
2008	95	2020-2028
2007	95	2019-2027+
2006	95	2018-2026
2005	93	2013-2017+
2004	96	2016-2024+
2003	95	2015-2023
2002	94	2010-2014
2001	93	2013-2021+
2000	93	2012-2020
1999	89	2007-2011
1998	93	2010-2018
1997	92	2005-2009

The Derelict Vineyard Grenache 荒园歌海娜干红葡萄酒 ★★★

麦克拉伦谷　$30-$49
当前年份：2009　92

悠长雅郁，散发着红李和浆果的馥郁香气，后味中带有丁香、肉豆蔻和肉桂融合而成的泥土味。口感丰满多汁，洋溢着类似蜜饯的李子、樱桃、黑莓和蓝莓的浓烈石南味，由细腻紧实的单宁支撑。收口带有清新的酸味，蔓越莓的香气绵延不散。

2009	92	2017-2021
2007	91	2012-2015
2006	91	2014-2018
2004	95	2012-2016+
2003	89	2008-2011+
2002	87	2007-2010

The Dry Dam Riesling 水坝雷司令干白葡萄酒 ★★

麦克拉伦谷　$12-$19
当前年份：2012　90

一款干燥均匀的雷司令葡萄酒，绵长单调、细腻优雅。略带酸橙、苹果和梨融合而成的白垩香。口感集中紧密，一股柠檬果汁的刺激香味萦绕其中，后有明快的酸味。收口平衡，余味持久。

2012	90	2020-2024+
2011	89	2016-2019
2010	90	2015-2018
2008	89	2010-2013+
2007	82	2008-2009
2006	86	2008-2011
2005	90	2010-2013
2004	87	2006-2009
2003	90	2008-2011+
2002	90	2007-2010

The Footbolt Shiraz 闪电驹西拉干红葡萄酒 ★★

麦克拉伦谷　$12-$19
当前年份：2011　89

这款西拉葡萄酒的寿命不是太长。带有泥土味和皮革味，散发着黑莓、红莓、香料和石墨融合而成的甘甜、香料味，底蕴中透出些许白胡椒的味道。酒体饱满偏中等，黑色和红色水果的肉味融入干燥紧实、略带金属质感的单宁味中。收口丰满，富有深度，带有些许矿物味。

2011	89	2019-2023
2010	90	2022-2030
2009	87	2014-2017
2008	91	2016-2020
2007	88	2012-2015+
2006	87	2011-2014
2005	87	2010-2013
2004	90	2012-2016+
2003	85	2005-2008+
2001	87	2003-2006+
2000	87	2002-2005+
1999	89	2004-2007+

★ The Hermit Crab Viognier Marsanne Blend 寄居蟹维欧尼-玛珊干白葡萄酒

2011	92	2013-2016+
2008	86	2009-2010+
2007	88	2008-2009+
2006	88	2007-2008+
2005	89	2006-2007
2004	89	2006-2009
2003	87	2003-2004+
2002	83	2002-2003+
2001	86	2002-2003

麦克拉伦谷 $12-$19

当前年份：2011   92

复杂悠长，美味可口。散发着杏仁、番石榴、苹果和柠檬皮的花香，后味中带有丁香和肉桂的香料味。口感圆润多汁，首先是维欧尼的果味，而后充满了内敛而油腻的奶油味、柠檬味和核果香味，绵延不散的坚果味和玛珊的酸味持久、新鲜。

★ The High Trellis Cabernet Sauvignon 高架赤霞珠干红葡萄酒

2011	86	2013-2016+
2010	90	2030-2040
2008	89	2013-2016+
2006	85	2011-2014+
2005	86	2010-2013+
2004	89	2009-2012+
2003	89	2011-2015
2002	89	2007-2010+
2001	89	2006-2009+
2000	87	2005-2008

麦克拉伦谷 $12-$19

当前年份：2011   86

一款早成熟的赤霞珠干红。散发着黑醋栗、黑莓略带草本味的香气，夹杂着灰尘味和花香，底蕴中透出肉味和泥土味，有些许雪松的气息。缺乏长度，汁液略多，有些青涩，不过果味层次丰富，结构优秀。经过短期的陈放后，会变得更有魅力。

★★★★ The Ironstone Pressings Grenache Shiraz Blend 铁矿石歌海娜-西拉-慕合怀特干红葡萄酒

2010	93	2030-2040+
2009	93	2021-2029+
2008	91	2016-2020+
2007	95	2015-2019+
2006	94	2016-2026+
2005	90	2010-2013+
2004	95	2016-2024+
2003	91	2011-2015+
2002	94	2014-2022+
2001	92	2013-2021
2000	89	2005-2008
1999	89	2007-2011
1998	89	2010-2018

麦克拉伦谷 $50-$99

当前年份：2010   93

一款富有传统产区葡萄酒风格的混酿，在窖藏过程中酒的细腻和结构可以保存得很好。带有泥土味和些许矿物味，散发着乌梅、黑莓和蓝莓的浓香，底味中透出巧克力味和优雅的皮革味。在紧实干燥的单宁支撑下，口感绵长，不过有些封闭，明快的果味、结构和酸度融合得恰到好处。收口朴素，有泥土味。

★★ The Last Ditch Viognier 山谷维欧尼干白葡萄酒

2009	87	2011-2014
2008	91	2010-2013
2007	91	2009-2012
2006	88	2007-2008+
2005	88	2006-2007+
2004	87	2005-2006
2003	82	2004-2005
2002	87	2003-2004+
2001	89	2003-2006

麦克拉伦谷 $20-$29

当前年份：2009   87

一款精心酿制的葡萄酒，厚重黏稠，近乎油腻，气质狂野特别。散发着柑橘和杏仁融合而成的肉味和甜味，底味中带有香料味和麝香香气。口感圆润多汁，油腻充盈，味道似乎已经融入舌头，而非沿着舌头蔓延。收口丰满，带有热带水果的果味、些许甜味和清新的酸味。

★ The Laughing Magpie Shiraz Viognier 笑翠鸟西拉-维欧尼干红葡萄酒

2010	88	2018-2022+
2007	88	2009-2012+
2006	88	2008-2011
2005	85	2007-2010
2004	92	2009-2012+
2003	90	2005-2008+
2002	92	2007-2010+
2001	90	2006-2009
2000	87	2005-2008

麦克拉伦谷 $20-$29

当前年份：2010   88

一款狂野粗朴的混酿，有相当重的还原味和泥土味，其中维欧尼的果味较西拉更为厚重。散发着黑莓和李子的皮革香气和泥土味，香料和花香的刺激味道使其变得更浓郁。酒体中等偏饱满，柔润优雅，浆果果味明快多汁，些许泥土味萦绕其间，略带金属质感。

★★★ The Noble Wrinkled Riesling 皱皮雷司令贵腐甜白葡萄酒

2011	92	2016-2019+
2010	90	2012-2015
2008	92	2013-2016
2006	86	2007-2008
2003	84	2004-2005
2002	88	2004-2007+
2001	86	2003-2006
1999	88	2002-2005+
1998	84	2000-2003
1997	90	2002-2005
1996	87	1998-2001

麦克拉伦谷 $12-$19

当前年份：2011   92

这款甜白葡萄酒新鲜集中，通透绵长。带有橙皮、柠檬花和杏仁的香气，透出丁香和肉桂的味道。口感甘美香甜，洋溢着浓烈柑橘、桃子和蜜饯的浓香，质地细腻，类似果子露，与明快的柠檬酸味融为一体。

The Olive Grove Chardonnay 橄榄林霞多丽干白葡萄酒 ★

麦克拉伦谷　　　　　　　　　$12-$19
当前年份：2011　　　　　　　　88

　　活泼新鲜，复杂特别。散发着白桃、梨和苹果的香气，甘甜多汁，透出些许还原味，类似牛轧糖的味道和奶油香草橡木香。入口带有肉味，夹杂着白桃、腰果和油桃的干酪味，余韵绵长，有清新的酸味和泥土味。

2011	88	2013-2016
2010	88	2012-2015
2008	88	2009-2010+
2007	89	2008-2009+
2006	80	2007-2008
2005	88	2007-2010
2004	88	2005-2006+
2003	87	2005-2008
2002	90	2004-2007+
2001	81	2002-2003
2000	88	2002-2005

The Sticks & Stones Dry Red 木石干红葡萄酒 ★

麦克拉伦谷　　　　　　　　　$20-$29
当前年份：2009　　　　　　　　87

　　一款非常成熟的葡萄酒，稍带烘烤味。散发着黑莓、红酸栗、蓝莓和血丝李融合而成的甜味、泥土味和葡萄干味，透出些许灰尘味和草本味，紫罗兰和白胡椒的香气。入口后，黑色水果的香味直接席卷而来，味道相当成熟，但蔓延至舌下时，香味则变得浅薄。

2009	87	2014-2017+
2008	86	2010-2013+
2006	87	2014-2018
2005	90	2017-2025
2004	92	2012-2016+
2003	93	2008-2011+

The Twentyeight Road Mourvèdre 28路慕合怀特干红葡萄酒 ★

麦克拉伦谷　　　　　　　　　$30-$49
当前年份：2010　　　　　　　　91

　　散发着乌梅、黑莓和烤肉融合而成的粗朴香料味，稍带肉味，底味中带有胡椒味。入口后，果味馥郁深邃，单宁紧实蓬松。绵长平衡，透出黑莓和乌梅的石南味，略带橡木香，后味带有一丝黑巧克力的味道。收口有极其轻快的酸味，矿物味绵延不散。

2010	91	2022-2030+
2009	87	2011-2014+
2007	84	2008-2009+
2006	89	2011-2014+
2005	87	2010-2013+
2004	91	2012-2016+
2002	90	2010-2024+
2001	93	2009-2013+
2000	87	2005-2008
1999	88	2007-2011

达尔佐都酒庄 Dal Zotto

通信地址：4861 Main Road, King Valley, Vic 3733・电话：(03) 5729 8321・传真：(03) 5729 8490・
网址：www.dalzotto.com.au・电子邮箱：christian@dalzotto.com.au
产区：国王谷　酿酒师：迈克尔·达尔佐都(Michael Dal Zotto)
葡萄栽培师：奥托·达尔佐都(Otto Dal Zotto)　执行总裁：迈克尔·达尔佐都

　　达尔佐都是一家颇受欢迎的小酒庄，主要生产传统粗朴、特色迷人的红酒。但其产品也不仅限于此，其还酿造清新集中的雷司令、美味可口的阿内斯以及带有白垩西昂的灰皮诺。达尔佐都同时也是澳大利亚第一个对采用普洛赛柯酿造的威尼斯起泡酒进行商业化生产的酒庄。这款酒极其清新，带有坚果味，与欧洲的同款起泡酒相比，略干燥。酒庄在几年里也改善了桑娇维赛葡萄酒的品质，2012年就出品了一款复杂度佳、美味可口的桑娇维赛葡萄酒。

Arneis 阿内斯 ★★

国王谷　　　　　　　　　　　$20-$29
当前年份：2013　　　　　　　　89

　　成熟浓烈，散发着黄桃、苹果和梨融合而成的明快脂味，略带薄荷味。稍微有些甜，绵长浓郁，洋溢着热带水果和桃子的果香，由细腻、带有白垩味的单宁支撑。余韵绵长辛烈，带有明快的酸味，苹果皮的味道绵延持久。

2013	89	2015-2018
2011	88	2013-2016
2010	90	2012-2015
2009	90	2011-2014
2008	89	2010-2013
2006	93	2007-2008+

L'Immigrante Prosecco 移民系列普罗赛柯起泡酒 ★★

国王谷　　　　　　　　　　　$30-$49
当前年份：2013　　　　　　　　89

　　清新细腻，美味可口。散发着青苹果皮、柠檬皮的清香，略带箭叶橙的果香。味美干净，洋溢着苹果类的果香，淡雅明快，带有些许奶油味；余韵绵长清新，有细腻的尘土质感，收口有浓烈集中的酸味，略带果仁味和辣味。很美味的一款开胃酒。

2013	89	2014-2015+
2011	91	2012-2013+
2010	90	2012-2015
2008	93	2009-2010+
2006	90	2008-2011
2005	91	2007-2008
2004	89	2005-2006+

Pinot Grigio 灰皮诺

2013	90	2015-2018+
2012	89	2013-2014+
2010	92	2012-2015+
2009	89	2010-2011+
2008	86	2009-2010

国王谷

当前年份：2013　　　90

　　一款色泽通透、新鲜年轻的白葡萄酒。散发着花香和梨类水果的果香，精雅、略带烟熏味，后味中透出些许果仁味。口感绵长雅致，洋溢着新鲜梨和苹果类水果的果味，收口温和爽脆，有柠檬酸味。极富变化的一款酒。

$20-$29

★

Riesling 雷司令

2013	87	2018-2021
2010	91	2018-2022+
2009	89	2014-2017
2008	88	2010-2013
2006	90	2011-2014+
2005	91	2013-2017
2004	91	2012-2016

国王谷

当前年份：2013　　　87

　　明快清新，富于变化，平衡度佳，富有特色。散发着红樱桃的果香，夹杂着辛辣味、些许肉味和泥土味。口感多汁，酒体中等，洋溢着浓烈的樱桃、覆盆子和李子类果味，由细腻爽脆的单宁支撑，收口有爽快而清新的酸味。

$12-$19

Sangiovese 桑娇维赛

2012	91	2017-2020+
2009	88	2014-2017
2008	86	2010-2013
2006	86	2008-2011+
2005	85	2007-2010
2002	82	2007-2010

国王谷

当前年份：2012　　　91

　　明快清新，富有桑娇维赛葡萄的特色，平衡度佳。闻起来具有甘甜红樱桃的香料味，略带肉味和泥土味。口感多汁，酒体中等，洋溢着樱桃、覆盆子和李子类水果的浓香，由细腻、爽脆的单宁支撑，收口带有爽快清新的酸味。

$20-$29

达威尼酒庄 Dalwhinnie

通信地址： 448 Taltarni Road, Moonambel, Vic 3478・**电话：** (03) 5467 2388・**传真：** (03) 5467 2237・
网址： www.dalwhinnie.com.au・**电子邮箱：** sales@dalwhinnie.com.au
产区： 宝丽丝　　**酿酒师：** 大卫・琼斯(David Jones)
葡萄栽培师： 大卫・琼斯、山姆・巴列特 (Sam Bartlett)　　**执行总裁：** 大卫・琼斯(David Jones)

　　小型酒庄，拥有旱地葡萄园。以酿造香味浓郁、层次丰富的西拉和品质偶尔超群的赤霞珠著称。和其他干旱地区的酒庄一样，酒庄近年来一直致力于酿出果味通透、富有深度的葡萄酒——我们知道它有这个能力。从2012年的情况来看，酒庄更有能力酿造出可以当成基准品质的葡萄酒。不过奇怪的是，这一年份品质最佳的竟然是赤霞珠，富有风格、结构紧实——有史以来的最佳，可以窖藏十多年。

★★★　　Moonambel Cabernet 摩娜赤霞珠干红葡萄酒

2012	95	2032-2042
2010	92	2030-2040
2009	91	2021-2029+
2008	89	2013-2016+
2007	83	2009-2012
2006	88	2008-2011
2005	83	2010-2013+
2004	97	2016-2024+
2003	90	2011-2015
2002	92	2014-2022
2000	91	2012-2020

宝丽丝

当前年份：2012　　　95

　　一款极其完整、平衡的赤霞珠。散发着紫罗兰、黑醋栗、黑莓和乌梅的郁郁香味，带有薄荷味，与细密的橡木味紧密交织。口感绵长，雅致紧实，口中洋溢着黑色水果的充盈，单宁细密、紧实。收结绵长，干燥和谐，矿物味和石墨味绵延不散。

$50-$99

★★★　　Moonambel Chardonnay 摩娜霞多丽干白葡萄酒

2012	93	2017-2020+
2011	89	2013-2016
2010	93	2015-2018
2008	88	2010-2013
2007	92	2009-2012+
2006	89	2008-2011+
2005	88	2007-2010
2004	91	2006-2009+
2003	92	2005-2008
2002	89	2004-2007
2001	93	2006-2009

宝丽丝

当前年份：2012　　　93

　　绵长细腻，干净质朴。散发着白桃、甜瓜、梨和苹果的香气，略带花香和薄荷香，后味中带有奶油、坚果、香草味的橡木香以及香料味和蜡味。口感明快晶莹，饱满水果和香草/腰果味橡木香味浓烈、持久，收口带有清新的酸味。

$30-$49

Moonambel Shiraz 摩娜西拉干红葡萄酒 ★★★

宝丽丝
当前年份：2012　　　　$50-$99
93

　　优雅平衡，散发着黑醋栗、黑莓和红酸栗的果香，夹杂着麝香香气和辛辣味，与明显、细密、略带肉味和摩卡/巧克力味的橡木香紧密交织。酒体中等偏饱满，细腻集中，洋溢着黑色水果的丰富果香，稍带酸味，单宁紧实细腻。收结绵长，带有辣味和矿物味。

2012	93	2020-2024+
2010	95	2022-2030+
2009	91	2017-2021+
2008	95	2016-2020+
2007	89	2012-2015
2006	89	2011-2014
2005	88	2010-2013
2004	97	2012-2016+
2003	89	2008-2011+
2002	90	2007-2010+
2001	94	2009-2013+
2000	95	2008-2012+
1999	94	2007-2011+

The Eagle Shiraz 老鹰西拉干红葡萄酒 ★★★

宝丽丝
当前年份：2012　　　　$100-$199
93

　　一款优雅的西拉干红。散发着黑莓、红莓、带有强烈雪松/巧克力味橡木和香甜玫瑰花瓣融合而成的泥土味，味道略重。口感绵长单调，丰满而集中。由带有灰尘味和矿物味的单宁支撑，夹杂着清新的酸味。富有格调，美味可口，收结之前愈发饱满丰盈。

2012	93	2024-2032+
2010	91	2018-2022+
2005	93	2017-2025
2004	94	2016-2024
2003	87	2008-2011
2001	87	2006-2009
2000	95	2012-2020
1998	93	2003-2006
1997	97	2005-2009+
1992	94	2000-2004+
1986	93	1998-2006

丹德龙酒庄 Dandelion Vineyards

通信地址：PO Box t38, McLaren Vale, SA 5171・电话：（08)85566099・传真：(O8) 8556 6099・
网址：www.dandelionvineyards.com.au・电子邮箱：zaf@dendelionvineyards.com.au
产区：南澳大利亚各大产区　　酿酒师：埃琳娜・布鲁克斯（Elena Brooks）
葡萄栽培师：卡尔・林德(Carl Lindner)　　执行总裁：扎尔・布鲁克斯（Zar Brooks）

　　小型酒庄，酿造采用的是酒庄旗下南澳大利亚各大成熟葡萄园的品种。在富有才华的酿酒师埃琳娜・布鲁克斯的带领下，达威尼酿造的红酒优雅，富有格调；在某些传统品种的酿造上，还是有一两个闪光点的。2012年份阿德莱德山许愿钟长相思干白葡萄酒（94/100,适饮期：2014-2017）就是一个典型，其完美地展示了产区该如何酿造这种屡遭诟病的葡萄品种。

Wonderland of the Eden Valley Riesling 伊顿仙境雷司令干白葡萄酒 ★★★

伊顿谷
当前年份：2012　　　　$30-$49
87

　　一款宽阔、脱节的葡萄酒。散发着酸橙汁和柠檬皮的花香，略带矿物味，透出烟熏味、蜡味和苹果类水果的果味。黏稠油腻，洋溢着水果的果香，收口有刺激、近乎脱节的酸味。缺乏这种酒应有的清新。

2012	87	2014-2017
2011	92	2019-2023+
2010	90	2015-2018+
2009	92	2017-2021+

大卫特雷格酒庄 David Traeger

通信地址：139 High Street,Nagambie Vic 3608・电话：03 5794 2514・传真：03 5794 1776・
网址：www.dromanaestate.com.au・电子邮箱：info@dromanaestate.com.au
产区：高宝谷（Goulburn Valley）　　酿酒师：大卫・特雷格（David Traeger）
葡萄栽培师：大卫・特雷格　　执行总裁：理查德・格林（Richard Green）

　　杜玛纳酒庄旗下品牌，以酿造多汁、风味复杂、绵柔密顺的葡萄酒——采用维多利亚州中部的葡萄酿造的华帝露略甜，以及精致单调的赤霞珠和西拉著称。

Maranoa Verdelho 马拉诺亚河华帝露干白葡萄酒

高宝谷
当前年份：2012　　　　$30-$49
87

　　一款带有肉味的华帝露。散发着甜瓜和柑橘的果香，夹杂着奶油味、果仁味、香料味，略带树脂味和刺激的味道。口感顺滑，带有橡木香以及桃子、甜瓜和柑橘的浓郁果味，透出奶油味和奶油糖味，收口带有辣味和温和的酸味。

2012	87	2014-2017
2011	87	2013-2016
2010	80	2010-2011
2004	82	2004-2005+
2002	87	2003-2004
2001	90	2003-2006+
2000	82	2001-2002
1999	93	2004-2007
1998	91	2003-2006
1997	88	1999-2002
1996	89	1998-2001

德保利酒庄 De Bortoli

通信地址：De Bortoli Road, Bilbul, NSW 2680 · **电话**：(02) 6966 0100 · **传真**：(02) 6964 9480 ·
网址：www.debortoli.com.au · **电子邮箱**：feedback@debortol.com.au
产区：滨海沿岸(Riverina)
酿酒师：约翰·科格兰(John Coughlan)、茱莉·摩特洛克(Julie Mortlock)
葡萄栽培师：凯文·德保利(Kevin De Bortoli)
执行总裁：达伦·德保利（Darren De Bortoli）

达伦·德保利开创了采用迟摘赛美蓉酿造澳大利亚白葡萄酒的先例。1982年，首个年份的葡萄酒面世时，他将其命名为"索甸赛美蓉"。之后，这款甘美集中的酒又改名为"贵族一号贵腐甜白葡萄酒"，并被当作澳大利亚甜白葡萄酒的品质标杆。通常这类甜白酒在年轻时期十分甘美浓郁，青年期则稍微有些平淡无奇，而后又会发展出香味浓郁、复杂美味的成熟风格。2011年份的赛美蓉白葡萄酒是采用生长于更凉爽、更湿润气候的品种酿制的，就是这种典型的风格。

★ ★ ★ ★ **Noble One Botrytis Semillon 贵族一号贵腐甜白葡萄酒**

2011	95	2019-2023+
2010	92	2015-2018
2009	95	2017-2021+
2008	93	2013-2016
2007	95	2015-2019+
2006	95	2011-2014
2005	90	2007-2010+
2004	92	2012-2016
2003	93	2005-2008+
2002	96	2010-2014
2001	90	2003-2006
2000	93	2005-2008

滨海沿岸
当前年份：2011

$30-$49
95

　　一款完整、甘美香甜的甜白葡萄酒。散发着杏仁、橙皮和柠檬蛋白派的浓香，底味中透出香甜的香草橡木、焦糖布丁和些许奶油蛋卷的味道。入口有浓重的贵腐葡萄酒的味道，油腻甘美，香味愈发浓郁，酒体愈发黏稠，洋溢着柠檬、杏仁、桃子和蜜糖的香气，后味中带有香甜的香草味和果酱风味。清新的柠檬酸味充盈口腔，持久绵长，收口极其平衡清新。

德保利雅拉河谷酒庄 De Bortoli Yarra Valley

通信地址：58 Pinnacle Lano, Dixon's Creek, Vic 3775 · **电话**：(03) 5965 2271 · **传真**：(03) 5965 2442 ·
网址：www.debortoliyarra.com.au · **电子邮箱**：yarra@debortoll.com.au
产区：雅拉谷
酿酒师：史蒂芬·韦伯(Stephen Webber)、萨拉·费根(Sarah Fagan)、安德鲁·布雷斯顿（Andrew Bretherton）
葡萄栽培师：罗伯·萨兰德(Rob Sutherland)
执行总裁：达伦·德保利

几年前，首席酿酒师史蒂夫·韦伯（史蒂芬·韦伯）提出，酒庄要致力于酿造辣味更明显、果味更淡的葡萄酒，酿酒师因此可以赋予葡萄酒更多的人工痕迹以及复杂度。今天，德保利雅拉河谷酒庄的葡萄酒拥有了和雅拉河谷葡萄酒与众不同的欧洲葡萄酒风格。酒庄出品的白葡萄酒复杂迷人，而红葡萄酒则具有更浓重的草药味。今年，我们可以发现酒庄的酒品等级变细了，有新出的"村庄"（Villages，采用雅拉河谷的葡萄酿造）、"庄园种植"（Estate Grown，显然是采用自家种植的葡萄！）和"单一园"(Single Vineyard，酒庄内部各个产区)系列。后者逐渐取代了之前的珍藏系列。萨拉·费根酿造的霞多丽一如既往地品质优秀。我印象比较深刻的还有波希米亚系列的一些葡萄酒，复杂度佳，又有清新的香味。

★ ★ **Cabernet Sauvignon 赤霞珠**

2012	92	2020-2024+
2010	82	2012-2015
2008	89	2016-2020
2007	90	2012-2015+
2006	91	2011-2014+
2003	87	2008-2011
2001	85	2003-2006+
2000	92	2008-2012

雅拉谷
当前年份：2012

$20-$29
92

　　一款散发着灰尘味、略带草本味的优雅之酒，酸度极高。具有清新的深色花、黑醋栗、雪松/巧克力味橡木和桑葚融合而成的香气，夹杂着花香、石南味和些许肉味，后味中透出香草和糖果的香味。口感顺滑细密，味道单调，平衡度佳，通透的小浆果果味和泥土味、酵母味、淡淡的肉味恰到好处地融合在一起。

Chardonnay 霞多丽 ★★★

雅拉谷
当前年份：2013 92

　　一款优雅内敛的葡萄酒，富有风格，美味可口。散发着桃子、甜瓜和葡萄柚的果香，雅致浓郁，夹杂着些许坚果味、蘑菇味和蜡味，后味中带有奶油味和一丝肉味。香味复杂，既有培根味，又有类似奶油糖的味道，口感细腻柔润，洋溢着奶油香，香味蔓延至舌中。收结带有蜡味，桃子和甜瓜的风味绵延不散。

$20-$29

2013	92	2018-2021
2011	94	2013-2016+
2010	93	2012-2015+
2008	89	2008-2011
2007	90	2009-2012
2006	92	2008-2011+
2005	88	2007-2010
2004	88	2006-2009
2003	89	2005-2008
2002	94	2007-2010
2001	89	2003-2006
2000	93	2002-2005+
1999	93	2004-2007

La Boheme Syrah Gamay 波希美亚人西拉-佳美干红葡萄酒 ★

雅拉谷
当前年份：2013 90

　　将带有香料味和薄荷味的西拉与带有些许果酱味的佳美混合在一起，酿制了这款活泼、具有博诺莱葡萄酒风格的葡萄酒。散发着黑莓、红莓和樱桃的香甜紫罗兰香气，透出些许干草味和肉味。口感顺滑柔润，明快多汁。随着入口时间的增加，酒体的辣味、白垩香都得到了加强，结构也更紧实。收口明快。

$20-$29

2013	90	2014-2015+
2012	87	2013-2014
2011	87	2013-2016

Melba Lucia Cabernet Blend 梅尔芭露西亚赤霞珠混酿 ★★

雅拉谷
当前年份：2010 86

　　一款优雅的混酿。散发着浆果、樱桃略带番茄香的灰尘味，底蕴中透出香料香、肉味和泥土香，后味中带有甜椒的草本味和一丝糖果味。酒体中等，口感顺滑雅致；重量依旧保持不变，收口带有辣味。缺乏丰富的果味和舌中表现。

$20-$29

2010	86	2012-2015+
2008	90	2013-2016+
2007	84	2012-2015
2006	95	2014-2018+

Melba Mimi Cabernet Blend 梅尔芭咪咪赤霞珠混酿 ★★★

雅拉谷
当前年份：2012 93

　　一款相当优雅迷人的葡萄酒。会慢慢成熟，散发出自己的味道。兰花和红花的芬芳提升了乌梅、黑醋栗和石南的香气，后味中透出可乐和樱桃核的香味，另有肉味、泥土味和佳美的果味。口感极其单调，带有辣味，慢慢释放出狂野、接近肉味的果香，细腻蓬松的单宁为其支撑。收口极其干燥，带有泥土味。

$20-$29

2012	93	2024-2032
2010	93	2018-2022
2008	89	2010-2013+
2006	95	2014-2018+

Melba Reserve Cabernet Blend 梅尔芭珍藏干红葡萄酒 ★★★

雅拉谷
当前年份：2012 92

　　优雅平衡，散发着黑莓、红莓、清新雪松/香草味橡木和石南融合而成的花香，透出微妙的肉味和泥土味。口感绵长，优雅细密，洋溢着红莓、大黄、乌梅和樱桃的酸味，由柔顺爽脆的单宁支撑。收口有强烈清新的酸味，余味绵长。

$30-$49

2012	92	2024-2032
2008	91	2016-2020
2007	93	2019-2027+
2006	95	2018-2026
2005	84	2010-2013
1999	92	2007-2011
1998	89	2006-2010
1997	91	2005-2009
1995	88	2000-2003+
1994	88	2002-2006
1993	90	1998-2001+
1992	87	1997-2000

★ ★ ★ Pinot Noir 黑皮诺

2013	91	2018-2021
2011	90	2013-2016
2010	93	2015-2018+
2008	93	2013-2016+
2007	86	2009-2012
2006	92	2011-2014
2005	86	2007-2010
2004	86	2006-2009
2003	83	2005-2008
2002	89	2004-2007+
2001	85	2002-2003+

雅拉谷
当前年份：2013

$30-$49
91

　　一款细腻温和的优雅之酒，散发着乌梅、烟熏肉和黑樱桃的烘烤味，透出些许干草、红花、可乐和泥土味。口感绵长柔润，洋溢着樱桃、浆果的果味，后味中带有草本味、番茄味，底蕴中透出细腻、带有灰尘味的单宁。收口有精致平衡的酸味。

★ ★ ★ Reserve Pinot Noir 珍藏黑皮诺干红葡萄酒

2010	91	2015-2018
2008	93	2013-2016+
2007	88	2012-2015
2006	96	2011-2014+
2005	90	2007-2010

雅拉谷
当前年份：2010

$50-$99
91

　　散发着红莓、黑莓、香料和动物味道融合而成的气味，夹杂着泥土味、植物味、花香和肉味。口感单调，带有草本味，香味持久度中等，透出质朴、不断发展的果味，基调中有细腻柔润的单宁，收口略青涩，带有金属质感。余味绵长，质地良好，但是果味不够浓郁。经过中期窖藏后，应该能释放出更好的香味。

★ ★ ★ ★ Reserve Sauvignon 珍藏长相思

2010	95	2012-2015+
2008	95	2010-2013+
2007	95	2009-2012+

雅拉谷
当前年份：2010

$30-$49
95

　　绵长清新，带有白垩香。散发着醋栗、白花、甜瓜和柠檬汁融合而成的略带草本味的香气，后味中带有泥土味和矿物味。入口后，香味悠长，浓郁多汁，单宁紧实、带有粉末质感，酸味明快刺激，结构细腻。这款酒复杂，带有还原味和辣味，但有非常好的透明度和清新度。

★ ★ ★ Sauvignon 长相思

2011	93	2013-2016
2010	91	2012-2015
2008	94	2010-2013
2007	95	2008-2009+
2006	89	2007-2008+

雅拉谷
当前年份：2011

$20-$29
93

　　散发着醋栗和西番莲带有烟熏味的香气，狂野浓郁，透出些许矿物味和牡蛎壳的味道，略带草本味。口感绵长，香味浓郁，带有板岩味，洋溢着强烈、近乎狂野的羊毛味，层次丰富，收口平衡，带有辣味和一点咸味，酸味清新。

★ ★ ★ ★ Section A5 (Formerly Reserve) Chardonnay A5（原名珍藏）霞多丽干白葡萄酒

2012	95	2017-2020+
2011	95	2016-2018
2008	96	2013-2016+
2007	87	2009-2012
2006	95	2011-2014+
2005	95	2010-2013
2004	82	2005-2006

雅拉谷
当前年份：2012

$30-$49
95

　　一款拥有旧世界风格的新世界葡萄酒。散发着葡萄柚、甜瓜和柠檬花融合而成的花香，层次丰富，透出些许烟熏肉和矿物味。色泽明亮，风格内敛，番石榴、葡萄柚和甜瓜类水果的芳香浓郁通透，蔓延至舌下，底蕴中透出奶油和奶油糖的味道，收口带有温和的酸度，集中清新。

★ ★ ★ Section A8 (Formerly Reserve) Syrah A8（原名珍藏）西拉干红葡萄酒

2012	91	2020-2024+
2010	86	2012-2015
2008	96	2016-2020+
2007	89	2012-2015
2006	97	2014-2018
2005	90	2010-2013

雅拉谷
当前年份：2012

$50-$99
91

　　略带草本味，汁液丰富。散发着黑醋栗、李子和黑莓的香气，夹杂着灰尘味和花香，略有些青涩，底味中带有烟熏味和肉味，口中透出温和和烤橡木桶的香气。口感柔润顺滑，舌头表现收敛，回味绵长，带有灰尘味，单宁细腻紧实。收口带有辣味和温和的酸味。

德伊利斯酒庄 De Iuliis

通信地址: 16/16 Broke Road, Pokolbin, NSW 2320 · **电话:** (02) 4993 8000 · **传真:** (02) 4998 7168 ·
网址: www.dewine.com.au · **电子邮箱:** sales@dewine.com.au
产区: 下猎人谷
酿酒师: 迈克尔·德伊利斯（Michael De Iuliis）、萨隆·伯格·摩尔（Shannon Burgess-Moore）
葡萄栽培师: 凯斯·霍尔德（Keith Holder）　　**执行总裁:** 乔斯·德伊利斯（Joss De Iuliis）

酒庄酿造的猎人谷西拉葡萄酒更具有矿物味、更美味可口，结构也更紧，是这类酒的杰出代表。此外，它也是新兴的霞多丽酿造商，出品的霞多丽细腻流畅。酒庄对旗下的品牌结构进行了整合：从2010年开始，西拉系列取代了查理西拉和珍藏西拉两大系列。2013年的红酒非常细腻，芳香四溢，果香浓郁，富含花香，略带草本香（慢慢变得明显）。我尤其欣赏阳光园赛美蓉的风格和集中，2011年份和2014年份的这款酒结构和紧实度都非常出众。

Limited Release Chardonnay 限量版珍藏霞多丽干白葡萄酒　★★★

下猎人谷　　　　　　　　　　　　$30-$49
当前年份: 2012　　　　　　　　　　　91

迷人优雅，细腻芳香，精致复杂。散发着柑橘、桃子和甜瓜的果香，带有蜡味和奶油味，略微有些封闭；后味中带有甘甜、略带烟熏味的橡木香，金银花和香料的味道提升了香气。口感顺滑，洋溢着奶油味和类似牛轧糖的味道，果味通透，收口清新，紧实集中。

2012	91	2017-2020+
2011	91	2016-2019
2009	92	2014-2017
2008	90	2013-2016+
2007	81	2008-2009

Limited Release Shiraz 限量版珍藏西拉干红葡萄酒　★★★★

下猎人谷　　　　　　　　　　　　$50-$99
当前年份: 2013　　　　　　　　　　　91

优雅甘甜，香味浓郁。类似紫罗兰的麝香香气层次丰富，夹杂着胡椒味，底味中透出黑醋栗、覆盆子、乌梅的甘甜果香以及雪松/香草味橡木。口感如天鹅绒般顺滑，优雅柔润，洋溢着略带香料味的黑莓、黑醋栗和乌梅的果香，收弛有度，与细密的新橡木桶味道和细腻的单宁紧密交织。收口带有很淡的草本味和金属味。建议窖藏时间不要过久。

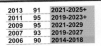

2013	91	2021-2025+
2011	95	2019-2023+
2009	95	2021-2029
2007	93	2019-2027
2006	90	2014-2018

Reserve Shiraz 珍藏西拉干红葡萄酒　★★★★

下猎人谷　　　　　　　　　　　　$20-$29
当前年份: 2009　　　　　　　　　　　94

一款现代、富有风格的葡萄酒，带有产区的典型特色。透出极其纯净的果味和橡木味，成熟辛辣。散发着甜浆果、樱桃和李子带有胡椒味的香气，与浓郁的雪松/香草和摩卡类味道的橡木香交织。酒体中等偏饱满，口感绵长，易于入口，蓝莓、红莓和樱桃果味通透，由细腻、带有灰尘味的单宁支撑，收口结构良好，酸味合适，果味和泥土味经久不散，底味中带有肉味。泥土味和野味可能会越来越浓烈。

2009	94	2017-2021
2007	94	2015-2019
2006	95	2018-2026

Shiraz (Formerly Charlie Shiraz) 西拉（原名查理西拉）　★★

下猎人谷　　　　　　　　　　　　$20-$29
当前年份: 2013　　　　　　　　　　　89

顺滑优雅，带有清甜的橡木香，略带草本味。散发着鸢尾花、紫罗兰、甜红莓、乌梅和樱桃果融合而成的略带尘土味的香气，后味中夹杂着白胡椒和茶叶盒的味道。多汁、略带青涩的果味使口感变得更顺滑完美，收口紧实，略干燥，有清新的酸味，汁液稍丰富。中短期窖藏最佳。

2013	89	2018-2021
2011	91	2016-2019+
2010	91	2018-2022
2009	89	2011-2014+
2007	93	2015-2019
2006	89	2008-2011

★★★ **Sunshine Vineyard Semillon 阳光园赛美蓉干白葡萄酒**

2014	94	2026-2034
2013	91	2018-2021+
2012	90	2017-2020+
2011	94	2023-2031

下猎人谷

当前年份：2014　　　　　　　　　94

　　一款质朴通透的年轻赛美蓉，富有风格、完整传统。散发着迷人的柠檬花香，浓郁，类似甜瓜的香味。口感绵长活泼，散发着浓郁的柑橘风味，香味持久均匀。蔓延至舌下，明快的柑橘果味浓稠、平衡、清新。收口有强烈的酸味，矿物味绵延不散。

$20-$29

迪金酒庄 Deakin Estate

通信地址：Kulkyne Way, Iraak, Vic 3494・**电话**：(03) 5029 2055・**传真**：(03) 5029 1691・
网址：www.deakinestate.com.au・**电子邮箱**：deakin@wingara.corn.au
产区：墨累河岸地区(Murray Darling)
酿酒师：菲尔・斯比尔曼博士(Dr Phil Spillman)、詹姆斯・弗利(James Foley)
葡萄栽培师：克雷格・索顿(Craig Thornton)
执行总裁：迪亚戈・吉梅内斯(Diego Jimenez)

　　迪金酒庄是品牌之冠（指的是大量生产的醇美可口、风格一致的葡萄酒）类目下品质最可靠、价格便宜的酒庄之一。酒庄酿造的葡萄酒品质比其他价格高许多的酒都好，我很欣赏这个品牌葡萄酒的价值和其一贯以来的稳定品质。我们现在就来看看这些葡萄酒的风格和特点。尝尝2012年份的梅洛干红，你就知道我说的到底是什么了。

★ **Cabernet Sauvignon 赤霞珠**

2010	86	2012-2015
2009	86	2011-2014
2008	87	2013-2016
2007	90	2012-2015
2006	81	2008-2011
2005	81	2006-2007+
2004	87	2006-2009
2003	87	2005-2008+

墨累河岸

当前年份：2010　　　　　　　　　86

　　淳朴优雅。散发着黑醋栗、覆盆子、紫罗兰略简单的香气，稍带雪松/香草橡木味。口感单薄，略有炖煮味，底蕴中透出一股泥土香。香味还算持久，但缺乏成熟的果香。

$ 5-$11

★ **Merlot 梅洛**

2012	88	2014-2017
2010	88	2012-2015+
2008	86	2010-2013
2007	85	2008-2009+
2006	80	2007-2008
2004	82	2006-2009
2003	82	2004-2005
2002	87	2003-2004
2001	87	2002-2003+
2000	84	2001-2002
1999	87	2000-2001+
1998	82	1999-2000

墨累河岸

当前年份：2012　　　　　　　　　88

　　就这个价格来说，是一款品质极其优秀的酒。集中平衡，富于变化，甚至有窖藏的潜力。散发着黑樱桃、李子和雪松/香草橡木的香味，浓郁多汁。口感顺滑，平衡优雅，与香甜、带有泥土香草味的橡木香交织，底蕴中透出细腻的单宁味。收口有明快的酸味。

$5-$11

★ **Sauvignon Blanc 长相思**

2012	87	2012-2013+
2011	86	2012-2013
2010	89	2011-2012
2009	86	2010-2011
2008	87	2009-2010
2007	83	2007-2008
2006	88	2007-2008
2005	88	2005-2006
2004	87	2004-2005

墨累河岸

当前年份：2012　　　　　　　　　87

　　略甜。比其他同等价位的长相思更具复杂度。散发着醋栗和甜瓜的清雅香气，略带泥土味和烟熏味，夹杂着些许草本味。口感绵长，绵密柔顺，风味丰富，肉味最重，特别。收口带有刺激的柠檬酸味。

$ 5-$11

Shiraz 西拉

2012	81	2012-2013+
2010	86	2012-2015
2009	88	2011-2014
2008	86	2010-2013
2007	86	2009-2012
2006	86	2008-2011
2005	86	2007-2010
2004	88	2006-2009

墨累河岸

当前年份：2012　　　　　　　　　81

　　略带辣味，简单柔润。散发着黑莓、红莓、甜菜和白胡椒的香味，夹杂着泥土味和些许花香、草本味。口感直接，但舌下香味较淡。缺乏深度和成熟度。

$5-$11

深林酒庄 Deep Woods Estate

通信地址： Commonage Road, Yallingup WA 6282 · **电话：** (08) 9756 6066 · **传真：** (08)9766 6366 ·
网址： www.deepwoods.com.au · **电子邮箱：** mail@deepwoods.com.au
产区： 玛格丽特河
酿酒师： 朱利安 · 兰沃西(Julian Langworthy)
执行总裁： 彼得 · 福格蒂(Peter Fogarty)

　　深林酒庄是彼得 · 福格蒂自2008年以来在西部稳步扩张的葡萄酒帝国的一部分，在玛格丽特河产区北部的邓斯伯勒附近拥有一座16公顷的葡萄园。2012年的红酒优雅细密，其中最出众的要数王牌产品珍藏赤霞珠干红葡萄酒。

Block 7 Shiraz 7区西拉干红葡萄酒　　　　　　　　　　　

玛格丽特河　　　　　　　　　　　　　　　$30-$49
当前年份：2012　　　　　　　　　　　　　　92
　　优雅，带有强烈的橡木味。散发着由黑莓和红莓的质朴果香与紫罗兰融合而成的香味，夹杂着灰尘味、香料味和胡椒味。口感顺滑细密，单宁柔韧、带有灰尘味。果味富有一定深度，因此酒体重量和丰满程度会随着封瓶时间的增加而增加。由此，这款酒的果味和橡木味可以达到平衡。

2012	92	2020-2024+
2011	90	2016-2019
2010	90	2018-2022
2009	91	2014-2017+
2008	87	2013-2016

Cabernet Sauvignon Merlot 赤霞珠梅洛混酿　　　　　　

玛格丽特河　　　　　　　　　　　　　　　$30-$49
当前年份：2012　　　　　　　　　　　　　　91
　　优雅柔润，寿命中等。散发着黑醋栗、红樱桃、李子和略带雪松味橡木融合而成的清甜香味，后味中透出些许干草和紫罗兰的香气。口感绵长均衡，单宁柔韧细腻，带有灰尘味，果味明快，富有深度。收结带有辣味，香味绵长。

2012	91	2020-2024
2010	95	2022-2030
2009	89	2017-2021
2008	91	2020-2028

Reserve Cabernet Sauvignon 珍藏赤霞珠　　　　　　　

玛格丽特河　　　　　　　　　　　　　　　$50-$99
当前年份：2012　　　　　　　　　　　　　　94
　　细腻集中，结构紧实，富有深度，口感雅致，酒精度为14.5%。带有灰尘味和雪松味，乌梅、紫罗兰、黑醋栗和温和的橡木味浓郁，从中透出一股草本味，一丝烟草味和矿物味。口感绵长，优雅质朴，具有穿透力，黑莓、李子和樱桃的果香经久不散，单宁蓬松，有明快的酸味。

2012	94	2024-2032+
2010	91	2018-2022+
2008	88	2016-2020
2007	86	2012-2015

德拉米尔酒庄 Delamere

通信地址： 4238 Bridport Road, Pipers Brook Tas 7254 · **电话：** (03) 6382 7190 · **传真：** (03) 6382 7205 ·
网址： www.delamerevineyards.com.au · **电子邮箱：** shane@delamerevineyards.com.au
产区： 笛手溪(Pipers Brook)
酿酒师： 肖恩 · 霍洛威(Shane Holloway)、弗兰 · 奥斯汀(Fran Austin)
葡萄栽培师： 弗兰 · 奥斯汀
执行总裁： 肖恩 · 霍洛威

　　肖恩 · 霍洛威和弗兰 · 奥斯汀是一对年轻的夫妇，分别来自阿德莱德山和卡尔古利（西澳大利亚）。他们在塔斯马尼亚州北部相遇。他们的经验和其已经在德拉米尔酒庄缔造的纪录揭示了这样一个事实：这是一个值得注意的品牌，看看2012年份的葡萄酒就知道了。其中品质最出众的是香味浓郁、美味可口的黑皮诺。而霞多丽也正往更复杂、特别的风格发展。酒庄出品的2008年份的白葡萄起泡酒，（白中白，94/100，适饮期：2013-2016+）优雅，略带矿物味，品质优异，有陈年的潜力。

Chardonnay 霞多丽

2012	93	2017-2020+
2011	86	2013-2016
2010	92	2012-2015+

塔斯马尼亚
当前年份：2012

$30-$49
93

　　一款富于变化的葡萄酒，复杂单调，颇具酿酒师个人特色。进行中期陈年的话，会有很不错的效果。带有肉味和还原味，甜瓜、桃子、干草和矿物的香味层次丰富。橡木味略明显，酸味稍刺激，会随着时间的流逝愈发平衡。现在的酒已经有了新鲜度和丰满度，重量也会随着时间的推移而增加。

★ ★ ★

Pinot Noir 黑皮诺

2012	94	2020-2024+
2011	94	2016-2019+
2010	89	2013-2015+
2009	93	2011-2014+
2008	93	2013-2016
2007	94	2012-2015

笛手溪
当前年份：2012

$30-$49
94

　　一款平衡、富有风格的年轻葡萄酒，风味会随着时间的增加而愈发浓郁，重量也会随之增加。散发着黑樱桃、李子和红樱桃的果香，底蕴中透出烟熏摩卡/黑巧克力味的橡木香，夹杂着一丝石南味。酒体中等偏饱满，甘甜成熟，果香浓郁，由细腻柔韧的单宁支撑。收结有绵长的余韵，温和，带有肉味和辣味。

德勒提酒庄 Delatite

通信地址： 26 High Street, Mansfield, Vic 3722 · **电话：** (03) 5175 2922 · **传真：** (03) 5775 2911 ·
网址： www.delatltewinery.com.au · **电子邮箱：** info@delatitewinery.com.au
产区： 上高宝地区　**酿酒师：** 安迪·布朗（Andy Browning）
葡萄栽培师： 大卫·里奇(David Ritchie)　**执行总裁：** 大卫·里奇

　　位于澳大利亚大陆最凉爽、历史最新的产区，是出产单调、芳香、带有矿物味的雷司令、灰皮诺、长相思和琼瑶浆的理想之地。2013年份的僵尸山琼瑶浆干白葡萄酒香味浓郁，带有辣味和矿物味——是一款典型的德勒提白葡萄酒，寿命较长。我很少发表有关酒庄的看法，但我想说，德勒提的确引人注目。

★ ★ ★ ★ Dead Man's Hill Gewurztraminer 僵尸山琼瑶浆干白葡萄酒

2013	93	2018-2021+
2012	91	2017-2020+
2011	88	2013-2016
2010	94	2018-2022
2009	94	2014-2017
2008	94	2013-2016+
2007	88	2009-2012
2006	92	2011-2014
2005	88	2007-2010+
2004	85	2006-2009
2003	89	2005-2008+
2002	87	2003-2004+
2001	94	2006-2009

上高宝
当前年份：2013

$20-$29
93

　　富有光泽，口感绵长，香味浓郁。带有香料味、麝香香气和浓郁的花香，透出核果和玫瑰油略带果酱味的香气，后味中带有矿物味。入口温和，香料味集中、持久，底蕴中透出细腻的白垩香。收口极其美味，略带甜味，与清新的酸味和咸矿物味融合均匀。

★

Pinot Gris 灰皮诺

2012	90	2014-2017
2011	87	2012-2013+
2010	89	2012-2015
2009	82	2011-2014
2008	91	2010-2013
2006	87	2008-2011+
2005	88	2006-2007+
2004	86	2005-2006
2003	82	2004-2005
2002	88	2003-2004+

上高宝
当前年份：2012

$20-$29
90

　　一款富于变化的干白葡萄酒。带有坚果味和奶油味，散发着桃子和柑橘的果香，后味中带有黄油味和类似太妃糖的味道，些许蜂蜜、丁香和肉桂的香气。口感绵长顺滑，果味明快，温和多汁，酸味明快。

★ ★ ★

Riesling 雷司令

2012	88	2014-2017
2011	87	2016-2019
2010	93	2018-2022
2009	93	2017-2021+
2008	89	2011-2014
2006	92	2014-2018
2005	90	2010-2013+
2004	93	2012-2016
2003	89	2005-2008+

维多利亚州中部
当前年份：2012

$20-$29
88

　　适合早期饮用，略带糖浆的风味。散发着酸橙汁和柠檬糖的香味，夹杂着麝香香气和果酱味，后味中带有丝丝白垩香。口感圆润多汁，带有柑橘皮、桃子和酸橙汁的油腻风味，收口略带甜味，但是缺乏紧实度。矿物香经久不散，有柠檬果子露的香气。

Sauvignon Blanc 长相思 ★★

上高宝　　　　　　　　　　　　　　$20-$29
当前年份：2011　　　　　　　　　　　86

一款寿命较短的葡萄酒，狂野宽阔，带有肉味，富有羊毛质感。略有些不新鲜，味道会不断发展。散发着蜜糖和烘烤味，透出些许罐装辣椒的青涩味。口感带有类似旧世界葡萄酒的风格，绵密柔顺，洋溢着层次丰富的特别酵母味，但是平衡度不佳，缺乏清新度和通透度。

2011	86	2013-2016
2009	93	2011-2014
2008	90	2010-2013
2006	77	2006-2007
2005	75	2005-2006
2004	86	2005-2006
2003	91	2003-2004+
2002	87	2002-2003
2001	89	2002-2003+
2000	90	2001-2002
1999	89	2000-2001
1998	88	1999-2000+

Sylvia Riesling 塞维亚雷司令干白葡萄酒 ★★

曼斯菲尔德　　　　　　　　　　　$20-$29
当前年份：2009　　　　　　　　　　90

散发着柠檬皮和酸橙汁的清新香气，后味中透出些许核果和矿物的味道。入口甜度中等，带有矿物味，洋溢着白桃、梨和柑橘的果香，底蕴中透出细腻均衡的白垩香，突出了清新温和的酸味。

2009	90	2011-2014+
2008	92	2010-2013+
2006	90	2008-2011+

VS Riesling VS雷司令干白葡萄酒 ★★★

曼斯菲尔德　　　　　　　　　　　$20-$29
当前年份：2011　　　　　　　　　　89

一款精心酿制的雷司令，复杂，带有沉淀酵母味。散发着白花、梨、苹果和柠檬皮的浓郁香气，透出些许丁香和羊毛脂的味道。在单调精粹的质地支撑下，散发着干酪味和沉淀酵母味，酸橙、梨和苹果的内敛果香，收口干燥，带有辣味和清新的柑橘酸味。果味似乎有些太特别了，不过很显然，这是一种新奇的风格！

2011	89	2016-2019
2005	93	2013-2017
2004	92	2012-2016
2001	95	2009-2013
1999	95	2007-2011+

魔鬼之穴 Devil's Lair

通信地址：Rocky Road, Margaret River, WA 6285 · **电话**：(08) 9757 7573 · **传真**：(08) 9757 7533 · **网址**：www.devils-lair.com · **电子邮箱**：nfo@devils-lair.com
产区：玛格丽特河　**酿酒师**：奥利弗·克劳弗德(Oliver Crawford)
葡萄栽培师：西蒙·罗伯森(Slmon Robertson)　**执行总裁**：大卫·迪亚利(David Dearie)

玛格丽特河产区一家历史悠久的酒庄，由企业家菲尔·萨克逊创建。今天，魔鬼之穴是财富酒庄旗下唯一的西澳大利亚品牌，重要性不言而喻。酒庄在不断推广高品质的9号卧室霞多丽干白葡萄酒、新兴的隐藏岩系列和舞蹈系列，以及一些混酿。这些酒的共同特点是纯正集中，香味浓郁，同时这也是颇受欢迎的第五站干白葡萄酒的特点。

Chardonnay 霞多丽 ★★★

玛格丽特河　　　　　　　　　　　$30-$49
当前年份：2012　　　　　　　　　　93

一款内敛优雅、年轻质朴的霞多丽干白葡萄酒。散发着桃子、葡萄柚和甜瓜的果香，夹杂着麝香香气和甘甜的橡木味，后味中透出些许丁香、鼠尾草和矿物的味道。红宝石葡萄柚、凤梨和热带水果的果味浓郁，口感顺滑质朴，中味中带有烟熏肉和灰尘橡木味。收口有温和的酸味，略带咸味。

2012	93	2016-2019+
2011	93	2016-2019+
2010	89	2012-2015
2009	92	2011-2014+
2008	93	2010-2013+
2007	89	2009-2012
2006	95	2008-2011+
2005	92	2010-2013
2004	87	2006-2009
2003	94	2005-2008
2002	90	2004-2007+
2001	91	2003-2005+

Fifth Leg Red Blend 第五站红葡萄混酿 ★

西澳大利亚　　　　　　　　　　　$20-$29
当前年份：2012　　　　　　　　　　89

一款极其复杂、优雅的年轻葡萄酒，随时可以准备享用。散发着黑醋栗、李子、覆盆子和黑樱桃的香甜果香，清新的雪松/香草橡木味，底蕴中透出类似薄荷的香味。酒体中等，口感顺滑柔润，果味明快，穿透力强，由细腻的单宁支撑。收口清新平衡。

2012	89	2017-2020
2011	88	2013-2016
2010	89	2012-2015+
2009	89	2011-2014+
2008	86	2010-2013
2007	88	2012-2015
2006	87	2008-2011
2005	90	2007-2010
2004	89	2006-2009
2003	83	2004-2005+
2002	89	2004-2007

★

Fifth Leg White Blend 第五站白葡萄酒混酿

2012	87	2013-2014
2011	89	2012-2013
2010	87	2010-2011
2009	89	2010-2011
2008	91	2010-2013
2007	88	2008-2009+
2006	82	2006-2007
2005	88	2006-2007
2004	88	2005-2006
2003	82	2003-2004+

西澳大利亚 $12-$19

当前年份：2013   90

    口感绵长，质朴明快，带有产区特色。散发着柑橘和甜瓜的果味，穿透力强，略带草本味。入口圆润，浓郁多汁，带有成熟甜瓜、桃子和葡萄柚的果香，而后融入强烈集中的酸味之中。

★ ★ ★

Margaret River Cabernet Blend 玛格丽特河赤霞珠混酿

2011	91	2019-2023+
2010	94	2022-2030+
2009	92	2021-2029
2008	87	2013-2016+
2007	84	2012-2015+
2006	87	2008-2011+
2005	88	2010-2013+
2004	92	2012-2016+
2003	87	2008-2011+
2002	84	2007-2010
2001	84	2006-2009

玛格丽特河 $50-$99

当前年份：2011   91

    一款年轻、带有薄荷味的葡萄酒，优雅顺滑，但似乎有些过于成熟了。主轴带有灰尘味和青涩味，因类似松针的橡木香的衬托更加明显。散发着黑醋栗、黑樱桃、桑葚和新鲜雪松/香草橡木味融合而成的香气，透出些许豌豆荚和山羊奶酪的味道。口感绵长多汁，单宁紧实、带有砾石质感。收口有草本味。因缺乏平衡度而无法取得更高的分数。

★ ★

The Hidden Cave Cabernet Shiraz 隐藏岩赤霞珠西拉干红葡萄酒

2012	94	2024-2032
2011	91	2019-2023
2010	87	2015-2018

玛格丽特河 $12-19

当前年份：2012   94

    一款绵长柔顺、均衡完整的年轻混酿。散发着类似紫罗兰的质朴香气，夹杂着灰尘味，透出黑色和红色果实的果香，与雪松/香草/巧克力橡木香紧密交织。口感顺滑，柔润直接，洋溢着可乐和香料的味道，底蕴中带有明快的浆果果香。收口略带香料和可乐味，雅致成熟。

★ ★ ★

The Hidden Cave Sauvignon Blanc Semillon
隐藏岩长相思赛美蓉干白葡萄酒

2013	92	2014-2015+
2012	90	2013-2014+
2011	92	2013-2016

玛格丽特河 $12-$19

当前年份：2013   92

    一款有鲜明玛格丽特河产区特色的葡萄酒，绵长明快，穿透力强。散发着黑醋栗略带草本味的明快果香，活泼的花香。口感绵长温和，汁液丰富，果味持久，收口紧实集中，有刺激的柠檬酸味。

亘古酒庄 Domaine A

通信地址: 105 Tea Tree Road, Campania, Tas 7026 • **电话:** (03) 6260 4174 • **传真:** (03) 6260 4390 •
网址: www.domaine-a-com.au • **电子邮箱:** althaus.domaine-a.com.au
产区: 煤河谷
酿酒师: 彼得·阿特劳斯(Peter Althaus)
葡萄栽培师: 彼得·阿特劳斯
执行总裁: 彼得·阿特劳斯

    顶级的彼得·阿特劳斯葡萄酒产量很少，是采用种植于煤河谷石头园的葡萄酿造的。就塔斯马尼亚地区的酒庄而言，其最特别的地方在于出品的赤霞珠干红品质优秀，既有果味的深度，又有紧凑的结构——一款顶级的波尔多葡萄酒可能具有的品质。2008年的赤霞珠也不例外，质地紧实、细腻。彼得·阿特劳斯还酿造了一款小"a"赤霞珠混酿，现在正好是第二个年份，这款酒更纯朴、更具"新世界"葡萄酒的风格。两款赤霞珠的风格截然相反。

Cabernet Sauvignon 赤霞珠 ★★★★

煤河谷　　　　　　　　　　　　　$100-$199
当前年份：2008　　　　　　　　　　　　95

寿命较长，富有风格，质地优良。散发着灰尘味、花香，略带草本香，从中透出红莓和黑莓的浓郁果味，与雪松橡木味紧密交织，后味中带有森林大地类似蘑菇的味道。底蕴中透出ややや、略带砺石质感的单宁，黑莓和李子果香富裕，与紧实的雪松橡木味融合均匀，绵长美味，收口雅致，带有泥土味。不过味道仍很封闭，是一款适合长期窖藏的美酒。

2008	95	2028-2038
2006	94	2026-2036
2005	94	2017-2025
2004	91	2016-2024
2003	86	2005-2008
2001	94	2013-2021
2000	96	2012-2020+
1999	92	2007-2011+
1998	93	2010-2018
1997	87	2005-2009
1995	94	2007-2015
1994	93	2006-2014
1993	89	2005-2013
1992	90	2004-2012
1991	95	2003-2011

Lady A Sauvignon Blanc A夫人长相思干白葡萄酒 ★

煤河谷　　　　　　　　　　　　　$50-$99
当前年份：2010　　　　　　　　　　　　91

一款散发着浓郁橡木味的年轻干白。果味富有深度、丰满、有酸味，会随着时间的流逝变得均衡。透出甜瓜和醋栗略带草本的香气，因木炭香草味的橡木香过重，稍显浅薄。口感圆润甘美，醋栗和甜瓜果味多汁，香味持久细滑，收口带有清新的酸味，木炭味经久不散。缺乏紧实度和集中度。

2010	91	2015-2018+
2009	87	2011-2014
2008	91	2010-2013+
2006	89	2008-2011
2005	93	2010-2013+
2004	93	2009-2012+
2003	91	2008-2011+
2002	94	2007-2010
2001	82	2003-2006

Pinot Noir 黑皮诺 ★★★

煤河谷　　　　　　　　　　　　　$50-$99
当前年份：2009　　　　　　　　　　　　90

一款非常好的酒，但是结构和品质丝毫不像黑皮诺葡萄酒。散发着李子和浆果的果香，夹杂着泥土味，略带肉味和皮革味，透出些许花香；后味中带有草本味和灰尘味。口感丰满，带有泥土味，肉味、薄荷味和类似薄荷脑的香味，浓郁的黑莓、李子果香味，底蕴中透出干浸出物的直接紧实、干燥细腻和板岩气息。收口带有辣味和类似果核的味道，单宁干燥。

2009	90	2017-2021+
2008	93	2020-2028+
2007	89	2019-2027
2006	95	2011-2014+
2005	93	2010-2013+
2003	90	2008-2011+
2002	88	2007-2010+
2001	92	2009-2013
2000	92	2005-2008+
1999	89	2004-2007
1998	95	2003-2006+
1997	94	2005-2009
1995	89	1997-2000
1994	95	1999-2002+

宝地酒庄 Dominique Portet

通信地址： 870 Maroondah Highway, Coldstream Vic 3770 · **电话：** 03 5962 5760 · **传真：** 03 5962 4938 ·
网址： www.dominiqueportet.com · **电子邮箱：** dominique@dominiqueportet.com
产区： 雅拉河谷、西斯寇特
酿酒师： 本·布特（Ben Portet）
执行总裁： 多米尼克·布特（Dominique Portet）

多米尼克·布特是一位富有经验的法国酿酒师，曾在塔尔塔尼酒业服务了很长一段时间。也正因为如此，澳大利亚的葡萄酒饮用者认识了他。现在他自立门户，创立了宝地酒庄。酒庄位于玛隆达荷高速公路。他采用雅拉河谷和西斯寇特的葡萄酿制了大量具有产区特色的葡萄酒。布特想要酿造的是细腻柔润的红酒，但是近年来，因为西斯寇特太热了，所以葡萄不可避免地会有些过于成熟多汁。雅拉谷长相思则与此全然不同。

Heathcote Shiraz 西斯寇特西拉干红葡萄酒 ★★★

西斯寇特　　　　　　　　　　　　$30-$49
当前年份：2012　　　　　　　　　　　　95

不管从哪个方面来说，都是一款优雅、富有法国酒特色的葡萄酒。散发着黑莓和李子的浓郁香气，后味中透出猪肉味，底味中透出一股泥土味，夹杂着白胡椒和深色花的味道。酒体中等，洋溢着黑色水果的果味，浓郁多汁，单宁极其细腻爽脆，融入刺激的酸味之中。收口清新，带有辣味，颇具罗讷河谷风格。

2012	95	2024-2032
2010	93	2022-2030
2008	92	2016-2020+
2006	92	2014-2018+
2003	83	2005-2008
2002	82	2010-2014
2001	82	2003-2006
2000	89	2005-2008
2000	92	2005-2008+

★ ★ ★ Yarra Valley Cabernet Sauvignon 雅拉谷赤霞珠干红葡萄酒

2012	95	2022-2032
2010	94	2030-2040
2008	90	2020-2028
2006	93	2026-2036
2001	90	2006-2009+
2001	89	2013-2021
2000	88	2005-2008
2000	89	2005-2008
2000	92	2005-2008+

雅拉谷
当前年份：2012

$30-$49
95

一款品质超群的雅拉谷赤霞珠，富有罕见的深度，集中度高，特色十足。散发着紫罗兰和黑醋栗的浓郁香味，类似烤核桃的橡木香，底蕴中透出些许烟熏培根和石墨的味道。口感绵长质朴，果味甘甜多汁。舌头表现浓郁，细腻迷人，增加了细密的单宁和雪松橡木味，收口极其绵长平衡。足以被当成标杆的一款酒。

杜玛纳酒庄 Dromana Estate

通信地址： 565 Old Moorooduc Road, Tuerong, Vic 3933 · **电话：**(03) 5974 3899 ·
传真：(03) 5974 1155 · **网址：** www.dromanaestate.com.au · **电子邮箱：** into@dromanaestate.com.au
产区： 莫宁顿半岛(Mornington Peninsula)
酿酒师： 彼得·鲍尔
葡萄栽培师： 彼得·鲍尔
执行总裁： 大卫·克雷格(David Craig)

今天的杜玛纳酒庄完全不同于其创立者园艺家格里·克里汤顿（Garry Crittenden）当初创建的那个小酒庄。格里·克里汤顿是莫宁顿半岛最顶级的酿酒师之一。酒庄现在拥有一个大型葡萄园（毗邻雅碧湖产区）以及一个全新的酿酒厂。可惜的是，采用2012年绝佳生长季葡萄酿造的葡萄酒并没有达到预期的品质。

★ ★ Chardonnay 霞多丽

2012	86	2014-2017
2011	89	2013-2016
2010	90	2012-2015
2008	93	2010-2013
2005	84	2007-2010
2004	86	2006-2009
2003	92	2005-2008
2002	89	2004-2007
2001	89	2003-2006
2000	82	2001-2002

莫宁顿半岛
当前年份：2012

$30-$49
86

一款简单、带有果味的年轻葡萄酒，绵密柔顺。散发着青苹果皮简单平淡的香气，略带香草橡木味，口感顺滑，多汁黏稠，洋溢着苹果、梨、甜瓜和桃类水果的果味，内敛的橡木味。收结有温和的酸味。缺乏雅致和紧实度。

★ Pinot Noir 黑皮诺

2012	81	2014-2017
2011	87	2013-2016
2010	92	2015-2018
2008	82	2010-2013
2007	83	2009-2012
2006	83	2007-2008+
2005	90	2010-2013
2004	87	2006-2009
2003	82	2005-2008
2002	87	2004-2007
2001	85	2002-2003+

莫宁顿半岛
当前年份：2012

$30-$49
81

单薄，过于成熟，带有肉味。散发着李子、红樱桃和浆果融合而成的葡萄干和类似醋栗的香味，后味中带有丁香和肉桂的香料味，橡木味略有些不新鲜。入口后直接多汁，而后变得浅薄简单，带有果酱味，收口平淡，单调干燥。

艾比斯酒庄 Epis

通信地址： 812 Black Forest Drive, Woodend, Vic 3442 · **电话：**(03) 5427 1204 · **传真：**(03) 5427 1204 ·
网址： www.domaineepis.com.au · **电子邮箱：** domaineepis@iprimus.com.au
产区： 马其顿山脉
酿酒师： 阿莱克·艾比斯（Alec Epis）
葡萄栽培师： 阿莱克·艾比斯
执行总裁： 阿莱克·艾比斯

马其顿山区的一个小酒庄，擅长酿制芳香四溢、带有丝绸感质的黑皮诺葡萄酒，质朴、具有矿物味的霞多丽葡萄酒（采用伍登德附近果园的葡萄），以及寿命较长的赤霞珠梅洛混酿（采用凯恩顿附近的威廉姆斯果园的葡萄，该果园由维多利亚州中部的顶尖酿酒师劳瑞·威廉姆斯开辟）。2013年份的葡萄酒没有产自威廉姆斯葡萄园的，有两款酒来自伍登德，质地细腻，非常接近产区浓郁优雅的风格。

Chardonnay 霞多丽 ★★★★

马其顿山脉　$30-$49

当前年份: 2013　94

　　一款充满魅力、具有旧世界葡萄酒风格的霞多丽。散发着柠檬花、甜瓜和些许葡萄柚的香味，精致浓郁，带有奶油味；底味中透出类似牛轧糖的味道和清新辛辣的橡木味。口感黏稠，绵密柔顺，结构完整，散发着浓郁质朴的甜瓜、柠檬和黄油香味。收口温和集中，有收敛的橡木味、清新的酸味，柠檬果子露的香气经久不散。

2013	94	2018-2021+
2012	95	2017-2020+
2011	89	2013-2016
2010	95	2015-2018+
2009	95	2014-2017
2008	95	2010-2013+
2007	87	2009-2012
2006	93	2008-2011
2005	93	2010-2013
2004	96	2009-2012
2003	95	2008-2011
2001	96	2006-2009+

Pinot Noir 黑皮诺 ★★★★

马其顿山脉　$50-$99

当前年份: 2013　95

　　富有风格，色泽通透，香味浓郁。散发着香甜红樱桃、玫瑰花园和覆盆子的浓香，透出些许该产区葡萄酒特有的麝香香气。口感柔润温和，洋溢着质朴果香，优雅温和、绵长，底蕴中透出温和、带有灰尘味的单宁，深度和结构在口中逐渐发展。收口极其平衡清新。

2013	95	2021-2025+
2012	95	2024-2032
2010	95	2018-2022+
2009	95	2014-2017+
2008	94	2013-2016
2007	96	2012-2015+
2006	95	2011-2014
2005	93	2010-2013
2004	95	2009-2012
2003	96	2008-2011
2001	96	2009-2012
2000	93	2005-2008+
1998	88	2003-2006

Epis & Williams Cabernet Sauvignon
艾比斯&威廉姆斯赤霞珠干红葡萄酒 ★★★★

马其顿山脉　$30-$49

当前年份: 2010　95

　　柔润优雅，结构细腻，芳香集中。散发着黑醋栗和黑樱桃的诱人果香以及雪松橡木香，透出些许干草、覆盆子和一丝血丝李的香味。口感绵长细密，洋溢着黑醋栗和红樱桃略带薄荷味的果香，与紧实、带有粉末质感的单宁紧密交织。光滑流畅，收口平衡美味。

2010	95	2022-2030+
2009	95	2021-2029
2008	89	2013-2016
2007	94	2015-2019
2006	95	2014-2018
2005	95	2013-2017
2004	93	2012-2016+
2003	93	2011-2015+
2001	96	2013-2021
2000	95	2008-2012+
1999	93	2007-2011+

埃文斯酒庄 Evans & Tate

通信地址: Corner Caves & Metricup Roads, Willyabrup, WA 6280・**电话:** (08) 9755 6244・
传真: (08) 9755 6346・**网址:** www.mcwilliamswines.com.au・
电子邮箱: communications@mcwilliamswines.com.au
产区: 玛格丽特河
酿酒师: 马特・布莱恩(Matt Byrne)、拉赫兰・麦克唐纳德（Lachlan McDonald）
葡萄栽培师: 特里・麦克雷、安东尼・皮特
执行总裁: 罗伯特・布莱克维尔

　　酒庄在酒标名称和酒标上做了诸多变化。他们希望自家的葡萄酒可以一直得到星级评定，这样产品经理就不用费心去处理商标了，而公众也能认清产品的品质和它们的外观。从质量方面来说，酒庄首屈一指的红布鲁克霞多丽干白葡萄酒在2012年强势回归，2011年份的红布鲁克品质差了一些。麦克威廉对这个品牌做出了巨大的投入，不过品牌还缺少优秀的品质和收藏的价值。

Gnangara Shiraz 亮格拉西拉干红葡萄酒

西澳大利亚　$12-$19

当前年份: 2012　85

　　一款温和多汁的成熟西拉，适合早期饮用。散发着黑莓和红莓的果香，略带雪松味，后味中透出些许薄荷和香料的味道。酒体中等，口感顺滑，洋溢着甘甜的果香，单宁细腻柔韧，收口温和。

2012	85	2014-2017
2011	86	2013-2016
2010	87	2012-2015
2009	86	2011-2014
2006	86	2008-2011
2005	81	2006-2007
2004	77	2005-2006
2003	88	2008-2011
2002	77	2003-2004
2000	87	2002-2005
1999	80	2000-2000

Margaret River Classic Semillon Sauvignon Blanc
玛格丽特河经典赛美蓉长相思混酿

2013	85	2013-2014+
2012	87	2013-2014
2012	87	2013-2014
2010	87	2011-2012+
2009	89	2010-2011
2008	92	2009-2010
2007	90	2008-2009+
2006	87	2006-2007+
2005	88	2005-2006+

玛格丽特河　　　　　　　　　　　　$12-$19
当前年份：2013　　　　　　　　　　　　85
　　一款质朴简单的混酿。散发着甜瓜、西番莲、醋栗和荔枝的明快果香，透出些许草本味。紧实度中等，口感干净清新，略带白芝香，透出果味和草本味，收口清新，不过缺乏集中度。

★ Metricup Road Cabernet Merlot 马奇克赤霞珠梅洛混酿干红葡萄酒

2012	87	2017-2020+
2011	88	2013-2016+
2009	87	2014-2017
2008	86	2010-2013
2003	82	2008-2011
2002	82	2004-2007
2001	87	2006-2009

玛格丽特河　　　　　　　　　　　　$20-$29
当前年份：2012　　　　　　　　　　　　87
　　一款带有薄荷味和巧克力味的混酿，散发着黑醋栗、覆盆子、樱桃的清淡果香，透出紫罗兰和橡木的味道。刚入口时比较单薄，缺乏深度，之后重量、长度和雅致程度都会逐渐增加，不过还是有略带青涩的番茄口感。没有典型的产区特色。

★ ★ ★ Metricup Road Semillon Sauvignon Blanc Blend
马奇克赛美蓉长相思混酿

2013	90	2015-2018
2012	84	2013-2014+
2010	92	2011-2012+
2007	94	2008-2009+
2006	90	2007-2008+
2005	88	2006-2007
2004	92	2005-2006
2003	88	2004-2005
2002	89	2003-2004+
2000	91	2001-2002
1999	90	2000-2001

玛格丽特河　　　　　　　　　　　　$20-$29
当前年份：2013　　　　　　　　　　　　90
　　口感绵长，清新紧实。具有果味，但底蕴中缺乏草本味。散发着西番莲和醋栗的浓郁果香，底味中带有荔枝和热带水果的香味。口感多汁，直接甘美，强烈的香味持久绵长，收口清新明快，带有柠檬酸味。

★ ★ ★ Redbrook (Formerly The Reserve) Cabernet Sauvignon
红布鲁克（原名珍藏）赤霞珠干红葡萄酒

2011	82	2016-2019
2010	84	2015-2018
2008	93	2020-2028+
2007	89	2012-2015
2006	90	2014-2018+
2005	93	2013-2017
2004	88	2012-2016
2003	86	2005-2008

玛格丽特河　　　　　　　　　　　　$30-$49
当前年份：2011　　　　　　　　　　　　82
　　单调，过于成熟，带有皮革味。散发着红酸栗和黑莓的果味，夹杂着石南味和类似羊毛脂的味道，透出些许薄荷气息。酒体中等，单薄青涩，果味略淡，缺乏成熟度。

★ ★ Redbrook (Formerly The Reserve) Chardonnay
红布鲁克（原名珍藏）霞多丽干白葡萄酒

2012	93	2017-2020+
2010	91	2012-2015+
2009	92	2014-2017
2008	91	2013-2016
2006	91	2011-2014
2005	86	2007-2010
2004	88	2006-2009+
2003	93	2008-2011
2002	87	2004-2007
2001	91	2003-2006
1997	84	1999-2002

玛格丽特河　　　　　　　　　　　　$30-$49
当前年份：2012　　　　　　　　　　　　93
　　质朴通透，绵长优雅。散发着柠檬和葡萄柚的果香，清新多汁，底味中透出清新的香草橡木味、石南味以及白芝香。口感紧实单调，带有矿物味，葡萄柚、甜瓜和柠檬果味浓烈，穿透力强，融入刺激的酸味当中。后味中带有层次丰富的肉味。

★ ★ Redbrook (Formerly The Reserve) Shiraz
红布鲁克（原名珍藏）西拉干红葡萄酒

2011	88	2016-2019+
2010	86	2015-2018
2007	90	2012-2015
2005	90	2007-2010+
2004	93	2009-2012+

玛格丽特河　　　　　　　　　　　　$30-$49
当前年份：2011　　　　　　　　　　　　88
　　散发着黑醋栗、黑莓和乌梅的果香，夹杂着灰尘味，一丝草本味和香料味。后味中透出雪松橡木味和些许肉味。口感顺滑柔润，酒体中等饱满，黑莓、红莓、乌梅和雪松橡木的味道绵长，底蕴中带有干燥单宁的些许青涩口感。收口有辣味，酸味清新。

费尔班克酒庄 Fairbank

通信地址: Sutton Grange Winery, Sutton Grange, Vic 3448・**电话:** (03) 5474 8277・
传真: (03) 5474 8294・**网址:** www.suttongrangewines.com・**电子邮箱:** jacqui@suttongrange.com.au
产区: 本迪戈
酿酒师: 吉尔・拉帕鲁(Gilles Lapalus)
葡萄栽培师: 吉尔・拉帕鲁
执行总裁: 彼得・塞德维尔(Peter Sidwell)

　　费尔班克是萨顿酒庄的副牌,庄园毗邻墨尔本商人彼得・塞德维尔所有的大型跑马场。来自法国的酿酒师吉尔・拉帕鲁是维多利亚州著名酿酒师斯图亚特・安德森(Stuart Anderson)的女婿。在酿酒的监督过程中,他偶尔会在葡萄中加入一些类似旧世界葡萄酒风格的元素,这些元素可以让酒体变得更丰满。2009年份的西拉带有肉味、矿物味和辣味,是目前酒庄品质最好的一款酒。

Cabernet Sauvignon Merlot 赤霞珠梅洛混凝　　★★★

本迪戈　　　　　　　　　　$20-$29
当前年份: 2007　　　　　　　84
　　过于成熟。带有浆果和醋栗的青涩肉味,后味中透出粗朴、皮革的味道。收口干燥、不新鲜,带有酒香酵母的味道(马厩味)。

2007	84	2015-2019
2006	93	2018-2026+
2005	95	2017-2025+
2004	95	2024-2034
2003	90	2011-2015
2002	88	2007-2010
2001	90	2006-2009+

Rosé 桃红起泡酒　　　　　　　　　★

本迪戈　　　　　　　　　　$20-$29
当前年份: 2013　　　　　　　77
　　不够新鲜,被氧化了。缺乏清新度,狂野刺激,散发着类似啤酒的酚的气味。

2013	77	2013-2014
2012	89	2014-2017
2011	91	2013-2016
2010	89	2012-2015
2009	83	2010-2011
2004	85	2004-2005

Rouge 红葡萄酒　　　　　　　　　★★

本迪戈　　　　　　　　　　$20-$29
当前年份: 2011　　　　　　　91
　　一款极其清新活泼的葡萄酒。散发着黑莓、石南、黑樱桃和李子的浓郁果香,夹杂着麝香香气,后味中带有不新鲜的、透出灰尘味的细密橡木香。口感顺滑温和,底味多汁细密,舌面表现通透明快,洋溢着活泼的果香,香味绵长,清新集中,混杂着香料味和强烈的酸味。

2011	91	2013-2016+
2010	92	2012-2015+
2009	89	2011-2014
2008	81	2009-2010

Syrah 西拉　　　　　　　　　　★★

本迪戈　　　　　　　　　　$20-$29
当前年份: 2009　　　　　　　90
　　一款粗朴的葡萄酒,带有泥土味、辛辣味和薄荷味。透出黑莓、黑樱桃和李子的香味,夹着泥土味和些许矿物味。后味中带有薄荷的香气。口感绵长紧实,美味可口,底味中的单宁细腻,干浸出物带有颗粒感,果味悠长,带有香料味。收口平衡干燥,有类似干草的味道。

2009	90	2021-2029
2008	88	2016-2020
2007	91	2015-2019+
2006	88	2011-2014+
2005	94	2017-2025
2004	95	2016-2024
2003	88	2008-2011+
2002	89	2007-2010+
2001	87	2003-2006

Viognier 维欧尼　　　　　　　　　★★

本迪戈　　　　　　　　　　$20-$29
当前年份: 2011　　　　　　　92
　　富有风格,美味可口。散发着桃子、杏仁和金银花的复杂香味,丁香和姜的香料味更突出了香味的浓郁。入口平衡度佳,洋溢着核果的多汁风味,香味绵长,底蕴中透出细腻的矿物味。收口有清新的酸味和诱人的香料味。

2011	92	2013-2016+
2010	90	2012-2015+
2009	86	2011-2014
2008	93	2010-2013
2007	90	2009-2012
2006	88	2007-2008
2005	90	2007-2010

菲德酒庄 Feathertop

通信地址：6619 Great Alpine Road,Porepunkah,Vic 3740・**电话**：(03)5756 2356・
传真：(03)5756 2610・**网址**：wmw.boynton.com.au・**电子邮箱**：boynton@boynton.com.au
产区：阿尔派谷(Alpine Valleys)　**酿酒师**：凯尔・博因顿(Kel Boynton)
葡萄栽培师：凯尔・博因顿、大卫・达洛(David Darlow)　**执行总裁**：凯尔・博因顿

凯尔・博因顿一直以来都是用高山生长的葡萄酿造维多利亚葡萄酒这一主张的拥护者，尽管他也是第一个承认在很大程度上对气候变化无能为力的人，他比大部分的澳大利亚葡萄栽培师来得坦率。2010年和2012年都有极好的葡萄生长季，2013年也是如此，因为气候温和，博因顿收获了非常成熟新鲜的葡萄。本年鉴中列出了一款萨瓦涅葡萄酒，这款酒的品质比澳大利亚同款酒优秀，导致大部分酿酒商都认为这是一款阿尔巴利诺葡萄酒。博因顿酿造的葡萄酒都极其细腻优雅，美味可口。

★★

Cabernet Sauvignon 赤霞珠

2008	91	2020-2028
2006	82	2011-2014
2005	91	2013-2017+
2004	89	2009-2012
2003	83	2005-2008
2002	87	2007-2010

阿尔派谷　$20-$29
当前年份：2008　91

一款极具欧洲葡萄酒风格的优雅之酒。带有灰尘味，散发着红莓和黑莓的果味，夹杂着雪松味和些许果酱味，后味中透出一丝石南和优雅的皮革味。口感柔顺细密，洋溢着黑色水果的质朴香味和雪松橡木味，收口带有干草的味道，略咸。

★★★

Merlot 梅洛

2012	87	2014-2017+
2010	86	2012-2015
2009	82	2011-2014
2008	92	2016-2020
2006	92	2014-2018
2005	88	2010-2013
2004	72	2005-2006
2003	77	2005-2008
2002	89	2007-2010+

阿尔派谷　$20-$29
当前年份：2012　87

优雅之酒，带有肉味，略单调，有些氧化。散发着血丝李和红樱桃略单调的果香，与雪松/香草橡木香相互交织。口感不错，李子、樱桃和雪松橡木的味道绵长，单宁细腻，带有灰尘味，与内敛清新的酸味交融。不适合长期窖藏。

★

Pinot Gris 黑皮诺

2013	92	2015-2018+
2012	92	2014-2017
2010	87	2011-2012+
2009	88	2010-2011+
2008	89	2009-2010+
2007	77	2007-2008
2006	89	2007-2008
2005	88	2006-2007+

阿尔派谷　$20-$29
当前年份：2013　92

散发着新鲜柠檬、苹果和梨融合而成的蜡味，后味中透出层次丰富的酵母味，夹杂着灰尘味和奶油味，清新度迷人，白花的香气升华了整体的味道。口感绵长雅致，洋溢着梨、苹果的质朴果味，底味中带有细腻的白垩香。收口清新平衡，酸味令人垂涎。

★★

Riesling 雷司令

2012	90	2020-2024+
2010	90	2015-2018+
2009	84	2010-2011+
2008	86	2009-2010+
2005	91	2010-2013

阿尔派谷　$20-$29
当前年份：2012　90

绵长清新，质地细腻。散发着纯正的果香，香味绵长。闻起来带有白花、白桃、梨和苹果的香气，底蕴中透出酸橙汁的味道和些许白垩香。结构细腻、流畅，果味质朴充盈，由细腻、带有灰尘质感的单宁支撑。香味绵长，收口有明显的酸橙汁味。

★

Sauvignon Blanc 长相思

2013	87	2014-2015+
2012	92	2014-2017
2010	82	2010-2011
2009	88	2010-2011
2008	88	2009-2010+
2007	77	2007-2008
2006	87	2006-2007
2005	87	2005-2006+
2004	80	2005-2006

阿尔派谷　$20-$29
当前年份：2013　87

一款内敛柔润的优雅之酒。散发着醋栗和荔枝的带有灰尘味的精雅果香，底蕴中透出些许草本味。口感绵长温和，质地细腻，有粉末质感，支撑着淡淡的果香。收口绵长，略带烟熏味和清新的酸味。

Savagnin 萨瓦涅 ★★

阿尔派谷　　　　　　　　　　　　　$20-$29

当前年份：2013　　　　　　　　　　90

　　活泼质朴。散发着醋栗和梨的淡淡果香，夹杂着蜡的香气，后味中带有奶油酵母味和灰尘草本气息。口感绵长温和，洋溢着梨、苹果和醋栗的内敛果味，带有细腻的白垩香，收口略咸，明快，带有温和的酸味。

2013	90	2015-2018
2010	91	2015-2018
2009	89	2011-2014+

Shiraz 西拉 ★★

阿尔派谷　　　　　　　　　　　　　$20-$29

当前年份：2010　　　　　　　　　　91

　　顺滑柔软，温和优雅。略带胡椒味、香料味和矿物味。散发着黑莓、樱桃和李子的麝香风味，以及奶油雪松、巧克力橡木香。闻起来稍带白胡椒味，入口后香味通透，夹杂着甘甜的果香、温和的橡木香和蓬松的单宁。易于入口，现在或者以后饮用皆可。

2010	91	2015-2018+
2009	89	2011-2014+
2008	91	2016-2020
2006	91	2011-2014+
2005	88	2010-2013
2004	89	2012-2016

芬格富酒庄 Ferngrove

通信地址： 276 Ferngrove Road, Frankland River, WA 6398・**电话：** (08) 9855 2378・
传真： (08) 9855 2368・**网址：** www.ferngrove.com.au・**电子邮箱：** reception@ferngrove.com.au
产区： 法兰克兰河
酿酒师： 吉姆・赫顿（Klm Horton）、马可・皮纳尔（Marco Pinares）、玛蕾利・鲁索（Marelize Roussouw）
葡萄栽培师： 克里斯・祖尔（Chris Zur）
执行总裁： 安东尼・威尔克斯(Anthony Wilkes)

　　芬格富是澳大利亚最著名的酒庄之一，现为中国杭州葡萄酒集团所有。酒庄出品的葡萄酒质优价廉，很多竞争者都对此疑惑不已。酒庄品质最优秀的葡萄酒零售价格不超过30美元，可以轻易地和澳大利亚售价在50美元以上的葡萄酒竞争。这些酒质朴，香味层次丰富，富有风格，既适合早期饮用，也适合窖藏后饮用。"便宜"的酒至少还是有竞争力的。目前酒庄品质最顶级的葡萄酒为2011年的马奇斯赤霞珠干红，优雅、富有风格，实在是物超所值。

Cossack Riesling 科萨克雷司令干白葡萄酒 ★★★★

法兰克兰河　　　　　　　　　　　　$20-$29

当前年份：2013　　　　　　　　　　93

　　一款非常优秀的雷司令干白。散发着白花、梨、苹果和酸橙汁的质朴香味，透此些许白垩香。口感醇美浓郁，洋溢着通透果香，香味绵长充盈。收口干脆，略带柠檬味和刺激的酸味。平衡度佳，不像之前的年份带有矿物味或者质地粗糙，但是清新、余韵悠长。

2013	93	2021-2025+
2012	95	2024-2032
2011	95	2023-2031
2010	95	2022-2030
2009	95	2021-2029
2008	91	2013-2016+
2007	88	2008-2009+
2006	93	2011-2014+
2005	92	2013-2017
2004	90	2009-2012+
2003	92	2005-2008
2002	94	2007-2010+
2001	86	2003-2006

Diamond Chardonnay 钻石霞多丽干白葡萄酒 ★★★

法兰克兰河　　　　　　　　　　　　$20-$29

当前年份：2013　　　　　　　　　　93

　　一款精心酿制的霞多丽干白，顺滑油腻，带有浓烈的橡木香。散发着葡萄柚、桃子、甜瓜和柠檬花的香气，与细密的香草橡木味相互交织。香味浓郁，带有香料味、烟熏味、香草橡木味和层次丰富的甘美果味，底味中透出些许烟熏培根的味道。收口略温暖。

2013	93	2018-2021+
2012	93	2014-2017+
2011	94	2016-2018+
2010	90	2012-2015
2009	93	2011-2014+
2008	88	2010-2013
2007	90	2009-2012
2006	87	2008-2011
2005	91	2007-2010+

★★ Dragon Shiraz 龙之舞西拉干红葡萄酒

2012	92	2024-2032
2011	90	2016-2019
2010	90	2018-2022
2009	90	2014-2017+
2008	88	2013-2016+
2007	92	2012-2015
2006	92	2011-2014+
2005	92	2013-2017
2004	91	2012-2016

法兰克兰河 $20-$29
当前年份：2012 92

优雅复杂，不过味道相对封闭。酒体中等偏饱满，带有肉味和些许胡椒味，散发着黑莓、石南和乌梅的香气，与雪松/巧克力橡木味、矿物味和些许碘味相融合。在干燥、带有粉末质感的单宁支撑下，层次丰富、略带皮革味的内敛果味中透出些许烤肉和温和橡木的味道。

★★ Frankland River Chardonnay 法兰克兰河霞多丽干白葡萄酒

2013	89	2015-2018
2011	88	2013-2016
2010	88	2012-2015
2009	90	2011-2014
2008	91	2010-2013
2006	86	2007-2008

法兰克兰河 $20-$29
当前年份：2013 89

香味浓郁，平衡度佳。开瓶后散发出葡萄园、甜瓜和桃子的甘甜果香，后味中带有香草/口香糖橡木香，些许丁香和姜的味道。口感圆润甘美，酒体中等偏饱满，丰腴直接，不过收结缺少结构和集中度，因此无法得高分。

★★ Frankland River Merlot 法兰克兰河梅洛干红葡萄酒

2012	90	2017-2020+
2011	89	2013-2016+
2009	88	2011-2014
2008	92	2010-2013
2007	90	2009-2012+
2006	88	2008-2011+
2005	88	2010-2013
2001	83	2003-2006

法兰克兰河 $12-$19
当前年份：2012 90

一款香味浓郁的优雅之酒。散发着黑莓和樱桃的馥郁果香，夹杂着烟熏、香草橡木香，略带雪茄盒的味道。因清新紫罗兰花香的衬托，香味愈发明显。口感顺滑温和，洋溢着樱桃、浆果和李子略带青涩的明快果香，以及巧克力橡木味，底蕴中透出细腻紧实的单宁。收结绵长，有清新的酸味，令人心旷神怡。

★ Frankland River Sauvignon Blanc 法兰克兰河长相思干白葡萄酒

2013	92	2015-2018
2012	86	2013-2014
2011	88	2012-2013+
2010	88	2011-2012+
2007	81	2007-2008
2006	89	2006-2007+
2002	87	2003-2004

法兰克兰河 $12-$19
当前年份：2013 92

富有风格，果香四溢，层次丰富，平衡度佳。散发着荔枝和醋栗的清脆果香，略带青草味。口感绵长顺滑，舌中汁液丰富、多果肉。底味中带有酵母的烟熏味，收口带有辣味，夹杂着咸味和矿物味。

★ Frankland River Shiraz 法兰克兰河西拉干红葡萄酒

2011	91	2019-2023
2010	89	2015-2018
2009	87	2011-2014+
2008	90	2013-2016+
2007	85	2009-2012
2005	89	2010-2013+
2004	91	2012-2016
2003	89	2005-2008+
2001	84	2003-2006

法兰克兰河 $12-$19
当前年份：2011 91

一款精心酿制的干红，顺滑柔润，平衡度佳。散发着黑莓和李子带有肉味、泥土味和香料味的果香，收敛的雪松橡木味，以及些许黑胡椒的香味。酒体中等偏饱满，优雅细密，果味绵长。收口更加美味，带有罗讷河谷风格，凸显了清新的酸味。

King Malbec 金马尔贝克干红葡萄酒　　　　　★ ★ ★ ★

法兰克兰河　　　　　　　　　　　　　$20-$29
当前年份：2012　　　　　　　　　　　　　93
　　和以往相比，更具阿根廷葡萄酒风格。散发着桑葚和黑醋栗的浓烈果味，带有肉味和泥土味，夹杂着巧克力橡木香，后味中带有石南味，底味特别。单宁干燥细腻，具有颗粒质感，口感绵长顺滑，洋溢着黑莓、李子和些许醋栗的浓郁果香。收口绵长，带有冲击力。

2012	93	2020-2024+
2011	94	2023-2031
2010	93	2022-2030
2009	93	2017-2021
2008	94	2016-2020+
2007	95	2015-2019
2006	92	2014-2018
2005	89	2010-2013+
2004	91	2012-2016

Majestic Cabernet Sauvignon 马奇斯赤霞珠干红葡萄酒　　★ ★ ★

法兰克兰河　　　　　　　　　　　　　$20-$29
当前年份：2011　　　　　　　　　　　　　94
　　一款极其顺滑的葡萄酒，带有鲜明的产区特色，优雅适度，富有风格，价格平易近人。散发着黑莓和红莓带有麝香香气的馥郁果香，集中、富有深度，温和的雪松香草巧克力橡木香，从中透出一股薄荷和薄荷脑的香气。在细密、带有灰尘质感的主轴以及紧实的橡木香支撑下，收结极其绵长，平衡集中，凸显了明快的酸味。物美价廉的一款酒，有时候一瓶比这款酒劣质很多的赤霞珠价格都会高出它许多。

2011	94	2023-2031+
2010	91	2018-2022+
2009	93	2021-2029+
2008	93	2016-2020
2007	93	2015-2019+
2006	94	2014-2018+
2005	91	2013-2017
2004	90	2012-2016+
2001	92	2009-2013

Symbols Cabernet Merlot 徽章赤霞珠梅洛混酿干红葡萄酒　　★

法兰克兰河　　　　　　　　　　　　　$12-$19
当前年份：2011　　　　　　　　　　　　　89
　　和去年的酒相比，似乎更具有旧世界葡萄酒的风格。富有魅力，略带薄荷味。散发着黑莓、黑樱桃和李子的果香，带有灰尘味，略带肉味和雪松味。香甜的花香提升了整体的香味。酒体中等偏饱满，口感顺滑，略带草本味，底味中带有泥土味，具有砾石质感。收口带有辣味，薄荷的香味绵延不散。

2011	89	2016-2019
2010	89	2015-2018+
2009	87	2010-2011+
2008	90	2013-2016
2007	89	2009-2012+
2006	87	2008-2011
2005	86	2007-2010
2004	82	2006-2009
2003	87	2005-2008

The Stirlings Cabernet Shiraz Blend 斯特林赤霞珠西拉混酿　　★ ★ ★ ★

法兰克兰河　　　　　　　　　　　　　$50-$99
当前年份：2010　　　　　　　　　　　　　90
　　一款富有风格的优雅之酒。不过灰尘味和草本味略重，因此无法得到更高的分数。带有香料味，略带皮革味和肉味。底蕴中透出由赤霞珠引发的黑醋栗、桑葚和李子果香，夹杂着温和的皮革味和石墨味。口感顺滑柔润，洋溢着黑莓、覆盆子和黑醋栗温和、具有穿透力的果香。风味复杂，具有泥土味、肉味、草本味和雪松味，单宁细密，略青涩，带有些许咸味。

2010	90	2018-2022+
2009	89	2017-2021
2008	94	2020-2028+
2007	92	2015-2019+
2005	87	2010-2013
2004	94	2012-2016
2003	94	2015-2017+
2001	93	2013-2021

凤凰木酒庄 Flametree

通信地址：7 Chain Avenue, Dunsborough WA 6281・**电话：**08 9756 8577・**传真：**08 9756 8572・
网址：www.fametreewines.com・**电子邮箱：**info@fametreewines.com
产区：玛格丽特河
酿酒师：克里夫・罗亚尔（Cliff Royle）
执行总裁：克里夫・罗亚尔

　　对克里夫・罗亚尔——这位玛格丽特河产区富有经验的酿酒师而言，凤凰木酒庄是一个展现自己成果的绝佳舞台。在酿酒时，他采用的是不同次区域不同品种的葡萄。酒庄酿酒的葡萄主要来源于玛格丽特河，同时也会采用法兰克兰河产区的西拉。罗亚尔酿制的葡萄酒风味浓郁，随和柔顺。凤凰木酒庄出品的葡萄酒多十分细腻、优雅，余味绵长。采用沃尔克丽妃次区域精选的霞多丽酿制的SRS干白就是一个完美的典范。

Chardonnay 霞多丽

2013	91	2015-2018+
2012	91	2017-2020
2011	87	2013-2016

玛格丽特河
当前年份: 2013

$20-$29
91

一款细腻复杂、带有典型产区特色的葡萄酒，清新，带有矿物味。底蕴中透出淡淡的烘烤香草橡木香、白桃、红宝石葡萄柚和热带水果的果香明快，夹杂着奶油味和酵母味。入口后，绵长顺滑，通透温和，洋溢着明快、悠长的果香，质地细腻，带有白垩味。收口带有烟熏味、咸味和浓烈的柠檬酸味，经久不散。

★ ★ ★

SRS Chardonnay SRS 霞多丽干白葡萄酒

2012	93	2017-2020+
2011	95	2016-2019+
2010	96	2012-2015+

玛格丽特河
当前年份: 2012

$30-$49
93

一款带有甘甜香气、黏稠的霞多丽干白，年轻时期具有橡木香，会随着时间的流逝变得愈发丰满、平衡。散发着葡萄柚、甜瓜和桃子带有烟熏味的果香，后味中透出层次丰富的肉味。丁香、肉桂和新鲜的香草橡木味提升了整体的香味。口感柔润，洋溢着质朴浓郁的果香，与烟熏、培根橡木味交织。会随着封瓶时间的增加而愈发优雅、细腻。

飞鸭酒庄 Flying Duck

通信地址: 3838 Wangaratta-Whitfeld Road, King Valley, Vic 3678 · **电话:** 0427 331 760 ·
传真: (03) 9819 7789 · **网址:** www.fyingduckwines.com.au · **电子邮箱:** sales@fyingduckwines.com.au
产区: 国王谷
酿酒师: 特雷弗·纳格斯（Trevor Knaggs）、保罗·伯戈因（Paul Burgoyne）
葡萄栽培师: 保罗·伯戈因
执行总裁: 怀恩·伯戈因（Wayne Burgoyne）、约翰·巴特勒（John Butler）

国王谷新兴的一座小酒庄。葡萄栽培和酿酒水平均十分高超。王牌产品为西拉干红。其酿造的红酒香味浓郁，美味可口，主轴极其细密，具有灰尘质感。桑娇维赛是近年才栽种的，品质也相当好。

★ ★

Shiraz 西拉

2008	90	2013-2016+
2006	91	2011-2014+
2005	89	2010-2013+
2004	80	2005-2006
2003	93	2011-2015

国王谷
当前年份: 2008

$12-$19
90

一款粗朴、带有泥土味的葡萄酒，极其优雅，富有特色。酒体中等。散发着紫罗兰、桑葚、黑醋栗和覆盆子的香气，夹杂着灰尘味和一丝草本味。后味中透出碘、泥土和动物的肉味。入口有甘甜的橡木香，顺滑柔润，浆果和李子果味长度中等，收口有绵延不散的薄荷香。

森林山酒庄 Forest Hill Vineyard

通信地址: South Coast Highway, Denmark, WA 6333 · **电话:** (08) 9848 0000 · **传真:** 09 9848 0095 ·
网址: www.foresthillwines.com.au · **电子邮箱:** info@foresthillwines.com.au
产区: 巴克山
酿酒师: 迈克尔·纳格（Michael Ng）、利安·卡莫迪（Liam Carmody）
葡萄栽培师: 罗斯·派克（Ross Pike）
执行总裁: 蒂姆·里昂（Tim Lyons）

巴克山产区一座历史悠久的酒庄。能够采用产区的所有葡萄品种酿造出品质优秀、稳定的葡萄酒，包括雷司令、霞多丽、西拉和赤霞珠。葡萄园所在地为西澳大利亚天气最凉爽的地区，种有该州历史最长的雷司令和赤霞珠。酒庄酿造的雷司令葡萄酒极其紧实，集中质朴，透出丝丝白垩香。之前年份的庄园赤霞珠较为单调，2012年份的则优雅、香味浓郁。

Block 1 Riesling 1区雷司令干白葡萄酒 ★ ★ ★

大南区　　　　　　　　　　　　　$30-$49
当前年份：2012　　　　　　　　　　　　95

　　富有风格，香味浓郁，略带矿物味。散发着纯正柠檬汁、西番莲和带有麝香的香料融合而成的香味，略封闭。口感绵长晶莹，洋溢着深邃多汁的柠檬皮的香气，质朴通透，基调细腻，略带板岩味。收口带有坚果味、蜡味、清新的酸味，略有霉味。

2012	95	2024-2032
2011	91	2019-2023+
2010	91	2022-2030
2009	95	2021-2029

Estate Cabernet Sauvignon 酒庄赤霞珠干红葡萄酒 ★ ★

大南区　　　　　　　　　　　　　$20-$29
当前年份：2012　　　　　　　　　　　　92

　　这些年来品质最佳的一款酒。浓郁平衡，值得窖藏。散发着黑莓和红莓略带草本香的灰尘味，香甜的花香提升了香味，后味中透出雪松/香草橡木香。口感柔润雅致，洋溢着浓郁的黑莓、红莓和乌梅的果味，丰盈多汁，以及紧实的橡木味。主轴细腻干燥，带有白垩香。收口有清新的酸味，经久不散。

2012	92	2020-2024
2011	86	2016-2019
2010	86	2015-2018
2009	91	2021-2029
2008	91	2016-2020+
2007	91	2019-2027
2006	82	2008-2011+
2004	90	2009-2012+

Estate Chardonnay 庄园霞多丽干白葡萄酒 ★ ★ ★

大南区　　　　　　　　　　　　　$20-$29
当前年份：2013　　　　　　　　　　　　91

　　悠长、绵柔、密顺，略带矿物味。闻起来带有柠檬花、甘甜香草味橡木、桃子和奶油融合而成的甜香，后味中透出葡萄柚的果香，带有坚果味，略带蜡味和酵母味。口感顺滑收敛，平衡度佳，夹杂着奶油味、桃子味、葡萄柚味、香草橡木味、坚果味、奶油味。收口带有尖锐的柠檬酸味。

2013	91	2018-2021+
2012	94	2020-2024
2011	87	2016-2019
2010	93	2012-2015+
2009	90	2014-2017
2008	92	2010-2013+
2007	80	2009-2012
2006	95	2011-2014

Estate Riesling 庄园雷司令干白葡萄酒 ★ ★ ★

大南区　　　　　　　　　　　　　$20-$29
当前年份：2013　　　　　　　　　　　　93

　　绵长平衡，富有节奏。散发着柠檬和酸橙的浓郁果香，夹杂着浴盐和酯的味道，以及白花的白亚香。口感绵长质朴，洋溢着柑橘的纯正果味，底味中透出细腻的白垩香，收口紧实质朴，有柠檬酸味。

2013	93	2025-2033
2012	92	2024-2032
2011	90	2019-2023+
2010	93	2022-2030
2008	87	2013-2016
2005	95	2013-2017

四十步酒庄 Forty Paces

没有酒窖。葡萄酒酿造**地址**：428 Pipers Creek Road, Vic 3444·**电话**：0418 424 785·
电子邮箱：fortypaces@hotmail.com
产区：马其顿山脉　　**酿酒师**：杰森·皮斯利（Jason Peasley）
葡萄栽培师：杰森·皮斯利　　**执行总裁**：杰森·皮斯利

　　一个虽小，但有潜力成为采用凉爽地带生长的黑皮诺酿造高品质葡萄酒的酒庄。之前年份的酒反映了葡萄正常的成熟过程，窖藏的经验和技术，以及维多利亚州近年来的葡萄生长季。之所以会在年鉴中列出这个酒庄，是因为酒庄的葡萄酒达到了我的预期，它们显示出的信念和品质值得人们关注。

Pinot Noir 黑皮诺 ★ ★

马其顿山脉　　　　　　　　　　　　$30-$49
当前年份：2012　　　　　　　　　　　　89

　　精致通透，酒体中等。散发着覆盆子、樱桃和玫瑰花瓣的香味，后味中带有干草和甜菜的味道。口感绵长温和，洋溢着柔和轻快的香味，由干燥、带有灰尘质感的单宁支撑。重量会因窖藏慢慢增加，颜色也会因此变得更丰富。

2012	89	2017-2020
2011	88	2013-2016
2010	90	2012-2015
2009	90	2011-2014
2006	88	2008-2011+
2005	87	2010-2013

狐狸湾庄园 Fox Creek

通信地址： Malpas Road, McLaren Vale, SA 5171・**电话：** (08) 8557 0000・**传真：** (08) 8556 2104・
网址： www.foxcreekwines.com・**电子邮箱：** sales@foxcreekwines.com
产区： 麦克拉伦谷　**酿酒师：** 斯科特・泽纳（SCOtt Zrna）
葡萄栽培师： 尼克・威尔特（Nick Wiltshire)　**执行总裁：** 保罗・罗杰斯(Paul Rogers）

一个颇受欢迎的酒庄。酿造的麦克拉伦谷红酒成熟，易于入口，带有浓郁的橡木风味；华帝露葡萄酒则是澳大利亚最佳的白葡萄酒之一；另有一款收敛、富含香味的维蒙迪诺葡萄酒。有些意外的是，JSM混酿似乎是2012年份最佳的红酒，珍藏西拉干红的悬挂时间似乎有些过长了，其需要的是更浓郁的果味。不过，这些都不会改变我对狐狸湾酒庄的积极看法，我相信酒庄会在相当短的时间内就将其发展为一个有重大影响力的品牌。

★
Duet Cabernet Merlot 二重奏赤霞珠-梅洛干红葡萄酒

2012	89	2017-2020+
2011	84	2013-2016
2010	87	2015-2018
2008	87	2013-2016
2006	84	2008-2011
2005	87	2007-2010
2004	88	2009-2012
2003	87	2005-2008
2002	88	2004-2007
2001	87	2003-2006+

麦克拉伦谷　　　　　　　　　　　　$12-$19
当前年份：2012　　　　　　　　　　89
　　顺滑柔润，优雅成熟。散发着紫罗兰、红花、黑莓和红莓的甜香，后味中带有些许雪松/香草橡木香。口感绵长醇滑，洋溢着深邃的果味、巧克力橡木味和温和的单宁味，收口清新明快。复杂度稍显不够，但依然物有所值。

★★
JSM Shiraz Cabernet Sauvignon Cabernet Franc JSM西拉-赤霞珠-品丽珠混酿

2012	91	2020-2024
2011	91	2019-2023+
2010	90	2015-2018+
2009	91	2014-2017
2008	89	2013-2016+
2007	86	2009-2012
2006	88	2008-2011
2005	88	2007-2010+
2004	89	2006-2009+
2003	87	2008-2011
2002	88	2004-2007+

麦克拉伦谷　　　　　　　　　　　　$20-$29
当前年份：2012　　　　　　　　　　91
　　一款平衡、富有风格的混酿。带有香料味、甜味和花香。从中透出紫罗兰、黑樱桃、黑醋栗和黑莓的果香以及巧克力/雪松橡木味，具有丝丝摩卡、矿物味和烟熏牡蛎味。酒体中等偏饱满，洋溢着甘美浓郁的橡木味，以及浆果和李子类似红枣的果味，单宁细密爽脆，收口绵长干脆。

★
Red Baron Shiraz 火狐大亨西拉干红葡萄酒

2013	86	2015-2018
2012	91	2017-2020
2011	85	2013-2016
2010	89	2012-2015+

麦克拉伦谷　　　　　　　　　　　　$12-$19
当前年份：2013　　　　　　　　　　86
　　一款丰满、成熟多汁的葡萄酒，会在短期内成熟。带有果酱风味，有些过于成熟。收结稍平淡。散发着乌梅、黑莓和葡萄干的石南香味，单宁紧实干燥，后味中透出烟熏、摩卡和巧克力橡木味。

★★
Reserve Cabernet Sauvignon 珍藏赤霞珠干红葡萄酒

2011	90	2019-2023+
2010	89	2018-2022
2008	93	2016-2020+
2006	87	2011-2014+
2005	89	2013-2017
2004	90	2012-2016+
2002	92	2010-2014+
2001	89	2006-2009+
2000	89	2005-2008
1999	90	2004-2007+
1998	89	2006-2010
1997	90	2005-2009+

麦克拉伦谷　　　　　　　　　　　　$50-$99
当前年份：2011　　　　　　　　　　90
　　一款精心酿制的干红。单调优雅，绵长清新，结构紧凑。散发着黑醋栗和乌梅类似紫罗兰的果香，清新的雪松/香草橡木味，后味中透出些许可乐和干草的味道。口感顺滑柔润，洋溢着黑莓、红莓和乌梅的明快果香，与细腻的橡木香相互交织，酸味紧实细腻。会随着时间的流逝慢慢变得丰满。

Reserve Merlot 珍藏梅洛干红葡萄酒 ★ ★

麦克拉伦谷　　　　　　　　　$30-$49
当前年份：2008　　　　　　　　　89

　　深邃神秘，带有石南味。散发着黑樱桃、李子和覆盆子的果香，略带肉味和果酱味，夹杂着带有灰尘味、巧克力/雪松味橡木香。口感顺滑柔润，易于入口，缺乏长度。收口略带醋栗的香味和矿物味。

2008	89	2010-2013
2005	85	2007-2010+
2001	92	2006-2009
2000	90	2005-2008+
1999	88	2001-2004
1998	87	2003-2006+
1997	87	2002-2005+

Reserve Shiraz 珍藏西拉干红葡萄酒 ★ ★ ★

麦克拉伦谷　　　　　　　　　$50-$99
当前年份：2012　　　　　　　　　87

　　有些过于成熟，带有肉味。口感香甜，橡木味过重。散发着黑醋栗、乌梅、黑莓带有烟熏味的浓烈香味，夹杂着强烈的类似醋栗的香气，与摩卡/巧克力橡木香互相融合。口感复杂顺滑，略带烘烤味，底蕴中透出紧实干燥的单宁。葡萄干味慢慢变得浅薄、具有金属味，收口有刺激的辣味。

2012	87	2020-2024
2011	93	2019-2023+
2009	91	2017-2021+
2008	91	2013-2016
2007	86	2012-2015
2006	86	2008-2011
2005	90	2010-2013+
2004	95	2016-2024
2002	93	2010-2014+
2001	96	2013-2021
2000	88	2005-2008
1999	89	2004-2007+
1998	92	2003-2006

Shiraz Grenache Mourvèdre 西拉-歌海娜-慕合怀特混酿 ★

麦克拉伦谷　　　　　　　　　$12-$19
当前年份：2012　　　　　　　　　90

　　果香四溢，迷人优雅。散发着蓝莓、黑莓和红酸栗的明快果香，略带果酱类风味，夹杂着淡淡的巧克力/香草橡木香，一丝紫罗兰的花香提升了整体的香味。口感绵长，顺滑柔润，洋溢着浆果/李子的果味，单宁细腻温和，收口集中清新。

2012	90	2017-2020
2011	82	2013-2016
2010	89	2015-2018
2008	85	2010-2013
2007	90	2009-2012+
2006	84	2008-2011
2005	86	2007-2010

Short Row Shiraz 密园西拉干红葡萄酒 ★

麦克拉伦谷　　　　　　　　　$20-$29
当前年份：2011　　　　　　　　　91

　　优雅活泼，带有浓郁的橡木味。适合早期饮用。散发着香甜黑醋栗和李子类水果类似果酱的味道，后味汇总带有烟熏培根、摩卡和巧克力的香味。口感顺滑绵长，带有天鹅绒质感，洋溢着深邃质朴的果味，由柔韧的单宁支撑。收口集中清新。

2011	91	2019-2023
2010	88	2015-2018
2009	88	2011-2014
2008	91	2016-2020
2007	81	2008-2009
2006	84	2008-2011
2005	82	2007-2010
2004	93	2009-2012
2003	94	2008-2011
2002	88	2004-2007
2001	91	2003-2006+
2000	87	2002-2005

Verdelho 华帝露 ★

麦克拉伦谷　　　　　　　　　$12-$19
当前年份：2013　　　　　　　　　85

　　带有香料味，略有些辣。散发着青涩水果、腰果和淡雪松橡木融合而成的酯味和香料味，略带酪酸酸味。口感顺滑，带有果香味，宽阔充盈，层次丰富，底蕴中透出细腻的白垩香。需要陈年。

2013	85	2014-2015+
2012	88	2013-2014+
2011	82	2011-2012+
2010	88	2011-2012+
2008	87	2009-2010+
2007	82	2007-2008+
2006	85	2007-2008
2005	89	2007-2010

Vermentino 维蒙蒂诺 ★ ★

麦克拉伦谷　　　　　　　　　$12-$19
当前年份：2013　　　　　　　　　90

　　一款顺滑内敛，温和松软的优雅之酒。散发着梨和苹果细腻的果香，后味中透出鼠尾草和热带水果的精妙香味。口感温和，绵密柔顺，洋溢着核果、梨和苹果的内敛风味，经久不散。收口温和，带有柠檬果味。

2013	90	2014-2015+
2012	91	2014-2017
2011	89	2013-2016

法兰克兰酒庄 Frankland Estate

通信地址： 530 Frankland Road, Frankland, WA 6396・**电话：** (08) 9855 1544・**传真：** (08) 9855 1549・
网址： www.franklandestate.com.au・**电子邮箱：** info@franklandestate.com.au
产区： 法兰克兰河
酿酒师： 伊丽莎白・史密斯(Elizabeth Smith)、布莱恩・肯特(Brian Kent)
葡萄栽培师： 亨特・史密斯 (Hunter Smith)　　**执行总裁：** 亨特・史密斯

　　刚开始，最受欢迎的是深受欧洲葡萄酒风格影响的雷司令干白。近些年来，红酒也逐渐崭露头角。品质尤为突出的是奥尔莫之奖干红葡萄酒和孤岭西拉干红葡萄酒。酒庄的红酒极其优雅、平衡，采用的葡萄来自更成熟的葡萄藤，其种植方式也更佳。在编纂本年鉴时，酒庄的雷司令系列葡萄酒给了我持续不断的愉悦口感。

★★★ Isolation Ridge Vineyard Cabernet Sauvignon 孤岭赤霞珠干红葡萄酒

2012	91	2024-2032	
2011	86	2016-2019	
2010	94	2022-2030+	
2009	93	2017-2029+	
2008	90	2016-2020	
2007	93	2019-2027	
2006	90	2011-2014+	
2005	84	2010-2013	
2004	87	2012-2016	
2003	86	2008-2011+	

法兰克兰河　　　　　　　　　　　$20-$29
当前年份：2012　　　　　　　　　　91
　　果味浓郁，颇具产区特色。散发着紫罗兰、薄荷、黑醋栗和覆盆子融合而成的香气，甘甜的雪松/香草橡木香，以及些许草本、类似薄荷的精妙香味。主轴细腻，带有灰尘之感，口感顺滑优雅，洋溢着黑莓和红莓的果香，甘甜绵长，与新鲜的橡木香相互融合，逐渐建立起酒体的烈度和结构。收口平衡，带有薄荷味。

★★★ Isolation Ridge Vineyard Chardonnay 孤岭霞多丽干白葡萄酒

2013	91	2015-2018+	
2012	91	2014-2017	
2011	94	2016-2019	
2010	94	2015-2018	
2008	93	2010-2013+	
2007	87	2009-2012	
2006	91	2008-2011	
2004	82	2006-2009	
2003	88	2005-2008	
2002	84	2004-2007	
2001	90	2003-2006	
2000	77	2002-2005	

法兰克兰河　　　　　　　　　　　$20-$29
当前年份：2013　　　　　　　　　　91
　　一款质朴复杂的优雅之酒。散发着柠檬皮、葡萄柚和矿物味融合而成的香气，夹杂着甘甜的橡木香，透出些许小麦粉、丁香和肉的味道，底味带有霉味和奶油味。口感优雅纯正，洋溢着葡萄柚、柠檬和甜瓜的明快果香，与带有香料、雪松味的橡木香，丁香和姜的香味紧密交织，底蕴中透出一股细腻的白垩香，混杂着紧实集中的酸味。

★★★★ Isolation Ridge Vineyard Riesling 孤岭雷司令干白葡萄酒

2013	95	2025-2033+	
2012	96	2020-2024+	
2011	96	2019-2023+	
2010	95	2018-2022	
2009	95	2017-2021+	
2008	95	2016-2020	
2007	94	2012-2015	
2006	95	2011-2014+	
2005	86	2007-2010	
2004	93	2009-2012	
2003	93	2008-2011+	
2002	89	2004-2007	

法兰克兰河　　　　　　　　　　　$30-$49
当前年份：2013　　　　　　　　　　95
　　一款极其新鲜、寿命较长的优雅之酒。散发着柠檬花和白面包粉的淡香。口感绵长，细腻完整，清新简约的酸橙、柠檬和类似苹果的风味层次丰富，收口绵长集中，单调质朴。

★★★ Isolation Ridge Vineyard Shiraz 孤岭西拉干红葡萄酒

2012	94	2024-2032	
2011	92	2019-2023+	
2010	94	2018-2022+	
2009	93	2017-2029	
2008	93	2013-2016+	
2007	91	2015-2019+	
2006	88	2008-2011+	
2005	91	2010-2013	
2004	80	2009-2012	
2003	82	2008-2011	
2002	88	2007-2010	
2001	81	2003-2006	
2000	77	2002-2005	
1999	82	2001-2004	

法兰克兰河　　　　　　　　　　　$20-$29
当前年份：2012　　　　　　　　　　94
　　一款绵长、富有风格的葡萄酒。散发着紫罗兰、甜黑醋栗和覆盆子的优雅果香，夹杂着清新的雪松/香草橡木香，盖过了肉桂、麝香和胡椒的香气。酒体中等偏饱满，顺滑多汁，洋溢着红酸果、覆盆子、樱桃和李子的丰盈果味，与温和的雪松/香草橡木味紧密交织，主轴细密，带有辣味和肉味，深邃的果香绵延不绝，酸度平衡，夹杂着薄荷的香气。

Netley Road Vineyard Riesling 利路园雷司令干白葡萄酒　★★★

法兰克兰河　　　　　　　　　　　　$20-$29
当前年份：2013　　　　　　　　　　　94

　　一款质朴、紧实坚硬的雷司令。散发着玫瑰花瓣、鸢尾花、苹果、梨、白桃和酸橙的果香，透出些许细腻的香料味。口感绵长，优雅通透，洋溢着干净爽脆的果香，底味简练，收口平衡，有明快的酸度，柠檬味经久不散。

2013	94	2025-2033
2012	91	2020-2024+
2011	93	2019-2023+
2010	92	2015-2018+

Olmo's Reward Red Blend 奥尔莫之奖干红葡萄酒　★★★★

法兰克兰河　　　　　　　　　　　　$30-$49
当前年份：2012　　　　　　　　　　　95

　　一款精心酿制的干红，优雅平衡。散发着紫罗兰、覆盆子、樱桃和红酸栗的果香，夹杂着灰尘味和些许草本味，与甘甜的雪松/香草橡木香紧密交织，底蕴中透出肉桂和丁香的味道。口感顺滑柔软，洋溢着黑莓质朴、略封闭的果香，与雪松橡木味和细腻柔韧的单宁紧密交织。收口雅致清新。

2012	95	2024-2032+
2011	88	2016-2019
2010	95	2022-2030+
2009	95	2021-2029+
2008	93	2020-2028
2005	85	2010-2013
2003	89	2011-2015
2002	83	2007-2010+
2001	82	2003-2006
2000	82	2005-2008
1998	91	2006-2010
1997	82	2002-2005
1996	83	2001-2004
1995	95	2007-2015

Poison Hill Vineyard Riesling 毒山园雷司令干白葡萄酒　★★★★

法兰克兰河　　　　　　　　　　　　$20-$29
当前年份：2013　　　　　　　　　　　93

　　爽快清新，细腻优雅，紧实集中。散发着梨、苹果和酸橙汁略带白芷香的味道，鸢尾花的花香提升了整体的香气。口感绵长活泼，酸橙、柠檬和梨的果香单调，夹杂着白芷香，味道悠长多汁。收口紧实，略带矿物味。

2013	93	2021-2025+
2012	95	2020-2024+
2011	93	2016-2019+
2010	92	2015-2018
2009	93	2014-2017+
2008	97	2016-2020+
2007	95	2015-2019
2006	94	2011-2014+
2005	88	2007-2010
2004	86	2005-2006
2002	93	2007-2010
2001	95	2006-2009+

Smith Cullam Riesling 斯卡雷司令葡萄酒　★★★★

法兰克兰河　　　　　　　　　　　　$30-$49
当前年份：2012　　　　　　　　　　　95

　　一款精心酿制的优雅之酒，富有风格。略带甜味。散发着柠檬皮和酸橙汁略带糖浆味的通透香气，夹杂着还原味、泥土味和矿物味，底蕴中透出湿润板岩的气息。口感绵长活泼，洋溢着白桃、青苹果和柠檬汁的质朴香味，底味中透出夹杂着灰尘味的细腻酚味。收口极其平衡、清新，带有矿物味。

2012	95	2024-2032
2011	89	2016-2019
2010	95	2022-2030

Smith Cullam Shiraz Cabernet 斯卡西拉赤霞珠混酿　★★★

法兰克兰河　　　　　　　　　　　　$50-$99
当前年份：2010　　　　　　　　　　　95

　　极其平衡，结构紧实，寿命较长，美味可口。散发着黑醋栗、黑莓和乌梅的浓烈果香，混杂着黑胡椒的香料味，干草的灰尘味和浓郁的新雪松橡木香。果香深邃馥郁，口感丰满，成熟多汁，香味绵长，与烟熏、类似摩卡的橡木味相互融合，单宁细腻紧实，带有粉末质感。

2010	95	2022-2030+
2008	93	2016-2020+
2007	93	2019-2027
2005	89	2013-2017

弗里曼酒庄 Freeman

通信地址: 101 Prunevale Road, Prunevale, NSW 2587 · **电话:** (02) 6384 4299 · **传真:** (02) 6384 4299 ·
网址: www.freemanvineyards.com.au · **电子邮件:** sales@freemanvineyards.com.au
产区: 希托普斯
酿酒师: 布莱恩·弗里曼博士（Dr Brian Freeman）、赞茜·弗里曼（Xanthe Freeman）
葡萄栽培师: 布莱恩·弗里曼博士
执行总裁: 布莱恩·弗里曼博士

布莱恩·弗里曼博士曾是沃加沃加查尔斯史都华大学的葡萄酒科学教授。他在希托普斯开辟了一个小型葡萄园，种植罗蒂妮拉和科维纳（意大利阿玛罗尼和瓦尔波利切拉的葡萄酒酿酒原料）。收获之后的葡萄会被摊放在支架上，而后放进脱水机里，在40℃的风洞中加热三天。罗蒂妮拉也用于酿制澳大利亚最有特色的桃红葡萄酒，2012年份的灰皮诺+白葡萄混酿带有奶油味和辣味，香味富于变化——这正是布莱恩和赞茜一直努力的目标。

★   Fortuna Pinot Gris Plus 弗杜纳灰皮诺+干白葡萄酒

2012	91	2014-2017
2011	82	2011-2012
2010	89	2012-2015
2009	89	2011-2014
2008	87	2009-2010
2007	87	2008-2009
2006	82	2006-2007

希托普斯 $20-$29
当前年份：2012   91

一款芳香四溢、散发着香料味的干白。带有核果、梨和苹果的果味，夹杂着蜡味和花香，富于变化；后味中透出肉味、奶油味，羊毛脂、丁香和肉桂的精妙香气。口感悠长，绵密柔顺，香味明快多汁，混杂着坚果味。收口柔软温和，令人心旷神怡。

★   Rondo Rosé 隆多桃红葡萄酒

2013	89	2015-2018
2012	86	2013-2014+
2011	89	2012-2013+
2010	86	2011-2012+
2009	89	2011-2014
2008	88	2010-2013

希托普斯 $20-$29
当前年份：2013   89

一款干爽、带有辣味的桃红葡萄酒。散发着覆盆子和柑橘花的香气。口感绵长干燥，樱桃、浆果和柑橘香味顺滑多汁，收口有清新的酸味，风味经久不散。

★ ★ ★   Secco Rondinella Corvina 塞柯罗蒂妮拉科维纳混凝

2010	90	2018-2022+
2009	88	2011-2014
2008	81	2010-2013
2007	93	2019-2027
2005	93	2013-2017
2004	89	2012-2016
2003	93	2011-2015
2002	93	2010-2014

希托普斯 $30-$49
当前年份：2010   90

一款优雅复杂、极其特别的澳大利亚葡萄酒。闻起来香甜，带有葡萄干和些许波特酒的味道，散发着樱桃、李子和浆果的浓郁果香，后味中夹杂着辛辣的肉味、泥土味和皮革味。口感绵长顺滑，具有类似陈年雪莉酒的肉味，还带有刺莓果味，收口干燥，带有辣味。

菲瑟涅酒庄 Freycinet

通信地址: 15919 Tasman Highway, Bicheno, Tas 7215 · **电话:** (03) 6257 8574 · **传真:** (03) 6257 8454 ·
网址: www.freycinetvineyard.com.au · **电子邮箱:** freycinetwines@bigpond.com
产区: 塔斯马尼亚州东海岸
酿酒师: 克劳迪·拉登第（Claudio Radenti）、林迪·布尔（Lindy Bull）
葡萄栽培师: 克劳迪·拉登第、林迪·布尔
执行总裁: 杰夫·布尔

酒庄的葡萄园位于塔斯马尼亚州东海岸，气候温和，热量充足，有利于葡萄的成熟。酒庄的霞多丽、黑皮诺和雷司令葡萄酒品质尤其超群。每一款葡萄酒都具有浓郁的香气和风味，而且不失紧实度和优雅。当前出品的年份又一次展现了菲瑟涅酒庄的优势：黑皮诺飘香优雅，具有窖藏潜力；雷司令平衡芳香，带有残留糖分的口感；霞多丽明快精致。

Cabernet Merlot 赤霞珠梅洛混酿 ★★★

塔斯马尼亚东海岸　　　　　　　　　　$30-$49
当前年份：2010　　　　　　　　　　　93

　　优雅之酒，年轻时期略带草本味。散发着黑醋栗、桑葚和黑樱桃融合而成的带有灰尘味和雪松味的果香，以及掩盖了黑巧克力和泥土香味的清新雪松橡木味。口感雅致，酒体中等偏饱满，黑莓和李子果香内敛悠长，底蕴中透出爽脆、带有砾石质感的单宁，收口带有辣味和类似石墨的味道，清新集中。平衡度佳，会随着窖藏时间的增加而慢慢散发出香味，发展出层次丰富的雪茄盒香气。

2010	93	2022-2030+
2007	86	2012-2015
2006	93	2014-2018+
2005	90	2010-2013+
2004	89	2012-2016
2003	86	2008-2011
2002	83	2004-2007
2001	88	2006-2009
2000	95	2012-2020
1999	89	2005-2007+

Chardonnay 霞多丽 ★★★

塔斯马尼亚东海岸　　　　　　　　　　$30-$49
当前年份：2013　　　　　　　　　　　91

　　极其柔润温和。散发着桃子、梨、苹果和热带水果的内敛果香，后味中带有淡淡的奶油香草橡木香。口感直接明快，核果和梨的香味雅致轻柔，收口温和集中。会随着封瓶时间的增加而日渐丰满，富有深度。

2013	91	2018-2021
2012	92	2020-2024
2011	90	2016-2019
2010	92	2018-2022
2009	95	2014-2017+
2008	90	2010-2013+
2007	91	2009-2012+
2006	95	2011-2014
2005	95	2007-2010+
2004	88	2006-2009
2003	96	2005-2008+
2002	87	2004-2007

Louis Pinot Noir 路易黑皮诺干红干葡萄酒 ★★

塔斯马尼亚东海岸　　　　　　　　　　$30-$49
当前年份：2012　　　　　　　　　　　92

　　一款细腻、适合早期饮用的黑皮诺。陈年效果惊人。散发着成熟的黑樱桃、李子和烟熏味橡木融合而成的香味，夹杂着烟熏味和泥土味，底蕴中透出丁香和肉桂的泥土味。口感绵长顺滑，带有李子的味道，单宁温和，有清新的酸味。透出些许类似醋果的风味，但又不会有过熟的味道。

2012	92	2014-2017+
2011	91	2013-2016
2010	88	2012-2015
2009	91	2011-2014+
2008	92	2013-2016
2007	88	2009-2012
2006	90	2008-2011+
2005	90	2007-2010+
2004	80	2005-2006

Pinot Noir 黑皮诺 ★★★★

塔斯马尼亚东海岸　　　　　　　　　　$50-$99
当前年份：2012　　　　　　　　　　　93

　　略带草本味，带有甜味、石南味和刺莓果味。透出红樱桃、浆果和李子的麝香味，后味中带有新鲜的雪松/香草橡木味和些许草本味、番茄味。口感绵长完整，浆果/樱桃的果味绵长，明快精致，底蕴中透出香甜、略带烟熏味的橡木香。主轴细腻爽脆，收口明快集中，略青涩。这款酒需要一点儿时间去成熟，如果窖藏适当的话，一定会有很不错的陈年效果。

2012	93	2020-2024+
2011	95	2023-2031
2010	96	2022-2030
2009	96	2017-2021
2008	93	2013-2016+
2007	90	2012-2015
2006	95	2011-2014+
2005	92	2010-2013
2004	90	2009-2012
2003	94	2008-2011+
2002	90	2004-2007
2001	95	2006-2009+
2000	92	2005-2008

Riesling 雷司令 ★★★

塔斯马尼亚东海岸　　　　　　　　　　$20-$29
当前年份：2013　　　　　　　　　　　93

　　一款优雅纯正、平衡度高的葡萄酒。散发着梨、苹果和白桃的质朴精致果香，花香、些许热带水果的果香和略带麝香香气的香料味提升了整体的果香。口感极其浓郁，绵长丰盈，洋溢着苹果皮、梨和白桃类水果的果味，晶莹多汁，香味悠长集中。收口略甜，清新，带有浓郁的柠檬汁酸味。

2013	93	2021-2025
2012	93	2020-2024+
2011	89	2013-2016
2010	86	2012-2015
2009	93	2014-2017+
2008	93	2013-2016
2007	95	2012-2015
2006	94	2014-2018+
2005	93	2010-2013+
2004	94	2009-2012+
2003	93	2005-2008+
2002	93	2007-2010

通信地址: 699 Richmond Road, Cambridge, Tas 7170 • **电话:** (03) 6248 4484 •
传真: (03) 6248 4485 • **网址:** www.frogmorecreek.com.au/www.meadowbankwines.com.au •
电子邮箱: office@meadowbankwines.com.au
产区: 煤河谷
酿酒师: 阿兰·卢梭 (Alain Rousseau)、约翰·博恩 (John Bown)
葡萄栽培师: 丹尼·贝尔宾(Danny Belbin)
执行总裁: 詹姆斯·斯卡伯(James Skabo)

　　一个相对较新的品牌。酿酒采用的葡萄来自煤河谷宾纳和坎帕尼亚的两个葡萄园。酒庄的酒窖和销售中心均位于隔壁的米多班克,由蛙溪酒庄于2010年购得。现有年份的年轻白葡萄酒色泽偏深,富于变化。有两款黑皮诺葡萄酒则显示出了极好的复杂度,以及旧世界葡萄酒的雅致。

★　　　　　　　　　　　　　　　　　　　　　　　*Chardonnay* 霞多丽

2011	84	2012-2013+
2010	87	2012-2015
2008	90	2010-2013+
2007	88	2009-2012+
2006	86	2008-2011
2005	88	2007-2010
2004	82	2005-2006
2003	91	2005-2008

煤河谷　　　　　　　　　　　　　　$20-$29
当前年份: 2011　　　　　　　　　　　84

略青涩。散发着桃子味水果和带有香甜黄油味、香草味的橡木融合而成的略尖锐的香气,后味中透出丁香和姜的精妙香味。酒体中等,口感直接,带有桃子味,舌下香味单薄,有金属味和涩味。收口简单,缺乏长度和集中度。

★ ★ ★　　　　　*Evermore (Formerly Reserve) Pinot Noir*
永恒（原名珍藏）黑皮诺干红葡萄酒

2008	93	2016-2020+
2007	92	2012-2015+
2006	91	2011-2014+
2005	86	2007-2010

煤河谷　　　　　　　　　　　　　　$50-$99
当前年份: 2008　　　　　　　　　　　93

风味浓郁,紧实成熟,协调可口。芳香四溢,带有薄荷味,散发着黑樱桃和李子的果味,带有香料味、雪松/香草味的橡木香,后味中透出肉桂和丁香的气息。口感绵长,层次丰富,浆果、樱桃和李子果味柔和,底蕴中透带有灰尘味、干瘪的单宁,收口带有辣味。给点儿时间让它成熟。

★ ★ ★　　　　　　　　*FGR Riesling* FGR雷司令干白葡萄酒

2012	91	2017-2020+
2010	92	2012-2015+
2009	89	2011-2014+
2008	93	2013-2016

煤河谷　　　　　　　　　　　　　　$20-$29
当前年份: 2012　　　　　　　　　　　92

成熟的酒具有令人愉悦的甜味,果香丰富。闻起来带有柠檬果子露、酸橙汁、苹果和梨的质朴香味,底蕴中透出些许白垩的香气。口感绵长优雅,果味绵长,浓郁多汁。在细腻、带有灰尘味的单宁支撑下,平衡度佳,明快清新,收口带有清新的柑橘味,香甜、干净、明快。

★ ★ ★　　　　　　*Fumé Blanc (Formerly Sauvignon Blanc)*
白富美（原名长相思）

2012	89	2014-2017
2011	93	2013-2016
2009	89	2011-2014
2008	94	2010-2013
2007	91	2008-2009+
2006	88	2006-2007+

塔斯马尼亚　　　　　　　　　　　　$20-$29
当前年份: 2012　　　　　　　　　　　89

酿酒师本来是要酿造一款更复杂、美味可口的葡萄酒,结果酿造出了这款过于成熟的干白。带有香甜的香草橡木味。闻起来具有荔枝和黑醋栗的果香,略甜,夹杂着些许植物味和香料味,透出一股清漆橡木味。口感顺滑丰满,洋溢着甘甜的橡木香,醋栗、甜瓜和荔枝类水果的果香,汁液丰富,收口圆润温和,有轻柔的酸味。

黑皮诺 ★★

煤河谷		$30-$49		2009	89	2014-2017+
				2008	90	2013-2016
当前年份：2009		89		2007	86	2012-2015
				2006	86	2011-2014
				2005	87	2007-2010
				2004	90	2006-2009
				2003	82	2004-2005+

酿酒采用的葡萄生长于一个更温暖的季节，足够成熟。优雅之酒，美味可口，复杂度佳，富有特色。闻起来有麝香味，略带薄荷味和花香，散发着红樱桃和黑樱桃的香甜果香，后味中透出葡萄、炙烤土地和些许香料融合而成的肉味。口感绵长，带有辣味，李子、红樱桃和浆果味浓郁，掩盖了泥土味和肉味，主轴细腻，带有谷粒质感。收口清新集中。

雷司令 ★★

煤河谷		$20-$29		2012	90	2017-2020+
				2011	91	2019-2023+
当前年份：2013		92		2008	90	2016-2020+
				2005	82	2007-2010+
				2004	87	2005-2006

略甜，干净匀称。散发着梨、酸橙、桔子和柠檬的果香，基调中透出芒果和湿润板岩的味道。口感细腻，质地细腻，洋溢着白垩矿香，底味中透出梨、苹果和杏仁的通透香味，绵延不绝。收口平衡，果味、酸味、质地和甜味恰到好处。

宝石树酒庄 Gemtree

通信地址：184 Main Road, McLaren Vale, SA 5171・**电话**：（08）8323 8199・**传真**：（08）8323 7889・
网址：www.gemtreevineyards.com.au・**电子邮箱**：info@gemtreevineyards.com.au
产区：麦克拉伦谷　**酿酒师**：迈克·布朗（Mike Brown）
葡萄栽培师：梅丽莎·布朗（Melissa Brown）　　**执行总裁**：安德鲁·巴特瑞（Andrew Buttery）

宝石树酒庄是麦克拉伦谷的一个大型酒庄，葡萄园面积不小于140公顷。如今得到了来自中国的大规模投资。酒庄有大量葡萄酒贴上中文标签销往中国。宝石树酒庄还拥有一片10公顷的湿地，共有6个水坝，种有2万多种乡土树种。酒庄的葡萄酒拥有成熟的果香，浓郁的橡木味，单宁细腻柔软。怀特丽兹西拉干红葡萄酒偶尔会具有一些不寻常、不相一致的特点。2012年份的昂卡西拉干红葡萄酒价格最便宜，带有肉味，略酸。物超所值。

Luna Roja （Formerly Bloodstone） Tempranillo
月神（原名鸡血石）丹魄干红葡萄酒 ★★

麦克拉伦谷		$20-$29		2013	88	2015-2018+
				2012	93	2024-2030
当前年份：2013		88		2011	90	2019-2023
				2010	91	2015-2018
				2008	86	2010-2013
				2007	89	2009-2012+
				2006	82	2007-2008
				2005	89	2007-2010+
				2004	90	2006-2009

适合早期饮用。缺乏惯有的品质。酒体中等偏饱满，口感顺滑温和，散发着乌梅、黑莓、蓝莓和红莓的果香，夹杂着泥土味和些许肉味。单宁细腻，柔韧蓬松，带有粉末质感，香味明快，长度中等。临收口时具有深度，丰盈饱满。

Obsidian Shiraz 黑曜石西拉干红葡萄酒 ★

麦克拉伦谷		$30-$49		2010	90	2018-2022+
				2008	88	2016-2020
当前年份：2010		90		2007	88	2012-2015+
				2005	84	2010-2013
				2004	93	2012-2016+
				2003	82	2005-2008+

有些过于成熟。散发着乌梅、黑莓和葡萄干的醇美香味，夹杂着肉味和柏油味，带有些许皮革味。口感顺滑柔润，洋溢着血丝李、红酸栗、黑醋栗和蓝莓的果香，温和香甜，单宁细腻干燥，收口带有辣味和矿物味，以及温和的酸味。因为过于黏稠，果酱味过重，所以无法得到更高的分数。

Uncut Shiraz 昂卡西拉干红葡萄酒

2012	91	2020-2024
2010	91	2018-2022
2009	88	2011-2014
2008	82	2010-2013
2007	88	2009-2012
2006	90	2011-2014+
2004	90	2009-2012
2002	86	2004-2007+

麦克拉伦谷
当前年份：2012

$12-$19
91

一款富有产区特色的细腻西拉。果味中夹杂着层次丰富的肉味。散发着紫罗兰、黑醋栗、乌梅和巧克力/摩卡橡木的浓郁香气，底味中带有肉味。口感顺滑，绵长柔润，洋溢着黑莓、李子和雪松橡木略酸的风味，单宁细腻，酸味清晰。

★

White Lees Shiraz 怀特丽兹西拉干红葡萄酒

2011	84	2016-2019
2009	89	2017-2021
2008	86	2013-2016
2007	88	2009-2012
2006	89	2008-2011+

麦克拉伦谷
当前年份：2011

$30-$49
84

酒体中等偏饱满，单宁细腻，带有白垩香，缺乏成熟度和良好的质地。散发着特殊的胡椒味、肉味和葡萄干味，从中透出些许板岩味和烘烤类味道，入口后，乌梅和黑醋栗风味直接，但是单薄，收口干瘪，偏轻盈。

杰夫酒庄 Geoff Weaver

通信地址：2 Gilpin Lane, Mitcham, SA 5062 · 电话：（08）8272 2105 · 传真：（O8）8271 0177 ·
网址：www.geoffweaver.com.au · 电子邮箱：info@geoffweaver.com.au
产区：兰斯伍德（Lenswood） 酿酒师：杰夫·韦弗（Geoff Weaver）
葡萄栽培师：杰天·韦弗 执行总裁：杰夫·韦弗

我们可以看到，杰夫·韦弗采用成熟兰斯伍德葡萄园中的果实酿造的葡萄酒在品质上有一些变化。酒庄如今专注于霞多丽和长相思葡萄酒的酿制，这正是富有经验的杰夫·韦弗极其擅长的。2012年份的霞多丽葡萄酒带有独特的勃艮第葡萄酒特色。费鲁斯长相思气质狂野，带有令人愉悦的复杂度——看得出来这是酿酒师有意而为之的，提升了葡萄的深度和质感。我仍然很怀念20世纪90年代早期酿制的赤霞珠梅洛混酿。我总是忍不住想，如果现在还有这款酒的话，味道一定好得不得了。

★ ★ ★

Chardonnay 霞多丽

2012	93	2017-2020+
2010	94	2015-2018+
2008	91	2010-2013
2005	91	2007-2010+
2001	93	2003-2006+
2000	86	2002-2005
1999	84	2001-2004
1998	88	2003-2006
1997	94	2002-2005+
1996	92	1998-2001
1995	94	2000-2003+
1994	90	1999-2002
1993	94	2001-2005

兰斯伍德
当前年份：2012

$30-$49
93

口感紧实、雅致，具有勃艮第葡萄酒特色。散发着新鲜葡萄柚、甜瓜和柠檬的浓郁香气，夹杂着些许肉香味，奶油酵母味。色泽通透，果味馥郁纯正，极具新世界葡萄酒风格。口感匀称，单调集中，风味绵长，洋溢着带香甜的香草橡木香，酸味略有些不平衡。一款还十分年轻的葡萄酒，稍微有些不够流畅，不过结构会随着时间的推移而愈发丰满。

★ ★ ★

Ferus Sauvignon Blanc 费鲁斯长相思干白葡萄酒

2013	91	2018-2021
2009	89	2010-2011+
2005	91	2007-2010+
2004	92	2009-2012

兰斯伍德
当前年份：2013

$30-$49
91

一款采用橡木桶发酵的长相思，复杂，略有些不流畅，带有橡木味。散发着柑橘和甜瓜的果香，夹杂着灰尘味、香甜的橡木香，略带清漆味。余味中透出蜡、粗麻布和类似海藻的味道。口感绵长，略带辛辣味，柠檬、甜瓜的浓郁果香下透露出浓郁的香草橡木香。收口略酸。不过没关系，这款酒只要陈放12个月，就能拥有更好的平衡度，层次变化也会更丰富。

Sauvignon Blanc 长相思 ★★★★

兰斯伍德 $20-$29

当前年份：2013　　91

一款成熟的长相思。散发着甜瓜、白桃和柑橘带有灰尘和些许草本味的香气，浓郁度中等，底蕴中透出复杂的酵母味，夹杂着奶油和坚果的香气。口感顺滑，绵密柔顺，洋溢着醋栗和百香果的活泼风味，因浓烈的酵母味而显得内敛，余味中带有细腻的白垩香。收口带有辣味、坚果味和尖锐的柑橘酸味。

2013	91	2015-2018
2012	95	2014-2017+
2011	93	2013-2016
2010	95	2012-2015
2009	95	2011-2014
2008	87	2009-2010
2007	87	2008-2009
2006	87	2006-2007
2005	91	2007-2010
2004	91	2005-2006+
2003	89	2004-2005

吉宫酒庄 Giaconda

通信地址：30 McClay Road, Beechworth, Vic 3747 · **电话**：（03）5727 0246 · **传真**：（03）5727 0246
网址：www.giaconda.com.au · **电子邮箱**：sales@giaconda.com.au
产区：比奇沃斯　**酿酒师**：瑞克·金伯纳、彼得·格拉厄姆（Peter Graham）
葡萄栽培师：瑞克·金伯纳　**执行总裁**：瑞克·金伯纳

1992 年首次推出葡萄酒便取得了巨大的成就，吉宫酒庄因此成为澳大利亚最佳的霞多丽酿酒商之一。2002 年份及之后的葡萄酒带有奶油味和烟熏味，美味可口；而 2010 年份的葡萄酒带有果味和矿物味，以及富有格调的新橡木风味。2011 年份的葡萄酒带有烟熏味，更单调一些；2012 年份的葡萄酒味道刚开始比较封闭，有收敛的矿物味，重量会随着时间的推移慢慢增加。本年鉴中新增了内比奥罗系列葡萄酒、吉宫酒庄赤霞珠干红葡萄酒（可能是有史以来最佳的）以及令人惊艳的华纳园西拉干红葡萄酒。

Aeolia Roussanne 奥利亚瑚珊干白葡萄酒 ★★★

比奇沃斯 $50-$99

当前年份：2009　　82

味道过老，不够新鲜、匀称。散发着焦糖、无花果、甜瓜和奶油融合而成的烟熏味、炭味。口感油腻，柠檬皮风味黏稠，透出类似太妃糖的味道。收口略带苦涩和温和的酸味。

2009	82	2009-2010
2006	90	2007-2008+
2005	93	2007-2010
2004	94	2006-2009+
2003	94	2005-2008
2002	92	2004-2007
2001	94	2003-2006
2000	95	2002-2005+

Cabernet Sauvignon 赤霞珠 ★★★

比奇沃斯 $50-$99

当前年份：2012　　96

兴许是吉宫酒庄有史以来最佳的赤霞珠葡萄酒。结构良好，紧实深邃。散发着黑醋栗、乌梅、黑莓和雪松味橡木的复杂香气，透出些许石墨、矿物、紫罗兰和干草的味道。口感绵长，带有砾石质感，洋溢着浓郁的果味、细密的新橡木香，令人垂涎的酸味以及带有樱桃核味道的单宁。收结强劲有力，协调美味。

2012	96	2032-2042
2011	92	2023-2031
2010	88	2018-2022
2009	92	2017-2021+
2006	95	2014-2018
2005	87	2013-2017
2004	95	2016-2024+
2003	80	2005-2008
2002	95	2014-2022
2001	92	2006-2009+
2000	90	2008-2012
1999	96	2011-2019
1998	93	2006-2010

Chardonnay 霞多丽 ★★★★★

比奇沃斯 $100-$199

当前年份：2012　　97

丰满平衡，散发着新鲜葡萄柚、甜瓜和白桃类水果的复杂香气，夹杂着烟熏味，与火柴、矿物、烟熏肉和带有黄油、香草、类似牛轧糖味的橡木香紧密交织。后味中透出麝香、肉桂和玫瑰香水的味道。口感绵长甘美，带有甜瓜、柠檬和葡萄柚的细腻风味，流畅集中，收口酸味温和。相较新近的年份酒，这款酒缺少原汁原味，但因与前者自同一产区，所以一定也会变得充盈，富有特色。

2012	97	2020-2024+
2011	97	2019-2023
2010	98	2018-2022+
2008	96	2013-2016+
2006	97	2014-2018
2005	95	2010-2013
2004	93	2009-2012
2002	97	2007-2010+
2001	91	2003-2006
2000	94	2005-2008
1999	94	2001-2004+
1998	97	2006-2010
1997	92	2002-2005
1996	98	2001-2004+
1995	96	2000-2003+

★★★★ Estate Shiraz 庄园西拉干红葡萄酒

2012	98	2032-2042
2011	92	2019-2023
2010	93	2022-2030
2008	97	2020-2028

比奇沃斯
当前年份：2012

$100-$199
98

　　品质极其超群的一款酒，现在就能预见其未来的发展潜力了。带有异域香料味，黑莓、麝香香料和黑胡椒的浓郁香味，层次丰富，余味中透出烟熏肉和巧克力味新橡木的香味。花香和灌木丛的味道提升了整体的香味。味道还相当封闭、内敛，入口后洋溢着饱满、带有石南香的绵长果味，与香甜细密的新橡木香和细腻、带有粉末质感的单宁紧密交织。收口极其平衡，结构良好。

★★★ Nebbiolo 内比奥罗红酒

2011	95	2023-2031
2010	91	2018-2022+
2009	92	2017-2021+

比奇沃斯
当前年份：2011

$50-$99
95

　　醇美可口，花香四溢。散发着红玫瑰花瓣和紫罗兰的花香，浆果、蓝莓和李子的果味，细腻的雪松橡木味，后味中带有黑莓、乌梅的果香，底蕴中透出丁香和干草的味道。口感绵长细密，极其雅致，风味充盈，通透纯净，顺滑平衡，单宁干燥，带有砂纸质感。收口干净集中，果味和肉味绵延不断。

★★★ Pinot Noir 黑皮诺

2012	95	2024-2032
2010	94	2018-2022+
2008	92	2013-2016+
2006	87	2011-2014+
2004	94	2012-2016
2002	95	2010-2014
2001	88	2003-2006
2000	86	2002-2005
1999	84	2001-2004
1998	89	2003-2006
1997	86	1999-2002
1996	83	1998-2001
1995	77	1996-1997
1994	82	1996-1999
1993	86	1995-1998

雅拉谷，比奇沃斯
当前年份：2012

$50-$99
95

　　品质超群，平衡集中。撒发着浓郁的花香和泥土味，透出樱桃和乌梅的果味，底味中带有肉香，夹杂着类似蔓越莓的香味。口感绵长优雅，单宁细腻紧实，橡木香细密，底蕴中透出石南味，李子、樱桃和浆果的细腻风味。收口干燥，带有板岩味和辣味，香味持久，酸度紧实。

★★★★★ Warner Vineyard Shiraz 华纳园西拉干红葡萄酒

2012	96	2024-2032+
2011	89	2016-2019
2010	94	2022-2030
2008	96	2020-2028
2006	97	2018-2026+
2005	96	2013-2017+
2004	96	2012-2016+
2002	98	2014-2022
2001	95	2009-2013
2000	93	2008-2012

比奇沃斯
当前年份：2012

$100-$199
96

　　一款复杂美味，富有风格的西拉。带有烟熏味，浓郁花香、甜黑莓和红莓融合而成的味道，夹杂着灰尘味和些许草本味，与烟熏橡木香、月桂叶的香味和些许猪肉香紧密交织。口感绵长，柔顺细密，洋溢着略酸的黑醋栗、黑莓和乌梅的多汁风味，清新集中，与雪松橡木香和带有灰尘味的单宁紧密融合。收结绵长、美味。

巨步酒庄 Giant Steps

通信地址： 336 Maroondah Highway, Healesville, Vic 3777 · **电话：**（03）5962 6111 ·
传真：（03）5962 6199 · **网址：** www.giant-steps.com.au · **电子邮箱：** mail@giant-steps.com.au
产区： 雅拉谷　**酿酒师：** 斯蒂夫·弗莱姆斯蒂德（Steve Flamsteed）、戴夫·麦金托什（Dave Mackintosh）、艾玛·霍兰德（Emma Holland）
葡萄栽培师： 斯图尔特·马歇尔（Stuart Marshall）　**执行总裁：** 菲尔·塞克斯顿（Phil Sexton）

　　菲尔·塞克斯顿在雅拉谷的希尔斯维尔拥有庞大的产业——宏伟的旁观者酒庄和接待中心（位于知安溪附近）。酒庄拥有多个不同的葡萄园，葡萄酒的酿制和销售均是独立的，最擅长酿制霞多丽和黑皮诺，优雅、富有风格。2012年份的塞克斯顿霞多丽葡萄酒带有烟熏味，平衡通透，是当年份中品质最佳的葡萄酒。

Arthurs Creek Vineyard Chardonnay 阿瑟溪葡萄园霞多丽干白葡萄酒　★★

雅拉谷
当前年份：2012　　　　　　　　　　　　　$30-$49
90

圆润多汁，散发着葡萄柚、蜜瓜、桃子和柠檬花融合而成的橡木香，底味中透出培根味、矿物味、奶油味和霉味，层次丰富。入口后，洋溢着桃子味的甜瓜果香，蔓延至舌下，丰满、带有奶油味。收口带有温和的酸味和奶油糖的味道。不过缺乏平衡度，口感也不够雅致，因此不能得到更高的评分。

2012	90	2014-2017+
2011	90	2013-2016
2010	94	2015-2018
2008	91	2013-2016

Sexton Vineyard Chardonnay 塞克斯顿园霞多丽干白葡萄酒　★★★

雅拉谷
当前年份：2012　　　　　　　　　　　　　$30-$49
95

明快复杂，香味浓郁。散发着葡萄柚、甜瓜和白桃融合而成的烟熏味，近乎美味，从中透出些许肉桂和丁香的香料味，以及一丝火柴味。入口后，洋溢着葡萄柚、甜瓜和柠檬的浓郁风味，基调中带有类似奶油糖的香味和紧密的橡木香，收口绵长平衡，酸味清新。

2012	95	2017-2020+
2011	90	2016-2019
2010	93	2012-2015+
2009	87	2010-2011
2008	93	2013-2016
2007	89	2009-2012
2006	91	2008-2011+
2005	90	2007-2010
2004	92	2006-2009
2003	87	2005-2008
2002	86	2003-2004+

Sexton Vineyard Pinot Noir 塞克斯顿园黑皮诺干红葡萄酒　★★

雅拉谷
当前年份：2012　　　　　　　　　　　　　$30-$49
93

香味馥郁，带有花香和薄荷香。散发着黑樱桃、麝香、新鲜雪松／香草橡木和略带烟熏肉味的紫罗兰香气。酒体中等偏饱满，洋溢着甜樱桃、李子和蔓越莓的浓郁果香，晶莹多汁，绵长明快，底味中透出细腻、带有灰尘味的单宁。收口带有均衡的酸味。会随着时间的推移变得愈发充盈丰满。

2012	93	2020-2024+
2011	90	2013-2016+
2010	95	2018-2022+
2008	88	2010-2013
2007	86	2009-2012
2006	90	2008-2011+
2005	87	2007-2010+
2004	90	2006-2009+
2003	84	2005-2008+
2002	87	2003-2004+
2001	87	2002-2003+
2000	86	2005-2008

Tarraford Vineyard Chardonnay 塔拉福特霞多丽干白葡萄酒　★★★

雅拉谷
当前年份：2012　　　　　　　　　　　　　$30-$49
92

一款绵长甘美、柔顺细腻的优雅之酒。散发着蜜瓜和柑橘带有香料味的香气，余韵中带有肉味、蜡味和矿物味，层次丰富。质地偏油腻，浸润着蜜瓜、桃子和葡萄柚的浓郁果香。收口温和，略带酸味，柠檬、香料和蜡味经久不散。

2012	92	2014-2017+
2011	89	2013-2016
2010	93	2015-2018
2009	90	2011-2014
2008	90	2010-2013
2007	91	2009-2012+
2006	93	2011-2014
2005	86	2007-2010

Tarraford Vineyard Pinot Noir 塔拉福特黑皮诺干红葡萄酒　★★

雅拉谷
当前年份：2010　　　　　　　　　　　　　$30-$49
91

一款精心酿制的黑皮诺，浓烈，富有风格，结构良好。散发着乌梅、蓝黑、黑樱桃和覆盆子带有香料、草本和肉味的果香，兰花、薄荷和薄荷脑的香气提升了整体的味道。口感绵长，顺滑柔润，洋溢着的红醋栗的风味很直接，夹杂着番茄味，底蕴中带有细腻爽脆的单宁，收口有清新的酸味。因为番茄味道过重，所以无法取得更高的评分。

2010	91	2015-2018
2008	92	2013-2016
2006	86	2008-2011
2005	84	2007-2010

格莱策酒庄 Glaetzer

通信地址: 34 Barossa Valley Way, Tanunda, SA 5352 · **电话:** (08) 8563 0288 ·
传真: (08) 8583 0218 · **网址:** www.glaetzer.com · **电子邮箱:** admln@glaetzercom
产区: 巴罗莎谷　**酿酒师:** 本·格莱策 (Ben Glaetzer)
执行总裁: 科林·格莱策 (Colin Glaetzer)

　　本·格莱策是澳大利亚最忙碌、最抢手的葡萄酒酿造师之一。该酒庄的巴罗莎谷红酒的灵感都源自他。他的葡萄酒风格饱满、成熟、芳香。他追求丰满的水果风味、精致的橡木气息以及丝滑的单宁口感。2012 年气候适合,葡萄栽培师和酿酒师可以收获他们想要的质量优秀的葡萄。酒庄的葡萄酒丰满充盈,口感顺滑。对于一个不胜酒力的人而言,我对这些酒精浓度较低的红酒很感兴趣,我想知道他们如何在降低酒精浓度的情况下,保持酒品的平衡度。

★★★ Amon-Ra Shiraz 苍穹之眼西拉干红葡萄酒

2012	92	2024-2032	
2011	90	2019-2023	
2010	93	2022-2030	
2009	95	2021-2029	
2008	93	2016-2020	
2007	95	2012-2015	
2006	87	2008-2011+	
2005	84	2007-2010	
2004	94	2012-2016	
2003	95	2011-2015+	
2002	96	2014-2022+	

巴罗莎谷　　　　　　　　　$100-$199
当前年份：2012　　　　　　　92
　　虽然酒精度达 15%,会有些许温暖的口感,但这仍是一款优雅平衡的美酒,细腻成熟。散发着黑醋栗、黑莓和石南的果味和巧克力/摩卡橡木味,后味中透出薄荷、丁香、肉桂和些许糖浆的味道。入口顺滑,甘美香甜,浆果风味浓郁,肉味层次丰富,底蕴中透出细腻的单宁。余韵悠长美味,不过带带辣味。

★★★ Anaperenna (Formerly Godolphin) Shiraz Cabernet Sauvignon 安娜伯伦娜 (原名戈多芬) 西拉赤霞珠混酿

2012	93	2024-2032	
2010	93	2022-2030	
2009	94	2017-2021+	
2007	94	2012-2015+	
2006	87	2008-2011	
2005	93	2013-2017	
2004	95	2012-2016+	

巴罗莎谷　　　　　　　　　$50-$99
当前年份：2012　　　　　　　93
　　口感顺滑,平衡度佳,带有类似果酱的香味。散发着黑醋栗、覆盆子和桑葚的果味,夹杂着灰尘味、花香,略带草本味和清新的橡木味,后味中透出肉味和动物味,层次复杂。口感绵长饱满,带有灰尘味,略带金属味和草本味——会随着时间的推移而消失。如果多一点成熟和果酱风味的话,评分会更高。

★★ Bishop Shiraz 主教西拉干红葡萄酒

2012	91	2017-2020+	
2010	92	2015-2018	
2009	90	2014-2017	
2008	86	2010-2013	
2007	90	2009-2012	
2006	80	2008-2011	
2005	91	2010-2013+	
2004	91	2006-2009	
2002	89	2004-2007+	
2001	90	2006-2009	
2000	92	2005-2008+	

巴罗莎谷　　　　　　　　　$30-$49
当前年份：2012　　　　　　　91
　　成熟多汁,散发着蓝莓、黑醋栗、覆盆子和甜李子明快、类似果酱味的果香,融入清新的雪松/香草橡木香。酒体中等偏饱满,口感柔顺多汁。呈现出绵长的莓果味,跃动而平衡,橡木滋味顺滑,在紧实而圆润的单宁支撑下,收口带有淡淡的咸味和略尖锐的酸度。

★★ Wallace Shiraz Grenache 瓦雷斯西拉歌海娜混酿

2012	88	2014-2017	
2010	90	2012-2015	
2009	91	2014-2017+	
2008	89	2013-2016	
2007	89	2009-2012+	
2006	81	2008-2011	
2005	86	2007-2010	
2004	91	2012-2016	

巴罗莎谷　　　　　　　　　$20-$29
当前年份：2012　　　　　　　88
　　一款清甜多汁的年轻混酿,带有果酱味。散发着黑醋栗、成熟覆盆子的果味,夹杂着香草橡木的清新,略带胡椒味。酒体中等,口感顺滑,在细腻的单宁支撑下,融入了李子和蓝莓略带辛辣的果味,收口带温和的酸味。

谷瑞酒庄 Goundrey

没有酒窖。**通信地址**： WA·**电话**：（08）9756 3600·**传真**：（08）9756 3666·
网址：www.goundreywines.com.au·**电子邮箱**：info@goundreywines.com.au
产区：大南区 & 西澳大利亚　**酿酒师**：盖斯·克里夫（Garth Cliff）
葡萄栽培师：瑞思·托马斯（Ryhs Thomas）　**执行总裁**：迈克尔·伊斯特（Michael East）

　　隶属于美誉酒业，是该酒业位于西澳大利亚的几家重要酒庄之一。今天，该酒庄更多地将精力放在酿造家园（Homestead）系列等价格较为便宜、醇美可口的葡萄酒上。该系列的酒品物有所值，如2012 年份的赤霞珠梅洛混酿，优雅，带有薄荷味。

Homestead Cabernet Merlot 家园赤霞珠梅洛混酿　　　★

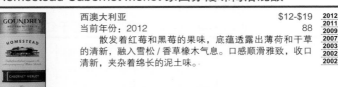

西澳大利亚　　　　　　　　　$12-$19
当前年份：2012　　　　　　　88
　　散发着红莓和黑莓的果味，底蕴透露出薄荷和干草的清新，融入雪松／香草橡木气息。口感顺滑雅致，收口清新，夹杂着绵长的泥土味。

2012	88	2014-2017+
2011	88	2013-2016+
2009	89	2014-2017
2007	86	2009-2012+
2003	82	2005-2008
2002	84	2004-2007
2002	86	2004-2007

Homestead Shiraz 家园西拉干红葡萄酒　　　★

西澳大利亚　　　　　　　　　$12-$19
当前年份：2013　　　　　　　87
　　价格较为便宜，酒体中等，略带辛辣气息和清新草本味，散发着乌梅的果味，夹杂着胡椒和茴香的气息，底味有雪松橡木味。口感顺滑多汁，收口绵长、新鲜。

2013	87	2015-2018
2012	85	2013-2014
2010	86	2012-2015
2009	90	2014-2017
2004	81	2005-2006
2002	87	2004-2007

Homestead Unwooded Chardonnay
家园霞多丽干白葡萄酒（未经橡木桶陈酿）　　　★

西澳大利亚　　　　　　　　　$12-$19
当前年份：2013　　　　　　　87
　　新鲜多汁，口感集中，花香馥郁，散发着凤梨、蜜桃和葡萄柚融合的清甜果味，口感明快集中，余韵悠长，收结有绵延不断的柑橘味和明快的酸味。

2013	87	2014-2015+
2012	82	2012-2013
2010	88	2011-2012+
2008	90	2009-2010
2004	87	2004-2004
2003	81	2003-2004
2000	88	2001-2002
1999	82	2000-2001
1998	85	1999-2000
1997	82	1998-1999

格兰姆酒庄 Gramp's

通信地址：Barossa Valley Way, Rowland Flat, SA 5352·**电话**：（08）8521 3111·
传真：（08）8521 3100·**网址**：www.gramps.com.au·**电子邮箱**：Ruth.Harris@pernod-ricard.com
产区：巴罗莎谷　**酿酒师**：伯纳德·希金（Bernard Hickin）
葡萄栽培师：本·吉布森（Ben Gibson）　　**执行总裁**：布莱特·麦金农（Brett McKinnon）

　　格兰姆酒庄酿制的红酒口感顺滑，品质雅致，平衡度佳，风味层次丰富，但没有像巴罗莎谷的其他葡萄酒那样带有过熟的味道。产自滨海沿岸的贵腐赛美蓉甜白葡萄酒是该酒庄的主打产品之一，这款酒易于入口，没有过分成熟，而且更加美味、清新。

Botrytis Semillon 贵腐赛美蓉甜白葡萄酒　　　★ ★ ★

滨海沿岸　　　　　　　　　$12-$19
当前年份：2011　　　　　　　93
　　一款非常适合饮用，顺滑集中的甜白葡萄酒。散发着核果、蜜瓜、热带水果和橙皮融合的蜜糖味，从中透出杏仁味和奶油蛋糕味，夹杂着橡木和柠檬的气息。绵长甘美，有浓烈的贵腐霉味道，但依然优雅清新。收结绵长平衡，带有纯净浓烈的柑橘酸味，余味中带有香甜的香草橡木香和细腻的白垩香。

2011	93	2016-2019+
2008	91	2013-2016
2006	93	2011-2014+
2004	91	2008-2012
2003	90	2005-2008+
2002	91	2004-2007+
2001	88	2003-2006
1999	90	2001-2004+
1998	83	1999-2000
1997	89	1999-2002
1996	89	1998-2001

年份	评分	适饮期
2012	89	2017-2020+
2009	84	2014-2017
2008	89	2013-2016+
2007	86	2009-2012
2006	82	2008-2011
2005	86	2010-2013
2004	89	2012-2016
2003	88	2008-2011
2002	82	2004-2007
2001	82	2002-2005
2000	84	2002-2005

巴罗莎谷 $12-$19

当前年份：2012   89

口感紧实，果味馥郁，散发着黑浆果和李子的淡淡香气，夹杂着奶油橡木和青草的清新气息。单宁细腻，黑醋栗、乌梅和桑葚的果味浓烈，底味有黑樱桃的香味，余韵悠长，收口略微有些不均匀、干燥。缺少甜味，需要时间成熟。

★★   Grenache 歌海娜

年份	评分	适饮期
2009	91	2011-2014
2008	86	2010-2013
2006	90	2011-2014+
2005	88	2007-2010+
2004	87	2006-2009+
2002	86	2004-2007
1999	89	2004-2007
1998	87	2000-2003+
1997	88	1999-2002
1996	83	1997-1998
1995	86	1997-2000
1994	84	1996-1999

巴罗莎谷 $12-$19

当前年份：2009   91

质朴清新，顺滑甘美，绵长柔软。散发着红酸栗、红李、西梅干和蓝莓明快而辛辣的香气，底蕴中透出丁香和肉桂的香味。明快活泼，重量适当，质地既不会过于厚重也不会过于黏稠。

★★   Shiraz 西拉

年份	评分	适饮期
2011	84	2016-2019
2010	94	2018-2022+
2009	90	2014-2017
2006	90	2011-2014+
2004	87	2006-2009
2002	88	2004-2007+

巴罗莎谷 $12-$19

当前年份：2011   84

带有灰尘味，略带泥土味和青草味，透出黑莓和红莓的果味，与雪松／巧克力橡木味和烟熏肉味相互交织。口感干瘪，带有金属味，洋溢着黑莓和李子的馥郁果味，收口丰满，结构细密。

花岗岩山酒庄 Granite Hills

通信地址： 1481 BurRe and wills Track, Baynton, Vic 3444 · **电话：**（03）5423 7273 ·
传真：（03）5423 7288 · **网址：** www.granitehills.com.au · **电子邮箱：** knights@granitehills.com.au
产区： 马其顿山脉（Macedon Ranges） **酿酒师：** 鲁·奈特（Llew Knight）伊恩·甘特（Ian Gunter）
葡萄栽培师： 杰夫·麦金托什（Geoff McIntosh） **执行总裁：** 鲁·奈特

花岗岩山酒庄地处气候相对较凉爽的澳大利亚内陆地区，葡萄晚熟。采用成熟果园的葡萄酿造的雷司令风味醉人，花香四溢，酒力强劲，略带矿物味，堪称澳大利亚最佳的雷司令葡萄酒。此外，酒庄酿造的西拉成熟，平衡度佳，带有胡椒味，美味可口。在澳大利亚，采用生长于凉爽地带的西拉酿造的葡萄酒很少可以与之媲美。戈登赤霞珠混酿取代了之前的赤霞珠葡萄酒，2007和2008两个年份的这款酒都极其丰满充盈。

★★★★   Riesling 雷司令

年份	评分	适饮期
2012	92	2020-2024+
2011	87	2013-2016
2010	95	2018-2022+
2009	87	2014-2017
2008	93	2016-2020
2007	96	2015-2019+
2006	94	2014-2018
2005	95	2017-2025
2004	93	2012-2016

马其顿山脉 $20-$29

当前年份：2012   92

一款绵长干净的优雅之酒。散发着柠檬皮、新鲜苹果和梨带有香料味和些许矿物味的果香，花香和酯味提升了整体的香气。口感多汁，富有节奏，洋溢着苹果、梨和酸橙汁的新鲜风味，如丝绸般顺滑，带有清新集中的酸度。

★★★   Shiraz 西拉

年份	评分	适饮期
2006	89	2014-2018
2005	93	2013-2017
2004	94	2012-2016+
2003	88	2011-2015
2002	93	2010-2014
2001	89	2009-2013+
2000	89	2005-2008
1999	93	2007-2011+
1998	91	2010-2018
1997	89	2005-2009+
1996	81	2001-2004

马其顿山脉 $20-$29

当前年份：2008   86

果味略甜，过于成熟。散发着淡淡的类似醋栗的香气，夹杂着些许烘烤味和清漆味，从中透出黑莓和红醋栗融合的果香，伴随着些摩卡／巧克力橡木气息。入口香甜多汁，浸润着红醋栗、樱桃和梅子的果味，收口略带金属味，口感青涩。果味缺乏清新成熟。

格兰特伯爵酒庄 Grant Burge

通信地址：Barossa Valley Way, Tanunda, SA 5352 · 电话：（08）8563 3700 · 传真：（08）8563 3865 ·
网址：www.grantburgewines.com.au · 电子邮箱：admin@grantburgewines.com.au
产区：巴罗莎谷、伊顿谷　酿酒师：格兰特·伯爵（Grant Burge）、克雷格·斯坦伯罗（Craig Stansborough）
葡萄栽培师：格兰特·伯爵　执行总裁：格兰特·伯爵

　　格兰特伯爵酒庄是格兰特·伯爵和海伦·伯爵经营的一家显赫的家族酒庄，地处巴罗莎谷。每年大概出产 7000 吨各种等级的葡萄酒，并且会酿制一些大公司限量出品的特别版葡萄酒。该酒庄当前出品的最引人注目的葡萄酒是名为阿博耐格（Abednego）和圣三一（The Holy Trinity）的带有罗讷河谷风格的混酿，两款酒都反映出格兰特·伯爵对巴罗莎谷歌海娜的如火热情。酒庄不断在发展、完善新品牌。我个人最欣赏酿酒师系列的霞多丽和黑皮诺，风味明快、清新。

Abednego Red Rhône Blend 阿博耐格西拉 - 慕合怀特 - 歌海娜混酿 ★ ★ ★

巴罗莎谷　　　　　　　　$50-$99
当前年份：2009　　　　　　94

同款酒的最佳。散发着红花、兰花、葡萄干和无花果带有香料味的浓郁香气，后味中透出些许肉味。口感柔顺优雅，洋溢着轻盈的慕合怀特的风味，浸润着莓果的馥郁果味，在紧实、脆爽、带有灰尘味单宁支撑之下，融合了层次复杂的动物味和丁香的香料味。收口美味，丰满深邃。

2009	94	2014-2017+
2008	93	2016-2020
2005	92	2013-2017
2004	93	2012-2016+
2002	87	2007-2010

Balthazar Shiraz 巴哈扎西拉干红葡萄酒　　　★ ★ ★

伊顿谷　　　　　　　　$30-$49
当前年份：2012　　　　　92

散发着黑莓和红莓的胡椒香，清新的雪松橡木香，透出些许香料味。口感细腻明快，既有产区葡萄酒的优雅，又有典型的细密结构。顺滑多汁，浸润着黑醋栗、蓝莓和乌梅的果味，巧克力橡木气息萦绕其间，在带有灰尘味的单宁支撑下，收口清新，有明快的酸味。

2012	92	2024-2032
2010	92	2018-2022+
2009	93	2021-2029
2008	88	2013-2016+
2007	90	2012-2015+
2004	89	2009-2012
2003	87	2005-2008
2002	80	2004-2007

Cameron Vale Cabernet Sauvignon 卡梅伦谷赤霞珠干红葡萄酒　　★

巴罗莎谷　　　　　　　　$20-$29
当前年份：2012　　　　　89

口感雅致，香味浓烈。散发着紫罗兰、黑醋栗和香甜雪松 / 香草味橡木融合而成的香气，甘甜明快，略带果酱味。口感顺滑细腻，多汁的浆果果味和柔顺的单宁协调地融合在一起。收口绵长，清新集中。

2012	89	2020-2024
2011	89	2019-2023
2010	89	2018-2022
2009	91	2017-2021+
2008	88	2016-2020
2007	88	2012-2015
2006	86	2011-2014+
2005	90	2013-2017
2004	90	2012-2016

Corryton Park Cabernet Sauvignon 科里顿园赤霞珠干红葡萄酒　　★ ★

巴罗莎谷　　　　　　　　$30-$49
当前年份：2010　　　　　86

相对简单和早熟的一款酒，缺乏惯有的骨架和结构。散发着黑醋栗、覆盆子和李子略带草本味的香气，余味中透出奶油味的雪松橡木醇香和些许留兰香。酒体中等偏饱满，入口顺滑细腻，但是没有足够的橡木香和结构支撑其深邃的浆果风味。收口寡淡干燥。

2010	86	2015-2018
2009	93	2021-2029
2008	91	2016-2020+
2005	87	2010-2013

Filsell Shiraz 菲舍儿西拉干红葡萄酒　　★ ★ ★

巴罗莎谷　　　　　　　　$30-$49
当前年份：2011　　　　　92

洋溢着淡淡的肉香，散发着黑樱桃和李子的果香，融入黑莓、巧克力和香草新橡木的香气。花香提升了整体的香气。酒体饱满偏中等，余韵绵长，成熟均衡，带有白芷味，在紧实单宁的支撑下，烟熏巧克力橡木的滋味萦绕其间。醇美优雅，口感集中，收口顺滑细腻。

2011	92	2019-2023
2010	93	2022-2030
2009	88	2014-2017
2008	94	2020-2028
2007	92	2015-2019+
2006	88	2011-2014+
2005	90	2010-2013
2004	94	2012-2016+
2003	95	2011-2015+
2002	90	2000-2014+
2001	86	2003-2006+

Kraft Sauvignon Blanc 克拉夫特长相思干白葡萄酒

2013	91	2015-2018
2012	89	2013-2014
2011	82	2011-2012
2010	88	2010-2011
2009	86	2009-2010
2008	81	2008-2009
2007	87	2007-2008+
2006	85	2007-2008
2005	82	2005-2006+
2003	81	2003-2004

阿德莱德山
当前年份：2013

$20-$29
91

　　相较之前年份的葡萄酒，更加复杂，带有矿物味和酵母味。散发着醋果和甜瓜带有灰尘味和些许草本味的香气。口感雅致细腻，顺滑多汁，果味明快通透，底蕴中透出带有类似石墨味的单宁，收口绵长坚硬，带有浓烈的柠檬酸味。

★ ★ ★

Meshach Shiraz 美莎西拉干红葡萄酒

2009	93	2021-2029+
2008	95	2028-2038
2006	92	2014-2018
2005	91	2013-2017+
2004	94	2016-2024
2003	93	2011-2015
2002	95	2014-2022
2001	88	2009-2013
2000	91	2008-2012+
1999	96	2007-2011+
1998	97	2010-2018+
1996	93	2008-2016
1995	96	2007-2015
1994	95	2006-2014

巴罗莎谷
当前年份：2009

$100-$199
93

　　一款甘美的巴罗莎谷西拉，带有浓郁的新橡木香，雅致醇美，酒品成熟。散发着黑莓、黑醋栗、乌梅和石南的馥郁、复杂的香气，底味中透出摩卡、糖浆和甘草的气息，与清新的巧克力／香草橡木味互相融合。口感绵长，如天鹅绒般顺滑，丰满充盈，略带葡萄干和醋栗类水果的香气，单宁紧实爽脆。非常完整的一款酒，有不错的陈年效果。

★

Miamba Shiraz 米亚西拉干红葡萄酒

2012	90	2017-2020+
2010	88	2015-2018
2009	86	2011-2014
2008	89	2010-2013+
2007	87	2009-2012
2006	88	2008-2011+
2005	82	2007-2010
2004	89	2009-2012
2003	91	2005-2008+
2002	84	2004-2007

巴罗莎谷
当前年份：2012

$20-$29
90

　　一款明快质朴的年轻西拉，色泽通透。散发着黑醋栗、覆盆子和黑莓的香气，夹杂着香草／椰子橡木的气息。余韵悠长多汁，口感雅致，在紧实、带有灰尘味的单宁支撑下，丝丝烟熏橡木气息萦绕口中。

★ ★ ★

Shadrach Cabernet Sauvignon 莎德拉奇赤霞珠干红葡萄酒

2009	90	2012-2029
2008	94	2020-2028+
2006	88	2011-2014
2005	93	2013-2017+
2001	87	2006-2009
2000	82	2005-2008
1999	87	2004-2007
1998	93	2006-2010+
1996	92	2008-2016
1994	93	2006-2014
1993	90	2013-2023

巴罗莎谷
当前年份：2009

$50-$99
90

　　散发着黑莓和李子的薄荷香气，余味中带有雪松／巧克力／香草橡木的气息，底蕴中透出薄荷脑和碘的味道。口感顺滑细腻，余韵悠长，黑醋栗和乌梅的果味浓烈，略带着奶油味的橡木气息，单宁紧实。收口花香四溢，有清新的酸味。缺乏复杂度。

★ ★ ★

The Holy Trinity Grenache Shiraz Mourvèdre
圣三一歌海娜 - 西拉 - 慕合怀特混酿

2011	87	2013-2016+
2010	90	2018-2022
2009	91	2014-2017
2008	92	2013-2016+
2007	94	2015-2019+
2006	88	2011-2014
2005	90	2010-2013
2004	92	2012-2016
2003	82	2005-2008+
2002	88	2007-2010
2001	85	2003-2006+

巴罗莎谷
当前年份：2011

$30-$49
87

　　酒体中等偏饱满，略有些干瘪，缺乏顺滑的口感。不过仍是一款质朴的葡萄酒，毕竟是产自一个气候多变的年份。散发着红莓和李子带有胡椒味和类似甘草味的香气，夹杂着泥土味，底味中带有香料味和肉香味。口感柔顺，略多汁，洋溢着甜红莓、黑莓和蓝莓的风味，单宁紧实。

★ ★

Thorn Riesling 荆棘雷司令干白葡萄酒

2013	93	2021-2025+
2012	90	2020-2024
2011	85	2012-2013+
2010	90	2015-2018
2009	90	2014-2017
2008	89	2010-2013+
2007	87	2009-2012+
2006	88	2007-2008

伊顿谷
当前年份：2013

$20-$29
93

　　口感雅致，平衡度佳，单调质朴，收敛集中。在薰衣草和草本植物的清香烘托下，散发着苹果和桃子的果味，底蕴透露出酸橙汁和橙子皮的清新味道。余韵悠长，有白垩香气，浸润着苹果、梨子和酸橙汁的芳香果味，收口略带矿物味。

绿石酒庄 Greenstone Vineyard

地址： Cnr Heathcote-Rochester and McManus Roads, Colbinabbin Vic 3559・**电话：**（03）5727 1434・
传真：（03）5727 1434・**网址：** www.greenstoneofhenthcote.com・**邮箱：** Aquila@netc.net.au
产区： 西斯寇特　**葡萄栽培师：** 马克・沃波尔（Mark Walpole）
酿酒师： 阿尔伯托・安迪罗尼（Alberto Antinoni）、大卫・格利夫（David Gleave MW）、桑德罗・摩泽尔（Sandro Mosele）

　　绿石酒庄是一个很特别的酒庄，由以下三个人建立：一位意大利酿酒师；一个出生于加拿大，进口意大利酒到英国的商人；一位澳大利亚葡萄栽培师。2002年，马克・沃波尔选择在这里开辟葡萄园。一年后，种植了10公顷的西拉。第二年，又种了1公顷的丹魄，1公顷的莫纳斯特雷尔，以及8公顷的西拉。桑娇维赛是在2005年种的，面积只有1公顷。葡萄园为密植园，密度是澳大利亚正常葡萄园的两倍。更重要的是，绿石酒庄致力于生产美味可口、带有肉味、紧实优雅的葡萄酒，和西斯寇特其他酒庄生产的最佳葡萄酒并不相同。酒庄酿造的葡萄酒寿命较长，平衡美味，非常有说服力。只有最好年份的葡萄酒才会被装瓶，冠以不同的名称，实实在在是"珍藏"级葡萄酒。

Sangiovese 桑娇维赛　　　　　★ ★ ★

西斯寇特　　　　　　　　　　　　　　　　$50-$99
当前年份：2010　　　　　　　　　　　　　　94
　　具有产区特色，稍带肉香味，复杂度高。散发着黑樱桃、梅子和李子的清新果香，融合了黑巧克力味，更有一丝烘焙的泥土味和矿物味萦绕其间。单宁紧实，平衡度佳，余韵悠长有力，质地细腻，带有明快酸味，收口带薄荷味和果味。

2010	94	2022-2030
2009	91	2017-2021
2007	94	2019-2027

Shiraz 西拉　　　　　　　　　★ ★ ★

西斯寇特　　　　　　　　　　　　　　　　$30-$49
当前年份：2012　　　　　　　　　　　　　　95
　　平衡度佳，结构紧实，具有产区特色，复杂度高。略带胡椒香气，散发着黑樱桃、黑莓、李子和桑葚的果味，底蕴中透出肉味和复合水果芬芳香气。口感醇美顺滑，略带泥土味，果味馥郁，夹杂着巧克力味和雪松橡木味，单宁紧实干爽。质地细腻，余韵悠长有果味。难得的佳酿。

2012	95	2024-2032+
2011	89	2019-2023
2010	93	2030-2040

灰沙酒庄 Grey Sands

通信地址： PO BOX 518, Exeter, Tas 7275・**电话：**（03）6396 1167・**传真：**（03）6396 1167・
网址： www.greysands.com.au・**电子邮箱：** info@greysands.com.au
产区： 塔玛谷　**酿酒师：** 弗兰・奥斯汀（Fran Austin）、鲍勃・里切特（.Bob Richter）
葡萄栽培师： 鲍勃・里切特（Bob Richter）　**执行总裁：** 鲍勃・里切特、丽塔・里切特（Rita Richter）

　　小型酒庄，位于塔玛谷。在我看来，其出品的灰皮诺葡萄酒是澳大利亚最顶级的灰皮诺之一，色泽通透，醇美雅致，品质超群。不过2012年的灰皮诺略带肉味，缺乏层次感。黑皮诺复杂度有所提升。梅洛风味层次丰富，如同过去十年不断变化的的气候。

Merlot 梅洛　　　　　　　　　　　　　★

塔斯马尼亚
当前年份：2007　　　　　　　　　　　　　　84
　　一款强劲有力的葡萄酒，带有烘烤味。散发着葡萄干过于成熟的香味，夹杂着泥土味，花香提升了香味。透出甜椒和糖荚豌豆的灰尘味。底味中带有浓烈的薄荷脑、薄荷味，缺乏甜味，收口青涩、干燥。

2007	84	2009-2014+
2006	88	2011-2014+
2005	91	2013-2017+
2004	88	2012-2016+
2003	89	2008-2011+
2000	87	2005-2008

★★★   Pinot Gris 灰皮诺

2012	88	2014-2017
2010	92	2012-2015+
2009	94	2011-2014+
2008	88	2010-2013
2007	95	2009-2012+
2006	90	2008-2011
2005	94	2007-2010
2004	93	2005-2006+
2003	80	2003-2004
2001	81	2002-2003
2000	94	2002-2005

塔马谷 $30-$49

当前年份：2012   88

略带坚果味，散发着核果、甜瓜和柠檬的芬芳果味，夹杂着奶油味，果味馥郁。收口有狂野复杂的肉味。这款酒的肉味更重一些，可能就此失去葡萄的特色了。

★★   Pinot Noir 黑皮诺

2010	92	2015-2018
2009	91	2014-2017
2008	89	2013-2016
2007	92	2012-2015+
2006	94	2008-2011
2005	86	2007-2010

塔马谷 $30-$49

当前年份：2010   92

优雅柔顺，质地剔透，口感明快，平衡性和结构感都异常突出。散发着红樱桃、覆盆子和草莓的甜美辛辣花香，融合了香草橡木香气，带有草本植物的清香。在带有灰尘味的单宁支撑下，洋溢着产地细腻的雪松橡木香，余韵悠然绵长，口感均匀集中，带有温和的酸度。

格罗斯酒庄 Grosset

通信地址：PO BOX 64, Auburn, SA 5451・电话：（08）8849 2175・传真：（08）8849 2292・
网址：www.grosset.com.au・电子邮箱：into@grosset.com.au
产区：皮卡迪利谷（Piccadilly Valley）   酿酒师：杰弗里・格罗斯（Jeffrey Grosset）
葡萄栽培师：马克・格罗斯（Mark Grosset）   执行总裁：杰弗里・格罗斯

格罗斯酒庄因两款品质卓越、风味迷人的庄园雷司令而闻名——波利山和春之谷。本年鉴给这两款酒的评级都是五星。在本年鉴中，格罗斯是唯一一家有两款酒得到五星评级的酒庄。当前年份中，品质超群的有令人惊艳的2012年份的黑皮诺，雷司令酒的品质就无须多说了，还有一款醇厚雅致的霞多丽，不过盖亚女神园系列红葡萄混酿就有些不尽如人意了，果味过重，名不副实。

★★★   Alea Off-Dry Riesling 女神雷司令半干型白葡萄酒

2013	93	2021-2025+
2012	92	2020-2024+
2011	93	2019-2023+
2010	93	2015-2018+

皮卡迪利谷 $30-$49

当前年份：2013   93

平衡度佳，甜味酸味交织，口感雅致，余韵绵长。散发着梨子、苹果和白桃的果味，余味中带有些许滑石的味道。果味深邃，通透晶莹，主轴带有细腻的板岩味。

★★   Gaia Cabernet Blend 盖亚女神园赤霞珠混酿

2011	81	2013-2016
2010	93	2022-2030+
2009	86	2014-2017+
2008	84	2013-2016
2007	87	2015-2019
2006	93	2014-2018
2005	86	2010-2013+
2004	90	2012-2016+

克莱尔谷 $50-$99

当前年份：2011   81

散发着红莓和黑莓简单、带有草本味的香气，雪松／香草味橡木香。口感青涩多汁，果味温和，收口短暂、单薄，带有金属味。实在可惜，这款酒的品质衬不起它的品牌。

★★★★   Noble Botrytis Riesling 贵族贵腐甜白葡萄酒

2011	96	2019-2023+
1999	91	2001-2004
1998	89	2000-2003
1997	95	2002-2005
1996	93	1998-2001
1995	94	2000-2003
1994	94	1999-2002
1993	90	1995-1998
1992	91	1994-1997

克莱尔谷 $20-$29

当前年份：2011   96

一款极其浓烈、清新平衡的甜白葡萄酒。散发着杏仁、梨、苹果和热带水果的馥郁香气，后味中透出些许丁香的香气，白花的清香提升了整体的香味。口感绵长，甘美集中，充满桃子、梨、苹果和杏仁的风味，口中留有细腻、带有白垩香的酚物质。收结极其悠长，平衡紧实，酸味清新、集中。

Piccadilly Chardonnay 皮卡迪利谷霞多丽干白葡萄酒 ★★★★

皮卡迪利谷　　　　　　　　$50-$99
当前年份：2012　　　　　　　93
　　一款流畅、带有盐水味的霞多丽。香味复杂，富于变化。散发着桃子和油桃的清淡果香，奶油、黄油味橡木香，透出香料味和矿物味。口感悠长，绵柔密顺，夹杂着蜡味和蜜饯的味道。洋溢着柠檬、葡萄柚和甜瓜的风味，单宁细腻松脆。收口绵长集中，带有浓烈的柠檬酸味。

2012	93	2017-2020+
2011	94	2016-2019+
2010	92	2015-2018
2009	94	2014-2017
2008	88	2010-2013
2007	90	2009-2012
2006	89	2008-2011
2005	93	2010-2013
2004	95	2009-2012
2003	96	2008-2011
2002	95	2007-2010
2001	94	2006-2009

Pinot Noir 黑皮诺 ★★★

阿德莱德山　　　　　　　　$50-$99
当前年份：2012　　　　　　　95
　　一款风味浓郁、富有风格的优雅之酒。产自南澳大利亚的最佳黑皮诺干红之一。散发着新鲜红莓和樱桃的混合香气，雪松/香草味橡木香，从中透出干草的味道。口感顺滑柔润，带有丝绸般的质感，果味集中多汁，单宁细腻、带有粉末质感。收口绵长清新，会在瓶中慢慢变得成熟。

2012	95	2020-2024+
2011	90	2013-2016+
2010	92	2015-2018+
2009	93	2014-2017
2008	93	2013-2016
2007	88	2009-2012
2006	86	2008-2011
2005	91	2010-2013
2004	91	2009-2012
2003	93	2005-2008+
2002	92	2007-2010+
2001	88	2003-2006

Polish Hill Riesling 波利山雷司令干白葡萄酒 ★★★★★

克莱尔谷　　　　　　　　　$30-$49
当前年份：2013　　　　　　　96
　　一款极其优质的年轻雷司令。闻起来具有白花和黄花的浓香，夹杂着蜡味和油味，从中透出青苹果皮和矿物的香气。口感绵长，干燥单调，果香和质地层次丰富，而后会发展成紧实的酸橙酸味，但风味依然松软多汁。会随着时间的推移慢慢变得充盈丰满。

2013	96	2025-2033
2012	97	2024-2032+
2011	97	2023-2031
2010	97	2022-2030+
2009	96	2021-2029
2008	98	2028-2038
2007	96	2019-2027
2006	95	2011-2014+
2005	98	2017-2025
2004	95	2012-2016+
2003	96	2015-2023
2002	97	2014-2022+
2001	96	2009-2013+
2000	95	2008-2012
1999	95	2007-2011+

Semillon Sauvignon Blanc 赛美蓉长相思混酿 ★★★★

克莱尔谷，阿德莱德山　　　　$30-$49
当前年份：2014　　　　　　　93
　　一款浓郁明快、清新质朴的年轻混酿。散发着醋栗、黑醋栗、西番莲和荔枝的深邃果味，夹杂着淡淡的青草香，一丝丝带水果的果香提升了整体的香味。口感绵长多汁，果味充盈，底味中透出细腻的白垩香，与刺激的柠檬酸味融合，匀称集中。

2014	93	2017-2020
2013	95	2015-2018+
2012	94	2014-2017+
2011	92	2013-2016+
2010	91	2012-2015
2009	92	2011-2014
2008	87	2010-2013
2007	92	2009-2012
2006	88	2007-2008+
2005	90	2007-2010+

Springvale Riesling 春之谷雷司令干白葡萄酒 ★★★★★

克莱尔谷　　　　　　　　　$30-$49
当前年份：2013　　　　　　　96
　　一款精心酿制的葡萄酒，极其平衡。闻起来带有白花、酸橙汁、柑橘和柠檬皮的香气，后味中透出细腻的白垩香。入口有刺激的酸味，紧实雅致，洋溢着柠檬、酸橙、苹果和梨类水果的深邃果味，香味绵长、尖锐，具有穿透力。

2013	96	2025-2033
2012	94	2020-2024+
2011	97	2023-2031
2010	97	2022-2030
2009	97	2021-2029
2008	97	2020-2028
2007	95	2012-2015+
2006	94	2011-2014
2005	96	2013-2017+
2004	93	2009-2012+
2003	95	2008-2011+
2002	96	2010-2014+
2001	95	2009-2013
2000	95	2008-2012+

通信地址: 4100 Murringo Road, Young, NSW 2594 · **电话:** （02）6382 6999 ·
传真: （02）6382 3014 · **网址:** www.groveestate.com.au · **电子邮箱:** info@groveestate.com.au
产区: 希托普斯 **酿酒师:** 蒂姆·科克（Tim Kirk）、理查德·帕克（Richard Parker）
葡萄栽培师: 布莱恩·穆拉尼（Brian Mullany） **执行总裁:** 布莱恩·穆拉尼

位于扬格附近。一座开辟于 1886 年的葡萄园也位于此地。从 2003 年开始，五克拉酒庄著名的酿酒师蒂姆·科克负责酿制酒庄的西拉葡萄酒；2006 年，他则开始负责酿制维欧尼葡萄酒。酒庄的王牌产品是索米塔内比奥罗葡萄酒和窖藏区西拉维欧尼混酿，这两款酒都十分美味，具有说服力。

★★ Sommita Nebbiolo 索米塔内比奥罗干红葡萄酒

2013	91	2021-2025
2010	91	2018-2022
2008	88	2013-2016
2007	90	2012-2015+
2006	82	2008-2011

希托普斯　　　　　　　$30-$49
当前年份：2013　　　　　　91
　　一款非常醇美、绵长紧实的内比奥罗普通酒，富有风格。散发着乌梅和红樱桃略带动物味的浓香，夹杂着灰尘味的林地气息，花香提升了整体的香味。入口后，果味中混杂着烘烤味和葡萄干味，底蕴中透出有灰尘味、砾石质感的柔顺单宁。收结平衡，有绵长的果味和清新的酸味。

★★★ The Cellar Block Shiraz Viognier 窖藏区西拉维欧尼混酿

2012	94	2020-2024+
2011	88	2013-2016
2010	92	2018-2022+
2009	89	2011-2014+
2008	93	2016-2020+
2007	93	2015-2019
2006	88	2011-2014

希托普斯　　　　　　　$30-$49
当前年份：2012　　　　　　94
　　一款平衡、富有风格的葡萄酒。散发着紫罗兰、黑醋栗和黑莓带有麝香的浓郁香味，与雪松／香草橡木香紧密交织，后味中透出薄荷、番茄茎和核果的香味。口感绵长温和，洋溢着黑醋栗、黑樱桃和李子的明快风味，底蕴中带有烟熏肉和林地的味道，由干燥、带有粉末质感的单宁支撑。收口带有辣味和泥土味，还有明显的肉味。

通信地址: Pinnacle Lane, Dixon's Creek, Vic 3775 · **电话:** （03）5965 2271 ·
传真: （03）5965 2442 · **网址:** www.debortoli.com.au · **电子邮箱:** dbw@debortoli.com.au
产区: 雅拉谷 **酿酒师:** 斯蒂芬·韦伯（Siephen Webber）、莎拉·费根（Sarah Fagan）
葡萄栽培师: 菲利普·劳伯利（Philip Lobley） 首席执行：达伦·德保利（Darren De Bortoli）

海湾站是德堡酒庄的旗下品牌。出品来自雅拉谷的高档葡萄酒，但价格实惠。本系列葡萄酒的酿制与德堡雅拉谷酒庄旗下其他价格较高的酒品相似——追求高雅、质地和香气，而不只是作为美食的佐配。

★★ Chardonnay 霞多丽

2011	90	2013-2016
2010	90	2012-2015
2008	88	2009-2010+
2006	90	2008-2011
2005	90	2006-2007+
2004	90	2006-2009
2003	89	2004-2005+
2002	89	2003-2004+
2001	81	2002-2003
2000	89	2001-2002

雅拉谷　　　　　　　$12-$19
当前年份：2011　　　　　　90
　　这款霞多丽高雅而清香，更偏向于欧式风格，散发着核果、甜瓜和番石榴带有的奶油味和些许橡木味、热带水果果味的香气。口感顺滑，充满奶油质感，柔软而温和，充盈着果味和奶油、坚果的复杂口感，收口带有明快并且完美融合的酸度。

★ Pinot Grigio

2011	89	2012-2013+
2010	89	2012-2015
2008	90	2010-2013

雅拉谷　　　　　　　$12-$19
当前年份：2011　　　　　　89
　　这款灰皮诺具有典型的灰皮诺特质。散发着梨和苹果清淡、带有灰尘味的香气，基调中透出柑橘、果酱、丁香和肉桂及腰果的复杂味道。口感浓郁甘醇，洋溢着通透、略带麝香香气的梨、苹果和丁香风味。

Pinot Noir 黑皮诺 ★ ★

雅拉谷 \$12-\$19
当前年份：2010 92

　　一款复杂完整、优雅芳香的葡萄酒，物超所值。散发着红樱桃、覆盆子和李子的浓郁果香，红花的香味和香料味提升了整体的香气。底蕴中带有泥土味和类似灌木丛的味道。口感顺滑柔润，绵长多汁。收结时重量合适，质地良好，风味浓郁，还夹杂着温和的酸味。

2010	92	2012-2015+
2009	89	2011-2014
2008	90	2010-2013
2007	89	2008-2009+
2006	84	2007-2008
2005	88	2007-2010
2003	87	2004-2005+
2002	82	2002-2003
2001	84	2002-2003
2000	83	2001-2002
1999	83	2000-2001

Shiraz Viognier 西拉维欧尼混酿 ★ ★

雅拉谷 \$12-\$19
当前年份：2008 90

　　散发着黑莓、蓝莓和红莓带有香料味、花香和肉味的香气，麝香香料味和收敛的雪松橡木香。口感多汁，风味浓郁，绵长清新，主轴紧实干燥。收口带有一丝葡萄干的香味。

2008	90	2010-2013
2006	90	2008-2011+
2005	83	2007-2010
2003	88	2005-2008+
2002	89	2004-2007
2001	87	2006-2009
2000	88	2001-2002+
1999	83	2001-2004

哈迪酒庄 Hardys

通信地址： 202 Main Road, McLaren Vale, SA 5171・**电话：**（08）8329 4110 **传真：**（08）8329 4100・
网址： www.hardys.com.au・**电子邮箱：** info@hardys.com.au
产区： 麦克拉伦谷　**酿酒师：** 保罗·莱普斯利（Paul Lapsley）
葡萄栽培师： 艾利克斯·萨斯（Alex Sas）　**执行总裁：** 迈克尔·伊斯特

　　哈迪酒庄是美誉酒业的旗舰品牌，产品跨度广，既出品物美价廉的低价酒，也出品精心秘酿的高端酒。优质的艾琳哈迪系列酒品包含澳大利亚品质最佳的一款霞多丽，这款酒简约朴素，富含矿物味。麦克拉伦谷出品的哈迪西拉，长久以来一直被视作西拉葡萄酒的品质标杆。我们自然不能忘了清冽甘醇的塔斯马尼亚黑皮诺。价格并不昂贵的诺塔奇山系列酒品是同等类型产品中品质最卓越的——我的评分根据是我的品尝感受。欧姆葡萄酒值得信赖，品质一直在稳步提升。雅致卓绝、独具特色的詹姆斯爵士起泡酒在其价格区域内几乎毫无敌手。我在本年鉴中增加了一些颇受瞩目的产区混酿——HRB系列。这些酒刚开始可能有些晦涩。但你要知道，我们品酒是为了享受，所以结果才最重要，它们刚开始的样子就显得不那么重要了。

Eileen Hardy Chardonnay 艾琳哈迪霞多丽干白葡萄酒 ★ ★ ★ ★

多产区 \$50-\$99
当前年份：2012 95

　　相较之前的年份，2012年份的这款酒果香更加浓郁。平衡度佳，结构良好。散发着葡萄柚和甜瓜的馥郁香气，混杂着德国烤猪蹄和细密的橡木味，后味中带有姜、丁香和肉桂的香味。口感甘美，绵密柔顺，带有复杂的肉味，绵长集中。收口带有浓烈的矿物味。

2012	95	2017-2020+
2010	94	2018-2022
2009	97	2017-2021
2008	97	2016-2020
2006	95	2011-2014+
2005	94	2010-2013
2003	95	2012-2016
2003	95	2008-2011+
2002	94	2007-2010
2001	95	2006-2009+
2000	95	2005-2008
1999	96	2004-2007+
1998	94	2003-2006

Eileen Hardy Pinot Noir 艾琳哈迪黑皮诺干红葡萄酒 ★ ★ ★ ★

塔斯马尼亚 \$50-\$99
当前年份：2012 95

　　一款味道会逐渐变化的葡萄酒，带有霉味。散发着黑樱桃和李子的浓郁果香，底味中带有复杂的肉味，夹杂着灰尘味，略带葡萄梗味。口感绵长雅致，樱桃、李子和浆果风味顺滑，与雪松橡木味、灰尘味和些许肉味紧密交织。收口带有清新均衡的酸味。

2012	95	2020-2024+
2010	93	2015-2018
2009	96	2021-2029

★★★★★ Eileen Hardy Shiraz 艾琳哈迪西拉干红葡萄酒

2007	95	2019-2027+
2005	96	2025-2035
2004	96	2016-2024
2002	95	2014-2022
2001	95	2013-2021
2000	93	2008-2012+
1999	96	2011-2019
1998	97	2010-2018
1997	93	2005-2009
1996	96	2016-2026
1995	95	2007-2015+
1994	95	2006-2014
1993	89	2001-2005

麦克拉伦谷、帕史萨韦　　　　　　　　$50-$99
当前年份：2007　　　　　　　　　　　95

越来越接近罗讷河谷风格的一款葡萄酒，层次丰富，质地良好。味道会不断发展，酒体丰满。带有泥土味和皮革味，底蕴中透出乌梅、花朵、浆果、汤汁和白胡椒的香味。口感绵长细密，单宁坚实柔韧，橡木味温和协调。风味相对内敛，收口极其美味，持久绵长。

★★★ HRB Chardonnay HRB 系列霞多丽干白葡萄酒

2011	89	2013-2016+
2009	92	2014-2017+
2008	93	2013-2016

彭伯顿、多产区　　　　　　　　　　$30-$49
当前年份：2011　　　　　　　　　　89

一款层次渐进且带有轻微烤面包香的 HRB 霞多丽。散发着葡萄柚、甜瓜、柠檬和香甜香草橡木融合而成的清新香味，后味中带有丁香、肉桂和姜的香气。口感圆润多汁，类似果酱的风味直接，临收口时味道有些模糊，变得更加宽阔，缺乏紧实度。收口有浓烈的橡木香。寿命不长（中短期）。

★★★ HRB Riesling HRB 系列雷司令干白葡萄酒

2013	92	2021-2025+
2010	88	2012-2015+
2008	95	2014-2018+

克莱尔谷、塔斯马尼亚　　　　　　　$30-$49
当前年份：2013　　　　　　　　　　92

这款雷司令柔和雅致，平衡度佳。带有清新花香以及酸橙、苹果和梨的果味。口感绵长浓厚，新鲜苹果、梨和酸橙汁风味开放，夹杂着温和的奶油味，略有些黏稠，与清新的柠檬酸味紧密交织。收口带有明快清新的酸味。

★★★ HRB Shiraz HRB 系列西拉干红葡萄酒

2009	93	2021-2029+
2007	92	2019-2027
2006	95	2014-2018+

克莱尔谷、麦克拉伦谷　　　　　　　$30-$49
当前年份：2009　　　　　　　　　　93

一款强劲有力、寿命较长的葡萄酒。果香深邃，带有狂野的刺莓果味，从中透出一股黑醋栗、黑莓和乌梅带有香料味的香味和新鲜雪松／香草橡木香，散发出炙烤土地、深色橄榄和胡椒的味道。口感浓厚，洋溢着黑色水果和香甜橡木风味的醇美多汁，有类似歌海娜的甜味。收口绵长，泥土芬芳在唇齿间流连。

★ Nottage Hill Cabernet Shiraz 诺塔奇山赤霞珠西拉混酿

2012	87	2014-2017+
2011	87	2013-2016
2010	88	2012-2015+
2008	82	2010-2013
2007	87	2009-2012+
2006	85	2007-2008
2005	88	2007-2010
2004	86	2006-2009
2003	87	2005-2008
2002	81	2003-2004+

澳大利亚东南部　　　　　　　　　　$5-$11
当前年份：2012　　　　　　　　　　87

果香馥郁，平衡度极高，雅致柔顺，散发着黑莓、红莓、乌梅和紫罗兰融合而成的胡椒味、灰尘味，底味中透出雪松／香草橡木香。口感绵长温和，清新明快，绝对物超所值。

★ Nottage Hill Chardonnay 诺塔奇山霞多丽 干白葡萄酒

2013	87	2014-2015
2012	86	2012-2013+
2011	87	2012-2013
2010	88	2011-2012+
2009	88	2010-2011+
2008	87	2008-2009+

澳大利亚东南部　　　　　　　　　　$5-$11
当前年份：2013　　　　　　　　　　87

一款平衡内敛的葡萄酒。闻起来具有桃子、甜瓜和葡萄柚的淡淡果香，后味中透出带有奶油、黄油香草味的橡木香，酒体中等，口感顺滑浓厚，果味质朴明快。收口长度中等，带有温和的酸味和奶油腰果味。

Nottage Hill Shiraz 诺塔奇山西拉干红葡萄酒 ★

澳大利亚东南部　　　　　　　　　$5-$11
当前年份：2012　　　　　　　　　87

　　一款精心酿制的葡萄酒，极具特色，果香浓郁。散发着黑醋栗和覆盆子的香气，夹杂着香料味、胡椒味和麝香味，雪松/香草橡木香，香味丰富浓烈。口感绵长多汁，洋溢着黑莓、黑醋栗和覆盆子的甘甜果味，与柔顺的单宁、甘甜的橡木香、温和的酸味相互交织，烟熏味经久不散。

2012	87	2014-2017
2010	88	2012-2015+
2009	88	2011-2014+
2007	86	2009-2012
1998	77	2000-2003

Oomoo Sauvignon Blanc 欧姆长相思干白葡萄酒 ★

阿德莱德山　　　　　　　　　　$12-$19
当前年份：2011　　　　　　　　88

　　气质清新，口感紧实而直接，散发着荔枝、西番莲和热带水果的馥郁果香，呈现出流畅的青草气息，果香浓郁适度，略带香甜气息，活力四射，收口的余韵带着令人欣喜的酸度。

2011	88	2011-2012
2010	88	2011-2012
2008	87	2008-2009

Oomoo Shiraz 欧姆西拉干红葡萄酒 ★

麦克拉伦谷　　　　　　　　　　$12-$19
当前年份：2011　　　　　　　　87

　　味道浓郁，适合早期饮用。散发着蓝莓、黑醋栗和乌梅的果香，巧克力橡木风味萦绕其间，底蕴中透露出麝香味和淡淡的草本馨香。酒体中等偏饱满，长度中等，口感浓郁，洋溢着直接的成熟度和多汁度。收口略柔弱，有涩味。

2011	87	2014-2016
2010	88	2012-2015
2008	87	2010-2013+
2007	90	2009-2012+
2002	81	2003-2004
2001	86	2003-2006

Sir James Vintage Pinot Noir Chardonnay
詹姆斯爵士年份黑皮诺霞多丽混酿 ★ ★ ★

多产区　　　　　　　　　　　　$20-$29
当前年份：2008　　　　　　　　90

　　饱满丰盈，馥郁芬芳，散发着覆盆子般略带奶油风味的馨香。花香提升了香气。底蕴中展现出一丝蜡味和饼干酵母的味道。口感绵长脆爽，浸润着成熟的果味，柔滑富有奶油质感，酒质深邃，在味蕾边缘变得更加饱满。收口依然呈现出不俗的新鲜度和平衡度。

2008	90	2013-2016
2005	92	2010-2013+
2004	91	2009-2012+
2002	83	2004-2007
2001	92	2006-2008
1998	92	2003-2006+
1997	95	2002-2005+
1995	93	1997-2000+
1994	88	1996-1999

Thomas Hardy Cabernet Sauvignon 托马斯哈迪赤霞珠干红葡萄酒 ★ ★ ★ ★

古纳华拉　　　　　　　　　　$100-$199
当前年份：2010　　　　　　　　96

　　优雅平衡，层次丰富，寿命较长。散发着黑莓、李子、巧克力和香草的香气，鸢尾花和带有烟熏和雪松味的橡木香提升了香气。底蕴中带有砾石质感。精致绵长，浆果风味浓郁，单宁紧实干燥，带有砾石质感。收口清新绵长。

2010	96	2030-2040
2006	95	2026-2036
2004	97	2016-2024+
2001	92	2009-2013+
2000	89	2008-2012+
1999	93	2011-2019
1996	94	2008-2016
1995	92	2003-2007+
1994	94	2006-2012
1993	90	2001-2005
1992	93	2000-2004
1991	94	2003-2011

哈特兰酒庄 Heartland

通信地址： The Winehouse, Langhorne Creek, SA 5255 · **电话：**（08）8537 3029 ·
传真：（08）8431 4355 · **网址：** www.heartlandwines.com.au · **电子邮箱：** admin@heartlandwines.com.au
产区： 兰汉溪、石灰岩海岸（Limestone Coast）　　**酿酒师：** 本·格莱策（Ben Glaetzer）
执行总裁： 马丁·斯特罗恩（Martin Strachan）

　　酒庄的酿造葡萄来自兰汉溪和石灰岩海岸的成熟葡萄园。在酿酒师本·格莱策的指导下，酒庄推出了一系列风格诱人、不拘一格的葡萄酒，其中的多姿桃-勒格瑞系列混酿风格别致。这些葡萄酒大多质地细腻，美味无比，带有芳香爽口的果酸味。2010年份的西拉就是一个完美典范。同样，另一款果味浓厚、馥郁芳香的2010年份的名导之手西拉也是这一年份的优秀典范。

Director's Cut Shiraz 名导之手西拉干红葡萄酒

2010	92	2018-2022
2009	90	2014-2017
2008	88	2010-2013+
2007	88	2012-2015
2006	88	2008-2011
2005	90	2010-2013
2004	90	2012-2016
2003	85	2008-2011+
2002	87	2010-2014

兰汉溪 　　　　　　　　　　　　　　　　$30-$49
当前年份：2010 　　　　　　　　　　　　　92

　　口感华丽，酒香醇厚，柔顺而美味，散发着乌梅、黑莓和蓝莓带有泥土味的浓香，底蕴中伴随着淡淡的烟熏摩卡咖啡橡木香，隐约透出熟肉、丁香和可乐的气息。口感丰盈，带有恰到好处的橡木味和辛香味，收口酸度鲜明。不过这款酒仍颇有棱角，不够顺畅。会随着时间推移进一步醇厚成熟。

★ ★

Dolcetto & Lagrein 多姿桃 - 勒格瑞混酿

2010	90	2012-2015+
2009	91	2014-2017
2008	87	2010-2013
2007	83	2009-2012
2006	84	2007-2008+
2005	90	2007-2010+
2004	91	2006-2009

兰汉溪 　　　　　　　　　　　　　　　　$20-$29
当前年份：2010 　　　　　　　　　　　　　90

　　这款酒绵长、清新明快。散发着兰花、紫罗兰和甜浆果的浓香，底蕴中透露出淡淡烟碱的气息，与香甜的巧克力 / 香草橡木香密融为一体。口感绵长多汁，略带薄荷味和类似红枣的味道，与干爽、带有粉末质感的单宁紧紧相连。收口紧实集中，带有新鲜的酸度，一丝矿物质的盐香持久在唇齿之间流连。

★

Shiraz 西拉

2010	88	2012-2015
2009	85	2011-2014
2008	86	2010-2013
2007	87	2009-2012
2006	85	2008-2011
2005	87	2007-2010
2004	86	2006-2009+

兰汉溪 　　　　　　　　　　　　　　　　$12-$19
当前年份：2010 　　　　　　　　　　　　　88

　　饱满醇美，极易入口，柔和温存。散发着红莓、李子和雪松 / 香草味橡木融合而成的略带香料味的芳香，隐约透露出一缕樱桃核和黑莓油的香气。口感清新顺滑，略带热辣质感，热情地呈现出果香果味，与柔韧的单宁和内敛的橡木香融为一体，收口味道模糊。

西斯寇特酒庄 Heathcote Estate

通信地址：98 High Street, Heathcote, Vic 3523・**电话**：（03）5433 2488 **传真**：（03）9827 3970・
网址：www.yabbylake.com **电子邮箱**：Info@yabbylake.com
产区：西斯寇特 　**酿酒师**：汤姆・卡森（Tom Carson）
葡萄栽培师：维恩・哈罗普（Vin Harrop）　　**执行总裁**：汤姆・卡森

　　汤姆・卡森是西斯寇特酒庄酿酒团队的卓越领袖。2010 年份的西拉是该酒庄最重要的一款酒，并且达到了历年来的最佳。2011 年的酒较为清淡，集中度和成熟度都不如上一年。2012 年又是一个好年份，这一年酿造的酒大都浓郁香醇。2010 年份的 A 区西拉（95/100，适饮期：2022-2030+）经过前一年的发酵，散发出更清新的泥土香和浓郁的肉香，果味层次丰富，结构良好。它和系列的其他葡萄酒一样，寿命也很长，非常适合窖藏。

★ ★ ★

Shiraz 西拉

2012	93	2024-2032+
2011	88	2016-2019
2010	95	2022-2030+
2009	90	2014-2017+
2008	90	2016-2020
2007	92	2015-2019
2006	93	2014-2018+
2005	89	2010-2013+
2004	93	2012-2016+
2003	92	2011-2015
2002	89	2007-2010

西斯寇特 　　　　　　　　　　　　　　　$30-$49
当前年份：2012 　　　　　　　　　　　　　93

　　一款紧实的西拉，寿命较长，结构良好。散发着浓香，夹杂着胡椒味和香料味，黑醋栗、黑莓、石南和乌梅融合而成的浓郁的橡木香和巧克力味，由于爽紧实的单宁支撑，洋溢着黑莓、李子的酸味，长度极佳。收口紧实，带有矿物味，果味绵延不断，透出些许碘味。

希思科特酿酒厂 Heathcote Winery

通信地址： 185 High Street, Heathcote, Vic 3523 · **电话：**（03）5433 2595 **传真：**（03）5433 3081 ·
网址： wwv heathcotevainery.com.au · **电子邮箱：** winemaker@heathcotewinery.com.au
产区： 西斯寇特　**酿酒师：** 瑞秋·布鲁克（Rachel Brooker）
葡萄栽培师： 布雷特·温斯洛（Brett Winslow）　**执行总裁：** 史蒂芬·维尔金斯（Stephen Wilkins）

　　希思科特酿酒厂擅长酿造西拉和维欧尼葡萄酒。酿酒师巧妙运用维欧尼来提升整款西拉的口感和复杂度，同时又避免呈现出过多的人工痕迹，比澳大利亚大多数的酿酒厂更有经验。2012年份的邮车系列西拉和屠房系列西拉都重新找回了20世纪90年代的卓绝品质，与2010年份之前的西拉相比更显香醇浓厚，深邃的口感中透着辛香雅致，余韵幽香绵长，是窖藏价值极高的美酒。

Curagee Shiraz 克瑞怡西拉干红葡萄酒　★★

西斯寇特　　　　　　　　　　　　　　　　$50-$99
当前年份：2011　　　　　　　　　　　　　　87
　　一款略显浓烈的中期西拉，草药香和胡椒香中透出黑莓与黑李的芬芳，内敛的橡木味中混杂着清新的泥土香，还有淡淡肉香与草本植物清香融合其中。余韵悠长，柔和的红莓与黑莓芬芳中暗藏淡淡的雪松橡木味和细腻的单宁味，收口时浮现一丝冷冷金属味。

2011	87	2016-2019
2010	91	2018-2022+
2009	90	2014-2017+
2008	90	2013-2016+
2007	95	2015-2019+
2006	88	2011-2014
2005	90	2010-2013+
2004	93	2016-2024
2003	91	2011-2015
2002	91	2010-2014
2001	95	2009-2013
1999	87	2004-2007+

Mail Coach（Formerly Curagee）Viognier
邮车（原名克瑞怡）维欧尼干白葡萄酒　★★

西斯寇特　　　　　　　　　　　　　　　　$20-$29
当前年份：2013　　　　　　　　　　　　　　91
　　一款内敛厚重、雅致独特的窖藏酒。散发着柠檬花、丁香和肉桂的收敛香气，夹杂着香料味和花香，底味中带有灰尘味和坚果味。口感柔滑绵密，底蕴中透出细腻的矿物味。杏香和柑橘风味相对封闭，与复杂的奶油味和坚果味相互融合。收口带有清新的酸度，果香绵延，夹杂着更浓烈的辣味和矿物味。

2013	91	2015-2018+
2011	81	2012-2013
2010	90	2012-2015+
2009	92	2011-2014+
2006	87	2007-2008
2005	87	2006-2007+
2004	87	2005-2006+
2003	86	2004-2005

Mail Coach Shiraz 邮车西拉干红葡萄酒　★★

西斯寇特　　　　　　　　　　　　　　　　$20-$29
当前年份：2012　　　　　　　　　　　　　　94
　　雅致深邃，平衡度佳。黑醋栗、桑葚、黑樱桃和黑李芬芳中夹杂微微肉香和野味香，浓烈的胡椒香将香味映衬得更加鲜明，底蕴中透出一股股甘甜的橡木香和清新的薄荷香。口感柔滑绵长，富含黑色水果的各种馥郁香气，雪松/香草橡木味与清新细腻的单宁味交织其中。收口时胡椒辛香、馥郁果香和淡淡肉香在唇齿间经久不散。

2012	94	2024-2032
2011	87	2016-2019
2010	92	2018-2022
2009	89	2014-2017
2008	89	2013-2016
2007	93	2015-2019
2006	87	2011-2014+
2005	92	2013-2017
2004	90	2009-2012+
2003	86	2011-2015
2002	89	2010-2014
2001	91	2006-2009+

Slaughterhouse Shiraz 屠房西拉干红葡萄酒　★

西斯寇特　　　　　　　　　　　　　　　　$30-$49
当前年份：2012　　　　　　　　　　　　　　91
　　果香馥郁，是一款味道极佳的佐餐酒。红醋栗、黑莓、雪松/香草橡木味中夹杂着麝香等香辛料的味道，同时还有一抹熏肉香暗含其中。酒体中等偏饱满，雅致柔滑，单宁清爽细腻，余韵清新悠长，收口明快集中。

2012	91	2017-2020+
2010	87	2012-2015
2009	87	2014-2017
2008	90	2010-2013+
2006	82	2008-2011
2004	81	2006-2009

赫斯科克酒庄 Heemskerk

通信地址： 2 Bowen Road, Moonah, Tas 7009 · **电话：** 1300 651 650 · **网址：** www.heemskerk.com.au ·
电子邮箱： info@heemskerk.com.au
产区： 煤河谷、德文谷、塔斯马尼亚　　**酿酒师：** 皮特·芒罗（Peter Munro）
葡萄栽培师： 杰米·赫维特（Jamie Hewet）　　**执行总裁：** 迈克尔·克拉克

　　30 多年前由格雷厄姆·威尔特（Graham Wiltshire）创立，是塔斯马尼亚州现代历史的重要组成部分。酒庄如今与其创始人之间剩下的唯一联系，不过只有名字而已。但这绝不意味着赫斯科克酒庄不值得关注。相反，它是财富酒庄在塔斯马尼亚地区极具代表性的酒庄。酒庄出品的美酒包括口感紧致、略带矿物风味的霞多丽，馥郁芬芳、果味纯粹、质地精良的雷司令，以及优雅绵密、令人心旷神怡的黑皮诺。酒庄的酒都是这种风格，一直以来都极其优雅细腻。

★★★★　Coal River Valley Chardonnay 煤河谷霞多丽干白葡萄酒

2012	88	2014-2017+
2011	95	2019-2023
2010	95	2015-2018
2008	93	2013-2016
2007	86	2008-2009+
2006	87	2008-2011

煤河谷　　$30-$49
当前年份：2012　　88

　　散发着桃子的清雅果香。略带花香和霉味，奶油香草橡木香、蜡味、羊毛脂味和类似粗麻布的味道，底味中透出丁香、苹果皮和酸橙汁的香味。口感顺滑多汁，洋溢着白桃、油桃、苹果和梨的纯正通透风味，收口优雅绵长。一款复杂、带有肉味的葡萄酒，如果多点蜜糖味的话，评分会更高。

★★　　煤河谷霞多丽黑皮诺混酿

2009	93	2014-2017+
2008	91	2013-2016
2007	89	2012-2015

煤河谷　　$50-$99
当前年份：2009　　93

　　一款富有风格的优雅之酒。复杂纯正，闻起来带有白花、黄花、桃子和梨的淡淡肉味，还有一丝奶油味和坚果味。口感柔软浓郁，长度中等，收口带有集中、爽快的酸味。

★★★　Coal River Valley（Formerly Derwent Valley）Pinot Noir 煤河谷（原名德文谷）黑皮诺干红葡萄酒

2012	94	2017-2020+
2011	92	2016-2019
2010	91	2015-2018
2009	93	2014-2017+
2008	88	2013-2016
2007	88	2009-2012+

德文谷　　$50-$99
当前年份：2012　　94

　　一款匀称集中、略带酸味的年轻黑皮诺。散发着黑莓和新鲜雪松／香草橡木融合而成的香气，质朴浓郁，红花的花香和留兰香提升了整体的香气。口感绵长，顺滑多汁，洋溢着浆果、樱桃略带草本味和番茄味的活泼风味，主轴细腻柔韧，收口带有明快的酸味。重量和集中度会随着时间的推移而增加。

★★★★　Coal River Valley Riesling 煤河谷雷司令干白葡萄酒

2012	94	2024-2030
2011	93	2023-2031
2009	95	2014-2017+
2008	96	2016-2020
2007	85	2008-2009+
2004	84	2006-2009+

煤河谷　　$30-$49
当前年份：2012　　94

　　别具一格，口感集中，精致平衡。散发着白花、黄花、梨和苹果的馥郁果香。底蕴中透露出柑橘、香料的馨香和一丝热带水果的香气。口感悠长纯粹，浸润着柑橘、梨和苹果跃动的风味，晶莹剔透，由单调、带有白垩香的骨架支撑，收口呈现紧实的板岩味。

赫吉酒庄 Heggies Vineyard

通信地址： Heggies Range Road, Eden Valley, SA 5235・**电话：** （08）8561 3200・
传真： （08）8561 3393・**网址：** www.heggiesvineyard.com・**电子邮箱：** info@heggiesvineyard.com
产区： 伊顿谷　**酿酒师：** 彼得・坎贝塔（Peter Cambetta）
葡萄栽培师： 达雷尔・克鲁格（Darrell Kruger）　**执行总裁：** 罗伯特・希尔・史密斯

　　坐落于伊顿谷产区，地处海拔约550米的高山地带，雷司令的天然产地。同时也出产与阿德莱德山霞多丽风味相似的霞多丽，但其在口感上可能更圆润饱满一些。酒庄的白葡萄酒品质出众，绝佳的白垩质感令其在伊顿谷出产的佐餐酒中显得独具特色。虽然近几年酒庄没有推出新酒，但已发酵成熟的珍藏陈酿十分香醇，绝对是不可多得的极品美酒。

Chardonnay 霞多丽　★★

伊顿谷　$20-$29
当前年份：2012　90
　　极其雅致，精致花香中蕴含葡萄柚、甜瓜以及黄桃的芬芳，矿石味、薰肉味、肉桂味和丁香味令其更添深邃醇厚。口感柔滑绵密，带有黄油香气，浓郁的柑橘香与甜瓜香味悠长，夹杂着奶油味和类似蛋黄酱的味道，以及紧实的柠檬酸味。

2012	90	2017-2020
2011	91	2013-2016+
2010	91	2015-2018
2008	92	2010-2013+
2007	90	2009-2012+
2006	89	2008-2011
2005	91	2007-2010
2004	88	2005-2006+
2003	90	2005-2008
2002	93	2004-2007

Merlot 梅洛　★★

伊顿谷　$20-$29
当前年份：2009　86
　　带有香甜的橡木味和些许果酱味，散发着李子、黑樱桃和西梅干融合而成的烘烤味和肉味，雪松橡木的香气提升了整款酒的香氛。初入口感到甘美异常，果味饱满四溢，浸润着李子、梅干和黑樱桃多汁的果味，舌中风味变得单薄。收口并没有表现出绵长的余韵和深邃的质感。

2009	86	2011-2014+
2008	83	2010-2013
2007	93	2012-2015+
2006	93	2014-2018
2005	83	2007-2010
2002	89	2007-2010+
2001	93	2008-2013
2000	87	2002-2005+
1999	88	2001-2004+
1998	89	2003-2006

Reserve Chardonnay 珍藏霞多丽干白葡萄酒　★★★

伊顿谷　$30-$49
当前年份：2009　91
　　顺滑绵长，富有风格，带有橡木味。散发着蜜桃、甜瓜和焦糖布丁融合而成的蜡味和黄油味，底蕴中透露出丝丝丁香和肉桂的辛辣气息。酒体中等偏饱满，果味浓郁多汁，橡木味稍重，收口精致新鲜。

2009	91	2011-2014+
2008	93	2013-2016+
2007	93	2009-2012+
2006	88	2008-2011
2005	94	2007-2010+

Reserve Riesling 珍藏雷司令干白葡萄酒　★★★★

伊顿谷　$20-$29
当前年份：2007　91
　　一款正在发展中带有烘烤味的雷司令。散发着柠檬皮、酸橙、柠檬糖和蜡融合而成的淡淡果酱味，枫木、煤油和白花的香味提升了香气。风味浓郁，夹杂着烘烤味和柑橘香的果味，富有节奏，不断发展。

2007	91	2015-2019
2006	94	2014-2018+
2005	95	2017-2025
2004	89	2012-2016
2001	95	2009-2013+

Riesling 雷司令　★★★

伊顿谷　$20-$29
当前年份：2013　93
　　一款集中质朴的优雅之酒。散发着玫瑰花瓣、酸橙汁和新鲜苹果带有麝香的浓郁香气。后味中透出些许白垩香。口感绵长淳朴，果味悠长，质地带有板岩味和矿物味，收口带有冷钢味和柠檬酸味。十分复杂，但是特色不够鲜明，因此不能得到更高的分数。

2013	93	2025-2033
2012	90	2020-2024
2011	94	2023-2031
2010	91	2015-2018
2009	94	2017-2019+
2008	90	2016-2020
2007	90	2012-2015
2006	91	2011-2014
2005	95	2013-2017
2004	93	2009-2012+

海姆酒庄 Helm

A B C D E F G H I J K L M N O P Q R S T U V W X Y Z

地址： 19 Butts Road, Murrumbateman, NSW 2582 · **电话：**（02）6227 5953 · **传真：**（02）6227 0207 ·
网址： www.helmwines.com.au · **电子邮箱：** ken@helmwines.com.au
产区： 堪培拉　**酿酒师：** 肯·海姆（Ken Helm）、斯蒂芬·海姆（Stephanie Helm）
葡萄栽培师： 肯·海姆、本·奥斯本（Ben Osborne）　**执行总裁：** 肯·海姆

　　肯·海姆是酿造雷多令葡萄酒的一流好手，现在他仍在堪培拉葡萄园里努力锻炼自己的技艺。2010 年份和 2011 年份的赤霞珠在成熟度方面尚有欠缺，而 2013 年份和 2014 年份的白葡萄酒则非常醇香，在纯度、浓度与集中度方面都有很好的表现，如经典雷司令干白葡萄酒。多年来，海姆酒庄酿造的赤霞珠带有明显的旧世界葡萄酒的结构与口感，品质也一直在稳步提升。采用生长于凉爽地带的葡萄酿造的酒富有深邃的层次和香醇的口感，窖藏时间可以相对长一些。

★★ Cabernet Sauvignon 赤霞珠

2011	82	2013-2016
2010	81	2012-2015
2009	91	2017-2021+
2007	91	2019-2027
2003	90	2011-2015+

堪培拉
当前年份：2011　　　　　　　　　$30-$49
　　　　　　　　　　　　　　　　　82
　　单调，过于成熟。带有薄荷味浆果的青涩和植物味。蔓延至舌下时，味道变得多汁、浅薄。缺乏深度和长度。

★★★ Classic Dry Riesling 经典雷司令干白葡萄酒

2014	95	2022-2026+
2013	90	2018-2021+
2012	95	2024-2032
2011	87	2016-2019
2010	91	2015-2018+
2009	94	2017-2021
2008	95	2016-2020+
2007	87	2009-2012+
2006	88	2011-2014+

堪培拉
当前年份：2014　　　　　　　　　$30-$49
　　　　　　　　　　　　　　　　　95
　　清澈香醇，具有很高的平衡度。闻起来带有薰衣草香以及酸橙、苹果和梨的香味，淡淡的矿石风味和柠檬香与之完美融合。口感浓烈直接，新鲜酸橙、苹果及柠檬香悠长持久，夹杂着白垩香，收口带有清新明快的酸橙酸味。

★ Premium Cabernet Sauvignon 优质赤霞珠干红葡萄酒

2010	83	2012-2015
2008	91	2020-2028
2006	83	2008-2011
2005	79	2007-2010
2003	77	2005-2008

堪培拉
当前年份：2010　　　　　　　　　$30-$49
　　　　　　　　　　　　　　　　　83
　　带有麝香味和薄荷味，以及蔓越莓和李子的果香。法国橡木香和清甜花香提升了整体的香气。酒体中等，略带不成熟的浆果与李子香味，味道愈发多汁、酸涩，收口单调，带有涩味。

★★★★ Premium Riesling 优质雷多令干白葡萄酒

2013	94	2025-2033
2012	96	2024-2032+
2010	92	2015-2018+
2009	95	2021-2029+
2008	89	2010-2013+
2006	93	2011-2014+
2005	93	2013-2017+
2004	87	2006-2009

堪培拉
当前年份：2013　　　　　　　　　$30-$49
　　　　　　　　　　　　　　　　　94
　　坚硬绵长，香味馥郁。散发着酸橙汁、白花、苹果和梨味，略带香料味的浓香，后味中带有片岩和白垩的香味。口感绵长油腻，洋溢着流畅简单的果实风味，收口干燥集中，带有清爽的酸味。会随着时间的推移慢慢变得成熟丰满。

海蒂酒庄 Henry's Drive

通信地址： Hodgon's Road, Padthaway, SA 5271 · **电话：**（08）8765 5251 · **传真：**（08）8765 5180 ·
网址： www.henrysdrive.com · **电子邮箱：** mail@henrysdrive.com
产区： 帕史萨韦　**酿酒师：** 瑞内·赫希（Renae Hirsch）
执行总裁： 金·朗博特姆（Kim Longbottom）

　　帕史萨韦是一个辽阔的葡萄酒产区，尚未被小规模的酿酒厂完全占据。出于对澳大利亚南部西拉的热爱，罗伯特·帕克（Robert Parker）创立了海蒂酒庄。如今酒庄的主人和葡萄潮流均已改变——可能更偏向于酿造寿命长的葡萄酒。我个人不太喜欢过度酿造、酒精度高的珍藏西拉，反而更偏爱 2009 年份那款平衡度好且更加自然的"标准"西拉。

Magnus （Formerly Reserve） Shiraz 玛格纳斯（原名珍藏）西拉 ★

帕史萨韦
当前年份：2010

$50-$9

91

2010	91	2022-2030
2008	86	2013-2016
2007	82	2012-2015
2000	87	2002-2005+

一款精心酿造的西拉，会随着时间的推移呈现出日益浓厚的薄荷味。散发着黑醋栗、薄荷、乌梅和黑莓的醇香，与香浓的摩卡／雪松／巧克力橡木香交融，透出一股淡淡的矿物味。醇厚的单宁味、温润的巧克力橡木味以及黑莓与黑李的芬芳让口感更显绵密华美，矿物味与薄荷脑香气在唇齿间经久不散。

Shiraz 西拉 ★

帕史萨韦
当前年份：2009

$30-$49

89

2009	89	2021-2029
2008	90	2013-2016
2007	87	2012-2015
2006	88	2011-2014
2000	89	2005-2008

一款精心酿造的西拉，清新醇美，紧实集中。清爽的薄荷香引出黑醋栗与黑李的甜香，底蕴中带有烟熏巧克力和摩卡咖啡的香气，以及淡淡的针叶橡木香。绵长辛香，甘甜的黑醋栗与黑李芬芳、清新的橡木香气和强劲、带有粉末质感的单宁交织缠绕。收口有明显的咸香。这款酒鲜活雅致，但因咸味过重，无法得到更高的评分。

翰斯科酒庄 Henschke

通信地址： Henschke Road, Keyneton, SA 5353・**电话：**（08)8564 8223・**传真：**（08）8564 8294・
网址： www.henschke.com.au・**电子邮箱：** info@henschke.com.au
产区： 伊顿谷　**酿酒师：** 斯蒂芬・翰斯科（Stephen Henschke）
葡萄栽培师： 普鲁・翰斯科（Prue Henschkc）　**执行总裁：** 斯蒂芬・翰斯科

伊顿谷产区一座具有标志性的小型酒庄。部分酿造葡萄来自伊顿谷历史悠久的著名老藤葡萄园，其他则来目巴罗莎谷及种植历史较短的阿德莱德山兰斯伍德葡萄园。在过去 15 年中，翰斯科出品的红酒果味香甜，口感新鲜浓郁，与过去酒体单薄、口感细腻、结构良好的风格大相径庭。2010 年份的优质西里尔翰斯科红酒十分香醇，是同期酿造的红酒中品质最好的。近年来出品的雷司令品质也愈发卓越，尤为出众的是 2013 年份的朱丽尔斯雷司令。

Abbotts Prayer Merlot Cabernet Blend 阿伯特祈祷者梅洛赤霞珠混酿 ★ ★ ★

兰斯伍德
当前年份：2010

$50-$99

94

2010	94	2022-2030+
2009	88	2017-2021
2008	92	2016-2020+
2007	93	2015-2019+
2005	89	2010-2013+
2004	90	2012-2016
2003	88	2008-2011+
2002	86	2004-2007+
2001	89	2009-2013
2000	85	2002-2005
1999	92	2011-2019
1998	82	2000-2003
1997	87	2005-2009

柔滑雅致，平衡度佳。散发着黑醋栗、红莓、黑樱桃和黑李带有灰尘味和些许草本、雪松味的香气，与香草橡木香相互交织，口感柔滑，细腻绵长，洋溢着多汁浆果和李子的饱满风味，夹杂着细腻、带有灰尘味的赤霞珠果香。单宁柔滑爽脆，后味中透出细腻雪松橡木味。收口带有香料味、草本味和明酸的酸味。

Coralinga Sauvignon Blanc 克罗灵歌长相思干白葡萄酒 ★ ★

兰斯伍德
当前年份：2013

$20-$29

94

2013	94	2015-2018
2012	88	2014-2017
2011	87	2012-2013
2007	81	2008-2009
2006	94	2007-2008+
2005	94	2006-2007+

澄澈质朴，香味丰富。散发着醋栗、荔枝和干草的质朴香气，从中透出一丝青草香和醋栗香。口感柔润丰美，明快多汁，底蕴中透出细腻的白垩香。收口紧实浓烈，带有清新的柠檬酸味。

★ ★ Cranes Chardonnay 克兰霞多丽干白葡萄酒

2012	91	2017-2020
2010	90	2015-2018+
2009	92	2011-2014+
2008	87	2010-2013
2007	87	2009-2012
2006	88	2008-2009
2002	87	2004-2007
2000	82	2002-2005
1999	82	2000-2001
1998	92	2003-2006
1997	90	2002-2005
1996	93	2001-2004

伊顿谷
当前年份：2012

$30-$49
91

　　绵长清新，适合窖藏。散发着蜜桃、油桃、梨子和苹果带有花香和些许香料味的精致香气，后味中透出内敛多尘的香草橡木香气和一丝腰果香。口感顺滑，洋溢着桃子、苹果和梨带有香料味和坚果味道的风味，奶油黄油味橡木香和明快的酸味。收口清新明快，顺滑的果味在口中持久不散。

★ ★ Croft Chardonnay 克罗夫特霞多丽干白葡萄酒

2013	92	2018-2021
2012	91	2017-2020
2010	88	2015-2018
2008	93	2013-2016+
2007	91	2012-2015
2006	84	2008-2011
2004	92	2006-2009
2002	87	2004-2007
2000	87	2002-2005
1999	84	2001-2004
1998	94	2003-2006+

兰斯伍德
当前年份：2013

$30-$49
92

　　成熟有力，质地良好，散发着水蜜桃、葡萄柚和甜瓜的迷人香气，紧实绵密的香草橡木香以及酿造过程中产生的各种味道融合其中。带有些许蛋黄酱的风味，以及丁香味和石蜡味。底蕴中透出香甜明快的果味。口感绵密华美，宽阔，带有酚化物。这款酒非常适合窖藏，持久度和平衡度都会日益提升。

★ ★ ★ Cyril Henschke Cabernet Sauvignon 西里尔翰斯科赤霞珠

2010	96	2030-2040
2009	89	2021-2029
2008	93	2020-2028
2007	93	2015-2019
2006	90	2014-2018
2005	94	2017-2025
2004	89	2012-2016
2003	93	2015-2023
2002	96	2022-2032+
2001	88	2009-2013
2000	88	2005-2008
1999	81	2004-2007

伊顿谷
当前年份：2010

$100-$199
96

　　独具特色，浓郁厚重的雪松香气里透着红莓、黑莓和桑葚果香以及雅致的紫罗兰芬芳，基调中带有一丝干草味。口感醇厚绵密，余韵悠长，成熟馥郁的果香味、独特的橡木清香以及醇厚干爽的单宁味协调地融合在一起。收口酸度令人垂涎欲滴。

★ ★ ★ Giles Pinot Noir 吉尔斯黑皮诺

2012	89	2017-2020+
2010	93	2018-2022
2009	91	2014-2017
2008	92	2013-2016
2007	88	2009-2012
2006	90	2008-2011+
2005	86	2007-2010
2004	88	2006-2009+
2003	87	2005-2008
2002	92	2004-2007
2001	87	2003-2006+

兰斯伍德
当前年份：2012

$30-$49
89

　　酒体中等，紧实悠长，没有多少皮诺葡萄的迷人特质。散发着红李、红醋栗、甜菜和黑樱桃略带辛辣气息的芳香，底蕴中透露出大黄和炙烤土地的醇香。在强劲且带有粉末质感的单宁结构支撑下，绵长集中，收口带有辣味和灰尘味，酸味明快。

★ ★ ★ Green's Hill Riesling 格林山雷司令干白葡萄酒

2013	91	2021-2025+
2012	90	2020-2024+
2010	93	2018-2022+
2009	88	2014-2017
2007	89	2012-2015
2006	92	2011-2014+
2005	93	2010-2013+
2004	89	2009-2012
2002	87	2004-2007
2001	82	2003-2006
2000	87	2002-2005+

兰斯伍德
当前年份：2013

$20-$29
91

　　偏德国风味，清新微甘，醇厚悠长，平衡度极好。馥郁花香中透着清爽的苹果味、酸橙味、梨味与核果味。口感紧实简朴，绵密柔滑，核果味、酸橙味和柠檬味在口中回荡。收口酸度清新明快。

★ ★ Henry's Seven Shiraz Grenache Blend 亨利七英亩西拉歌海娜混酿

2013	88	2015-2018
2012	89	2014-2017+
2010	92	2015-2018
2009	91	2011-2014+
2008	88	2010-2013
2007	90	2009-2012+
2006	89	2008-2011
2005	90	2007-2010
2004	90	2006-2009+
2003	91	2005-2008

兰斯伍德
当前年份：2013

$30-$49
88

　　鲜明直接，富含果酱香气，带有浓郁的桑葚与蓝莓甜香，荆棘香与馥郁花香夹杂其间，还有淡淡的可乐味和干草药香。口感略显灼热，浓郁的果酱果香和空灵的乙醚芬芳相衬相映，余味较短，不够清新集中。

Hill of Grace Shiraz 神恩山西拉干红葡萄酒 ★★★★

伊顿谷
当前年份：2009

$200+

94

　　香醇浓厚，柔滑无比。酒体适中，辛辣味、肉香与荆棘香气衬出黑醋栗、黑莓、黑李与桑葚的清甜味，肉桂与黑胡椒味若隐若现。底蕴带有甘甜的雪松／香草橡木味、葡萄干味和灌木香气。韵味悠长，果香馥郁，甘甜爽口，强劲浓厚的单宁味与清新香甜的甘草香衬出成熟浓郁的黑莓和李子果味以及一丝淡淡的葡萄干馨香。收口清新明快，只是余味显短暂。

2009	94	2021-2029
2008	94	2020-2028+
2007	96	2027-2037
2006	96	2018-2026+
2005	92	2013-2017
2004	94	2016-2024+
2003	86	2008-2011
2002	98	2032-2042
2001	91	2013-2021
1999	90	2011-2019
1998	95	2010-2018
1997	95	2017-2027
1996	95	2016-2026
1995	93	2015-2025
1994	93	2002-2006+
1993	93	2013-2023
1992	95	2012-2022

Johann's Garden Grenache Blend 约翰园歌海娜混酿 ★★★

伊顿谷
当前年份：2013

$30-$49

92

　　风味独特，平衡度极佳。蓝莓、红莓与黑莓味里透着淡淡的紫罗兰馨香，麝香的香料味夹杂其中。酒体饱满偏中等，带有蓝色水果和黑色水果的浓郁多汁。收口酸度令人垂涎欲滴，甘草香在口中回味悠长。

2013	92	2025-2033
2012	90	2014-2017+
2010	94	2018-2022+
2009	93	2017-2021
2008	90	2010-2013
2007	89	2009-2012+
2006	90	2011-2014
2005	94	2010-2013
2004	91	2006-2009+
2003	95	2008-2011+
2002	90	2004-2007+
2001	93	2006-2009

Julius Riesling 朱利尔斯雷司令干白葡萄酒 ★★★★

伊顿谷
当前年份：2013

$30-$49

94

　　结构完整，平衡度高。花香浓郁，玫瑰花、薰衣草和梨花味中透着酸橙味和苹果味。口感厚实，韵味悠长，富含各种清新水果的香气，收口酸度紧实独特。

2013	94	2025-2033
2012	95	2024-2030
2011	95	2023-2031
2010	94	2022-2030
2009	93	2017-2021
2008	94	2016-2020
2007	95	2015-2019+
2006	93	2011-2014+
2005	93	2009-2013+
2004	93	2009-2012+

Keyneton Euphonium Shiraz Blend 肯勒屯乐队西拉混酿 ★★★

伊顿谷
当前年份：2012

$50-$99

91

　　雅致柔滑，雪松香气里透着微微的草药香，还有一股赤霞珠葡萄酒独有的幽香。淡淡的丁香等香料味衬出黑莓味、乌梅味、紫罗兰味以及甘甜的香草橡木味。酒体中等偏饱满，清新淡雅的黑莓味、红莓味、雪松／香草橡木味映衬清新细腻的单宁味。收口酸度鲜明，带有淡淡咸香和草药香。窖藏后，果香会更浓郁，层次也会更加分明。

2012	91	2020-2024+
2010	90	2018-2022
2009	94	2029-2039
2008	90	2016-2020+
2007	92	2012-2015+
2006	92	2014-2018+
2005	92	2013-2017
2004	94	2016-2024
2002	93	2014-2022+
2001	86	2006-2009
1999	86	2004-2007
1998	92	2006-2010
1997	87	2002-2005
1996	93	2004-2008+

Louis Semillon 刘易斯赛美蓉干白葡萄酒 ★★★

伊顿谷
当前年份：2013

$20-$29

92

　　这款赛美蓉窖藏后会拥有更好的平衡度与韵味。口感绵密，微弱辛香与淡淡肉香映衬甜瓜香和柑橘香。酒体单薄，风味独具，果香味浓，收口酸度紧实集中，带有矿物味。

2013	92	2025-2033
2012	91	2020-2024+
2009	92	2017-2021
2008	92	2013-2016
2007	96	2015-2019
2006	93	2011-2014+
2005	90	2010-2013
2002	93	2007-2010+
2000	87	2002-2005
1999	83	2001-2004
1998	88	2003-2006

★★★★   Mount Edelstone Shiraz 宝石山西拉干红干葡萄酒

2012	95	2024-2032+
2010	93	2022-2030
2009	96	2029-2039
2008	94	2020-2028
2007	95	2015-2019
2006	97	2018-2026+
2005	94	2017-2025
2004	95	2016-2024
2003	95	2015-2023+
2002	97	2022-2032+
2001	92	2009-2013
2000	82	2002-2005+
1999	92	2007-2011

伊顿谷 $100-$199

当前年份：2012   95

    散发着紫罗兰、胡椒、黑醋栗和桑葚的果香以及雅致的雪松/摩卡/咖啡橡木味。巧克力味、薄荷味和些许薄荷味让韵味更显悠长。酒体中等偏饱满，甘甜的黑醋栗味、黑莓味、黑李味与带有椰子/香草幽香的巧克力橡木味完美融合。余韵柔滑悠长，单宁味带出淡淡的咸香味和明快的酸度。

★★   Peggy's Hill Riesling 佩吉山雷司令干白葡萄酒

2013	91	2021-2025+
2012	91	2020-2024
2011	91	2016-2019+
2009	93	2017-2021
2007	85	2009-2012
2006	82	2007-2008
2005	93	2013-2017

伊顿谷 $20-$29

当前年份：2013   91

    十分香醇，内敛的花香中透着酸橙、苹果和金银花的芬芳，底蕴带有白垩与板岩风味。口感柔润干爽，韵味细腻悠长，清新澄澈的柑橘香在唇齿间萦绕。收口酸度活跃明快。

紫蝴蝶酒庄 Hewitson

通信地址： 287 waymouth Street, Adelaide SA 5000 · **电话：**（08）8212 6233 · **传真：**（08）8212 5970 ·
网址： www.hewitson.com.au · **电子邮箱：** dean@nhewitson.com.au
产区： 巴罗莎谷、麦克拉伦谷、阿德莱德山、菲尔半岛
酿酒师： 迪恩·希维森（Dean Hewitson）、詹姆斯·亚当斯（James Adams）   **执行总裁：** 迪恩·休伊森

    迪恩·希维森的酿酒技术稳定，火候精准，是澳大利亚手工酿酒的佼佼者。与巴罗莎谷和麦克拉伦谷出品的大多数口感浓烈的酒不同，紫蝴蝶酒庄的葡萄酒雅致内敛，只有少数杰出酒庄能酿出如此高品质的酒。2010年份的红酒馥郁雅致，品质远胜往年。2012年份的珍藏系列也十分香醇，可与2010年份的红酒相媲美。

★★★   Baby Bush Mourvèdre 小布什慕合怀特干红葡萄酒

2012	92	2020-2024+
2011	93	2019-2023+
2010	92	2012-2015
2009	92	2014-2017+
2008	91	2013-2016
2007	88	2009-2012
2006	88	2008-2011+

巴罗莎谷 $20-$29

当前年份：2012   92

    雅致柔顺，麝香、黑胡椒、烟熏味等辛香中带有浓郁的黑莓味和黑樱桃味，还透着蓝色花朵特有的芬芳气息。酒体饱满偏中等，口感柔滑香醇，黑莓、蓝莓和红莓香气浓郁灵动。单宁密实细腻，余味悠长，带有淡淡咸香和回味无穷的甘草清香。

★★★   Gun Metal Riesling 锐枪雷司令干白葡萄酒

2013	86	2018-2021
2012	95	2024-2030+
2011	86	2013-2016
2010	92	2018-2022
2009	90	2014-2017
2008	90	2013-2016
2007	86	2008-2009
2006	88	2008-2011
2005	92	2010-2013+

伊顿谷 $20-$29

当前年份：2013   86

    尽管其具有雷司令特有的矿物味，但还是不够纯正。在白色花朵特有的芬芳映衬中，苹果香、酸橙香、梨香与香料辛香交相辉映。酒体松弛但油脂异常丰富，一丝咸香凸显出酸橙、柠檬与苹果的香气，收口太过绵软黏腻。

★★   Lu Lu Sauvignon Blanc 露露长相思干白葡萄酒

2013	93	2015-2018
2012	91	2014-2017
2011	89	2011-2012
2010	93	2011-2012+
2009	87	2010-2011
2008	86	2009-2010
2007	86	2007-2008+
2005	90	2006-2007

阿德莱德山 $20-$29

当前年份：2013   93

    极其复杂，雅致细腻且果香馥郁。醋栗与甜瓜芬芳中带有一些荔枝和黑醋栗香，味道十分独特。入口圆润华美，而后清雅柔润，淡淡的矿石风味和橡木香韵味悠长。收口绵密，各种肉香交织。

Miss Harry Grenache Blend 哈利小姐歌海娜混酿 ★★★

巴罗莎谷 $20-$29
当前年份：2012   93

    香醇圆润，酒体饱满偏中等。麝香味映衬着蓝莓、黑莓、荆棘以及可可的香气，还带有淡淡花香和一抹薄荷脑的芬芳。单宁醇厚细腻，口感柔滑无比。明快醇厚，香气馥郁，韵味悠长，收口丰润华美。

2012	93	2010-2024+
2011	92	2016-2019
2010	93	2015-2018+
2009	91	2011-2014+
2008	91	2013-2016+
2007	91	2009-2012+
2006	92	2008-2011+
2005	91	2007-2010
2004	90	2006-2009
2003	91	2004-2005+
2002	91	2003-2004+
2001	90	2003-2006

Ned & Henry's Shiraz Blend 纳德亨利西拉混酿 ★★

巴罗莎谷 $20-$29
当前年份：2012   94

    柔润雅致，极具澳大利亚勃艮第葡萄酒风味。淡淡肉香、烟熏味和花香中蕴藏浓浓果香，成熟的李果、小黑莓、小红莓以及香草橡木的香气被一丝黑胡椒香烘托得香醇无比。口感柔滑，香醇悠长，一丝辛香中透着黑莓、樱桃和李果的芬芳，收口带有浓郁的干草香。

2012	94	2020-2024+
2011	90	2016-2019
2010	91	2012-2015+
2009	91	2014-2017
2008	91	2013-2016
2007	91	2015-2019+
2006	89	2011-2014+
2005	90	2010-2013
2004	90	2006-2009
2002	90	2004-2007+

Old Garden Mourvèdre 古老花园慕合怀特干红葡萄酒 ★★★★

巴罗莎谷 $100-$199
当前年份：2012   93

    柔润雅致，浓烈辛香中透着小红莓、樱桃和李果的香气，还带点土耳其玫瑰软糖的甘甜。口感柔滑绵密，淡淡肉香与葡萄干醇香映衬着莓果、李果与樱桃的芬芳，醇厚的雪松橡木味与醇厚细腻的单宁味交相辉映，收口酸度令人心旷神怡。

2012	93	2020-2024
2011	95	2023-2031
2010	94	2022-2030
2009	93	2014-2017+
2008	93	2016-2020+
2007	89	2009-2012+
2006	90	2008-2011+
2005	81	2007-2010
2004	87	2006-2009
2003	91	2005-2008+
2002	92	2010-2014+
2001	91	2009-2013
2000	95	2012-2020

The Mad Hatter （Formerly l'Oizeau） Shiraz
狂热怀特（原名瓦佐）西拉干红葡萄酒 ★★★

麦克拉伦谷 $50-$99
当前年份：2012   94

    花香浓郁，肉香与胡椒香烘托出黑莓和黑李的香气，底蕴带有雪松/巧克力橡木香气和动物皮革味。酒体中等偏饱满，明快悠长，黑莓、黑李、橡木与强劲的单宁味交织融合。余味绵长，带有板岩风味，酸度恰到好处。

2012	94	2024-2032+
2010	96	2022-2030+
2009	92	2014-2017
2007	92	2012-2015+
2006	89	2008-2011+
2005	92	2010-2013+
2004	90	2012-2016+
2002	93	2010-2014+
2001	88	2003-2006+
2000	93	2008-2012+
1999	86	2004-2007
1997	87	1999-2002

希尔史密斯酒庄 Hill Smith Estate

通信地址：Flaxman's Valley Road, Eden Valley, SA 5235 · **电话**：（08）8561 3200 ·
传真：（08）8561 3393 · **网址**：www.hillsmithestate.com · **电子邮箱**：info@hillsmithestate.com
产区：伊顿谷 **酿酒师**：特蕾莎·赫森鲁德（Teresa Heuzenroeder）
葡萄栽培师：达雷尔·克鲁格 **执行总裁**：罗伯特·希尔·史密斯

    位于伊顿谷的一座成熟酒庄，隶属御兰堡酒业。新近年份的长相思在风格上有了变化，口感日趋复杂化，酒香更加浓郁美味，呈现出更加成熟的长相思葡萄品质。此外，酒庄的霞多丽亦呈现出柔滑雅致、层次丰富的特质。

2012	91	2017-2020+
2011	91	2016-2019
2010	88	2012-2015
1998	88	2000-2003+
1997	87	1999-2002
1996	88	1998-2001
1995	91	2000-2003
1994	79	1996-1999
1993	90	1995-1998
1992	90	1994-1997
1991	88	1993-1996

伊顿谷 $20-$29

当前年份：2012   91

清新雅致，带有白色花朵和黄色花朵的内敛芬芳，浓郁的橡木香烘托出淡淡的柠檬香与核果香。口感柔滑绵密，雅致的柑橘香与核果香别有韵味，收口微酸，果香中带点肉香。

2013	86	2014-2015
2012	89	2013-2014+
2011	88	2012-2013+
2010	92	2012-2015
2009	90	2010-2011+
2008	89	2009-2010+
2007	84	2008-2009
2006	87	2007-2008
2005	90	2006-2007

伊顿谷 $20-$29

当前年份：2013   86

缺乏应有的清新感和平衡度，略带草本味和烟熏味，不够紧实明快。口感平滑绵密，带有简朴甘甜的果香味，收口不够匀称集中。

侯德乐溪酒庄 Hoddles Creek

通信地址：505 Gembrook Road, Hoddles Creek Vic 3139・电话：（03）5967 4692・
网址：www.hoddlescreekestate.com.au・电子邮箱：mail@hoddlescreekestate.com.au
产区：雅拉谷   酿酒师：弗朗哥・达纳（Franco D'Anna）
葡萄栽培师：弗朗哥・达纳   执行总裁：弗朗哥・达纳

位于上雅拉谷地区的一个成熟果园，开辟于 1997 年。其中黑皮诺（5 种克隆品种）种植面积达 10 公顷，霞多丽 6 公顷，长相思、梅洛和赤霞珠各 1 公顷，灰皮诺 1.5 公顷。产量中等，主要用于酿造"庄园"和"雅拉谷"两个系列的葡萄酒。庄园系列纯正清新，带有凉爽气候下生长的葡萄的酸味；雅拉谷系列果香明快，复杂迷人，陈年后更富光泽，更具旧世界葡萄酒的风格。

2012	93	2017-2020+
2011	95	2019-2023
2010	93	2015-2018+

雅拉谷 $30-$49

当前年份：2012   93

别具一格，韵味十足，在酿造过程中形成了复杂多样的味道。焦香味和蜂蜜味中带点柠檬皮和黄油橡木的浓郁香气，底蕴呈现绵密独特的酵母香。口感圆润丰美，葡萄柚与甜瓜香气韵味悠长，收口酸度清新明快。

2012	95	2020-2024+
2010	95	2018-2022+
2008	93	2016-2020

雅拉谷 $30-$49

当前年份：2012   95

丰润华美，韵味悠长，有着极其完美的平衡度。馥郁花香中带点清新的泥土芬芳，底蕴呈现浓烈肉香与烟熏味。繁复但稳定的单宁幽香、小野果的清新香气与新鲜的雪松橡木味交织，酸度鲜明，收口余味醇厚独特。

2013	92	2017-2021+
2012	94	2020-2024
2010	91	2018-2022
2007	93	2012-2015+
2006	92	2011-2014
2005	90	2010-2013
2003	88	2005-2008+

雅拉谷 $20-$29

当前年份：2013   92

极其雅致，葡萄柚、青苹果皮和香草橡木的芬芳中混合着柠檬花和果子露的香气，底蕴呈现了丁香味和黄油橡木味。口感圆润绵密，香气馥郁，葡萄柚、甜瓜和柠檬香韵味悠长，烟熏味、黄油味以及火柴味夹杂其中，一丝肉香若隐若现。余味清新悠长。

Pinot Noir 黑皮诺　★★

2013	92	2018-2021+
2012	91	2020-2024
2010	89	2015-2018+

雅拉谷　　　　　　　　　　　　　　　$20-$29
当前年份：2013　　　　　　　　　　　　92

　　香醇雅致，馥郁华美。香甜的红莓、黑莓和雪松／巧克力橡木香气中浮动着淡淡花香。酒体饱满偏中等，口感柔滑香醇，多汁水果的香气韵味悠长，收口清新明快。这款温暖年份酿造的新酒品质极高。

郝立克酒庄 Hollick

通信地址： Corner Ravenswood Lane & Riddoch Highway, Coonawarra, SA 5263 · **电话：**（08）8737 2318 ·
传真：（08）8737 2952 · **网址：** www.hollick.com · **电子邮箱：** admin@hollick.com
产区： 古纳华拉、拉顿布里　**酿酒师：** 伊恩·郝立克（Ian Hollick）、乔·科里（Joe Cory）
葡萄栽培师： 斯图尔特·莎拉姆（Sluart Sharam）　　**执行总裁：** 伊恩·郝立克

　　郝立克酒庄是古纳华拉的金字招牌。这里葡萄园上方覆盖着一层有机红土。除了酒厂以外，酒庄还拥有一家高级餐厅。酒庄最近在中国成立了深圳国能国际贸易公司，用于销售酒庄酿造的各色美酒。郝立克酒庄近年来酿造的佐餐酒已经在市场上站稳了脚跟。我特别喜欢明快雅致的赤霞珠和牧道西拉赤霞珠混酿，采用晚收葡萄酿造的甘露迟摘雷司令也十分香醇。

Bond Road （Formerly Reserve）Chardonnay
邦德路（原名珍藏）霞多丽干白葡萄酒　★

2012	89	2014-2017
2010	89	2012-2015
2009	90	2011-2014
2008	81	2008-2009
2007	82	2007-2008
2006	88	2008-2011
2005	88	2007-2010
2004	80	2004-2005
2003	87	2005-2008
2002	89	2003-2004+

古纳华拉　　　　　　　　　　　　　　$20-$29
当前年份：2012　　　　　　　　　　　　89

　　香气馥郁，口感简单，带有奶油浓香和花香，桃子、甜瓜、腰果的淡淡果香，以及清新的香草橡木味。口感圆润多汁，充盈着切片油桃和白桃的馥郁新鲜果味，坚果橡木的美味萦绕其间，夹杂着清新柔和的酸度。

Cabernet Sauvignon 赤霞珠　★★★

2012	93	2024-2032
2010	92	2022-2030
2009	91	2017-2021
2008	91	2013-2016+
2006	93	2014-2018
2005	91	2013-2017
2004	88	2009-2012
2003	86	2005-2008+
2002	90	2007-2010+
1990	88	1998-2002
1984	89	1989-1992+

古纳华拉　　　　　　　　　　　　　　$30-$49
当前年份：2012　　　　　　　　　　　　93

　　香醇雅致，平衡度高。清新的雪松／香草橡木味映衬出浓郁的黑醋栗、覆盆子、桑葚和红樱桃香气，淡淡的薄荷味、紫罗兰味和干药草味夹杂其中。口感绵密劲道，韵味柔润悠长。收口带有浓厚的醋栗味、黑李味、桑葚味和雪松味，一丝黑巧克力和矿物味。

Hollaia Sangiovese Cabernet Sauvignon
霍莱亚系列桑娇维塞赤霞珠混酿　★★

2010	92	2018-2022
2009	91	2014-2017+
2008	91	2010-2013+
2006	88	2008-2011
2005	85	2006-2007+

古纳华拉　　　　　　　　　　　　　　$20-$29
当前年份：2010　　　　　　　　　　　　92

　　这款混酿相比上一年份酒体更加饱满，橡木味也更浓郁。散发着黑莓、红浆果的香甜芬芳，融入巧克力／摩卡咖啡的橡木美味，底蕴中透露出淡淡石南的馨香，层次复杂。酒体饱满偏中等，在精致、带有粉末质感的单宁支撑下，洋溢着黑色和红色水果的馥郁果味。收结带有令人愉悦的赤霞珠果香，夹杂着复杂的肉味和辣味。

Ravenswood Cabernet Sauvignon
雷文斯伍德赤霞珠干红葡萄酒

2010	92	2022-2030
2009	93	2021-2029+
2008	92	2020-2028
2006	96	2026-2036
2005	90	2017-2025
2002	91	2014-2022
2001	86	2013-2021
2000	87	2008-2012
1999	88	2007-2011
1998	90	2010-2018
1996	82	2001-2004
1994	88	2006-2014

古纳华拉
当前年份：2010 $50-$99
92
　　极其成熟，顺滑，带有橡木香。散发着黑醋栗、桑
葚和乌梅略带薄荷和草本味的香气，余味中透出浓烈的
雪松味和香草味。口感柔软，绵长顺滑，洋溢着带有薄
荷和类似黑醋栗味道的果香，从中透出一丝薄荷脑和过
熟水果的芳香，单宁紧实细腻。不过这款酒的丰满和甜
度都主要来源于橡木的味道。

★ ★

Stock Route Shiraz Cabernet Sauvignon Blend
牧道西拉赤霞珠混酿

2012	90	2017-2020+
2011	85	2013-2016
2010	91	2018-2022+
2009	89	2014-2017
2008	90	2013-2016+
2006	90	2011-2014
2005	89	2010-2013
2004	86	2006-2009
2003	83	2005-2008
2002	84	2004-2007
2001	83	2003-2006
2000	90	2001-2002

古纳华拉
当前年份：2012 $20-$29
90
　　精巧雅致，散发着黑醋栗、小红莓和雪松橡木味融
合而成的薄荷淡香，幽微的紫罗兰香、麝香和白胡椒香
夹杂其间。柔滑可口，浆果、李子和橡木清香烘托出劲
道爽口的单宁味。收口平衡，香料味经久不散。

★ Tannery Block Cabernet Sauvignon Merlot 皮革厂区赤霞珠梅洛混酿

2012	89	2017-2020+
2011	81	2013-2016
2010	89	2018-2022
2009	84	2011-2014
2008	86	2013-2016
2006	91	2011-2014+
2005	86	2007-2010
2004	89	2009-2012
2003	82	2008-2011
2002	80	2004-2007

古纳华拉
当前年份：2012 $20-$29
89
　　清爽直接，带有产区风味。甘甜的花香味中蕴含
黑醋栗、小红莓和雪松橡木的幽香。单宁雅致细腻，
收口酸度清新明快，灵动活跃的小红莓果香味在口中
久久流连。

★ ★ ★

The Nectar Riesling 甘露雷司令干白葡萄酒

2013	92	2018-2021
2012	94	2017-2020+
2011	92	2013-2016+
2010	95	2015-2018+
2009	89	2014-2017
2008	91	2013-2016+

古纳华拉
当前年份：2013 $20-$29
92
　　青春洋溢、富有魅力。杏子、橙子和柠檬花的香味
中浮动着甘甜的蜜香以及柑橘皮的幽香。绵密柔顺，甜
而不腻，浓郁的杏香味与橘子味悠长持久，收口鲜明跃动，
酸度柔和。

★ ★ ★

Wilgha Shiraz 维尔加西拉干红葡萄酒

2010	85	2015-2018
2009	88	2014-2017+
2008	93	2020-2028
2006	95	2018-2026
2005	91	2013-2017+
2003	88	2008-2011+
2002	86	2007-2010
2000	87	2008-2012
1999	90	2001-2004+
1998	91	2010-2018
1997	88	2005-2009

古纳华拉
当前年份：2010 $30-$49
85
　　散发着带有果酱风味的水果、留兰和些许天然橡木
香融合而成的灰尘味、泥土味和草本味。酒体中等偏饱满，
略带果酱风味，夹杂着香甜、果酱味和青涩味。缺乏紧
实度和纯正的果味。

★ ★

Wrattonbully Shiraz 拉顿布里西拉干红葡萄酒

2012	91	2024-2032
2010	90	2015-2018+
2009	90	2014-2017+
2008	90	2013-2016
2006	90	2011-2014+
2005	86	2007-2010
2004	82	2006-2009
2003	81	2005-2008

拉顿布里
当前年份：2012 $20-$29
91
　　窖藏恰到好处，泥土芬芳衬着胡椒等辛香，黑色水
果和红色水果的馥郁香气中浮动着甘甜的香草/雪松橡
木味和淡淡的可可味。柔滑可口，韵味雅致悠长，饱含
黑色水果香气，收口酸度清新灵动。

赫莉花园酒庄 Holly's Garden

通信地址： Mansfield Road, Whitlands, Vic3678 · **电话：** 0408 666 348 · **传真：**（03）9598 0766 ·
网址： www.hollysgarden.com.au · **电子邮箱：** moondar@bigpond.net.au
产区： 国王谷　**酿酒师：** 尼尔·普伦蒂斯（Neil Prentice）

　　尼尔·普伦蒂斯醉心于葡萄种植和和牛的蓄养，是一位热衷美食、美酒的享乐主义者。他时常会抽时间打理他的国王谷葡萄园，收获葡萄酒，用于酿造复杂美味的葡萄酒。不同年份的葡萄酒品质也不同，但一直都有与众不同的特殊秉性，每一季总是令人喜出望外。

Pinot Gris 灰皮诺　　　　　　　　　　　　　　　　　★ ★

惠特兰　　　　　　　　　　　　　　$20-$29
当前年份：2012　　　　　　　　　　　90

　　绵长雅致，集中度佳，透出新鲜的李子、苹果的馥郁果香。散发着金银花的淡然幽香，融入切片苹果和梨子般略带矿物质风味的芬芳，后味中带有丁香和肉桂的馨香，底蕴中透出果子露的甜香。入口后，洋溢着甜瓜、苹果和梨子的多汁风味，浓郁集中，而后风味逐渐演化为带有蜡味、奶油味，略带肉味的口感，但依然保持了极佳的集中度和新鲜度。

2012	90	2014-2017
2011	93	2013-2016+
2010	82	2011-2012+
2009	90	2011-2014+
2008	81	2009-2010
2005	80	2005-2006
2004	91	2006-2009+

Pinot Noir （Formerly Pagan） 黑皮诺（原名异教徒黑皮诺）　★ ★ ★

惠特兰　　　　　　　　　　　　　　$20-$29
当前年份：2013　　　　　　　　　　　92

　　似乎有不错的陈年效果。平衡度高，美味绵长。香料辛香、肉香和泥土香烘托着淡雅而略带薄荷味的黑樱桃、大黄和玫瑰花瓣的馨香，绵密的香草橡木味与烟熏味相交织。单宁细腻强劲，明快的浆果和樱桃香雅致悠长，收口酸度明快协调。

2013	92	2021-2025
2012	89	2014-2017+
2009	90	2011-2014+
2008	80	2009-2010
2007	90	2012-2015
2005	88	2007-2010+
2004	89	2009-2012

圣栎酒庄 Holm Oak

通信地址： 11 West Bay Road, Rowella, Tas 7970 · **电话：**（03）6394 7577 · **传真：**（03）6394 7350 ·
网址： www.holmoakvineyards.com.au · **电子邮箱：** holmoak@bigpond.com
产区： 塔玛谷　**酿酒师：** 瑞贝卡·威尔逊（Rebecca Wilson）
葡萄栽培师： 蒂姆·达菲（Tim Duffy）　**执行总裁：** 伊恩·威尔逊（Ian Wilson）

　　位于塔玛谷的一座成熟酒庄，建立于1983年。酒庄目前的所有者于2004年接手葡萄园，将酒庄打造成为酿造卓越的黑皮诺、灰皮诺和长相思的优质酿造商。2013年份的灰皮诺是当年的佳酿，香醇雅致，复杂度高。另外一款巫师黑皮诺味道浓烈，带有很重的橡木味，与当前年份的其他黑皮诺相比香气更加馥郁。

Pinot Gris 灰皮诺　　　　　　　　　　　　　　　　　★ ★ ★

塔玛谷　　　　　　　　　　　　　　$20-$29
当前年份：2013　　　　　　　　　　　92

　　层次丰富，平衡度好。甘甜中带点酸，淡淡辛香烘托出清新的梨花和果核香。醇厚绵密，柠檬微酸包裹着梨子和苹果的香气，余味悠长。

2013	92	2015-2018+
2012	90	2014-2017+
2011	92	2013-2016

Pinot Noir 黑皮诺　　　　　　　　　　　　　　　　　 ★

塔玛谷　　　　　　　　　　　　　　$30-$49
当前年份：2013　　　　　　　　　　　89

　　一款清新、果香馥郁的葡萄酒。散发着瑰花瓣、红李、红樱桃、桑葚和蔓越橘融合而成的香味，清新的雪松/香草橡木味与丁香味、肉桂味相互依衬。口感香滑，悠长醇美，樱桃和李子的果味中央杂着淡淡的泥土芬芳，收口醇厚浓郁，带有清新淡雅的酸味。继续窖藏的话，这款酒会变得更加香醇迷人。

2013	89	2015-2018+
2012	80	2013-2014
2011	81	2012-2013
2010	91	2015-2018
2006	82	2007-2008+
1997	87	1998-1999
1993	88	1998-2001

2013	90	2021-2025+
2012	88	2017-2020+
2011	93	2019-2023+
2010	85	2012-2015
2009	92	2017-2021+

塔玛谷 $20-$29

当前年份：2013   90

尽管这款雷司令酸度稍重，仍不失为一款浓烈醇厚的雷司令佳酿。带有柠檬皮、酸橙汁和苹果皮的香气。口感绵长，白垩质感的酒体带着清新的柑橘芬芳。时间会让这款酒变得更加美妙醇厚。

霍顿酒庄 Houghton

通信地址：Dale Road, Miiddle Swan, WA 6056・电话：（08）9274 9540・传真：（08）9274 5172・
网址：www.houghton-wines.com.au・电子邮箱：customers@houghton-wines.com.au
产区：西澳大利亚各大产区   酿酒师：罗斯・派蒙特（Ross Pamment）
葡萄栽培师：里斯・托马斯（Rhvs Thomas）   执行总裁：迈克尔・伊斯特

美誉酒业旗下品牌，是西澳大利亚地区诸多酒庄中最重要的一个。出品的葡萄酒跻身西澳大利亚最佳葡萄酒行列。这些佳酿将饱满馥郁的传统特色与优秀聪颖的当代趋势完美地结合在一起。从并不昂贵的玛格丽特河赤霞珠到杰克曼赤霞珠混酿，酒庄的葡萄酒总是品质超群，令人惊艳。霍顿的葡萄酒清新雅致，果香馥郁，具有丰富的层次感和极高的平衡度，体现出炉火纯青的酿酒技艺。2011年份的杰克曼赤霞珠混酿就是一款世界级的高品质美酒。

★ ★   Crofters Cabernet Blend 佃农赤霞珠混酿

2007	94	2019-2027
2005	90	2013-2017
2004	90	2012-2016
2003	86	2008-2011
2002	86	2007-2010
2001	87	2006-2009
2000	86	2008-2012+
1999	87	2007-2011
1998	88	2003-2006
1997	93	2002-2005+

西澳大利亚各大产区 $30-$49

当前年份：2007   94

一款与众不同、颇具个性的美酒，狂野，带有石南味。散发着马尔白克葡萄的香气，洋溢着乌梅和黑莓的果香，略带泥土气息，流露出淳厚的底蕴，伴有多汁雪松/香草橡木的淡淡芳香。余韵绵长悠扬，酒质细腻光洁，口感层次深邃明晰，在紧实爽脆的单宁支撑下，浸润着黑色水果极具穿透力的果味。

★ ★ ★ ★   Gladstones Cabernet Sauvignon 格莱德斯通赤霞珠干红葡萄酒

2011	93	2023-2031
2008	96	2020-2028+
2007	92	2015-2019
2004	96	2024-2034
2003	95	2015-2023+
2002	90	2004-2007
2001	95	2013-2019+
1999	89	2011-2015+

玛格丽特河 $50-$99

当前年份：2011   93

一款味道封闭、富有风格的优雅之酒，富于变化。洋溢着精雅多尘的芬芳，散发着红莓、黑莓和樱桃的香甜果香。融入雪松香草橡木香。紫罗兰花香提升了整体的香味。口感绵长温柔，浸润着浆果的馥郁甜美，果味深邃内敛，单宁紧实爽脆，酸味清新。香味悠长持久，令人心旷神怡。不过缺乏深邃的果味，所以无法得到更高的评分。

★ ★ ★ ★   Jack Mann Cabernet Blend 杰克曼赤霞珠混酿

2011	97	2031-2041
2008	95	2020-2028+
2007	97	2019-2027+
2004	97	2016-2024+
2003	91	2015-2023
2002	95	2014-2022+
2001	94	2011-2021+
2000	86	2008-2012+
1999	93	2011-2019
1998	96	2018-2028
1996	91	2008-2016
1995	93	2007-2015+

法兰克兰河 $100-$199

当前年份：2011   97

优雅之酒，带有产区特色，平衡集中，花香馥郁。紫罗兰香和玫瑰花瓣馨香中浮动着黑莓、黑樱桃、李子等果香味，雪松/香草/摩卡橡木味将其映衬得恰到好处。酒质温润，果香浓郁，醇厚的橡木味与雅致的单宁味交相辉映。余味悠长，酸度令人垂涎欲滴。

★ ★   Margaret River Cabernet Sauvignon 玛格丽特河赤霞珠干红干葡萄酒

2012	89	2014-2017+
2011	90	2019-2023
2010	93	2018-2022
2002	88	2007-2010+
2001	92	2009-2013
2000	90	2005-2008+
1999	85	2001-2004+

玛格丽特河 $12-$19

当前年份：2012   89

带有花香和泥土芬芳，黑莓、红莓、樱桃和李子味中透着略带烟熏味的雪松/香草橡木味和沙砾味。口感柔滑，独具特色，果香馥郁，余韵悠长。收口酸度清新适中。一款物超所值的美酒。

A B C D E F G H I J K L M N O P Q R S T U V W X Y Z

西澳大利亚各大产区
当前年份：2013　　$12-$19
85

　　带有麝香味和花香味，桃子、甜瓜和柑橘的果香，略带烘烤味，复杂度较低。余韵清新明快，收口酸度柔和雅致。

2013	85	2014-2015+
2012	88	2014-2017+
2011	91	2016-2019+
2008	87	2010-2013
2007	87	2008-2009+
2006	87	2006-2007
2005	90	2010-2013+

Wisdom Cabernet Sauvignon 智慧赤霞珠干红葡萄酒　★★★★

玛格丽特河
当前年份：2011　　$20-$29
91

　　独具特色，平衡度佳。浓郁的玫瑰花瓣馨香中透着清甜的红莓和黑莓味，清新的雪松／香草橡木味中带有干草味和红李味。口感丝滑，柔顺悠长，浓郁的莓果味、樱桃味与明快细腻的单宁交织缠绕，收口酸度清新适中。香醇度略显不足，还需时间成熟。

2011	91	2019-2023
2010	95	2022-2030
2009	94	2017-2021+
2008	91	2016-2020+
2005	90	2013-2017
2004	93	2012-2016+

Wisdom Chardonnay 智慧霞多丽干白葡萄酒　★★★★

彭伯顿
当前年份：2011　　$20-$29
93

　　酒体复杂，精致均衡，散发着葡萄柚、甜瓜和柠檬略带烘焙气息的果香，底蕴中透露出类似浴盐味道的矿物香，略带白垩香和咸味，一丝丁香的馨香若有似无地飘散其间。口感悠长多汁，浸润着浓郁的果味精华，与带有蜡、烟熏和矿物香的底调融合。收口呈现令人愉悦的绵长和紧实的酸度。

2011	93	2013-2016+
2009	95	2014-2017
2007	93	2012-2015
2005	95	2010-2013+
2004	90	2006-2009
2003	93	2005-2008+
2002	93	2010-2012+
2001	92	2003-2006

Wisdom Sauvignon Blanc 智慧长相思干白葡萄酒　★★★

彭伯顿
当前年份：2013　　$20-$29
92

　　风味独具，矿物味浓厚，橡木幽香烘托着浓郁的葡萄柚、甜瓜、番石榴和荔枝芬芳，底蕴略带一点咸味。口感绵密，余韵华美悠长，馥郁果香衬出烟熏肉香和矿物香。收口酸度恰到好处。

2013	92	2015-2018
2012	92	2014-2017
2011	89	2012-2013+
2009	94	2011-2014
2008	89	2009-2010

Wisdom Shiraz 智慧西拉干红葡萄酒　★★

Frankland River 法兰克兰河
当前年份：2009　　$30-$49
94

　　散发着黑莓、红莓、甘草和紫罗兰的浓香，底蕴中透出泥土味、肉味、麝香、白胡椒和细密的橡木融合而成的香味提升了香气。口感柔润，丰腴悠长，薄荷味和干药草味将蓝莓香和李果香衬托得清新脱俗，后味中透出烟熏肉味，单宁令人垂涎欲滴。

2009	94	2017-2021
2008	89	2013-2016+
2005	88	2010-2013+
2004	90	2012-2016

阿拉斯酒庄 House of Arras

通信地址： 40 Baxters Road, Pipers River, Tas 7252・**电话：**（03）6382 7622・**传真：**（03）6382 7225・
网址： www.bayoffireswines.com.au・**电子邮箱：** cellardoor@bayoffireswines.com.au
产区： 塔斯马尼亚　**酿酒师：** 艾德・卡尔（Ed Carr）
葡萄栽培师： 克莱格・卡雷克（Craig Callec）　**执行总裁：** 迈克尔・伊斯特

　　坐落于塔斯马尼亚，是酿酒师艾德・卡尔的呕心沥血之作。酒庄出品的起泡酒在澳大利亚享有盛名。当前年份的葡萄酒品质令人惊叹：精致的阿拉斯特级年份起泡酒（2004）是酒庄最佳的葡萄酒之一；口感和质地略略复杂的 EJ 卡尔迟去渣特级年份起泡酒（2002）同样也是经典之作；2004 年份的白葡萄起泡酒（白中白：97/100，适饮期：2016-2020）或许是澳大利亚最顶级的霞多丽起泡酒；柔美、别具一格的年份桃红葡萄酒（2005，95/100，适饮期：2013-2017+）。本年鉴中还增加了名气较小的入门级品牌 Brut Elite NV（干型起泡酒）系列。

★ ★ ★ ★　　　　　Brut Elite Sparkling White 干型精酿白葡萄起泡酒

No. 601	95	2014-2018+
No. 501	94	2013-2016+
No. 401	94	2012-2015+

塔斯马尼亚　　　　　　　　　　　　　$30-$49

当前年份：No. 601　　　　　　　　　　　　95

　　这款起泡酒品质卓越，具有令人心旷神怡的复杂度和强劲口感。辛辣味与烟熏味烘托出浓郁的甜瓜、柠檬和葡萄柚香气，夹杂着坚果味、香料味和酵母味。香醇浓厚，层次分明，紧致悠长，果香在齿颊间久久流连。收口带有香气四溢的饼干香味和浓郁的矿物味。

★ ★ ★ ★　　　EJ Carr Late Disgorged Grand Vintage
　　　　　　　　　　EJ 卡尔迟去渣特级年份起泡酒

2002	95	2016-2022
2001	97	2013-2021+
2000	95	2012-2020
1999	97	2011-2019
1998	95	2010-2018

塔斯马尼亚　　　　　　　　　　　　$100-$199

当前年份：2002　　　　　　　　　　　95

　　一款富有风格的年轻起泡酒，寿命较长，绵柔密顺。散发着黄花、奶油蛋卷和羊毛脂融合而成的奶油香，底蕴中透出甜瓜和葡萄柚的果香，以及黄油味和烘烤味。口感顺滑，洋溢着类似奶油糖的味道，夹杂着柑橘、烤坚果、糕点和蜡的绵延香味。收口柔润丰满，酸度清新紧密。

★ ★ ★ ★　　Grand Vintage Sparkling White 特级份起泡白葡萄酒

2004	97	2012-2016
2003	96	2011-2015
2002	92	2007-2010
2001	96	2009-2013
2000	94	2005-2008
1999	95	2007-2011
1998	94	2003-2006+
1997	90	1999-2002
1995	95	2003-2007

塔斯马尼亚　　　　　　　　　　　　$50-$99

当前年份：2004　　　　　　　　　　　97

　　精美复杂，活力四射，馥郁芳香，散发着金银花、奶油糕点、丁香和桂花的焦香，略带蜡烛气息，伴随着烟熏香气、肉香以及蘑菇的味道。口感绵长，甘美顺滑，层次丰富，洋溢着桃子、甜瓜、苹果的果香和类似奶油糖的香气，水珠温和，极其细腻。余味绵长，后劲足，伴随湿润板岩的气息，在口中萦绕不绝。

霍华德酒庄 Howard Park

通信地址：1:Scotsdale Road, Denmark WA 6333・电话：（08）9848 2345・传真：（08）9848 2064・
通信地址：2:Miamup Road, Cowaramup WA 6284・电话：（08）9756 5200・传真：（08）9756 5222・
网址：www.howardparkwines.com.au・电子邮箱：hpw@hwp.com.au
产区：大南区　葡萄栽培师：大卫·伯汀（David Botting）
酿酒师：詹尼斯·麦克唐纳德（Janice McDonald）　执行总裁：杰夫·伯克（Jeff Burch）

　　位于玛格丽特河产区。澳大利亚西部最大的酒庄之一。酿酒采用的葡萄一部分来源于酒庄位于大南区的葡萄园。酒庄酿造的葡萄酒种类丰富，当前年份的葡萄酒品质也都有了很大的提高，因为酿酒师詹尼斯·麦克唐纳德一直在努力提高自己的酿酒技艺。除了王牌产品阿伯克龙比系列红酒之外——其品质在 20 世纪 80 年代到 90 年代初期约翰·韦德（John Wade）担任酿酒师时达到最佳，霞多丽和大南区的雷司令也都是极品佳酿，优雅集中。此外，斯科茨代尔和莱斯顿红酒也呈现出一定的优秀品质和持久性。在我看来，霍华德酒庄面临的最大挑战是降低不同葡萄酒的相似度，让每款酒都拥有更加显著的个性特质。只有这样，高价酒的销量才不会因低价酒而有所减少。

★ ★ ★ ★　Abercrombie Cabernet Sauvignon 阿伯克龙比赤霞珠干红葡萄酒

2011	95	2031-2041
2010	95	2030-2040
2009	94	2021-2029
2008	93	2020-2028
2007	92	2015-2019
2005	86	2010-2013
2004	88	2009-2012
2003	88	2011-2015
2002	89	2007-2010+
2001	89	2009-2013+
2000	90	2005-2008+
1999	93	2004-2007+
1998	83	2003-2006

西澳大利亚　　　　　　　　　　　　$100-$199

当前年份：2011　　　　　　　　　　　95

　　优雅紧实，在年轻的时候富有格调，但橡木味有些过重。需要十年甚至更长时间才能变得平衡。散发着一股浓郁的雪松和巧克力般甘甜的橡木香味以及烟熏培根的缥缈底蕴，浸润着黑醋栗和桑葚、覆盆子和乌梅的馥郁熏香。圆滑考究的口感，伴随着黑醋栗、李子和黑樱桃的果香，入口干涩而又悠久绵长。给点时间慢慢让它成熟吧。

Chardonnay 霞多丽 ★★★

西澳大利亚 $50-$99
当前年份：2013   92

一款精心酿制的年轻霞多丽，优雅流畅。散发着甜瓜、白桃、金橘和姜融合而成的略带烟熏味、矿物味和肉味的精雅香气，与奶油橡木香和丁香的香味相互交织。口感收敛，有温和的酸味，葡萄柚果酱的风味和紧实的橡木香经久不散。

2013	92	2018-2021+
2011	92	2016-2019
2010	88	2012-2015
2009	86	2011-2014
2008	86	2010-2013
2007	88	2009-2012+
2006	91	2008-2011+
2005	94	2010-2013+
2004	95	2009-2012
2003	89	2005-2008
2002	87	2004-2007

Great Southern Riesling 大南区雷司令干白葡萄酒 ★★★★

大南区 $20-$29
当前年份：2013   95

雅致均衡。散发着梨、苹果、酸橙和柠檬汁的浓郁香味，底味汇总带有板岩味和矿物味。口感绵长，单调干燥，香味浓郁，紧实通透，收口集中，清新简朴。

2013	95	2025-2033
2012	89	2020-2024
2011	94	2019-2023+
2010	96	2022-2030
2009	93	2017-2021+
2008	90	2013-2016+
2007	93	2015-2019
2006	93	2014-2018
2005	93	2010-2013+
2004	87	2006-2009

Leston Cabernet Sauvignon 莱斯顿赤霞珠干红葡萄酒 ★★★

玛格丽特河 $30-$49
当前年份：2012   89

优雅精细，芳香四溢，但缺乏浓郁的果味，所以无法取得更高的分数。闻起来带有紫罗兰、黑醋栗、桑葚、黑樱桃和香甜雪松／香草橡木的香味。口感顺滑优雅，底味中带有肉味、泥土味和些许草本味，果味多汁，单宁干燥，细腻蓬松。

2012	89	2020-2024+
2011	92	2023-2031
2010	88	2018-2022
2009	92	2017-2021
2008	88	2010-2013
2007	90	2015-2019
2005	84	2007-2010+
2004	93	2012-2016+
2003	93	2011-2015+
2002	89	2007-2010+
2001	90	2006-2009

Leston Shiraz 莱斯顿西拉干红葡萄酒 ★

玛格丽特河 $30-$49
当前年份：2012   94

顺滑优雅，散发着黑醋栗、乌梅和烟熏肉的香气，甘甜、略带麝香和类似紫罗兰的花香，夹杂着清新的橡木香和黑白胡椒的香味。口感绵长柔润，洋溢着浆果和李子的清新多汁，与新鲜雪松／香草橡木香相互交织，单宁细腻，柔顺坚实。收口带有清新怡人的酸味和绵长持久的干草、黑色水果香味，温和，富有格调。

2012	94	2020-2024+
2011	92	2016-2019+
2010	87	2015-2018
2009	89	2011-2014+
2008	89	2013-2016
2007	87	2009-2012
2005	87	2010-2013
2004	92	2009-2012
2003	89	2008-2011

Porongorup Riesling 波龙古鲁雷司令干白葡萄酒 ★★★

波龙古鲁 $30-$49
当前年份：2013   95

均衡集中，馥郁芳香，具有典型的波龙古鲁特色。带有热带水果、茶树、番石榴、苹果和麝香香料味。口感绵长甘美，洋溢着热带水果的醇美风味，雅致富有魅力，收口平衡，带有温和的酸味和些许甜味。

2013	95	2025-2033+
2012	93	2020-2024+
2011	95	2023-2031
2010	92	2022-2030

Sauvignon Blanc 长相思 ★★★

西澳大利亚 $20-$29
当前年份：2013   93

馥郁芳芳，富含热带水果的果味。散发着醋栗、甜瓜、西番莲的清新芳香，一丝青草味若有似无。口感多汁明快，果香绵长浓郁，美味可口，蔓延至舌下时带有盐水味。收口带有明快清新的酸味，略带奶油橡木香，香味绵延。

2013	93	2015-2018
2012	88	2012-2013+
2011	95	2012-2013+
2010	89	2011-2012+
2009	86	2009-2010+
2004	85	2004-2005
2003	93	2004-2005+

★★★ Scotsdale Cabernet Sauvignon 诗歌赤霞珠干红葡萄酒

年份	评分	适饮期
2012	92	2024-2032
2011	91	2023-2031
2010	90	2018-2022+
2009	94	2021-2029
2008	83	2010-2013+
2007	87	2012-2015
2005	84	2010-2013
2004	84	2006-2009+
2003	86	2008-2011
2001	93	2006-2009+
2000	82	2002-2005

大南区
当前年份：2012 $30-$49
                                                           92

　　精致而富有格调，散发着紫罗兰、黑醋栗、桑葚、乌梅和红花带有橡木香的甜香，后味中透出草本味。口感淳朴持久、浓郁丰盈，黑莓、红莓与雪松 / 香草橡木味紧密结合，一同融入细致且富有白垩质感的单宁中。有不错的陈年效果。

★★ Scotsdale Shiraz 诗歌西拉干红葡萄酒

年份	评分	适饮期
2011	90	2016-2019+
2010	91	2018-2022+
2009	88	2011-2014+
2008	92	2016-2020
2007	90	2012-2015+
2005	88	2010-2013
2004	86	2006-2009
2003	89	2005-2008
2002	93	2007-2010
2001	88	2003-2006+
2000	91	2002-2005+

西澳大利亚
当前年份：2011 $30-$49
                                                           90

　　一款精心酿制的年轻西拉，酒体中等，顺滑，富有魅力。散发着浓烈、带有石南味的红酸栗和黑莓的果香，夹杂着些许白胡椒的香味，底蕴中透出雪松 / 香草橡木香。口感顺滑隽致，风味复杂，夹杂着肉味和烟熏味，底味中透出香甜的果香。收口极其美味，带有温和的酸味。

赫雷园酒庄 Hurley Vineyard

通信地址： 101 Balnarring Road, Balnarring, Vic 3926 **· 电话：**（03）5931 3000 **· 传真：**（03）5931 3200 **·**
网址： www.hurleyvineyard.com.au **· 电子邮箱：** bell@hurleyvineyard.com.au
产区： 莫宁顿半岛　**酿酒师：** 凯文 · 贝尔（Kevin Bell）
葡萄栽培师： 凯文，贝尔　**执行总裁：** 特里西亚 · 伯恩斯（Tricia Byrnes）

　　创建于 1998 年，位于莫宁顿半岛一座东北向的小山头上。这座小山多火山石和红褐石。酒庄面积达 3.6 公顷，专门酿制黑皮诺。酒庄酿造的葡萄酒品质精细、口感优雅，迅速赢得了人们的青睐。之所以会拥有这些品质，和酒庄旗下的三个葡萄园的位置有关——磁石葡萄园朝北，致敬葡萄园朝东北，而格拉蒙葡萄园则朝正东。在过去的几个年份中，酒庄已然成为澳大利亚黑皮诺葡萄酒的革命者。2010 年份的葡萄酒品质优秀；2012 年因为气候较凉爽，葡萄酒比较内敛，需要时间成熟。

★★★ Estate Pinot Noir 庄园黑皮诺干红葡萄酒

年份	评分	适饮期
2011	89	2013-2016
2010	95	2015-2018+
2006	92	2011-2014
2003	90	2005-2008
2002	80	2003-2004
2001	80	2004-2006

莫宁顿半岛
当前年份：2011 $30-$49
                                                           89

　　精致细腻，内敛深沉。散发着甜红樱桃、覆盆子、红酸栗和新鲜雪松 / 香草味橡木融合而成的略带香料味、肉味和草本味的香气，后味中透出麝香和奶油的香味。口感绵长温和，顺滑优雅，果香细腻悠长，重量会随着时间的推移而增加。单宁带有灰尘味和粉末质感。收口有绵延不断的草本味。

★★★★ Garamond Pinot Noir 格拉蒙黑皮诺干红葡萄酒

年份	评分	适饮期
2012	95	2020-2024+
2010	96	2022-2030
2009	96	2017-2021
2008	93	2013-2016
2007	93	2015-2019
2005	92	2010-2013
2004	94	2009-2012+

莫宁顿半岛
当前年份：2012 $50-$99
                                                           95

　　这款酒在年轻时柔顺甚至有些脆弱，平衡收敛，会慢慢成熟，拥有紧致的结构和馥郁的果味。散发着红茶、玫瑰花瓣、灌木和红樱桃融合而成的香味，底味中透出丁香、肉桂香味，略带肉味和柑橘香。口感绵长优雅，洋溢着红浆果和樱桃的直接风味，底味中带有泥土味和动物味，收口平衡，带有辣味。

Hommage Pinot Noir 致敬园黑皮诺干红葡萄酒　★★★

莫宁顿半岛　$50-$99
当前年份：2012　94
　　一款精致顺滑、浓郁温雅的年轻黑皮诺，散发着黑樱桃酒和覆盆子的灰尘味，雪松香草橡木香，以及红花的花香，后味中带有丁香、肉桂、大黄和樱桃核的香味。酒体中等，果味醇美轻盈，绵长通透，单宁细腻、柔顺温和，收口平衡，回味绵长。需要时间去成熟。

2012	94	2020-2024+
2010	95	2018-2022
2009	93	2014-2017+
2008	93	2013-2016+
2007	91	2015-2019
2005	91	2010-2013
2003	91	2005-2008+

Lodestone Pinot Noir 磁石园黑皮诺干红葡萄酒　★★★★

莫宁顿半岛　$50-$99
当前年份：2012　91
　　一款年轻时味道比较封闭的葡萄酒，会随着时间慢慢成熟，变得丰满充盈。散发着灰尘味和草本味，以红樱桃和浆果融合而成的带有泥土味和些许肉味的香气，从中透出霉味和类似灌木丛的味道。酒体中等，洋溢着甜樱桃和覆盆子的果香，圆润多汁，与顺滑柔润的单宁相互交织，收口带有一丝苦味。陈酿后更丰满的果香和充盈的酒体会改善这一缺点。

2012	91	2017-2020+
2010	96	2022-2030
2009	95	2017-2021
2008	92	2013-2016+
2007	92	2012-2015
2005	90	2010-2013
2004	90	2009-2012

尹格柏酒庄 Ingoldby

通信地址：97 Sturt Hwy, Nuriootpa SA 5355 · 网站：www.ingoldby.com.au
产区：麦克拉伦谷　酿酒师：凯蒂·洪格尔（Katie Hongell）
葡萄栽培师：乔纳森·希勒（Jonathan Shearer）　执行总裁：迈克尔·克拉克

　　富贵酒庄旗下一个知名度较低的庄园，曾是麦克拉伦谷的高端品牌，如今正重整旗鼓，蓄势待发。如果低廉的价格能扩大其营销额的话，丰厚的效益和稳定提升的名气将不再是梦想。酒庄出产的葡萄酒馥郁饱满、精雕细琢，很好地反映了产区特色。

Chardonnay 霞多丽

麦克拉伦谷　$12-$19
当前年份：2012　88
　　一款纯正的霞多丽葡萄酒。散发着红宝石葡萄柚的清香、香料味和类似生姜的味道，带有淡淡的黄油橡木香。口感馥郁多汁，洋溢着甘美浓郁的果香，绵长清新，收口带有明快干净的酸味，集中优雅。

2012	88	2014-2017
2011	86	2013-2016
2010	89	2012-2015
2009	88	2011-2014
2006	88	2007-2008+
2005	89	2006-2007+
2003	84	2003-2004
2002	82	2002-2003
2001	80	2001-2001
2000	84	2001-2002

Shiraz 西拉

麦克拉伦谷　$12-$19
当前年份：2012　89
　　淳朴简单，富含果香，价格平易近人。散发着蓝莓、红醋栗的甜香和香草橡木味，底蕴中透出些许甘草和薄荷的芳香。易于入口，石南味水果味质朴，通透多汁，与细密的橡木香融合，收尾平滑柔顺。

2012	89	2017-2020+
2010	88	2015-2018
2008	88	2013-2016
2007	86	2012-2015
2005	87	2010-2013
2004	89	2009-2012+
2002	84	2004-2007
2000	88	2002-2005+
1999	86	2001-2004
1998	88	2000-2003+

旁观者酒庄 Innocent Bystander

通信地址：336 Maroondah Hwy, Healseville, Healesville, Vic 3777 · 电话：（03）5962 6111 ·
传真：（03）5962 6199 · 网址：www.innocentbystander.com.au · 电子邮箱：mail@innocentbystander.com.au
产区：雅拉谷　酿酒师：斯蒂夫·弗兰斯蒂德（Steve Flamsteed）、蒂姆·桑德（Tim Shand）、菲尔·塞克斯顿
葡萄栽培师：斯图尔特·马歇尔（Stuart Marshall）　执行总裁：菲尔·塞克斯顿

　　菲尔·塞克斯顿酿造的旁观者品牌葡萄酒一经推出便广受好评，效仿者纷纷涌现。这些酒价格低廉、品质可靠，其中包括一系列易于入口、芬芳扑鼻、适合早期饮用且具有产区特色的红酒。花费不足20美元就能体验到一款优雅精致、清丽可人、极具欧洲风味的葡萄酒。

Chardonnay 霞多丽

2013	88	2015-2018
2012	88	2013-2014+
2011	86	2012-2013+
2010	89	2012-2015
2009	90	2011-2014
2008	87	2010-2013
2007	90	2009-2012
2006	88	2007-2008+
2005	86	2007-2010

雅拉谷　　　　　　　　　　　　　　$12-$19
当前年份：2013　　　　　　　　　　　　　　88

　　优雅紧实，柔顺多汁，散发着绿苹果皮、白桃和甜瓜的馥郁芬芳，底蕴绵密顺滑，透出复杂的酵母味和花生酱味、香草橡木味。口感温和、绵长持久，伴随着甜瓜、葡萄、苹果的醇厚果味，收口带有温和的酸味和香甜的奶油糖味，经久不散。

★

Pinot Noir 黑皮诺

2012	89	2014-2017
2010	90	2015-2018
2009	88	2011-2014
2008	85	2009-2010
2007	82	2008-2009
2005	81	2006-2007

雅拉谷　　　　　　　　　　　　　　$12-$19
当前年份：2012　　　　　　　　　　　　　　89

　　雅致细腻，会慢慢成熟，变得丰满，酒体中等，散发着玫瑰花瓣、覆盆子和红樱桃略带橡木味的香气，底蕴中透露出番茄茎的香味。口感柔顺多汁，略显单薄，浆果和樱桃果味明快，在带有灰尘味的单宁支撑下，收口绵长，带有明快的酸味和些许甘草的味道。

★★　　　　　　　Syrah（Formerly Shiraz）西拉（Syrah，原名 Shiraz）

2012	90	2014-2017+
2011	90	2013-2016
2010	92	2012-2015+
2008	87	2010-2013
2007	89	2009-2012
2006	88	2008-2011
2005	86	2007-2010
2004	90	2009-2012

雅拉谷　　　　　　　　　　　　　　$12-$19
当前年份：2012　　　　　　　　　　　　　　90

　　优雅美味，带有罗讷河谷风格。散发着黑莓和李子略带肉味的浓郁果香，夹杂着巧克力/香草橡木味和一丝石墨味，白胡椒的麝香香气提升了整体的香味。在带有白垩香和矿物香的单宁支撑下，口感绵长明快，收口平衡内敛。

杰卡斯酒庄 Jacob's Creek

通信地址： Barossa Valley Way, Rowland Flat, SA 5352・**电话：**（08）8521 3000・
传真：（08）8521 3003・**网址：** www.jacobscreek.com・**电子邮箱：** jcvc@orlandowines.com
产区： 澳大利亚东南部　　**酿酒师：** 伯纳德・希金（Bernard Hickin）
葡萄栽培师： 本・吉布森（Ben Gibson）　　**执行总裁：** 布菜特・麦金农（Brett McKinnon）

　　一个享誉全球的澳大利亚葡萄酒品牌。很多初次涉猎澳大利亚葡萄酒的人首选就是杰卡斯。然而奇怪的是，澳大利亚一些葡萄酒爱好者并不了解这个品牌。我经常遇到一些人，他们对这个品牌有些误解，认为其只生产那些20年前用于出口的老式"水果炸弹"。但事实并非如此，因为每一种葡萄酒都是由水果酿造而成的，所以它们的滋味也和酿酒用的葡萄一样优质。这个品牌的葡萄酒香馥郁、均衡优雅，一直让我为之惊叹不已。即便最便宜的杰卡斯也是遵循顶级葡萄酒酿造工艺酿造的。这些酒的酒体圆润丰盈。是的，你猜对了，我是这个品牌的忠实粉丝。每年我都会品尝它旗下的所有葡萄酒，并从中体会无尽的乐趣。

★★★　　　　　　　　　　　　　Centenary Hill Shiraz 百岁山西拉

2010	95	2022-2030+
2009	87	2014-2017+
2008	93	2016-2020
2006	95	2014-2018+
2005	91	2010-2013+
2004	93	2012-2016+
2003	87	2008-2011
2002	97	2022-2032
1999	95	2011-2019
1998	88	2006-2010
1997	90	2009-2017

巴罗莎谷　　　　　　　　　　　　$50-$99
当前年份：2010　　　　　　　　　　　　95

　　一款精心酿制的巴罗莎西拉，优雅丰盈。散发着浓郁的果香和烟熏、巧克力橡木香，与如天鹅绒般顺滑的单宁紧密交织。闻起来带有石南味，乌梅、黑醋栗和桑葚融合而成的烟熏味和肉味，入口有泥土味和矿物味，收口绵长，黑色水果果味浓郁，夹杂着石南味，平衡，富有风格。品质着实超群。

Classic Chardonnay 经典霞多丽干白葡萄酒 ★

澳大利亚东南部
当前年份：2013   87

就这个价格来说，品质极其超群的一款酒。散发着明快、略带矿物味的香气，透出桃子、奶油、肉桂和丁香的清新香味，后味中带有柠檬和收敛的香草橡木香。口感细腻丰满，酸味爽快，甜核果和甜瓜的香气匀称均衡，底味中带有一丝热带水果、奶油和坚果的香气。

2013	87	2014-2015+
2012	88	2013-2014
2011	88	2011-2012
2010	88	2011-2012+
2009	86	2010-2011
2008	83	2009-2010
2007	86	2008-2009+
2006	86	2006-2007+

Classic Riesling 经典雷司令干白葡萄酒 ★

澳大利亚东南部
当前年份：2013   88

散发着酸橙汁和柠檬皮的香气，精雅迷人。口感丰满明快，洋溢着浓烈的柠檬和酸橙汁风味，温和顺滑，收口绵长，干燥清新。

2013	88	2015-2018
2011	87	2012-2013+
2010	89	2015-2018
2009	86	2011-2014
2008	88	2009-2010+
2007	88	2009-2012
2006	87	2008-2011
2005	88	2007-2010+
2004	89	2005-2006+

Classic Sauvignon Blanc 经典长相思干白葡萄酒 ★

澳大利亚东南部
当前年份：2013   87

新鲜多汁，散发着醋栗、甜瓜和荔枝的清新香气，略带矿物味，果味集中。口感绵长柔软，洋溢着通透丰满的果味，收口清新，带有柠檬酸味。

2013	87	2014-2015
2012	85	2012-2013+
2011	88	2012-2013
2010	87	2011-2012

Classic Semillon Sauvignon Blanc 经典赛美蓉长相思混酿 ★

澳大利亚东南部
当前年份：2013   86

清新明快，带有甜瓜类水果的绵长风味，夹杂着淡淡的青草香和柠檬酸味，透出醋栗和荔枝的果味。口感丰满干净，梨和苹果的果香绵延不断。

2013	86	2014-2015+
2012	89	2013-2014
2011	82	2011-2012
2010	87	2011-2012
2009	88	2010-2011
2003	86	2003-2004
2002	88	2002-2003

Classic Shiraz 经典西拉干红葡萄酒 ★

澳大利亚东南部
当前年份：2013   86

散发着黑醋栗、红莓和李子的醇美香味，后味中带有温和的香草橡木香，花香则提升了整体的香气。口感顺滑雅致，浆果果味多汁，单宁细腻，酸味清新，极其平衡。

2013	86	2015-2018
2012	85	2014-2017
2011	87	2013-2016
2010	87	2012-2015+
2009	86	2011-2014
2007	89	2012-2015
2002	88	2004-2007+
2001	86	2003-2006
2000	87	2002-2005

Classic Shiraz Cabernet 经典西拉赤霞珠混酿

澳大利亚东南部
当前年份：2011   83

散发着红莓和黑莓的明快果味，后味中带有淡淡的香草橡木味。口感顺滑柔软，透出些许类似糖荚豌豆的草本味。缺乏果味的深度，收口青涩，带有薄荷味。

2011	83	2013-2016
2009	82	2010-2011
2008	87	2010-2013
2007	82	2009-2012
2006	82	2007-2008+
2005	87	2010-2013+
2004	90	2009-2012+
2003	87	2008-2011

Johann Shiraz Cabernet Blend（Formerly Limited Release）
约翰西拉赤霞珠混酿（原名限量版西拉赤霞珠混酿） ★★★★

巴罗莎谷，古纳华拉
当前年份：2010   95

一款平衡、香味浓郁、结构良好的葡萄酒。散发着紫罗兰、黑醋栗、黑莓和李子的浓郁香气，带有薄荷味和些许类似薄荷脑的香味，与新鲜细密的雪松／巧克力橡木香紧密交织。口感绵长，洋溢着浆果、李子、香料和干草的风味，甘美明快，与细腻紧实的单宁和橡木香相互融合。这款酒显然具有古纳华拉西拉的特色。

2010	95	2030-2040
2009	92	2021-2029+
2006	93	2018-2026+
2004	96	2016-2024+
2003	95	2015-2023
2002	95	2014-2022+
2001	95	2013-2021+
2000	93	2012-2020
1999	96	2011-2019+
1998	95	2010-2018
1997	86	1999-2002
1996	94	2008-2016

★★★ Reeves Point Chardonnay（Formerly Limited Release）
里夫角霞多丽干白葡萄酒（原型限量版霞多丽干白葡萄酒）

2012	92	2017-2020+
2007	92	2012-2015
2005	87	2007-2010
2004	93	2006-2009+
2003	93	2005-2008+
2002	88	2004-2007
2001	90	2003-2006+
2000	87	2002-2005
1999	82	2000-2001
1998	86	1999-2000
1996	88	1997-1998

帕史萨韦　　　　　　　　　　　　　　　$30-$49
当前年份：2012　　　　　　　　　　　　　92
　　优雅匀称，平衡顺滑。散发着新鲜甜瓜、柠檬、白桃和青橄榄的收敛香气，底味中带有细腻的香草橡木香和奶油味。口感顺滑细腻，洋溢着红宝石葡萄柚和蜜瓜的绵柔密顺的风味，收口温和，带有绵长的坚果味。尽管这款酒采用的是和之前年份完全不同的葡萄品种酿造的，风格还是一如从前。

★ Reserve Cabernet Sauvignon 珍藏赤霞珠干红葡萄酒

2011	89	2016-2019+
2009	88	2014-2017
2008	88	2013-2016
2006	89	2008-2011+
2004	90	2012-2016
2002	84	2004-2007
2001	86	2003-2006
2000	89	2005-2008
1999	87	2001-2004+

古纳华拉　　　　　　　　　　　　　　　$12-$19
当前年份：2011　　　　　　　　　　　　　89
　　结构良好，富有风格。散发着紫罗兰、黑醋栗和雪松橡木融合而成的灰尘味，后味中带有清新的薄荷味。口感顺滑柔润，洋溢着黑醋栗、桑葚和李子的浓郁果香，与雪松/香草橡木味、紧实爽脆的单宁紧密交织。收口绵长。一款令人愉悦的葡萄酒，不过因为收口缺乏些许金属味和草本味，所以无法得到更高的评分。

Reserve Chardonnay 珍藏霞多丽干白葡萄酒

2013	89	2015-2018
2012	89	2014-2017
2011	88	2013-2016
2010	90	2012-2015
2009	88	2011-2014-
2008	87	2009-2010+
2007	87	2008-2009+
2006	91	2008-2011+
2005	88	2007-2010
2003	88	2005-2008
2002	90	2004-2007+

阿德莱德山　　　　　　　　　　　　　　$12-$19
当前年份：2013　　　　　　　　　　　　　89
　　优雅内敛，散发着蜜瓜、白桃和葡萄柚的明快果香。入口后，绵长多汁，果味香甜，稍带果酱味，略直接，后味中透出奶油香草橡木味和坚果味。收口有怡人的盐水味和辣味，带有绵长的麦芽糖味。

★★ Reserve Chardonnay Pinot Noir 珍藏霞多丽黑皮诺混酿

2012	89	2014-2017
2010	90	2012-2015
2009	88	2011-2014
2008	92	2010-2013+
2007	89	2009-2012
2009	89	2011-2014+

阿德莱德山　　　　　　　　　　　　　　$12-$19
当前年份：2012　　　　　　　　　　　　　89
　　绵柔密顺，易于入口。散发着新鲜桃子、梨和甜瓜略带花香和坚果味的香气，底蕴中带有黄油味。口感绵长，带有白垩香，洋溢着梨、甜瓜和柑橘的浓烈风味，水珠紧实，余味中带有复杂的饼干味，酸味干净明快。

★★★ Reserve Riesling 珍藏雷司令干白葡萄酒

2013	90	2012-2025
2011	92	2016-2019+
2010	92	2018-2022
2009	90	2014-2017+
2008	90	2013-2016
2007	91	2012-2015
2005	90	2010-2013+
2004	93	2009-2012+
2003	93	2008-2011+
2002	92	2007-2010
2001	90	2006-2009+

伊顿谷　　　　　　　　　　　　　　　　$12-$19
当前年份：2013　　　　　　　　　　　　　90
　　紧实集中，富有节奏。散发着酸橙汁和柠檬的纯净果香，透出些许白垩和板岩的味道。口感绵长匀称，洋溢着柠檬和酸橙的风味，质地细腻，带有灰尘味。收口清新澄净。

★★ Reserve Sauvignon Blanc 珍藏长相思干白葡萄酒

2013	89	2014-2015+
2012	89	2013-2014+
2011	90	2012-2013+
2010	90	2011-2012+
2009	88	2010-2011

阿德莱德山　　　　　　　　　　　　　　$12-$19
当前年份：2013　　　　　　　　　　　　　89
　　散发着醋栗和甜瓜的浓郁果香，底味中透出淡淡的草本味。口感丰满绵长，带有白垩味，洋溢着浓郁的长相思风味。收口清新紧实，荔枝果味绵延不断。具有典型的阿德莱德葡萄酒的特色。

Reserve Shiraz 珍藏西拉干红葡萄酒 ★★

巴罗莎谷 $12-$19
当前年份：2012 89

一款多汁、适合早期饮用的西拉。散发着甜红莓略带果酱味的香气，以及新鲜的雪松／香草橡木香，从中透出淡淡的白胡椒香味。口感顺滑，洋溢着黑莓和红莓的香甜风味，临收口时极其雅致。单宁柔顺、带有粉末质感，和奶油雪松味橡木香紧密交织，具有典型的西拉香味。

2012	89	2014-2017+
2011	86	2013-2016
2010	90	2015-2018+
2009	87	2011-2014+
2008	90	2013-2016
2007	88	2012-2015
2006	88	2008-2011+
2005	90	2010-2013+
2004	89	2009-2012
2003	90	2008-2011+
2002	93	2007-2010+

Steingarten Riesling 斯登加特园雷司令干白葡萄酒 ★★★★★

伊顿谷 $30-$49
当前年份：2013 94

散发着柑橘油、玫瑰花园和花岗岩的香味，复杂浓郁，底味中透出香料味，具有浓厚的伊顿谷葡萄酒特色。口感绵长丰满，洋溢着新鲜收敛的果香，细腻的酚化物形成优雅主轴，收口有典型的集中度和矿物味。虽然这款酒缺少顶级年份应有的突出品质，但仍是一款细腻、平衡完整的葡萄酒。

2013	94	2012-2025+
2012	97	2022-2032
2011	94	2013-2031+
2010	96	2022-2030
2009	96	2021-2029
2007	95	2017-2025+
2006	94	2011-2014+
2005	97	2017-2025+
2003	98	2015-2023+
2002	96	2014-2022+
2001	92	2009-2013+

简斯酒庄 Jansz

通信地址： 1216B Pipers Brook Road, Pipers Brook, Tas 7254 · **电话：** （03）6382 7066 ·
传真： （03）6382 7088 · **网址：** www.jansztas.com · **电子邮箱** glnfo@jansp.com.au
产区： 笛手河 **酿酒师：** 纳塔莉·弗莱尔（Natalie Fryar）
执行总裁： 罗伯特·希尔·史密斯

简斯酒庄由御兰堡的罗伯特·希尔·史密斯所有，是澳大利亚起泡酒市场的领跑者，其酿酒采用的葡萄来自塔斯马尼亚北部的凉爽地带。酒庄的酒窖和解说中心是塔玛山谷葡萄酒旅游路线上重要的经典，可以为游客提供最佳的学习机会，以及让他们品尝澳大利亚葡萄酒。我认为当前年份中品质最佳的是 2008 年的年份特酿起泡酒，复杂爽脆，带有矿物味，是一款定义了当地简斯葡萄酒风格的酒。

Late Disgorged Cuvée Sparkling White 迟去渣特酿起泡白葡萄酒 ★★★

塔斯马尼亚 $30-$49
当前年份：2005 92

相当成熟的一款酒。闻起来具有糕点、姜和肉桂的复杂香气，带有黄油味和蜂蜜味，缓慢地透出明快的香料味和花香，以及复杂的蘑菇香味。口感圆润绵长，带有烘烤味和白垩香，收口干燥，带有辣味，强烈均衡的酸味。非常富有魅力的一款酒，缺乏清新度，因此无法得到更高的评分。

2005	92	2013-2017
2004	91	2012-2016
2003	88	2008-2011+
2002	95	2010-2016+
2001	95	2009-2013
2000	87	2008-2012
1997	90	2005-2009
1996	87	2001-2004
1995	90	2003-2007
1992	95	2000-2004

Vintage Cuvée Sparkling White 年份特酿起泡白葡萄酒 ★★★★

塔斯马尼亚 $30-$49
当前年份：2008 94

一款寿命较长的葡萄酒，清新复杂，富有风格，绵柔密顺。散发着吐司和奶油蛋卷略带肉味和烟熏味的香气，桃子和甜瓜的果香，干草和柠檬花的香味提升了整体的香气。后味中带有坚果、类似奶油糖的风味。丰满圆润，顺滑馥郁，洋溢着果香和带有灰尘味、辣味的橡木香，水珠细腻脆爽，酸味明快。收口雅致，略带矿物味。

2008	94	2016-2020+
2007	93	2012-2015
2006	95	2011-2014
2005	92	2010-2013+
2004	88	2006-2009+
2003	89	2008-2011
2002	90	2007-2010
2001	86	2006-2009
2000	91	2005-2008
1999	93	2007-2011+
1997	95	2005-2009+
1996	89	2001-2004+
1995	87	2000-2003
1994	95	2002-2006

★★ Vintage Rosé 年份桃红葡萄酒

2010	90	2015-2018
2009	88	2011-2014+
2008	89	2013-2016
2007	88	2009-2012+
2006	92	2011-2014
2005	90	2010-2013+

塔斯马尼亚
当前年份：2010

$30-$49
90

一款正在成长中的葡萄酒，复杂丰满，略带肉味和草本味，长度优秀。散发着蘑菇和类似凯歌香槟的香气，从中透出覆盆子和樱桃略带草本味的果香，底味中带有奶油味和坚果味。口感明快，水珠细腻。果味绵长，富于变化，洋溢着成熟的樱桃/覆盆子的丰富，底蕴中带有细腻的白垩香，香味绵长，收口有爽脆的酸味，分散而不集中。

爵士山酒庄 Jasper Hill

通信地址： 88 Drummonds Lane, Heathcote, Vic 3523 · **电话：** （03）5433 2528 ·
传真： （03）5433 3143 · **网址：** www.jasperhill.com · **电子邮箱：** info@jasperhill.com.au
产区： 西斯寇特　**酿酒师：** 罗恩·劳顿（Ron Laughton）、艾米莉·劳顿（Emily Laughton）
葡萄栽培师： 罗恩·劳顿、艾米莉·马克纳利（Emily McNally）　**执行总裁：** 罗恩·劳顿

爵士山是一个旱地葡萄园，开辟于 1975 年。此后，他们就一直采用由五六亿年前寒武纪时代玄武岩风化的土壤种植葡萄。酒庄因此成为维多利亚州中部西斯寇特葡萄酒产区的标志。2009 年以后，爵士山成为澳大利亚最重要的酒庄之一。2011 年，酒庄被禁止推出原有品牌的葡萄酒。2012 年推出的葡萄酒和 2010 年的酒一样，富含深度和复杂度，紧实、纯正、明快。它们的优雅和平衡不禁让人想到 20 世纪 80 年代末和 90 年代初伟大年份的葡萄酒。事实上，这些酒的品质可能比后者还卓越。

★★★ Cornella Vineyard Grenache 科内拉歌海娜干红葡萄酒

2012	93	2024-2032+
2009	92	2017-2021
2004	84	2009-2012+

西斯寇特
当前年份：2012

$30-$49
93

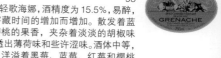

一款强劲有力的年轻歌海娜，酒精度为 15.5%，易醉，复杂度和魅力会随着窖藏时间的增加而增加。散发着蓝莓、乌梅、覆盆子和樱桃的果香，夹杂着淡淡的胡椒味和浓郁的花香，后味中透出薄荷味和些许涩味。酒体中等，口感顺滑，匀称浓烈，洋溢着黑莓、蓝莓、红莓和樱桃的完整香味，单宁收敛干燥，酸度均衡。

★★★★ Emily's Paddock Shiraz Cabernet Franc 艾米丽帕多西拉品丽珠干红葡萄酒

2012	97	2032-2042+
2010	96	2030-2040+
2009	94	2021-2029
2008	92	2016-2020
2007	88	2012-2015
2006	90	2014-2018
2005	86	2010-2013+
2004	90	2012-2016
2003	90	2011-2015+
2002	88	2010-2014+
2001	95	2013-2021+
2000	93	2008-2012+

西斯寇特
当前年份：2012

$100-$199
97

优雅成熟，散发着黑莓、酸樱桃、李子和黑醋栗带有麝香、花香和胡椒味的果香，底味中透出新鲜巧克力橡木香，些许动物味和肉味。酒体饱满偏中等，洋溢着带有酸味的浓郁水果的新鲜果味，香味绵长，石南味渐重，单宁紧实，带有类似石墨的味道。收口匀称平衡，美味可口。

★★★ Georgia's Paddock Nebbiolo 乔治亚帕多内比奥罗干红葡萄酒

2012	95	2024-2032
2011	88	2016-2019
2008	91	2016-2020
2006	89	2014-2018
2004	94	2009-2012+
2003	91	2008-2011+
2002	83	2010-2014
2001	92	2006-2009+
2000	92	2005-2008+

西斯寇特
当前年份：2012

$50-$99
95

该系列品质最佳的一款酒。酒体饱满偏中等，闻起来带有坚果、樱桃和李子的浓郁果味，带有花香和些许草本香，底味中透出泥土味、麝香味、薄荷味和类似柴油的味道。口感绵长，成熟丰满，香味浓郁，与紧实细腻的单宁和温和的酸味紧密交织，收口顺滑，美味可口，略带皮革味。这款酒更具朗格葡萄酒的风格，有不错的陈年效果。

Georgia's Paddock Riesling 治亚帕多雷司令干白葡萄酒 ★★★

西斯寇特　　　　　　　　　　　$20-$29
当前年份：2013　　　　　　　　　91

　　一款寿命较长的葡萄酒，香味浓郁。散发着柠檬花的香气，底味中带有矿物味和白茅香，醋味、香料味和些许柠檬皮的味道提升了香气。口感多汁，果味香甜，洋溢着油腻的柑橘风味。收口带有一丝残留糖分，酸度清新，柠檬果子露的香味绵延不断。

2013	91	2021-2025+
2012	92	2020-2024+
2011	93	2019-2023+
2010	92	2015-2018
2009	91	2014-2017
2008	89	2010-2013
2007	91	2012-2015+
2006	94	2011-2014+
2005	93	2010-2013+
2004	89	2006-2009+
2003	90	2008-2011+
2002	90	2007-2010+

Georgia's Paddock Shiraz 乔治亚帕多西拉干红葡萄酒 ★★★★

西斯寇特　　　　　　　　　　　$50-$99
当前年份：2012　　　　　　　　　96

　　一款平衡、富有风格的西拉，美味可口，透出一股红酸栗、黑醋栗和黑莓的果香，夹杂着香甜橡木香、胡椒味和香料味，后味中带有动物、薄荷和薄荷脑的味道。酒体中等饱满，果味绵长，通透纯正，带有灰尘味。底味中透出森林大地的味道、香甜紧密的橡木香和细腻爽脆的单宁。收口有清新的矿物味，薄荷香气经久不散。

2012	96	2032-2042+
2010	96	2030-2040
2009	94	2029-2039
2008	89	2011-2011
2007	92	2015-2019+
2006	91	2014-2018+
2005	93	2013-2017
2004	89	2009-2012+
2003	95	2015-2023
2002	90	2014-2022
2001	95	2009-2013+
2000	90	2008-2012+

金百利酒庄 Jim Barry

通信地址： Craig Hill Road, Clare, SA 5453 · **电话：**（08）8842 2261 · **传真：**（08）8842 3752 ·
网址： www.jimbarry.com · **电子邮箱：** jbwines@jimbarry.com
产区： 克莱尔谷　**酿酒师：** 德瑞克·奎顿（Derrick Quinton）、卢克·斯蒂尔（Luke Steele）、汤姆·巴里（Tom Barry）、克里斯·迪科斯（Chris Dix）
葡萄栽培师： 约翰·巴里（John Barry）、斯科特·维克多（Scott Victor）
执行总裁： 彼得·巴里（Peter Barry）

　　酿造克莱尔谷红酒和雷司令葡萄酒的传统酒庄，历史悠久。尽管酒庄在古纳华拉南部——原佩诺拉板球场开辟了一个葡萄园，用于种植酿造带有薄荷味的荣耀之队赤霞珠干红葡萄酒的葡萄。大约在30年前，古风西拉成为最先被称作"葛兰许靓靓者"的葡萄酒之一。从那时起，酒庄陆续推出了诸多经典的年份酒，但是没有一款可以比得上2010年份的葡萄酒，这大概是酒庄品质最好的一个年份。以弗瑞塔系列为首的雷司令葡萄酒浓度极佳，集中度也很好。2009年的红酒在优雅和细腻方面有了极大的发展。尝尝2012年的庐舍山庄西拉干红葡萄酒，价格不到20美元，你就会明白啦！

Pb Shiraz Cabernet Sauvignon Blend "Pb"西拉赤霞珠干红葡萄酒 ★★★

克莱尔谷　　　　　　　　　　　$50-$99
当前年份：2009　　　　　　　　　91

　　一款精心酿制的葡萄酒，顺滑，富有风格。散发着黑醋栗和乌梅带有香料味和胡椒味的果香，新鲜的雪松/香草橡木味，薄荷、薄荷脑和碘味。口感绵长优雅，洋溢着纯正黑莓和红莓的柔润风味，奶油香草橡木香和顺滑的单宁。收口有绵延不断的薄荷、薄荷脑和甘草香，酸度平衡。

2009	91	2017-2021+
2008	89	2020-2028
2007	92	2019-2027
2006	88	2014-2018+
2005	92	2017-2025

The Armagh Shiraz 古风西拉干红葡萄酒 ★★★★

克莱尔谷　　　　　　　　　　　$200+
当前年份：2010　　　　　　　　　96

　　我认为这是有史以来品质最好的一款古风西拉。散发着黑莓、李子、黑巧克力、摩卡和咖啡渣带有石南味的浓郁香气，层次丰富。花香和薄荷香提升了香气。口感极其顺滑，丰满优雅，果味饱满，富有深度。与坚实柔顺、带有灰尘味的单宁紧密交织，绵长柔顺，收口优雅平衡。

2010	96	2030-2040+
2009	94	2029-2039
2008	93	2020-2028+
2007	93	2019-2027
2006	92	2011-2014+
2005	92	2013-2017
2004	94	2016-2024
2002	95	2014-2022
2001	89	2009-2013
2000	95	2005-2008+
1999	95	2011-2019
1998	93	2006-2010
1997	95	2005-2009+
1996	95	2004-2008
1995	95	2003-2007+

★ ★ ★ The Benbournie Cabernet Sauvignon 班伯尼赤霞珠干红葡萄酒

2010	93	2022-2030+
2009	91	2017-2021+
2006	90	2014-2018
2005	93	2017-2025+
2004	89	2012-2016+

克莱尔谷
当前年份：2010

$50-$99
93

一款精心酿制的葡萄酒，优雅内敛，风味浓郁，平衡细腻，寿命较长。闻起来具有黑莓、乌梅和黑醋栗略带烘烤味、巧克力味和类似紫罗兰味的香气，后味中透出些许碘味。口感质朴，柔润集中，洋溢着纯正黑色水果和新鲜雪松／香草橡木的风味，绵长通透，融入细腻紧实、带有灰尘味的单宁和清新紧实的酸味之中。

★ ★ ★ ★ The Florita Riesling 弗瑞塔雷司令干白葡萄酒

2013	95	2025-2033+
2012	95	2024-2030
2011	94	2023-2034
2010	98	2030-2040
2009	95	2017-2021+
2008	94	2020-2028
2007	92	2012-2015+
2005	91	2013-2017
2004	93	2012-2016

克莱尔谷
当前年份：2013

$30-$49
95

一款寿命长、风味浓郁的雷司令，纯正集中，现在已经足够迷人，但仍有很大的潜力。闻起来具有柠檬花、酸橙和梨的迷人香气。入口洋溢着酸橙汁和柠檬酥皮饼类糕点的风味，质朴浓郁，长度极佳，单宁细腻，带有白垩香，收口坚硬简朴，带有柑橘酸味。

★ ★ ★ The Lodge Hill Riesling 庐舍山庄雷司令干白葡萄酒

2014	91	2019-2022+
2013	93	2025-2033
2012	94	2020-2024+
2011	89	2016-2019
2010	94	2018-2022+
2009	91	2017-2021
2007	84	2009-2012
2004	87	2006-2009+
2003	87	2005-2008
2002	86	2003-2004+

克莱尔谷
当前年份：2014

$12-$19
91

一款清新活泼的年轻葡萄酒，尖锐精致。散发着薰衣草和酸橙汁带有花香的香气，浓郁迷人，活泼的热带水果果味和酯味提升了香气。口感极其紧实，洋溢着浓烈绵长的柑橘风味，顺滑多汁，收口带有集中的柠檬酸味。

★ ★ The Lodge Hill Shiraz 庐舍山庄西拉干红葡萄酒

2012	90	2017-2020+
2011	88	2013-2016
2010	89	2012-2018+
2009	87	2014-2017
2008	90	2013-2016
2007	90	2009-2012+
2006	91	2014-2018
2005	89	2010-2013
2004	87	2006-2009
2003	89	2005-2008+
2002	90	2004-2007+

克莱尔谷
当前年份：2012

$12-$19
90

一款美味、优雅柔顺的年轻葡萄酒。散发着紫罗兰、黑醋栗、红酸栗和乌梅的明快香味，余味中透出薄荷味，带有香甜、烘烤、香草味的橡木香和薄荷味。口感绵长匀称，洋溢着甘甜葡萄的风味，顺滑通透，富有节奏，夹杂着收敛的橡木香、柔韧的单宁和清新的酸味。收口清新平衡。

★ ★ ★ The McRae Wood Shiraz 马克瑞西拉干红葡萄酒

2012	93	2024-2032+
2011	86	2016-2019
2007	91	2015-2019+
2006	91	2011-2014
2005	91	2013-2017
2004	90	2012-2016
2003	90	2011-2015
2002	88	2007-2010+
2001	87	2003-2006+
2000	87	2005-2008
1999	88	2004-2007

克莱尔谷
当前年份：2012

$30-$49
93

顺滑柔韧，平衡度佳，美味可口。散发着鲜亮芳香的黑莓和红莓的胡椒香气，与带有柏油、香草、巧克力和雪松味的橡木香和类似紫罗兰的香气相互交织。口感绵长优雅，洋溢着多汁黑色水果和烘烤味橡木香的明快风味，底蕴中透出细腻、带有灰尘味的单宁，收口绵长，酸味清新平衡。

★ ★ Watervale Riesling 沃特维尔雷司令干白葡萄酒

2014	95	2026-2034
2013	91	2021-2025+
2012	91	2020-2032
2011	89	2013-2016+
2010	90	2015-2018+
2009	90	2014-2017+
2008	93	2016-2020
2007	89	2012-2015
2006	93	2011-2014
2005	91	2010-2013

克莱尔谷
当前年份：2014

$12-$19
95

一款质朴传统的澳大利亚雷司令。散发着鸢尾花、薰衣草和玫瑰花瓣的浓香，从中透出酸橙汁、梨、苹果和柠檬皮的味道。口感绵长，干爽朴实，风味浓郁，不甜，带有辣味，柑橘风味持久，融入浓郁的酸橙汁酸味中。

约翰杜瓦尔酒庄 John Duval

通信地址：PO BOX 622, Tanunda, SA 5352 · 电话：（08）8562 2266 · 传真：（08）8562 3034 ·
网址：www.johnduvalwines.com · 电子邮箱：john@johnduvalwines.com
产区：巴罗莎谷　酿酒师：约翰·杜瓦尔（John Duval）
葡萄栽培师：约翰·杜瓦尔　执行总裁：约翰·杜瓦尔

　　约翰·杜瓦尔酿造的巴罗莎葡萄酒丰盈饱满、馥郁芳香，旗下 4 个品牌的葡萄酒均是如此。自
2010 年以来，酒庄葡萄酒的细腻风格就变得显而易见了，2012 年表现得尤其明显。艾丽宫口感更加
浓郁，带有大量新橡木的气息；灵魂系列在大部分的年份中都拥有不错的平衡度；荟萃红酒口感持续
顺滑，气质迷人，这也是荟萃系列白葡萄混酿拥有的品质。

Eligo Shiraz 艾丽宫西拉干红葡萄酒　　　　★★★★

巴罗莎谷　　　　　　　　　　　　　　$100-$199

当前年份：2010　　　　　　　　　　　　　　95

　　时髦而现代，带有独特的地域特色。具有复杂的口
味和橡木香。散发着黑莓、乌梅、黑醋栗和桑葚的浓郁
芬芳，融入带有肉香的巧克力橡木味，底蕴中透出缕缕
野味、兽皮和羊毛脂的醇香。入口后洋溢着浓重成熟的
果味，酒质丝滑，精致平衡，与烟熏橡木味亲密缭绕，
矿物味提升了酒的辣味。

2010	95	2030-2040
2009	92	2017-2021+
2008	96	2020-2028+
2006	90	2011-2014+

Entity Shiraz 灵魂西拉葡萄酒　　　　★★★★

巴罗莎谷　　　　　　　　　　　　　　$30-$49

当前年份：2012　　　　　　　　　　　　　　94

　　优雅匀称，迷人芳香。散发着黑醋栗、覆盆子、蓝
莓和乌梅的香料味，后味中透出雪松 / 香草橡木香和肉味。
酒体中等偏饱满，洋溢着黑莓和李子的浓郁芳香，与细密、
略带烟熏味的橡木香相互交织，融入明快清新的酸味中。
是未来巴罗莎葡萄酒的标杆。

2012	94	2024-2032+
2011	89	2016-2019
2010	94	2018-2022+
2009	93	2017-2021+
2008	94	2016-2020+
2007	94	2012-2015+
2006	88	2008-2011
2005	87	2010-2013
2004	95	2016-2024+

Plexus Marsanne Roussanne Viognier 荟萃玛珊 - 瑚珊 - 维欧尼混酿　★★

巴罗莎谷　　　　　　　　　　　　　　$20-$29

当前年份：2013　　　　　　　　　　　　　　92

　　平衡匀称，略带烘烤味和肉味。散发着核果、丁香、
肉桂和金银花的强烈矿物味。口感绵长顺滑，洋溢着多
汁核果的风味，夹杂着奶油味和温和的橡木味，与坚果
味相互交织。收口明快，带有温和的辣味，略带盐水味。

2013	92	2018-2021+
2012	89	2014-2017
2011	91	2013-2016+
2010	90	2012-2015

Plexus Shiraz Grenache Mourvèdre Blend
荟萃西拉歌海娜慕合怀特混酿　　　　★★★

巴罗莎谷　　　　　　　　　　　　　　$30-$49

当前年份：2012　　　　　　　　　　　　　　93

　　一款成熟、顺滑柔润的混酿，带有产区特色。散发
着味道相当封闭的黑莓和李子略带肉味和葡萄干味的果
香，从中缓慢透出一股香甜的花香。酒体饱满偏中等，
洋溢着黑莓、乌梅、蓝莓和黑醋栗的果味，细腻的橡木
味和单宁味，长度怡人。非常成熟，但又不会过熟，虽
然略带类似醋栗的风味，但仍旧平衡清新。

2012	93	2020-2024+
2011	92	2016-2019+
2010	93	2018-2022+
2009	94	2014-2017+
2008	90	2013-2016
2007	93	2012-2015+
2006	88	2008-2011
2005	90	2010-2013
2004	94	2009-2012
2003	93	2008-2011+

克拉斯克酒庄 Kalleske

通信地址: 6 Murray Street, Greenock, SA 5360 · 电话: (08) 8563 4000 · 传真: (08) 8563 4001 ·
网址: www.kalleske.com · 电子邮箱: wine@kalleske.com
产区: 巴罗莎谷　酿酒师: 特洛伊·克拉斯克 (Troy Kalleske)
葡萄栽培师: 约翰·克拉斯克 (John Kalleske)

　　1853 年，克拉斯克家族开始在巴罗莎谷地区种植葡萄，他们对此略知一二。他们的葡萄园面积越达 50 公顷，其中最古老的葡萄藤种植于 1875 年，所产的葡萄用于酿造酒庄的王牌产品乔治老藤西拉干红葡萄酒。作为家族的第六代接班人，托尼和特洛伊兄弟二人适时建造了家族的酿酒厂，并赶在 2004 年发布首批酒品。此后，酒庄的品牌日益增多，葡萄酒种类也逐渐增加，声誉也扶摇直上。我认为 2012 年的红酒对克拉斯克而言是很重要的，因为顶级的乔治老藤西拉干红和爱德华西拉在精致度和平衡度方面均到达了一个新的水平。我很欣赏酒庄的低档葡萄酒，现在，高档葡萄酒品质也达到了期待值。

★ Buckboard Durif 马车杜瑞夫

2012	89	2020-2024
2011	81	2013-2016
2010	83	2012-2015+

巴罗莎谷　$20-$29
当前年份: 2012　89
　　一款丰满的葡萄酒，风味浓郁。尽管酒精度很高，仍然有很好的平衡度。闻起来具有乌梅和黑莓带有灰尘味和类似紫罗兰味道的香气，余味汇总透出甘甜的雪松/巧克力/香草橡木香。口感油腻顺滑，极其成熟，洋溢着黑色水果的深邃风味，单宁细密，带有粉末质感，收口绵长。非常适合你体内的食肉因子。

★ Clarry's Grenache Shiraz Blend 克莱丽歌海娜西拉混酿

2013	89	2021-2025
2012	90	2017-2020+
2011	87	2013-2016
2010	89	2012-2015
2009	91	2011-2014+
2008	88	2010-2013
2007	89	2009-2012+
2006	89	2008-2011

巴罗莎谷　$12-$19
当前年份: 2013　89
　　一款多汁的传统混酿，果香四溢。散发着黑莓、蓝莓、石南和乌梅带有肉味和果酱类味道的成熟果香。口感多汁，带有果酱风味，甘美充溢，果味持久，底蕴中透出干燥、细腻柔润的单宁，收口带有清新的酸味，蓝莓果味绵延不散。

★ Eduard Shiraz 爱德华西拉

2012	94	2024-2032+
2010	89	2018-2022+
2009	89	2014-2017
2008	90	2013-2016+

巴罗莎谷　$50-$99
当前年份: 2012　94
　　顺滑匀称，风味浓郁，富有深度，极其成熟。散发着带有异域香料味和石南味的浓香，夹杂着黑莓、红莓的果香，巧克力橡木香以及白胡椒味，从中缓慢透出肉味和紫罗兰的花香。口感油腻，如天鹅绒般顺滑，温和明快，洋溢着通透的黑醋栗、蓝莓、覆盆子和红酸栗的浓郁风味，以及巧克力橡木香，绵长清新，平衡度佳。

★★ Florentine Chenin Blanc 弗洛伦丁白诗南干白葡萄酒

2013	89	2015-2018
2012	87	2014-2017
2011	91	2013-2016+
2010	91	2012-2015+
2009	89	2010-2011+

巴罗莎谷　$12-$19
当前年份: 2013　89
　　带有蜂蜜味和氧化味。散发着苹果、甜瓜、丁香和小麦粉的狂野香气，简洁有力，富有变化，略带肉味。入口洋溢着极其绵长的甜味，甜瓜和桃子类水果风味略甜腻，底味中透出干酪味、沉淀酵母味，长度怡人，夹杂着细腻的白垩昧，收口干净平衡，带有爽脆的酸味，而后慢慢呈现出丰满度和复杂的肉味。

Greenock Shiraz 格里诺西拉干红葡萄酒 ★ ★

巴罗莎谷　　　　　　　　　　　$30-$49
当前年份：2012　　　　　　　　　　87
    成熟，带有肉味。散发着带有果酱味、葡萄干味和李子味的水果蛋糕和烟熏摩卡味橡木的香料味。口感丰满，如天鹅绒般顺滑，果味浓郁，不过仍有早熟和烹煮过度的味道，底蕴中透出细腻爽脆的单宁，缺乏真正的长度和新鲜度。

2012	87	2020-2024+
2011	87	2013-2016
2010	93	2022-2030
2009	89	2011-2014+
2008	91	2013-2016+
2007	87	2009-2012+
2005	90	2010-2013
2004	89	2009-2012+

Johann Georg Shiraz 乔治老藤西拉干红葡萄酒 ★ ★ ★

巴罗莎谷　　　　　　　　　$100-$199
当前年份：2012　　　　　　　　　95
    一款传统的产区西拉。带有浓郁的胡椒味，相当封闭，夹杂着黑莓和乌梅的果香，巧克力橡木香。从中透出炙烤土地、丁香和甘草的味道。口感丰满，果味浓郁，黑莓和乌梅的风味浓郁，橡木香细密、带有烟熏味，层次丰富，底蕴中透出细致收敛的单宁。收口绵长，带有肉味和辣味，酸度清新均衡。

2012	95	2032-2042
2010	92	2022-2030
2009	84	2011-2014+
2008	93	2016-2020
2007	94	2019-2027
2006	90	2014-2018
2005	89	2013-2017
2004	95	2009-2012+

Moppa Shiraz 莫帕西拉干红葡萄酒 ★

巴罗莎谷　　　　　　　　　　$20-$29
当前年份：2012　　　　　　　　　88
    清新纯美，温和浓厚，适合早期饮用。散发着类似紫罗兰的香味，夹杂着花香、麝香味和香料味，从中透出黑莓、黑醋栗和雪松／巧克力橡木香。口感绵长优雅，洋溢着明快通透的果香，底蕴中透出细腻爽脆的单宁，收口带有温和明快的酸味。

2012	88	2014-2017+
2011	84	2013-2016
2010	91	2012-2015
2009	87	2011-2014
2008	86	2010-2013+
2007	90	2015-2019

Old Vine Grenache 老藤歌海娜干红葡萄酒 ★ ★ ★

巴罗莎谷　　　　　　　　　　$30-$49
当前年份：2012　　　　　　　　　92
    一款具有产区特色的西拉，油腻，有些许烈度，不过酒精味不会特别明显。香味浓郁，带有蓝莓果酱、覆盆子、黑樱桃和李子的馥郁果香，清新的花香和香料味提升了香气，从中透出泥土味和巧克力味。口感强劲丰满，果味和质地顺滑充盈，层次丰富，单宁紧实柔顺。收口绵长清新。

2012	92	2024-2032
2011	86	2013-2016
2010	92	2018-2022+
2009	92	2017-2021
2008	91	2013-2016+
2007	93	2015-2019+
2006	89	2011-2014

坎塔酒庄 Kanta

通信地址： 22-26 Vardon Avenue, Adelaide, SA 5000 · **电话：**（08）8232 5300 · **传真：**（08）8232 2055 ·
网址： www.kantawine.com · **电子邮箱：** info@kantawine.com
产区： 阿德莱德山　**酿酒师：** 伊贡·穆勒（Egon Muller）
葡萄栽培师： 蒂姆·迪伊（Tim Dee）、斯蒂芬·巴耐尔（Stephen Pannell）
执行总裁： 迈克·安德烈沃沙（Michael Andrewartha）、伊贡·穆勒

    作为德国最受欢迎的雷司令酿酒师之一，伊贡·穆勒创立了这座小酒庄，采用巴罗汉南附近的葡萄酿造阿德莱德山雷司令，这类酒芳香，带有麝香味、矿物味，质地良好，酸甜平衡。顺便说一下，"kanta"是一个梵文词，表示渴望、深爱和美丽。2011年的葡萄压根就不具有这些品质，因此酒庄这一年份并没有酿制葡萄酒。2012年的葡萄又找回了其惯有的清新、紧实和独特风味。

Riesling 雷司令 ★ ★ ★

阿德莱德山　　　　　　　　　　$20-$29
当前年份：2012　　　　　　　　　93
    单调紧实，风味独特。带有新鲜酸橙、柠檬和苹果的浓烈花香，余味中透出白桃和果子露的味道。入口洋溢着苹果、梨、酸橙和柠檬的果味，夹杂着带有奶油、肉味的酵母香气，长度怡人，味道带有细腻的灰尘味，收口绵长，带有爽快的酸味。

2012	93	2020-2024+
2010	91	2015-2018+
2009	90	2011-2014+
2008	88	2010-2013
2007	92	2012-2015+
2006	93	2011-2014
2005	94	2010-2013

凯利卡姆酒庄 Kilikanoon

通信地址: Penna Lane, Penwortham SA 5453 · **电话:** （08）8843 4206 · **传真:** （08）8843 4246 ·
网址: www.kilikanoon.com.au · **电子邮箱:** cellarcloor@kilikanoon.com.au

产区: 克莱尔谷、麦克拉伦谷、巴罗莎谷、福林德斯（Flinders） **酿酒师:** 凯文·米切尔（Kevin Mitchell）
葡萄栽培师: 特洛伊·范·达肯（Trcy Van Dulken） **执行总裁:** 瓦里克·杜塞（Warrick Duthy）

　　凯利卡姆的葡萄酒既有澳大利亚南部产区的特色，又具有葡萄本身的特质。酒庄酿造的雷司令被公认为克莱尔谷最佳，这类酒更单调细腻，更具产区风格，纷纷为其他许多酒庄所效仿。本年鉴给了莫特珍藏五颗星的评级。我思考了良久才做了这个决定，之前我把五颗星的评级都给了具有勃艮第风格的葡萄酒。2012 年的红酒在优雅度和平衡度方面达到了一个新的高度。我尤其欣赏果香馥郁、富有产区特色的街区路赤霞珠干红葡萄酒，这是我品尝的该系列酒中品质最好的。

★★ Blocks Road Cabernet Sauvignon 街区路赤霞珠干红葡萄酒

2012	94	2032-2042
2010	91	2022-2030
2009	88	2017-2021+
2007	89	2015-2019
2006	82	2008-2011
2005	88	2010-2013+
2004	93	2016-2024
2003	89	2008-2011
2002	89	2010-2014
2001	88	2006-2009
2000	91	2008-2012

克莱尔谷　　　　　　　　　　　$30-$49
当前年份：2012　　　　　　　　　94
　　一款寿命极长的葡萄酒，平衡，清新集中。散发着紫罗兰、黑醋栗、乌梅和桑葚略带薄荷味和草本味的香气。新鲜浓郁的雪松香草味橡木香提升了香气。酒体饱满偏中等，口感绵长，顺滑柔润，果味清新浓郁，略带薄荷味，夹杂着细腻的橡木香，柔顺、带有白垩香的单宁。收口迷人持久。这个系列的最佳。

★★★ Covenant Shiraz 盟约西拉干红葡萄酒

2012	94	2024-2032+
2010	92	2022-2030
2009	84	2011-2014
2008	94	2020-2028
2007	94	2015-2019+
2006	93	2011-2014
2005	91	2010-2013+
2004	88	2009-2012
2003	89	2011-2015
2002	82	2004-2007
2001	84	2003-2006+
2000	80	2002-2005

克莱尔谷　　　　　　　　　　　$30-$49
当前年份：2012　　　　　　　　　94
　　一款富于表现力的优雅之酒，风味浓郁。陈年之后，会发展成传统的"勃艮第"风格。带有黑胡椒的香气，散发着黑醋栗、桑葚、乌梅和黑莓的甜香，底蕴中透出新鲜巧克力 / 香草味的橡木香，有肉味和薄荷味。入口匀称柔润，如丝绸般顺滑，温和多汁，果味甘甜，风味迷人，由细腻、带有灰尘味的单宁支撑，融入清新的酸度之中。

★★★ Green's Vineyard Shiraz 绿色葡萄园系列西拉干红葡萄酒

2010	96	2030-2040
2009	95	2021-2029
2008	93	2020-2028+
2007	94	2019-2027
2006	92	2018-2026
2005	92	2017-2025
2004	90	2009-2012
2003	86	2008-2016

巴罗莎谷　　　　　　　　　　　$50-$99
当前年份：2010　　　　　　　　　96
　　极其复杂，优雅集中，略带酸味。散发着大量黑醋栗、乌梅、黑莓和石南带有香料味的迷人香气，后味中透出胡椒味和温和的雪松 / 香草 / 巧克力橡木香。口感绵长细密，洋溢着深邃通透的果香，绵长流畅，夹杂着烟熏橡木味，单宁爽脆，带有灰尘味。收口味道绵延，集中持久。

★★★ Miracle Hill（Formerly M Reserve）Shiraz
奇迹山西拉干红葡萄酒（原珍藏西拉）

2010	94	2022-2030+
2009	91	2017-2021+
2008	93	2020-2028
2006	94	2014-2018+
2005	89	2010-2013+
2004	93	2016-2024

麦克拉伦谷　　　　　　　　　　$50-$99
当前年份：2010　　　　　　　　　94
　　饱满，带有颗粒质感。散发着黑醋栗、桑葚、乌梅和巧克力 / 雪松味橡木融合而成的略带肉味的浓郁香气，从中透出一股炙烤土地的味道。口感绵长顺滑，带有矿物味，洋溢着酸浆果和李子的浓郁风味，与带有白垩香的单宁和巧克力橡木香交织缠绕。收口绵长持久。带有经久不散的果味，余韵中透出皮革味和酱油的香味。

Mort's Block Riesling 莫特布洛克雷司令干白葡萄酒 ★ ★ ★

克莱尔谷 $20-$29
当前年份：2013 94

一款质朴的年轻葡萄酒，紧实集中，优雅芬芳。吐露着馥郁的花香，散发着酸橙汁、柠檬和绿苹果皮略带剔透水晶质感的浓郁果香，令人心旷神怡，底调中透露出缕缕矿物质的粉笔的气息。余韵悠长紧实，晶莹的果味充盈满口，在精致且带有湿板岩风味的酒骨支撑下，余味在味蕾上层层开启，一路奔向脆爽而美妙的收口。

2013	94	2025-2033
2012	93	2020-2024+
2011	93	2019-2023+
2010	94	2018-2022+
2009	93	2017-2021
2008	93	2016-2020
2007	94	2012-1015+
2005	90	2010-2013+
2004	90	2009-2012+
2003	89	2008-2011
2002	84	2004-2007

Mort's Reserve Riesling 莫特珍藏雷司令干白葡萄酒 ★ ★ ★ ★ ★

克莱尔谷 $30-$49
当前年份：2013 96

绵长温和，富有风格，层次丰富。散发着苹果、酸橙、柠檬的馥郁果香，带有麝香味的白花花香提升了整款酒的香氛，余味中透出矿物味和板岩味。口感绵长完整，洋溢着多汁柔软的果味，底蕴中透出带有矿物味的质地。收口干燥爽脆，单调、带有板岩味，夹杂着明快的酸橙汁酸味。

2013	96	2021-2025+
2012	96	2024-2032
2011	94	2023-2031+
2010	96	2022-2030
2009	95	2017-2021+
2008	96	2016-2020+
2007	95	2015-2019+
2005	93	2013-2017
2004	95	2012-2016+
2003	95	2011-2015

Pearce Road（Formerly Barrel Fermented）Semillon
皮尔斯路（原名橡木桶发酵）赛美蓉干白葡萄酒 ★

克莱尔谷 $12-$29
当前年份：2012 93

一款精心酿制的葡萄酒，平衡度佳。吐露着淡淡的花香和草本植物的清新，散发着犹如柠檬、甜瓜和醋栗般内敛的果香，底蕴中透露出新鲜香草橡木芬芳和苹果的多尘气息。口感顺滑，富有奶油之感，与烟熏香草橡木的美味紧密结合，余韵绵延圆润，在简约的结构支撑下，收口清新，带有紧实的柠檬酸度。

2012	93	2020-2024+
2011	89	2013-2016+
2009	89	2011-2014+
2008	91	2013-2016
2007	88	2009-2012+
2004	86	2006-2009
2000	83	2002-2005

The Duke Grenache 杜克歌海娜 ★ ★

克莱尔谷
当前年份：2009 90

强劲传统，橡木和水果歌海娜味道明显，散发着黑莓和乌梅的果香味，底蕴中透露巧克力薄荷、摩卡和辛辣的味道。酒体中等，洋溢着多汁的风味，丰满强劲，单宁细腻、柔顺干燥，富含饱满度、长度、单宁和酸度，适合窖藏。

2009	90	2017-2021+
2007	94	2015-2019+
2005	89	2013-2017

基乐拜酒庄 Killerby

通信地址：4259 Caves Road, Wilyabrup, WA 6285 · **电话**：（08）9755 5983 · **传真**：1800 679 578 ·
网址：www.killerby.com.au · **电子邮箱**：info@killerby.com.au
产区：玛格丽特河 **酿酒师**：凡尼莎·卡尔森（Vanessa Carson）
葡萄栽培师：克里斯·泽尔（Chris Zur） **执行总裁**：安东尼·威尔克斯（Anthony Wilkes）

西澳大利亚久负盛名的一座酒庄。之前位于吉奥格拉菲地区，之后由于被费恩格罗夫（Ferngrove）收购，便将业务及品牌转至玛格丽特河地区。酒庄最精致的美酒是赛美蓉，带有明显的橡木风格，是酒庄多年来的镇庄之宝。白葡萄酒品质稳定，但红酒并非如此——2009年是巅峰，现在已经渐渐在走下坡路了。

Cabernet Sauvignon 赤霞珠 ★ ★

玛格丽特河 $20-$29
当前年份：2011 88

略带石南气息，散发着李子、黑醋栗、红酸栗和黑樱桃稍显浓烈的芬芳，一缕薄荷味的清凉若有似无地飘散，口感略微中空青涩，酒体中等偏饱满，在颗粒状单宁的支撑下，浸润着黑醋栗、红樱桃和莓果的淡淡果味，缺乏真正深邃的果味。

2011	88	2016-2019
2010	89	2018-2022+
2009	92	2017-2021
2008	93	2016-2020+
2007	90	2015-2019
2005	89	2010-2013+
2004	93	2016-2024
2003	80	2005-2008+
2002	89	2007-2010
2001	89	2009-2013

★★ Chardonnay 霞多丽

2012	90	2014-2017
2010	88	2012-2015
2009	90	2011-2014
2008	88	2010-2013+
2007	82	2008-2009
2006	81	2007-2008
2005	89	2007-2010
2004	84	2006-2009
2003	88	2005-2008
2002	92	2007-2010

玛格丽特河
当前年份：2012　　　90

$20-$29

一款油腻的葡萄酒，适合早期饮用，易于入口，散发着桃子和奶油略带清新辛辣的芬芳，底味中透出一股烟熏肉味。口感顺滑，圆润丰满，带有开放奶油味的果香，收口明快集中，呈现令人愉悦的柔和酸度。

★★★ Sauvignon Blanc 长相思

2013	93	2015-2018+
2012	92	2013-2014+
2009	88	2010-2011
2008	83	2008-2009
2007	89	2008-2009+
2006	90	2007-2008+
2005	83	2005-2006
2004	88	2005-2006+

玛格丽特河
当前年份：2013　　　93

$20-$29

一款精心酿制的葡萄酒，带有怡人的长度、新鲜度和平衡度。散发着醋栗、荔枝和甜瓜略带霉味的香气，余味中透出一丝牡蛎壳的盐水味。口感柔润多汁，绵长收敛，洋溢着新鲜长相思的风味，长度怡人，些许烟熏橡木味让风味变得更浓郁。收口带有令人心旷神怡的矿物味。

★★★ Semillon 赛美蓉

2012	93	2020-2024
2011	92	2016-2019
2010	93	2015-2018+
2009	88	2010-2011
2008	83	2008-2009
2007	89	2008-2009+
2006	90	2007-2008+
2005	83	2005-2006
2004	88	2005-2006+
2003	92	2004-2005+
2002	93	2004-2007
2001	88	2003-2006

玛格丽特河
当前年份：2012　　　93

$20-$29

这款采用橡木桶发酵的赛美蓉保持了它的新鲜度和集中度。散发着甜瓜、肉桂、香草和肉豆蔻带烟熏味和灰尘味的香气，从中透出一丝柠檬和青草的味道。口感甘美，绵柔密顺，口中充盈着新鲜蜜瓜和柠檬水果的风味，与烟熏香草橡木味紧密交织。收口带有长度、复杂度，还有明快浓烈的酸味。

★ Shiraz 西拉

2011	88	2016-2019+
2010	86	2012-2015
2009	89	2014-2017
2008	91	2020-2028
2007	94	2012-2015+
2005	93	2013-2017
2003	91	2011-2015
2001	89	2009-2013
2000	89	2005-2008+
1999	95	2007-2011
1998	93	2006-2010

玛格丽特河
当前年份：2011　　　88

$20-$29

闻起来带有蓝花、红花、红酸栗、覆盆子和些许黑醋栗的香味，余味中透出新鲜雪松 / 巧克力橡木香，从中透出香料和番茄茎的灰尘味。酒体中等偏饱满，洋溢着甘甜、略脆弱的浆果的直接风味，口中留有干浸出物，干燥青涩、带有粉末质感和金属质感，收口长度和深度中等。

纳普斯坦酒庄 Knappstein

通信地址： 2 Pioneer Avenue, Clare SA 5453 · **电话：**（08）8841 2100 · **传真：**（08）8841 2101 · **网址：** www.knappstein.com.au · **电子邮箱：** cellardoor@knappstein_com.au
产区： 克莱尔谷　　**酿酒师：** 格伦·巴里（Glenn Barry）
葡萄栽培师： 戴夫·德拉波斯科（Dave Drabsch）　　**执行总裁：** 克里斯·巴达克（Chris Baddock）

纳普斯坦酒庄是一家成熟的葡萄酒企业，隶属于弥敦狮（Lion Nathan）葡萄酒集团。酒庄出品的葡萄酒品质值得信赖，酿造技艺专业，性价比很高。从便宜但是品质惊人的赤霞珠梅洛，一直到顶级酒品企业家园赤霞珠，都充分展现出克莱尔谷雷司令芳香馥郁、略带板岩味道的特征。此外，还有一款极具特色、质地良好，深受阿尔萨斯葡萄酒影响的混酿（琼瑶浆、雷司令和灰皮诺），2012年的这款酒复杂度极佳，质地良好，富有特色。

★★★★ Ackland Vineyard Riesling 奥克兰园雷司令干白葡萄酒

2012	93	2020-2024+
2011	94	2019-2023+
2010	95	2022-2030
2009	93	2017-2021+
2007	89	2012-2015
2006	92	2011-2014
2005	96	2013-2017
2004	95	2012-2016+

克莱尔谷
当前年份：2012　　　93

$20-$29

绵长均衡，极其匀称，吐露着白花和蓝花的香味，散发着橙橙汁、苹果和梨的馥郁果香，底蕴中透露出丝丝丝白垩的风味。口感脆爽美味，浸润着苹果和梨如水晶般剔透的浓郁果味，底蕴中透出精致、带有灰尘味的质地，夹杂着酸橙汁的香气。收口清新，带有浓烈的柠檬酸味。

Cabernet Merlot 赤霞珠梅洛混酿 ★★

克莱尔谷　　　　　　　　　　　$20-$29
当前年份：2010　　　　　　　　　　91

　　一款富有格调的年轻混酿，带有类似马尔贝克的果味和魅力。你甚至可能因为其薄荷味过重而误将其当成法国酒！吐露着紫罗兰的花香，散发着黑醋栗、桑葚和黑樱桃馥郁的芬芳，融入雪松／香草橡木的香气，底蕴中透露出丝丝泥土的醇香。绵长顺滑，浸润着乌梅、李子剔透纯粹的果味，薄荷的清凉飘散其间，与清新的雪松橡木味完美结合，在精致多尘的单宁支撑下，收口呈现优秀的新鲜度和平衡度。

2010	91	2022-2030
2009	87	2014-2017
2008	90	2016-2020
2006	93	2018-2026
2005	81	2007-2010
2004	80	2006-2009
2003	86	2008-2011
2002	88	2004-2007+
2001	87	2003-2006+
2000	82	2002-2005
1999	88	2004-2007
1998	90	2003-2006

Enterprise Vineyard Cabernet Sauvignon 企业家园赤霞珠干红葡萄酒 ★★★

克莱尔谷　　　　　　　　　　　$30-$49
当前年份：2012　　　　　　　　　　93

　　寿命较长，适合长期窖藏。平衡稳定，散发红莓、黑醋栗和李子略带肉味和泥土味的香味，与雪松橡木香紧密交织，后味中透出薄荷、薄荷脑和干草的香气。口感极其浓郁，洋溢着黑醋栗和乌梅的质朴风味，交织着雪松／巧克力橡木味，紧实、带有灰尘味的单宁和清新的酸味，绵长匀称，收口带有产区葡萄酒特有的薄荷味和桉树味。

2012	93	2032-2042
2010	94	2030--2040
2009	93	2029-2039
2008	93	2020-2028+
2005	86	2017-2025
2004	86	2006-82009+
2003	88	2011-2015
2002	93	2014-2022
2000	86	2002-2005+
1999	89	2004-2007+
1998	95	2010-2018+
1997	93	2005-2009+
1996	95	2008-2016+

Hand Picked Riesling 手摘雷司令干白葡萄酒 ★★

克莱尔谷　　　　　　　　　　　$12-$19
当前年份：2013　　　　　　　　　　90

　　因为略带香料味，所以得到了一个比较高的分数。不过这款酒还是略甜，绵长多汁，散发着柠檬皮和酸橙汁略带热带水果果香和酯味的香气，从中透出一丝矿物味。入口洋溢着柑橘的明快果香，底蕴中透出细腻、带有灰尘味的质地。收口带有柠檬和热带水果的果香，绵延不断，融入明快的酸味之中。

2013	90	2021-2025
2012	91	2020-2024
2011	91	2019-2023
2010	89	2015-2018
2009	92	2017-2021
2008	87	2013-2016
2007	87	2009-2012+
2006	86	2011-2014
2005	88	2007-2010
2004	91	2009-2012
2003	94	2008-2011

Shiraz 西拉 ★★

克莱尔谷　　　　　　　　　　　$20-$29
当前年份：2012　　　　　　　　　　91

　　一款柔润匀称的优雅之酒，散发着甘甜黑醋栗、覆盆子、干草和雪松／香草橡木清香融合而成的带有花香的胡椒味。口感绵长，顺滑甘美，洋溢着带有酸味的水果风味，长度怡人，与橡木香和柔顺的单宁均衡分布于口中。收口带有强烈突出的风味，小茴香的香味经久不散。

2012	91	2020-2024+
2010	90	2018-2022
2009	90	2017-2021
2008	91	2016-2020
2005	90	2010-2013
2004	80	2006-2009
2003	85	2008-2011
2002	90	2007-2010+
2001	90	2006-2009+
2000	86	2002-2005
1999	90	2004-2007

Three Gewürztraminer Riesling Pinot Gris 琼瑶浆雷司令黑皮诺混酿 ★★★

克莱尔谷　　　　　　　　　　　$20-$29
当前年份：2012　　　　　　　　　　94

　　一款迷人的混酿，复杂平衡，适合佐餐。散发着玫瑰精油、荔枝和奶油蛋卷带有香料味和麝香味的香气，以及带有奶油味和酵母味的肉味，余味中透出些许白垩香。口感绵长优雅，洋溢着适度集中的果味，主轴细致、带有白垩香，流畅集中。收口坚硬狂野，带有辣味和些许霉味。这款酒在年轻时既复杂又清新。

2012	94	2017-2020+
2011	93	2016-2019+
2010	92	2015-2018
2008	92	2010-2013+
2006	86	2008-2011
2004	88	2006-2009+

酷雍酒庄 Kooyong

通信地址：263 Red Hill Road, Red Hill South Vic 3937・电话：（03）5989 4444・
传真：（03）5989 3017・网址：www.kooyongwines.com.au・电子邮箱：info@kooyongwines.com.au
产区：莫宁顿半岛 酿酒师：桑德罗・莫塞勒（Sandro Mosele）
葡萄栽培师：斯蒂文・福克纳（Steven Faulkner） 执行总裁：乔治奥・吉尔吉亚（Giorgio Gjergja）

酷雍酒庄是维多利亚州酒庄的榜样，酒庄在酿造技术方面领跑全澳大利亚。坐落于图灵猎人路，占地达 40 公顷。他们根据土壤类型将这片土地划分为几个不同的葡萄园，用于种植适合生长的勃艮第葡萄品种，制作单一园葡萄酒。酒庄出品的美酒风格各异，品质超群。我每年都对酷雍的葡萄酒抱有期待的一个原因，就是我想看看桑德罗・莫塞勒还能变出什么花样儿来。2012 年是一个杰出的年份，他和团队酿造出了品质非常出众且与众不同的葡萄酒。

★★ Beurrot Pinot Gris 本尤洛灰皮诺干白葡萄酒

2013	92	2015-2018+
2012	87	2013-2014+
2011	90	2012-2013+
2010	90	2012-2015
2009	86	2010-2011
2008	91	2010-2013

莫宁顿半岛　　　　　　　　　　$20-$29
当前年份：2013　　　　　　　　92
　　质地丰满，富于变化，带有霉味，复杂美味。散发着带有坚果和香料味的蜜瓜类水果的肉味，略有些封闭。口感甘美多汁，洋溢着浓重油腻的梨和苹果风味，夹杂着奶油味，余韵绵长，略油腻，收口清新收敛。

★★ Clonale Chardonnay 克罗纳勒霞多丽干白葡萄酒

2013	90	2015-2018
2012	91	2014-2017
2011	91	2013-2016
2010	90	2012-2015
2008	88	2010-2013
2007	93	2009-2012
2006	91	2008-2011

莫宁顿半岛　　　　　　　　　　$30-$49
当前年份：2013　　　　　　　　90
　　这款年轻的霞多丽从结构和轮廓来说，颇具夏布利风格。芳香，略带香料味和微妙的橡木香，夹杂着柠檬、葡萄柚、甜瓜和香草的香味，后味中透出姜、肉桂和矿物的味道。精细优雅，洋溢着甜瓜、柠檬和桃子类水果的温和风味，绵长、清新、集中，味道发展至极致时会产生明快浓烈的酸味。

★★★ Estate Chardonnay 庄园霞多丽干白葡萄酒

2012	94	2020-2024
2011	92	2016-2019+
2010	92	2015-2018+
2009	92	2014-2017
2008	92	2013-2016+
2007	91	2009-2012+
2006	90	2008-2011
2005	93	2007-2010+
2004	92	2009-2012
2003	93	2005-2008+
2001	95	2006-2009
2000	93	2002-2005+
1999	92	2001-2004

莫宁顿半岛　　　　　　　　　　$30-$49
当前年份：2012　　　　　　　　94
　　散发着甜瓜、烟熏培根和葡萄柚的浓烈香气，夹杂着带有奶油和坚果味的复杂酵母香，以及香草橡木味。从中透出石南味、矿物味以及柑橘花和姜的香味。口感绵长，顺滑油腻，洋溢着清新浓烈的柑橘风味，融入尖锐的酸味之中。收口带有丰满度、清新度，优雅集中。

★★ Estate Pinot Noir 庄园黑皮诺干红葡萄酒

2012	93	2020-2024+
2011	89	2013-2016
2010	91	2015-2018
2009	91	2011-2014+
2008	89	2010-2013+
2007	90	2009-2012
2006	86	2008-2011
2005	94	2010-2013+
2004	94	2009-2012+
2003	93	2008-2011
2001	95	2006-2009+
2000	92	2005-2008
1999	92	2001-2004+

莫宁顿半岛　　　　　　　　　　$50-$99
当前年份：2012　　　　　　　　93
　　一款富有风格的优雅之酒，顺滑复杂。散发着香甜红樱桃、石南和紧实、带有动物味的橡木的香气，夹杂着肉味和泥土味，余韵中透出鸭油和干草的味道。口感绵长，如丝绸般顺滑，洋溢着黑莓和红莓带有适当、甘甜的橡木味的风味，底蕴中透出干草和番茄的味道，单宁带有灰尘味和谷粒质感。收口带有甜樱桃和灌木丛的烟熏味，经久不散。

Farrago Chardonnay 混合霞多丽干白葡萄酒 ★★★★

莫宁顿半岛 $50-$99

当前年份：2012　97

　　一款精心酿造的葡萄酒，极其优雅，平衡顺畅。散发着具有矿物味和类似皮利尼酒的浓烈香气，夹杂着桃子、甜瓜和油桃的果香，新鲜的香草橡木香，底味中透出葡萄柚、姜和丁香的味道。绵柔顺滑，口感圆润油腻，余韵绵长，质朴紧实，带有浓烈的核果、甜瓜和柑橘风味，紧密交织着香草橡木香，融入活泼的酸味之中。是一款优质佳酿。

2012	97	2020-2024
2011	94	2016-2018+
2010	96	2015-2018+
2009	94	2014-2017
2008	89	2010-2013
2007	96	2012-2015+
2006	94	2011-2014+
2005	96	2010-2013+

Faultline Chardonnay 表演者园霞多丽干白葡萄酒 ★★★

莫宁顿半岛 $50-$99

当前年份：2012　96

　　一款紧实的霞多丽，带有盐水味和矿物味，果香纯净，层次丰富，质地带有白亚香。散发着葡萄柚和带有烟熏、火柴／香草味橡木的浓郁香气，夹杂着盐水味，余韵中透出清新的牡蛎壳、丁香、姜和肉豆蔻的味道。口感绵长甘美，洋溢着葡萄柚、甜瓜和柠檬风味，丰满、带有奶油味。底蕴中透出浴盐味和细腻的白亚香，紧实集中。收口带有清新的辣味，酸味爽快。

2012	96	2020-2024
2011	92	2016-2019
2010	95	2015-2018+
2009	95	2014-2017+
2008	96	2013-2016+
2007	93	2012-2015
2006	93	2011-2014
2005	95	2010-2013+
2004	95	2009-2012+
2003	95	2008-2011+
2001	95	2006-2009

Ferrous Pinot Noir 富铁黑皮诺 ★★★★

莫宁顿半岛 $50-$99

当前年份：2012　95

　　质地良好，平衡美味。散发着覆盆子、血丝李和红樱桃的精雅香气，略有些封闭，夹杂着动物的泥土味，玫瑰花瓣的香味提升了整体的香气。口感精致紧实，洋溢着李子和樱桃的收敛风味，浓郁、绵长、均衡。收口略带矿物味和辣味，果香和可乐味绵延不断。

2012	95	2020-2024+
2011	91	2016-2019
2010	95	2015-2018+
2009	94	2014-2017+
2008	91	2013-2016+
2007	94	2012-2015
2006	95	2011-2014+
2005	94	2013-2017+
2004	94	2009-2012+
2003	90	2008-2011

Haven Pinot Noir 避风港黑皮诺 ★★★★

莫宁顿半岛 $50-$99

当前年份：2012　94

　　在年轻时略有些坚硬。寿命较长。散发着泥土味、肉味、石头味和淡淡的花香，夹杂着带有石南味的李子、黑莓和红樱桃的香味，余韵中透出矿物味和可乐味。入口洋溢着红樱桃、李子和黑莓顺滑多汁的风味，绵长丰满，由细腻紧实、带有粉末质感的单宁支撑。收口带有香味，质地良好。等着吧……

2012	94	2024-2030
2011	92	2016-2019
2010	95	2018-2022
2009	94	2017-2021
2008	89	2010-2013+
2007	94	2015-2019
2006	95	2011-2014
2005	95	2013-2017+
2004	95	2009-2012+
2003	91	2008-2011+
2001	96	2006-2009+

Massale Pinot Noir 马萨黑皮诺干红葡萄酒 ★★

莫宁顿半岛 $30-$49

当前年份：2013　90

　　优雅之酒，富有风格，香味浓郁，适合窖藏。闻起来具有黑樱桃、甜菜、乌梅和蔓越莓略带花香的浓郁果香，余味中透出麝香香料味和些许烟熏橡木味。口感顺滑丰满，洋溢着明快果味，长度怡人，由细腻、带有粉末质感的主轴支撑。收口绵长，带有辣味和些许肉味。

2013	90	2018-2021
2012	89	2014-2017
2011	87	2013-2016
2010	90	2012-2015
2008	91	2010-2013+
2007	86	2009-2012
2006	88	2008-2011
2004	82	2005-2006

★ ★ ★			Meres Pinot Noir 米尔斯黑皮诺

2012	94	2020-2024
2011	89	2016-2019
2010	93	2015-2018+
2009	92	2014-2017+
2008	92	2013-2016+
2007	89	2012-2015
2006	88	2008-2011
2005	95	2013-2017
2004	89	2009-2012

莫宁顿半岛
当前年份：2012

$50-$99
94

富有风格，柔顺优雅。散发着甜覆盆子、樱桃和黑莓带有玫瑰花香的浓郁酒香，与细密的橡木香紧密交织，余味中透出地区特有的炙烤土地味。口感绵长顺滑，洋溢着甜樱桃和浆果的甘美浓郁风味，底蕴中透出如丝绸般顺滑的单宁。收口集中，富有魅力。

克伶歌 Kreglinger

通信地址：1216 Pipers Brook Road, Pipers Brook Tas 7254·电话：（03）6382 7527·
传真：（03）6382 7226·网址：www.kreglingerwineestates.com·电子邮箱：info@kreglingerwineestates.com
产区：笛手溪（Pipers Brook） 酿酒师：雷内·泽默（Rene Bezemer）
葡萄栽培师：布鲁斯·麦考马克（Bruce McCormack） 执行总裁：保罗·德·摩尔（Paul de Moor）

克伶歌是比利时一家大型化学品及药品贸易公司，它在澳大利亚的主要葡萄产区包括笛手溪葡萄园（Pipers Brook Vineyard）、第九岛（Ninth Island）以及位于南澳大利亚本逊山（Mount Benson）的诺福克岭（Norfolk Rise）。当前2006年份的葡萄酒展现出不俗的酸度，令对酿造起泡酒颇感兴趣的人们无比憧憬和向往塔斯马尼亚，不过这些佳酿极其浓郁，怕是需要一定的窖藏时间。

★ ★ ★			Vintage Brut 年份干型起泡酒

2006	92	2018-2026
2005	90	2010-2013+
2004	93	2012-2016
2003	89	2008-2011
2001	87	2006-2009
2000	93	2008-2011
1999	87	2004-2007
1998	87	2003-2006+

塔斯马尼亚
当前年份：2006

$30-$49
92

这款年份香槟酒香浓烈，紧实集中，呈现出很高的酸性，洋溢着葡萄柚和苹果果香，融入蜡质肉香，在一抹如花芬芳和强劲羊毛脂气息的烘托下，底蕴中透露出烤坚果的气息。口感绵长集中，极具穿透力，洋溢着柠檬、葡萄柚、苹果的风味，质朴深邃，后味中透出面包酵母味和淡淡的肉味。收口绵长集中，带有浓烈的酸度。该酒品适合长期保存。

KT 酒庄

通信地址：PO Box 99, Watervale SA 5452·电话：04 1985 5500·传真：（08）8843 0040·
网址：www.winesbykt.com·电子邮箱：kt@winesbykt.com
产区：克莱尔谷 酿酒师：凯瑞·汤普森（Kerri Thompson）
葡萄栽培师：史蒂夫·法鲁吉亚（Steve Farrugia） 执行总裁：凯瑞·汤普森（Kerri Thompson）

如果澳大利亚有一个所谓的雷司令王族的话，那凯瑞·汤普森肯定是其中的一员。她对这种葡萄酒有着深入的了解，在酿造葡萄酒时一丝不苟，她用克莱尔谷葡萄园的葡萄酿造的雷司令极其优雅，富有魅力。KT酒庄现在又推出了四款雷司令和一款品质超群的珠灵卡园西拉（2012, 95/100, 适饮期：2024-2032+）。一般情况下，用"工匠"这个词评价酒庄酿酒师有些夸大其词了，但在此处绝对名副其实。

★ ★ ★ ★			Churinga Vineyard Riesling 珠灵卡园雷司令干白葡萄酒

2013	95	2025-2033
2012	94	2020-2024+
2009	94	2017-2021+

克莱尔谷
当前年份：2013

$30-$49
95

当属平衡和新鲜的典型。一款极其圆润、丰满通透的年轻雷司令，散发着酸橙、薰衣草和白花的浓香，底味中带有矿物味。入口洋溢着干净通透的果味，绵长集中，收口清新优雅，劲道收敛。

Melva Riesling 梅尔瓦雷司令 ★★★

克莱尔谷 　　　　　　　　　　 $20-$29
当前年份：2013　　　　　　　　　93

2013	93	2021-2025+
2012	92	2020-2024
2009	95	2017-2021+
2008	93	2016-2020

　　散发着酸橙、苹果和柠檬皮略带酯味的香气，底味中带有些许热带水果的香气。口感浓郁，洋溢着酸橙汁、苹果和梨类水果的浓烈风味，精致直接，带有白垩香、单调、富有格调。收口略带灰尘味、活泼的柠檬酸味，集中、完整、持久。

Peglidis Vineyard Riesling 佩格利迪园雷司令 ★★★★

克莱尔谷 　　　　　　　　　　 $30-$49
当前年份：2013　　　　　　　　　94

2013	94	2021-2025+
2012	96	2024-2032
2010	96	2022-2030
2009	96	2017-2021+
2008	95	2016-2028
2007	93	2015-2019
2005	88	2007-2010+
2004	87	2009-2014

　　带有浓郁的花香，略带氧化味，夹杂着柑橘的果香、干花的香味和香甜的黄花花香，口感绵长，顺滑诱人。入口后洋溢着深邃的柑橘风味，底蕴中透出蜡味和奶油味，绵长微妙，质地带有白垩香，收口集中清新。

湖风酒庄 Lake Breeze

通信地址：Step Road, Langhorne Creek SA 5255・**电话**：（08）8537 3017・**传真**：（08）8537 3267・**网址**：www.lakebreeze.com.au・**电子邮箱**：wines@lakebreeze.com.au
产区：兰汉溪（Langhorne Creek）　**酿酒师**：格莱格・福莱特（Greg Follett）
葡萄栽培师：蒂姆・福莱特（Tim Follett）　**执行总裁**：罗杰・福莱特（Roger Follett）

　　湖风酒庄历史悠久，在澳大利亚南部的兰汉溪产区享有盛誉，酿造的葡萄酒质量都很优秀。酒庄的红葡萄酒通常大多结构复杂，平衡巧妙，果味气息纯粹，搭配恰到好处的橡木香及单宁。54 号区域精选西拉口感独特，与该地区的西拉与众不同，令人印象深刻。

Arthur's Reserve Cabernet Blend 亚瑟珍藏赤霞珠混酿 ★★★

兰汉溪 　　　　　　　　　　 $30-$49
当前年份：2010　　　　　　　　　93

2010	93	2022-2030+
2009	88	2021-2029
2008	94	2020-2028+
2007	91	2019-2027
2006	91	2014-2018+
2005	92	2013-2017+
2004	91	2012-2016+
2003	89	2011-2015
2002	90	2010-2014+
2001	93	2009-2013

　　散发着适量黑莓、蓝莓和红莓带有泥土味和些许灰尘味的香气，后味中透出清新的雪松橡木香和肉味。口感绵长均衡，洋溢着浆果、李子的明快风味，带有新橡木香，单宁柔润细腻，收口持久集中。

Bernoota Shiraz Cabernet 伯努塔西拉赤霞珠混酿 ★★

兰汉溪 　　　　　　　　　　 $20-$29
当前年份：2012　　　　　　　　　91

2012	91	2020-2024+
2010	91	2022-2030
2009	88	2011-2014
2008	90	2016-2020
2007	91	2012-2015+
2006	89	2011-2014+
2005	90	2010-2013+
2004	94	2016-2024
2003	89	2008-2011
2002	90	2010-2014
2001	87	2006-2009
2000	89	2008-2012
1998	92	2006-2010

　　优雅顺滑，带有泥土味、薄荷味和花香，夹杂着黑醋栗、黑莓和乌梅的果味，新鲜雪松 / 巧克力橡木香，透出一丝薄荷味。底蕴中透出温和的橡木香，单宁紧实，先有黑莓和红莓带有香料味的浓郁西拉风味，而后发展成带有草本味和些许薄荷味的乌梅赤霞珠风味。

Cabernet Savignon 赤霞珠

兰汉溪 　　　　　　　　　　 $20-$29
当前年份：2012　　　　　　　　　91

2012	91	2024-2032
2010	91	2022-2030+
2009	88	2017-2021
2008	90	2016-2020
2007	90	2012-2015
2006	89	2011-2014+
2005	90	2013-2017
2004	90	2016-2024
2003	82	2005-2008+
2002	90	2007-2010+
2001	88	2006-2009
2000	82	2002-2005+
1998	93	2006-2010+

　　散发着黑醋栗和乌梅的质朴果香，夹杂着细密的巧克力 / 雪松 / 香草味橡木，从中透出一丝薄荷味。口感绵长优雅，洋溢着多汁果味，深邃持久，与温和细密、带有灰尘味的单宁，顺滑的奶油香草味橡木香相互融合。收口平衡，带有产区特有的薄荷味。

2012	93	2024-2032
2010	93	2022-2030
2009	89	2017-2021
2008	91	2020-2028

兰汉溪 $20-$29

当前年份：2012   93

　　富有风格，更具现代和罗讷河谷风格。散发着黑莓和红莓略带烟熏味的香气，夹杂着香料味和胡椒味，余味中带有收敛的橡木香。口感精致柔润，绵长温和，洋溢着成熟果味，顺滑匀称，并没有任何过熟的口感。由细腻柔顺的单宁支撑，收口绵长美味，香味、类似小茴香的味道和温和的酸味绵延不断。

2012	91	2024-2032
2010	93	2022-2030+
2008	91	2013-2016+
2005	88	2013-2017
2004	91	2012-2016
2002	94	2014-2022
2000	87	2005-2008
1999	93	2011-2019

兰汉溪 $30-$49

当前年份：2012   91

　　一款果香浓郁且带有新世界西拉风格的葡萄酒，带有肉味，香味层次丰富，夹杂着李子、黑醋栗和黑莓的果味，后味中透出西梅干的味道和巧克力橡木香。口感丰满，几近油腻，洋溢着李子、西梅干、醋栗和黑莓带有薄荷味的风味，与新鲜的烟熏、巧克力／摩卡橡木味相互交织，单宁细腻柔润。收口带有一丝矿物味。

福林湖酒庄 Lake's Folly

通信地址：2416 Broke Road, Pokolbin NSW 2320・电话：（02）4998 7507・传真：（02）4998 7322・
网址：www.lakesfolly.com.au・电子邮件：wine@lakesfolly.com.au
产区：猎人谷　酿酒师：罗德尼・坎普（Rodney Kempe）
葡萄栽培师：杰森・洛克（Jason Locke）　　执行总裁：彼得・福格蒂（Peter Fogarty）

　　猎人谷地区一家标志性的小型酿酒厂和葡萄园，创始人马克斯・雷克（Max Lake）种植的葡萄，只用于酿造霞多丽和赤霞珠葡萄酒（因此该酒庄自称"愚人庄"）。尽管猎人谷的这类葡萄品种并不出名，但是罗德尼・坎普凭借精湛的技艺和艺术家的直觉酿造出的两款葡萄酒，却足以使该酒庄获得标志性的地位。而该酒庄的第三种酒，也是一款不次于前两者的葡萄酒，就是山区霞多丽，其原料来自于毗邻酒庄原始葡萄园的新果园。酒庄的葡萄酒优雅平衡，又具有丰满度、矿物味和浓郁度。

2012	95	2024-2032+
2011	97	2031-2041
2010	94	2022-2030+
2009	94	2017-2021+
2007	92	2015-2019
2006	92	2018-2026
2005	90	2013-2017+
2004	91	2012-2016+
2003	93	2011-2015
2002	88	2010-2014
2001	97	2021-2031+
2000	92	2012-2020
1999	95	2011-2019+
1998	95	2010-2018
1997	91	2009-2017
1996	95	2008-2016+

下猎人谷 $50-$99

当前年份：2012   95

　　温和优雅，极其复杂。散发着黑醋栗、乌梅、蔓越莓和新鲜雪松／巧克力橡木融合而成的香气，夹杂着类似紫罗兰的味道、多尘草本味。口感绵长，富有风格，洋溢着黑莓和红莓的清新风味，带有令人垂涎欲滴的酸味，在收口之前累积了紧实度。在细腻、带有灰尘味的单宁支撑下，与清新的雪松橡木味紧密交织，余韵中透出肉味、霉味。收口清新集中。

2013	94	2018-2021+
2012	95	2020-2024+
2011	94	2019-2023
2010	94	2018-2022+
2009	93	2014-2017+
2008	95	2020-2028+
2007	89	2012-2015
2006	96	2014-2018+
2005	93	2010-2013
2004	96	2012-2016
2003	94	2008-2011+
2002	95	2007-2010+

下猎人谷 $50-$99

当前年份：2013   94

　　纯正优雅，散发着白桃、梨和油桃的果香，明快，夹杂着甘甜橡木味，余味中带有坚果味、肉味和香草味。口感绵长温和，洋溢着核果的松软明快的风味，与温和的橡木香、清新温和的酸味相互融合。收口极其平衡，富有魅力。

Hill Block Chardonnay 山区霞多丽干白葡萄酒 ★ ★ ★

猎人谷　　　　　　　　　　　　　$50-$99

当前年份：2013　　　　　　　　　　96

色泽鲜亮，香味浓烈，纯正集中。散发着葡萄柚、甜瓜和桃子的浓香，从中透出小麦粉和烟熏味、培根味。口感劲道，顺滑匀称，洋溢着核果、葡萄柚和甜瓜的风味，后味中带有奶油香草橡木香，融入集中的酸味之中。收口绵长美味，盐水味和矿物味经久不散。

2013	96	2021-2025
2012	95	2020-2024+
2011	88	2016-2019
2007	90	2009-2012

蓝迈酒庄 Langmeil

通信地址： Corner Langmeil and Para Roads, Tanunda SA 5352・**电话：**（08）8563 2595・
传真：（08）8563 3622・**网址：** www.langmeilwinery.com.au・**电子邮箱：** info@langmeilwinery.com.au
产区： 巴罗莎谷　**酿酒师：** 保罗・林德纳（Paul Lindner）
执行总裁： 艾米・哈尼克（Amy Heinicke）

　　一家成熟的酒庄。之所以这么说有两个原因：他们以多汁成熟、质朴的果味为基础，塑造了自己的风格，这类酒味道开放，刚推出便可饮用，虽然有些酒的酒精度会比较高。新近推出的年份葡萄酒验证了酒庄一次又一次复制这种风格的能力，尽管气候变化极大，这其中也包括颇具挑战性的2011年。酒庄还有一款采用世界上最古老的商业葡萄园的葡萄酿造的酒——自由，2010年的这款酒完美地诠释了酒庄的酿酒哲学。干雷司令正慢慢变得更集中，富有档次。

Dry Riesling 干雷司令 ★ ★

艾登山谷　　　　　　　　　　　$20-$29

当前年份：2013　　　　　　　　　　93

具有产区特色的一款雷司令。散发着柑橘和苹果类水果的香气，层次丰富，底味中透出矿物味。口感绵长完整，洋溢着苹果、酸橙和梨类水果的风味，温和丰满，极其顺滑，底蕴中带有细腻的白垩香。收口清新爽脆。如果果酱味稍重一些的话，就能得到更好的评分了。

2013	93	2021-2025+
2012	87	2017-2020
2011	90	2016-2019+
2003	90	2008-2011+

Jackaman's Cabernet Sauvignon 杰克曼赤霞珠干红葡萄酒 ★ ★

巴罗莎谷　　　　　　　　　　　$30-$49

当前年份：2009　　　　　　　　　　93

平衡匀称，协调融合。具有巴罗莎赤霞珠风格，适合窖藏。散发着紫罗兰、黑醋栗、麝香和石南的浓香，与新橡木／香草橡木香相互交织。口感顺滑多汁，结构良好，洋溢着明快的风味，质朴温和，底蕴中透出紧实、带有粉末质感的单宁，长度怡人，收口集中明快。

2009	93	2021-2029
2008	86	2013-2016
2006	90	2011-2014+
2005	80	2007-2010
2002	91	2010-2014+
2001	91	2009-2013

Orphan Bank Shiraz 孤儿岸西拉干红葡萄酒 ★ ★ ★

巴罗莎谷　　　　　　　　　　　$50-$99

当前年份：2010　　　　　　　　　　92

温和顺滑，富有奶油醇香，饱满丰盈，易于入口。散发着黑莓、黑醋栗、乌梅和石南般清新的果香，融入辛辣的肉香，底蕴中透露出缕缕野味香草橡木的风情。入口柔和，如天鹅绒般丝滑，呈现出果酱质感，与甜美的橡木滋味完美缭绕，在圆润而丰美的单宁支撑下，余韵展现出精致的持久性和平衡度。

2010	92	2022-2030
2009	92	2014-2017+
2008	91	2016-2020
2006	87	2011-2014
2005	81	2007-2010

★

The Fifth Wave Grenache 第五波歌海娜干红葡萄酒

2010	89	2015-2018+
2009	90	2011-2014+
2006	88	2011-2014
2005	82	2007-2010+
2004	86	2006-2009
2003	90	2005-2008+
2001	90	2006-2009
1999	91	2004-2007

巴罗莎谷 $20-$29

当前年份：2010　　89

成熟，馥郁芬芳，略带热辣的歌海娜葡萄的香气，散发着覆盆子和蓝莓果酱质感的花香，略显辛辣，与古老橡木气息完美融合，底蕴中透露出淡淡麝香、肉香和泥土的醇香。口感顺滑，柔润甘美，如同天鹅绒般丝滑，洋溢着乌梅、蓝莓、覆盆子和黑樱桃的多汁风味，在精致呈颗粒状的单宁支撑下，收口呈现清新的酸度和浓郁的香味。

★★★

The Freedom Shiraz 自由西拉干红葡萄酒

2010	93	2022-2030
2009	94	2017-2021
2008	89	2013-2016
2006	89	2011-2014
2005	85	2007-2010
2004	96	2012-2016+
2003	94	2015-2023
2002	93	2010-2014+
2001	88	2005-2008+
2000	88	2005-2008+
1999	95	2007-2011+
1998	94	2006-2010+
1997	89	2002-2005

巴罗莎谷 $100-$199

当前年份：2010　　93

层次深邃，散发着浓郁的果味精华，表现出令人惊异的优雅和内敛气质，散发着黑醋栗、黑莓、覆盆子的成熟果香，却丝毫没有过熟迹象，融入新鲜的雪松/香草橡木香气，底蕴中透露出缕缕麝香馨香和一抹肉香。口感顺滑集ँ中，洋溢着黑樱桃和李子的甘甜风味，干浸出物细腻，如丝绸般顺滑，绵长优雅，酒体匀称，味道持久。

★★

Three Gardens Shiraz Grenache Mourvèdre
三园西拉歌海娜慕合怀特混酿

2012	88	2014-2017+
2011	91	2016-2019+
2010	91	2012-2015+
2009	91	2014-2017
2005	86	2007-2010
2004	89	2006-2009
2003	89	2005-2008
2002	90	2004-2007
2001	91	2006-2009
2000	90	2005-2008

巴罗莎谷 $20-$29

当前年份：2012　　88

质朴丰满，果味香甜，易于入口。相对比较不复杂的一款混酿。散发着李子、覆盆子和蓝莓的芳香，融入些许带有灰尘味的橡木香和泥土味。酒体中等偏饱满，圆润多汁，洋溢着红莓和黑莓的风味，由细腻蓬松的单宁支撑。收口带有怡人的长度和清新的酸度。

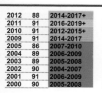

★★

Valley Floor Shiraz 谷底西拉干红葡萄酒

2012	90	2020-2024
2010	89	2015-2018+
2009	92	2014-2017+
2008	91	2013-2016+
2005	86	2007-2010
2004	89	2009-2012
2003	86	2005-2008
2002	88	2004-2007
2001	89	2003-2006+
2000	88	2002-2005
1999	93	2011-2019
1998	89	2003-2006+

巴罗莎谷 $20-$29

当前年份：2012　　90

顺滑柔润，极其匀称。散发着黑莓、乌梅、紫罗兰和细密巧克力/雪松橡木香带有香料味和些许肉味的香气，余韵中透出干草的味道和一丝胡椒的香味。口感细密柔润，洋溢着甘甜水果的果香，长度怡人。收口温和，不过缺乏集中度和紧实度，所以无法得到更高的分数。

乔鲁比诺酒庄 Larry Cherubino

通信地址：15 York Street, SubiacoWA 6008・**电话：**（08）9382 2379・**传真：**（08）9382 2397・
网址：www.larrycherubino.com.au・**电子邮箱：**cellardoor@larrycherubino.com
产区：大南区、彭伯顿、玛格丽特河　**酿酒师：**拉里・乔鲁比诺（Larry Cherubino）
葡萄栽培师：拉里・乔鲁比诺　**执行总裁：**拉里・乔鲁比诺

　　拉里・乔鲁比诺与他的合伙人埃德文纳酿造了一系列富含深度和超群品质的西澳美酒。不久的将来他们的美酒就能自成一册了。酒庄出品的美酒主要分为两个主系列——高端的乔鲁比诺系列（Cherubino）和普通的雅德系列（The Yard）。单一园葡萄酒数量稳步增长，这些酒反映了种植在州各大次级区域的西拉、赤霞珠、雷司令、长相思和霞多丽的优势和不同。这对他们也是一种挑战，但是是一件值得去做的事情。当前年份中最佳的包括采用橡木桶发酵的乔鲁比诺长相思（彭伯顿）、2011年的乔鲁比诺赤霞珠（法兰克兰河，94/100，适饮期：2031-2041），以及乔鲁比诺雷司令（2013，波龙古鲁），这是唯一一款来自西澳次级区域的白葡萄酒。

Cherubino Frankland River Shiraz
乔鲁比诺法兰克兰河西拉干红葡萄酒 ★ ★ ★

法兰克兰河　　　　　　　$50-$99

当前年份：2011　　　　　　93

2011	93	2019-2023
2010	93	2018-2022+
2009	90	2017-2021
2007	97	2015-2019

　　非常成熟，口感直接而馥郁芬芳，散发着黑莓、红莓和李子略带烘烤味和肉味的芳香，融入新鲜摩卡巧克力／雪松橡木的香气，底蕴中透露出缕缕胡椒和香料的馨香。口感华丽深邃而蓬松，收口呈现淡淡辛辣胡椒风味，余韵悠然，持久度却并不出众。或许因为酿造葡萄采收略早，导致当下的酒体和余味略有遗憾。

Cherubino Great Southern Riesling
乔鲁比诺大南区雷司令干白葡萄酒 ★ ★ ★ ★

大南区　　　　　　　　　$30-$49

当前年份：2013　　　　　　94

2013	94	2025-2033
2011	96	2023-2031+
2010	95	2018-2022+

　　这是一款奢华复杂纯净的雷司令，其中富含玫瑰花花瓣、薰衣草、苹果、桃子、梨子和柠檬果沁香。淳朴的果味充满口腔，在粉末单宁的支撑下，余味绵长匀称，酸度平衡，集中度和清新度令人深刻印象。

Cherubino Margaret River Cabernet Sauvignon
乔鲁比诺玛格丽特河赤霞珠干红葡萄酒 ★ ★ ★

玛格丽特河　　　　　　　$50-$99

当前年份：2011　　　　　　89

2011	89	2023-2031
2010	93	2022-2030
2009	92	2021-2029
2008	90	2016-2020
2007	80	2009-2012+

　　酒体饱满偏中等，优雅，带有一定长度，略有未熟和过熟迹象，表现出些许生涩、尖锐的薄荷味。散发着黑醋栗、黑樱桃、李子和桑葚略带草本植物清新的多尘芬芳，融入雪松／香草橡木的香气，口感层次明晰，底调中略有青绿的影响和略微生涩、并不光洁的果味精华。收口融入薄荷的清凉，但没有展现出真正的和谐滋味。

Cherubino Margaret River Chardonnay
乔鲁比诺玛格丽特河霞多丽干白葡萄酒 ★ ★ ★

玛格丽特河　　　　　　　$30-$49

当前年份：2012　　　　　　90

2012	90	2014-2017+
2011	95	2019-2023
2010	89	2015-2018

　　一款年轻的霞多丽，带有橡木味和些许糖浆味，散发着甜瓜和桃子略微热辣的芬芳，与新鲜的香草香气完美缠绕。初入口感受到柠檬硬糖的清新美味，果味长度怡人，夹杂着白垩香，收口略带焦糖味，深度怡人，黏稠协调。

Cherubino Pemberton Sauvignon Blanc
乔鲁比诺彭伯顿长相思干白葡萄酒 ★ ★ ★ ★

彭伯顿　　　　　　　　　$30-$49

当前年份：2013　　　　　　95

2013	95	2015-2018+
2011	92	2013-2016
2010	95	2012-2015+
2007	94	2008-2009+

　　采用橡木桶发酵，富有格调，美味可口，紧实集中。散发着西番莲、醋栗、甜瓜和荔枝带有烟熏味的浓香，后味中透出香草橡木香和浴盐的味道。口感绵长甘美，平衡集中，洋溢着甜瓜和醋栗的风味，烟熏味橡木香，以及浓烈的柑橘酸味。收口带有令人垂涎的清新度和盐水味。

★ ★ ★ ★

Cherubino Porongorup Riesling
乔鲁比诺波龙古鲁雷司令干白葡萄酒

2013	94	2025-2033
2011	91	2019-2023+
2010	96	2018-2022+
2009	94	2014-2017+

波龙古鲁　　　　　　　　　　　　　$30-$49
当前年份：2013　　　　　　　　　　　　94

　　平衡纯正，适合窖藏，带有现代风格。散发着黄花、茶树、柠檬、酸橙、苹果和梨美妙浓郁的香味。绵长优雅，风味柔软温和，融入紧实且富有穿透性的酸度之中，变得愈发坚硬，矿物味也更重。

★ ★

The Yard 24 Road Vineyard Chardonnay
雅德 24 路葡萄园霞多丽干白葡萄酒

2011	90	2013-2016
2010	91	2012-2015+
2008	90	2010-2013+

玛格丽特河　　　　　　　　　　　　$30-$49
当前年份：2011　　　　　　　　　　　90

　　顺滑温和，十分内敛，散发着柑橘、蜜瓜、松针和树脂的芳香，伴随着清新橡木香和一缕金合欢的幽香。绵长均匀，浸润着热带水果、蜜瓜和柑橘般的多汁果味，底蕴中富含坚果香草的味道，收口温和，令人垂涎。

★ ★　　The Yard Acacia Vineyard Shiraz 雅德系列金合欢园西拉干红葡萄酒

2012	90	2017-2020+
2011	93	2023-2031
2010	89	2015-2018
2009	91	2014-2017+
2007	93	2015-2019+
2006	90	2008-2011

法兰克兰河　　　　　　　　　　　　$30-$49
当前年份：2012　　　　　　　　　　　90

　　酒体中等偏饱满，散发着黑醋栗、黑莓和石南带有香料味和些许薄荷味的香气，底蕴味道复杂，带有熟食肉味、香甜的雪松 / 香草橡木香和干草的香味。口感温和多汁，几近果酱味，长度怡人，单宁紧实细腻，收口绵长直接，带有清新的酸味。带有未成熟和过于成熟的味道。

★ ★

The Yard Pedestal Vineyard Semillon Sauvignon Blanc
雅德系列基座葡萄园赛美蓉长相思混酿

2011	89	2012-2013+
2010	92	2015-2018
2008	90	2010-2013

玛格丽特河　　　　　　　　　　　　$30-$49
当前年份：2011　　　　　　　　　　　89

　　饱满丰盈，带有烘烤味和烟熏味，展现了橡木桶发酵的风格。散发着醋栗和蜜瓜馥郁的果香，略带烟熏的香草橡木的香气略微覆盖住了果香，导致口感中的丰盈令人感觉过于甜腻。口感顺滑甘美，散发着盐水、矿物、丁香和肉桂的芬芳，但是缺乏紧实度和集中度。

★ ★ ★

The Yard Riversdale Vineyard Cabernet Sauvignon
雅德系列瑞瓦斯黛园赤霞珠干红葡萄酒

2011	91	2023-2031
2010	92	2018-2022+
2009	92	2017-2021+
2007	88	2015-2019

法兰克兰河　　　　　　　　　　　　$30-$49
当前年份：2011　　　　　　　　　　　91

　　因为略带果酱味，所以无法取得更高的分数。酒体完整、雅致，散发着黑醋栗和红莓带有蜜饯味的芬芳。口感顺滑多汁，余韵绵长，浸润着跃动的果味和内敛的雪松/香草橡木味，在精致且结构蓬松的单宁和水果雪松/香草橡木味道支撑下，收口呈现逡巡不散的果味、薄荷味。

The Yard Riversdale Vineyard Shiraz 雅德系列瑞瓦斯黛园西拉干红葡萄酒

2012	88	2020-2024
2011	89	2016-2019
2010	91	2015-2018+

法兰克兰河　　　　　　　　　　　　$30-$49
当前年份：2012　　　　　　　　　　　88

　　成熟多汁，多尘而富含草本风味，这种味道使该酒品带有果酱口感和辛辣味道，散发着红莓、梨和甜味雪松 / 香草橡木芳香，口感紧实，在矿物单宁和薄荷脑的作用下，散发着水果和番茄的味道。但该酒品有些过于成熟。

The Yard Whispering Hill Vineyard Riesling
雅德系列轻语山雷司令干白葡萄酒 ★★★

巴克山

当前年份：2010

$20-$29

93

优雅之酒，单调绵长，风味独特，质地良好。散发着新鲜酸橙汁、梨和苹果的深邃香味，后味中透出白垩和白花的香味。入口后，洋溢着梨、苹果和酸橙汁的质朴风味，底味中透出细腻的白垩香，收口清新紧实，带有刺激的酸味。

2010	93	2018-2022+
2009	93	2014-2017+
2007	95	2015-2019

丽星酒庄 Leasingham

没有酒窖。**电话：**（08）8392 2480・**传真：**（08）8392 202・
网址： www.leasinghamwines.com.au・**电子邮箱：** enquiries@leasinghamwines.com.au
产区： 克莱尔谷　**酿酒师：** 查理・塞佩特（Charlie Seppelt）
葡萄栽培师： 吉米・阿诺德（Jimmy Arnold）　　**执行总裁：** 迈克尔・伊斯特

丽星酒庄是克莱尔谷地区历史悠久的酒庄之一。葡萄酒质量上乘，在高端市场上占有一定份额，得益于酒庄为其产品在上市之初所做的宣传推广。Bin 系列葡萄酒品质超群，但 2011 年份的红酒并没有达到预期。酒庄出品的经典雷司令（克莱尔谷）随着窖藏时间的推移逐渐成熟，依然显示出了它的经典品质，是我所认为的最佳中的最佳。同一系列中由艾德・卡尔酿制的西拉起泡酒品质极佳，已然跨入优质美酒行列。

Bin 56 Cabernet Malbec Bin 56 赤霞珠马尔贝克混酿 ★★★

克莱尔谷

当前年份：2011

$20-$29

82

酒体中等偏饱满，带有麝香和薄荷脑的香味，略带涩味。散发着泥土味水果的淡淡花香和草本香。缺乏典型的水果深度和结构。酿造时太过讲究了。

2011	82	2016-2019
2010	94	2030-2040
2008	92	2020-2028
2007	89	2015-2019
2006	89	2011-2014+
2005	90	2013-2017
2002	91	2010-2014+
2001	88	2006-2009+
2000	84	2005-2008

Bin 61 Shiraz Bin 61 西拉干红葡萄酒 ★★★

克莱尔谷

当前年份：2011

$20-$29

83

酿酒采用的葡萄生长于凉爽气候，因此酿出的葡萄酒粗朴、青涩。散发着浆果和李子带有草本味和雪松味的香气。酒体中等偏饱满，顺滑柔润，带有奶油味。收结口感差，而且干燥。

2011	83	2016-2019
2010	94	2022-2030+
2009	88	2014-2017
2008	93	2016-2020+
2007	92	2019-2027
2006	92	2014-2018
2005	90	2013-2017
2004	91	2012-2016
2003	89	2008-2011+
2002	83	2007-2010

Bin 7 Riesling Bin 7 雷司令干白葡萄酒 ★★★

克莱尔谷

当前年份：2013

$20-$29

95

平衡度佳，香味浓郁，寿命较长。散发着玫瑰花园的香气，底味中带有梨、苹果和酸橙汁的新鲜香味。入口后，风味饱满，绵长匀称，洋溢着明快的风味，夹杂着细腻的白垩香。收口集中，带有均衡的酸味。

2013	95	2025-2033
2012	95	2024-2032
2011	92	2019-2023+
2010	92	2015-2018
2009	91	2017-2021
2007	95	2015-2019+
2006	90	2011-2014+
2005	94	2010-2013+
2004	89	2009-2012
2003	95	2008-2011
2002	88	2004-2007

Classic Clare Riesling 经典雷司令干白葡萄酒（克莱尔谷） ★★★★

克莱尔谷

当前年份：2008

$30-$49

95

寿命较长。刚刚度过青年期，正处于充分成熟的过程中。散发着新鲜柠檬和酸橙汁略带烘烤和蜜糖味的浓郁香气，后味中带有蜡味、花香和一丝煤油味。口感丰满，宽阔充盈，味道极其浓烈，夹杂着奶油味和白垩香，与刺激的酸味互相融合。收口重量、长度和清新度都很合适。

2008	95	2020-2028
2007	96	2013-2017+
2006	95	2014-2018+
2005	96	2013-2017+
2004	90	2009-2012
2002	96	2010-2014+
2000	93	2008-2012
1998	88	2000-2003
1996	93	2004-2008
1995	94	2003-2007
1994	95	2002-2006+

★★★ Classic Clare Shiraz 经典西拉干红葡萄酒（克莱尔谷）

2009	91	2021-2029+	
2008	93	2020-2028	
2007	93	2019-2027	
2006	95	2018-2026	
2002	92	2010-2014	
2001	91	2006-2009+	
1999	90	2004-2007	
1998	95	2006-2010+	
1997	93	2005-2009	
1996	95	2001-2004+	
1995	92	2003-2007	
1994	95	2006-2014	
1993	94	2001-2005	

克莱尔谷 　　　　　　　　　　　　　　　　$50-$99

当前年份：2009 　　　　　　　　　　　　　　91

　　一款丰满的葡萄酒，具有旧时的葡萄酒风格，略微有点浓稠，香味浓烈。散发着李子、梅子和黑巧克力／摩卡橡木融合而成的烟熏味，白胡椒的味道烘托了整体的香味。透出淡淡的烘烤味和肉味。口感极度集中，非常醇美，带有浓烈的柏油味，洋溢着层次分明的葡萄干果味，与浓烈的新橡木香紧密交织。这款酒饱满而脆爽，不过也还需要时间成熟。

★★★★★ Classic Clare Sparkling Shiraz 经典西拉起泡酒（克莱尔谷）

2006	96	2018-2026+	
2005	95	2017-2025	
2004	97	2016-2024	
2002	96	2014-2022	
1998	95	2010-2018+	
1997	93	2005-2009+	
1996	92	2004-2008	
1995	93	2007-2015	
1994	95	2006-2012+	
1992	93	2000-2004+	
1991	88	1999-2003	

克莱尔谷 　　　　　　　　　　　　　　　　$50-$99

当前年份：2006 　　　　　　　　　　　　　　96

　　一款复杂、富有特色和风格的起泡酒。带有泥土味和石南味，从中透出黑醋栗、梅子和烟熏肉的气味，并伴随有碘、薄荷的味道。口感细腻，顺滑爽脆，洋溢着带有酸味和石南味的果香、动物味和绵延的香料味。收口极其绵长优雅。

莱肯菲尔德酒庄 Leconfield

通信地址： Riddoch Nighway, Coonawarra, SA 5203 · **电话：** （08）8373 2326 ·
网址： www.leconfieldwines.com · **电子邮箱：** info@leconfieldwines.com
产区： 麦克拉伦谷　**酿酒师：** 保罗·戈登（Paul Gordon）、蒂姆·巴利（Tim Bailey）
葡萄栽培师： 班德·拉斯姆森（Bendt Rasmusse）
执行总裁： 理查德·汉密尔顿博士（Dr Richard Hamilton）

　　莱肯菲尔德酒庄位于古纳华拉产区，隶属麦克拉伦谷产区的理查德·汉密尔顿品牌。酒庄出品的红葡萄酒质地细腻，高雅大方，带有雪松气息，草本味也会越来越重。2012 年对这个品牌而言应该是一个分水岭，三款红酒尤其是赤霞珠和西拉都不约而同地展现出了最佳的品质。

★★★ 　　　　　　　　　　　　　Cabernet Sauvignon 赤霞珠

2012	94	2024-2032+	
2011	92	2019-2023+	
2010	92	2022-2030	
2009	90	2014-2017+	
2008	89	2013-2016	
2007	90	2012-2015+	
2006	89	2014-2018+	
2005	89	2010-2013+	
2004	93	2012-2016+	
2003	82	2008-2011	
2002	83	2007-2010	
2001	91	2009-2013+	
2000	84	2002-2005	

古纳华拉 　　　　　　　　　　　　　　$30-$49

当前年份：2012 　　　　　　　　　　　　　94

　　多年来，一直是酒庄最好的一款赤霞珠。散发着黑醋栗、紫罗兰和雪松／巧克力橡木融合而成的浓郁香气，年轻而不复杂，后味中带有一丝薄荷味。口感纯正浓稠，带有绵长均衡的果味和新鲜的橡木香，单宁干燥，带有粉末感。收口有清新的酸味，烟熏味和矿物味会随着封瓶时间的推移而愈发浓郁。

★★ 　　　　　　　　　　　　　　　　　　Merlot 梅洛

2012	91	2017-2020+	
2010	92	2018-2022	
2009	87	2014-2017	
2008	86	2010-2013	
2005	85	2007-2010	
2004	90	2009-2012+	
2003	89	2008-2011+	
2002	81	2004-2007	
2001	87	2006-2009	
2000	88	2002-2005	
1998	90	2003-2006	
1997	92	2005-2009	

古纳华拉 　　　　　　　　　　　　　　$20-$29

当前年份：2012 　　　　　　　　　　　　　91

　　一款紧实封闭的葡萄酒，平衡度佳。散发着黑樱桃、李子和雪松／香草橡木融合而成的带有香料味和些许胡椒味、灰尘味的香气。口感细腻优雅，单宁柔韧，带有粉末质感，夹杂着令人心旷神怡的酸味，绵长集中，洋溢着黑莓和蓝莓的内敛风味，会随着时间的推移变得愈发浓郁，富有表现力。

Old Vines Riesling 老藤雷司令干白葡萄酒 ★ ★

古纳华拉 $20-$29
当前年份：2013 89

　　酒体中等，浓郁优雅，平衡度佳。散发着梨和苹果的果香。口感柔润收敛，果味温和，白垩香细腻，收口绵长，极其集中。

2013	89	2021-2025
2012	82	2013-2014+
2011	89	2006-2009+
2010	90	2015-2018+
2009	90	2011-2014+
2008	89	2010-2013+
2006	87	2008-2011
2005	87	2007-2010
2004	87	2006-2009
2003	90	2008-2011

Shiraz 西拉 ★ ★ ★

麦克拉伦谷 $20-$29
当前年份：2012 94

　　极具产区特色。带有黑莓、红莓和乌梅的浓郁果香，香甜的花香，从中透出一股灰尘味和胡椒味。后味中带有烘烤雪松味橡木香。酒体中等偏饱满，洋溢着浓烈集中的果香，匀称优雅，单宁细腻。收口带有清新的酸味，经久不散。

2012	94	2024-2032
2010	94	2018-2022+
2009	93	2017-2021
2008	90	2013-2016+
2007	88	2009-2012
2006	89	2011-2014+
2005	88	2010-2013+
2004	90	2009-2012+
2003	89	2008-2011+
2002	83	2004-2007
2001	82	2003-2006
2000	87	2002-2005

露纹酒庄 Leeuwin Estate

通信地址： Stevens Road, Margaret River, WA 6285・**电话：** （08）9759 0000・**传真：** （08）9759 0001・
网址： www.leeuwinestate.com.au・**电子邮箱：** info@leeuwinestate.com.au
产区： 玛格丽特河　**酿酒师：** 保罗・阿特伍德（Paul Atwood）
葡萄栽培师： 大卫・温斯坦利（David Winstanley）
执行总裁： 贾斯汀・霍根（Justin Horgan）、西蒙妮・霍根（Simon Horgan-Furlong）

　　玛格丽特河产区历史最悠久的葡萄酒庄之一，拥有世界上面积最大的私人红桉树林。酒庄的代表作是艺术系列霞多丽。这款酒于 1980 年首次推出，之后几乎每年都会推出，被当成是世界上最连贯的一个品牌。2011 年份的这款酒很经典，或许是有史以来最精致、最具矿物气息的一款酒。艺术系列是采用成熟果园的葡萄酿造的，富有成熟水果的深度和连贯性——这也是霍根家族一直追求的目标。

Art Series Cabernet Sauvignon 艺术系列赤霞珠干红葡萄酒 ★ ★ ★

玛格丽特河 $50-$99
当前年份：2010 92

　　绵长优雅，散发着黑醋栗和覆盆子的浓郁花香，伴随着清新的雪松橡木香。口感匀称，底味中透出细腻、带有颗粒质感的单宁，收口略带矿物味。这款酒会随着时间的推移慢慢成熟，失去多汁和金属口感。。

2010	92	2022-2030
2008	93	2020-2028
2007	90	2015-2019
2006	89	2011-2014+
2005	90	2013-2017+
2004	94	2016-2024
2003	87	2011-2015
2002	83	2007-2010+
2001	87	2009-2013+
2000	85	2005-2008+
1999	87	2007-2011

Art Series Chardonnay 艺术系列霞多丽干白葡萄酒 ★ ★ ★ ★ ★

玛格丽特河 $50-$99
当前年份：2011 96

　　带有桃子、甜瓜和葡萄柚带有烟熏味和些许肉味的果香，夹杂着带有火柴类味道的细密的法国新橡木香，类似奶油糖的味道，以及丁香和肉桂的香味。酒体饱满偏中等，优雅匀称。相较往年的酒，这款酒更细腻也更集中，虽然重量怡人，丰满的葡萄柚和甜瓜风味舌中表现几近油腻。收口绵长细腻，盐水味和矿物味经久不散，酸味清新尖锐。

2011	96	2019-2023+
2010	94	2018-2022+
2009	97	2017-2021+
2008	96	2016-2020
2007	96	2015-2019+
2006	93	2014-2018
2005	96	2013-2017
2004	95	2009-2012+
2003	97	2011-2015+
2002	97	2010-2014+
2001	96	2009-2013+
2000	95	2008-2012
1999	95	2007-2011
1998	95	2006-2010

Art Series Riesling 艺术系列雷司令干白葡萄酒

2013	90	2021-2025+
2012	94	2020-2024+
2011	93	2019-2023+
2010	93	2015-2018+
2009	90	2014-2017
2008	89	2013-2016
2007	90	2009-2012+
2006	89	2008-2011+
2005	88	2007-2010+
2004	89	2006-2009+

玛格丽特河 $20-$29

当前年份：2013   90

优雅直接，散发着酸橙汁和白花的精雅香气。易于入口，绵长顺滑，洋溢着收敛的酸橙、苹果和柠檬风味，收口质朴怡人，带有紧实度和集中度。

★★★

Art Series Sauvignon Blanc 艺术系列长相思干白葡萄酒

2013	93	2014-2015+
2012	93	2013-2014+
2011	89	2012-2013+
2010	93	2011-2012+
2009	94	2011-2014
2008	91	2010-2013
2007	93	2008-2009+
2006	93	2008-2011
2005	92	2006-2007
2004	86	2005-2006

玛格丽特河 $30-$49

当前年份：2013   93

果味较重。散发着番石榴、荔枝和西番莲略带坚果味的清新香气，底味中透出黑醋栗、醋栗的果味和淡淡的草本味。口感绵长，雅致柔软，收口带有爽快的柠檬味，夹杂着些许矿物质。

★★★

Art Series Shiraz 艺术系列西拉干红葡萄酒

2011	92	2019-2023+
2010	94	2018-2022+
2009	93	2014-2017+
2008	91	2013-2016
2007	90	2012-2015
2006	89	2011-2014
2005	87	2007-2010+
2004	87	2009-2012+
2003	87	2008-2011
2002	91	2007-2010+
2001	90	2006-2009
2000	83	2002-2005
1999	90	2007-2011

玛格丽特河 $30-$49

当前年份：2011   92

优雅美味，散发着玫瑰花瓣、覆盆子、血丝李、石南和黑莓的香气，白胡椒的暗香和淡淡的烟熏香草橡木香提升了香气。口感顺滑收敛，温和成熟，洋溢着带有刺莓果香的红莓的果味，夹杂灰尘味和些许草本味，单宁细腻，收口绵长平衡。

★★★

Prelude Vineyards Chardonnay 序曲园霞多丽干白葡萄酒

2012	92	2017-2020
2010	93	2012-2015+
2009	91	2011-2014+
2008	91	2010-2013+
2007	92	2012-2015
2006	88	2008-2011
2005	89	2007-2010
2004	87	2006-2009
2003	89	2005-2008
2002	90	2004-2007+

玛格丽特河 $30-$49

当前年份：2012   92

具有产区特征，一款优雅之酒。散发着新鲜热带水果、菠萝、葡萄柚和酸橙汁带有蜡味的香气，底蕴中透露出矿物质的清新。口感集中雅致，绵柔密顺，果味明快，橡木香收敛，酸味活泼，整体平衡清新。

★★★

Siblings Sauvignon Blanc Semillon
兄妹长相思 - 赛美蓉干白葡萄酒

2013	89	2014-2015+
2012	93	2013-2014+
2011	91	2012-2013+
2010	92	2012-2015
2009	94	2010-2011+
2008	94	2009-2010+
2007	90	2008-2009
2006	93	2007-2008+
2005	88	2005-2006
2004	92	2004-2005+
2003	88	2003-2004+

玛格丽特河 $20-$29

当前年份：2013   89

一款清新活泼的白葡萄混酿。口感顺滑，几近油腻，长相思味道浓重。散发着蜜桃、醋栗和些许荔枝类类似莩麻味的清新果香，口感绵长通透，收口带有温和的酸味，浴盐的味道经久不散。

伦敦坡酒庄 Lenton Brae

通信地址： Caves Road, Wilyabrup, WA 6285 · **电话：**（08）9755 6255 · **传真：**（08）9755 6268 ·
网址： www.lentonbrae.com · **电子邮箱：** Info@lentonbrae.com
产区： 玛格丽特河   **酿酒师：** 爱德华·汤林森（Edward Tomilson）
葡萄栽培师： 汤姆·哈奇（Tom Hatcher）   **执行总裁：** 爱德华·汤林森（EdwardTomilson）

一座小型的家族葡萄酒庄，可以采用玛格丽特河产区的不同品质的葡萄酿造优质混酿。该酒庄的白葡萄酒浓郁优雅，具有紧实度；最近年份的红酒越来越富有深度，果味也越来越丰满。最新的维利雅布拉赛美蓉长相思混酿带有浓郁的橡木味，品质和果味的紧实度都有了更大的提高。

Cabernet Merlot 赤霞珠梅洛混酿 ★★

玛格丽特河
当前年份：2012
$20-$29
87

　　带有草本味，散发着黑醋栗、桑葚、黑莓和薄荷融合而成的带有雪松味的香气，明快醇美，底味中透出泥土味。口感直接，带有香甜果味，顺滑柔润；蔓延至舌下时，味道变得多汁，还带有涩味。收口略带金属味。

2012	87	2017-2020+
2010	88	2015-2018+
2009	91	2017-2021
2008	91	2016-2020+
2007	91	2015-2019+
2006	87	2008-2011
2005	87	2007-2010
2004	90	2009-2012
2003	88	2005-2008
2002	87	2004-2007
2001	87	2003-2006

Semillon Sauvignon Blanc 赛美蓉长相思混酿 ★★★

玛格丽特河
当前年份：2013
$20-$29
90

　　顺滑温和，香味明快，平衡度佳。散发着热带水果、西番莲、荔枝和醋栗清新又略带青草味的香气，后味中带有些许青草味。口感甘甜多汁，果味质朴，带有类似黑醋栗的味道，长度怡人、平衡，收口清新。

2013	90	2015-2018
2012	92	2014-2017
2011	93	2013-2016
2010	92	2011-2012+
2009	91	2010-2011+
2008	90	2010-2013
2007	91	2008-2009+
2006	77	2006-2007
2005	87	2006-2007
2004	89	2005-2006

Southside Chardonnay 南苑霞多丽干白葡萄酒 ★★

玛格丽特河
当前年份：2013
$20-$29
90

　　这款酒味道温和，其中含有红宝石葡萄柚、柠檬、凤梨和热带水果的精醇香气味道，辅以细微的奶香橡木、丁香、生姜等的香味。口感优雅多汁扎实，舌中的风味和丰满度拥有怡人的长度，绵长均衡，收口平衡，带有清新的酸味。

2013	90	2015-2018+
2012	92	2014-2017
2011	93	2013-2016
2010	92	2011-2012+
2009	91	2010-2011+
2008	90	2010-2013
2007	91	2008-2009+
2006	77	2006-2007
2005	87	2006-2007
2004	89	2005-2006

Wilyabrup Cabernet Sauvignon 维利雅布拉赤霞珠干红葡萄酒 ★★★

玛格丽特河
当前年份：2010
$30-$49
92

　　这款葡萄酒地域特色明显，带有明显的烟熏雪松／摩卡橡木的味道，散发着黑醋栗、乌梅和黑樱桃的甜美果香，融入薄荷的清凉和草本植物的清新，与香甜的巧克力、雪松橡木香气完美缠绕，一抹树脂和松针般的醇香若有似无。口感柔顺，色泽光洁，在圆润多尘的单宁支撑下，收口呈现优秀的绵长和持久。

2010	92	2018-2022+
2009	92	2021-2029
2008	90	2016-2020+
2007	93	2015-2019+
2005	88	2013-2017
2004	82	2009-2012
2003	76	2005-2008
2002	82	2007-2010
2001	87	2006-2009
2000	95	2012-2020
1999	94	2007-2011+
1998	88	2006-2010
1997	87	2002-2005
1996	95	2004-2008+

Wilyabrup Chardonnay 维利雅布拉霞多丽干白葡萄酒 ★

玛格丽特河
当前年份：2012
$50-$99
93

　　朴素坚硬，散发着甜瓜、桃子、葡萄柚和些许树脂略带花香和灰尘味的香气。口感绵长，单调集中，洋溢着多汁柑橘的绵长果味，底味中透出细腻的白垩香，收口带有清新明快的酸味和带有盐水味的矿物香。需要时间让味道变得温和一些。

2012	93	2017-2020+
2011	91	2016-2019
2010	88	2015-2018
2009	87	2011-2014+
2008	87	2010-2013
2007	89	2012-2015
2006	86	2008-2011
2005	92	2010-2013
2004	88	2006-2009
2003	92	2005-2008+
2002	88	2004-2007+

Wilyabrup Semillon Sauvignon Blanc 维利雅布拉赛美蓉长相思混酿 ★★★★

玛格丽特河
当前年份：2012
$30-$49
91

　　一款单调平衡的年轻葡萄酒。带有盐水味和烟熏味，甜瓜和醋栗融合而成的带有香料味和些许草本味的香气，与丁香和香草橡木香相互交织，从中透出些许蜡的味道。收口绵长干脆，带有浓烈朴素的酸味。

2012	91	2017-2020+
2011	93	2016-2019+
2010	93	2012-2015+
2009	95	2011-2014+
2008	90	2010-2013+
2007	94	2009-2012

利奥博林酒庄 Leo Buring

通信地址： Tanunda Road, Nuriootpa, SA 5355 **· 电话：**（08）8568 7300 **· 传真：**（08）8568 7380
产区： 克莱尔谷、伊顿谷、塔玛谷　　**酿酒师：** 彼得·蒙罗（Peter Munro）
葡萄栽培师： 罗杰斯·施密特（Roger Schridt）、弗兰克·阿姆菲尔德（Frank Armfield）
执行总裁： 马克·克拉克（Michael Clarke）

　　几十年来，国宝级品牌利奥博林酒庄一直是酿造优雅、寿命较长的雷司令（尤其是产自伊顿谷和克莱尔谷地区的）的标杆品牌。利奥博林也是财富酒庄旗下品牌，其近年来推出的葡萄酒富有酒庄的传统风格，品质优越，"莱纳"系列的表现尤为突出。酒庄的雷司令为干型葡萄酒，单调、质地良好，不会因为窖藏时间长短而发生太大的变化，只会增加些许煤油味的复杂度，常见于澳大利亚和世界的许多成熟雷司令。酿酒师彼得·蒙罗地位稳固，难以被超越。

★★★ Clare Valley Riesling 克莱尔谷雷司令干白葡萄酒

2013	94	2021-2025+
2012	92	2020-2024
2011	91	2019-2023
2010	93	2018-2022
2009	93	2021-2029
2008	92	2016-2020
2007	88	2012-2015
2006	88	2008-2011+
2005	91	2013-2017
2004	93	2009-2012+
2003	94	2011-2015+

克莱尔谷　　　　　　　　　　　$20-$29
当前年份：2013　　　　　　　　94

　　一款丰满、强劲有力的雷司令，结构和质地都很细腻。散发着酸橙、柠檬皮和苹果皮的浓香，白花和淡淡的香料味提升了香气。寿命较长，酿造精细。口感集中明快，洋溢着浓郁果香，夹杂着橙汁的酸味。收口带有持久、淡淡的矿物味。

★★★ Eden Valley Riesling 伊顿谷雷司令干白葡萄酒

2013	94	2012-2025+
2012	92	2024-2030
2008	93	2016-2020
2007	88	2012-2015
2006	90	2011-2014
2005	95	2013-2017
2004	93	2012-2016+
2003	95	2011-2015
2002	90	2010-2014

伊顿谷　　　　　　　　　　　$20-$29
当前年份：2013　　　　　　　　94

　　一款精心酿制的葡萄酒，匀称、富有深度。散发着柑橘、苹果和梨的浓郁果香，夹杂着白花的迷人香气。口感绵长优雅，洋溢着细腻酸橙汁和柠檬质朴绵长的风味，底味中透出产区土地特有的白垩香，收口均衡，略甜，又带有清新刺激的酸味。

★★★★ Leonay Eden Valley Riesling 莱纳伊顿谷雷司令干白葡萄酒

2010	96	2022-2030+
2009	95	2021-2029
2008	95	2020-2028
2007	93	2015-2019+
2006	91	2011-2014
2005	95	2013-2017+
2004	96	2012-2016+
2003	97	2015-2023
1999	95	2007-2011+
1998	93	2010-2014
1997	93	2005-2009+

伊顿谷　　　　　　　　　　　$30-$49
当前年份：2010　　　　　　　　96

　　一款寿命较长的葡萄酒，结构精致，富有风格和魅力。散发着白花、柠檬花和薰衣草的扑鼻芬芳，夹杂着些许霉味，透出些许矿物味和白垩味。口感馥郁美味，洋溢着新鲜的苹果、梨和柑橘的果香，层次丰富，余味中带有细腻的白垩香。收口略带盐水味，精致紧实。

★★★★ Leonay Watervale Riesling 莱纳沃特维尔雷司令干白葡萄酒

2013	95	2025-2033
2012	95	2024-2032+
2011	91	2019-2023
2008	94	2016-2020+
2002	95	2010-2014+
1994	92	2002-2006
1992	94	2000-2004
1991	95	2003-2011
1990	93	1998-2002
1988	93	1996-2000
1981	88	1989-1993
1980	87	1988-1992
1973	94	1981-1985

克莱尔谷　　　　　　　　　　　$30-$49
当前年份：2013　　　　　　　　95

　　一款寿命极长的雷司令，强劲有力，香味浓郁，极其复杂，需要窖藏。花香浓郁，苹果和梨果香馥郁，略带矿物香。浓度较高，酸味也较重，夹杂着苹果、酸橙和柠檬糖的深邃风味，收口流畅，酸味强烈。

Leopold Riesling 莱纳德雷司令干白葡萄酒 ★★★

塔玛谷 　　　　　　　　$30-$49
当前年份：2013　　　　　93

　　一款具有德国雷司令风格的葡萄酒，酸味浓烈，需要时间沉淀。香味迷人复杂，带有白桃、梨、油électri和柠檬汁的香气，夹杂着蜡味、热带水果的果味、肉味和类似羊毛脂的味道。口感绵长优雅，风味甘美，长度极佳，酸味强劲，收口紧实悠长，苹果皮和柑橘的味道经久不散。

2013	93	2021-2025+
2011	90	2013-2016
2008	97	2016-2020+
2007	93	2015-2019
2005	90	2007-2010+

Medium Sweet Eden Valley（Formerly Medium Dry）Riesling 伊顿谷半干雷司令干白葡萄酒 ★★

伊顿谷 　　　　　　　　$12-$19
当前年份：2013　　　　　91

　　类似卡比纳酒（甜度清淡）。带有柑橘味，散发着苹果、梨、白桃和柠檬花的香气。口感绵长优雅，洋溢着苹果、梨和酸橙汁的风味，底味中带有细腻的白垩香，收口带有温和的柠檬酸味，清新平衡。

2013	91	2018-2021+
2012	90	2020-2024+
2011	88	2016-2019
2010	91	2015-2018+
2009	93	2017-2021+

莱斯布里奇酒庄 Lethbridge

通信地址： 74, Burrows Road, Lethbridge, Vic 3332・**电话：**（03）5281 7279・**传真：**（03）5281 7221・**网址：** www.lethbridgewines.com・**电子邮箱：** info@lethbridgewines.com
产区： 吉朗　**酿酒师：** 马雷・柯立斯（Maree Collis）、雷・纳德森（Rav Nadeson）、亚历山大・伯恩（Alexander Byrne）
葡萄栽培师： 马雷・柯立斯、雷・纳德森、亚历山大・伯恩　**执行总裁：** 马雷・柯立斯、雷・纳德森

　　大约在五年前，莱斯布里奇酒庄凭借几款采用吉朗地区种植的勃艮第葡萄和西拉酿造的美酒声名鹊起。近年来，酒庄的一些王牌产品的品质受到了某些影响。颇具卡比纳风格的纳德森博士雷司令是一款均衡、略带甜味的白葡萄酒，是采用产自维多利亚州西部亨蒂地区的葡萄酿造的。

Allegra Chardonnay 阿莱格拉霞多丽干白葡萄酒 ★★★

吉朗 　　　　　　　　$50-$99
当前年份：2010　　　　　88

　　略带黄铜味，有些早熟，带有红宝石葡萄柚的果香和强烈的香草橡木香，余味汇总带有丁香和肉桂的香料味，以及奶油坚果酵母味。口感圆润，带有肉味，洋溢着葡萄柚、甜瓜和桃子类水果的甘美风味，果味慢慢发展成类似果酱的味道。收口尖锐，带有酸味。

2010	88	2012-2015+
2009	92	2014-2017
2008	94	2013-2016
2007	86	2008-2009
2005	93	2010-2013
2004	92	2006-2009

Dr Nadeson Riesling 纳德森博士雷司令干白葡萄酒 ★★★

吉朗 　　　　　　　　$20-$29
当前年份：2012　　　　　94

　　一款精心酿制的葡萄酒，风味浓郁，强劲有力，带有德国葡萄酒的风格。闻起来带有热带水果和核果的香味，还有奶油味、霉味、花香和类似番石榴的香气。口感绵长，明快完整，新鲜核果、桃子、梨和苹果的风味、清新的酸度以及经久不散的清淡甜味平衡协调。

2012	94	2017-2020+
2011	91	2016-2019+
2010	93	2018-2022
2009	94	2014-2017+

Shiraz 西拉 ★★

吉朗 　　　　　　　　$30-$49
当前年份：2010　　　　　89

　　一款带有成熟甘甜果味的西拉。散发着略带烘烤味的李子和浆果的果香，夹杂着烟熏味，与温和的巧克力/香草橡木香互相融合。酒体中等偏饱满，带有石南味、石榴味、甜瓜和桃子类水果的甘美风味，果味慢慢发洋溢着黑莓、乌梅和些许黑醋栗的浓郁刺痛果味，掩盖了强烈的橡木味，融入细腻、带有灰尘味的单宁中。收口长度中等，带有辣味和矿物味。

2010	89	2012-2015+
2009	82	2011-2014
2008	94	2013-2016
2007	92	2012-2015
2006	88	2008-2011
2005	90	2010-2013+

利达民酒庄 Lindemans

通信地址：44 Johns Way,Karadoc via Red Cliffs NSW 3496 · 电话：（03）5051 3285 ·
传真：（03）5051 3292 · 网址：www.lindemans.com.au · 电子邮箱：karadoccd@lindemans.com.au
产区：古纳华拉　酿酒师：韦恩·福肯伯格（Wayrne Falkenberg）、布雷特·夏普（Brett Sharpe）
葡萄栽培师：理查德·内格尔（Richard Neagle）　执行总裁：迈克尔·克拉克

度过了困难的 2011 年后，古纳华拉三巨头在 2012 年卷土重来，带来了正统、精心酿制的葡萄酒，其中的石灰岭和圣乔治系列都有些过于成熟了，带有果酱味；而青梨系列中的马尔贝克味道似乎又过重了。即便如此，他们在酿酒时也的确加入了新近年份酒的一些趋势，尽管他们酿造的葡萄酒品质远远难以达到 20 世纪 80 年代的水准——当时，利达民酒庄的葡萄酒品质令人期待，足以和同样位于古纳华拉的兄弟品牌酝思媲美。我还是难以明白为什么石灰岭圣乔治系列的葡萄酒无法达到酝思一贯的品质。

★ ★ Limestone Ridge Shiraz Cabernet 石灰岭西拉赤霞珠混酿

年份	评分	适饮期
2012	89	2020-2024
2010	87	2015-2018+
2009	89	2014-2017+
2008	95	2020-2028
2006	84	2008-2011+
2005	89	2013-2017
2004	88	2006-2009+
2001	93	2013-2021
2000	86	2005-2008
1999	95	2007-2011+
1998	96	2006-2010+
1997	90	2005-2009+
1996	94	2004-2008+

雅拉谷　　　　　　　　　　　　$50-$99
当前年份：2012　　　　　　　　89
　　一款丰满的古纳华拉混酿，味道封闭，烘烤味略重，但没有雪茄味。橡木香略朴实，不够均匀，果香既有未熟又有过熟的风味。散发着李子味的浓香，透出黑醋栗和醋栗的果香。口感如天鹅绒般顺滑，甘甜多汁，夹杂着烘烤味、肉味和薄荷味，不过缺乏新鲜度和平衡度。

★ ★ Pyrus Cabernet Blend 青梨赤霞珠混酿

年份	评分	适饮期
2012	90	2020-2024+
2010	93	2022-2030
2009	89	2017-2021
2008	91	2020-2028
2006	87	2014-2018
2005	90	2010-2013+
2004	90	2009-2012+
2000	90	2005-2008
1999	93	2007-2011+
1998	95	2006-2010+
1997	89	2002-2005+
1996	89	2004-2008
1995	88	2000-2003+
1994	91	2002-2006+

古纳华拉　　　　　　　　　　$50-$99
当前年份：2012　　　　　　　　90
　　一款优雅柔顺的混酿，会慢慢成熟充盈。散发着紫罗兰、黑樱桃、黑醋栗、乌梅和新鲜雪松 / 香草橡木融合而成的薄荷味，透出些许马尔贝克带来的草香和甘蓝味。口感绵长顺滑，底味中透出细腻、带有颗粒质感的单宁和平衡的橡木香，不过马尔贝克的果味还是太重了，几乎成为这款酒的主调。

★ ★ ★ St George Cabernet Sauvignon 圣乔治赤霞珠干红葡萄酒

年份	评分	适饮期
2012	91	2020-2024+
2010	95	2022-2030+
2009	93	2021-2029
2008	86	2016-2020
2006	83	2011-2014+
2005	86	2013-2017
2004	86	2009-2012
2001	88	2006-2009
2000	88	2005-2008
1999	94	2011-2019
1998	95	2010-2018
1997	90	2002-2005+
1996	94	2008-2016
1995	94	2003-2007+

古纳华拉　　　　　　　　　　$50-$99
当前年份：2012　　　　　　　　91
　　散发着桑葚、黑醋栗、覆盆子和雪松 / 香草橡木的香气，余味中带有乌梅、干草和可乐的味道。口感绵长协调，不过可能缺少了一款优质葡萄酒应有的集中和纯正。单宁紧实匀称，略带果酱味，橡木香气简约。理应进行陈年。但这款酒的寿命似乎又不如期待中的长。

马克福布斯酒庄 Mac Forbes

通信地址：Glenview Road, Yarra Glen, Vic 3775 · 电话：（03）9818 8099 · 传真：（03）9818 8299 ·
网址：www.macforbes.com · 电子邮箱：mforbes@forbesconsult.com
产区：雅拉谷、史庄伯吉山区（Strathbogie Ranges）、国王谷　酿酒师：马克·福布斯（Mac Forbes）

　　马克·福布斯是一名富有经验的年轻酿酒师，曾从事过葡萄酒行业中多个领域的工作。他扎根雅拉谷和史庄伯吉山区，在那里逐步完善他的酿造技术（尤其是霞多丽和黑皮诺的酿造技术），采用生长于气候非常凉爽的葡萄园的葡萄品种酿造优雅精致、结构和质地合适的葡萄酒。

Woori Yallock Pinot Noir 伍约克黑皮诺干红葡萄酒 ★★★

雅拉谷
当前年份：2012　　　　　　　　　　　$50-$99
　　　　　　　　　　　　　　　　　92

一款顺滑柔润的黑皮诺，多汁且略带草本味。散发着玫瑰花瓣、红樱桃和乌梅甜美馥郁的香味，夹杂着雪松／香草橡木的香气，复杂的肉味和干草香。口感如丝绸般顺滑，浆果和樱桃果味明快，底蕴中透出柔韧，带有灰尘味的单宁和甘甜的香草橡木香。收口带有清新的酸味，略带草本味。会随着窖藏时间的推移慢慢成熟。

2012	92	2017-2020+
2010	93	2015-2018+
2006	81	2008-2011
2005	90	2007-2010+

马洛其酒庄 Maglieri

通信地址：97 Sturt Highway, Nuriootpa SA 5352・**电话**：1300 651 650・**传真**：（08）8568 7385
产区：麦克拉伦谷　**酿酒师**：凯特・洪格尔（Kate Hongell）
栽培师：乔纳森・希勒（Jonathan Shearer）　**执行总裁**：迈克尔・克拉克

财富酒庄拥有和运营的另一个麦克拉伦谷产区品牌。虽然现在的酒庄没有多少酿造高品质葡萄酒的志向，我还是将其重新列入本年鉴中，就因为下面这款物有所值、带有纯正产区特色的西拉葡萄酒。这款酒成熟丰满，结构合适，但售价却在15美元上下。2012年份的这款酒品质很优秀，喜欢传统澳大利亚红酒的人必须人手一瓶。

Shiraz 西拉 ★

麦克拉伦谷
当前年份：2012　　　　　　　　　　　$12-$19
　　　　　　　　　　　　　　　　　89

一款多汁、醇美的西拉。散发着黑醋栗、乌梅和黑莓的浓郁薄荷香，夹杂着甘甜、带有烟熏香草和些许类似松针味道的橡木香。入口温暖，略带酒精味，风味顺滑，甘美绵长，主轴细密，收口紧实。

2012	89	2020-2024
2010	87	2015-2018
2009	83	2011-2014
2008	84	2010-2013+
2005	86	2007-2010
2004	89	2009-2012+
2003	90	2008-2011
2002	77	2003-2004
2001	88	2003-2006
2000	87	2002-2005
1999	84	2001-2004
1998	87	2000-2003
1997	89	2002-2005
1996	89	2004-2008

正脊酒庄 Main Ridge Estate

通信地址：80 William Road, Red HiH, Vic 3937・**电话**：（03）5989 2686・**传真**：（03）5931 0000・
网址：www.mre.com.au・**电子邮箱**：mrestate@mre.com.au
产区：莫宁顿半岛　**酿酒师**：奈特・怀特（Nat White）
葡萄栽培师：奈特・怀特　**执行总裁**：罗莎莉・怀特（Rosalie White）、奈特・怀特

维多利亚州莫宁顿半岛历史最悠久的葡萄酒庄之一。这家小型酒庄经过不懈努力，用品质证明了它被授予的各种荣誉是实至名归的。其出品的黑皮诺散发着迷人优雅的香气，口感华醇浓郁，质地如同丝绸般柔滑细腻。2011年，因为气候条件不好，酒庄只发布了一款红酒。2012年，酒庄凭借一个出色的系列，又重新达到自己的最佳，这个系列中包括有史以来最佳的英亩黑皮诺葡萄酒。无须多说，半亩黑皮诺是最好的。

Chardonnay 霞多丽 ★★★★

莫宁顿半岛
当前年份：2013　　　　　　　　　　　$50-$99
　　　　　　　　　　　　　　　　　93

一款采用生长于较温暖气候的葡萄酿造的霞多丽，丰满，果香浓郁，依然保持着一贯的优雅和风格。散发着桃子、甜瓜和葡萄柚的明快味，透出新鲜的奶油、坚果酵母味，余味中带有些许甘甜橡木香。入口洋溢着浓郁的柑橘和甜瓜风味，优雅、略带香料味，与新鲜的香草／类似腰果味的橡木香互相交织，绵长多汁，收口略尖锐。需要陈年。尽管放心地窖藏吧。

2013	93	2021-2025+
2012	96	2020-2024
2011	95	2019-2023+
2010	96	2018-2022+
2009	92	2011-2014+
2008	94	2013-2016
2007	90	2009-2012
2006	92	2011-2014
2005	95	2010-2013
2004	94	2009-2012+
2003	93	2008-2011
2002	86	2004-2007

Half Acre Pinot Noir 半亩黑皮诺干红葡萄酒

2012	97	2024-2032
2010	97	2022-2030
2009	93	2014-2017+
2008	91	2013-2016
2007	96	2012-2015+
2006	91	2008-2011+
2005	96	2013-2017+
2004	97	2009-2012+
2003	96	2008-2011+
2002	90	2004-2007+
2001	95	2006-2009
2000	95	2008-2012

莫宁顿半岛
当前年份：2012

$50-$99
97

一款纯正芳香的年轻葡萄酒，层次丰富，如丝绸般顺滑，会随着时间的推移慢慢成熟。迷人芳香，闻起来具有覆盆子、红樱桃和紧实的橡木味，底味中带有森林大地的泥土味和干草的味道。口感极其绵长，通透流畅，洋溢着橡木香，底蕴中透出细腻紧实、如丝绸般顺滑的主轴，味道集中，黑皮诺的新鲜果味和明快的酸味经久不散。

★★

Pinot Meunier 莫尼耶皮诺干红葡萄酒

2012	91	2014-2017+
2010	90	2012-2015+
2008	86	2013-2016
2007	91	2009-2012
2006	80	2008-2011
2005	91	2007-2010+
2004	93	2009-2012
2001	88	2003-2006

莫宁顿半岛
当前年份：2012

$50-$99
91

相当精致的一款酒，美味可口，带有甘甜红樱桃、覆盆子和草莓的果香，夹杂着泥土味、薄荷味和些许草本味，后味中透出麝香香料和灌木丛的味道。口感绵长直接，洋溢着带有香料味、层次丰富的果味，底蕴中带有细腻、散发着灰尘味的单宁。随着封瓶时间的增加，这种果味会变得更有层次，重量也会增加。

★★★

The Acre Pinot Noir 英亩黑皮诺干红葡萄酒

2012	95	2020-2024+
2010	93	2018-2022
2009	91	2014-2017
2008	92	2013-2016+
2007	91	2009-2012+
2006	90	2011-2014
2005	93	2010-2013+
2004	91	2006-2009+
2003	93	2005-2008+
2002	87	2004-2007

莫宁顿半岛
当前年份：2012

$50-$99
95

一款温和细腻的年轻皮诺，优雅，富有风格。散发着黑樱桃酒、玫瑰花瓣和覆盆子的精醇香气，底蕴中透出新鲜雪松 / 香草橡木香。酒体中等偏饱满，洋溢着极其成熟、略多汁的浆果和樱桃风味，深邃绵延，在细腻爽脆的单宁支持下，收口带有迷人的长度和清新度。随着封瓶时间的增加，这款酒的颜色会更深，香味也会更浓郁，重量也会增加。

玛杰拉酒庄 Majella

通信地址： Lynn Road, Coonawarra, SA 5263 · **电话：**（08）8736 3055 · **传真：**（08）8736 3057 ·
网址： www.majellawines.com.au · **电子邮箱：** prof@majellawines.com.au
产区： 古纳华拉　**酿酒师：** 布鲁斯·格里高利（Bruce Gregory）
葡萄栽培师： 安东尼·林恩（Anthony Lynn）　**执行总裁：** 布莱恩·林恩（Brian Lynn）

一家位于古纳华拉中部的成熟酿酒商。酒庄 2010 年出品的葡萄酒独具风格，品质为几年来的最佳。2012 年份的一些葡萄酒也延续了这种优秀的品质（对大部分酒来说，2011 年可以闭口不谈）。即使玛杰拉没有被收入本年鉴中，其葡萄酒的品质无疑也正向着建立其知名度的质量等级前进。

★★★

Cabernet Sauvignon 赤霞珠

2012	92	2020-2024
2011	87	2016-2019
2010	93	2022-2030
2009	89	2014-2017+
2008	88	2013-2016
2007	89	2012-2015+
2006	90	2014-2018
2005	93	2013-2017
2004	93	2012-2016+
2003	86	2005-2008
2002	87	2004-2007+

古纳华拉
当前年份：2012

$30-$49
92

一款会让人想到去年的玛杰拉红酒的赤霞珠。带有浓郁的橡木香，顺滑柔软，汁液丰富。闻起来具有紫罗兰、黑醋栗、桑葚和乌梅甘甜的薄荷香，底蕴中透出清新的雪松味和香草味。即便这款酒橡木香浓郁，仍具有极佳的平衡度，而且优雅，入口洋溢着黑莓、李子、桑葚和香草的明快香味，后味中透出粉末质感的单宁，夹杂着灰尘味和草本味。收口有怡人的长度和风味。

Shiraz 西拉 ★★★

古纳华拉 $30-$49

当前年份：2012　　　　　90

气味芬芳，富有风格。散发着黑醋栗、乌梅和新鲜巧克力/雪松橡木融合而成的泥土味，薄荷味和类似紫罗兰的香味提升了香气。口感顺滑柔润，洋溢着黑醋栗、桑葚、乌梅和略带烟熏味、雪松/香草味的橡木融合而成的甘甜多汁风味，收口略咸，带有通透的酸味。薄荷味稍重，所以无法得到更高的分数。

2012	90	2017-2020+
2010	94	2018-2022+
2009	92	2017-2021+
2008	90	2013-2013+
2006	88	2011-2014+
2005	91	2010-2013+
2004	87	2006-2009+
2003	92	2008-2011+
2002	87	2004-2007
2001	95	2009-2013
2000	89	2002-2005+
1999	90	2004-2007
1998	95	2003-2006+
1997	94	2002-2005+

The Malleea Cabernet Sauvignon Shiraz 亚莫雷赤霞珠西拉 ★★★

古纳华拉 $50-$99

当前年份：2010　　　　　92

一款略有老式风格的混酿，甘美，果香馥郁，略带薄荷味，橡木味浓烈。带有烟熏味，透出黑醋栗、乌梅和紫罗兰的浓郁香气，后味中透出新鲜雪松/雪松/黑巧克力橡木香、草本味和一丝白胡椒的香气。口感温和，顺滑柔润，洋溢着黑醋栗、乌梅和浓烈橡木香融合而成的深邃薄荷味，单宁紧实柔顺，收口持久尖锐，果香、些许薄荷味和碘味绵延不断。给它点儿时间吧。

2010	92	2022-2030+
2009	94	2021-2029+
2005	88	2010-2013
2004	95	2016-2024
2003	91	2008-2011
2002	88	2007-2010
2001	91	2009-2013+
2000	87	2005-2008
1999	92	2004-2007
1998	89	2006-2010
1997	92	2002-2005+
1996	90	2001-2004

The Musician Cabernet Shiraz 音乐家赤霞珠西拉干红葡萄酒 ★

古纳华拉 $12-$19

当前年份：2013　　　　　88

一款温和醇美的红酒，果味迷人香甜，马上就可以饮用了。散发着紫罗兰、黑莓和略带雪松/香草味橡木融合而成的淡淡果酱味，口感顺滑明快，坚果果香活跃，橡木香温和，单宁带有灰尘味，长度佳，风味浓厚，收口温和简单。

2013	88	2015-2018
2011	86	2013-2016
2010	92	2015-2018
2009	86	2011-2014+
2008	82	2010-2013
2007	88	2009-2012
2006	88	2008-2011+
2005	83	2006-2007

马赫伯克酒庄 Marchand & Burch

通信地址： Scotsdale Road, Denmark, WA 6333 **·电话：** （08）9848 2345 **·传真：** （08）9848 2064 **·**
网址： www.marchandburchwines.com.au **·电子邮箱：** m&tD@marchandburch.com.au
产区： 波龙古鲁、巴克山　**酿酒师：** 帕斯卡·马赫（Pascal Marchand）、杰夫·伯克（Jeff Burch）
葡萄栽培师： 大卫·伯汀（David Botting）**·执行总裁：** 杰夫·伯克（Jeff Burch）

霍华德酒庄的所有者——杰夫·伯克与勃艮第酿酒师（以前是DJ）帕斯卡·马赫从前在勃艮第是邻居，他们一起开办了酒庄，酿造勃艮第和西澳大利亚风格的葡萄酒。澳大利亚风格的葡萄酒包括产自波龙古鲁的霞多丽、巴克山的黑皮诺以及玛格丽特河的西拉。葡萄酒具有典型的马赫风格：优雅，会不断发展变化，带有霉味，但果味重量浓厚。

Chardonnay 霞多丽 ★★★

波龙古鲁 $50-$99

当前年份：2013　　　　　90

一款绵长、紧实集中的霞多丽。散发着葡萄柚、甜瓜和桃子带有烟熏味、炭味和奶油味的香气，从中透出类似果酱的味道和无花果味。这款酒还十分年轻，口感圆润多汁，洋溢着浓郁的葡萄柚和甜瓜的风味，余味复杂，夹杂着奶油味、坚果味、类似奶油糖的味道，还有霉味和酵母味。橡木香香甜，融入浓烈的酸味中，需要时间沉淀，缺乏金属味和直接的果味，所以无法得到更高的评分。

2013	90	2015-2018+
2012	88	2014-2017
2011	94	2016-2019+
2010	89	2015-2018
2009	95	2014-2017+
2008	88	2010-2013
2007	95	2015-2019

★★   Mount Barrow Pinot Noir 巴罗山黑皮诺

2012	91	2017-2020+
2011	88	2013-2016+
2010	92	2015-2018+

巴克山 $50-$99

当前年份：2012   91

     这款年轻的葡萄酒在年轻时期缺少优雅、细腻的气质，不过味道集中，带有草本味和番茄味。平衡度会随着时间的推移而增加。散发着红樱桃、覆盆子、草莓和新鲜细密的香草味橡木融合而成的香料味，透出迷人的花香。入口后，洋溢着红樱桃和浆果绵长通透、略带多汁的口感，由紧实、带有粉末质感的单宁支撑。

★   Shiraz 西拉

2009	92	2014-2017+
2008	89	2013-2016+
2007	88	2012-2015

巴克山 $50-$99

当前年份：2009   92

     闻起来具有黑莓、黑醋栗和甘甜巧克力／香草味橡木融合而成的带有香料味和胡椒味的香气，后味中透出丁香和肉桂的灰尘味。口感绵长，果香甘甜，结构紧实。单宁紧实柔顺，带有灰尘味，收口带有肉味和辣味。

玛根酒庄 Margan

通信地址： 1238 Milbrodale Road, Broke, NSW 2330 · **电话：**（02）6579 1317 · **传真：**（02）6579 1267 ·
网址： www.margan.com.au · **电子邮箱：** info@margan.com.au
产区： 猎人谷   **酿酒师：** 安德鲁·玛根（Andrew Margan）
葡萄栽培师： 安德鲁·玛根   **执行总裁：** 安德鲁·玛根

     安德鲁·玛根酿造的葡萄酒大多无须窖藏。不过，白标限量版和陈年版风格严谨，精致巧妙，寿命较长。我必须得承认，我特别想品尝玛根的限量版红酒，这些酒将酿酒艺术和技术完美地结合在了一起。结构良好、复杂度佳的西拉慕合怀特混酿是酒庄品质最佳的红酒；皮贝拉葡萄酒则显示出了明显的猎人谷地域特色。2008 年和 2009 年的陈年版赛美蓉都具有典型的猎人谷风格，现在或者迟些时候饮用均可。

★★★   Aged Release Semillon 陈年版赛美蓉干白葡萄酒

2009	94	2017-2021+
2008	94	2016-2020+
2007	92	2015-2019
2006	91	2011-2014
2005	93	2013-2017+
2003	93	2008-2011+

下猎人谷 $30-$49

当前年份：2009   94

     一款匀称、富有节奏的赛美蓉，正在慢慢成熟。散发着蜜瓜、酸橙汁和矿物融合而成的带有烘烤味和烟熏味的香气，清新的花香和些许蜡味提升了香气。口感绵长柔顺，清新明快，洋溢着甜瓜、酸橙和柠檬的强劲风味，味道集中，底味中透出矿物香，收口清新干燥，略带白垩香。

★★★★   Aged Release Shiraz 陈年版西拉干红葡萄酒

2009	95	2021-2029+
2007	94	2015-2019+
2006	93	2018-2026+
2005	95	2017-2025+

下猎人谷 $50-$99

当前年份：2009   95

     柔顺优雅，散发着粗朴的肉味。泥土味、花香和香料味逐层揭开，底味中透出烟熏香气。酒体中等，口感绵长细密，由爽脆的单宁支撑，洋溢着乌梅、黑莓和樱桃带有石南味和酸味的香气，收口绵长简朴，夹杂着板岩味。需要陈年，才能具有复杂经典的产区葡萄酒风格。

Botrytis Semillon 赛美蓉贵腐甜白葡萄酒 ★★

下猎人谷 $20-$29
当前年份：2010   92

    一款极甜但平衡度佳的甜葡萄酒，散发着柠檬花、杏仁和橘子皮的香气，底味中透出白桃、甜瓜和烧焦黄油和焦糖的香气。口感甘美多汁，绵长清新，松软集中，洋溢着柠檬、桃子和杏仁略带白垩香的风味。收口有活泼的酸味，柠檬酥皮饼的香味经久不散。

2010	92	2012-2015+
2009	90	2011-2014
2008	89	2010-2013
2006	80	2007-2008
2005	91	2006-2007
2004	90	2005-2006+
2003	93	2005-2008
2002	89	2004-2007
2001	86	2003-2006

Chardonnay 霞多丽 ★

下猎人谷 $12-$19
当前年份：2013   88

    淳朴清新，富有霞多丽特色。口感圆润，浓厚简单，洋溢着桃子、油桃和奶油香草橡木的香气，温和地与柠檬酸味相融合。多汁通透，果味长度怡人，平衡度佳。

2013	88	2015-2018
2011	86	2012-2013+
2010	87	2011-2012+
2009	87	2011-2014
2008	86	2009-2010
2007	85	2008-2009
2006	81	2007-2008
2005	88	2006-2007

Limited Release Barbera 限量版巴贝拉干红葡萄酒 ★★★

下猎人谷 $30-$49
当前年份：2012   91

    一款精致、带有强烈酸味的葡萄酒，酒体中等。散发着红樱桃、黑樱桃、蓝莓和深色花的香气，甘甜、带有泥土味。入口后，洋溢着浆果、李子的风味，绵长、带有酸味，干浸出物略带涩味，如冷钢般坚硬，收口带有长度、清新度和集中度。给点儿时间让它慢慢成熟。

2012	91	2020-2024+
2011	92	2016-2019+
2010	92	2012-2015+
2009	93	2014-2017
2008	93	2013-2016+
2007	94	2009-2012+
2006	90	2008-2011+
2005	87	2007-2010
2004	90	2006-2009+

Limited Release Shiraz 限量版西拉干红葡萄酒 ★★★

下猎人谷 $30-$49
当前年份：2011   93

    酒体中等偏饱满，具有新式猎人谷西拉风格的迷人之酒。香味浓郁迷人，夹杂着花香，带有香料味的红莓、黑莓和血丝李的果香，以及带有灰尘味、雪松味的橡木香。口感细腻优雅，绵长完整，洋溢着红酸栗、红樱桃、血丝李和黑莓的通透果味，底蕴中透出带有灰尘味、粉末质感的骨架，收口优雅，略多汁，带有温和的酸味。

2011	93	2019-2023+
2009	90	2014-2017
2007	92	2015-2019
2006	94	2014-2018
2005	92	2013-2017+

Limited Release Shiraz Mourvèdre 限量版西拉慕合怀特混酿 ★★★★

下猎人谷 $30-$49
当前年份：2011   95

    带有传统澳大利亚勃艮第葡萄酒风格，果味香甜。散发着新鲜蓝莓、红酸栗、黑莓和石南的香气，深色花和五香的香味提升了整体的香气。酒体中等偏饱满，洋溢着蓝莓和红莓的浓香，甘甜细密、带有动物味的橡木香，以及柔顺、带有粉末质感的单宁，收口有怡人的长度、明快的酸度，矿物香经久不散。需要陈年。

2011	95	2023-2031+
2009	95	2017-2021+
2008	92	2016-2020
2007	93	2015-2019+
2005	90	2010-2013+

Shiraz 西拉 ★★

下猎人谷 $20-$29
当前年份：2011   89

    一款温和的西拉，酒体中等，闻起来带有胡椒和香料味。散发着乌梅和红莓的果香，浓郁度中等，以及温和的香草、雪松和巧克力味橡木香。紫罗兰的花香提升了整体的香气。入口后，洋溢着浆果明快多汁的风味，在细致蓬松的单宁支撑下，收口带有清新的酸味，甘草香绵延不断。

2011	89	2013-2016
2010	91	2012-2015+
2009	87	2011-2014
2007	90	2012-2015
2006	90	2008-2011+
2005	90	2010-2013+
2004	89	2009-2012
2003	90	2008-2011
2002	90	2004-2007
2001	89	2003-2006
2000	92	2005-2008+

★

Verdelho 华帝露

2013	89	2015-2018
2012	88	2013-2014
2011	82	2012-2013
2010	84	2011-2012
2009	82	2010-2011
2008	77	2008-2009
2007	86	2007-2008+
2006	86	2007-2008
2005	86	2006-2007
2004	87	2005-2006+
2003	80	2003-2004

下猎人谷

当前年份：2013

$12-$19

89

　　适合早期饮用，清新迷人，富有风格。带有香料味和些许草本味，以及醋栗和甜瓜融合而成的略带灰尘味和果酱味的香气。易于入口，口感绵长，顺滑醇美，葡萄风味明快，通透丰满，收口温和多汁。

玛华里克酒庄 Maverick

通信地址：Lot 141 Light Pass Road, Moorooroo ,SA 5352 · 电话：（08) 8563 3551 ·
传真：(08) 8563 3554 · 网址：www.maverickwines.com.au · 电子邮箱：ronald@maverickwines.com.au
产区：巴罗莎谷、伊顿谷　　酿酒师：罗纳德·布朗（Ronald Brown）、威尔·汤普森（Will Thompson）
葡萄栽培师：保罗·多尔曼（Paul Dorman）　　执行总裁：罗纳德·布朗

　　创立于 2004 年，共有 4 个葡萄园，分布于巴罗莎谷和伊顿谷，面积达 100 公顷。其中一半以上的葡萄藤都有 50 多年的树龄，还有树龄更大的。除了 2011 年品质不符合品牌价值的葡萄酒之外，酒庄的其他酒品都拥有浓郁的果味，柔顺细腻的程度也逐年提升。我最喜欢的是价格相对便宜的双生西拉，一款典型的简单、令人愉悦的葡萄酒，寿命不长（中短期）。

★★ Breechens Red Shiraz Blend 本茜斯西拉混酿

2011	86	2013-2016
2010	92	2015-2018
2009	86	2011-2014
2008	91	2016-2020

巴罗莎谷

当前年份：2011

$12-$19

86

　　温和多汁，适合早期饮用。带有肉味和胡椒味，夹杂着少量浆果、李子的果味，有灰尘味的橡木香，底味中透出辛辣味、泥土味。酒体中等，直接成熟，洋溢着浓烈的果味和温和的橡木香，收口极其短暂。

★★ Breechens White Blend 本茜斯白葡萄混酿

2011	89	2013-2016
2010	92	2012-2015
2009	89	2011-2014
2008	91	2010-2013

巴罗莎谷

当前年份：2011

$12-$19

89

　　一款复杂、带有肉味的葡萄酒。散发着淡淡的香料味、灰尘味和花香，透出些许蜡味，缺乏浓郁度。入口后，洋溢着浓郁的桃子味、甜瓜和类似杏仁的风味、奶油味以及烘烤味，长度怡人，收口平衡，美味可口。

★★ Greenock Rise Shiraz 格里诺克崛起西拉干红葡萄酒

2009	92	2017-2021+
2008	90	2020-2028
2007	93	2019-2017

巴罗莎谷

当前年份：2009

$50-$99

92

　　矜持匀称，带有巴罗莎葡萄酒典型的丰满度，而且精致收敛。散发着石南味和香料味，香味浓郁，夹杂着有红枣类味道的黑醋栗、桑葚和蓝莓的果香，甘甜的奶油雪松味橡木香以及甘草味，后味中透出些许番茄茎的味道。细密柔顺，风味深邃，甘美优雅，底蕴中透出带有灰尘味的爽脆单宁。收口绵长，带有辣味和类似甘草的味道。

★★★ Trial Hill Riesling 审判山雷司令干白葡萄酒

2011	90	2016-2019
2010	93	2018-2022+
2009	94	2017-2021+
2008	94	2016-2020
2007	93	2015-2019

伊顿谷

当前年份：2011

$20-$29

90

　　单调优雅，散发着玫瑰花瓣的灰尘味和蜡味。入口后，洋溢着柠檬、苹果和梨水果的细腻精致，底味中透出白垩香，味道集中。收口带有清新的酸味。因为缺乏浓郁的果味，所以无法得到更高的评分。

A B C D E F G H I J K L M N O P Q R S T U V W X Y Z

Twins GSM 双生混酿 ★

巴罗莎谷　　　　　　　　　　　　　$20-$29
当前年份：2011　　　　　　　　　　　　81
　　带有草本味和香料味，红莓和蓝莓略带清漆味的淡果香。口感简单，果味青涩空洞，缺乏深度和成熟度。

2011	81	2013-2016
2010	92	2015-2018+
2009	89	2011-2014+
2008	86	2010-2013
2007	89	2012-2015
2006	88	2011-2014

Twins Shiraz 双生西拉干红葡萄酒 ★★★

巴罗莎谷　　　　　　　　　　　　　$20-$29
当前年份：2011　　　　　　　　　　　　85
　　这一年份的一款佳酿。散发着黑醋栗、黑莓和桑葚带有灰尘味和胡椒味的香气，以及雪松味的橡木香，余味中透出涩味和甜椒类的味道。口感直接，温和顺滑，洋溢着明快多汁的风味，这种风味没有显著的长度。收口略带草本香，带有温和的酸度。尽早饮用。

2011	85	2013-2016
2010	93	2018-2022+
2009	92	2014-2017
2007	89	2012-2015
2006	83	2008-2011
2005	94	2017-2025

麦克阿丽丝特酒庄 McAlister Vineyards

通信地址： 825 Longford-Lochsport Road, Longford, Vic 3851 · **电话：**（03）5149 7229 ·
传真：（03）5149 7229 · **电子信箱：** mcalisterO@iprimus.com.au
产区： 吉普斯兰东南部　**酿酒师：** 彼得·爱德华兹（Peter Edwards）
葡萄栽培师： 彼得·爱德华兹　**执行总裁：** 彼得·爱德华兹

　　位于维多利亚州吉普斯兰东南部的一座单一园，出品采用波尔多红葡萄品种酿造的混酿，明快复杂，细腻优雅。最新推出的年份酒极其美味平衡，寿命较长，复杂度佳。

The McAlister Cabernet Blend 麦克阿丽丝特赤霞珠混酿 ★★

吉普斯兰　　　　　　　　　　　　　$50-$99
当前年份：2006　　　　　　　　　　　　90
　　一款成熟缓慢、稳步发展的混酿，带有泥土味。散发着黑莓、李子和石南的烟熏味和雪松味，后味中带有灌木丛和薄荷的香气。口感优雅细密，黑莓和李子的果香、巧克力橡木香长度怡人，底蕴中透出细腻柔顺的单宁。收口带有辣味和泥土味。

2006	90	2018-2026
2005	89	2013-2017
2004	90	2012-2016
2003	88	2008-2011+
2002	87	2007-2010+
2001	94	2009-2013
2000	91	2005-2008
1999	87	2004-2007
1998	85	2003-2006+
1997	87	2005-2009
1996	84	1998-2001

麦格根酒庄 McGuigan

通信地址： Cnr Broke Road & Mcdonalds Road, Pokolbin NSW 2030 · **电话：**（02）4998 7000 ·
传真：（02）4998 7401 · **网址：** www.mcguiganwines.com.au · **电子邮箱：** mcguigans@mcguiganwines.com.au
产区： 猎人谷　**酿酒师：** 彼得·赫尔（Peter Hall）、托马斯·琼（Thomas Jung）
葡萄栽培师： 理查德·布拉德（Richard Byllardt）　**执行总裁：** 尼尔·麦格根（Neil McGuigan）

　　麦格根酒庄入选本年鉴的原因在于其价格合理、品质通常都很优秀的精选系列，该系列是采用来自南澳大利亚各大产区的葡萄酿制的。我尤其欣赏该酒庄的白葡萄酒，每一款都物超所值，特别是采用阿德莱德山的葡萄酿造的霞多丽，是2012年的顶级佳酿。

The Shortlist Cabernet Sauvignon 精选赤霞珠干红葡萄酒 ★

古纳华拉　　　　　　　　　　　　　$20-$29
当前年份：2011　　　　　　　　　　　　86
　　散发着李子和桑葚略带灰尘味和草本味的香气，甘甜的雪松橡木香，从中透出绿豆和甜椒的味道。单调优雅，酒体中等，浆果果味长度一般，融入带有尖锐金属质感的干浸出物中，收口略带青涩的酸味。缺乏真正的长度和成熟度。

2011	86	2013-2016+
2010	88	2015-2018+
2009	84	2014-2017

The Shortlist Chardonnay 精选霞多丽干白葡萄酒

2012	94	2017-2020+
2011	87	2013-2016
2010	92	2015-2018+
2009	90	2014-2017
2007	91	2009-2012

阿德莱德山　　　　　　　　　　　　　　$20-$29

当前年份：2012　　　　　　　　　　　　　94

　　优雅明快，香味纯正质朴，夹杂着葡萄柚和桃子的果香，以及黄油香草橡木香，底味中透出热带水果、丁香、肉豆蔻、蛋奶沙司的味道，以及奶油味和蜡味。口感顺滑柔润，洋溢着桃子、葡萄柚和甜瓜的活泼风味，以及紧实的橡木香，绵长柔软，收口平衡，带有辣味和爽快的酸味。

★

The Shortlist GSM 精选 GSM 混酿

2011	91	2016-2019
2010	88	2015-2018
2009	87	2014-2017

阿德莱德山　　　　　　　　　　　　　　$20-$29

当前年份：2011　　　　　　　　　　　　　91

　　一款单调芳香的年轻红酒，平衡集中。散发着香甜玫瑰花瓣、乌梅、樱桃和森林浆果的明快香味，余味中带有干草、蓝莓、李子和收敛雪松橡木的香气。口感绵长细密，洋溢着乌梅、蓝莓和红酸栗的活泼风味，底蕴中透出带有粉末质感的单宁，收口平衡，略多汁，带有清新的酸味。

★ ★ ★

The Shortlist Riesling 精选雷司令干白葡萄酒

2013	92	2021-2025+
2012	95	2024-2032+
2011	94	2023-2031
2005	90	2013-2018

伊顿谷　　　　　　　　　　　　　　　　$20-$29

当前年份：2013　　　　　　　　　　　　　92

　　爽快平衡，适合窖藏。散发着酸橙汁、苹果皮和柠檬皮的浓郁深邃香气，从中透出些许白垩香以及白花的淡淡酯味。口感单调，略带矿物味，洋溢着大量柠檬的简朴果味，味道绵长，夹杂着白垩香，收口清新集中，带有紧实的酸味。

★

The Shortlist Shiraz 精选西拉干红葡萄酒

2011	88	2016-2019
2010	92	2018-2022+
2009	89	2017-2021+
2007	93	2012-2015+

巴罗莎谷　　　　　　　　　　　　　　　$20-$29

当前年份：2011　　　　　　　　　　　　　88

　　这一年份的一款佳酿。散发着略带薄荷味和浓烈胡椒味的清新香气，夹杂着甘甜黑莓、红莓和蓝莓的果香，后味中透出香甜、略带烘烤、雪松 / 香草味的橡木香，以及一丝薄荷香。酒体中等偏饱满，口感顺滑柔润，温和丰满，临收口前味道变得极其单调，略带草本味和金属味。

麦克威廉酒庄 McWilliam's

通信地址： Jack Mcwilliam Road, Hanwood, NSW 2680・**电话：** （02）6963 3400・**传真：** （02）6968 131・
网址： www.mcwilliams.com.au・**电子邮箱：** communications@mcwilliamswines.com.au
产区： 滨海沿岸　**酿酒师：** 吉姆・布雷恩（Jim Brayne）、罗素・科迪（Russell Cody）、斯科特・麦克威廉（Scott McWilliam）、科里・瑞恩（Corey Ryan）、格雷格・哈洛伦（Greg Halloran）
葡萄栽培师： 特里・麦克雷（Terry McLeary）、安东尼・皮特、保罗・哈维（Paul Harvey）
执行总裁： 罗伯特・布莱克维尔

　　澳大利亚大型家族葡萄酒庄之一，总部坐落于新南威尔士州的格里菲斯附近地区。酒庄大幅减少了麦克威廉品牌的优质葡萄酒数量，不过仍然会推出 1877 赤霞珠混酿（古纳华拉）和希托普斯西拉，还有近期更换商标的晨曦赛美蓉贵腐甜白葡萄酒。上述这些品牌的葡萄酒质量都很优秀。

1877 Cabernet Sauvignon Shiraz 1877 赤霞珠西拉干红葡萄酒　★★★

古纳华拉、希托普斯　$50-$99
当前年份：2009　　　　　　　　　　　　　　91

    一款丰满、香味浓郁的混酿，散发着黑莓、乌梅、红酸栗和石南带有泥土味和些许肉味的香气，后味中透出甘甜的薄荷味，一丝胡椒味和浓烈的巧克力 / 雪松橡木香。口感顺滑，长度中等，洋溢着大量多汁水果的丰满果味以及雪松 / 铅笔味橡木香，底蕴中带有紧实、类似石墨味的单宁，收口略生涩，胡椒味、灰尘味和草本味经久不散。缺乏协调优质的橡木香，所以无法取得更高的评分。

2009	91	2021-2029+
2008	95	2020-2028+
2006	88	2014-2018
2005	94	2017-2025+
2004	92	2016-2024
2003	90	2011-2015+
2002	93	2014-2022
2001	93	2009-2013
2000	87	2005-2008
1999	87	2004-2007
1998	95	2006-2010+

Morning Light Botrytis Semillon 晨曦赛美蓉贵腐甜白葡萄酒　★★★

滨海沿岸　$20-$29
当前年份：2010　　　　　　　　　　　　　　93

    一款采用迟摘葡萄酿造的赛美蓉，极其香甜浓郁，甘美质朴。散发着馥郁的热带水果风味，夹杂着杏仁、焦糖布丁、甘甜雪松味橡木以及麦芽糖的味道，余味复杂，带有淡淡的蜡味、类似羊毛脂的味道以及一丝糖浆的味道。口感异常甘美，绵长完整，香甜果香长度极佳，香味会慢慢地发展成辣味。目前这款酒非常难以入口，除非你拥有世界上最耐得住甜味的牙齿。

2010	93	2018-2022
2008	94	2016-2020
2007	87	2009-2012
2006	90	2008-2012
2005	86	2007-2010
2004	95	2009-2012
2003	90	2005-2008
2002	95	2007-2010
2001	95	2003-2006+
2000	94	2005-2008
1999	96	2004-2007
1998	95	2003-2006
1997	92	2002-2005
1996	88	1998-2001

麦都思酒庄 Medhurst

通信地址： 24-26 Medhurst Road, Gruyere Vic 3770 · **电话：**（03）5964 9022 · **传真：**（03）5964 9033 ·
网址： www.medhurstwines.com.au · **电子邮箱：** office@medhurstwines.com.au
产区： 雅拉谷　**酿酒师：** 马特·斯蒂尔（Matt Steel）
葡萄栽培师： 马特·斯蒂尔　**执行总裁：** 罗斯·威尔逊（Ross Wilson）

    小型酒庄，由南方葡萄酒业（Southcorp）的前 CEO 罗斯·威尔逊创办。他与妻子萝宾（Robyn）在雅拉谷的格吕耶尔开辟了占地 15 公顷的葡萄园。酿酒师马特·斯蒂尔是襄桐酒庄的前首席酿酒师，负责酿造优雅紧致、果味四溢的优质葡萄酒。这是一家值得关注的酒庄。

Chardonnay 霞多丽　★★

雅拉谷　$20-$29
当前年份：2013　　　　　　　　　　　　　　90

    极其匀称，柔顺优雅，散发着柠檬花、梨和苹果略带肉味的淡香，余味中透出新鲜的坚果香草味橡木香，以及姜、丁香和肉桂的香味。口感绵柔密顺，悠长美味，洋溢着桃子、梨和苹果的风味，明快集中，夹着收敛的橡木香和蜡味。收口干净清新，带有柠檬果子露的味道。

2013	90	2015-2018+
2012	93	2014-2017+
2011	91	2013-2016+
2010	91	2015-2018

Pinot Noir 黑皮诺　★★

雅拉谷　$30-$49
当前年份：2013　　　　　　　　　　　　　　90

    一款柔顺优雅的年轻黑皮诺，带有薄荷味。散发着黑樱桃、覆盆子、血丝李和雪松 / 香草味橡木的甜香，深色花和干草的味道提升了香气。入口后，果味温和，明快质朴，与浓烈的雪松 / 摩卡橡木味相互交织，余味中带有一丝松针的味道，主轴细密，收口明快，带有活泼的酸味。

2013	90	2018-2021+
2012	91	2017-2020+
2011	90	2013-2016+
2010	91	2012-2015

魔石酒庄 mesh

通信地址： P0 B0X19, Angaston, SA5353 · **电话：**（08）8561 3200 · **传真：**（08）8561 3465 ·
网址： www.meshwine.com · **电子邮箱：** marketing@meshwine.com
产区： 伊顿谷　**酿酒师：** 杰弗里·格罗斯、罗伯特·希尔·史密斯
葡萄栽培师： 杰弗里·格罗斯、罗伯特·希尔·史密斯　**执行总裁：** 杰弗里·格罗斯、罗伯特·希尔·史密斯

　　魔石酒庄是两位个性截然不同的雷司令爱好者——杰弗里·格罗斯和罗伯特·希尔·史密斯的一次大胆尝试。两人各负责种植一半的葡萄，采摘完成后，依照葡萄的成色来决定最后如何酿制混酿。魔石出品的葡萄酒芳香心醉，散发着浓郁的花香和柑橘香。魔石的雷司令带有酸橙汁的香味和白垩香。在过去 5 个年份中，该酒庄的葡萄酒的风格和品质的一致性表现得尤为明显。

★★★★

Riesling 雷司令

2013	95	2025-2033+
2012	96	2024-2030+
2011	95	2023-2031
2010	95	2018-2012+
2009	95	2017-2021+
2008	92	2013-2016+
2007	88	2009-2012
2006	92	2011-2014+
2005	97	2017-2025+
2004	95	2009-2012
2003	95	2011-2015
2002	97	2014-2022+

伊顿谷　　　　　　　　　　　　　　　　　　$20-$29
当前年份：2013　　　　　　　　　　　　　　　95
　　散发着薰衣草、白花、柠檬衬皮和酸橙汁浓郁新鲜的香气，底味中带有白垩香。口感绵长单调，非常精致。舌中洋溢着丰满多汁的柑橘风味，味道极其集中，单宁带有明显的白垩香，收口绵延、坚硬。一款经典的伊顿谷葡萄酒。

后翅酒庄 Metala

通信地址： Nuriootpa Road, Angaston SA 5353 · **电话：**（08）8561 0200 · **传真：**（08）8561 0232 ·
电子邮箱： cellardoor@saltramestate.com.au
产区： 兰汉溪　**酿酒师：** 沙凡虹·威尔士（Shavaughn Wells）
葡萄栽培师： 安顿·斯特尼泽科（Anton Stadniczenko）　**执行总裁：** 迈克尔·克拉克（Michael Clarke）

　　后翅是一个历史悠久的澳大利亚葡萄酒品牌，酿造葡萄源自兰汉溪一座非常古老的葡萄园。原始古老的葡萄藤造就了"黑标"西拉（Black Label Shiraz），这款酒带有浓郁的橡木气息。"标准"或"白标"系列是西拉和赤霞珠完美融合的混酿，质感柔腻，带着淡淡薄荷香和浓郁的浆果味。近年来，后翅和兰汉溪的其他酒庄一样，不得不想办法处理葡萄酒的盐度问题，他们正往酿造比去年更成熟、优雅的路上走，其中很多酒的寿命都比新近推出的年份酒长。幸运的是，2012 年的葡萄酒完美地呈现了旧时的后翅风格，让人看到了葡萄酒重新变得优雅平衡的希望。

★★★

Original Plantings Shiraz 老藤西拉

2010	94	2030-2040
2007	94	2019-2027
2005	86	2010-2013
2004	88	2009-2012
2001	88	2006-2009
2000	94	2008-2012
1998	93	2006-2010+
1996	94	2004-2008+
1995	90	2003-2007
1994	95	2002-2006

兰汉溪　　　　　　　　　　　　　　　　　　$50-$99
当前年份：2010　　　　　　　　　　　　　　　94
　　一款颇具兰汉溪地域特色的西拉，带有薄荷味，散发着黑莓、黑醋栗和乌梅辛辣的芬芳，融入精致的奶油橡木香，底蕴中透出白胡椒、红酸栗和可乐的灰尘味。口感如天鹅绒般丝滑，带有白垩香，浓烈的橡木味萦绕其间。收口复杂，带有绵延的果味、麝香香气和香料味。这款酒需要的只是时间，很多的时间！

★★

White Label Red Blend 白标红葡萄混酿

2012	93	2024-2032+
2010	88	2018-2022
2009	90	2017-2021
2008	90	2013-2016+
2007	89	2012-2015+
2006	92	2014-2018
2004	90	2012-2016
2003	88	2008-2011+
2002	82	2004-2007
2001	89	2006-2009
2000	90	2005-2008
1999	86	2001-2004
1998	93	2006-2010

兰汉溪　　　　　　　　　　　　　　　　　　$20-$29
当前年份：2012　　　　　　　　　　　　　　　93
　　精致优雅，香气浓郁，夹杂着胡椒味和香料味，新鲜覆盆子、黑醋栗、血丝李的果味，以及甘甜香草 / 雪松橡木香。紫罗兰、薄荷和薄荷脑的香味提升了整体的芳香。口感绵长优雅，这款酒表现得更单调一些，带有质朴成熟的水果风味，底蕴中透出泥土味、淡淡的薄荷味和草本味，味道蔓延至舌下。收口清新，集中雅致。

米达古纳华拉酒庄 Mildara Coonawarra

通信地址： Riddoch Highway, Coonawarra, SA 5263 **·电话：**（08）8737 1300 **·**
传真：（08）8737 3231 **·电子邮箱：** coonawarra.wine.gallery@treasurywineestates.com
产区： 古纳华拉　　**酿酒师：** 安德鲁·海尔斯（Andrew Hales）
葡萄栽培师： 本·哈里斯（Ben Harris）　　**执行总裁：** 迈克尔·克拉克

　　大约在半个世纪以前，米达古纳华拉酒庄的赤霞珠在市场占有率和知名度方面都足以和酝思古纳华拉酒庄的黑标签赤霞珠媲美。在被市场忽视一段时间之后——即便在此期间，酒庄也未放弃过提升这款酒的品质——又重新引起了人们的关注。2010 年的赤霞珠紧实细密，不过 2012 年的赤霞珠却非同寻常的尖锐，而且略微有些厚重。我更欣赏如丝绸般顺滑、更轻盈的 2010 年份的赤霞珠，而我也乐于见到这种品质的回归。

Cabernet Sauvignon 赤霞珠　　　　　　　　　　　　　　　

古纳华拉　　　　　　　　　　$20-$29
当前年份：2012　　　　　　　　　91
　　一款丰满又相当厚实的赤霞珠，带有薄荷味。需要时间成熟。闻起来有辛辣和浓郁的皮革味，大量黑醋栗、乌梅、桑葚近乎汗味的草本香，后味中透出雪松薄荷巧克力味的橡木香。口感略青涩，洋溢着黑莓、李子的浓郁风味，底蕴中带有桉树的味道，单宁干燥，几近爽脆，缺乏惯有的柔润和细腻。建议再窖藏十年。

2012	91	2024-2032+
2010	92	2030-2040
2008	88	2016-2020
2007	90	2015-2019
2006	90	2011-2014
2005	89	2010-2013+
2004	94	2016-2024
2003	92	2011-2015+
2002	92	2010-2014
2000	87	2005-2008
1999	88	2004-2007+
1998	93	2006-2010+

米尔布鲁克酒庄 Millbrook

通信地址： Old Chestnut Lane, Jarrahdale, WA 6124 **·电话：**（08）9525 5796 **·传真：**（08）9525 5672 **·**
网址： www.millbrookwinery.com.au **·电子邮箱：** tastingroom@millbrookwinery.com.au
产区： 珀斯山区、玛föll丽特河　　**酿酒师：** 达米安·赫顿（Damien Hutton）、乔什·尤伦（Josh Uren）
葡萄栽培师： 约翰·福格蒂（John Fogarty）　　**执行总裁：** 彼得·福格蒂（Peter Fogarty）

　　珀斯山区一座野心勃勃的葡萄酒庄。庄主彼得·福格蒂（Peter Fogarty）同时拥有猎人谷的福林湖庄园，他的公司如今已成为西澳最大的葡萄酒酿造商之一。米尔布鲁克酒庄主要出品采用维欧尼酿造的葡萄酒，甚至采用三种不同等级的维欧尼来酿酒。我最喜欢的是更清新、橡木香较弱、更芳香的"标准"维欧尼，我觉着这种风格适合酒庄的葡萄品种。

Estate Shiraz Viognier 庄园西拉维欧尼混酿　　　　　　　　　

珀斯山区　　　　　　　　　　$30-$49
当前年份：2010　　　　　　　　90
　　黑莓和乌梅清新明快的香气，紫罗兰和胡椒带有石南和灰尘味的香味提升了整体的味道，余味中透出香料味、肉味和雪松 / 香草橡木味。口感顺滑柔润，洋溢着黑莓、蓝莓和红莓的多汁风味，以及雪松橡木味，长度怡人，单宁细腻干燥，带有白垩香。收口极其紧实，非常美味，带有肉味、泥土味。

2010	90	2018-2022+
2008	86	2016-2018
2007	90	2019-2027
2006	89	2008-2011+
2005	87	2007-2010+
2004	89	2009-2012+
2003	83	2008-2011

Estate Viognier 庄园维欧尼干白葡萄酒　　　　　　　　　　　　　★

珀斯山区　　　　　　　　　　$30-$49
当前年份：2010　　　　　　　　88
　　极其油腻，如糖浆般黏稠。散发着金银花和烘烤浆果带有烟熏味和香料味的香气，柑橘花、丁香和肉桂的味道提升了香气，后味中透出奶油味和沉淀酵母味。口感稠密，圆润丰满，洋溢着多汁的柑橘风味，夹杂着蜡味，临收口时有浓烈的酒精味和辣味。

2010	88	2012-2015
2009	86	2010-2011
2008	88	2009-2010+
2007	87	2008-2009
2005	94	2007-2010

Sauvignon Blanc 长相思

2013	91	2014-2015+
2012	92	2012-2013+
2011	92	2012-2013+
2010	91	2011-2012+
2009	89	2010-2011
2007	90	2008-2009+
2006	88	2007-2008
2005	89	2006-2007+
2004	77	2004-2004
2003	72	2002-2003
2002	75	2002-2003

玛格丽特
当前年份：2013

$20-$29
91

一款精心酿制的葡萄酒，明快质朴，散发着西番莲、荔枝和醋栗的松软香气，后味中透出淡淡的青草香。口感绵长清新，主调为果味，充盈口中，悠长清新，收口带有极其均衡的酸味，适合尽早开瓶饮用。

Viognier 维欧尼

2013	92	2015-2018
2011	82	2012-2013
2009	82	2011-2014+
2008	88	2009-2010+
2007	87	2008-2009
2006	86	2008-2010+
2005	89	2007-2010
2004	84	2005-2006
2003	85	2004-2005
2002	82	2003-2004

珀斯山区
当前年份：2013

$20-$29
92

一款精心酿制的维欧尼，芳香，带有香料味。散发着柑橘、金银花和核果带有麝香和类似肉桂味道的香气。酒体中等偏饱满，避免了这种葡萄的甜腻及油腻。绵长清新，果味长度怡人，底蕴中透出温和、带有矿物味的质地，融入温和的酸味之中。适合中短期窖藏，风味会更佳。

米切尔酒庄 Mitchell

通信地址： Hughes Park Road, Sevenhill via Clare, SA 5453 · **电话：**（08）8843 4258 ·
传真：（08）8843 4340 · **网址：** www.mitchellwines.com · **电子邮箱：** amitchell@mitchellwines.com
产区： 克莱尔谷　**酿酒师：** 安德鲁·米切尔（Andrew Mitchell）、西蒙·普林格尔（Simon Pringle）
葡萄栽培师： 安吉斯·米切尔（Angus Mitchell）　**执行总裁：** 安德鲁·米切尔（Andrew Mitchell）

位于克莱尔谷的一座小型酒庄，是酿造地区白葡萄酒——雷司令和赛美蓉的领军者之一。酒庄出品的红酒包括胡椒树园西拉干红葡萄酒——2010 年份的这款酒是 1984 年推出首个年份以来品质最佳的，以及稍微不那么引人注目的 GSM 混酿，这里的"S"指的是桑娇维赛（Sangiovese），而不是西拉（Shiraz）。这款酒风味十足，香料味极重，非常收敛。七山园赤霞珠则呈现出了自然的平衡度和良好的结构，延长了葡萄酒本身的寿命。自然，谈到米切尔酒庄也必须谈到他们出品的高品质雷司令，是克莱尔谷地区价格最合理的优质葡萄酒之一。

GSM Grenache Sangiovese Mourvèdre
歌海娜桑娇维赛慕合怀特混酿

2010	93	2018-2022+
2009	92	2021-2029
2008	92	2016-2020+
2007	90	2012-2015+
2006	89	2011-2014+
2005	93	2010-2013+
2004	87	2009-2012
2003	90	2008-2011+
2002	90	2007-2010
2001	86	2003-2006
2000	87	2002-2005
1999	86	2001-2004

克莱尔谷
当前年份：2010

$20-$29
93

一款明快、细腻流畅的混酿，香味浓郁。带有狂野的刺莓果味，从中透出黑莓、李子和紫罗兰的香气，热烈、略带肉味，夹杂着黑胡椒、烟熏肉和泥土的味道。口感顺滑匀称，带有石南味的蓝莓、黑莓和红莓风味怡人，单宁细腻爽脆，在收口之前，辣味和肉味会逐渐变重。味道融入清新的酸味之中，留下经久不散的甘草香。

McNicol Riesling 麦克尼雷司令干白葡萄酒

2008	90	2016-2020
2007	94	2019-20 27
2006	93	2014-2018+
2005	95	2017-2025+
2003	89	2015-2023

克莱尔谷
当前年份：2008

$30-$49
90

现在显示出了些许陈年后的复杂度。色泽通透，散发着酸橙和柠檬汁如水晶般剔透的香味，浓郁、带有花香和些许烘烤味，<u>丝丝湿润板岩</u>、奶油和黄油的醇香飘散其间。口感绵长，丰满顺滑，夹杂着奶油味，略黏稠，香味富有节奏。收口紧致明快，带有柠檬酸味。

McNicol Shiraz 麦克尼西拉干红葡萄酒 ★★★★

克莱尔谷　　　　　　　　　　　　$30-$49
当前年份：2005　　　　　　　　　　　　92

　　一款寿命较长的西拉，顺滑匀称，开始逐渐显露出自己的品质。闻起来带有薄荷味、辛辣味和类似紫罗兰的味道，夹杂着黑醋栗、红醋栗和乌梅的果香，以及矿物味，底味中透出巧克力橡木的清香。口感紧实，酒体饱满偏中等，夹杂着泥土味，果味馥郁，雪松橡木香浓烈，单宁紧实，收口有新鲜味，平衡度佳。

2005	92	2025-2035
2004	93	2016-2024+
2003	95	2015-2023
2002	94	2014-2022+
2001	88	2009-2013
2000	94	2012-2020
1999	93	2007-2011+
1998	93	2010-2018+
1997	90	2005-2009+

Peppertree Vineyard Shiraz 胡椒树园西拉葡萄酒 ★★★

克莱尔谷　　　　　　　　　　　　$20-$29
当前年份：2010　　　　　　　　　　　　95

　　一款品质超群的西拉，优雅有力，充分展现了产区特色。带有麝香香气，夹杂着黑莓、黑醋栗和乌梅的果香，以及巧克力橡木气息，黑胡椒和小山羊皮革的味道。口感浓郁，带有肉味和薄荷味，浸润着深色水果的馥郁果味，与橡木香相互交织，后味中透出干燥、带有矿物味的单宁。

2010	95	2022-2030+
2009	89	2017-2021
2008	93	2020-2028+
2007	91	2015-2019
2006	92	2014-2018
2005	87	2010-2013
2004	93	2012-2016+
2003	90	2011-2015
2002	87	2007-2010+
2001	85	2003-2006
2000	81	2005-2008

Semillon 赛美蓉 ★★

克莱尔谷　　　　　　　　　　　　$12-$19
当前年份：2009　　　　　　　　　　　　88

　　适合早期饮用，早熟，带有浓郁的橡木味和香料味。缺乏窖藏的寿命和成分。散发着多汁成熟甜瓜、柑橘略带草味和烟熏味的香气，底味中透出坚果味、奶油味和肉味，与口香糖/香草味橡木的清香相互交织。口感圆润丰满，宽阔充盈，但味道更像是固定在舌头上不动的，流动性较差。

2009	88	2011-2014
2007	88	2012-2015
2006	95	2011-2014+
2005	88	2010-2013
2004	93	2009-2012+
2002	90	2004-2007+
2001	89	2003-2006
2000	88	2002-2005
1999	89	2001-2004+
1998	88	2000-2003
1997	89	2002-2005
1996	90	2001-2004

Sevenhill Vineyard Cabernet Sauvignon
七山园赤霞珠干红葡萄酒 ★★★

克莱尔谷　　　　　　　　　　　　$30-$49
当前年份：2009　　　　　　　　　　　　91

　　一款还未成熟的年轻赤霞珠，顺滑稳定，平衡度佳。带有泥土味、肉味和些许花香，夹杂着李子和红酸栗类水果的果香，底味中透出灰尘味、草本味和一丝可乐味。寿命较长，工艺细致。入口后洋溢着红莓、醋栗、李子和新鲜雪松味橡木的绵延香味，单宁细腻干燥、带有粉末质感。收口略带草本味，薄荷果味经久不散。

2009	91	2021-2029+
2008	93	2028-2038
2007	83	2012-2015
2006	92	2018-2026
2005	93	2013-2017+
2004	91	2016-2024
2003	91	2011-2015
2002	89	2010-2014
2001	93	2013-2021+
2000	87	2008-2012
1999	94	2011-2019

Watervale Riesling 沃特维尔雷司令 ★★★★

克莱尔谷　　　　　　　　　　　　$20-$29
当前年份：2013　　　　　　　　　　　　93

　　一款干型雷司令，细腻美味，清新集中。带有酸橙味和白芷香，夹杂着白花、梨、苹果和白桃的精雅香气，透出板岩气息。入口极其甘美多汁，绵长美味，带有矿物味，浸润着苹果、梨子和酸橙汁的明快香味，收口带有霉味，质地和黏稠度均衡，柠檬酸味经久不散。

2013	93	2025-2033
2012	90	2017-2020+
2011	96	2023-2031
2010	94	2018-2022+
2009	92	2017-2021
2008	95	2020-2028+
2007	93	2012-2015+
2006	90	2008-2011+
2005	95	2013-2017+
2004	95	2012-2016+
2003	92	2011-2015
2002	86	2004-2007+

米其顿酒庄 Mitchelton

通信地址: 470 Mitchellstown Road, Nagambie, Vic 3608 · 电话: (03) 5736 2221 ·
传真: (03) 5736 2266 · 网址: www.mitchelton.com.au · 电子邮箱: cds@mitchelton.com.au
产区: 高宝谷 (Goulbum Valley)　酿酒师: 特拉维·克莱兹代尔 (Travis Clydesdale)
葡萄栽培员: 约翰·贝雷斯福德 (John Beresford)　执行总裁: 安德鲁·瑞安 (Andrew Ryan)

　　米其顿酒庄已经在新主人的管理下站住了脚。酒庄当前推出的白葡萄酒年轻而新鲜，展现出的新鲜明快令人欣赏；而红酒则表现出更多的地域特色，平衡雅致。酒庄的特色酒品玛珊在清新度和芳香方面有了极大的提升，2004 年的博物馆发行玛珊复杂度高，平衡度佳。

★
Airstrip Marsanne Roussanne Viognier Blend
跑道玛珊 - 瑚珊 - 维欧尼混酿

2012	88	2014-2017+
2010	89	2012-2015
2009	87	2010-2011
2005	87	2006-2007
2004	88	2006-2009
2003	89	2005-2008
2002	93	2004-2007
2001	89	2003-2006
2000	89	2002-2005+
1999	90	2001-2005+
1998	85	2000-2003
1994	92	1999-2002+

纳甘比湖　　　　　　　　　　　　　　　　$20-$29
当前年份: 2012　　　　　　　　　　　　　　88
　　这款白葡萄酒似乎还需要一点时间才能完全成熟。口感内敛美味，散发着核果和金银花略带辛辣的花香，底调中透露出奶油坚果的醇香和酵母的气息。顺滑而温和，浸润着桃子和柑橘的收敛果味，结构紧实，收口呈现绵长的余韵和跃动的酸度，些许蜡味在口中持久流连。

★★
Blackwood Park Riesling 布莱克园雷司令干白葡萄酒

2012	90	2017-2020+
2010	89	2012-2015+
2009	90	2014-2017+
2008	92	2016-2020
2007	86	2009-2012
2006	87	2008-2011+
2005	89	2010-2013+
2004	93	2009-2012+
2003	90	2008-2011
2002	90	2007-2010+

纳甘比湖　　　　　　　　　　　　　　　　$12-$19
当前年份: 2012　　　　　　　　　　　　　　90
　　雅致清新，精致平衡，带有辣味，夹杂着苹果和梨子的果香以及黄花的清香，从中透出多尘的金银花香味。口感成熟多汁，浸润着明快清澈的酸橙汁、白桃和苹果的香味，融入温和的柠檬酸味之中。

★★
Crescent Grenache Mourvèdre Shiraz Blend
新月歌海娜慕合怀特西拉混酿

2012	91	2020-2024+
2010	91	2015-2018+
2009	91	2014-2017
2006	90	2011-2014
2004	90	2009-2012
2003	86	2008-2011
2002	87	2010-2014
2001	91	2006-2009
2000	93	2005-2008
1999	89	2004-2007+
1998	89	2003-2006+
1997	84	1999-2002

纳甘比湖　　　　　　　　　　　　　　　　$20-$29
当前年份: 2012　　　　　　　　　　　　　　91
　　一款寿命较长的优雅之酒，易于入口，平衡度佳。带有白胡椒味，乌梅、黑莓和石南融合而成的香料味的花香，透出肉桂味和带有泥土气息的矿物味。酒体中等偏饱满，单宁细腻松织，馥郁果味萦绕口间，收口带新鲜酸味和持久不散的风味。

★★
Marsanne 玛珊

2012	93	2020-2024+
2009	89	2010-2011+
1999	90	2004-2007
1998	89	2000-2003
1997	83	1998-1999
1996	87	1998-2001

纳甘比湖　　　　　　　　　　　　　　　　$20-$29
当前年份: 2012　　　　　　　　　　　　　　93
　　一款非常纯正优雅的玛珊，富有格调。相较之前的一个年份，其在风格和品质方面均有很大的提高。先闻到的是果味，再是橡木味。散发着柑橘、甜瓜和带有麝香香气水果的果味，夹杂着香料味和淡淡的花香，底蕴中透出烟熏味、奶油味和矿物味。口感顺滑细腻，果味馥郁，质地细腻，带坚果味的香草橡木香浓烈，收口清新，有精致平衡的酸味。

★★
Museum Release Marsanne 博物馆发行玛珊干白葡萄酒

2004	92	2012-2016+
2002	88	2010-2014
2000	90	2005-2008+
1999	86	2004-2007
1998	89	2003-2006
1997	89	1999-2002+
1996	90	2000-2003
1995	88	1997-2000+
1994	82	1995-1996
1993	95	1998-2001
1992	94	2000-2004

纳甘比湖　　　　　　　　　　　　　　　　$20-$29
当前年份: 2004　　　　　　　　　　　　　　92
　　成熟干型白葡萄酒，顺滑明快，散发着甜瓜、柑橘和矿物味融合而成的烟熏味和蜡味，透出奶油味，味道发展变化极快。入口饱满充盈，烘烤味和收敛橡木香长度怡人，主调依然为玛珊的果味，收口带有柔和酸味。

Print Shiraz 印刷西拉干红葡萄酒 ★★★

纳甘比湖 $50-$99
当前年份：2010 92

　　质地细密，富有矿物味，适合长期窖藏。带有香料味和胡椒味，但是依然封闭内向，散发着黑莓和李子馥郁浓重的果香，与新鲜的雪松橡木香气完美融合。在紧实圆润的单宁支撑下，浸润着饱满的果味，可惜果味没有完全释放出来，底调复杂，夹杂着矿物和胡椒的味道。寿命较长，紧实美味，在接下来的 15 年内，将会变得愈发美妙悠然。

2010	92	2022-2030+
2006	92	2018-2026
2005	85	2007-2010+
2004	93	2012-2016
2003	83	2008-2011
2002	95	2010-2014+
2001	93	2009-2013+
2000	90	2005-2008+
1999	92	2007-2011
1998	93	2010-2018
1997	91	2005-2009
1996	89	2001-2004
1995	92	2003-2007
1994	92	2006-2012

Shiraz 西拉 ★★

纳甘比湖 $20-$29
当前年份：2012 91

　　口感雅致紧实，平衡度佳。丝丝矿物味萦绕，略带胡椒风味，散发着黑莓、复合水果和乌梅的浓厚果香，与巧克力／摩卡／雪松橡木气息完美交织。口感绵长，透露出薄荷的清新，在细腻单宁的支撑下，浸润着黑醋栗和黑莓的果味，收口清新平衡。

2012	91	2024-2032
2011	92	2019-2023+
2010	88	2018-2022
2009	88	2014-2017+
2008	91	2013-2016+
2007	83	2012-2015
2006	90	2011-2014
2005	82	2007-2010
2003	92	2005-2008+
2002	93	2007-2010+
2001	90	2006-2009+

米多罗酒庄 Mitolo

通信地址： Comer Johns and Angle Vale Roads, Virginia, SA 5120・**电话：**（08）8282 9012・
传真：（08）8282 9062・**网址：** www.mitolowines.com.au・**电子邮箱：** enquiries@mitolowines.com.au
产区： 麦克拉伦谷　**酿酒师：** 本・格雷策
葡萄栽培师： 保罗・卡罗茨（Paul Carosi）　**执行总裁：** 弗兰克・米多罗（Frank Mitolo）

　　1999 年由弗兰克・米多罗创立，合作伙伴为巴罗莎谷著名的酿酒师本・格雷策。在相当短的一段时间内，这个品牌的红酒以其多汁的成熟度、浓烈的橡木味和极佳的复杂度得到了国际社会的赞誉和好评。米多罗葡萄酒充分地展现出了底气十足的考究而丰满的风格，尤其是其出品的赤霞珠，风格更是不可思议的大胆！即便如此，我还是喜欢富有特色的杰斯特赤霞珠干红葡萄酒，新近年份的酒品平衡度更佳。2011 年，酒庄没有推出任何一款主打品牌红酒。

GAM Shiraz SAM 西拉干红葡萄酒 ★★★

麦克拉伦谷 $50-$99
当前年份：2010 92

　　这款早熟的 GAM 西拉丰盈饱满，呈现出强劲的酒力和细腻的质感。顺滑柔润，带有肉香和泥土醇香，散发着乌梅、黑醋栗和黑莓的馥郁芬芳，底蕴中透露出奶油、烟熏、巧克力和摩卡橡木的香气，烧烤锅底碎屑的风味飘散其间。口感丰满，如天鹅绒般顺滑，温暖、带有酒精味，果味馥郁，洋溢着黑莓、烤肉、丁香和肉桂的风味。在收口之前，肉味和辣味逐渐变重。

2010	92	2015-2018
2009	93	2017-2021+
2008	90	2016-2020
2007	89	2012-2015
2006	89	2008-2011+
2005	90	2010-2013+
2004	89	2009-2012+
2003	87	2005-2008
2002	89	2004-2007+
2001	88	2006-2009+

Jester Cabernet Sauvignon 杰斯特赤霞珠干红葡萄酒 ★★

麦克拉伦谷 $20-$29
当前年份：2012 90

　　这款赤霞珠的橡木风味或许有些生涩、过于明显，但是易于入口，口感柔滑如同天鹅绒般丝滑，展现出令人愉悦的果味和平衡度。略有烘烤和果酱气息，散发着黑醋栗、乌梅和黑莓略带葡萄干香气的芬芳，融入雪松橡木的香气，成熟多汁，包裹着一层顺滑但是紧实的单宁，呈现出活跃的酸度。

2012	90	2014-2017+
2010	90	2012-2015+
2009	88	2011-2014+
2008	89	2010-2013+
2007	87	2012-2015
2006	87	2008-2011

★

Jester Shiraz 杰斯特西拉干红葡萄酒

2012	88	2014-2017
2011	91	2013-2016+
2010	89	2012-2015
2009	87	2011-2014+
2008	89	2013-2016
2007	89	2009-2012
2006	88	2007-2008+
2005	88	2006-2007+
2002	88	2004-2007
2001	87	2003-2006

麦克拉伦谷 $20-$29

当前年份：2012 88

带有果酱味和些许薄荷味，散发着黑莓果酱明快、类似蜜饯的香气，后味中透出焦糖和葡萄干的芳香。口感顺滑，果味馥郁，浸润着黑醋栗、黑莓、乌梅和覆盆子的浓郁风味，在细致清脆的单宁支撑下，余韵绵长，收口带有柔和的酸味。

★★

Reiver Shiraz 雷文西拉干红葡萄酒

2010	89	2018-2022+
2009	87	2014-2017
2008	93	2020-2026
2007	91	2012-2015+
2006	91	2011-2014
2005	90	2007-2010+
2004	89	2009-2012
2003	92	2008-2011+
2002	92	2007-2010
2001	90	2006-2009

麦克拉伦谷 $50-$99

当前年份：2010 89

丰盈优雅，成熟度高。随着醒酒时间的增加，慢慢绽放自己的香味。散发着西梅干和醋栗略带烘焙气息的浓郁香气，夹杂着肉味、类似摩卡的香味和巧克力橡木的香气。口感顺滑，带有白垩味，浸润着黑莓、乌梅和蓝莓的风味，精心融入明显的巧克力、摩卡、雪松橡木味，收口颇有棱角，富有金属质感。

★★★

Savitar Shiraz 萨维塔西拉

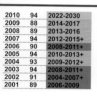

2010	94	2022-2030
2009	88	2014-2017
2008	89	2013-2016
2007	94	2012-2015+
2006	90	2008-2011+
2005	94	2010-2013+
2004	93	2009-2012+
2003	94	2008-2011+
2002	91	2004-2007+
2001	89	2006-2009

麦克拉伦谷 $50-$99

当前年份：2010 94

尽管酒精度高，但依然顺滑细腻，极其绵长雅致。散发着黑莓、蓝莓和乌梅馥郁的果香，融入崭新橡木的香料味和肉味，底蕴中透出薄荷脑的清凉和摩卡的醇香，一丝松针的香气若有似无地飘散其间。口感温和柔润，在悠长、丝滑的精致单宁支撑下，收口带有明快的果香和酸味。

★

Serpico Cabernet Sauvigno 塞尔皮科赤霞珠干红葡萄酒

2010	88	2018-2022
2008	82	2013-2016
2007	90	2009-2012+
2005	87	2010-2013+
2004	77	2006-2009
2003	82	2004-2005
2002	84	2007-2010

麦克拉伦谷 $50-$99

当前年份：2010 88

略带草本植物的清香，酒精味浓烈温暖。同时还富有一些其他的魅力，我说不上来，得等喝完了才知道。充满尘土的气息，芳香四溢，散发着黑醋栗、紫罗兰和覆盆子的果香，融合一丝豌豆的香气。初入口时有过于成熟和波特酒的味道，底蕴中透出顺滑的干浸出物，单宁优雅干燥。堪称特别的收获季中的特别之酒！

蒙塔山酒庄 Montara

通信地址：76 Chalambar Road, Ararat, Vic 3377 · **电话**：（03）5352 3868 · **传真**：（03）5352 4968 ·
网址：www.montara.com.au · **电子邮箱**：info@montara.com.au
产区：格兰屏 **酿酒师**：雷伊 · 克莱内特（Leigh Clarnette）
葡萄栽培师：雷伊 · 克莱内特 **执行总裁**：詹姆斯 · 斯泰普尔顿（James Stapleton）

由迈克 · 麦克雷（Mike McRae）创立，2006 年起由斯泰普尔顿家族所有。今天的蒙塔山酒庄位于产区南部，拥有成熟葡萄园，擅长酿造红酒，尤其是西拉和黑皮诺。酒庄的雷司令品质在经验丰富的酿酒师雷伊 · 克莱内特的引领下已经有了极大的提升。2011 年，其出品的红酒也遭遇了其他许多葡萄酒经历的挫折。这是一家值得关注的小型酒庄。

格兰屏　　　　　　　　　　　　　　　$20-$29
当前年份：2013　　　　　　　　　　　　90

略带还原味和霉味。散发着梨子、苹果和酸橙汁略带矿物味的精雅香气，底味中透出核果的味道。质地细腻，浸润着梨子、苹果和桃子的馥郁果味，绵长温和，略带烟熏味和肉味，收口带有盐水味和辣味，略甜。

2013	90	2015-2018+
2012	90	2017-2020+
2011	91	2019-2023+
2010	89	2015-2018
2009	92	2017-2021+
2006	88	2011-2014
2004	80	2004-2005

Shiraz 西拉 ★★

格兰屏　　　　　　　　　　　　　　　$20-$29
当前年份：2011　　　　　　　　　　　　83

尖锐，适合短期饮用，散发着乌梅、黑莓和覆盆子带有烟熏味、石南味的香气，强劲有力，融入一缕肉香，在矿物质和薄荷脑的清凉底调下，与摩卡咖啡、铅笔橡木的气息紧密缭绕。初入口圆润而集中，凸显甜美的巧克力／摩卡橡木美味，味道蔓延至舌下时愈发单调、青涩、尖锐，收口多汁，带有金属质感。缺乏真正的果味长度。

2011	83	2013-2016
2010	92	2015-2018+
2009	91	2017-2021+
2008	90	2020-2028
1998	82	2000-2003
1997	86	1999-2002
1996	87	2001-2004
1995	89	2000-2003
1994	91	2002-2006
1993	94	2005-2013
1992	90	2000-2004
1990	90	1992-1995
1989	88	1991-1994
1988	92	2000-2008

穆恩达拉酒庄 Moondarra

通信地址： Browns Road, Moondarra via Erica, Vic 3285・**电话：**（03）9598 3049・
传真：（03）9598 0766・**网址：** www.moondarra.com.au・**电子邮箱：** moondar@bigpond.net.au
产区：吉普斯兰（Gippsland）　**酿酒师：**桑德罗・莫塞勒（Sandro Mosele）、内尔・普伦蒂斯（Neil Prentice）
葡萄栽培师：内尔・普伦蒂斯　**执行总裁：**内尔・普伦蒂斯

穆恩达拉是一座专门生产吉普斯兰黑皮诺葡萄酒的小型酒庄，这些葡萄酒均是在莫宁顿半岛的酷雍酿制的。这两个葡萄园种植的葡萄不一样，酿造出来的酒品风格也不同。2010的概念黑皮诺精致优雅，2012年新推出的桑巴塞德黑皮诺口感辛辣，带有泥土味和烟熏味，长度、平衡度和辣味与前者类似。

Conception Pinot Noir 概念黑皮诺干红葡萄酒 ★★★

吉普斯兰　　　　　　　　　　　　　　$50-$99
当前年份：2010　　　　　　　　　　　　94

尖锐，带有灰尘味和辣味。夹杂着红花、黑樱桃酒、红樱桃和李子略带葡萄梗和草本味的香气，与雪松／香草橡木香巧妙地结合在一起，底蕴中透露出一缕干草和白胡椒的馨香。口感顺滑，高雅绵长，浓香深邃，带有丝丝诱人的肉香，狂野且时髦的气息提升了整款酒的复杂度，精致呈粉末状的结构支撑酒体，假以时日，必然会发展为更加完美的佳酿。

2010	94	2018-2022+
2005	89	2010-2013
2003	93	2008-2011+
2001	90	2006-2009
2000	90	2005-2008
1999	88	2004-2007

Samba Side Pinot Noir 桑巴塞德黑皮诺干红葡萄酒 ★★★★

吉普斯兰　　　　　　　　　　　　　　$50-$99
当前年份：2012　　　　　　　　　　　　95

带有泥土味，果味纯正，后味中透出复杂的还原味。散发着红莓、李子和玫瑰花瓣带有烟熏味和麝香味的香气。口感优雅柔润，绵长通透，洋溢着温和雅致的果味，底调复杂，带有肉味和些许草本味。单宁细腻、带有灰尘味，收口夹杂着辣味和令人垂涎的酸味。

2012	95	2020-2024+
2010	96	2022-2030
2009	87	2011-2014
2005	95	2010-2013+
2001	89	2003-2006+
2000	95	2005-2008

莫里拉酒庄 Moorilla

通信地址： 655 Main Road, Berriedale, Tas 7011 · **电话：** （03）6277 9900 · **传真：** （03）6275 0588 ·
网址： www.moorilla.com.au · **电子邮箱：** wine@moorilla.com.au
产区： 德文谷、塔玛谷　　**酿酒师：** 柯纳·范·德瑞斯特（Conor Van Der Reest）
葡萄栽培师： 马克·邓努顿（Mark Denouden）、彼得·穆勒（Peter Muller）
执行总裁： 马克·威尔斯顿（Mark Wilsdon）

　　莫里拉酒庄曾是塔斯马尼亚葡萄酒的先驱之一。作为宏大的新旧艺术博物馆（MONA）文化计划的一部分，酒庄增加了顶级的布罗斯系列，用于纪念创立者克劳迪·艾歌素（Claudio Alcorso）创建的第一个品牌。其中，我最欣赏紧实、活泼美味的 2004 年份的迷搞起泡酒（96/100，适饮期：2016—2024），但是这款酒尚未达到他们原本的预期。不过莫里拉葡萄酒品质的提升是有目共睹的：2010 年的缪斯系列西拉具有罗讷河谷的特色，同年的梅洛赤霞珠亦十分优雅，均是超群之作。缪斯系列灰皮诺、赤霞珠和雷司令都拥有极佳的复杂度，美味可口，而霞多丽和黑皮诺依然风格大胆，带有还原味。酒庄的所有者大卫·瓦什要求酿酒师柯纳·范·德瑞斯特酿造出和新旧艺术博物馆整体概念相关的葡萄酒——要能够调动人的所有感觉，有时候甚至让人意想不到。他酿造的葡萄酒或许真的让人意想不到，但的确能调动人们的所有感觉。

★

Muse Series Chardonnay 缪斯系列霞多丽干白葡萄酒

2011	90	2013-2016
2010	82	2012-2015
2009	86	2011-2014
2008	94	2010-2013+
2007	91	2009-2012

德文谷　　　　　　　　　　　　$30-$49
当前年份：2011　　　　　　　　　　90
　　一款精心酿制的霞多丽，质感丰富，狂野，带有美味，复杂度极其高。带有草本味，夹杂着葡萄柚的纯粹果香以及奶油、烟熏、香草味橡木香，底蕴中透出矿物味。酒体中等偏饱满，悠长简朴，果香馥郁、香甜，后味中透出碘味，收口美味，带有矿物味，略尖锐厚重。难以评分的一款酒——我喝了三次，给出了三个不同的分数……

Muse Series Merlot Cabernet Blend 缪斯系列梅洛赤霞珠混酿

2010	91	2022-2030
2009	82	2014-2017
2008	81	2010-2013

德文谷　　　　　　　　　　　　$30-$49
当前年份：2010　　　　　　　　　　91
　　别具一格，成熟度高，散发着李子、樱桃带有肉味的果香，带有类似品丽珠的香料味，底蕴中透露出带有灰尘、雪松/香草味的橡木香。绵长优雅，在紧实的单宁支撑下，口感集中，收口带有过熟质感和锐利的金属口感。如果葡萄早点采收的话，结构和平衡度应该都会比现在更好。

★★★

Muse Series Pinot Gris 缪斯系列灰皮诺干白葡萄酒

2012	86	2014-2017
2011	93	2013-2016+
2010	89	2012-2015
2009	94	2014-2017
2008	90	2010-2013
2007	91	2009-2012

塔玛谷　　　　　　　　　　　　$30-$49
当前年份：2012　　　　　　　　　　86
　　典型的现代莫里拉白葡萄酒，酒体黏稠，收口带有辣味和盐水味。散发着带有麝香香气的苹果香，收敛纯正，夹杂着花香，余味中透出花香。口感细腻优雅，长度中等，直接油腻，丰满绵柔，在收口之前，矿物味和尖锐的质感越来越明显。收口略有类似青苹果的酸味。

★

Muse Series Pinot Noir 缪斯系列黑皮诺

2011	87	2013-2016
2010	87	2012-2015
2009	90	2017-2021
2008	89	2010-2013+
2007	90	2012-2015
2006	88	2011-2014

德文谷　　　　　　　　　　　　$30-$49
当前年份：2011　　　　　　　　　　87
　　一款精心酿制的葡萄酒，质朴，散发着黑樱桃和李子带有薄荷味、麝香味和香料味的果香，底蕴中透露出缕缕谷仓院落、干草和羊脂球的醇香。口感顺滑醇美，演化完整，气质时髦，浸润着薄果和黑樱桃的果味，薄荷脑的清凉和肉香增加了这款酒的复杂度，收口狂野奔放而美味。

Muse Series Riesling 缪斯系列雷司令 ★★★

德文谷　　　　　　　　　　　　　　　$20-$29
当前年份：2012　　　　　　　　　　　　87

莫里拉创立 50 周年之际推出的白葡萄酒，果味醇美
馥郁，略有黏度，入口稍有青涩味。散发着李子、苹果
和油桃的果香。口感圆润丰腴，果味浓烈，余韵悠长，
收口带有奶油味，略青涩。

2012	87	2017-2020
2011	93	2023-2031
2010	94	2018-2022+
2009	92	2014-2017
2008	91	2016-2020
2007	82	2009-2012

Muse Series Sauvignon 缪斯系列长相思干白葡萄酒 ★★★

德文谷　　　　　　　　　　　　　　　$20-$29
当前年份：2012　　　　　　　　　　　　93

绵长紧实，富含矿物质清香，带有淡淡花香，散发
着甜瓜、荔枝和柠檬略带花香和肉味的果香，融入泥土、
蜡质和羊毛脂的醇香，底蕴中透出新鲜香草橡木、丁香
和五香的味道，一抹奶酪香气若有似无。这款酒非常复杂，
馥郁悠长，由于橡木桶发酵和沉淀酵母的影响深远，果
味愈发深邃。收口协调平衡，带有一丝清爽的柠檬酸度。

2012	93	2014-2017+
2011	86	2012-2013+
2010	92	2012-2015+
2009	95	2011-2014+
2008	91	2010-2013
2007	89	2009-2012+

Muse Series Syrah 缪斯系列西拉干红葡萄酒 ★

塔玛谷　　　　　　　　　　　　　　　$50-$99
当前年份：2010　　　　　　　　　　　　95

雅致平衡，略带淡淡的胡椒香，散发着红莓、蓝莓
和黑莓的甜美果香，底蕴中透露出缕缕刺激野味的橡木
香气，一抹薄荷脑的清凉和干草的清爽若有似无。口感
柔顺，酒体中等，绵长持久，在精致多尘的单宁支撑下，
融入新鲜橡木的美味，收口呈现明快的酸度。清新而美味，
展现出纯正的罗讷河谷葡萄酒风范。

2010	95	2022-2030
2009	89	2017-2021
2008	86	2010-2013+

莫路德酒庄 Moorooduc Estate

通信地址： 501 Derril Road, Moorooduc, Vic 3933 • **电话：**（03）5971 8506 • **传真：**（03）5971 8550 •
网址： www.moorooducestate.com.au • **电子邮箱：** kate@moorooducestate.com.au
产区： 莫宁顿半岛　**酿酒师：** 理查德·麦金太尔（Richard McIntyre）
葡萄栽培师： 休·罗宾逊（Hugh Robinson）
执行总裁： 理查德·麦金太尔（Richard McIntyre）、吉尔·麦金太尔（Jill McIntyre）

莫宁顿半岛最初的葡萄酒庄之一。如今酿造的是优雅馥郁芳香、如丝绸般顺滑的葡萄酒，从黑皮
诺到霞多丽，款款都具有令人印象深刻的优异品质。2011 年的白葡萄酒表现出色，2012 年的所有酒
品均表现出色，相比 2010 年的葡萄酒，品质有了极大的提升。酒庄的顶级系列葡萄酒来自不同的葡
萄园，如莫路德葡萄园和罗宾逊葡萄园。主要酒品霞多丽和黑皮诺的酿造葡萄来自两到三个葡萄园，
其中也包括位于德瑞尔路的主要葡萄园。

Chardonnay（Formerly McIntyre Vineyard）
霞多丽（原名麦金太尔园霞多丽） ★★★

莫宁顿半岛　　　　　　　　　　　　　$30-$49
当前年份：2012　　　　　　　　　　　　91

口感清新，融入了淡淡的奶油醇香，散发着桃子和
油桃的芬芳果味，夹杂着丝丝香草、腰果橡木气息。酒
体饱满，口感顺滑，浸润着核果的馨香，质地细腻。假
以时日会更加香醇。

2012	91	2017-2017+
2011	91	2016-2019
2010	93	2012-2015+
2009	93	2011-2014+
2008	92	2010-2013+
2007	86	2009-2012
2006	86	2008-2011
2005	91	2007-2010
2004	84	2006-2009
2003	89	2005-2008
2002	83	2003-2004

★★

Pinot Noir（Formerly McIntyre Vineyard）
黑皮诺（原名麦金太尔园黑皮诺）

2012	91	2017-2020+
2011	89	2013-2016
2010	91	2015-2018+
2008	93	2013-2016+
2007	87	2009-2012
2006	82	2008-2011
2005	88	2007-2010
2004	89	2006-2009+
2003	91	2005-2008+
2002	91	2004-2007+

莫宁顿半岛 $30-$49
当前年份：2012   91
　　顺滑柔润，略带辛辣味，散发着玫瑰花瓣、樱桃的清甜芬芳，融入干草的清新，底味中带有橡木香。入口略带烟熏味和肉香味，浆果、樱桃果味馥郁，单宁紧实干燥，平衡度佳，收结口感纯正。

★★★   The Moorooduc McIntyre Chardonnay 莫路德霞多丽干白葡萄酒

2012	93	2017-2020+
2011	91	2013-2016+
2010	94	2015-2018
2009	89	2011-2014+
2008	93	2013-2016
2007	93	2009-2012+
2006	89	2008-2011
2005	92	2007-2010+
2004	92	2006-2009+

莫宁顿半岛 $50-$99
当前年份：2012   93
　　甘美，富有质感，略带肉香味和烟熏味，散发着甜瓜、桃子和葡萄柚的清甜，夹杂着橡木香的芬芳。口感顺滑，余韵悠长，浸润着坚果口味，橡木香浓烈，收口带有明快酸味，集中平衡。

★★★   The Moorooduc Pinot Noir 莫路德黑皮诺干红葡萄酒

2012	94	2020-2024
2010	94	2018-2022+
2009	86	2011-2014
2008	82	2010-2013
2007	88	2009-2012
2006	89	2008-2011
2004	87	2006-2009
2003	87	2005-2008
2001	87	2003-2006
2000	81	2002-2005

莫宁顿半岛 $50-$99
当前年份：2012   94
　　顺滑雅致，平衡度佳，酒体成熟，带有浓烈的橡木气息。散发着玫瑰花瓣、黑樱桃和李子的清香，略带矿物味，底蕴透露出可乐味。口感顺滑，多汁风味绵长浓郁，与带有灰尘味的单宁和清新的酸味紧密交织，收口持久，富有魅力。

莫皮缇酒庄 Moppity Vineyards

通信地址： Moppity Road, Young NSW 2594・**电话：**（02）6382 6222・**传真：**（02）6382 6222・
网址： www.moppity.com.au・**邮箱：** info@moppity.com.au
产区： 希托普斯   **酿酒师：** 杰森・布朗（Jason Brown）、艾丽西娅・布朗（Alecia Brown）
执行总裁： 杰森・布朗、艾丽西娅・布朗

　　杰森・布朗和艾丽西娅・布朗在希托普斯的高海拔地区开辟了 70 公顷的葡萄园，并迅速种植了西拉。2009 年份的莫皮缇珍藏西拉干红葡萄酒香味馥郁，风味浓烈，美味优雅。这表明了一个事实：这款酒的风格和标准值得长期延续。

★★★   Reserve Shiraz 珍藏西拉干红葡萄酒

2009	96	2021-2029
2008	91	2013-2016
2006	88	2011-2014

希托普斯 $50-$99
当前年份：2009   96
　　采用生长于凉爽气候的葡萄酿造，细腻均匀，风味层次丰富，香气馥郁，散发着黑莓的芬芳，夹杂着矿物味和香草橡木的清新，略带黑胡椒的辛辣，底味带有大黄和可乐气息。流畅可口，细密优雅，绵长辛辣，浸润着浆果、李子的果味，丰富匀称，带有复杂的肉味，单宁细腻。收口带有矿物味，平衡度佳。

莫里斯酒庄 Morris

通信地址： Mia Mia Road, Rutherglen, Vic 3685・**电话：**（02）6026 7303・**传真：**（02）6026 7445・
网址： www.morriswines.com.au・**电子邮箱：** morriswines@orlandowines.com
产区： 卢森格林   **酿酒师：** 大卫・莫里斯（David Morris）
葡萄栽培师： 大卫・莫里斯   **执行总裁：** 布雷特・麦金农（Brett McKinnon）

　　莫里斯酒庄中具有重要历史意义的西拉、杜瑞夫和蓝色帝国（也称神索）这三款红酒都质朴、带有泥土味和肉味，深度稳步增加，结构也越来越良好。香味浓郁、狂野、带有动物味的杜瑞夫是酒庄的特色。酒庄的所有者保乐力加公司正在对该酒庄的葡萄园进行再投资，致力于开发出标志性的餐酒和加度葡萄酒系列，其中包括 2007 年首次推出的非凡 CHM 杜瑞夫系列（95/100，适饮期：2027-2037）。

Basket Press Cabernet Sauvignon 筐式压榨赤霞珠干红葡萄酒　★ ★

卢森格林　　　　　　　　　$12-$19
当前年份：2012　　　　　　　　88

　　一款丰满、适合窖藏的葡萄酒，散发着乌梅和李子的浓香果味，融入泥土的香醇，夹杂着丝丝肉香气，底味有碘味。口感紧实，带有砾石质感，酒体油腻，洋溢着具有泥土味和柏油味的果香，更具产区特色而非葡萄本身的特色，收口带有烘烤水果、薄荷和薄荷脑的香味，绵延不断。适合长时间窖藏。

2012	88	2024-2032
2010	89	2022-2030
2009	90	2017-2021+
2008	84	2013-2016
2007	91	2019-2027+
2005	89	2013-2017+
2002	89	2010-2014+
2001	89	2009-2013+
2000	86	2008-2012
1999	89	2007-2011+
1998	89	2006-2010
1997	82	1999-2002+
1996	88	2004-2008+

Cinsaut（Formerly Blue Imperial）神索（原名蓝色帝国）　★ ★

卢森格林　　　　　　　　　$12-$19
当前年份：2011　　　　　　　　81

　　口感强烈，略带金属味，散发着李子和葡萄干的馥郁果香，夹杂着丁香花和肉桂香气。缺乏成熟度，入口初时果味浓烈，但余韵寡淡，收口略带青涩。

2011	81	2013-2016
2010	92	2022-2030
2009	88	2014-2017+
2008	91	2013-2016+
2007	89	2012-2015+
2004	89	2016-2024
2002	88	2010-2014+
2001	89	2006-2009
1999	88	2007-2011
1998	86	2003-2006

Durif 杜瑞夫　★ ★ ★

卢森格林　　　　　　　　　$20-$29
当前年份：2010　　　　　　　　93

　　味道相对丰富，颇具产区特色，散发着黑莓和乌梅带有肉味的浓郁果香，野花花香提升了香气，余味中带有皮革味和香甜的巧克力味。在带有白垩味的单宁支撑下，果香甘甜、带有柏油味，深邃狂野，夹杂着石南味，从中透出肉味和温和的皮革味。收口绵长紧实，有清新的酸味。尽可能长期地窖藏。

2010	93	2030-2040
2009	92	2021-2029+
2008	93	2020-2028+
2007	94	2019-2027+
2005	91	2017-2025+
2004	93	2016-2024+
2003	90	2015-2023
2002	90	2014-2022
2001	90	2013-2021
2000	90	2012-2020
1999	87	2007-2011
1998	93	2010-2018+
1997	91	2009-2017
1996	88	2004-2008+

Shiraz 西拉　★ ★

卢森格林　　　　　　　　　$12-$19
当前年份：2010　　　　　　　　89

　　带有传统的泥土香和动物味，夹杂着葡萄干、醋栗、乌梅和黑莓的芬芳，以及些许沥青和丁香的香味。口感丰满质朴，带有肉味，长度纯正，结构良好，富有个性。它带有典型的地域特色，收口明快新鲜，似乎有不错的陈年效果。

2010	89	2018-2022+
2009	86	2014-2017+
2006	93	2018-2026+
2005	89	2013-2017
2004	91	2016-2024+
2002	90	2014-2022
2001	90	2009-2013
2000	85	2005-2008
1999	88	2004-2007+
1998	89	2003-2006+
1997	85	2005-2009
1996	89	2004-2008+
1995	87	2000-2003

慕丝森林酒庄 Moss Wood

通信地址： 926 Metricup Road, Willyabrup, WA 6280 · **电话：**（08）9755 6266 · **传真：**（08）9755 6303 · **网址：** www.mosswood.com.au · **电子邮箱：** mosswood@mosswood.com.au
产区： 玛格丽特河　**酿酒师：** 凯斯·马格福特（Keith Mugford）、乔什·贝根（Josh Bahen）、阿曼达·薛弗森（Amanda Shepherdson）
葡萄栽培师： 斯蒂夫·克拉克（Steve Clarke）
执行总裁： 凯斯·马格福特、克莱尔·马格福特（Keith & Clare Mugford）

　　该酒庄在澳大利亚葡萄酒业中占有特殊地位。玛格丽特河岸产区最早的葡萄酒庄之一，也是第一个享有声誉的酒庄（很快，库伦和菲历士酒庄也开始变得著名）。然而如今酒庄的葡萄酒并没有反映出其应有的潜力。最新推出的年份酒除了 2013 年的赛美蓉以外，都不够顺滑。他们似乎应该在葡萄种植和酿造方面多花一些时间。作为慕丝森林酒庄的长期拥护者，我希望他们可以尽快找到方法，改善酒品品质。

★★ Amy's Cabernet Blend 艾美精华赤霞珠干红葡萄酒

2012	89	2020-2024
2011	88	2019-2023
2010	89	2018-2022
2008	94	2016-2020
2007	93	2012-2015+
2006	90	2011-2014
2005	92	2010-2013+
2004	89	2006-2009+
2003	89	2008-2011
2002	86	2004-2007+

玛格丽特河 $30-$49
当前年份：2012 89

一款成熟的赤霞珠，略带果酱味，散发着黑莓、黑醋栗和乌梅的香气，融入了清甜的樱桃芬芳，夹杂着多尘橡木香。口感绵长，浆果果味四溢，单宁紧实干燥，丝丝原橡木和薄荷香气萦绕其间，略带干草气息。仍需要时间，缺乏年份红酒的光泽度。

★★★ Cabernet Sauvignon 赤霞珠

2011	89	2019-2023+
2010	91	2022-2030
2009	89	2017-2021+
2008	95	2020-2028
2007	91	2015-2019
2006	92	2018-2026
2005	95	2017-2025+
2004	95	2024-2034
2003	96	2015-2023+
2002	95	2014-2022
2001	97	2013-2021+
2000	93	2008-2012+
1999	93	2011-2021

玛格丽特河 $50-$99
当前年份：2011 89

缺乏年份红酒的光泽度，入口略带青涩，夹杂着薄荷清新。丝丝肉香味萦绕，散发着黑莓和李子融合的果味，雪松橡木的甜美香气，底蕴中透出薄荷脑的清新气息。酒体中等偏饱满，橡木香浓郁，浸润着浆果的果味，口感紧实。余韵寡淡，收口略带青涩和酸味。

★★ Chardonnay 霞多丽

2012	91	2017-2020+
2011	89	2016-2019
2010	90	2015-2018
2009	88	2011-2014
2008	91	2010-2013+
2007	95	2012-2015
2006	90	2008-2011+
2005	96	2007-2010+
2004	96	2009-2012
2003	96	2008-2011
2002	95	2007-2010+

玛格丽特河 $50-$99
当前年份：2012 91

有些被氧化了，橡木香浓郁，味道封闭。萦绕着丁香香气，散发着甜瓜、葡萄柚、桃子和梨子的馥郁果味，融入了干花和金凤花的气息。酒体适中，口感雅致，浸润着葡萄柚和桃子的果味，底蕴透出香草橡木气息。带有白垩味，余韵悠长，质地细腻。需要时间成熟。

★★★ Ribbon Vale Vineyard Cabernet Sauvignon Merlot 彩虹谷园赤霞珠 - 梅洛干红葡萄酒

2011	86	2019-2023
2010	90	2018-2022+
2009	91	2017-2021+
2008	93	2020-2028
2007	94	2015-2019+
2006	85	2008-2011
2005	94	2013-2017
2004	90	2012-2016
2003	93	2011-2015+
2002	91	2010-2014+

玛格丽特河 $30-$49
当前年份：2011 86

带有老式风格，单调，散发着浆果的果香，底味有陈年橡木香。酒体适中，口感悠长，洋溢着浆果、乌梅果味，夹杂着雪松橡木香气。而后味道慢慢变得寡淡，收口青涩，带金属质感。缺乏馥郁果味和新鲜感。

★★ Ribbon Vale Vineyard Semillon Sauvignon Blanc 彩虹谷园赛美蓉长相思混酿

2013	90	2015-2018+
2012	93	2014-2017+
2011	89	2013-2016+
2010	89	2012-2015
2009	91	2011-2014+
2008	80	2010-2013
2007	91	2009-2012
2006	93	2007-2008+
2005	90	2006-2007+
2002	87	2003-2004

玛格丽特河 $20-$29
当前年份：2013 90

优雅之酒，带有成熟橡木香。散发着柑橘、醋栗和西番莲带有灰尘味和些许烟熏味的精雅香气，融入了奶油味、坚果味的橡木香。口感绵长，顺滑清新，浸润着甜瓜和醋栗的新鲜风味，夹杂着腰果、雪松橡木香气，收口带有新鲜的柑橘酸味。

★★★ Semillon 赛美蓉

2013	94	2021-2025
2011	91	2016-2019+
2010	92	2015-2018+
2009	92	2014-2017
2008	93	2010-2013+
2007	92	2012-2015
2006	94	2011-2014+
2005	86	2007-2010
2004	89	2006-2009
2003	93	2005-2008+
2001	95	2006-2009

玛格丽特河 $30-$49
当前年份：2013 94

一款年轻的葡萄酒，优雅平衡。洋溢着淡淡的青草芬芳，散发着甜瓜和白桃的果香，底味有奶油味。口感绵长通透，带有怡人的丰满度，风味多汁匀称，悠长集中，收口清新，带有柠檬果子露的酸味。

蒙微卡酒庄 Mount Avoca

通信地址： Moates Lane, Avoca, Vic 3467・**电话：**（03）5465 3282・**传真：**（03）5465 3544・
网址： www.mountavoca.com・**电子邮箱：** info@mountavoca.com
产区： 比利牛斯（Pyrenees）　**酿酒师：** 马修・巴里（Matthew Barry）
葡萄栽培师： 马修・巴里、葛莱米・迈尔斯（Graem Miles）　　**执行总裁：** 尼克・汤普森（Nick Thompson）

　　蒙微卡是一家成熟的酒庄，由约翰・巴里（John Barry）和亚达・巴瑞（Arda Barry）创立。在西拉还被看作是南澳大利亚标志的年代，这家酒庄就以其优雅、平滑和馨香的西拉闻名。酒庄走在了时代的前面，早就开始尝试在更凉爽的气候下培育充满精妙香味的西拉。西拉仍是该酒庄的主打产品，而它出品的长相思也丰润多汁，而且充满活力。

Cabernet Sauvignon 赤霞珠　　

比利牛斯　　　　　　　　　　　　　　　　$20-$29
当前年份：2010　　　　　　　　　　　　　　　89
　　一款明快的葡萄酒，富有产区特色，散发着黑醋栗和乌梅略带薄荷清凉的果香，融入淡淡尘土气息和草本植物的清香，底蕴中透出丝丝雪松。香草橡木的香气。甜美黑色水果的香气与紫罗兰的幽香交织，提升了整体的香氛。口感绵长，浸润着明快的莓果、李子味，与内敛的橡木美味紧密结合，在多尘干爽的单宁支撑下，味道集中。

2010	89	2022-2030
2009	88	2021-2029
2008	82	2013-2016+

Shiraz 西拉　　

比利牛斯　　　　　　　　　　　　　　　　$20-$29
当前年份：2010　　　　　　　　　　　　　　　89
　　顺滑柔美，带有薄荷、薄荷脑的清凉和胡椒、桉树的香味。酒体中等偏饱满，黑莓、李子的石南风味与内敛的雪松、石墨橡木香气完美结合。紫罗兰和糖果的幽香飘散其间，单宁紧实干燥，带有白垩味，余韵雅致而悠长，收口呈现淡淡碘味。

2010	89	2018-2022+
2009	91	2011-2014+
2008	91	2013-2016+
2007	87	2009-2012+
2006	88	2014-2018
1999	88	2001-2004+
1998	90	2003-2006
1997	82	2002-2005
1996	88	1998-2001
1995	82	1997-2000
1994	86	1996-1999
1993	87	1998-2001
1992	90	2000-2004

科尔山酒庄 Mount Cole Wineworks

通信地址： 197 MT Cole Road, Warrak, Vic 3372・**电话：**（03）5354 5502・**传真：**（03）5354 5503・
网址： www.mountcolewineworks.com.au・**电子邮箱：** mount.cole@bigpond.com
产区： 格兰屏（Grampians）　**酿酒师：** 葛雷米・波塔赫博士（Dr. Graeme Bertuch）
葡萄栽培师： 詹姆斯・波塔赫（James Bertuch）　**执行总裁：** 葛雷米・波塔赫博士

　　卡斯卡特山脊酒庄（Cathcart Ridge）的创建者葛雷米・波塔赫博士避开众人关注的目光，带着他的新葡萄园和酒标，再次踏足葡萄酒产业。他将主要精力投放在维多利亚州西部格兰屏产区的西拉葡萄酒上。西拉口感雅致，略带辛辣味，菲尼克斯崛起西拉维欧尼混酿（89/100，适饮期：2020-2024）就是其中的出色之作。

Fenix Rising Shiraz Viognier Blend 菲尼克斯崛起西拉维欧尼混酿　★★

格兰屏　　　　　　　　　　　　　　　　$30-$49
当前年份：2010　　　　　　　　　　　　　　　91
　　酒质内敛，融入了新鲜明快的果香，散发着黑醋栗、乌梅和黑莓带有辛辣气息的馥郁香气，伴随一缕微妙的石南馨香，在黑胡椒的醇香烘托下，与略显沉重的香草、椰子橡木香气紧密缭绕。绵长顺滑，洋溢着甘甜的橡木香，以及黑莓和李子的馨香，单宁细腻，如天鹅绒般顺滑，收口带有胡椒、香料和可乐的味道，经久不散。

2010	91	2015-2018
2009	90	2014-2017+
2008	81	2010-2013
2005	84	2007-2010

2011	89	2013-2016	
2008	92	2013-2016+	
2006	90	2018-2026	
2005	86	2007-2010+	
2004	95	2012-2016+	

格兰屏 $20-$29

当前年份：2011   89

　　一款早熟的西拉，柔软温和，美味可口，散发着略带麝香和胡椒辛辣气息的花香，伴随着罗讷河谷风情，夹杂着黑醋栗和黑莓似石南般的香气，蕴含着淡淡烟熏香草橡木的气息，底蕴中透出烘烤味。入口洋溢着黑莓、覆盆子、黑醋栗和血丝李的风味，顺滑丰盈，与内敛的雪松橡木香、幼细多尘的单宁相互交织。收口带有淡淡的辣味。

霍克山酒庄 Mount Horrocks

通信地址： The Old Railway Station, Auburn, SA 5451 · **电话：** （08）8849 2243 · **传真：** （08）8849 2261 ·
网址： www.mounthorrocks.com · **电子邮箱：** sales@mounthorrocks.com
产区： 克莱尔谷   **酿酒师：** 斯蒂芬尼·图尔（Stephanie Toole）
执行总裁： 斯蒂芬尼·图尔

　　克莱尔谷一座历史悠久的小型酒庄。酿造的葡萄酒包括：清新，略带烟熏橡木香的赛美蓉；被当作地区甜白葡萄酒标杆的切藤雷司令。酒庄的雷司令匀称，带有典型的产区白葡萄酒特色，而其主要的红酒赤霞珠在2010年和2012年都拥有良好的紧实度和平衡度，富有风格。

2012	91	2020-2024+	
2011	82	2013-2016	
2008	89	2010-2013+	
2006	84	2008-2011+	
2005	86	2010-2013+	
2004	88	2009-2012+	
2002	90	2010-2014+	
2001	90	2009-2013	
2000	89	2005-2008	
1999	91	2007-2011	
1998	90	2003-2006+	

克莱尔谷 $30-$49

当前年份：2012   91

　　优雅稳定，寿命较长。散发着黑莓的芬芳，融入了新鲜巧克力、雪松橡木气息，带有奶油味和肉香味，底蕴中透出淡淡的薄荷和薄荷脑香味。酒体中等偏饱满，口感多汁，洋溢着丝丝薄荷清香，浸润着浆果的清新果味，余韵悠长，收口带有新鲜明快的酸味。

2013	92	2018-2021	
2012	92	2017-2020+	
2010	92	2012-2015	
2009	94	2014-2017	
2008	90	2010-2013	
2007	88	2008-2009+	
2006	89	2008-2011	
2005	95	2010-2013	
2004	93	2006-2009+	
2003	92	2004-2005+	
2002	96	2004-2007	
2001	94	2003-2006	
2000	95	2002-2005	

克莱尔谷 $30-$49

当前年份：2013   92

　　一款精心酿制的雷司令，香味浓郁，融入了柠檬和橙子皮的清新，散发着桃子、杏子和苹果的浓郁果味，底蕴中透出缕缕焦糖布丁的芳香，略带辛辣口感。口感悠长，浸润着柑橘、核果的馥郁果味，绵长丰满，收口香甜。缺乏顶级年份红酒应有的紧实度和新鲜度。

2013	91	2021-2025+	
2010	94	2018-2022+	
2009	94	2017-2021	
2008	90	2013-2016	
2007	90	2012-2015	
2006	93	2014-2026	
2005	93	2013-2017	
2004	96	2012-2016+	
2003	95	2011-2015	
2002	91	2007-2010+	
2001	92	2006-2009+	

克莱尔谷 $30-$49

当前年份：2013   91

　　一款干型葡萄酒，匀称均衡，风味浓郁。散发着酸橙汁、青苹果皮和柠檬糖带有花香和热带水果香气的纯正芳香。口感剔透多汁，浸润着苹果和柑橘浓郁的果味，质感细腻，余韵绵长明快，收口清脆紧实。

Semillon 赛美蓉　　　　　　　　　　　　　　　　　　　　　　★★★★

克莱尔谷　　　　　　　　　　　$20-$29
当前年份：2013　　　　　　　　　　95
　　具有产区特色，口感紧实集中。略带烟熏气息，散发着蜜瓜、柠檬的果香，丝丝丁香和肉桂芳香交织，融入了香草橡木香气，带有矿物味。余韵悠长，口感清新，柑橘和蜜瓜的果味与清新柠檬味完美结合，新鲜度高，平衡度佳，收口有明快酸味。

2013	95	2021-2025
2012	94	2017-2020+
2009	89	2011-2014+
2008	85	2009-2010
2007	92	2012-2015
2006	88	2007-2008+
2005	95	2010-2013+
2004	94	2006-2009+
2003	94	2005-2008+
2002	91	2004-2007
2001	95	2006-2009

Shiraz 西拉　　　　　　　　　　　　　　　　　　　　　　　　　★

克莱尔谷　　　　　　　　　　　$30-$49
当前年份：2012　　　　　　　　　　89
　　带有丝丝草本气息，散发着醋栗、覆盆子、红醋栗和乌梅的果味馨香，夹杂着新鲜雪松、香草橡木香气，融入甜椒和灯笼椒的芬芳。口感雅致，酒体适中到饱满，余韵悠长，浸润着浆果和多尘橡木气息，收口带有酸涩和草本清香。

2012	89	2017-2020+
2011	84	2013-2016
2008	82	2010-2013
2007	85	2009-2012+
2006	89	2011-2014
2005	81	2007-2010
2004	93	2009-2012+
2003	83	2005-2008
2002	87	2004-2007
2001	88	2006-2009

蓝脊山酒庄 Mount Langi Ghiran

通信地址: 80 Vine Road, Bayindeen Vic 3375・**电话**: （03）5354 3207・**传真**: （03）5354 3277・
网址: www.langi.com.au・**电子邮箱**: sales@langi.com.au
产区: 格兰屏　　**酿酒师**: 凯特・彼得灵（Kate Petering）
葡萄栽培师: 达米安・希恩（Damien Sheehan）　　**执行总裁**: 达伦・拉斯伯恩（Darren Rathbone）

　　蓝脊山酒庄是澳大利亚最重要的葡萄园和酒庄之一。由福莱汀（Fratin）兄弟创立，维多利亚州传奇酿酒师特雷弗・马斯特（Trevor Mast）酿造，酒庄因此被推到了荣耀的聚光灯下。今天的蓝脊山酒庄是拉斯伯酒业集团（Rathbone Wine Group）旗下品牌。该集团为改造蓝脊山酒庄投入重金，并翻修了提供给酒庄参观者的配备设施。酒庄的旗舰产品是蓝脊山西拉（Langi Shiraz），是采用迟摘的葡萄酿制的，通常这些葡萄都来自气候凉爽的维多利亚州西部一座死火山的斜坡上。在类似 2012年这种气候没什么太大变化的年份中，这里的葡萄可以酿造出异常紧实复杂、带有产区经典黑胡椒味的葡萄酒。2012 年的酒带有极佳的辛辣味，极其优雅。峭壁西拉（Cliff Edge Shiraz）亦是非常出色的一款佳酿。酒庄出产的雷司令不同于澳大利亚主流风格，具有特雷弗・马斯特自己的风格。

Billi Billi Shiraz 比利比利西拉干红葡萄酒　　　　　　　　　★

格兰屏　　　　　　　　　　　$12-$19
当前年份：2011　　　　　　　　　　82
　　一款年轻的西拉，果味中等，带有草本味和胡椒味，略多汁。散发着黑樱桃和浆果带有香料味和些许橡木味、果酱味的香气。口感温和，长度中等，因为过于青涩，所以无法得到高分。

2011	82	2013-2016
2009	87	2011-2014+
2008	85	2010-2013
2006	90	2011-2014
2005	87	2007-2010
2004	84	2005-2006+
2003	87	2005-2008
2002	82	2004-2007
2001	83	2003-2006+
2000	92	2005-2008

Cliff Edge Riesling 峭壁雷司令干白葡萄酒　　　　　　　　★★

格兰屏　　　　　　　　　　　$20-$29
当前年份：2011　　　　　　　　　　92
　　这款峭壁雷司令有淡淡的甜味，口感纯正，融入了菩提花的清香，散发着苹果和梨子略带麝香味的果味。入口新鲜简朴，略带白垩味，收口余韵集中，带酸味。

2011	92	2019-2023+
2010	91	2015-2018
2009	91	2017-2021
2008	90	2010-2013+
2007	87	2009-2012

Cliff Edge Shiraz 峭壁西拉干红葡萄酒

2012	93	2024-2032
2010	90	2015-2018+
2009	92	2017-2021+
2008	91	2013-2016
2006	89	2011-2014+
2004	88	2009-2012+
2003	77	2004-2005
2002	87	2004-2007+
2001	88	2003-2006
2000	92	2002-2005
1999	86	2001-2004

格兰屏
当前年份：2012

$20-$29
93

　　一款年轻的西拉，集中雅致，带有胡椒的香气，散发着黑醋栗、黑莓、乌梅的复合果味醇，略带草本清新，与奶油橡木气息完美融合，夹杂着薄荷和薄荷脑的清新香气。酒体适中，口感绵长，在紧实多尘的骨架支撑下，收口呈现新鲜的酸味。需要时间使其风味层次更丰富。

Langi Riesling 郎节雷司令

2011	92	2019-2023+
2010	93	2022-2030+
2009	93	2017-2021+
2007	87	2009-2012+
2006	92	2011-2014+
2005	93	2010-2013+
2004	90	2009-2012
2003	93	2008-2011
2002	93	2007-2010

格兰屏
当前年份：2011

$20-$29
92

　　气息狂野，果味馥郁纯正，略带奶油味、肉香味醇香，丝丝奶酪味萦绕，散发着青苹果皮和柠檬干的果香。余韵悠长，浸润着苹果、梨子和酸橙汁的果味芬芳，酸味强烈，收口带辛辣味。

Langi Shiraz 朗节西拉蓝脊山西拉

2012	96	2032-2042
2010	94	2022-2030
2009	93	2021-2029+
2008	96	2020-2028+
2007	92	2015-2019+
2006	95	2018-2026
2005	94	2017-2025+
2004	90	2009-2012
2003	87	2008-2011
2002	89	2010-2014
2000	94	2008-2012+
1999	88	2001-2004+
1998	90	2003-2006
1997	86	2002-2005
1996	94	2004-2008
1995	94	2003-2007

格兰屏
当前年份：2012

$50-$99
96

　　平衡度佳，口感雅致，萦绕着丁香、鸢尾花略带胡椒的香气，夹杂着烟熏味和肉味醇香，散发着黑醋栗的芬芳，融入雪松、巧克力橡木气息。口感顺滑，浸润着黑醋栗、黑莓和乌梅的果味馥郁，丝丝新鲜法国橡木香，余韵悠长，收口呈现平衡集中。

玛丽山酒庄 Mount Mary

通信地址： 22-24 Coldstream West Road, Lilydale Vic 3140 · **电话：**（03）9739 1761 ·
传真：（03）9739 0137 · **网址：** www.mountmary.com.au · **电子邮箱：** liz@mountmary.com.au
产区： 雅拉谷　**酿酒师：** 山姆·米德尔顿（Sam Middleton）、卡斯帕·赫尔曼（Kaspar Hermann）
葡萄栽培师： 山姆·米德尔顿、大卫·米德尔顿（David Middleton）　**执行总裁：** 大卫·米德尔顿

　　玛丽山是雅拉谷地区最具代表性的葡萄酒酒庄之一。由约翰·米德尔顿博士（Dr. John Middleton）于20世纪60年代末期创办。酒庄的葡萄酒会借鉴法国和美国的葡萄酒风格，但不失自己的特色。避开高浓度酒精和明显的橡木香是玛丽山酒庄打造均衡和质量上乘酒品的法宝。这是山姆·米德尔顿及其团队一直沿用的策略。2012年有许多葡萄酒的品质都达到了最佳，有部分橡木味增加，如五重奏，但这是一款极其优雅、果味醇厚的酒；也有部分果味增加，如三重奏混酿，这款酒的果味就比2011年的重一些。每款酒都需要窖藏，不管它们第一眼看起来怎么样。

Chardonnay 霞多丽

2012	96	2020-2024+
2011	96	2019-2023
2010	95	2018-2022+
2009	94	2014-2017
2008	95	2013-2016+
2006	96	2011-2014
2005	95	2010-2013+
2004	97	2009-2012
2003	94	2008-2011+
2002	95	2007-2010+
2001	96	2006-2009+
2000	95	2008-2012
1999	94	2004-2007
1998	92	2003-2006+

雅拉谷
当前年份：2012

$50-$99
96

　　这款霞多丽非常经典，口感雅致，层次丰富。散发着葡萄柚、甜瓜和柠檬的芬芳香气，烟煤醇香若有若无。酒体适中，果味纯正，略带油腻，余韵悠长，质地细腻，矿物味和咸味久久不散。

Pinot Noir 黑皮诺　　　　　　　　　　　★★★★

雅拉谷　　　　　　　　　　　$50-$99
当前年份：2012　　　　　　　　　96
口感均衡和谐，结构紧实，透露着薰衣草和玫瑰花瓣香甜花香，散发着红莓和浆果的新鲜香气，融入了干草气息。余韵悠长，略带辛辣味的果味，橡木香浓郁，平衡度高。收口集中。

2012	96	2024-2032+
2011	93	2019-2023+
2010	96	2022-2030
2008	88	2010-2013
2006	96	2011-2014+
2005	91	2007-2010+
2004	96	2012-2016
2003	95	2008-2011+
2002	92	2004-2007+
2001	93	2006-2009
2000	97	2008-2012
1999	95	2007-2011
1998	89	2003-2006
1997	89	2002-2005+

Quintet Cabernet Blend 昆特赤霞珠混酿　　　★★★★★

雅拉谷　　　　　　　　　　　$100-$199
当前年份：2012　　　　　　　　　96
柔美雅致，平衡度佳，风味层次丰富。在紫罗兰幽香和雪松清香的烘托下，散发着紫黑醋栗、桑葚和红莓的芬芳，底味带有灌木和草本清新口感。酒体中等偏饱满，在绵延的余韵中持续呈现丰满集中的果味，融入了新鲜雪松、香草橡木气息，暗藏着一缕紧实的甜味。

2012	96	2032-2042
2011	91	2019-2023+
2010	96	2030-2040
2009	93	2021-2029
2008	93	2016-2020+
2006	97	2018-2026+
2005	96	2017-2025
2004	96	2016-2024+
2003	96	2015-2023
2002	94	2010-2014+
2001	97	2013-2021
2000	97	2012-2020+
1999	97	2011-2019
1998	95	2010-2018
1997	91	2002-2005+
1996	95	2004-2008+
1995	91	2007-2015

Triolet White Blend 崔莱特三重奏混酿白葡萄酒　★★★★

雅拉谷　　　　　　　　　　　$50-$99
当前年份：2012　　　　　　　　　94
这款崔莱特混酿白葡萄酒是最经典的一季出品。洋溢着淡淡的多尘草本清香，散发着醋栗、甜瓜和柠檬的香气，热带水果味明快馥郁，带有丝丝软糖感觉，陈旧橡木的香气与坚果味，奶油味相互交织，风味层次丰富，复杂度佳。口感顺滑，奶油味，浸润着活泼果味，收口呈现绵长余韵，带有酸味，平衡度佳。

2012	94	2020-2024
2011	97	2019-2023
2010	95	2015-2018
2009	94	2011-2014+
2008	94	2010-2013+
2006	94	2011-2014+
2005	96	2010-2013+
2004	96	2009-2012
2003	95	2008-2011+
2002	95	2007-2010
2001	95	2006-2009
2000	95	2005-2008

泊莱森特山快乐山酒庄 Mount Pleasant

通信地址： 401 Marrowbone Road, Pokolbin, NSW 2320・**电话：**（02）4998 7505・**传真：**（02）4998 7761・
网址： www.mountpleasantwines.com.au・**电子邮箱：** communications@mcwilliamswines.com.au
产区： 猎人谷　**酿酒师：** 斯科特・麦克威廉（Scott McWilliam）、金・查托（Jim Chatto）
葡萄栽培师： 保罗・哈维（Paul Harvey）　**执行总裁：** 罗伯特・布莱克维尔

快乐山酒庄是麦克威廉家族（McWilliam）在猎人谷的滩头阵地，是经典传统的葡萄酒之家，旗下葡萄酒都是采用古老悠久的葡萄园的葡萄酿制的。酒庄旗下的伊莉莎白系列（Elizabeth）的赛美蓉和拉夫黛尔系列（Lovedale）的赛美蓉已成为下猎人谷的传世佳酿，而 OP&OH 系列、莫斯利・奥谢拉西拉和玫瑰山西拉采用的则是新南威尔士州历史最悠久的葡萄园的葡萄。如果我可以对当前的红酒进行稍加改进的话，我会从橡木味方面入手，在某些葡萄酒中，橡木味甚至盖过了果味。

Elizabeth Semillon 伊丽莎白赛美蓉干白葡萄酒　★★★

下猎人谷　　　　　　　　　　　$12-$19
当前年份：2013　　　　　　　　　91
平衡度佳，夹杂着丝丝淡淡的烟草味，散发着甜瓜和柠檬的清新果香。口感雅致，圆润多汁，浸润着甜瓜和苹果的果味馥郁。余韵悠长，融入了奶油气息，带白垩香气，收口略带咸味和柠檬酸味。

2013	91	2025-2033
2012	90	2014-2017+
2011	93	2019-2023+
2010	94	2018-2022+
2006	92	2014-2018
2005	90	2013-2017
2004	91	2009-2012+
2003	89	2008-2011+
2002	95	2010-2014+
2001	89	2006-2009
2000	90	2005-2008+

★ ★ ★ ★

Lovedale Semillon 拉夫黛尔赛美蓉干白葡萄酒

2007	94	2019-2027
2006	93	2014-2018
2005	95	2017-2025
2004	90	2009-2012+
2003	93	2011-2015+
2002	94	2010-2014
2001	91	2009-2013
2000	93	2008-2012
1999	93	2004-2007+
1998	95	2010-2018
1997	91	2005-2009+
1996	96	2008-2016

下猎人谷 $30-$49

当前年份: 2007 94

这款年轻的赛美蓉带有些许烟熏烘烤味。花香四溢,散发着甘露般蜜瓜的馥郁果香,略带辛辣质感,更伴随着一缕蜡质味道和丝丝丁香的馨香。绵长柔顺,带有白垩香气,结构紧致,收口集中,把余韵的巅峰发挥到极致,呈现强烈的酸度,淡淡的烟草清香和矿物味在口舌间萦绕不散。

★ ★ ★ ★

Maurice O'Shea Shiraz 莫里斯奥谢拉西拉干红葡萄酒

2011	93	2023-2031+
2010	92	2022-2030+
2009	93	2021-2029
2007	94	2019-2027
2006	95	2018-2026+
2005	95	2017-2025+
2004	92	2012-2016
2003	93	2011-2015+
2000	94	2012-2020
1999	93	2007-2011
1998	93	2006-2010+
1997	91	2005-2009
1996	88	2001-2004
1994	88	2002-2006

下猎人谷 $50-$99

当前年份: 2011 93

橡木香浓烈,平衡度佳,具有产区特色,淡淡的皮革醇香,散发着浆果略带辛辣的芬芳,融入了丁香香气。酒体中等偏饱满,口感清新,浸润浆果果味,单宁细腻松织,与烟熏橡木美味交织。收口余韵悠长,酸味新鲜,丝丝可乐味萦绕。

★ ★ ★

Old Paddock & Old Hill Shiraz 老帕德克与老山西拉

2011	87	2019-2023
2010	93	2022-2030
2009	93	2021-2029
2007	95	2019-2027+
2006	94	2026-2036+
2005	92	2017-2025
2004	91	2012-2016
2003	94	2015-2023
2002	90	2010-2014
2001	89	2009-2013
1999	89	2004-2007
1998	94	2006-2010+
1997	88	2002-2005

下猎人谷 $30-$49

当前年份: 2011 87

该款西拉橡木味浓郁,掩盖了芬芳果味。略带辛辣的烟熏醇香,散发着浆果和樱桃的果味。初入口顺滑雅致,浆果果味略带青涩,单宁紧实,与橡木香气交织。收口带有浓烈的酸味。

★ ★

Philip Shiraz 菲利普西拉干红葡萄酒

2011	84	2013-2016
2009	89	2014-2017
2008	90	2013-2016+
2007	90	2012-2015
2006	88	2008-2011
2005	90	2013-2017
2004	87	2009-2012+
2003	89	2008-2012
2002	88	2007-2010+
2000	85	2005-2008

下猎人谷 $12-$19

当前年份: 2011 84

青涩未熟,散发着樱桃和莓果般略带烟熏味和肉香味的芬芳,口感适度集中。酒质精致优雅,浸润着红色水果适度的果味,与香甜多尘的香草橡木滋味合为一体,在略带金属口感的单宁支撑下,融入青涩的酸度,虽然入口柔和圆润,但是缺乏真正有说服力的果味。

★ ★ ★

Rosehill Shiraz 罗斯希尔西拉干红普通酒

2011	90	2023-2031
2010	89	2018-2022
2009	92	2017-2021+
2007	94	2019-2027+
2006	92	2014-2018
2005	93	2013-2017+
2004	93	2012-2016
2003	90	2011-2015+
2001	89	2006-2009
2000	84	2005-2008
1999	91	2004-2007+
1998	93	2006-2010+

下猎人谷 $30-$49

当前年份: 2011 90

十分雅致,带有内敛的旧世界风味,在玻璃杯中缓缓释放花香、辛香以及淡淡的烟熏味。一抹白胡椒、黑巧克力和清新花香烘托着大黄、红莓与甘草的芬芳。酒体适中,韵味浓郁悠长,带板岩风味。收口清新,酸度恰到好处。

蒙特达姆酒庄 Mountadam

通信地址： High Eden Road, Eden Valley SA 5062・**电话：**（08）8564 1900・**传真：**（08）8564 1999・
网址： www.mountadam.com.au・**电子邮箱：** office@mountadam.com.au
产区： 伊顿谷（Eden Valley）、巴罗莎谷、高伊顿（High Eden）　**酿酒师：** 康・莫索斯（Con Moshos）
葡萄栽培师： 大卫・布朗（David Brown）　**执行总裁：** 大卫・布朗

　　康・莫索斯和大卫・布朗经营这一酒庄不仅是出于完成重振蒙特达姆葡萄园雄风的愿望，同时也是为了实现创始人大卫・韦恩（David Wynn）的梦想。酒庄出品的红葡萄酒极其集中，白葡萄酒——尤其是优雅的雷司令和精致的庄园霞多丽（Estato Chardonnay），很快就成为当代白葡萄酒卓越的标杆。大理石山霞多丽（Marble Hill Chardonnay）是蒙特达姆酒庄十分重要的一款酒，是采用 19 世纪 60 年代澳大利亚从勃艮第进口的一种克隆葡萄酿制的。这种克隆葡萄在全澳大利亚的种植面积只有 2 公顷，就位于蒙特达姆酒庄，这些葡萄只够酿造 100 箱的葡萄酒。

Barossa Chardonnay 巴罗莎霞多丽干白葡萄酒　　★★

巴罗莎谷　　$12-$19
当前年份：2013　　89
　　这款巴罗莎霞多丽香醇灵动，奶油香气和蜜桃香气中浮动着馥郁的果香味。口感华美，余韵绵长得让人难以置信，收口酸度适中，带有令人愉悦的柑橘清香。

2013	89	2014-2015+
2012	90	2013-2014+
2010	90	2011-2012+
2009	91	2011-2014
2008	88	2009-2010
2007	90	2008-2009
2006	87	2008-2011
2004	86	2005-2006

Estate Chardonnay 酒庄霞多丽干白葡萄酒　　★★★★

高伊顿　　$30-$49
当前年份：2012　　92
　　这款酒庄霞多丽馥郁华美，黄油味烘托着浓郁的甜瓜和无花果芬芳，干爽绵密的雪松、香草橡木香夹杂其间。口感深邃，甜瓜、葡萄柚和柠檬香与橡木清香完美融合。收口略带金属味，酸度令人垂涎欲滴。

2012	92	2017-2020
2011	92	2016-2019
2010	92	2015-2018+
2009	93	2014-2017+
2008	96	2013-2016
2007	88	2009-2012+
2006	93	2011-2014
2004	89	2006-2009+
2002	89	2004-2007+
2001	77	2002-2003
2000	86	2002-2005

Patriarch Shiraz 主教西拉干红葡萄酒　　★

伊顿谷　　$30-$49
当前年份：2010　　84
　　这款主教西拉带有黑莓香和李果香，淡淡的巧克力味和针叶橡木味中浮动一丝薄荷脑气息和以还原味为主的霉腐味。酒体香醇柔滑，果酱香、橡木油脂味与温润的酒味完美融合，收口带有一抹咸香，平衡度与香醇度略显不足。

2010	84	2015-2018
2008	88	2013-2016
2007	94	2015-2019
2006	81	2008-2011
2004	89	2006-2009+
2002	89	2007-2010
1999	85	2001-2004
1998	92	2006-2010
1997	89	2002-2005
1996	85	2004-2008
1995	94	2003-2007
1994	92	1999-2002

Pinot Gris 灰皮诺　　★

伊顿谷　　$20-$29
当前年份：2013　　87
　　这款灰皮诺带有浓厚雅致的白垩味，麝香与花香中浮动着苹果皮、奶油和酵母菌组合而成的复杂香气，淡淡的烈酒味夹杂其间。香醇顺口，柠檬馅饼般的酸味中包裹着浓郁的梨香与苹果香，但因集中度和呈现度不足而无法获得更高的评分。

2013	87	2014-2015+
2011	93	2016-2019
2010	82	2011-2012
2009	88	2010-2011
2008	81	2008-2009
2007	91	2009-2012

Riesling 雷司令　　★★★★

伊顿谷　　$20-$29
当前年份：2013　　93
　　这款雷司令清新脱俗，花香中透着酸橙汁和柠檬皮的香味，酒体醇厚，韵味悠长。收口酸度灵动明快，是一款带有当地风味的独特美酒。

2013	93	2021-2025+
2012	96	2024-2032
2011	93	2019-2023+
2010	95	2022-2030
2009	96	2021-2029
2008	93	2020-2028
2007	96	2019-2017
2006	95	2014-2018+
2004	87	2006-2009+
2003	87	2005-2008+

瑞格斯先生酒庄 Mr Riggs

通讯地址： 281 Main Road, McLaren Vale SA 5171 · **电话：** （08）8557 0808 · **传真：** （08）8556 4462 ·
网址： www.mrriggs.com.au · **电子邮箱：** info@mrriggs.com.au
产区： 麦克拉伦谷、克莱尔谷、阿德莱德山、古纳华拉   **酿酒师：** 本·瑞格斯（Ben Riggs）
葡萄栽培师： 多人   **执行总裁：** 本·瑞格斯

　　瑞格斯是瑞格斯先生酒庄的创始人，多年来他精选麦克拉伦谷、克莱尔谷和阿德莱德山出产的优质葡萄，酿造了各色品质卓越的美酒。酒庄出品的红葡萄酒香醇柔滑，白葡萄酒以沃特维尔雷司令为首，十分典雅，选用阿德莱德山葡萄酿造的伊恩瑞斯雷司令也是一款清甜雅致的佳酿。

★ ★ ★   Ein Riese（Formerly VOG-GS）Riesling
伊恩瑞斯（原名 VOR-GS）雷司令干白葡萄酒

2013	87	2015-2018
2009	93	2014-2017+
2007	84	2007-2008
2006	88	2007-2008+
2004	93	2006-2009+

阿德莱德山 $20-$29
当前年份：2013   87
　　这款伊恩瑞斯雷司令带有淡淡的花香，还有一抹辛香烘托着清新的青苹果味和酸橙汁味。色泽鲜艳，清甜爽口，酸度鲜明直接，苹果味和柑橘味蕴含其间。如若果香味再浓郁一些，这款酒将拥有更高的平衡度和雅致感。

★   Piebald Syrah（Formerly Shiraz Viognier）
花斑西拉干红葡萄酒（原名西拉维欧尼）

2012	92	2020-2024
2010	90	2015-2018+
2009	86	2011-2014
2008	87	2010-2013
2007	89	2009-2012
2006	87	2008-2011
2005	87	2007-2010
2004	89	2009-2012+
2003	88	2005-2008

阿德莱德山 $20-$29
当前年份：2012   92
　　雅致香醇，酒体适中。略带花香的胡椒、丁香与肉桂味烘托着黑莓和红莓甜香以及一缕清新的橡木味，幽微的肉味和泥土芬芳夹杂其间，还带点若隐若现的维欧尼酒香。口感柔滑，小黑莓、李果、黑巧克力与肉香交织缠绕。余味香醇绵长，极佳的平衡感令人心旷神怡。

★ ★ ★   Shiraz 西拉

2012	92	2024-2032
2011	90	2019-2023
2010	94	2022-2030+
2009	93	2017-2021
2008	94	2016-2020
2007	92	2012-2015+
2006	88	2011-2014
2005	87	2010-2013
2004	93	2009-2012
2003	94	2011-2015+
2002	93	2007-2010+

麦克拉伦谷 $50-$99
当前年份：2012   92
　　饱满香醇，别具一格。烟熏味、肉香和泥土芬芳烘托着成熟的黑莓、李果、巧克力橡木以及矿物味。醇厚柔滑，层次丰富，白垩味与单宁味中透着浓郁的烤水果香，带烟熏牡蛎味的美国橡木味夹杂其间，余味浓厚悠长。因不够平衡雅致而无法获得更高评价。

★ ★   The Gaffer Shiraz 加弗尔西拉干红葡萄酒

2012	91	2017-2020+
2011	87	2013-2016+
2010	91	2015-2018
2009	86	2011-2014
2008	89	2013-2016
2007	91	2009-2012+
2006	87	2007-2008+
2005	89	2007-2010+

麦克拉伦谷 $20-$29
当前年份：2012   91
　　香醇可口，平衡度高。浓郁的黑李与黑莓味中隐含着石南、烟熏橡木以及薰肉的味道，还有一丝白胡椒味将这些味道烘托得恰到好处。醇厚华美，肉香中浮动着西拉酒独特的果香味，浓郁的橡木味与绝佳的单宁味夹杂其中。余味悠长，清新爽口，耐人寻味。

Watervale Riesling 沃特维尔雷司令 ★★

克莱尔谷　　　　　　　　　　　　$20-$29
当前年份：2013　　　　　　　　　　92
　　　香醇典雅。深邃的花香味与淡淡的油脂味中浮动着酸橙汁、青苹果皮和柠檬汽水的味道，还有一丝幽微的爽身粉味夹杂其间。口感独特悠长，穿透力极佳，浓郁的酸橙汁味和苹果味中透着白垩味。收口简朴干爽，平衡度高。

2013	92	2025-2033
2012	91	2020-2024+
2011	90	2013-2016
2010	89	2012-2015+
2009	90	2014-2017+
2007	80	2008-2009
2006	86	2008-2011

Yacca Paddock Tempranillo 罗汉松围场丹魄干红葡萄酒 ★

克莱尔谷　　　　　　　　　　　　$20-$29
当前年份：2011　　　　　　　　　　89
　　　这款罗汉松围场丹魄干红葡萄酒质地淳朴，富含泥土香醇，已经发展成熟，洋溢着黑莓和乌梅浓郁的芬芳，融入皮革的馨香，底蕴中透露出类似农场的辛辣风味。在紧实而圆润的单宁支撑下，初入口就感到甜美的果味，颇为直接，而后皮革味变得愈发浓重美味，收口呈现令人愉悦的绵长余味和时髦复杂度。

2011	89	2016-2019+
2010	89	2015-2018
2009	87	2011-2014
2008	87	2010-2013
2007	90	2012-2015+
2006	81	2007-2008
2005	88	2010-2013+
2002	86	2003-2004+

慕瑞斯葡萄园 Murray Street Vineyard

通信地址： Murray Street, Greenock SA 5360 · **电话：**（08）8562 8373 · **传真：**（08）8562 8414 ·
网址： www.murraystreet.com.au · **电子邮箱：** wine@murraystreet.com_au
产区： 巴罗莎谷　**酿酒师：** 安德鲁·塞佩特（Andrew Seppelt）
葡萄栽培师： 内尔·雷德利（Neil Ridley）　**执行总裁：** 安德鲁·塞佩特

　　美利街慕瑞斯葡萄园于2001年开始运营，是一家合资企业，由安德鲁和瓦内萨·塞佩特夫妇与比尔和帕蒂·杨克(Bill & Pattie Jahnke)夫妇共同创办。他们的愿望是酿造出具有巴罗莎特色的佐餐酒，这个愿望正在慢慢实现。维欧尼玛珊入口柔软，是一款芬芳持久、口味微妙、略带咸味的葡萄酒，毫不缺乏复杂性；2012年的赛美蓉则是该地区的另一最佳。

Gomersal Shiraz 高莫索西拉干红葡萄酒 ★

巴罗莎谷　　　　　　　　　　　　$50-$99
当前年份：2010　　　　　　　　　　89
　　　香醇柔滑，内敛雅致。花椒味烘托着小红莓和红醋栗的甘香，花香味和雪松橡木味夹杂其间。口感温润顺口，清新花香和淡雅的单宁让收口略带酸味。如果添点当地葡萄酒特有的果酱味，这款酒将会更加雅致醇熟。

2010	89	2022-2030
2009	88	2017-2021
2008	91	2028-2038
2007	86	2012-2015+

Semillon 赛美蓉 ★★

巴罗莎谷　　　　　　　　　　　　$20-$29
当前年份：2012　　　　　　　　　　92
　　　具有典型的巴罗莎赛美蓉风格，可以立即饮用也可之后再饮用。散发着香甜的花香，夹杂着蜜瓜、柠檬和丁香多尘的果香，底蕴中透露出缕缕新鲜草本植物的香气。口感绵长，洋溢着柠檬、苹果和酸橙的风味，多汁浓烈，收口集中，带有柑橘酸味。

2012	92	2020-2024+
2010	91	2015-2018
2008	91	2010-2013+

Shiraz 西拉 ★

巴罗莎谷　　　　　　　　　　　　$20-$29
当前年份：2010　　　　　　　　　　90
　　　柔滑雅致，胡椒味的辛香与泥土芬芳烘托着黑李、黑莓和荆棘味，雪松、黑巧克力橡木味的淡淡肉香夹杂其间。口感香醇深邃，韵味雅致悠长，温润淡雅的单宁让酸度显得清新适口。

2010	90	2015-2018+
2009	82	2011-2014
2008	88	2010-2013+

Viognier Marsanne 维欧尼玛珊混酿

2013	87	2015-2018+
2010	92	2012-2015+
2009	90	2010-2011+
2007	89	2009-2012

巴罗莎谷　　　　　　　　　　　　　　　$30-$49

当前年份：2013　　　　　　　　　　　　　87

　　这款年轻的维欧尼玛珊相当内敛，淡淡的花香味和洋槐味烘托着甜瓜般的果香味，绵密的奶油味和干药草味夹杂其间。简约明快，清新甘甜，浓浓的果香味中带点酸柠檬味，还有一丝蜡质般绵滑的奶油蛋糕味。给它点时间吧。

尼佩西酒庄 Nepenthe

通信地址：Jones Road, Balhannah SA 5242・电话：（08）8398 8899・传真：（08）8398 8877・
网址：www.nepenthe.com.au・电子邮箱：cellardoor@nepenthe.com.au
产区：阿德莱德山（Adelaide Hills）　酿酒师：艾利克斯・崔科斯克（Alex Trescowthick）
葡萄栽培师：穆里・里克（Murray Leake）　执行总裁：内尔・格根（Neil McGuigan）

　　尼佩西酒庄是阿德莱德山成熟的葡萄酒企业，隶属于澳大利亚葡萄酒有限公司（Australian Vintage Limited），也就是原来的麦圭根西门公司（McGuigan Simeon）。酒庄酿制的每一款葡萄酒都呈现出葡萄品种的质朴特色以及质量上乘的特点，盖特布洛克西拉（Gate Block Shiraz）、伊萨卡霞多丽（Ithaca Chardonnay）和彼得拉长相思（Petraea Sauvignon Blanc）——产自阿德莱德山区质量最佳的一款葡萄酒——都值得被严肃对待。每一款都展现出非凡的复杂度，美味可口，极具现代时髦特性。

Gate Block Shiraz 盖特布洛克西拉干红葡萄酒

2011	87	2013-2016+
2010	92	2018-2022+
2009	92	2014-2017+
2008	90	2013-2016
2007	91	2012-2015

阿德莱德山　　　　　　　　　　　　　　$30-$49

当前年份：2011　　　　　　　　　　　　87

　　这款盖特布洛克西拉略带有草本植物的清香，明快活跃，酒体适中，散发着红莓香甜辛辣而多尘的芬芳，融入清新雪松、香草橡木的香气，底蕴中透露出丝丝焦糖的醇香。口感顺滑，浸润着莓果、李子明快多汁而跃动的果味，底蕴中透出温和精致的单宁，伴随着香甜的橡木味道。这款酒略有尘土气息和青涩滋味，不过颇为美味。

Ithaca Chardonnay 伊萨卡霞多丽干白葡萄酒

2012	94	2017-2020
2011	92	2013-2016+
2010	93	2012-2015+
2009	91	2011-2014
2008	92	2010-2013+
2007	87	2009-2012
2006	88	2008-2011
2004	95	2006-2009+
2003	91	2008-2011

阿德莱德山　　　　　　　　　　　　　　$20-$29

当前年份：2012　　　　　　　　　　　　94

　　这款伊萨卡霞多丽是酿酒师的一款睿智之作，质地紧实，略带盐水味，散发着葡萄柚和甜瓜的果香，融入了淡淡的烟熏味，伴随着烟熏肉和矿物质的醇香，底蕴中透露出缕缕爽身粉和香草橡木的香气。口感明快，甘美多汁，洋溢着葡萄柚、甜瓜和热带水果的风味，丰满流畅，收口风味浓郁，持久度佳，还带有矿物味和辣味。

Petraea Sauvignon Blanc 彼得拉长相思干白葡萄酒

2012	94	2014-2017+
2011	87	2012-2013+
2010	95	2012-2015+
2009	91	2011-2014

阿德莱德山　　　　　　　　　　　　　　$20-$29

当前年份：2012　　　　　　　　　　　　94

　　这款彼得拉长相思别具一格，富含矿物质口感，尚需陈年。散发着葡萄柚、醋栗和酸橙汁略带青草清新的芳香，呈现活跃的复杂度，底蕴中透露出缕缕矿物质、甜瓜和柠檬内皮的气息。口感明快，集中直接，浸润着浓郁的柑橘和蜜瓜果味，伴随着热带水果的气息，收口带有盐水味和矿物味，以及柠檬的酸味。

Pinot Gris 灰皮诺 ★★

阿德莱德山 $20-$29
当前年份：2011　91

　　这款灰皮诺非常迷人，充分表达出灰皮诺品种的馥郁芬芳和优雅高贵。散发着苹果花、白桃和梨的芳香，略带蜡质气息，底蕴中透露出一丝麝香香料的辛辣，以及淡淡干草的清香。口感绵长，带有白垩香，如奶油般丝滑柔顺，显露出明快的质朴果香，收口带有浓烈的柠檬酸味。

2011	91	2013-2016
2010	86	2011-2012
2009	90	2011-2014
2007	84	2008-2009
2006	84	2006-2007+
2005	86	2005-2006+
2004	89	2005-2006
2003	88	2004-2005+
2002	90	2003-2004+
2001	77	2001-2002
2000	82	2000-2001

Sauvignon Blanc 长相思 ★

阿德莱德山 $20-$29
当前年份：2011　87

　　这款长相思口感直接，适合早期饮用，散发着西番莲、蜜瓜和番木瓜般明快的芳香，底蕴中透露出淡淡的青草香和明显的酸味。口感多汁，浸润着如同蜜瓜、葡萄柚和醋栗般馥郁的果香，带来柔软和圆润的口感，收口带有柠檬酸味。

2011	87	2011-2012+
2010	90	2011-2012+
2009	88	2010-2011
2008	86	2008-2009
2007	86	2007-2008+
2006	91	2006-2007+
2005	88	2005-2006+
2004	91	2004-2005+
2003	91	2004-2005

Tempranillo 添丹魄 ★★

阿德莱德山 $20-$29
当前年份：2010　91

　　这款红葡萄酒酒体适中，质地细腻，口感略显辛辣，在美妙花香的熏陶下，散发着红樱桃、黑莓和杂交草莓略带尘土气息的馥郁芬芳，糅合了新鲜的雪松、香草橡木的香甜。口感极其丝滑，酒体线条优美，洋溢着黑樱桃和李子的风味，多汁略酸，单宁细腻爽脆，收口有清新的酸味，果味和薄荷味绵延不断。

2010	91	2015-2018+
2009	91	2014-2017
2008	90	2013-2016
2001	90	2002-2003+

The Good Doctor Pinot Noir 好医生黑皮诺干红葡萄酒 ★

阿德莱德山 $30-$49
当前年份：2012　90

　　这款黑皮诺融入皮革的醇香，吐露着甜美的花香，散发着红樱桃、乌梅、花园薄荷和灌木丛般明快的果香，口感顺滑多汁，酒体中等偏饱满，浸润着深色水果浓郁甘美的果味，在干爽精致的酒骨支撑下，收口略显羞涩迂回，融入炖煮水果和番茄茎的味道。不过，这款酒酸度怡人，随着在瓶中陈年时间的累积，将会变得更加均衡。

2012	90	2017-2020+
2010	89	2015-2018
2009	89	2014-2017
2008	81	2010-2013
2006	82	2008-2011
2005	91	2010-2013
2004	89	2006-2009+
2003	86	2005-2008

The Rogue Red Blend 野兽红葡萄酒混酿 ★

阿德莱德山 $20-$29
当前年份：2008　90

　　这款野兽红葡萄酒混酿具备现代感，魅力四射，优雅别致。散发着黑色和红色浆果糅合而成的石南般辛辣的花香，带有薄荷的气息，新鲜香草橡木味道中透出一丝薄荷脑的香味。口感时尚，平衡度极佳，以紧致而脆爽的单宁支撑，余韵尾调悠长，酸度清爽。

2008	90	2013-2016+
2007	86	2012-2015+
2006	86	2011-2014
2005	88	2010-2013
2004	89	2009-2012+
2003	88	2008-2011
2002	82	2004-2007
2001	90	2006-2009+
2000	88	2002-2005+

橡树岭橡木岭酒庄 Oakridge

通信地址：864 Maroondah Highway, Coldstream Vic 3770・**电话**：（03）9738 9900・
传真：（03）9738 1923・**网址**：www.oakridgewines.com.au **电子邮箱**：info@oakridge）win0S.c:（）m.au
产区：雅拉谷　**酿酒师**：大卫・比克奈尔（David Bicknell）
葡萄栽培师：斯蒂夫・萨德勒（Steve Sadler）　**执行总裁**：大卫・比克奈尔

　　橡树岭橡木岭酒庄不大，但却是雅拉谷一家十分重要的酒庄。在这里，大卫・比克奈尔酿造了一系列复杂精致的葡萄酒。该酒庄近几年酿造的葡萄酒展现出长足的进步，更加醇厚馥郁，果味、橡木味和酸味更加协调平衡。经过多年的学习与历练，大为・比克奈尔已成为雅拉谷等地的知名酿酒师。在我看来，橡木岭酒庄酿造的酒香醇深邃，果香馥郁，平衡度高，别具一格。酿酒是一件循序渐进的事，橡木岭酒庄精心酿造的美酒佳酿的确名不虚传。

★ ★ ★ ★　　　　　　　　　　　864 Chardonnay 864 霞多丽

2010	92	2012-2015+
2009	94	2014-2017
2008	87	2013-2016+
2006	95	2011-2014+
2005	95	2010-2013+
2004	94	2006-2009+

雅拉谷　　　　　　　　　　　　　　　　$50-$99
当前年份：2010　　　　　　　　　　　　92

这款相当辛辣，略有刺激的口感，散发着白桃、蜜瓜和葡萄柚的内敛香气，与清新的香草橡木气息交织在一起，并且蕴含着一缕丁香和肉桂的气味。这款酒已经相当复杂，同时具有怡人的绵长口感以及细腻的粉笔质感。橡木味道的作用十分明显，但是仍然需要一些时间令果香成熟得更加完整。

★ ★ ★　　864 Single Block Release Cabernet Sauvignon
864 单区发布赤霞珠干红葡萄酒

2010	91	2022-2030
2008	92	2016-2020+
2005	93	2013-2017+
2004	89	2012-2016

雅拉谷　　　　　　　　　　　　　　　　$50-$99
当前年份：2010　　　　　　　　　　　　91

这款赤霞珠融入了略多草本植物，草本味略重，因此无法得到更高的评分。散发着紫罗兰般深邃多层的浓香，黑樱桃和李子混合而成的馥郁香气，交织着清新的雪松、石墨橡木气息。口感融入肉味和矿物质感，香甜可口，雅致悠然，萦绕着内敛的雪松、香草橡木美味，但是随着余韵的绵延，缺乏真正的果味持久力。

★ ★ ★ ★　864 Single Block Release Winery Block Syrah
864 单区发布西拉干红葡萄酒

2012	95	2020-2024+
2010	95	2018-2022+
2009	87	2011-2014
2008	90	2010-2014+
2005	93	2010-2013+
2003	92	2008-2011

雅拉谷　　　　　　　　　　　　　　　　$50-$99
当前年份：2012　　　　　　　　　　　　95

这款别具一格、香甜美味的西拉非常复杂而经典，散发着黑莓、黑醋栗和石南一般浓郁深邃的纯粹花香，底蕴中透露出淡淡青草的香气和小羊皮的香醇。口感绵长顺滑，在细腻脆爽的酒体结构支撑下，融入淡淡的肉香和皮革滋味。这是一款完美地阐释了旧世界葡萄酒风范的新世界酒品。

★ ★ ★　　　　　　　　　　　　　　Chardonnay 霞多丽

2010	93	2015-2018
2009	90	2011-2014
2008	93	2013-2016
2006	92	2008-2011+
2005	89	2007-2010
2004	86	2006-2009+
2003	93	2005-2008+
2002	92	2007-2010
1999	88	2001-2004
1998	89	2003-2006
1997	93	2002-2005
1996	94	2001-2004

雅拉谷　　　　　　　　　　　　　　　　$30-$49
当前年份：2010　　　　　　　　　　　　93

这款霞多丽气质内敛，质地精致，带有矿物质感。这款紧实集中的霞多丽散发着白花、葡萄柚、蜜瓜、丁香和肉桂糅合而成的内敛香气，底蕴中糅合坚果味的香草橡木香气。口感紧致朴实，果香悠长怡人，余韵明亮，口味馥郁，核心的果味萦绕不去，同时具有强烈的酸度和咸咸的味道。

Local Vineyard Series Fumare（Formerly Fumé Limited Release）
地区园系列福美（原名福美限量版） ★★★

雅拉谷　　　　　　　　　　$30-$49
当前年份：2012　　　　　　　93

　　这款年轻的地区园系列福美精致均衡，展现出陈年潜力，干爽质朴，散发着醋栗融入坚果和蜡质气息的辛辣芳香，略带一丝青草的清香，伴随着香草橡木的香气，底蕴中透露出丁香和牡蛎壳的风味。余韵浸满果味，绵长而紧实，带有爽脆的酸度和粉笔白垩质感结构的支撑下，收口的余韵美味可口，略有一丝咸味。

2012	93	2020-2024+
2011	94	2016-2019
2009	93	2011-2014+
2008	95	2010-2013+
2007	93	2009-2012
2005	87	2005-2006
2004	87	2005-2006
2003	83	2003-2004
2002	88	2003-2004
2000	82	2001-2002
1999	88	2001-2004

Local Vineyard Series Oakridge Vineyard Cabernet Sauvignon
地区园系列橡木岭园赤霞珠干红葡萄酒 ★★★

雅拉谷　　　　　　　　　　$30-$49
当前年份：2010　　　　　　　92

　　这款赤霞珠酒体优雅，酒香淳厚。散发着黑醋栗、桑葚和小红莓果略带烟熏的芬芳，融入新鲜的香草橡木香气，揭示出底蕴中些微石南和甘菊的清香。酒体饱满偏中等，口感顺滑柔软，富含多汁的小莓果一般明快的果香，与雪松、香草橡木的滋味天衣无缝地融合在一起，松散的单宁主干呈现颗粒质感，收口的余韵绵长，带有一丝明快活跃的酸度。

2010	92	2022-2030
2008	92	2016-2020+
2006	92	2014-2018
2005	91	2013-2017
2003	93	2015-2023
2001	86	2003-2006
2000	90	2008-2012+
1999	93	2007-2011+
1997	88	2005-2009+
1995	89	2000-2003+
1994	93	2002-2006
1991	96	2003-2011

Local Vineyard Series Whitsend ＆ Oakridge Vineyards Shiraz
地区园系列怀森德与橡木岭西拉干红葡萄酒 ★★★

雅拉谷　　　　　　　　　　$30-$49
当前年份：2012　　　　　　　93

　　这款西拉柔美如同丝绸般顺滑，颇具皮诺葡萄的醇香，洋溢着覆盆子、黑醋栗和红醋栗香甜的水果气息，吐露着浓郁的如花芬芳，融入丝丝新鲜的雪松橡木香气，底蕴中透露出一缕麝香、多尘香料和淡淡的胡椒馨香。在精致温柔的单宁支撑下，浸润着明快多汁而深邃的水果味道。收口展现出迷人的酸度和平衡度。

2012	93	2017-2020+
2010	92	2015-2018+
2008	89	2010-2013+
2006	84	2008-2011
2005	91	2010-2013+
2004	92	2006-2009+
2003	90	2008-2011
2002	86	2004-2007
2000	81	2002-2005
1999	83	2001-2004
1998	89	2003-2006

Pinot Noir 黑皮诺 ★

雅拉谷　　　　　　　　　　$20-$29
当前年份：2010　　　　　　　90

　　这款迷人的黑皮诺质地精致，柔顺高雅，适合早期饮用。酒体适中，正处于充实成熟的过程之中。在甜美花香的烘托下，散发着覆盆子和樱桃活跃香甜的芳香，口感顺滑，平衡精致极具结构的口感支撑着明快多汁、红色水果一般的果香，收口绵长，带有尘土气息，洋溢着新鲜的酸度和令人愉悦的平衡感。

2010	90	2012-2015+
2009	89	2011-2014
2008	88	2010-2013
2006	89	2008-2011
2005	91	2010-2013
2004	81	2005-2006
2003	89	2005-2008
2002	80	2004-2007
2000	87	2002-2005
1999	81	2000-2001
1998	82	1999-2000
1997	89	1999-2002+

奥利弗的塔兰加酒庄 Oliver's Taranga

通信地址：264 Seaview Road, McLaren Vale SA 5171・电话：（08）8323 8498・
传真：（08）8323 7498・网址：www.oliverstaranga.com・电子邮箱：admin@oliverstaranga.com
产区：麦克拉伦谷　酿酒师：科琳娜・赖特（Corrina Wright）
葡萄栽培师：唐・奥利弗（Don Oliver）　执行总裁：唐・奥利弗

　　奥利弗的塔兰加酒庄是麦克拉伦谷地区酿造技艺精良，葡萄酒品质出众的一家酒庄。塔兰加酒庄使用西拉、歌海娜、丹魄和赤霞珠酿制高端的红葡萄酒，同时又不牺牲任何优雅和悠长的口感。在酿造的美味的菲亚诺（Fiano）中，馥郁而有蜡质感的酒体中还加入了怡人的泥土气息和还原的复杂性。正如众人期待的一样，2011年份的红葡萄酒比以往更加精巧内敛，同时展现出真正的优雅和细腻。2012年份的红葡萄则更为香醇独特。

★★★ Corrina's Cabernet Shiraz Blend 科琳娜赤霞珠西拉混酿

2008	88	2010-2013+
2006	92	2014-2018
2005	90	2013-2017
2004	93	2009-2012
2003	88	2005-2008

麦克拉伦谷　　　　　　　　　　　　　　　$30-$49

当前年份：2008　　　　　　　　　　　　　　　88

　　这款赤霞珠西拉混酿饱满、柔顺地道，适合早期饮用，散发着乌梅、黑莓、黑醋栗和葡萄干馥郁辛辣的香气，与巧克力、摩卡橡木的气息紧密交织在一起。口感非常成熟，带有类似石南的味道，略干燥，糅合了香甜多汁的水果味、奶油橡木气息及细腻的单宁，收口带有一丝巧克力余香以及黑莓和葡萄干的香味。

★★ Fiano 菲亚诺

2014	90	2016-2019
2013	90	2015-2018
2012	86	2013-2014+
2011	92	2013-2016
2010	90	2012-2015
2009	91	2011-2014

麦克拉伦谷　　　　　　　　　　　　　　　$20-$29

当前年份：2014　　　　　　　　　　　　　　90

　　这款菲亚诺轻盈香醇，奶油、饼干以及泥土芬芳烘托着甜瓜、柑橘等果香味，还有丁香味和肉桂味蕴含其间。口感柔滑，香气馥郁，带有淡淡的氧化味，绵密的甜瓜与核果等果香味中透着淡淡的干花馨香，余味咸香悠长，略带白垩味和一缕幽微的烂苹果味。

★★ Grenache 歌海娜

2012	88	2020-2024
2011	89	2013-2016+
2010	92	2018-2022+
2009	91	2014-2017+
2008	88	2010-2013
2007	90	2009-2012+
2006	84	2008-2011+

麦克拉伦谷　　　　　　　　　　　　　　　$30-$49

当前年份：2012　　　　　　　　　　　　　　88

　　这款年轻的歌海娜天然质朴，淡淡的烟熏味、肉味和酒精味烘托出黑李、葡萄干和黑莓的甘香，还有一缕摩卡咖啡味蕴含其间。内敛的单宁味带出深邃的黑色水果、红色水果和蓝色水果的芬芳，烟熏味与肉味若隐若现，让人回味无穷。余味悠长而富有平衡感。

★★★ HJ Reserve Shiraz HJ 珍藏西拉

2011	91	2019-2023
2010	91	2022-2030
2009	91	2017-2021
2008	92	2016-2020+
2006	93	2014-2018+
2005	94	2017-2025
2004	95	2024-2034
2003	90	2008-2011
2002	97	2022-2032
2001	86	2006-2009
2000	93	2008-2012+

麦克拉伦谷　　　　　　　　　　　　　　　$30-$49

当前年份：2011　　　　　　　　　　　　　　91

　　这款珍藏西拉带有尘土味和草本植物的清香，小黑莓和李果味中浮动着烟熏味、雪松和巧克力橡木味，还带点肉香与草香。酒体适中至丰盈，口感柔滑爽口，淡淡的草青味带出黑莓味、黑李味以及新鲜橡木味，略带金属味的单宁味蕴含其中。窖藏至中期味道会更好，果香味会更丰富浓郁些。

★★ Shiraz 西拉

2012	93	2024-2032
2011	91	2016-2019+
2009	86	2011-2014+
2008	90	2016-2020
2007	94	2015-2019
2006	92	2014-2018
2005	91	2013-2017
2004	96	2016-2024
2003	86	2008-2011
2002	95	2010-2014+
2001	85	2006-2009
2000	88	2005-2008+

麦克拉伦谷　　　　　　　　　　　　　　　$20-$29

当前年份：2012　　　　　　　　　　　　　　93

　　这款精选麦克拉伦谷葡萄酿造的西拉十分雅致，淡淡肉香烘托着黑莓、荆棘与黑巧克力的香味，还带点西梅干味和烟熏牡蛎橡木味。酒质澄澈，香润醇美，成熟的莓果味、李果味与清新的橡木味恰到好处地融合在一起，柔韧细腻的单宁味蕴含其间。余味浓郁悠长，平衡度高。

★★ Tempranillo 丹魄洛

2012	80	2014-2017
2011	89	2013-2016+
2010	93	2018-2022+
2009	84	2011-2014
2008	90	2013-2016
2006	89	2008-2011+

麦克拉伦谷　　　　　　　　　　　　　　　$30-$49

当前年份：2012　　　　　　　　　　　　　　80

　　这款丹魄洛辛辣刺激，酒质浑浊，带还原味与泥土味，还带有类似羊皮味等气味的乡野气息。我只能假设装瓶后会发生一些意想不到的变化。

Vermentino 华帝露

2014	88	2015-2016+
2013	90	2015-2018
2012	88	2013-2014+
2011	88	2013-2016

麦克拉伦谷
当前年份：2014   88

明快新鲜，散发着热带水果、番石榴和柑橘清新、略带辣味和酯味的香气，由甜甜的花香进行烘托。入口绵长顺滑，柑橘果味纯正明快，略油腻，圆润温和，富有长度，收口带有坚果味和辣味。

$20-$29

欧姆拉酒庄 Omrah

通信地址： Albany Highway, Mount Barker WA 6324・**电话：**（08）9851 3111・**传真：**（08）9851 1839・
网址： www.plantagenetwines.com・**电子邮箱：** sales@plantagenetwines.com
产区： 大南区（Great Southern） **酿酒师：** 凯西・奥兹（Cath Oates）
葡萄栽培师： 乔丹・伊利斯（Jordan Ellis） **执行总裁：** 简・斯加派克（Jan Skrapac）

欧姆拉品牌受到众人的交口称赞，隶属于布朗特吉尼特酒业（Plantagenet），在大南区的葡萄酒酿造业中处于领先地位。酒庄出品的葡萄酒适合早期饮用，易于入口，酒体适中，充满活力，而且品种葡萄的果味强劲。酒庄近几年酿造的葡萄酒有些不尽如人意，不过近几年份的西拉仍然是一款香醇馥郁的佳酿。

Sauvignon Blanc 长相思   ★

2012	88	2013-2014
2011	88	2012-2013
2010	88	2010-2011+
2009	87	2009-2010+
2008	87	2008-2009+
2007	77	2007-2008
2006	87	2007-2008
2005	90	2005-2006+
2004	87	2005-2006+
2003	91	2003-2004+

澳大利亚西部
当前年份：2012   88

这款长相思新鲜而活泼，散发着西番莲、甜瓜和荔枝一般明快的果香，蕴含着淡淡青草和醋栗的芬芳。余韵甘美圆润，口感温和，在多尘精致的酒骨支撑下，浸润着略微寡淡的果味，收口展现出一定的柔软和清新。

$12-$19

Shiraz 西拉   ★

2011	86	2013-2016
2010	86	2012-2015+
2009	86	2011-2014
2008	90	2010-2013
2007	87	2009-2012
2006	87	2008-2011
2005	90	2007-2010+
2004	86	2006-2009
2003	86	2004-2009
2002	89	2004-2007+

澳大利亚西部
当前年份：2011   86

这款西拉融入了麝香的香醇和薄荷的清凉，酒质辛辣，略有烟熏气息，将黑莓果、李子和梅子的果香与一抹烟灰缸的浓郁气息紧密结合。酒体适中，口感直接而多汁，浸润着果酱味果香，随着余韵的展开，奔向不断断时续的收口，变得越发辛辣美味。

$12-$19

Unoaked Chardonnay 原味霞多丽   ★

2012	84	2013-2014
2011	87	2012-2013+
2010	90	2011-2012+
2008	82	2008-2009
2006	87	2007-2008
2004	86	2005-2006
2003	85	2004-2005
2002	88	2003-2004

澳大利亚西部
当前年份：2012   84

这款原味霞多丽口感略微尖锐，融入草本植物的清新，散发着甜瓜和柑橘带有热带水果的香味，底蕴中透露出缕缕奶油坚果的底调。初入口圆润多汁，余韵颇为绵长单薄，收口带有锐利的青绿质感和腰果滋味，包裹着一层紧实的酸度。

$12-$19

奥兰多酒庄 Orlando

通信地址： Barossa Valley Way, Rowland Rat SA 5352・**电话：**（08）8521 3111・
传真：（08）8521 3100・**网址：** www.orlandowines.com
产区： 澳大利亚南部 **酿酒师：** 伯纳德・希金（Bernard Hickin）
葡萄栽培师： 本・吉布森（Ben Gibson） **执行总裁：** 布雷特・麦金农（Brett McKinnon）

如今，奥兰多酒庄有一些酒品转移到了同一雇主旗下的杰卡斯品牌（Jacob's Creek）下，这或许对酒庄的多样性和连贯性产生了影响，但是酒品质量绝不会因此下降。酒庄目前出产的杰出酒品包括一款非常优秀的古纳华拉赤霞珠（Coonawarra cabernets）、一款带有薄荷味的帕史韦西拉（Padthaway shiraz）、一款物美价廉的雷司令以及一款口感柔顺内敛的霞多丽。

★★★★ Jacaranda Ridge Cabernet Sauvignon 蓝花楹岭赤霞珠

2009	95	2021-2029+
2005	95	2025-2035
2003	91	2011-2015+
1999	94	2011-2019+
1998	97	2010-2018+
1997	92	2009-2017
1996	97	2008-2016
1994	95	2006-2014
1992	89	2000-2004
1991	94	2003-2011
1990	94	2002-2010
1989	93	1997-2001
1988	91	1993-1996
1987	91	1995-1999

古纳华拉　　$50-$99

当前年份：2009　　95

这款赤霞珠经典而成熟，糅合了红莓和黑莓馥郁的雪松果香，和着略带粉笔风味的橡木香气，辅以一缕灌木丛蘑菇的清香。余韵绵长雅致，单宁紧实圆润而多尘，浓郁深邃的果味，与淡淡烟熏香草橡木气息紧密结合，收口展现出绝佳的平衡度和持久力。它将会缓慢地陈年成熟，在此过程中变得越发热辣，并且融入雪茄盒的风味。

★★★ Lawson's Shiraz 劳森的西拉

2005	89	2017-2025+
2004	92	2016-2024
2003	89	2011-2015
2002	88	2010-2014
2000	89	2008-2012
1999	90	2007-2011+
1998	94	2010-2018
1997	93	2005-2009+
1996	95	2004-2008+
1995	90	2003-2007
1994	96	2006-2014+

帕史萨韦　　$50-$99

当前年份：2005　　89

这款劳森的西拉香醇厚实，薄荷味和牙膏般的薄荷脑味烘托着黑醋栗、桑葚和清甜的香草橡木味。口感紧实绵密，果香馥郁，黑醋栗、红醋栗以及血李味中透着甘甜的巧克力 / 摩卡 / 香草橡木味。

★★★★ St Helga Riesling 圣海尔加雷司令

2013	92	2021-2025+
2012	95	2024-2030
2011	93	2019-2023
2010	94	2018-2022+
2009	92	2017-2021
2007	89	2009-2012+
2006	89	2011-2014
2005	95	2013-2017
2004	95	2012-2016
2003	90	2011-2015
2002	95	2010-2014+

伊顿谷　　$20-$29

当前年份：2013　　92

这款圣海尔加雷司令精巧细腻，是一款典型的伊顿谷雷司令。带有浓郁的玫瑰花瓣味的深邃花香中浮动着酸橙汁味和梨味，还有一抹板岩风味蕴含其中。口感圆润，余韵华美悠长，果香馥郁，带点白垩味。收口略带咸味。装瓶后，矿石风味也会随着时间的流逝而越来越浓。

★★ St Hilary Chardonnay 圣希拉里霞多丽

2013	87	2015-2018
2012	90	2017-2020
2011	91	2013-2016
2010	88	2012-2015
2009	90	2011-2014
2008	88	2009-2010+
2006	87	2008-2011
2005	90	2007-2010+
2003	88	2005-2008
2002	89	2004-2007
2001	90	2003-2006
2000	90	2002-2005+

帕史萨韦　　$12-$19

当前年份：2013　　87

这款适合早期饮用的圣希拉里霞多丽甘甜直接，醇美香滑。清新的柠檬芬芳中浮动着甜瓜、葡萄柚和香草橡木味，淡淡的熏肉、丁香和肉桂等辛香将其映衬得恰到好处。醇厚华美，略带黏稠感。甘甜明快的橡木果香味慢慢呈现出牛轧糖与坚果的香味。以带柑橘香的鲜明酸度收口。

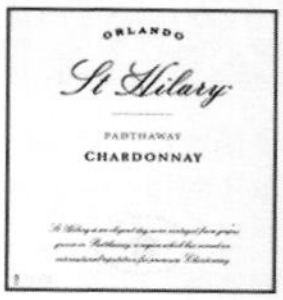

牛津园酒庄 Oxford Landing

通信地址：PMB31,WaikerieSA5330 · **电话**：（08）8561 3200 · **传真**：（08）8561 3393 ·
网址：www.oxfordlanding.com · **电子邮箱**：info@oxfordlanding.com.au
产区：澳大利亚河岸产区（Riverland）
酿酒师：安迪·拉·劳兹（Andy La Nauze）、格林恩·玛斯特（Glynn Muster） **执行总裁**：罗伯特·希尔·史密斯

牛津园酒庄已步入价格更具竞争力的澳大利亚品牌行列。该酒庄目前出品的葡萄酒品质极佳，丝毫不容小觑。当前系列品质一如从前，具有令人意想不到的特色和风格。

★ Cabernet Sauvignon Shiraz 赤霞珠西拉

2012	86	2014-2017
2011	86	2012-2013+
2010	90	2012-2015+
2009	86	2011-2014
2007	86	2009-2012
2006	87	2008-2011
2005	87	2007-2010
2003	85	2005-2008
2002	89	2004-2007
2001	86	2003-2006
2000	84	2002-2005

澳大利亚南部　　$5-$11

当前年份：2012　　86

这款早熟、新鲜的赤霞珠西拉略带尘土香气，洋溢着胡椒和草本植物的气息，散发着覆盆子和黑醋栗略带番茄茎秆风味的淡淡果香，融入一丝明快的香草橡木芳香。酒体适中，口感强烈，果味令人惊异地多汁饱满，绵延的余韵中透露出紧实精致的主干，收口萦绕着明亮的黑莓口感，更有一丝草本植物的味道浸润其中。

A B C D E F G H I J K L M N O P Q R S T U V W X Y Z

Chardonnay 霞多丽 ★

澳大利亚南部　　　　　　　　　　　$5-$11
当前年份：2013　　　　　　　　　　　86

　　这款霞多丽简约柔和，蜜桃浓郁的果香味中浮动着淡淡的杏香和奶油橡木香。口感柔滑明快，余韵悠长，带有柠檬般的酸度。

2013	86	2014-2015
2012	88	2013-2014+
2011	87	2012-2013
2010	87	2011-2012+
2009	85	2009-2010+
2008	87	2009-2010
2007	86	2007-2008+
2006	86	2006-2007+
2005	88	2006-2007

Merlot 梅洛 ★

澳大利亚南部　　　　　　　　　　　$5-$11
当前年份：2012　　　　　　　　　　　88

　　这款梅洛成熟多汁，酒香四溢，吐露着紫罗兰花蕾幽然甜美的花香，散发着乌梅、桑葚和黑樱桃浓郁的芬芳，融入泥土香醇的雪松／香草橡木的香气，浸润着樱桃、李子和莓果带有白坚香的明快果味，与甜的橡木味道浑然一体，在紧实呈粉末状的单宁支撑下，收口展现出良好的平衡度和清新的酸度。这款酒绝对是物超所值之选。

2012	88	2014-2017
2011	89	2013-2016
2010	86	2011-2012+
2008	87	2010-2013
2007	86	2008-2009+
2006	80	2007-2008+
2005	80	2005-2006
2003	83	2004-2005+
2002	87	2004-2007
2000	83	2002-2005
1999	80	2000-2001

Shiraz 西拉 ★

澳大利亚南部　　　　　　　　　　　$5-$11
当前年份：2012　　　　　　　　　　　87

　　这款西拉带有澳大利亚勃艮第葡萄酒的独特风味，香醇适口，很有窖藏潜力。一缕白胡椒辛香烘托着雅致而又灵动的蓝莓、黑莓和黑李味以及清新的雪松／香草橡木味。酒体适中，柔滑可口，韵味悠长，跃动的蓝莓味与内敛的橡木味完美融合。带尘土质感的单宁味烘托出相对其酒体来说显得较重的辛辣味，收口酸度清新明快。

2012	87	2014-2017+
2011	88	2012-2013+
2009	89	2011-2014
2007	80	2008-2009

天堂四号酒庄 Paradise IV

通信地址： 45 Dog Rocks Road, Batesford Vic 3221 **· 电话：**（03）5276 1536 **·**
电子邮箱： mooraboolestate@bigpond_com.au
产区： 吉朗
酿酒师： 道格·尼尔（Doug Neal）
葡萄栽培师： 格兰姆·伯尼（Graham Bonney）
执行总裁： 格兰姆·伯尼、道格·尼尔

　　天堂四号酒庄如今是维多利亚州最受追捧的酿酒商，亦是采用生长于凉爽气候的维多利亚葡萄品种酿酒的佼佼者。酒庄出品的葡萄酒带有独特的区域特色，将产区、葡萄和酿酒哲学细致地结合在一起。品质超群的 2013 年份肖蒙赤霞珠西拉混酿将这种理念发展到了极致，其浓郁的果香味可与 2007 年份的葡萄酒相媲美。可惜该酒庄 2013 年没有酿造霞多丽，贝茨福特西拉（Bates Ford Shiraz）最新的年份是 2011 年。达代尔（Dardel）的果香味各有不同，其中以 2013 年份的最为柔滑馥郁。

Chardonnay 霞多丽 ★★★★

吉朗　　　　　　　　　　　　　　$30-$49
当前年份：2012　　　　　　　　　　　93

　　这款年轻的霞多丽雅致香甜，溢满果香，浓郁的酒质带有些许肉香和时髦气息，散发着甜瓜和热带水果辛辣馥郁的果香，融入一缕淡淡的香草橡木的香气，底蕴中透露出丝丝蜡质的复杂气息。酒体适中至饱满丰盈，口感直接多汁，浸润着非常内敛的葡萄柚、柠檬和核果的风味，收口带有柑橘味和淡淡的矿物味。

2012	93	2017-2020+
2010	95	2015-2018
2009	96	2017-2021
2008	95	2013-2016
2007	94	2012-2015

2013	95	2025-2033
2012	95	2024-2032
2010	96	2018-2022+
2009	95	2014-2017+
2008	95	2016-2020+
2007	95	2015-2019

吉朗 $50-$99

当前年份：2013   95

    这款肖蒙特赤霞珠西拉混酿极具特色，有很高的平衡度与完整度，完美地将赤霞珠、西拉和霞多丽的香味融为一体。带有野性的荆棘香气中透着醋栗、黑莓与橡木的清香，一抹紫罗兰幽香、富有层次的矿物香以及淡淡的草药香蕴含其间。酒体适中至丰盈，柔滑雅致，余韵悠长多变。强劲紧实的单宁味烘托着成熟浓郁的小莓果味和芬芳的橡木味，收口酸度令人垂涎欲滴。

2013	95	2025-2033
2012	97	2024-2032+
2011	96	2019-2023+
2010	97	2022-2030+
2009	95	2017-2021+
2008	96	2016-2020+
2007	96	2015-2019+
2006	93	2011-2014+

吉朗 $50-$99

当前年份：2013   95

    这款达代尔西拉风格独特，香醇雅致。浓烈的胡椒等辛香味烘托着馥郁的黑莓味、李果味和紧实的橡木味，还有一缕麝香味、荆棘味和熏肉味蕴含其中。酒体适中，柔滑灵动，酒质精巧强劲，清新甘甜的醋栗、黑莓和李果味让韵味愈显悠长。淡淡肉香、矿物香和咸香味在齿颊间流连，让收口显得无比平衡雅致。继续窖藏，这款酒的集中度与完整度都会大幅提升。

2011	95	2019-2023+
2010	95	2015-2018+
2009	95	2014-2017+
2008	92	2013-2016
2007	93	2012-2015+
2006	91	2011-2014+

吉朗 $30-$49

当前年份：2011   95

    这款贝茨福特西拉富有皮诺葡萄的风味，吐露着略带麝香的如花芬芳，散发着黑莓、红莓和樱桃般辛辣的果香，在一抹紫罗兰和玫瑰花瓣幽然花香的熏陶下，透露出缕缕橡木的香气和丝丝李子的芳香。在精致、脆爽的单宁支撑下，在一抹丁香和肉桂的奇异滋味烘托下，展现出甘美雅致的口感，收口呈现极佳的平衡度和纯粹度，更有些许野味肉香的复杂风味。

帕灵加酒庄 Paringa Estate

通信地址：44 Paringa Road, Red Hill South Vic 3937 · **电话**：（03）5989 2669 ·
传真：（03）5931 0135 · **网址**：www.paringaestate.com.au · **电子邮箱**：info@paringaestate.com.au
产区：莫宁顿半岛   **酿酒师**：林德赛·麦克卡尔（Lindsay McCall）
葡萄栽培师：林德赛·麦克卡尔、尼克·鲍尔（Nick Power）
执行总裁：林德赛·麦克卡尔、玛格丽特·麦克卡尔（Margaret McCall）

    帕灵加酒庄因出品的黑皮诺葡萄酒馥郁成熟、色泽光洁、果味四溢而出名，它的西拉更是芬芳而辛辣，这两款酒都依照传统添加了丰裕的崭新橡木的滋味。该酒庄红葡萄酒和白葡萄酒的品质一直在稳步提升，果味、单宁味和橡木味融合得越来越完美。

2011	89	2013-2016
2010	89	2012-2015
2006	88	2008-2011
2005	88	2007-2010+
2003	86	2004-2005+
2002	85	2004-2007
2001	90	2003-2006
2000	89	2002-2005
1999	89	2001-2004
1998	91	2000-2003
1997	93	2002-2005
1996	84	1997-1998

莫宁顿半岛 $30-$49

当前年份：2011   89

    这款霞多丽香醇柔滑，丁香、肉豆蔻等辛香烘托着清新的葡萄柚、柠檬皮和香草橡木等果香味。油脂般香滑的橡木味中浮动着蜜桃和葡萄柚的甜香，还带有一丝类似坚果、牛轧糖或酵母般的香味。收口较为绵长，带有柔和适口的柠檬酸味。

Pinot Noir 黑皮诺 ★

莫宁顿半岛 $50-$99
当前年份：2010 86

　　这款黑皮诺带有甘甜直接的水果烘焙味，醇熟的黑李、樱桃与雪松橡木味中夹杂着泥土的芬芳。酒体适中至丰盈，可口的樱桃和甜李味慢慢透出草青味与葡萄干味，最后以酸味收口。

2010	86	2012-2015+
2008	90	2010-2013+
2007	88	2009-2012
2006	91	2011-2014
2005	88	2007-2010
2004	89	2006-2009+
2003	83	2005-2008
2003	87	2005-2008
2002	88	2004-2007
2001	89	2003-2006
2000	93	2002-2005+

The Paringa Pinot Noir 帕灵加黑皮诺 ★★★

莫宁顿半岛 $50-$99
当前年份：2009 88

　　这款帕灵加黑皮诺呈现夸张的索诺玛海岸（Sonoma Coast）风格，酒力强劲，溢满矿物质滋味。散发着醋栗的果酱香气，洋溢着李子和乌梅如同波特酒的集中浓郁芬芳，底蕴中透露出缕缕明显的摩卡橡木风味。口感深邃直接，浸润着浓郁果味，在精致而紧实的酒骨支撑下，果味逐渐寡淡，收口呈现锐利的紧涩。

2009	88	2017-2021
2008	91	2013-2016
2006	92	2011-2014
2004	87	2009-2012
2003	93	2008-2011

帕克古纳华拉酒庄 Parker Coonawarra Estate

通信地址： Riddoch Highway, Coonawarra SA 5263・**电话：**（08）8737 3525・**传真：**（08）8737 3527・
网址： www.parkercoonawarraestate.com.au
电子邮箱： cellardoor@parkercoonawarraestate.com.au
产区： 古纳华拉（Coonawarra）
酿酒师： 皮特・比斯尔（Pete Bissell）
葡萄栽培师： 皮特・巴纳弗斯（Pete Balnaves）
执行总裁： 乔纳森・汉斯凯森（Jonathan Hesketh）

　　帕克古纳华拉酒庄的创始人是约翰・帕克（John Parker），但如今品牌已归属于汉斯凯森酒业（Hesketh Wines），而汉斯凯森酒业在这次收购之前自己并不酿造葡萄酒。该酒庄有着第一流葡萄园的潜力，当然毋庸置疑，虽然其酿造的葡萄酒在过去十年间品质一直在不断下降，但1998年份和1999年份的红土第一奇葩（Terra Rossa First Growth）依然极为精致。新主人接手酒庄后表现得很好，2012年份酿造了品质极佳的赤霞珠。

Cabernet Sauvignon 赤霞珠 ★

古纳华拉 $30-$49
当前年份：2012 91

　　带有明显的巴内夫酒品特色。浓郁的紫罗兰芬芳中蕴含着醋栗、小红莓、雪松和黑巧克力橡木味。余韵绵长，赤霞珠独有的风味表现得淋漓尽致。在令人垂涎欲滴的单宁酸味的映衬下，馥郁果香与雪松、香草橡木味紧密地融合在一起，让余味显得十分明快悠长。

2012	91	2024-2032
2008	85	2013-2016
2007	87	2015-2019
2006	90	2014-2018+
2005	82	2010-2013
2004	90	2012-2016
2003	87	2005-2008
2002	83	2004-2007+
2001	89	2006-2009
1999	90	2001-2004+

Terra Rossa First Growth Cabernet Blend 红土第一奇葩赤霞珠混酿 ★★★

古纳华拉 $100-$199
当前年份：2008 88

　　这款赤霞珠混酿强劲有力，紧实且带有尘土气息的干爽单宁支撑的酒体，微微散发着红浆果、黑莓果酱煮过的香味，融入雪松、巧克力橡木的香气，底蕴中透露一缕摩卡和干草的清香。成熟馥郁，余韵慢慢变干，缺乏新鲜度，蕴含着草本植物的味道。这款酒感觉像是由压缩水果酿造而成的。

2008	88	2016-2020+
2006	85	2014-2018
2005	91	2013-2017
2004	93	2016-2024
2001	93	2013-2021
2000	95	2008-2012+
1999	97	2019-2029
1998	95	2010-2018
1996	97	2008-2016+
1994	84	1999-2002
1993	90	2001-2005
1991	95	2003-2011+
1990	97	2002-2010

Terra Rossa Merlot 红土梅洛

2006	81	2008-2011
2005	87	2007-2010+
2004	92	2012-2016
2001	83	2006-2009
2000	91	2002-2005+
1999	89	2004-2007
1998	93	2006-2010

古纳华拉

当前年份: 2006

$30-$49

81

　　这款梅洛散发着乌梅和樱桃的气息, 伴随着淡淡薄荷和巧克力的香味, 融入橡木的浓郁风味, 底蕴中透露出一缕李子和红醋栗的淡淡青绿果蔬香。口感不同寻常地甜酸, 口感生涩锐利, 余韵短促, 单宁味道浓烈, 弥漫一缕青绿和肉香, 稍微欠缺成熟度。

流云酒庄 Passing Clouds

通信地址: 30 Roddas Lane, Musk, Vic 3461 · **电话:** （03）5348 5550 · **传真:** （03）5348 5565 ·
网址: www.passingclouds.com.au · **电子邮箱:** office@passingdouds.com.au
产区: 本迪戈（Bendigo）、马其顿山脉
酿酒师: 格雷姆·利斯（Graeme Leith）、卡梅隆·利斯（Cameron Leith）
葡萄栽培师: 格雷姆·利斯、卡梅隆·利斯 （Graeme Leith）
执行总裁: 格雷姆·利斯

　　流云酒庄一直是澳大利亚重要的葡萄酒酿造商, 擅长酿造具有维多利亚州中央产区特色的红葡萄酒, 而且具有长期窖藏的潜质。该酒庄所产的红葡萄酒酒香扑鼻, 拥有紧致且呈粉末状的单宁, 展现出迷人自然的平衡度。2012 年份的珍藏系列表现得尤为突出, 是让人赞不绝口的高品质佳酿。25 年来, 这些葡萄酒的风格几乎没有发生任何改变, 几乎没有对现代性做出任何妥协和让步。该酒庄现在已迁往气候凉爽的戴尔斯福德（Daylesford）附近, 但仍然很幸运地保留了独具特色的本迪戈葡萄产区。

★ ★ ★ Graeme's Blend Shiraz Cabernet Blend 格雷姆西拉赤霞珠混酿

2012	93	2024-2032+
2011	87	2013-2016+
2010	93	2022-2030
2008	94	2020-2028+
2007	91	2019-2027
2006	90	2018-2026
2005	88	2013-2017
2004	89	2012-2016
2003	88	2008-2011
2002	92	2014-2022
2001	87	2006-2009

本迪戈

当前年份: 2012

$30-$49

93

　　这款格雷姆西拉赤霞珠混酿柔滑雅致, 质朴的花香味与甘甜的点心味中透着交织了雪松、香草橡木味的桑葚味与醋栗味, 还有胡椒等辛香味蕴含其间。余韵内敛悠长, 浓烈的辛香带着跃动的紫罗兰芬芳和柔润多尘的单宁味。收口柔滑灵动。

★ ★ ★ Reserve Shiraz 精选西拉

2012	95	2032-2042
2010	93	2022-2030
2009	94	2021-2029+
2006	92	2018-2026
2005	88	2013-2017
2004	96	2016-2024+
2003	93	2011-2015+
2002	93	2014-2022
2001	91	2013-2021

本迪戈

当前年份: 2012

$30-$49

95

　　这款精选西拉轻快雅致, 平衡度高。肉香中浮动着黑莓、蓝莓、桑葚以及雪松、香草橡木味, 一缕幽微的白胡椒味和甘甜花香将各种味道映衬得恰到好处。柔滑可口, 余韵深邃悠长, 浓郁的果香味、明快细腻的单宁味与内敛的橡木味完美融合, 收口清新集中, 极具深度。

★ ★ Shiraz 西拉

2012	90	2020-2024+
2011	88	2013-2016+
2010	91	2015-2018+
2004	90	2012-2016+
2001	93	2009-2013+
1998	87	2010-2018
1997	91	2005-2009
1996	89	2004-2008
1994	93	2002-2006+

本迪戈

当前年份: 2012

$30-$49

90

　　这款西拉简约质朴, 荆棘味和胡椒等辛香烘托着红莓味与黑莓味, 老橡木的幽香和淡淡肉香夹杂其间。柔滑可口, 清新的浆果味灵动多变。温润雅致, 余韵浓郁悠长, 辛香与甘草香在口中久久不散。

★ ★ The Angel Cabernet Blend 天使赤霞珠混酿

2012	92	2024-2032+
2011	90	2019-2023+
2010	90	2022-2030
2008	88	2013-2016
2005	87	2013-2017
2004	90	2012-2016+
2003	90	2015-2023
2002	89	2010-2014+
2001	86	2006-2009+
2000	87	2005-2008
1999	91	2007-2011
1998	90	2010-2018
1997	93	2005-2009+

本迪戈

当前年份: 2012

$30-$49

92

　　这款适合窖藏的天使赤霞珠混酿别具一格, 馥郁花香中浮动着红莓、桑葚和雪松橡木的香气, 还有若隐若现的紫罗兰和金钟花幽香。酒质细腻, 柔润顺口, 不浓不淡的小红莓和小黑莓味透着紧实内敛的橡木味, 收口雅致悠长, 具有令人心旷神怡的平衡感和清新明快的酸度。

宝莱特酒庄 Pauletts

通信地址： Sevenhill-Mintaro Road, Polish Hill River, SA 5453 · **电话：**（08）8843 4328 ·
传真：（08）8843 4202 · **网址：** www.paulettwines.com.au
电子邮箱： info@paulettwines.com.au
产区： 波利山河谷（Polish Hill River）、克莱尔谷
酿酒师： 尼尔·宝莱特（Neil Paulett）、凯文·鲍达瑞克（Kelvin Budarick）
葡萄栽培师： 马修·宝莱特（Matthew Paulett）
执行总裁： 内尔·宝莱特

小型酒庄。出品典型的克莱尔谷佐餐酒。向来都以高品质取胜。精心酿制的三款优雅雷司令展现了该品牌真正的实力；安德鲁西拉干红葡萄酒酒体丰满，香味浓郁，口感紧实，特别适合长期窖藏。2012 年份的安东尼那雷司令是该系列最佳的一款葡萄酒，宝莱特酒庄的白葡萄酒系列一跃成为该地区的优质葡萄酒。酒庄酿造的葡萄酒都展示出了它的风格和协调度。

Aged Release Riesling 陈年雷司令干白葡萄酒　　★★★

克莱尔谷　　　　　　　　　　　　　$30-$49
当前年份：2008　　　　　　　　　　　　93
　　成熟迅速，具有经典风格。丰满，带有烘烤味和蜂蜜味。散发着酸橙汁和柠檬略带油脂和黄油醇香的浓香，伴随着蜡质的复杂香气。口感圆润，绵柔密顺，黄油吐司、酸橙汁和柠檬皮的果味绵长。在精致的白垩结构支撑下，收口具有紧实如钢的棱角。整款酒非常完整，展现出极佳的平衡度。

2008	93	2016-2020
2007	91	2015-2019
2006	92	2018-2026
2005	94	2017-2025
1997	80	1999-2002

Andreas Shiraz 安德鲁西拉　　★★★

克莱尔谷　　　　　　　　　　　　　$30-$49
当前年份：2008　　　　　　　　　　　　90
　　酒体成熟，口感直接，散发着红色水果和黑色水果、矿物质和葡萄干融合而成的烟熏香味，夹杂着一丝可乐和黑巧克力的醇香，更有一缕薄荷和薄荷脑的香气。口感顺滑光洁，在精致坚实的主干支撑下，洋溢着黑莓、黑醋栗和乌梅的浓烈果香，伴随着雪松、香草橡木的香甜味。收口带有绵长的果味，透出碘和干草的味道。

2008	90	2013-2016+
2007	92	2019-2027
2006	93	2018-2026
2005	93	2017-2025
2003	90	2011-2015+

Antonina Riesling 安东尼那雷司令干白葡萄酒　　★★★★

克莱尔谷　　　　　　　　　　　　　$30-$49
当前年份：2012　　　　　　　　　　　　96
　　一款年轻的葡萄酒，风格经典，成熟缓慢，散发着酸橙、薰衣草和白花的浓香，底蕴中透出白垩香和片岩的味道。绵长柔顺，紧实集中，洋溢着具有穿透感且深邃纯粹的柑橘果味，夹杂着细腻的板岩味，收口爽脆，带有清新的酸橙汁酸味。

2012	96	2024-2030+
2010	95	2022-2030
2009	94	2017-2021+
2007	94	2019-2027
2005	95	2013-2017+

Cabernet Merlot 赤霞珠梅洛混酿　　★

克莱尔谷　　　　　　　　　　　　　$20-$29
当前年份：2009　　　　　　　　　　　　89
　　带有皮革味和泥土味，红莓、乌梅和雪松／香草巧克力橡木味中透着幽微的薄荷味和薄荷脑味。雅致悠长，果香味馥郁灵动，在未熟和过熟双重口味的影响下，略带草青味，单宁味带有金属气息。经过中短期的窖藏后，这款酒会变得更加清新温润。

2009	89	2017-2021+
2008	81	2010-2013
2007	87	2015-2019
2006	90	2018-2026
2005	84	2010-2013
2004	86	2009-2012+
2003	80	2005-2008
2002	90	2010-2014
2001	88	2006-2009+
2000	89	2008-2012
1999	88	2004-2007
1998	81	2000-2003

2013	93	2025-2033
2012	92	2020-2024+
2011	92	2019-2023+
2010	94	2018-2022+
2009	93	2014-2017+
2008	88	2013-2016
2007	86	2009-2012
2006	85	2008-2011+
2005	93	2013-2017
2004	87	2009-2012

克莱尔谷 $20-$29
当前年份：2013   93

适合窖藏，细腻独特。浓烈花香中浮动着酸橙汁、柠檬皮和苹果的香味。简朴紧致，带有精良的白垩味，果味浓郁集中，收口带有酸橙汁清新明快的酸度。

★ ★   Shiraz 西拉

2009	91	2021-2029
2008	86	2010-2013+
2007	90	2015-2019+
2006	87	2011-2014
2005	87	2010-2013
2004	89	2006-2009+
2003	83	2005-2008+
2002	89	2007-2010
2001	89	2006-2009
2000	90	2005-2008
1999	90	2004-2007

克莱尔谷 $20-$29
当前年份：2009   91

采用生长于温暖季节的葡萄酿造，经过精心处理，散发着乌梅、莓果和丁香略带辛辣胡椒馨香的芬芳，伴随着多尘雪松橡木的香气，一丝薄荷和薄荷脑的香味提升了整款酒的香氛。口感圆润，色泽通透，浸润着黑莓、红酸栗和甜李子略带果酱风味、明快深邃的果味，在精致细腻的骨架支撑下，收口优雅、清新集中。

帕克斯顿酒庄 Paxton

通信地址： 68 Wheaton Road, McLaren Vale, SA 5171 · **电话：**（08）8323 9131 ·
传真：（08）8323 8903 · **网址：** www.paxtonvineyards.com · **电子邮箱：** paxton@paxtonvineyards.com
产区： 麦克拉伦谷   **酿酒师：** 迈克尔·帕克斯顿（Michael Paxton）
葡萄栽培师： 迈克尔·帕克斯顿   **执行总裁：** 大卫·帕克斯顿（David Paxton）

麦克拉伦谷的一个葡萄酒品牌，由澳大利亚著名的葡萄栽培师大卫·帕克斯顿创立。酒庄出品的红酒馥郁成熟，带有适度的橡木香，会随着陈年时间的累积，逐渐展现出更佳的平衡度和精致度。2011年，南澳大利亚大部分地区出产的葡萄都不够好，酿出来的酒不够理想。2012年份的葡萄酒品质相较于2011年份自然有极大的提升。

★ ★   AAA Shiraz Grenache 3A 西拉歌海娜混酿

2012	90	2017-2020+
2011	86	2013-2016
2010	92	2015-2018
2009	86	2011-2014
2008	81	2009-2010+
2007	90	2009-2012
2006	93	2008-2011
2005	90	2007-2010

麦克拉伦谷 $20-$29
当前年份：2012   90

柔润优雅，带有尘土味与麝香味，透出甘甜的黑莓味和红莓味以及内敛的香草橡木味，底蕴中带有淡淡辛香和清甜花香。柔滑顺口，黑色莓果和红色莓果味十分明快，精巧柔韧的单宁味余韵悠长，收口酸度柔和适口。

★ ★   Jones Block Shiraz 琼斯园西拉干红葡萄酒

2011	87	2016-2019
2010	90	2022-2030
2009	91	2017-2021+
2007	90	2015-2019
2006	88	2011-2014
2005	86	2007-2010
2004	90	2009-2012

麦克拉伦谷 $30-$49
当前年份：2011   87

具有适度的厚实感和极高的紧致度，烟熏味、沥青味和煤炭味中透着略带青涩味的乌梅味、莓果味和摩卡/巧克力橡木味。柔滑爽口，浓厚的巧克力、烟熏牡蛎橡木味中暗含淡淡的李子味和黑莓味。

忏悔酒庄 Peccavi

通信地址： 1121 Wildwood Road, Yallingup, WA 6282 · **电话：** 0404 873 093 · **传真：**（08）6311 7435 ·
网址： www.peccavi-wines.com · **电子邮箱：** info@peccavi-wines.com
产区： 玛格丽特河   **酿酒师：** 布莱恩·弗莱切（Brian Fletcher）、阿曼达·克雷默（Amanda Kramer）、布鲁斯·达克斯（Bruce Dukes）
葡萄栽培师： 柯林·贝尔（Colin Bell）   **执行总裁：** 杰里米·穆勒（Jeremy Muller）

杰里米·穆勒召集了一个卓越的酿酒团队，酝酿以玛格丽特河为基地，实现其缔造世界级的葡萄酒品牌的梦想。今天的忏悔酒庄（酒庄的名字来源于史上著名的军事用语之一）呈现稳步发展的势头，其酿造的葡萄酒具有旧世界葡萄酒的优雅和柔润，由此让产区的高品质美酒数量有了增长。忏悔酒庄的每一款葡萄酒都是玛格丽特河产区不可多得的佳酿，尤其是赤霞珠和长相思赛美蓉。深受喜爱的"无悔"系列已成为该酒庄的第二标签。

Cabernet Sauvignon 赤霞珠 ★★★★

玛格丽特河 $30-$49
当前年份：2011 97

优雅迷人，风味独特。紫罗兰、藤蔓、醋栗、乌梅、桑葚和樱桃组合而成的馥郁香味中浮动着清新的雪松橡木味和淡淡的泥土芬芳，还有一丝雪茄盒味夹杂其间。丰满明快，雅致悠长，浓郁的黑色水果香气和雪松／巧克力橡木味完美融合，收口呈现出不可思议的平衡度与集中度。

2011	97	2031-2042
2010	95	2022-2030
2009	92	2017-2021
2008	95	2020-2028
2007	92	2012-2015

Chardonnay 霞多丽 ★★★

玛格丽特河 $30-$49
当前年份：2012 94

一款复杂的霞多丽。淡淡的烟草味烘托着金桔、葡萄叶和甜瓜的馨香，绵密的矿物味、丁香味和肉桂味映衬着甘甜的橡木味。酒体精巧丰盈至温润雅致，浓郁的果香味中透着板岩风味，收口悠长，带有咸香和矿石风味。

2012	94	2017-2020+
2011	93	2019-2023
2010	93	2015-2018+
2009	91	2011-2014
2008	92	2013-2016
2007	93	2009-2012+
2006	89	2008-2011

No Regrets Cabernet Merlot 无悔赤霞珠梅洛混酿 ★★

玛格丽特河 $20-$29
当前年份：2012 91

精巧雅致，带有灰尘味，略带烟熏味和薄荷味的基调中透着醋栗、乌梅和雪松橡木的甘香，还有淡淡的肉香、泥土味和干草香蕴含其间。酒体饱满偏中等，柔滑顺口，薄荷味和薄荷脑气息中浮动着乌梅、醋栗和樱桃般的果香味，干爽厚实的单宁让收口显得清新悠长，还带有淡淡的矿物味。

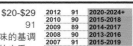

2012	91	2020-2024+
2010	90	2015-2018
2009	89	2014-2017
2008	90	2013-2016
2007	91	2015-2019

No Regrets Sauvignon Blanc Semillon 无悔长相思赛美蓉混酿 ★★

玛格丽特河 $20-$29
当前年份：2012 90

馥郁芬芳，成熟深邃，但又不会过于成熟。散发着热带水果淡淡的芳香，酒体明快，保留了丰裕的新鲜感和紧实感。口感明快绵长，浸润着甜瓜和醋栗明快多汁的果味，香味发展到极致，收口清新。

2012	90	2013-2014
2011	88	2012-2013
2009	90	2010-2011+
2008	91	2010-2013

Sauvignon Blanc Semillon 长相思赛美蓉干白葡萄酒 ★★★★

玛格丽特河 $30-$49
当前年份：2013 95

一款精心酿制的葡萄酒，澳大利亚这类酒中的最佳葡萄酒之一。平衡度极佳。散发着醋栗、甜瓜和荔枝的浓香，清新晶莹，余味中带有甘甜和香辣的橡木香，夹杂着淡淡的灰尘味和坚果味，以及一丝矿物味。口感顺滑，多果肉，几近油腻，单宁细腻、带有粉末质感，夹杂着紧实清新的酸味。

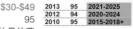

2013	95	2021-2025
2012	94	2020-2024
2010	95	2015-2018+

2012	94	2020-2024+
2011	90	2016-2019+
2010	94	2018-2022
2009	92	2017-2021
2008	88	2013-2016
2007	91	2015-2019

玛格丽特河 $30-$49

当前年份：2012   94

优雅之酒，富有风格，既带有旧世界葡萄酒的风味，又具有新世界葡萄酒的果香。辛香、肉昧与淡淡的巧克力味烘托着红莓和乌梅的味道，一丝胡椒粉的香味夹杂其间。口感柔滑，酒体中等偏饱满，带有明显的莓果、李子味以及雪松、巧克力橡木味，柔韧紧实的单宁让香味显得更为强烈，收口香醇平衡。

皮尔酒庄 Peel Estate

通信地址： 290 Fletcher Road, Karnup, WA 6176 · **电话：**（08）9524 1221 · **传真：**（08）9524 1625 · **网址：** www.peelwine.com.au · **电子邮箱：** peelwine@iinet.net.au

产区： 皮尔（Peel）　**酿酒师：** 威尔·奈恩（Will Nairn）、马克·莫顿（Mark Morton）

葡萄栽培师： 斯图尔特·布斯（Stuart Buss）　**执行总裁：** 威尔·奈恩（Will Nairn）

皮尔酒庄历史悠久，酿造的红酒坚实有力，白葡萄酒成熟多汁。酒庄的位置靠近珀斯，气候较为温暖。几十年来，这里的招牌美酒伍德秋收甜白葡萄酒一直都展现出复杂的香气，特殊的烘烤味以及独特的气质。2008 年份的西拉带有过度成熟的果味。

2008	82	2013-2016+
2007	89	2019-2027
2006	91	2018-2026
2005	88	2010-2013+
2004	92	2012-2016+
2003	88	2008-2011+
2001	83	2013-2017+
2000	82	2012-2020
1998	90	2003-2006+
1997	82	2002-2005
1996	89	2001-2004+

皮尔 $30-$49

当前年份：2008   82

一款醇厚的西拉，适合早期饮用。带有肉味和蜂蜜香味，烘托着黑莓、红莓、血丝李子味以及清爽怡人的巧克力、香草味。入口后，洋溢着泥土芬芳和皮革味，李子、西梅干和葡萄干的烘烤味。不过酒味不够清新，酒体不够温润，收口显得十分平淡简朴。

2012	90	2017-2020+
2011	91	2016-2019+
2010	91	2012-2015+
2006	91	2011-2014
2004	92	2012-2016
2003	86	2005-2008+
2001	90	2006-2009+
1999	84	2001-2004
1998	82	2000-2003
1997	88	1999-2002
1996	94	2004-2008
1995	89	2000-2003

皮尔 $30-$49

当前年份：2012   90

一款浓烈的葡萄酒，淡淡肉香与烟熏味烘托着甜瓜、金橘、蜜桃和金银花的香味。果香馥郁，平衡度高，带有油脂质感的蜜桃、杏子、甜瓜味与烟熏味、奶油香草橡木味交织缠绕，余韵温润悠长。

奔富酒庄 Penfolds

通信地址： 78 Penfold Road, Magill, SA 5072 · **电话：**（08）8301 5569 · **传真：**（08）8301 5588 · **网址：** www.penfolds.com · **电子邮箱：** magilLcellardoor@penfolds.com.au

产区： 巴罗莎谷、南澳大利亚各大产区　**酿酒师：** 彼得·格古（Peter Gago）

葡萄栽培师： 提姆·布鲁克斯（Tim Brooks）　**执行总裁：** 迈克尔·克拉克

奔富酒庄是澳大利亚酿酒业的翘楚，创造了澳大利亚最奢华的国际品牌。或许有些难以理解，但他们引以为傲的旗舰红葡萄酒葛兰许的确是该品牌第三昂贵的红葡萄酒。酒庄每年都会推出该系列，不管其品质如何。不过，酒庄并不是每年都会推出最顶级的 Bin 707 赤霞珠——2011 年份这款酒就因品质不够理想而未能上市。但是在那一年，酒庄发行了一款独树一帜、品质卓越的葡萄酒——玛格尔园西拉干红葡萄酒。奔富酒庄的确延续并创造了不少佳酿，并且在市场上表现得十分活跃，带领澳大利亚葡萄酒在国际市场上崭露头角。2010 年，酒庄推出了第二个年份（首次推出是在 1973 年）的 Bin 170 卡琳娜园西拉干红葡萄酒（97/100，适饮期：2030-2040+），一款充满古典气息的葡萄酒。这款酒售价高达 1800 美元，具有深邃浓郁的果香味、紧实的橡木味和天鹅绒一般的单宁质感。

Bin 128 Shiraz Bin 128 西拉干红葡萄酒 ★★★

古纳华拉
当前年份：2012
$30-$49
92

　　一款浓烈的古纳华拉葡萄酒，清新花香烘托着香浓深邃的红色水果和黑色水果芬芳以及甘甜的巧克力 / 雪松橡木味，干草本和薄荷脑的味道蕴含其间。酒体骨架强劲有力，略带沙砾质感，果味中包含着肉香，余韵简朴悠长，薄荷和薄荷脑的香气在嘴里久久不散。

2012	92	2024-2032
2011	87	2016-2019+
2010	94	2022-2030
2009	93	2021-2029
2008	91	2016-2020+
2007	91	2012-2015+
2006	89	2014-2018
2005	92	2013-2017
2004	91	2012-2016
2003	89	2011-2015
2002	88	2007-2010
2001	93	2009-2013+
2000	83	2002-2005

Bin 138 Grenache Shiraz Mourvèdre Blend ★★
Bin 138 歌海娜西拉慕合怀特混酿

巴罗莎谷
当前年份：2012
$30-$49
92

　　目前呈现出较重的西拉风味，胡椒等辛香中浮动着黑莓、蓝莓和醋栗的香气，清新的蓝花香气将香味映衬得更加浓烈。口感柔滑，丰满绵长，浓烈的荆棘莓果、李子味中带点香醇的白亚味，收口清新，集中度高。完整度和复杂度极佳，适合饮用。

2012	92	2020-2024+
2011	91	2016-2019
2010	90	2015-2018+
2009	92	2017-2021
2008	90	2016-2020
2007	90	2009-2012+
2006	92	2014-2018
2005	87	2007-2010
2004	90	2009-2012
2003	87	2005-2008
2002	91	2004-2007+
2001	88	2003-2006+

Bin 150 Marananga Shiraz Bin 150 玛拉南戈园西拉干红葡萄酒

巴罗莎谷
当前年份：2011
$50-$99

　　产自巴罗莎谷北坡。富含黑色水果芬芳，花香中透着甘甜的黑莓味、蓝莓味和桑葚味以及恰到好处的雪松、摩卡橡木味，淡淡的熏肉味和干草本味蕴含其间。酒体饱满偏中等，浓郁的果香味、鲜明的橡木味和呈细腻颗粒质感的单宁精巧紧密地融为一体，营造出令人心旷神怡的淡雅余味，最后只剩矿石味和石墨味在嘴里久久流连。

2011	92	2023-2031
2010	95	2030-2040+
2008	93	2020-2028

Bin 311 Chardonnay Bin 311 霞多丽干白葡萄酒 ★★★

坦巴伦巴
当前年份：2013
$30-$49
88

　　柔顺雅致，淡淡辛香中浮动着青苹果皮、梨子和橄榄油的味道，还有内敛绵密的坚果橡木味和清新的花香味夹杂其间。酒体多汁，柔雅的橡木味中透着苹果、白桃和梨子的香味，收口清新而劲道。

2013	88	2015-2018+
2011	93	2016-2019
2010	93	2015-2018
2009	89	2011-2014+
2008	91	2010-2013+
2007	90	2009-2012
2006	90	2008-2011+
2005	93	2010-2013

Bin 389 Cabernet Shiraz Bin 389 赤霞珠西拉混酿 ★★★

澳大利亚南部
当前年份：2011
$50-$99
91

　　一款萃取式混酿，带有橡木香气。胡椒辛香中浮动着乌梅、醋栗和黑莓的味道以及香醇浓郁的摩卡味、巧克力味、熏肉味和深邃丰富的薄荷香。酒体干爽强劲，橡木味和单宁烘托着馥郁爽口的李子味和莓果味。收口略显薄，一丝烤肉香在齿颊间逡巡不散。

2011	91	2023-2031
2010	95	2030-2040+
2009	91	2017-2021+
2008	91	2020-2028
2007	93	2019-2027+
2006	91	2018-2026
2005	95	2017-2025
2004	95	2016-2024+
2003	94	2015-2023+
2002	93	2014-2022
2001	91	2009-2013
2000	89	2005-2008
1999	92	2007-2011
1998	96	2010-2018+

★ ★ ★ Bin 407 Cabernet Sauvignon Bin 407 赤霞珠干红葡萄酒

2011	91	2023-2031
2010	93	2030-2040
2009	91	2017-2021+
2008	90	2016-2020+
2007	94	2019-2027
2006	88	2011-2014
2005	93	2013-2017+
2004	94	2012-2016+
2003	93	2011-2015+
2002	89	2010-2014
2001	87	2006-2009
2000	87	2005-2008
1999	90	2004-2007+
1998	91	2006-2010
1997	89	2005-2009

多产区 $50-$99
当前年份：2011 91

　　一款匀称的葡萄酒。花香和淡淡草本香中浮动着黑莓味、醋栗味和桑葚味以及雪松橡木味，还带点深色橄榄味、草青味和辣椒味。口感细腻，绵密悠长，鲜明的乌梅味、醋栗味与甘甜的雪松、摩卡橡木味交织缠绕，还带有一丝恰到好处的板岩味。收口略带草青味，缺乏优秀年份应有的鲜明集中。

Bin 51 Riesling （Formerly Reserve Bin）
★ ★ ★ ★ Bin 51 雷司令干白葡萄酒（原窖藏雷司令）

2012	94	2020-2024+
2011	94	2013-2021
2010	95	2022-2030
2009	94	2017-2021+
2008	93	2016-2020
2007	90	2012-2015
2006	94	2011-2014+
2005	91	2010-2013+
2004	93	2009-2012+
2003	93	2008-2011
2002	92	2007-2010
2001	92	2003-2006+

伊顿谷 $30-$49
当前年份：2012 94

　　浓烈质朴，辛香中浮动着苹果、梨子、酸橙汁和白色花瓣的香味，底蕴略带白垩和矿石风味。丰满润口，深邃的果香味与白垩味相互交织，余味悠长。收口带有绵密浓郁的果香味和酸味，平衡度佳。

★ ★ ★ ★ ★ Bin 707 Cabernet Sauvignon Bin 707 赤霞珠干红葡萄酒

2010	93	2030-2040
2009	96	2029-2039
2008	90	2020-2028
2007	92	2019-2027
2006	96	2036-2046+
2005	95	2017-2025
2004	97	2024-2034+
2002	96	2022-2032
2001	93	2013-2021+
1999	95	2007-2011+
1998	97	2010-2018+
1997	93	2005-2009+
1996	96	2018-2026+
1994	95	2014-2024
1993	95	2005-2013
1992	94	2004-2012
1991	97	2003-2011+
1990	95	2020-2030+
1989	91	1997-2001

巴罗莎谷、古纳华拉 $200+
当前年份：2010 93

　　复杂成熟，馥郁芬芳，散发着黑醋栗、乌梅和黑莓略带烘烤味和果酱味的香气，融入带有尘土味、巧克力、烟熏牡蛎壳味的美国橡木香，隐约透出一丝葡萄干和梅子干的成熟芳香。口感绵长紧实，紧紧缭绕口爽略带白垩质感的强劲单宁，洋溢着乌梅、黑莓和蓝莓的明快果味。这款酒正处于完全成熟的临界点，有可能会失去些许葡萄的美味特质。

★ ★ ★ ★ ★ Grange Shiraz 葛兰许西拉干红葡萄酒

2009	96	2029-2039
2008	95	2028-2038
2007	95	2027-2037
2006	91	2018-2026
2005	95	2025-2035
2004	98	2034-2044
2003	95	2023-2033+
2002	97	2022-2032+
2001	95	2021-2031
2000	87	2005-2008+
1999	96	2019-2029+
1998	97	2018-2028+
1997	95	2017-2027
1996	98	2026-2036+
1995	95	2025-2035+
1994	95	2014-2024+
1993	89	2005-2013
1992	94	2012-2022
1991	97	2021-2031
1990	97	2020-2030

巴罗莎谷（主要产区） $200+
当前年份：2009 96

　　精巧雅致，完整度高。浓郁肉香中浮动着黑莓、醋栗、血丝李、石南和蔓越橘的香味，巧克力、雪松橡木味恰到好处地交织其间，还带点李子酒和泥土的芬芳。柔顺丰满，浓郁的乌梅、黑莓和红色水果味相互平衡，令人垂涎，干爽紧实、带颗粒质感的单宁让余味显得曼妙悠长，收口带有一丝热汤的味道。一款不那么浓烈的葛兰许美酒，拥有不可思议的完整度、和谐感和超凡魅力。

A B C D E F G H I J K L M N O P Q R S T U V W X Y Z

Kalimna Bin 28 Shiraz Bin 28 卡琳娜园西拉干红葡萄酒 ★★

南澳大利亚各大产区 $30-$49
当前年份：2011   89

    酒体中等偏饱满，缺乏应有的丰满，但十分美味。淡淡肉香缓缓引出略带烟熏味的黑莓、樱桃和巧克力橡木味以及清新的花香，干爽精细的单宁将这些味道烘托得更加香醇。柔润馥郁的果香味与干爽的板岩味融合在一起，收口浓烈，带有橡木香气。

2011	89	2019-2023
2010	93	2018-2022+
2009	91	2017-2021+
2008	90	2016-2020
2007	93	2019-2027+
2006	89	2008-2011+
2005	90	2010-2013+
2004	93	2012-2016+
2003	93	2011-2015+
2002	88	2010-2014
2001	87	2006-2009
2000	88	2005-2008
1999	86	2004-2007+
1998	95	2010-2018+

Koonunga Hill Autumn Riesling 蔻兰山雷司令迟摘甜白葡萄酒 ★★

澳大利亚南部 $12-$19
当前年份：2013   90

    精巧雅致，平衡度佳。粉尘质地的芬芳中浮动着白色花朵、酸橙汁和柠檬的香气，还带有一缕淡淡的苹果香。口感明快，悠长独特，果香味香醇浓郁，清新明快的酸度与丝丝甜味在嘴里久久流连。

2013	90	2018-2021+
2012	89	2020-2028
2010	90	2015-2018
2009	90	2014-2017
2008	89	2013-2016

Koonunga Hill Seventy Six Shiraz Cabernet
蔻兰山七十六西拉 - 赤霞珠干红葡萄酒 ★★★

澳大利亚南部 $30-$49
当前年份：2012   92

    时尚典雅，辛香、淡淡肉香以及紫罗兰香气中浮动着浓郁紧实的黑莓味、蓝莓味、乌梅味以及巧克力橡木味和甘草味。口感如天鹅绒一般柔滑绵长，坚实劲道的单宁支撑着成熟明快的果香味与巧克力、香草橡木味，收口香醇浓郁，极具魅力。

2012	92	2024-2032+
2010	92	2022-2030
2009	91	2017-2021+
2008	90	2020-2028
2007	88	2015-2017+
2006	94	2018-2026

Koonunga Hill Shiraz Cabernet 蔻兰山西拉赤霞珠混酿 ★

澳大利亚南部 $12-$19
当前年份：2012   86

    柔润灵动，甘甜香气中浮动着醋栗味、紫罗兰味、桑葚味以及清新的香草、摩卡橡木味。酒体中等，几乎已成熟，雅致悠长，清新明快的酸度中包裹着莓果和李子的香味。这款酒酿得非常好，带有大量河岸水果的果香味。

2012	86	2017-2020
2011	88	2016-2019
2010	89	2015-2018+
2009	89	2014-2017
2008	87	2013-2016
2007	90	2012-2015
2006	89	2011-2014
2005	82	2007-2010
2004	81	2006-2009

Magill Estate Shiraz 玛格尔园西拉干红葡萄酒 ★★★★

阿德莱德市区 $100-$199
当前年份：2011   86

    具有草本植物香气，不大具备这款酒应有的品质。甘甜花香中浮动着乌梅味、黑巧克力味、醋栗味和熏肉味，还带有豌豆、青豆等草本植物的味道。缺乏结构感与鲜明度，简朴锐利，带有草青味，灵动的莓果香基本能压住生涩空洞、带有金属质感的酒味。这款略显锐利的酒生涩得让人惊讶。

2011	86	2016-2019
2010	96	2030-2040+
2009	93	2021-2029
2008	95	2028-2038
2007	93	2019-2027
2006	95	2018-2026
2005	94	2025-2035
2004	95	2016-2024+
2003	93	2011-2015
2002	87	2007-2010
2001	93	2013-2021
2000	90	2005-2008+

★★★★ Reserve Bin Chardonnay 珍藏 Bin A 霞多丽干白葡萄酒

年份	评分	适饮期
2012	96	2020-2024
2010	93	2015-2018+
2009	96	2014-2017+
2008	93	2013-2016
2007	95	2012-2015
2006	93	2008-2011+
2005	94	2010-2013
2004	93	2006-2009+
2003	92	2005-2008+
2000	93	2005-2008
1998	92	2003-2006
1995	93	2000-2003

阿德莱德山　　　　　　　　　　　　　　　$50-$99

当前年份：2012　　　　　　　　　　　　　96

　　带有矿物香气，甘甜的白色花朵芬芳中浮动着红宝石葡萄柚味、甜瓜味和白桃味，绵密的黄油橡木味与淡淡的蛋奶沙司味蕴含其间。口感澄澈悠长，简朴纯粹的葡萄柚味、甜瓜味和柠檬味在带有白垩味的酒体骨架中融为一体。收口咸而紧实，具有很高的集中度。这是一款澄澈纯净且平衡度极高的佳酿。

★★★★ RWT Shiraz RWT 西拉干红葡萄酒

年份	评分	适饮期
2011	91	2019-2023+
2010	96	2030-2040+
2009	95	2021-2029+
2008	94	2020-2028+
2007	95	2027-2037
2006	95	2018-2026
2005	96	2013-2017
2004	96	2024-2034+
2003	90	2015-2023
2002	93	2010-2014+
2001	88	2009-2013+
2000	91	2005-2008+
1999	96	2011-2019
1998	96	2010-2018+

巴罗莎谷　　　　　　　　　　　　　　$100-$199

当前年份：2011　　　　　　　　　　　91

　　带有薄荷香气和淡淡的草青味，浓烈的红莓味、蓝莓味、黑莓味、乌梅味和淡淡的针叶橡木味中浮动着麝香味、干草味和可可味。酒体饱满偏中等，柔滑可口，香醇的醋栗味、黑莓味、乌梅味紧密地与清新的巧克力、摩卡、香草橡木味融合在一起，形成较为悠长的余韵。收口带有些许草本香，缺乏好年份佳酿应有的余味。

★★★★ St Henri Shiraz Cabernet Blend 圣亨利西拉赤霞珠混酿

年份	评分	适饮期
2010	97	2030-2040+
2009	91	2017-2021+
2008	94	2028-2038
2007	93	2019-2027
2006	91	2018-2026
2005	92	2017-2025
2004	96	2024-2034
2003	92	2011-2015+
2002	97	2022-2032+
2001	90	2009-2013
2000	89	2008-2012
1999	95	2011-2019
1998	94	2018-2028
1997	93	2005-2009
1996	95	2008-2016

巴罗莎谷、克莱尔谷、古纳华拉　　　　　$50-$99

当前年份：2010　　　　　　　　　　　97

　　可能是圣亨利系列中品质最卓越的一款葡萄酒。平衡度极高，深邃辛香中浮动着浓郁的蓝色、黑色和红色水果的香气，透出清新诱人的红花、蓝花香气，一丝胡椒、熏肉、矿物和石墨的香味将各种香味烘托得恰到好处。口感如天鹅绒般顺滑，柔润悠长，主轴精细、含颗粒质感，果香浓郁，巧克力味和淡淡的沥青味夹杂其间。几近完美的一款酒，收口不可思议地和谐与悠长。

★★★★ Yattarna Chardonnay 雅塔娜霞多丽干白葡萄酒

年份	评分	适饮期
2011	95	2019-2023+
2010	96	2018-2022
2009	92	2014-2017+
2008	89	2016-2020
2007	95	2012-2015+
2006	94	2011-2014
2005	96	2010-2013
2004	95	2009-2012+
2003	94	2008-2011+
2002	90	2007-2010
2001	96	2006-2009+
2000	95	2005-2008

多产区　　　　　　　　　　　　　　　$100-$199

当前年份：2011　　　　　　　　　　　95

　　精巧内敛，雅致的花香与蜡香中浮动着白桃、梨子和苹果的果香，与香醇的香草橡木味交织在一起，丁香味与肉桂味等辛香夹杂其中。淡淡的坚果味和奶油味相互依衬，口感雅致悠长，带有清新明快的柑橘味，收口紧实且带有十分醇厚的酸味。

宾利酒庄 Penley Estate

通信地址： McLeans Road, Coonawarra, SA 5263・**电话：**（08）8736 3211・**传真：**（08）8736 3192・
网址： www.penley.com.au・**电子邮箱：** penley@penley.com.au
产区： 古纳华拉

酿酒师： 基姆・托雷（Kvm Tolley）、格雷格・福斯特（Greg Foster）
葡萄栽培师： 迈克尔・韦斯罗（Michael Wetherall）
执行总裁： 基姆・托雷

　　宾利酒庄是古纳华拉的一座小型酒庄。主要采用赤霞珠、梅洛和西拉酿造丰满、带有石南味的红葡萄酒。酒庄的红酒不像古纳华拉葡萄酒那样经典、单调、寿命长，相反，其丰满顺滑，适合早期饮用。近年，在酿造葡萄酒时，酿酒师做了一个积极的让步，将酒精度降到 15% 左右，提升了酒品的平衡度和新鲜度。酒庄出品的大部分红酒都不是 2011 年份的。

Aradia Chardonnay 天使霞多丽干白葡萄酒 ★

古纳华拉 $20-$29
当前年份：2011   90

　　一款迷人、易于入口的葡萄酒，散发着果酱略带香料味的香气，融入带有灰尘、香草味的橡木香，夹杂着肉桂和生姜的香味。口感雅致，绵柔密顺，浸润着柑橘和甜瓜的明快果味，与奶油橡木美味紧密缠绕，酸味清新明快。收口非常美味，伴随着一丝矿物质的醇香。

2011	90	2013-2016
2010	86	2012-2015
2009	85	2011-2014
2008	88	2010-2013
2006	86	2008-2011
2005	83	2007-2010
2004	88	2006-2009
2003	86	2004-2005
2002	88	2004-2007

Chertsey Cabernet Blend 卓思干红葡萄酒 ★ ★

古纳华拉 $50-$99
当前年份：2010   90

　　一款精心酿制的葡萄酒，年轻均衡。散发着黑莓和红莓明快的芳香，伴随着略带肉香的香草橡木香气，底蕴中透露出丝丝松针的气息。口感顺滑，色泽通透，洋溢着明快多汁的果味，与雪松、巧克力橡木的香甜滋味完美融合，夹杂着淡淡葡萄干风味。单宁蓬松，稍带尖锐质感。这款酒还需要一点时间去融合香味。

2010	90	2018-2022+
2009	93	2017-2021+
2008	89	2016-2020
2006	88	2011-2014+
2005	90	2010-2013+
2004	89	2012-2016

Gryphon Merlot 狮王梅洛干红葡萄酒 ★ ★

古纳华拉 $20-$29
当前年份：2012   88

　　香气馥郁，黑樱桃、红樱桃、桑葚、黑醋栗和蔓越莓的果味与雪松、香草橡木味完美地融合在一起，淡淡的葡萄干的味道蕴含其间。在精巧劲道的单宁支撑下，香醇可口的果香悠长多变，收口清新明快。

2012	88	2017-2020+
2011	86	2013-2016
2010	91	2015-2018+
2009	86	2011-2014
2008	90	2010-2013
2007	89	2009-2012+
2006	81	2007-2010
2005	87	2007-2010
2004	89	2006-2009+
2002	87	2004-2007+

Hyland Shiraz 海兰西拉干红葡萄酒 ★ ★

古纳华拉 $20-$29
当前年份：2012   91

　　一款年轻多汁的西拉，香醇馥郁，美味可口，雅致悠长，淡淡的薄荷脑和留兰香幽香烘托着甘甜的桑葚、黑醋栗、覆盆子的果味与内敛的香草、雪松橡木味。柔滑顺口，浆果和李子果味纯正浓郁，与新鲜橡木味紧密地融合在一起，简朴雅致的单宁蕴含其间。收口清新明快，集中度高。

2012	91	2020-2024+
2010	92	2018-2022+
2009	92	2017-2021
2008	89	2010-2013
2007	93	2012-2015
2006	89	2011-2014
2005	90	2007-2010+
2004	90	2009-2012
2003	86	2005-2008
2002	87	2004-2007
2001	91	2006-2009
2000	88	2002-2005+

Phoenix Cabernet Sauvignon 凤凰赤霞珠干红葡萄酒 ★ ★

古纳华拉 $20-$29
当前年份：2012   88

　　一款带有薄荷味的年轻葡萄酒。散发着红莓和黑莓略带果酱的香味，雪松、巧克力橡木味以及薄荷味。口感绵长紧实，甘甜的醋栗味、桑葚味、乌梅味与清新的橡木味、呈颗粒质感的单宁味完美融合。余味悠长，集中度高，带有灵动活跃的酸度，不过薄荷味稍微重了点。

2012	88	2020-2024
2011	89	2016-2019
2010	90	2015-2018+
2009	90	2011-2014+
2008	89	2013-2016
2007	90	2009-2012+
2006	88	2008-2011+
2005	80	2007-2010
2004	91	2012-2016
2003	87	2005-2008+
2002	86	2004-2007
2001	93	2006-2009+

Reserve Cabernet Sauvignon 珍藏赤霞珠干红葡萄酒 ★ ★

古纳华拉 $50-$99
当前年份：2010   91

　　具有良好的陈年潜力，如今已发展出略带肉香和雪松美味的复杂口感。入口顺滑，深邃成熟，散发着桑葚、黑醋栗和乌梅略带烟熏的果酱类香味，融入雪松、香草橡木的清新香味。酒体饱满偏中等，浸润着葡萄干般香甜的果味，蓬松时尚，在紧实精致、带有矿物质的单宁支撑下，与崭新的橡木香气极其巧妙地紧密缠绕，收口展现出不俗的劲道和余韵。

2010	91	2022-2030
2009	93	2021-2029
2008	88	2013-2016+
2007	87	2019-2027
2006	91	2014-2018
2005	93	2013-2017
2004	90	2009-2012
2002	89	2007-2010
2000	87	2005-2008
1999	93	2007-2011
1998	91	2006-2010
1997	90	2002-2005+

★★★   Special Select Shiraz 精选西拉干红葡萄酒

2010	93	2022-2030
2009	92	2017-2021+
2006	92	2014-2018
2005	87	2010-2013
2004	90	2009-2012+
2002	87	2007-2010
2000	88	2005-2008+

古纳华拉
当前年份：2010

$30-$49
93

    精致平衡，成熟均匀，口感甘美，完美展现古纳华拉的地域特性。散发着桑葚、黑醋栗、黑莓和乌梅略带草本和薄荷味的果香，融入带有新鲜雪松和动物味的橡木香，底蕴中透露出缕缕松针气息。口感顺滑多汁，带有烟熏香草橡木香，单宁细腻、带有谷粒质感，收口余韵绵长。

竹篙山酒庄潘尼斯山酒庄 Penny's Hill

通信地址： 281 Main Road, McLaren, Vale SA 5171・**电话：**（08）8556 4460・**传真：**（08）8556 4462・
网址： www.pennyshill.com.au・**电子邮箱：** info@pennyshill_com.au
产区： 麦克拉伦谷
酿酒师： 艾莉西娅・罗伯茨（Alexia Roberts）
葡萄栽培师： 马修・哈伦（Matthew Haaren）
执行总裁： 托尼・帕金森（Tony Parkinson）

    1995年首次出品了141打的西拉。之后，潘尼斯山酒庄走了一段很长的路，如今已成为麦克拉伦谷佐餐酒领域的翘楚。酒庄出品各个档次的葡萄酒。2012年份的足迹西拉（Footprint Shiraz）品质超群。酒庄在酿酒技艺和窖藏环境方面一直在稳步提升，酿造的酒十分香醇且具有很高的窖藏潜力。这是一个拥有光明前景的酒庄。

★★   Cracking Black Shiraz 西拉干红葡萄酒

2012	90	2017-2020+
2011	87	2013-2016
2010	90	2015-2018
2009	83	2011-2014
2008	83	2010-2013

麦克拉伦谷
当前年份：2012

$20-$29
90

    柔滑爽口，酒体丰盈，别具特色。成熟的果酱香中浮动着黑莓味与蓝莓味，余味中带有甘甜的摩卡／巧克力橡木味、糖蜜味和甘草味。柔滑香醇，薄荷味、微酸的水果味和清新的雪松／香草橡木味融为一体，悠长丰满，收口带有尘土味、草本味和逡巡不散的薄荷脑味。

★★★   Footprint Shiraz 足迹西拉干红葡萄酒

2012	95	2024-2032+
2011	88	2016-2019
2010	91	2022-2030
2009	93	2017-2021+
2006	81	2008-2011
2005	88	2010-2013

麦克拉伦谷
当前年份：2012

$50-$99
95

    一款产自麦克拉伦谷的优雅之酒，极具传统特色。泥土香、肉香与些许的皮革香中浮动着桑葚味、黑莓味、蓝莓味和紫罗兰味，精巧细腻的雪松、巧克力橡木味蕴含其间。酒体中等偏饱满，柔滑可口，跃动而具有穿透力的果香与浓郁的橡木味紧密融合，余韵悠长，富有层次感、令人垂涎的酸味在嘴里久久不散。

★★★   Skeleton Key Shiraz 白骨钥匙西拉干红葡萄酒

2012	93	2024-2032+
2011	88	2019-2023
2010	92	2022-2030
2009	88	2011-2014+
2008	90	2014-2018
2007	87	2009-2012+
2006	86	2008-2011
2005	89	2010-2013
2004	90	2009-2012
2003	90	2008-2011
2002	90	2007-2010
2001	86	2003-2006

麦克拉伦谷
当前年份：2012

$30-$49
93

    浓烈有力，醇熟雅致，香气馥郁，酒精味被隐藏得很好。烟熏摩卡橡木味中浮动着浓郁的黑莓、醋栗、乌梅和甘草的香味以及一缕淡淡的肉香。余韵香醇悠长，微酸的黑莓、乌梅和黑巧克力香味与柔滑的单宁融为一体，收口带有淡淡的矿石风味。

The Specialized Shiraz Cabernet Merlot 精选西拉赤霞珠梅洛混酿　

麦克拉伦谷　　　　　　　　　　$20-$29
当前年份：2012　　　　　　　　89

　　带有清新花香，红莓与黑莓的果味中透着些许炙烤土地、皮革和巧克力味。柔滑可口，酒体适中，平衡度高，韵味悠长。明快的浆果味与内敛的橡木味、精良的单宁味完美融合，收口带有咸香与辛香，酸度清新明快，还带有甘草味和矿物味。

2012	89	2020-2024
2011	87	2016-2019
2010	90	2018-2022
2009	80	2010-2011+
2006	86	2008-2011
2005	82	2007-2010
2004	81	2006-2009
2003	84	2005-2008
2002	83	2004-2007
2001	81	2003-2006

辣味杰克酒庄 Pepperjack

通信地址： Nuriootpa Road, Angaston, SA 5353・**电话：**（08）8561 0200・**传真：**（08）8561 0232・
网址： www.pepperjack.com.au
产区： 巴罗莎谷　**酿酒师：** 理查德・麦特纳（Richard Mattner）
执行总裁： 迈克尔・克拉克

　　辣味杰克是财富酒庄旗下颇受欢迎的一个葡萄酒品牌，之前为索莱酒庄旗下品牌。酒庄酿造的巴罗莎谷风格的红酒易于入口、柔软多汁、风味馥郁，橡木气息浓烈。酒品在推出之时就可以开瓶饮用。2012 年份的西拉香醇可口，酸度适宜。

Cabernet Sauvignon 赤霞珠　

巴罗莎谷，伊顿谷　　　　　　　$20-$29
当前年份：2012　　　　　　　　88

　　带有甘甜的橡木味和深邃的黑莓、黑醋栗、乌梅和石墨的香味，以及一丝板岩味和碘味。酒体饱满偏中等，柔顺华美，醋栗和乌梅的果味与香草 / 雪松橡木味、干爽紧实的单宁味完美地融合在一起。

2012	88	2020-2024
2011	88	2013-2016
2010	90	2018-2022
2009	88	2014-2017
2008	89	2010-2013+
2007	86	2009-2012
2006	90	2011-2014
2005	88	2010-2013
2004	87	2006-2009+
2003	87	2005-2008
2000	81	2001-2002
1999	87	2001-2004+

Shiraz 西拉　

巴罗莎谷　　　　　　　　　　　$20-$29
当前年份：2012　　　　　　　　91

　　美味可口，带有淡淡的矿物味，深邃的花香、薄荷香与麝香味中浮动着黑莓和红莓的果味，清新的香草、雪松橡木味和一丝薄荷脑味蕴含其间。口感如丝绸般柔滑，酒体丰盈，带有酸味，单宁质朴雅致。收口带有淡淡咸香，呈现出令人心旷神怡的酸度和平衡度。

2012	91	2020-2024
2011	90	2016-2019
2010	91	2015-2018+
2009	87	2011-2014
2008	90	2010-2013+
2007	88	2009-2012+
2006	86	2008-2011
2005	86	2007-2010
2004	89	2009-2012+
2003	88	2005-2008
2002	87	2005-2008
2001	86	2003-2006

葡萄之酒庄 Petaluma

通信地址： Lot 66, Spring Gully Road. Piccadilly, SA 5151・**电话：**（08）8339 9300・
传真：（08）8339 9301・**网址：** www.petaluma.com.au・**电子邮箱：** petaluma@petaluma.com.au
产区： 克莱尔谷、阿德莱德山、古纳华拉　**酿酒师：** 安德鲁・哈迪（Andrew Hardy）
葡萄栽培师： 迈克・哈姆斯（Mike Harms）

　　澳大利亚葡萄酿酒业的标杆企业。由布莱恩・克洛泽（Brian Croser）一手创立，如今为莱昂纳森酒业（Lion Nathan，又称弥敦狮）所有。与同类酒品相比，它的主打品牌霞多丽和古纳华拉（赤霞珠混酿）售价相对较低，在市场上极具竞争力。在原料方面，翰林山雷司令（Hanlin Hill Riesling）精选克莱尔谷的白葡萄，B & V 葡萄园西拉、维欧尼等则选用阿德莱德山的红葡萄。当前年份的酒品质不算特别突出，但仍有优秀的品质。然而新近推出的泰尔霞多丽干白葡萄酒毫无风格，也没有达到预期的品质。葡萄之路近期发布了一系列价格低廉的葡萄酒来取代水桥酒坊系列（Bridgewater Mill）。该系列的酒发行三个年份的话，就会被收入本年鉴。

★ ★ ★   B & V Vineyard Shiraz B & V 葡萄园西拉干红葡萄酒

2012	92	2020-2024
2010	92	2022-2030
2008	91	2016-2020+
2007	89	2012-2015
2006	90	2011-2014
2005	90	2007-2010
2004	89	2009-2012
2003	87	2005-2008+
2002	93	2010-2014
2001	93	2009-2013
2000	91	2005-2008
1999	89	2004-2007

阿德莱德山 $50-$99
当前年份：2012   92

柔滑可口，戴着浓郁的胡椒香，透出黑莓、黑醋栗、乌梅的果味以及甘甜的雪松／巧克力橡木味，淡淡的薄荷和薄荷脑味蕴含其间，还带点清新的摩卡橡木味。口感柔滑醇熟，酒体适中，余味悠长可口，紧实而带有淡淡酸味。

★ ★ ★ ★   Chardonnay 霞多丽

2013	94	2018-2021+
2012	96	2020-2024
2011	93	2016-2019
2010	93	2015-2018
2009	95	2014-2017
2008	92	2013-2016
2007	86	2009-2012
2006	95	2011-2014
2005	95	2010-2013+
2004	95	2012-2016
2003	91	2008-2011

皮卡迪利谷 $30-$49
当前年份：2013   94

别具一格，完整度高。内敛的石蜡味和矿物味中浮动着甜瓜味、蜜桃味和葡萄柚味，匀称复杂的氧化物夹杂其间。口感雅致悠长，内敛而富有层次感的甜瓜、葡萄柚和蜜桃的果味中透着淡淡的石蜡味、肉味和蛋奶沙司味。质地细腻，紧实度高，收口浓烈，带有浓郁的橡木味。

★ ★ ★ ★   Coonawarra Cabernet Merlot 古纳华拉赤霞珠梅洛

2010	94	2030-2040+
2008	93	2020-2026+
2007	94	2019-2027
2006	95	2018-2026
2005	91	2013-2017
2004	97	2024-2034
2003	89	2011-2015
2002	91	2010-2014+
2001	93	2013-2021
2000	93	2008-2012+
1999	97	2019-2029+
1998	96	2018-2028
1997	94	2009-2017+
1996	95	2016-2026

古纳华拉 $50-$99
当前年份：2010   94

口感复杂，寿命较长。散发着浓郁成熟的黑色水果果香，透出李子、黑醋栗和石南的薄荷味和皮革味，以及香甜巧克力、香草橡木的香气，夹杂着一丝桉树的味道。口感绵长，果味饱满，层次明晰，洋溢着浓烈集中的红樱桃和黑莓蓬松、时髦、持久的果味，在精致干爽的单宁支撑下，与精致的橡木美味浑然融为一体。

★ ★ ★   Croser Sparkling White 克洛泽起泡白葡萄酒

2011	93	2016-2019
2010	91	2012-2015+
2009	92	2011-2014+
2008	88	2010-2013
2007	91	2009-2012+
2006	92	2008-2011
2005	90	2007-2010+
2004	91	2006-2009
2003	91	2005-2008
2002	89	2004-2007+
2001	93	2003-2006+
2000	89	2005-2008
1999	93	2001-2004+

阿德莱德山 $30-$49
当前年份：2011   93

一款清新、富有风格的葡萄酒，带有矿物香气。细腻的花香与坚果香中浮动着蜜桃味、樱桃味和红莓味，还带有绵密的酵母味。口感绵长，带有白垩香，夹杂着坚果味、些许肉味和矿物味，单宁带有灰尘味和白垩香，集中清新。收口干爽平衡，酸度富有层次感。

CROSER

★ ★ ★ ★   Hanlin Hill Riesling 翰林山雷司令干白葡萄酒

2013	93	2021-2025+
2012	92	2020-2024+
2011	90	2016-2019
2010	94	2018-2022
2009	96	2021-2029
2008	96	2020-2028
2007	87	2009-2012+
2006	93	2011-2014
2005	95	2013-2017+
2004	90	2009-2012+
2003	94	2011-2015+

克莱尔谷 $20-$29
当前年份：2013   93

香醇可口，清新的花香烘托着新鲜的苹果皮、酸橙汁、梨与柠檬的香味。柔滑可口，香醇馥郁，苹果味与柠檬味浓郁明快，夹杂着细腻的白垩香，收口带有浓烈爽脆的酸味。

古纳华拉　　　　　　　　　　　　　　　　$50-$99
当前年份：2010　　　　　　　　　　　　　　95

　　品质极佳，麝香味和深邃花香味中浮动着乌梅、樱桃、桑葚和黑醋栗的果味，香醇的烟熏雪松橡木味和些许熏肉味、摩卡味和炙烤土地的味道蕴含其间。酒体中等偏饱满，酒质匀称细腻，深邃的乌梅、浆果与樱桃果味恰到好处地与雪松、巧克力、摩卡橡木味融为一体，收口带有石南和矿物味。

2010	95	2022-2030+
2008	93	2020-2028+
2007	90	2012-2015+
2006	93	2018-2026
2005	93	2013-2017
2004	87	2009-2012
2003	92	2011-2015
2001	91	2009-2013+
2000	87	2005-2008
1999	95	2007-2011+
1998	96	2010-2018

Tiers Chardonnay 泰尔霞多丽干白葡萄酒　　　★ ★ ★ ★

阿德莱德山　　　　　　　　　　　　　　$100-$199
当前年份：2010　　　　　　　　　　　　　86

　　香醇可口，浓郁的橡木味、奶油味、香草味和黄油味中浮动着蜜桃味和奶油味，幽微的熏肉味和蛋奶沙司味夹杂其间。口感柔滑顺口，具有典雅华美的传统气息，带有明晰直接的黄油味，收口清新明快。

2010	86	2012-2015
2009	95	2014-2017
2008	95	2013-2016+
2007	88	2009-2012+
2006	95	2011-2014+
2005	90	2007-2010+
2004	95	2009-2012+
2003	91	2008-2011
2002	90	2004-2007+
2001	94	2006-2009+
2000	90	2005-2008+
1999	93	2004-2007

Viognier 维欧尼　　　★ ★ ★ ★

阿德莱德山　　　　　　　　　　　　　　$30-$49
当前年份：2010　　　　　　　　　　　　　95

　　矜持芬芳，散发着玫瑰油、红茶、金银花、丁香和肉桂的辛辣香气，融入葡萄柚和蜜柑的浓郁果香，夹杂着一丝热带水果的芳香气息。入口顺畅温和，洋溢着明快、如水晶般剔透的果香和精致的树脂味。余韵悠长，清爽怡人，带有柑橘的暗香。

2010	95	2015-2018
2009	90	2011-2014+
2007	87	2008-2009+
2006	88	2008-2011
2005	83	2006-2007
2003	89	2005-2008
2002	91	2004-2007
2001	89	2003-2006
2000	87	2001-2002+
1999	90	2001-2004

彼得莱曼酒庄 Peter Lehmann

通信地址： Para Road, Tanunda, SA 5352 **· 电话：**（08）8565 9500 **· 传真：**（08）8565 9595 **·**
网址： www.peterlehmannwines.com **· 电子邮箱：** plw@peterlehmannwines.com
产区： 巴罗莎谷　**酿酒师：** 安德鲁·威根（Andrew Wigan）、伊恩·洪格尔、彼得·凯利（Peter Kelly）、凯瑞·莫里森（Kerry Morrison）
葡萄栽培师： 尼格尔·毕利斯科（Nigel Blieschke）　　**执行总裁：** 杰夫·邦德（Jeff Bond）

　　彼得莱曼酒庄隶属瑞士赫斯集团（Swiss Hess group），总部位于巴罗莎谷。出品多种佐餐酒，产品品质忠于品种与产区特色。彼得·莱曼是酒庄的灵魂人物。遗憾的是，莱曼在2013年7月过世了。这位热爱喜剧表演的酿酒偶像在20世纪70年代末期和80年代初期让巴罗莎谷前景堪忧的葡萄种植园以及葡萄种植户们拥有了稳定而光明的未来。彼得莱曼酒庄近来努力进行革新，重新推出了不少过去已有的酒款，同时也推出了不少新的酒款。对于一家有着辉煌历史的酒庄来说，变革并不是一件容易的事，所幸该酒庄的变革是成功的，因为他们始终坚持贯彻莱曼先生高品质、高要求的信条。我最欣赏的是新的H&V系列，年鉴中列出了其中的三款酒。

Botrytis Semillon（Formerly Noble Semillon）贵腐赛美蓉干白葡萄酒
★

巴罗莎谷　　　　　　　　　　　　　　　$20-$29
当前年份：2010　　　　　　　　　　　　　92

　　甘美迷人，芳香浓郁，口感集中，不过不会有甜得发腻的感觉。略带糖果般的甜美气息，散发着蜂巢、蜜瓜、杏和桃子的浓烈香气，融入香甜的香草橡木香气，以及一丝清新的酸橙汁香味。口感绵长丰满，洋溢着柠檬皮、核果和蜜瓜的香味，底蕴中透露出一丝生姜和丁香的芳香。余韵清新，唇齿之间长久回荡着大麦糖的浓郁香气。

2010	92	2015-2018
2009	87	2010-2011+
2008	88	2010-2013
2007	87	2008-2009+
2006	87	2007-2011
2005	86	2007-2010
2002	91	2004-2007+
2001	87	2003-2006+
2000	90	2002-2005+
1999	82	2001-2004
1998	84	2003-2006

★★★ Eight Songs Shiraz 八首歌西拉

2009	91	2017-2021+
2008	93	2020-2028
2007	93	2027-2037
2006	92	2018-2026
2005	91	2013-2017
2004	93	2012-2016+
2003	92	2011-2015+
2002	90	2010-2014
2001	88	2006-2009
2000	89	2005-2008
1999	92	2004-2007+
1998	94	2006-2010+
1997	88	2002-2005+

巴罗莎谷 $50-$99
当前年份：2009   91

口感顺滑，色泽通透，散发着红莓和黑莓的成熟果香，略带葡萄干的果酱气息，融入淡淡香草、雪松橡木的香气，底蕴中透露出一丝胡椒的辛香。入口后，洋溢着黑醋栗、覆盆子和红酸栗的果味，绵长多汁，夹杂着一丝矿物味，底蕴中透出可乐和月桂叶的香味，单宁精致细腻。但带有些许未熟和过熟的质感。

★★★ Futures Shiraz 未来西拉干红葡萄酒

2010	95	2022-2030+
2008	93	2020-2028
2007	92	2015-2019+
2006	91	2011-2014+
2005	93	2013-2017
2004	91	2016-2024
2003	93	2015-2023
2002	93	2010-2014+
2001	86	2003-2006

巴罗莎谷 $20-$29
当前年份：2010   95

优雅之酒，精致平衡，展现出巴罗莎谷北部葡萄酒的风味。散发着黑醋栗、乌梅、黑莓和蓝莓馥郁的果味，融入辛辣的香草、巧克力橡木的香气。热辣石南和黑胡椒的香味提升了整体的香气。酒体饱满偏中等，黑色水果的果味甘美深邃，层次丰富，后味中带有巧克力橡木香，单宁细腻，带有砾石质感。收口绵长，清新平衡，矿物和石墨味经久不散。

★★★ H&V Barossa Valley Shiraz H&V 巴罗莎谷西拉干红葡萄酒

2012	93	2024-2032
2011	93	2016-2019+
2010	92	2022-2030

巴罗莎谷 $20-$29
当前年份：2012   93

雅致香醇，别具一格。淡淡肉香中浮动着乌梅味、黑莓味、红酸栗味以及芳香的雪松橡木味，淡淡的蓝莓味和甘甜的紫罗兰味蕴含其间。口感柔滑明快，李子和浆果果味浓烈，单宁蓬松细腻，与清新的雪松、香草橡木味紧密融合，收口丝滑绵长。

★★★ H&V Eden Valley （Formerly Blue Eden） Riesling H&V 伊顿谷雷司令干白葡萄酒（原蓝伊顿雷司令）

2014	93	2022-2026+
2013	91	2021-2025
2011	88	2013-2016+
2010	92	2018-2022+
2009	92	2017-2021
2008	90	2013-2016+
2007	91	2012-2015+
2006	90	2011-2014
2005	93	2013-2017+
2004	90	2006-2009+

伊顿谷 $20-$29
当前年份：2014   93

雅致悠长，精巧细腻，蓝花的芬芳和淡淡的白垩味烘托着具有穿透力的柠檬汁味、新鲜苹果味和梨味。匀称细腻，浓郁温润，酸橙、柠檬、梨子和苹果的新鲜果味绵长丰满，收口清新绵密，带有令人垂涎欲滴的柠檬酸味。

★★ H&V Eden Valley Chardonnay H&V 伊顿谷霞多丽干白葡萄酒

2013	88	2015-2018
2012	88	2017-2020+
2011	93	2016-2019

伊顿谷 $20-$29
当前年份：2013   88

香醇可口，浓郁的蜜桃和奶油芬芳中浮动着一丝白花的幽香，清新的薰衣草味和复杂的酵母味蕴含其中。在精巧雅致的白垩味的支撑下，余韵绵密悠长，浓郁的甜瓜味、苹果味、蜜桃味和奶油糖味融合在一起，收口带有咸香与坚果香，以及温和的类似苹果的酸味。

Margaret Semillon （Formerly Reserve）
玛格丽特赛美蓉干白葡萄酒（原珍藏赛美蓉）

★★★

巴罗莎谷
当前年份：2008　　　　　　　　　　　　$30-$49
　　　　　　　　　　　　　　　　　　　93

绵长优雅，非常内敛。散发着甜瓜和桃子带有烘烤味的果香以及柔和的坚果橡木香，从中透出些许薄荷味。酸橙汁的香味提升了整体的香气。口感绵柔密顺，洋溢着甜瓜、酸橙带有坚果味的多汁风味，与香甜、略带炭味和香草味的橡木香紧密交织，夹杂中透出细腻柔顺的白垩香。这款酒会随着时间的推移散发出渐强的果味和清新的酸味。

2008	93	2016-2020+
2006	92	2014-2018
2005	93	2010-2013+
2004	94	2012-2016+
2003	92	2011-2015
2002	95	2014-2022
2001	91	2009-2013+
2000	89	2005-2008
1998	88	2003-2006

Mentor Cabernet Blend 指导者赤霞珠混酿

★★★★

巴罗莎谷
当前年份：2010　　　　　　　　　　　　$30-$49
　　　　　　　　　　　　　　　　　　　95

精致深邃，层次明晰，融入波尔多葡萄酒的纤巧风味。散发着紫罗兰、黑醋栗、黑莓和红莓的浓郁香气，细腻的法国橡木香提升了整体的香气。口感绵长雅致，洋溢着带有石南味的水果丰满果香，夹杂着李子味和些许肉味，单宁温和细密。非常平衡的一款酒。

2010	95	2030-2040
2009	93	2021-2029
2008	93	2020-2028
2006	94	2026-2036
2005	87	2013-2017
2004	95	2016-2024+
2002	93	2014-2022
2001	88	2009-2013
2000	88	2005-2008+
1999	91	2004-2007
1998	93	2010-2018
1997	91	2005-2009
1996	95	2008-2016

Stonewell Shiraz 斯顿维尔西拉

★★★★

巴罗莎谷
当前年份：2009　　　　　　　　　　　　$50-$99
　　　　　　　　　　　　　　　　　　　92

香味浓郁，层次丰富，丰满厚重。散发着黑醋栗、乌梅和石南的香气，甘甜成熟，带有果酱味，后味中透出奶油雪松、香草橡木香，还有一丝醋栗的果味。口感绵长丰满，橡木味浓烈，洋溢着黑莓和李子略带葡萄干的浓郁风味，收口略带烘烤味和橡木味，稍微尖锐。这款酒有些过熟了，但还是需要陈年。

2009	92	2021-2029
2008	95	2020-2028+
2007	92	2019-2027
2006	95	2018-2026+
2005	93	2017-2025+
2004	95	2016-2024+
2003	92	2015-2023
2002	96	2014-2022+
2001	90	2013-2021
2000	89	2008-2012
1999	95	2007-2011+
1998	89	2006-2010
1997	93	2005-2009+

Wigan Riesling 威根雷司令干白葡萄酒

★★★★

伊顿谷
当前年份：2008　　　　　　　　　　　　$30-$49
　　　　　　　　　　　　　　　　　　　96

悠长完整，已经开始显露出些许烘烤、烟熏和油脂的味道，但是依然保有纯净原始的果味。散发着酸橙汁和柠檬皮带有蜡味和花香的深邃香气，从中透出一股清新的矿物味。口感绵长细腻，带有白垩香，洋溢着浓烈的柑橘风味。底味中透出细腻的白垩香，收口集中平衡，带有紧实的酸味。

2008	96	2020-2028+
2006	95	2014-2018
2005	94	2013-2017+
2004	92	2016-2024
2003	95	2011-2015+
2002	93	2010-2014+
2001	92	2009-2013+
2000	96	2005-2008+
1998	95	2006-2010+
1997	90	2005-2009
1996	90	2001-2004

普溪河谷酒庄 Pewsey Vale

通信地址： Browns Road, Pewsey, Vale SA 5235 · **电话：**（08）8561 3200 · **传真：**（08）8561 3393 ·
网址： www.pewseyvale.com · **电子邮箱：** info@pewseyvale.com
产区： 伊顿谷　**酿酒师：** 路易莎·罗斯（Louisa Rose）
葡萄栽培师： 达雷尔·克鲁格（Darrell Kruger）　**执行总裁：** 罗伯特·希尔·史密斯

　　今天的普溪河谷酒庄擅长酿造白葡萄酒，旗下两款干爽的雷司令享有盛名，品质稳定，寿命较长。较年轻的雷司令品质完整，而表演者雷司令干白葡萄酒则有不俗的陈年效果，这两款酒都物有所值。2012是一个好年份，因此有了质朴丰满的普瑞玛雷司令干白葡萄酒，是一款干型葡萄酒。

★★　Gewürztraminer 琼瑶浆

2009	93	2014-2017
2008	91	2013-2016
2007	87	2008-2009
2006	90	2008-2011
2005	86	2007-2010

伊顿谷
当前年份：2009

$20-$29
93

香味浓烈，略带尘土气息和肉香，散发着柠檬草、玫瑰油、酸橙汁和矿物质的芳香，伴随着些许辛辣滋味，底蕴中升腾淡淡丁香、肉桂的果香，还伴有些许霉味。口感绵长，浓稠度中等，质朴干燥，带有白亚香，果味绵长，夹杂着肉味和香料味。收口十分美味，带有一丝酒味。

★　Pinot Gris 灰皮诺

2009	89	2011-2014
2008	87	2010-2013
2007	89	2008-2009+
2006	89	2008-2011
2005	90	2006-2007+
2004	91	2005-2006+

伊顿谷
当前年份：2009

$20-$29
89

明快活泼，强劲有力，散发着苹果和梨略带辛辣的清新果香，以及浓郁的花香。一款带有灰皮诺特色的葡萄酒，口感甘美，如丝绸般柔滑，接近黏稠。单宁细腻，带有灰尘味。收口绵长，略带甜味，以及清新平衡的酸味。

★★★　Prima Riesling 普瑞玛雷司令干白葡萄酒

2013	93	2021-2025
2012	93	2020-2024
2011	89	2013-2016
2010	93	2015-2018
2009	93	2014-2017+
2008	90	2013-2016
2007	91	2012-2015

伊顿谷
当前年份：2013

$20-$29
93

独树一帜，平衡度高佳。散发着淡淡甘香，醇厚可口，具有当地雷司令酒精味相对较弱的特点。淡淡的糕饼香气中浮动着酸橙汁、柠檬皮和蜜桃的香味，白花的香气蕴含其间。清新多汁的柑橘风味绵长直接，单宁带有白亚香，收口平衡，清新明快。

★★★　Riesling 雷司令

2014	90	2019-2022
2013	92	2021-2025+
2011	92	2016-2019+
2010	92	2018-2022
2009	94	2017-2021
2008	95	2020-2028
2007	90	2009-2012+
2006	91	2011-2014+
2005	90	2010-2013
2004	87	2006-2009
2003	93	2008-2011+

伊顿谷
当前年份：2014

$20-$29
90

柔润雅致，明快可口。薰衣草味和白色花朵的香味烘托着酸橙汁、柠檬皮和淡淡的白亚香味。口感柔滑，清新直接，余韵较为悠长，收口酸度柔和。这款酒很有魅力，但不够强劲，缺乏鲜明特色。

★★★★　The Contours Riesling 表演者雷司令干白葡萄酒

2013	96	2015-2033+
2009	95	2017-2021+
2008	94	2016-2020+
2007	93	2015-2019+
2006	91	2014-2018
2005	95	2017-2025
2004	95	2016-2024
2003	96	2015-2023
2002	96	2014-2022
2001	95	2009-2013+
2000	91	2008-2012
1999	94	2007-2011+
1998	95	2006-2010

伊顿谷
当前年份：2009

$20-$29
95

醇熟典雅，平衡度高，极具潜力。烟熏味和焦香味中浮动着深邃的花香，奶油蛋卷的香气烘托了麝香、玫瑰油和黄油的香味，夹杂着淡淡的柠檬皮、酸橙汁和煤油香味。口感绵长甘美，果香匀称丰满，底味中带有细腻的白亚香，收口带有极其均衡的酸度和清新度，还夹杂着一丝经久不散的矿物味。

菲利普肖酒庄 Philip Shaw

通信地址： Koomooloo Vineyard, Orange, NSW 2800・**电话：**（02）6365 3422・**传真：**（02）6365 3922・
网址： www.philipshaw.com.au・**电子邮箱：** info@philipshaw.com.au
产区： 奥兰芝　**酿酒师：** 菲利普・肖（Philip Shaw）
葡萄栽培师： 史蒂夫・弗格森（Steve Ferguson）　　**执行总裁：** 菲利普・肖

　　菲利普・肖是澳大利亚最优秀的酿酒师之一，1988 年（还是 1989 年）开始种植葡萄。他所拥有的奥兰芝葡萄园海拔 900 米。如今该酒庄出品的葡萄酒以芳香馥郁、优雅平衡而闻名。值得一提的是，酒庄葡萄酒果味的深度和纯正度是菲利普・肖广泛运用酿造技术的结果。可能是 2013 年份的白葡萄酒过于讲究的原因，这款酒在集中度与紧实度方面表现得较差。当前年份的红酒也需要在结构和果香深度方面进行一定的改进。

No. 11 Chardonnay 11 号霞多丽干白葡萄酒　　　　★★★

奥兰芝　　　　　　　　　　　　　　　　$30-$49

当前年份：2013　　　　　　　　　　　　　90

　　香醇丰满，适合早期饮用。散发着桃子的浓郁果香、新鲜奶油、香草味橡木香和葡萄柚的香味，底味中透出略带烘烤味的丁香和姜的香味，后味中带有一丝烘烤味和甜玉米味。口感如丝绸般顺滑，丰满油腻，洋溢着核果清新丰盈的风味，香甜的橡木味，收口柔软，几近甜腻，但是清新，带有温和的酸度。

2013	90	2015-2018
2012	90	2014-2017
2011	93	2013-2016+
2009	94	2014-2017
2008	89	2010-2013+
2007	91	2009-2012+
2006	90	2008-2011
2005	94	2010-2013
2004	91	2006-2009

No. 19 Sauvignon Blanc 19 号长相思干白葡萄酒　　　　★★★

奥兰芝　　　　　　　　　　　　　　　　$20-$29

当前年份：2013　　　　　　　　　　　　　90

　　香醇馥郁，散发着醋栗、黑醋栗和荔枝的新鲜浓郁的果香，略带草本味。口感如同丝绸般柔滑，馥郁甘甜的果香味不显甜腻，收口柔顺雅致。这款酒美味可口，但紧实度和集中度略显不足。

2013	90	2014-2015+
2012	91	2014-2017
2010	92	2011-2012+
2009	90	2010-2011+
2008	93	2009-2010+
2007	91	2008-2009
2006	90	2007-2008
2005	88	2005-2006

No. 8 Pinot Noir 8 号黑皮诺干红葡萄酒　　　　★★

奥兰芝　　　　　　　　　　　　　　　　$30-$49

当前年份：2013　　　　　　　　　　　　　86

　　轻盈柔顺，香醇可口，略带尘土味的草本香与花香中浮动着樱桃和草莓的果味。酒体较为轻盈，简单可口的樱桃和草莓果味中夹杂着生涩的草青味和薄荷味。收口短暂单薄，再窖藏一小段时间风味更佳。

2013	86	2015-2018
2011	88	2013-2016
2008	90	2010-2013+
2007	91	2012-2015
2006	85	2008-2011
2005	89	2007-2010+

No. 89 Shiraz （Formerly Shiraz Viognier）
89 号西拉干红葡萄酒（原名西拉维欧尼混酿）　　　　★★

奥兰芝　　　　　　　　　　　　　　　　$30-$49

当前年份：2012　　　　　　　　　　　　　86

　　柔顺雅致，淡淡果香中浮动着黑莓、黑醋栗、桑葚和新鲜橡木的香气，麝香味和白胡椒味等辛香将各种味道映衬得更加突出。酒体适中，柔滑优雅，长度中等，果味精雅，橡木味收敛。收口极其美味，略显空洞单薄。

2012	86	2017-2020
2011	88	2013-2016
2009	91	2014-2017+
2006	91	2008-2011+
2005	83	2006-2007+
2004	87	2006-2009+

皮耶诺酒庄 Pierro

通信地址： Caves Road, Willyabrup, WA 6280・**电话：** （08）9755 6220・**传真：** （08）9755 6308・
网址： www.pierro.com.au・**电子邮箱：** info@pierro.com.au
产区： 玛格丽特河
酿酒师： 迈克尔・彼得金博士（Dr. Michael Peterkin）
葡萄栽培师： 迈克尔・彼得金博士
执行总裁： 迈克尔・彼得金博士

　　玛格丽特河产区的一座著名酒庄，以酿造最顶级、平衡度最佳的新世界葡萄酒风格的霞多丽而闻名。酒庄出品的 LTC 系列也很出名，这是一款在赛美蓉和长相思混酿的基础上添加些许霞多丽得来的美酒。酒庄采用赤霞珠酿造的红酒狂野脱俗，但果香味不够浓郁，也缺乏玛格丽特河葡萄酒良好的结构。这里的红酒通常很快就可以完成陈年，质朴、带有醇厚的皮革香。

2012	95	2017-2020+
2011	93	2016-2019
2010	96	2018-2022+
2009	95	2017-2021
2008	96	2013-2016
2007	95	2012-2015
2006	95	2011-2014
2005	97	2010-2013+
2004	89	2006-2009
2003	97	2008-2011+
2002	96	2010-2014
2001	89	2003-2006
2000	95	2005-2008+
1999	96	2007-2011
1998	93	2000-2003+
1997	95	2002-2005+

玛格丽特河
当前年份：2012 $50-$99 / 95

香醇华美，适度的黄油香中浮动着新鲜蜜桃、葡萄柚和芒果的果味，坚果、丁香和香草橡木的味道蕴含其中。口感匀称悠长，洋溢着令人垂涎欲滴的柑橘、甜瓜和热带水果的果味，与绵密细腻的橡木香、淡淡的矿石白垩香完美融合，收口呈现匀称而复合的酸度。

★★★★ LTC Semillon Sauvignon Blanc Blend LTC 赛美蓉长相思混酿

2013	91	2015-2018+
2012	87	2013-2014
2011	93	2019-2023
2010	95	2015-2018
2009	90	2011-2014+
2008	95	2010-2013
2007	84	2008-2009
2006	90	2007-2008+
2005	90	2007-2010+
2004	94	2006-2009+
2003	91	2005-2008+
2002	92	2004-2007

玛格丽特河
当前年份：2013 $30-$49 / 91

极其香醇，散发着酸橙汁、甜瓜和淡淡香草橡木融合而成的板岩味，从中透出醋栗的果味和些许白垩香。醇熟可口，洋溢着甜瓜和醋栗的甘美果味，底味中带有细腻、散发着白垩质感的单宁，收口带有年轻的酯味。窖藏一两年后，这款酒应该会拥有更好的清新感和集中度。

★ Reserve Cabernet Sauvignon Merlot 珍藏赤霞珠梅洛混酿

2010	90	2018-2022
2009	88	2014-2017+
2007	86	2012-2015+
2005	89	2010-2013+
2004	86	2009-2012+
2003	88	2008-2011+
2001	92	2009-2013+
2000	87	2002-2005+
1999	90	2007-2011+
1998	90	2006-2010+
1997	86	2002-2005
1996	93	2004-2008+

玛格丽特河
当前年份：2010 $50-$99 / 90

散发着李子、桑葚、醋栗带有肉味、泥土味和羊毛脂味的果香，细密雪松橡木香，从中透出甜红莓、樱桃和薄荷的香气。柔滑雅致，果味甘甜，通透温和，层次分明，夹杂着温和的橡木香，底味中透出极其细腻柔顺、带有灰尘味的单宁。收口绵长清新。一款几乎拥有白葡萄酒黏稠和优雅特质的红葡萄酒混酿。

派克与乔伊斯酒庄 Pike & Joyce

通信地址：Edwards Hill Road Lenswood, SA 5240 · 电话：0410 952 717 ·
网址：www.pikeswines.com.au/pikeandjoyce · 电子邮箱：pikeandjoyce@pikeswines.com.au
产区：阿德莱德山
酿酒师：尼尔·派克（Neil Pike）、史蒂芬·巴莱格利亚（Steven Baraglia）
葡萄栽培师：安德鲁·派克（AndrewPike）、马克·乔伊斯（Mark Joyce）
执行总裁：尼尔·派克、安德鲁·派克、马克·乔伊斯、布莱特·乔伊斯（Brett Joyce）

位于阿德莱德山产区，是派克酒庄（克莱尔谷）和乔伊森果园（兰斯伍德）合作开设的酒庄。擅长酿造风格明快、复杂的霞多丽，带有青草和板岩味的长相思以及成熟、带有肉味的黑皮诺。2013年份的霞多丽浓烈紧实，带有矿物香气，是当前年份中最具特色的一款葡萄酒。

★★★ Chardonnay 霞多丽

2013	92	2018-2021
2010	86	2012-2015
2009	93	2011-2014+
2006	87	2008-2011
2005	90	2007-2010+
2004	93	2006-2009+
2003	92	2005-2008
2002	82	2003-2004+
2001	87	2003-2006

阿德莱德山
当前年份：2013 $20-$29 / 92

一款平衡、绵长集中的葡萄酒。散发着葡萄柚、柠檬、桃子和奶油的明快香味，底味中带有淡淡烟熏香草橡木味和些许熏肉味。顺滑柔软，富有节奏，口感随和，洋溢着柑橘、桃子和甜瓜的醇香，与香草、黄油橡木味紧密融合在一起。收口有令人愉快的长度，带有矿物味，一丝复杂的烟熏味和奶油香在口中逡巡不散。

Pinot Gris 灰皮诺 ★

阿德莱德山　　　　　　　　　　　$20-$29
当前年份：2013　　　　　　　　　　90

　　清新可口，香醇丰满，带有典型的灰皮诺特色。散发着白花、新鲜苹果和梨的浓香，透出迷人复杂的蜡味和灰尘味。口感多汁，果香直接通透，收口平衡清新，带有尖锐的酸味以及经久不散的甜味。

2013	90	2015-2018
2012	89	2014-2017
2011	86	2012-2013
2010	92	2012-2015
2009	88	2010-2011+
2008	87	2009-2010+
2007	89	2008-2009+
2006	85	2006-2007
2005	89	2006-2007+
2003	84	2003-2004
2002	87	2003-2004+

Pinot Noir 黑皮诺 ★

阿德莱德山　　　　　　　　　　　$20-$29
当前年份：2012　　　　　　　　　　88

　　适合早期饮用，香味直接，富于变化。散发着黑樱桃、西梅干和小山羊皮革融合而成的带有麝香味、肉味和些许清漆味的香气，后味中透出烟熏香草橡木味。口感直接多汁，洋溢着李子、黑莓和浆果的明快果味，带有灰尘、香草味的橡木香，单宁柔顺，带有粉末质感。收口稍显热辣，带有草本味，味道较短暂。

2012	88	2014-2017
2010	89	2012-2015
2009	89	2011-2014+
2008	88	2010-2013
2006	89	2008-2011
2005	91	2010-2013
2004	89	2006-2009+
2003	87	2005-2008
2001	85	2003-2006

Sauvignon Blanc 长相思 ★

阿德莱德山　　　　　　　　　　　$20-$29
当前年份：2013　　　　　　　　　　89

　　柔滑内敛，别具一格，复杂度佳。散发着醋栗和荔枝带有灰尘味、草本味和些许矿物味的香气，底味中透出奶油味和坚果味。口感圆润，绵柔密顺，余味中带有复杂的蜡味，收口十分美味。这款酒的甜瓜和西番莲风味收敛，与温和的酸味相互融合——可能因此更显明快集中。

2013	89	2015-2018
2012	88	2013-2014+
2011	87	2012-2013
2010	94	2012-2015
2009	88	2009-2010+
2008	89	2009-2010
2007	87	2008-2009
2006	83	2006-2007+

派克酒庄 Pikes

通信地址：Polish HillRiver Road, Sevenhill, SA 5453・电话：（08）8843 4370・传真：（08）8843 4353・网址：www.pikeswines.com.au・电子邮箱：info@pikeswines.com.au
产区：克莱尔谷
酿酒师：尼尔・派克、约翰・特洛特（John Trotter）
葡萄栽培师：安德鲁・派克
执行总裁：尼尔・派克、安德鲁・派克

　　派克酒庄是一座家族酒庄，出品克莱尔谷最顶级的葡萄酒。酒庄因品质卓越的白葡萄酒而闻名，尤其擅长酿造雷司令。近几年，由于气候干燥炎热，尼尔・派克难以酿造出高标准的红酒，但2010和2012年份的酒都很不错，尤其是2012年份的狗步赤霞珠梅洛干红葡萄酒以及2013年份的山鸟珍藏雷司令干白葡萄酒，后者是采用优质葡萄酿造的，十分香醇可口，非常完整。

Eastside Shiraz 东区西拉干红葡萄酒 ★★

克莱尔谷　　　　　　　　　　　$20-$29
当前年份：2012　　　　　　　　　　91

　　馥郁香醇，散发着乌梅、黑莓和石南带有香料味和些许肉味的香气，因蓝花和白胡椒香味的衬托，香气更显浓郁。底味中透出新鲜雪松、巧克力、香草橡木味。酒体饱满偏中等，口感圆润多汁，洋溢着黑莓、黑醋栗和乌梅的风味，甘美、略带酒精味，有类似摩卡的橡木香以及细腻、带有粉末质感的单宁。收口绵长平衡，带有温和的酸味。

2012	91	2024-2032
2010	93	2018-2022+
2009	89	2017-2021
2008	90	2016-2020
2007	88	2012-2015
2006	88	2011-2014
2005	87	2007-2010+
2004	94	2012-2016+
2003	89	2008-2011
2002	86	2007-2010
2001	89	2006-2009
2000	87	2005-2008

★
The Dogwalk Cabernet Merlot 狗步赤霞珠梅洛干红葡萄酒

2012	91	2024-2032
2010	86	2015-2018
2009	84	2011-2014
2008	89	2013-2016+
2007	88	2012-2015
2004	90	2012-2016
2003	81	2005-2008
2002	85	2007-2010

克莱尔谷 　　　　　　　　　　　　　　$12-$19
当前年份：2012 　　　　　　　　　　　　91
　　一款香醇典雅的年轻葡萄酒。尘土香、泥土芬芳和雪松香气中浮动着浆果、李子和紫罗兰的香味。口感柔顺雅致，余韵悠长。这款酒紧实度中等，平衡度佳，带有黑色水果的果香，窖藏一段时间后风味更佳。

★ ★
The EWP Reserve Shiraz EWP 珍藏西拉干红葡萄酒

2010	94	2022-2030+
2009	91	2017-2021
2006	88	2008-2011+
2005	81	2007-2010+
2002	81	2004-2007
1998	95	2012-2020
1995	81	2003-2007

克莱尔谷 　　　　　　　　　　　　　　$50-$99
当前年份：2010 　　　　　　　　　　　　94
　　口感雅致，散发着黑莓、红酸栗和香甜雪松 / 巧克力味橡木融合而成略带薄荷味的香气，后味中透出丁香和肉桂的灰尘味。口感多汁，果味香甜，绵长细密，黑莓、红莓、李子和香甜雪松 / 香草橡木香味柔顺，底蕴中透出柔韧、带有灰尘味的主轴。收口带有麝香味和胡椒味，果味绵长，经久不散。

★
The Hill Block Cabernet 山园赤霞珠干红葡萄酒

2010	87	2018-2022
2007	85	2009-2012+
2006	80	2008-2011
2005	89	2010-2013
2004	87	2009-2012
2002	86	2007-2010
2001	87	2006-2009
2000	86	2002-2005+
1999	89	2004-2007
1998	91	2006-2010+

克莱尔谷 　　　　　　　　　　　　　　$50-$99
当前年份：2010 　　　　　　　　　　　　87
　　闻起来有香甜的橡木味和草本味，以及黑醋栗和紫罗兰带有灰尘和雪松味的果香，后味中透出类似甜椒的味道。口感雅致，细密干燥，洋溢着黑醋栗、覆盆子和灰尘味橡木的直接风味，收口尖锐，略带金属味，富有紧实度和些许长度。

★ ★ ★ ★
The Merle Reserve Riesling 山鸟珍藏雷司令干白葡萄酒

2013	95	2025-2033
2012	95	2024-2032
2011	94	2019-2023+
2010	96	2022-2030+
2009	91	2014-2017
2005	97	2017-2025
2004	96	2016-2024
2002	96	2010-2014+
2001	94	2009-2013+
1997	95	2005-2009

克莱尔谷 　　　　　　　　　　　　　　$30-$49
当前年份：2013 　　　　　　　　　　　　95
　　香醇浓烈，匀称丰满。淡淡油脂香中浮动着酸橙汁、柠檬皮和矿物的香味，浓郁的花香和些许烘烤味提升了香气。口感活泼悠长，带有令人垂涎三尺的多汁柑橘风味，单宁细腻、带有白垩香。收口匀称美味，柠檬酸味平衡，略带苗味和矿物味。

★ ★ ★ ★
Traditionale Riesling 传统雷司令干白葡萄酒

2013	93	2021-2025+
2012	94	2024-2032
2011	94	2019-2023
2010	89	2015-2018+
2009	92	2014-2017+
2007	89	2009-2012+
2006	90	2011-2014
2005	92	2010-2013+
2004	92	2009-2012
2003	94	2008-2011+

克莱尔谷 　　　　　　　　　　　　　　$20-$29
当前年份：2013 　　　　　　　　　　　　93
　　一款寿命较长的优雅之酒。带有苹果、梨子和酸橙汁的浓郁果味，从中透出一股白垩香，白花的花香提升了香味。丰满多汁，柑橘风味浓烈成熟，绵长紧实，均衡洋溢着爽快活泼的酸味和些许残余的甜味。

笛手溪酒庄 Pipers Brook

通信地址：1216 Pipers Brook Road, Pipers Brook, Tas 7254 · 电话：（03）6382 7555 ·
传真：（03）6382 7015 · 网址：www.kreglingerwineestates.com ·
电子邮箱：cellardoor@kreglingerwineestates.com
产区：笛手河　酿酒师：雷纳·贝泽玛（Rene Bezamer）
葡萄栽培师：里斯·罗宾森（Rhys Robinson）　执行总裁：保罗·德·摩尔（Paul de Moor）

　　笛手溪酒庄是塔斯马尼亚地区极具特色的一家酿酒商，出品澳大利亚最具阿尔萨斯葡萄酒风格的雷司令、灰皮诺和琼瑶浆。2013 年份的灰皮诺和琼瑶浆的品质因葡萄生长季过于温暖短暂而显得不够理想，不过该年份的庄园雷司令却很香醇，呈现出极高的纯正度和集中度。当前年份的珍藏黑皮诺和酒庄黑皮诺都有些不尽如人意，不过 2006 年份的单一园黑皮诺是一款不可多得的佳酿。

Estate Gewurztraminer 庄园霞多丽干白葡萄酒 ★★★★

笛手河 $30-$49
当前年份：2013 89

　　香味浓烈，带有花香。玫瑰油、荔枝和麝香的浓香味中透着些许肉桂味。极富琼瑶浆特色，绵长馥郁，油腻黏稠，收口青涩，带有金属味，缺乏清新度和均衡度。

2013	89	2015-2018
2012	94	2020-2024+
2010	95	2018-2022+
2009	87	2011-2014
2008	93	2013-2016
2007	92	2009-2012+
2005	95	2010-2013+
2004	95	2006-2009+
2003	93	2008-2011+
2001	93	2006-2009

Estate Pinot Gris 庄园灰皮诺干白葡萄酒 ★

笛手河 $20-$29
当前年份：2013 86

　　这款酒非同寻常的单调。散发着梨和苹果的淡香，带有奶油味、柠檬味和些许香料味，余味中透出香草橡木香，底味中带有坚果味和酵母味。口感圆润华美，柠檬风味直接多汁，底蕴中略带涩味，收口带有青涩封闭的酸味。缺乏典型的集中度，香味也没有完全融合。

2013	86	2015-2018
2012	87	2014-2017
2011	86	2012-2013+
2010	90	2012-2015
2009	88	2011-2014
2008	79	2008-2009
2007	80	2007-2008
2006	87	2007-2008
2005	95	2007-2010+
2004	84	2005-2006

Estate Pinot Noir 庄园黑皮诺干红葡萄酒 ★

笛手河 $30-$49
当前年份：2012 87

　　散发着黑莓、甜菜和桑葚略微弱的香气，余味中透出奶油香草橡木味和森林大地的香气，淡淡的花香蕴含其间。入口带有淡淡的烘烤味和炖煮味，樱桃、浆果风味直接，带有松针味的橡木香在舌中变得浅薄，不过收口细密干爽。透出简约质朴，但缺乏清新感和馥郁香气。

2012	87	2017-2020
2010	84	2015-2018
2009	91	2017-2021
2008	89	2013-2016
2007	80	2009-2012
2006	91	2011-2014
2005	88	2010-2013
2004	88	2006-2009
2003	90	2008-2011
2002	87	2004-2007

Estate Riesling 庄园雷司令干白葡萄酒 ★★★★

笛手河 $20-$29
当前年份：2013 95

　　香醇雅致，平衡度高，寿命绵长。带有青苹果皮、酸橙汁、柠檬果子露和新鲜白花的清新柠檬香气。口感圆润甘美，柠檬酸味集中，洋溢着柠檬皮、酸橙汁、梨和青苹果的持久风味，收口绵长流畅。

2013	95	2021-2025
2012	94	2020-2024+
2010	90	2015-2018
2009	94	2017-2021
2008	95	2016-2020
2007	86	2008-2009+
2005	95	2013-2017
2004	93	2009-2012
2003	89	2005-2008
2002	90	2004-2007
2001	93	2003-2006+

Reserve Pinot Noir 珍藏黑皮诺干红葡萄酒 ★★★

笛手河 $50-$99
当前年份：2007 87

　　一款产自干旱年份的葡萄酒，早已成熟，坚硬干燥。带有覆盆子、樱桃和些许清漆融合而成的带有烟熏味和些许动物味、雪松橡木味的香气。单薄空洞，单宁生涩、带有樱桃核味，缺乏果香味，收口略显粗糙生硬。

2007	87	2009-2012
2006	95	2014-2018+
2005	89	2013-2017
2004	86	2006-2009
2003	96	2008-2011
2002	93	2007-2010+
1998	79	2000-2003

Single Site - The Lyre Pinot Noir 单一园七弦琴黑皮诺干红葡萄酒 ★★

塔斯马尼亚 $100-$199
当前年份：2006 94

　　一款成熟、强劲有力的葡萄酒，富于变化。带有泥土味，黑樱桃、浆果、温和皮革和灌木丛融合而成的带有肉味和动物味的浓郁香气，辛辣、略带尖锐的草本味。口感绵长甘美，洋溢着黑樱桃、李子和甜菜的顺滑雅致风味，单宁干燥、带有粉末质感，收口清新美味，带有复杂爽快的酸味。

2006	94	2014-2018+
2005	91	2013-2017
2004	87	2006-2009
2003	90	2008-2011
1999	87	2007-2011

基尼酒庄 Pizzini

通信地址： 175 King Valley Road, Whitfield, Vic 3678・**电话：**（03）5729 8278・
传真：（03）5729 8495・**网址：** talkdirect.com.au・**电子邮箱：** talkdirect@pizzini.com.au
产区： 国王谷　**酿酒师：** 乔伊·基尼（Joel Pizzini）
葡萄栽培师： 阿尔弗雷德·基尼（（Alfred Pizzini）　**执行总裁：** 阿尔弗雷德·基尼

　　位于国王谷地区的基尼酒庄正在努力塑造澳大利亚纯正的意大利葡萄酒风格。酒庄忠于家族的意大利传统，酿造出的葡萄酒优雅、结构紧实，足以成为佐餐佳品。我欣赏他们采用意大利和法国葡萄品种酿造的红葡萄混酿，尤其是寿命较长的公爵二世。桑娇维赛也慢慢成为基尼酒庄的经典佳酿。

★
Arneis 阿内斯

2011	88	2012-2013+		
2008	90	2010-2013+		
2006	82	2007-2008		
2005	86	2006-2007+		
2004	91	2005-2006		
2003	67	2003-2004		

国王谷　　　　　　　　　　　　　　$20-$29
当前年份：2011　　　　　　　　　　　　88
　　明快干净，展现出葡萄品种的独特风味，散发着青苹果和梨略带草本味和胡椒味的香气，后味中透出香料味、辣味。口感直接多汁，长度中等、温和，带有粉末质感，收口美味，带有坚果味、蜡味和柠檬酸味。

★★★★
Coronamento Nebbiolo 加冕内比奥罗红葡萄酒

2005	93	2013-2017+		
2004	96	2012-2016+		
2003	77	2005-2008		
2002	94	2010-2014		

国王谷　　　　　　　　　　　　　$100-$199
当前年份：2005　　　　　　　　　　　　93
　　略带肉香，可口怡人，传承了旧世界葡萄酒的结构和魅力。酒体复杂，融入泥土的芳香，散发着玫瑰花、李子、樱桃、黑莓和桑葚的馥郁芬芳，略带麝香风味，底蕴中透露出温和的皮革、石南和干草的清香。口感中浸润浓郁热烈的果香，与紧实干爽、呈现粉状的单宁结构紧密结合，收口的余韵带来野味烟熏的复杂口感，持久地在唇齿之间回荡。

★★★
Il Barone Cabernet Blend 公爵二世赤霞珠混酿

2009	91	2021-2029		
2008	92	2016-2020+		
2006	95	2018-2026		
2005	92	2017-2025		
2004	93	2012-2016		
2003	89	2011-2015		
2002	91	2014-2022		
2001	89	2009-2013		

国王谷　　　　　　　　　　　　　$30-$49
当前年份：2009　　　　　　　　　　　　91
　　以内比奥罗的果味为主轴，带有花香和泥土味，散发着香甜黑莓和蓝莓略显封闭的果香，伴随着内敛多尘的雪松橡木香气，底蕴中透出辛辣风味和草本植物的清香。口感雅致悠长，洋溢着黑莓和李子的收敛风味，带有质朴的草本味，单宁略尖锐、带有金属质感，味道变得愈发单调紧实。收口美味多汁。

★★
Nebbiolo 内比奥罗

2010	86	2015-2018		
2009	89	2014-2017		
2008	87	2013-2016+		
2006	93	2014-2018+		
2005	89	2013-2017+		
2003	88	2011-2015+		
2002	93	2010-2014+		
2001	92	2009-2013+		
2000	91	2005-2008+		
1999	92	2007-2011+		
1998	92	2010-2018		

国王谷　　　　　　　　　　　　　$30-$49
当前年份：2010　　　　　　　　　　　　86
　　一款单调的葡萄酒，质朴流畅。散发着红莓、樱桃和乌梅带有灰尘味、草本味和农场类味道的香气，后味中透出温和的皮革味。酒体中等偏饱满，浮在、带有肉味，单宁尖锐、带有金属质感，可能还有些许酒香酵母味。这是成长相当快的一款葡萄酒。

★★★
Riesling 雷司令

2012	92	2024-2032		
2011	93	2019-2027		
2008	92	2013-2016+		
2006	77	2007-2008		
2005	84	2007-2010		
2004	90	2009-2012		
2003	90	2008-2011		
2002	87	2007-2010+		

国王谷　　　　　　　　　　　　　$12-$19
当前年份：2012　　　　　　　　　　　　92
　　一款直接、紧实单调的葡萄酒，寿命较长。散发着柠檬皮、青苹果皮和酸橙汁浓郁的香气，薰衣草和白花的花香提升了整体的香气。口感绵长坚硬，洋溢着柑橘和苹果类水果的风味，通透匀称，质地简单细腻，收口带有活泼的酸味，恰到好处。

Sangiovese 桑娇维赛 ★

国王谷 $20-$29
当前年份：2012   91

极富桑娇维赛特色，柔顺雅致。散发着石南味黑莓、樱桃和李子带有泥土味、香料味和花香的香气，后味中带有小山羊皮革的味道，夹杂着肉味和薄荷味。酒体中等偏饱满，口感绵长，质朴细密，洋溢着红莓、黑莓和樱桃的绵长果味，单宁紧实细密，带有灰尘味，收口干净，美味可口，清新集中，带有薄荷和类似杏仁蛋白糖的味道。

2012	91	2017-2020+
2011	82	2013-2016
2010	88	2015-2018
2009	88	2011-2014+
2008	91	2013-2016
2006	88	2008-2011+
2005	89	2010-2013
2004	93	2009-2012+
2003	82	2005-2008
2002	89	2004-2007+

Verduzzo 维多佐 ★

国王谷 $12-$19
当前年份：2012   87

适合早期饮用，带有香料味、草本味和果酱味，透出蜡味和花香，浓郁度中等，梨、桃子和青苹果风味多汁，圆润丰满，收口带有温和的酸味。

2012	87	2013-2014+
2011	88	2013-2016
2010	91	2012-2015+
2009	86	2010-2011+
2008	85	2009-2010+
2005	88	2007-2010
2004	88	2006-2009

Whitefields Pinot Grigio 怀特菲兹灰皮诺白葡萄酒 ★ ★

国王谷 $20-$29
当前年份：2012   92

剔透明快，紧实纯粹，拥有时尚的底蕴气息和复杂口感，是一款令人兴趣盎然的美酒。散发着柑橘和甜瓜带有香料味和白雪味的果香，后味中透出梨和苹果的香味、坚果味和奶油味。口感绵长，单调集中，矿物味和泥土味浓郁，收口干净活泼，纯净集中。

2012	92	2014-2017+
2011	87	2012-2013
2010	89	2012-2015
2009	90	2011-2014
2008	92	2010-2013+

金雀花王朝酒庄 Plantagenet

通信地址： Lot 45 Albany Highway, Mount Barker, WA 6324・**电话：**（08）9851 3111・
传真：（08）98511839・**网址：**www.plantagenetwines.com・**电子邮箱：** sales@plantagenetwines.com
产区： 大南区
酿酒师： 凯希・沃茨（Cath Oates）、克里斯・摩萨（Chris Murtha）
葡萄栽培师： 乔丹・伊利斯（Jordan Ellis）
执行总裁： 简・斯克莱派克（Jan Skrapac）

金雀花王朝酒庄是一家声誉颇佳的小型酿酒厂，拥有优质的成熟葡萄园。多年来，该酒庄用事实证明了它是可以酿造出品质超群的雷司令、西拉和赤霞珠葡萄酒的，其中，霞多丽的品质也越来越稳定。不过去年的红酒过于浓烈粗糙，今年因气候较为凉爽则十分细腻雅致，香醇可口。

Cabernet Sauvignon 赤霞珠 ★ ★

巴克山 $30-$49
当前年份：2012   95

雅致紧实，结构较好，别具一格。酒体中等偏饱满，平衡度高。淡淡的薄荷香和草本香中浮动着层次分明的黑醋栗、红莓、雪松／香草橡木味以及巧克力味，淡淡的松针味将随着时间的推移而消失。口感绵长匀称，单宁柔韧爽脆，带有灰尘味，果味丰满，富有深度，收口持久。一款经典佳酿。

2012	95	2024-2032+
2011	88	2016-2019
2008	92	2020-2028
2007	90	2015-2019
2005	88	2010-2013
2004	88	2006-2009+
2003	87	2008-2011+
2002	90	2007-2010+
2001	89	2009-2013
1999	89	2004-2007+
1998	88	2003-2006+
1997	88	2005-2009

★★ Chardonnay 霞多丽

2013	93	2018-2021+
2012	87	2014-2017
2009	88	2011-2014+
2008	91	2010-2013+
2007	91	2009-2012+
2005	93	2010-2013
2004	86	2006-2009
2003	94	2008-2011
2001	85	2003-2006

巴克山 $20-$29

当前年份：2013 93

一款年轻的霞多丽，仍处于早期的成长阶段。质朴雅致的清香中浮动着核果味、葡萄柚味和甘甜细腻的香草橡木味，淡淡的肉香、矿物香、丁香以及姜等辛香蕴含其间。雅致顺口，悠长的核果味、柠檬味、甜瓜味与奶油味、石蜡味、坚果味、新鲜香草橡木味紧密地交织在一起，收口爽脆，带有柠檬酸度和矿石香气。

★★★★ Riesling 雷司令

2013	94	2021-2025+
2012	94	2024-2032+
2011	95	2013-2031
2010	93	2018-2022
2009	95	2017-2021+
2008	95	2016-2020+
2007	92	2012-2015+
2006	91	2011-2014+
2005	95	2013-2017
2004	95	2009-2012+

巴克山 $20-$29

当前年份：2013 94

带有质朴花香，香醇的苹果花和梨的香味中透着淡淡的麝香味和番石榴味。口感活泼悠长，带有穿透力的酸橙味、柠檬味和苹果等果味中蕴含着极佳的白垩味，收口紧实，集中度高，带有令人心旷神怡的酸度。这款酒有着极高的平衡度，窖藏成熟后品质更佳。

★★★★ Shiraz 西拉

2012	92	2017-2020+
2010	95	2022-2030+
2008	91	2016-2020+
2007	95	2015-2019+
2005	92	2013-2017
2004	88	2006-2009+
2003	89	2008-2011+
2002	93	2014-2022
2001	93	2009-2013+
2000	90	2005-2008
1999	91	2007-2011
1998	90	2006-2010+
1997	86	1999-2002
1996	87	2002-2008
1995	90	2003-2007+

巴克山 $30-$49

当前年份：2012 92

精巧雅致，酒体适中，肉香、辛香和紫罗兰香中带有黑醋栗、醋栗、乌梅和淡雅甘甜的烟熏香草橡木味，还有一丝胡椒味蕴含其间。香醇可口，极具特色，淡淡的果酱和糖果香气中透着黑醋栗、红酸栗和李子的果味，单宁质朴多尘，长度不错，但不是特别长。收口带有尘土味和咸香味。或许采用早摘的葡萄来酿制这款酒的话味道会更好。

珀翡酒庄 Port Phillip Estate

通信地址： 263 Red Hill Road, Red Hill South, Vic 3937 · **电话：**（03）5989 4444 ·
传真：（03）5989 3017 · **网址：** www.portphillipestate.com.au · **电子邮箱：** info@portphillipestate.com.au
产区： 莫宁顿半岛
酿酒师： 桑德罗 · 莫塞勒（Sandro Mosele}
葡萄栽培师： 道格 · 伍德（Doug Wood）
执行总裁： 乔治奥 · 吉尔吉亚（Giorgio Gjergja）

莫宁顿半岛的一座小型酒庄。在乔治奥 · 吉尔吉亚带领下不断发展壮大，成为当地酿酒业的楷模。状似碉堡的珀翡酒庄是该地区最宏伟的葡萄酒庄。酒庄酿造的系列葡萄酒在风格和特点上与酷雍酒庄颇为类似。酷雍也是吉尔吉亚名下的产业，酿酒也由桑德罗 · 莫塞勒及其团队负责。酒庄出品的红山黑皮诺仍延续了之前的风格，而 2013 年份的巴尔纳宁园黑皮诺干红葡萄酒（93/100，适饮期：2021-2025+）则经典深邃，是一款颇受欢迎的新酿。

★★ Morillon Tête de Cuvée Pinot Noir 特酿黑皮诺葡萄酒

2011	82	2013-2016
2010	88	2012-2015
2009	93	2014-2017+
2008	87	2010-2013
2007	93	2012-2015+
2006	86	2008-2011
2005	91	2010-2013+

莫宁顿半岛 $50-$99

当前年份：2011 82

酒质辛辣，融入草本植物的清香，散发着红樱桃、覆盆子和干草的质朴芬芳，底蕴中透出缕缕烟熏香草橡木的香气。入口直接多汁，浸润着红莓和樱桃般馥郁的果味，随着余味的展开，逐渐变得浅薄和青涩，收口带有金属质感，逐渐寡淡，但是依然保留了草本味。

Red Hill Chardonnay 红山赤霞珠干红葡萄酒　★★★

莫宁顿半岛　　　　　　　　　　　　　$30-$49
当前年份：2013　　　　　　　　　　　　91

　　柔滑顺口，独具特色，淡淡的柑橘香和石蜡香中浮动着甜瓜、柠檬花、奶油、坚果和酵母的香味，还有淡淡的丁香味和肉桂味夹杂其间。酒体中等偏饱满，清新柔和，石蜡味和淡淡肉香中的果香味悠长得令人心旷神怡，收口酸度清新活跃。

2013	91	2015-2018+
2012	90	2014-2017
2011	91	2013-2016+
2010	92	2012-2015+
2009	92	2014-2017
2008	94	2010-2013+
2007	91	2009-2012
2006	88	2007-2008+
2004	84	2005-2006+
2003	90	2005-2008
2002	77	2003-2004
2000	75	2000-2001

Red Hill Pinot Noir 红山黑皮诺干红葡萄酒　★★

莫宁顿半岛　　　　　　　　　　　　　$30-$49
当前年份：2013　　　　　　　　　　　　93

　　柔滑顺口，别具一格，野肉香和荆棘香中浮动着红莓味和甜菜根味，还带有一缕矿物味。口感悠长，淡雅深邃的番茄味中浮动着乌梅、黑莓和甜菜的香味，单宁细腻无比，收口平衡紧实。

2013	93	2018-2021+
2012	91	2017-2020+
2011	89	2013-2016
2010	91	2012-2015
2009	92	2014-2017
2008	89	2010-2013
2007	83	2009-2012
2006	90	2008-2011+
2005	92	2010-2013
2004	95	2009-2012+
2003	89	2005-2008

Sauvignon 长相思　★★★

莫宁顿半岛　　　　　　　　　　　　　$20-$29
当前年份：2013　　　　　　　　　　　　89

　　柔滑馥郁，淡淡的草本香和石蜡香中浮动着醋栗、甜瓜、奶油、坚果和辛香的味道。口感圆润华美，带有甘甜悠长的果香味，土耳其软糖般的奶香味让收口显得温润柔软，香醇可口。

2013	89	2014-2015+
2012	94	2014-2017
2011	87	2012-2013
2010	93	2012-2015
2009	92	2011-2014
2008	81	2009-2010
2007	85	2008-2009
2006	86	2006-2007
2005	93	2006-2007+
2004	92	2005-2006
2003	81	2003-2003

Shiraz 西拉　★

莫宁顿半岛　　　　　　　　　　　　　$30-$49
当前年份：2009　　　　　　　　　　　　87

　　口感颇为生涩，带有异常的烟熏味道，散发着红莓、乌梅和火腿的气息，混杂着一丝肉味和可乐的香气。入口宽厚，如汤汁般浓稠，浸润着乌梅、桑葚和黑莓混合而成的果酱味。单宁精致，余韵带有淡淡的肉香，收口较为生涩浓烈。

2009	87	2011-2014+
2008	88	2013-2016
2007	91	2015-2019
2006	82	2008-2011+
2005	90	2010-2013+
2004	88	2006-2009+
2003	90	2005-2008+
2001	90	2003-2006
2000	89	2002-2005+

派拉蒙酒庄 Primo Estate

通信地址： McMurtrie Road, McLaren Vale, SA 5171・**电话：**（08）8323 6800・
传真：（08）8323 6888・**网址：** www.primoestate.com.au・**电子邮箱：** info@primoestate.com.au
产区： 麦克拉伦谷　**酿酒师：** 乔・格雷利（Joe Grilli）、丹尼尔・祖佐罗（Daniel Zuzolo）
葡萄栽培师： 丹尼尔・祖佐罗　**执行总裁：** 乔・格雷利

　　乔・格雷利酿造了一系列风格不拘一格的葡萄酒，包括约瑟夫系列的魔力雷司令、起泡红葡萄酒、内比奥罗和对称葛优型剪枝法赤霞珠。这些酒体现了它独一无二的创造力、天赋和酿造技术。在超过25年的时间里，他一直都站在澳大利亚葡萄酒业的前列，被当成标杆的约瑟夫摩达赤霞珠梅洛混酿和天使峡谷西拉品质超群，寿命也较长。自然也不能少了新推出的中等价位的葡萄酒系列，如赞伯兰混酿、页岩石西拉干红葡萄酒以及品质稳定的公爵二世系列。

IL Briccone Shiraz Sangiovese 公爵二世西拉桑娇维赛混酿　★★

麦克拉伦谷　　　　　　　　　　　　　$20-$29
当前年份：2013　　　　　　　　　　　　92

　　雅致深邃，平衡度佳。散发着成熟樱桃和黑莓带有香料味和类似巧克力味的香气。口感顺滑要匀称，洋溢着黑色浆果和黑醋栗带有石南味的多汁果味，后味中透出丁香、肉桂和白胡椒的香气，绵长温和，收口集中细密，有清新的酸味。

2013	92	2021-2025
2012	91	2017-2020+
2011	94	2016-2019+
2010	89	2012-2015+
2009	90	2011-2014+
2008	91	2010-2013+
2006	89	2011-2014
2005	91	2007-2010
2004	88	2006-2009
2003	91	2005-2008
2002	86	2004-2007

★ ★ ★

Joseph 'La Magia' Botrytis Riesling Traminer
约瑟夫魔力雷司令 - 琼瑶浆贵腐甜白葡萄酒

2013	93	2021-2025
2008	90	2010-2013
2006	93	2008-2011
2005	93	2007-2010
2004	89	2005-2006+
2002	95	2004-2007+
2001	94	2003-2006+
1998	86	2000-2003+
1996	90	2001-2004
1995	95	2000-2003
1994	94	1999-2002

阿德莱德平原　　　　　　　　　　　　$20-$29
当前年份：2013　　　　　　　　　　　　93

　　华美悠长，甜点香、石蜡香和淡淡辛香中浮动着杏子、柠檬、橙皮、荔枝和焦糖布丁的香味，黄花的幽香蕴含其中。口感甘甜，丰润绵长，带有蜂蜜味、麝香味、核果味以及梨子等果香味，还透着类似果子露香味的白垩香，收口带有清新的柠檬酸味。

★ ★ ★ ★

Joseph 'Moda' Cabernet Sauvignon Merlot
约瑟夫摩达赤霞珠梅洛混酿

2012	95	2032-2042
2011	90	2019-2023+
2010	96	2030-2040+
2009	96	2017-2021+
2008	94	2020-2028+
2007	94	2019-2027
2006	95	2018-2026+
2005	93	2017-2025
2004	95	2024-2034
2003	93	2011-2015+
2002	92	2014-2022
2001	89	2009-2013
2000	82	2005-2008
1999	85	2004-2007+

麦克拉伦谷　　　　　　　　　　　　$50-$99
当前年份：2012　　　　　　　　　　　　95

　　一款寿命较长的葡萄酒，深邃浓郁，带有黑莓、黑醋栗和乌梅的果香，后味中带有新鲜摩卡、巧克力橡木香。口感绵长持久，洋溢着浆果、李子和樱桃的多汁果味，与带有灰尘味的橡木香紧密交织，单宁细腻柔润，带有颗粒质感，收口顺滑平衡，带有绵延不断的干草香。

★ ★ ★ ★

Joseph Angel Gully Shiraz 约瑟夫天使谷西拉干红葡萄酒

2011	94	2023-2031
2010	95	2022-2030+
2009	93	2017-2021+
2008	90	2013-2016+
2007	95	2015-2019+
2004	96	2016-2024+
2003	90	2008-2011
2002	90	2010-2014+
2001	93	2009-2013

麦克拉伦谷　　　　　　　　　　　　$50-$99
当前年份：2011　　　　　　　　　　　　94

　　流畅精致，体现出极佳的平衡度，散发着黑莓、蓝莓和黑巧克力酒带有香料味和些许肉味的果香，与细腻的新法国橡木风味完美结合，胡椒、丁香和肉豆蔻的异域风味提升了整款酒的香氛。口感顺滑柔润，温和丰满，同时又保持了优雅和澄清的酒质，在奔放的石南和野味的复杂口感下，果味持久在口中流连。

★ ★ ★

Joseph d'Elena Pinot Grigio 约瑟夫戴埃琳娜灰皮诺

2013	91	2015-2018+
2012	88	2013-2014
2011	92	2012-2013+
2010	92	2012-2015
2009	89	2010-2011+
2007	88	2007-2008+
2003	90	2003-2004+

阿德莱德山区　　　　　　　　　　　　$20-$29
当前年份：2013　　　　　　　　　　　　91

　　一款质朴，具有灰皮诺特色的葡萄酒。散发着柑橘、甜瓜和芒果略带香料味和花香的香气，透出带有奶油和坚果味的酵母香。口感深邃，富有风格，洋溢着浓郁的果香。香味逐渐变弱，收口清新集中，带有明快的柑橘酸味，平衡美味。

★ ★ ★ ★

Joseph Nebbiolo 约瑟夫内比奥罗干红葡萄酒

2010	95	2022-2030
2009	93	2017-2021+
2008	86	2013-2016+
2007	94	2012-2015+
2005	93	2013-2017
2002	94	2010-2014

麦克拉伦谷　　　　　　　　　　　　$50-$99
当前年份：2010　　　　　　　　　　　　95

　　散发着玫瑰花瓣、翻起的土壤、红樱桃和乌梅浓郁香甜的气息，些微草本植物茎秆的香气萦绕其间，融入了略带坚果和香草味道的古老橡木的风味。酒体饱满偏中等，口感成熟，绵长充盈，果味明快，通透多汁，略带薄荷味和些许尖锐感，主轴细腻，带有砂纸质感。收口极其美味，酸味协调平衡，清新明快。

267

Joseph Sparkling Red 约瑟夫起泡红酒 ★★★★

南澳大利亚 $50-$99
当前年份：2011 年（除渣）   92

2011	92	2011-2014
2008	96	2000-2013
2006	95	2008-2013+
2001	95	2002-2005
1997	93	1999-2001

    充满异域风情，酒体复杂，极具特色，散发着抛光的皮革、浓郁的黑色水果和兽皮辛辣、略带肉味的芳香。口感绵长，顺滑脆爽，浸润着乌梅和浆果带有皮革味的明快果味，水珠细腻绵柔，收口狂野，带有辣味和类似甘草的味道，美妙极了。

La Biondina Colombard 拉博德纳鸽笼白干白葡萄酒 ★

阿德莱德山 $12-$19
当前年份：2014   88

2014	88	2015-2016
2013	88	2013-2014
2012	89	2014-2017
2011	91	2011-2012+
2009	88	2010-2011+
2008	88	2009-2010
2007	82	2007-2008
2006	87	2006-2007
2005	88	2005-2006

    美味可口，清新淡雅的热带植物芬芳、麝香和尘土香中浮动着蜜桃般的果香味，精巧细致的草本香蕴含其间。香醇华美，明快直接，核果味、苹果味和热带水果味渐渐变成一缕咸香味，收口活泼持久，带有矿物味，非常适合早期饮用。

Merlesco Merlot 马拉素梅洛干红葡萄酒 ★

麦克拉伦谷 $12-$19
当前年份：2013   88

2013	88	2014-2015+
2011	87	2012-2013
2010	87	2011-2012+
2009	86	2010-2011
2006	87	2008-2011
2005	87	2006-2007+

    轻快简约，淡淡甜香和辛香中浮动着深色花的香味和李子的果味，带有灰尘味的干草香和口香糖一般的橡木香蕴含其间。酒体适中，灵动活泼，黑莓、红莓、血丝李与强劲细腻的单宁融入清新明快的酸味中。这款酒的等级不高，但喝起来十分美味。

Shale Stone Shiraz 页岩石西拉干红葡萄酒 ★★★

麦克拉伦谷 $30-$49
当前年份：2012   91

2012	91	2017-2020+
2011	90	2016-2019
2010	93	2022-2030
2008	92	2016-2020

    雅致独特，酒体中等偏饱满，黑莓、石南和血丝李的浓郁果味中透着烟熏味和矿物味。口感香醇柔滑，深邃内敛的成熟黑醋栗味、乌梅味和葡萄干味与精巧多尘的单宁味完美融合，收口酸度紧实集中，带有逡巡不散的矿物香味。

Zamberlan Cabernet Sauvignon Sangiovese 赞贝拉赤霞珠桑娇维赛混酿 ★★★

麦克拉伦谷 $30-$49
当前年份：2012   94

2012	94	2024-2032
2011	92	2019-2023+
2010	94	2022-2030
2009	91	2017-2021
2008	82	2010-2013

    雅致独特，结构极好。散发着黑醋栗、黑樱桃和浆果布丁的香气，透着甘甜的紫罗兰、玫瑰花瓣、鸢尾花的香味，以及内敛的雪松味、摩卡、香草橡木味。口感如同丝绸般柔滑，浓郁幽酸的水果味与紧实内敛的橡木味完美融合，收口清新且具有很高的平衡感。

皮瑞特酒庄 Pyrette

通信地址： 343 Melton Road, Gisborne, Vic 3437 · **电话：**（03）5428 2564 · **传真：**（03）5428 2564
产区： 西斯寇特　　**酿酒师：** 迈克尔·迪伦（Michael DhiNon）
葡萄栽培师： 迈克尔·迪伦　　**执行总裁：** 迈克尔·迪伦

　　多年来，宾迪酒庄一直采用西斯寇特的西拉酿造一款以"皮瑞特"命名的葡萄酒。皮瑞特西拉表明西斯寇特的气候更适合酿造口感优雅平衡的西拉。迈克尔·迪伦喜欢提前收获葡萄，借助复杂的工艺。他酿造出了极具法国北罗讷河谷风格的葡萄酒，迷人可口，美味柔滑。由于2013年较为暖和，因此这一年酿造的酒比上一年份更为柔顺醇厚。

★ ★ ★　　　　　　　　　　　　　　　　　　　　**Shiraz 西拉**

2013	91	2018-2021
2012	93	2017-2020+
2011	88	2012-2013+
2010	94	2015-2018+
2009	94	2014-2017+
2008	92	2013-2016
2007	91	2012-2015+
2006	90	2008-2011

西斯寇特　　　　　　　　　　　$30-$49
当前年份：2013　　　　　　　　　91
　　雅致独特，酒体饱满偏中等，甜香和麝香中浮动着桑葚味、黑醋栗味、橡木味和淡淡的熏肉味，红花和蓝花的香气以及白胡椒味将各种味道映衬得恰到好处。酒体骨架强劲质朴，略带矿石香气，令人垂涎欲滴的蓝莓味、醋栗味、桑葚味与内敛的新鲜橡木味紧密地融合在一起，余味香醇悠长。

拉德第酒庄 Radenti

通信地址： 15919 Tasman Highway, Bicheno, Tas 7215 · **电话：**（03）6257 8574 ·
传真：（03）6257 8454 · **网址：** www.freycinetvineyard.com.au · **电子邮箱：** freycinetwines@bigpond.com
产区： 塔斯马尼亚州东海岸　　**酿酒师：** 克劳蒂奥·拉德第（Claudio Radenti）、林蒂·布尔（Lindy Bull）
葡萄栽培师： 克劳蒂奥·拉德第　　**执行总裁：** 杰夫·布尔（Geoff Bull）

　　澳大利亚著名酒庄菲瑟涅旗下的高端起泡酒品牌。其葡萄酒通常带有狂野的气息，带有肉香，风格复杂，需要在橡木桶中长时期陈年。当前推出的是2002年份的美酒，一款风格突出、颠覆传统的佳酿，具有不可思议的清新感和集中度。我很喜欢这款别具一格的美酒，竟然有人能让一款起泡酒拥有这么高的复杂度和如此鲜明的特色！

★ ★ ★　　　　　　　**Chardonnay Pinot Noir 霞多丽黑皮诺混酿**

2002	96	2014-2022
2001	93	2013-2021
2000	90	2008-2012
1999	91	2007-2011
1998	93	2003-2006+
1997	92	2002-2005+
1996	89	2001-2004
1995	93	2000-2003
1994	95	1999-2002
1993	88	1998-2001

塔斯马尼亚州东海岸　　　　　$50-$99
当前年份：2002　　　　　　　　96
　　强劲独特，带有较为均匀的果香味。浓烈蜡香、深邃花香和奶油蛋卷香气中浮动着成熟馥郁的水果味和酵母烘焙味等复杂味道。口感绵长，令人垂涎欲滴，绵密华美的甜瓜味、核果味和野杏味在白垩质地的酒体骨架中呈现出香醇甘甜的余味，收口具有很高的平衡度、紧实度和清新感。这是一款非常出色的美酒。

雷文沃斯酒庄 Ravensworth

通信地址： 312 Patemans Lane, Murrumbateman, NSW 2582 · **电话：**（02）6226 8368 ·
传真：（02）6226 8378 · **网址：** www.ravensworthwines.com.au · **电子邮箱：** info@ravensworthwines.com.au
产区： 堪培拉　　**酿酒师：** 布莱恩·马丁（Bryan Martin）
葡萄栽培师： 布莱恩·马丁　　**执行总裁：** 布莱恩·马丁

　　堪培拉地区的一个小酒庄，与五克拉酒庄有着极大的关系。酒庄目前正处于起步阶段，酿造的橡树系列桑娇维赛葡萄酒口感细腻，略酸；西拉维欧尼混酿温和芳香；葛丽丽混酿（玛珊、瑚珊、霞多丽和维欧尼）复杂，带有肉味。这款酒逐渐取代了之前的玛珊系列（我更欣赏的一款酒）。

Le Querce Sangiovese 橡树桑娇维赛干红葡萄酒 ★ ★

堪培拉 $20-$29
当前年份：2013　91
　　带有质朴的花香与麝香，桑葚、红李和樱桃的果味中透着清新的香草和雪松橡木味。口感明快雅致，单宁细腻干燥，散发着淡淡果香。收口清新内敛，酸度灵动活跃。

2013	91	2018-2021+
2012	92	2014-2017+
2010	90	2012-2015
2009	91	2014-2017
2008	88	2010-2013+
2006	88	2008-2011
2005	86	2007-2010
2004	86	2005-2006+

Marsanne 玛珊 ★ ★

堪培拉 $20-$29
当前年份：2011　88
　　带有辛辣香气，散发着金银花、桃子和蜜瓜的香味，伴随淡淡的草本植物的清香，以及烟熏的蜡质芬芳，底蕴中透露出丁香、肉桂和烤坚果的香气。酒体适中，口感雅致，绵密柔顺，浸润着浓郁的果香，与略带金属质感的酸度浑然一体。收口余韵悠长且干爽，口中长久流连着辛辣的回味。这是一款充满了旧世界葡萄酒风格的佳酿。

2011	88	2013-2016
2010	91	2011-2012
2009	89	2011-2014+
2008	87	2010-2013+
2007	88	2008-2009
2006	91	2007-2008+
2004	91	2006-2009

Shiraz Viognier 西拉维欧尼 ★ ★ ★

堪培拉 $20-$29
当前年份：2013　89
　　适合早期饮用。带有深邃花香和杏子的果香味，些许辛香提升了甘甜的红莓、黑莓、新鲜雪松 / 香草橡木和白胡椒的香味。柔滑可口，带有一丝甜点味，悠长余韵中透着淡淡肉香和咸香，收口酸度柔和。

2013	89	2015-2018
2012	90	2017-2020
2010	90	2012-2015
2009	92	2014-2017
2008	92	2013-2016
2007	88	2012-2015
2006	82	2007-2008

The Grainery White Blend 葛雷丽白葡萄混酿 ★ ★

堪培拉 $20-$29
当前年份：2013　90
　　窖藏成熟后将成为一款香醇复杂的干白葡萄酒。带有淡淡的橡木味，淡淡烟熏味和辛香味中浮动着甜瓜、柑橘、金银花和柠檬果子露的香味，还有一缕香草和熟肉肉香夹杂其间。雅致可口，柠檬味余韵悠长，呈现匀称活跃的酸度。窖藏两三年后品质更佳。

2013	90	2015-2018+
2012	94	2017-2020
2011	90	2013-2016

Red Claw 红钳酒庄

通信地址： 112 Tuerong Road, Moorooduc, Vic 3933 · **电话：**（03）9667 6541 ·
传真：（03）9639 0168 · **网址：** www.yabbylake.com · **电子邮箱：** info@yabbylake.com
产区：莫宁顿半岛　**酿酒师：**汤姆·卡尔森（Tom Carson）
执行总裁：汤姆.卡尔森（Tom Carson）

　　罗伯特·科比酒业集团的一个新兴品牌。该集团还拥有雅碧湖和西斯寇特酒庄两个品牌。红钳酒庄能够从上述两家兄弟公司中获得酿造葡萄酒的原料。酒庄出品的葡萄酒以霞多丽为最佳，其品质比普通的"副牌"更加深邃，酿酒时的投入也更高。

Chardonnay 霞多丽 ★ ★

莫宁顿半岛 $20-$29
当前年份：2013　91
　　灵动澄澈，清新的蜜桃香中浮动着淡淡的柠檬味和奶油香草橡木味，似乎还带有葡萄柚和柠檬花味。柔滑爽口，内敛绵密的柑橘和蜜桃等果香味让收口香醇集中，酸度清新明快。

2013	91	2015-2018+
2012	89	2014-2017
2011	89	2013-2016
2010	90	2012-2015+
2008	90	2010-2013
2007	91	2009-2012
2006	90	2007-2008+

★ Pinot Gris 灰皮诺

2013	88	2015-2018
2011	89	2013-2016
2008	84	2009-2010+
2006	87	2008-2011

莫宁顿半岛
当前年份：2013
$20-$29
88

较为简朴，淡淡的尘土香、草本香和咸香中浮动着苹果和梨的香味。柔滑顺口，酒体适中，辛香中透着苹果味、白桃味以及细腻多尘的酚化物味，微咸的余味中带有淡淡的柠檬味。

★ Pinot Noir 黑皮诺

2013	90	2015-2018+
2012	87	2014-2017
2011	91	2013-2016
2009	88	2011-2014
2008	85	2010-2013
2006	85	2007-2008+

莫宁顿半岛
当前年份：2013
$20-$29
90

带有甘甜香气，淡淡的果酱香中浮动着樱桃味、桑葚味、红李味和新鲜的雪松/香草橡木味，一缕烟熏味和淡雅花香蕴含其间。口感柔滑，余韵悠长，微酸的桑葚味、红樱桃味与精巧多尘的单宁融合在一起，收口雅致，酸度清新明快。

维多利亚红河岸酒庄 Redbank Victoria

通信地址：208 Peipers Lane, Whitfield, Vic 3733・电话：0411 404 296・
网址：www.redbankwines.com・电子邮箱：info@redbankwines.com
产区：国王谷　酿酒师：尼克・德端（Nick Dry）、特蕾莎・赫森鲁德（Teresa Heuzenroeder）
葡萄栽培师：尼克・德瑞　执行总裁：格雷厄姆・麦克唐纳

　　位于国王谷，隶属罗伯特・希尔・史密斯集团。酿造的葡萄来源于维多利亚州中部和北部。在其出品的葡萄酒中，协调强劲的晨曦灰皮诺为其赢得了很高的声誉。产自西斯寇特的安维尔西拉干红葡萄酒品质同样优秀，香醇浓郁。

★★ Sunday Morning Pinot Gris 晨曦灰皮诺干白葡萄酒

2013	86	2014-2015+
2012	87	2014-2017
2011	91	2013-2016
2010	88	2012-2015
2009	90	2011-2014
2005	89	2006-2007+
2003	87	2004-2005

国王谷
当前年份：2013
$20-$29
86

带有清新花香和香料味，夹杂着温和的苹果和梨的果味。口感柔滑绵密，内敛的果香味和坚果等香味在细腻多尘的酒体骨架中逐渐减弱，收口清新淡雅，酸度柔和。

红河岸酒庄 Redbank Winery

通信地址：1926 Sunraysia Highway, Redbank, Vic 3477・电话：（03）5467 7255・
传真：（03）5467 7248・网址：www.saHyspaddock.com.au・电子邮箱：sales@sallyspaddock.com.au
产区：宝丽丝　酿酒师：尼尔・罗伯（Neill Robb）、斯科特・霍顿（Scott Hutton）
葡萄栽培师：米克・罗宾森（Mick Robinson）　执行总裁：尼尔・罗伯

　　尼尔・罗伯带领其团队在维多利亚红河岸一带种植葡萄和酿制美酒。虽然罗伯特・希尔・史密斯也在这里建造了酒庄，推出了红河岸葡萄酒，但他仍将酒庄命名为“红河岸酒庄”。酒庄生产的红酒被命名为萨利罗伯（Sally Robb），酿制优良，平衡度佳，呈现出古老的风格，仿佛是对那个葡萄酒评级并非以糖分成熟度和酒精浓度为基准的遥远时代的一种回应。当前发布的两款酒就是这一观念的不俗体现，这种观念将会在接下来的岁月里持续存在并发展。

★★ Sally's Hill Shiraz 萨利山西拉干红葡萄酒

2010	93	2022-2030
2009	92	2021-2029
2008	90	2016-2020
2006	88	2014-2018
2005	92	2013-2017+
2004	91	2012-2016+
2003	88	2011-2015
2002	89	2012-2016

宝丽丝
当前年份：2010
$20-$29
93

带有胡椒香等辛香，具有维多利亚西拉特有的复杂度和特色。动物味和皮革味中浮动着乌梅、黑莓、黑醋栗的果味和泥土的芳香，白胡椒、丁香、肉桂等辛香将各种味道烘托得恰到好处。酒体饱满偏中等，平衡度佳，跃动的肉香烘托着黑莓、乌梅和内敛的老橡木味，细腻多尘的单宁中包含着清新明快的酸味。

271

Sally's Paddock Cabernet Blend 萨利帕多克赤霞珠混酿 ★★★★

宝丽丝
当前年份：2012

$50-$99
96

深邃雅致，别具一格，具有极佳的复杂度和平衡度，有着极长的可窖藏期。香气质朴、深邃，透出紫罗兰、黑醋栗、醋栗和乌梅的果香以及细腻的雪松/香草橡木味，淡淡的白胡椒味和薄荷味蕴含其间。香气馥郁且带有穿透力，口感柔滑，余韵十分悠长，带有石南和浆果味。干爽紧实的单宁中夹杂着匀称的橡木味，收口酸度极佳。请慢慢品尝。

2012	96	2032-2042
2010	95	2030-2040
2009	94	2021-2029+
2008	90	2020-2028
2007	87	2015-2019
2006	93	2018-2026
2005	93	2017-2025
2004	96	2016-2024+
2003	89	2011-2015
2002	93	2014-2022+
2001	88	2009-2013+
2000	93	2012-2020+
1999	88	2007-2011+

红门酒庄 Redgate

通信地址： 659 Boodjidup Road, Margaret River, WA 6285 · **电话：** （08）9757 6488 ·
传真： （08）9757 6308 · **网址：** www.redgatewines.com.au · **电子邮箱：** info@redgatewines.com.au
产区： 玛格丽特河
酿酒师： 乔尔·佩奇（Joel Page）
葡萄栽培师： 布莱特·甘菲尔德（Brett Ganfield）
执行总裁： 多萝西·尤灵格

玛格丽特河地区一家小型的葡萄酒商，出品的白葡萄酒品质最佳。近年来的每一款白葡萄酒在品质上都有了一定的提升。其中最优秀的是采用橡木桶发酵的珍藏长相思（Reserve Sauvignon Blanc），果香中完美地融入了馥郁的橡木气息，但又丝毫没有影响口感的多样性。此外，第一次出现在本年鉴中的赤霞珠也是一款颇值得关注的酒品。在近几年里，它的品质取得了突飞猛进的提升。

Cabernet Sauvignon 赤霞珠 ★

玛格丽特河
当前年份：2012

$30-$49
90

带有果香味和淡淡的果酱香，薄荷和薄荷脑的香气中浮动着黑醋栗、桑葚、乌梅的果香和香醇的雪松/香草橡木味。丰满甘美，洋溢着乌梅和黑醋栗的浓郁果香，伴随着巧克力/雪松/香草橡木味，轻盈纯粹的单宁将各种味道烘托得恰到好处。收口酸度柔和明快。

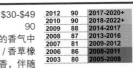

2012	90	2017-2020+
2010	90	2018-2022+
2009	88	2014-2017
2008	87	2013-2016
2007	87	2009-2012
2006	86	2008-2011
2003	80	2005-2008

Chardonnay 霞多丽 ★★

玛格丽特河
当前年份：2013

$30-$49
90

柔滑雅致，别具一格，清新淡雅的橡木芬芳中浮动着柠檬花、白桃、葡萄柚和淡淡的肉桂/丁香橡木香气。精巧雅致，酒体适中，口感悠长，香醇的果香味烘托着绵密的黄油香草橡木味，余味柔顺淡雅，酸度清新灵动。

2013	90	2015-2018
2011	88	2013-2016
2010	89	2012-2015+
2009	92	2014-2017
2008	92	2010-2013+
2007	90	2009-2012
2006	93	2008-2011+
2005	91	2007-2010+

OFS Semillon 赛美蓉 ★★★★

玛格丽特河
当前年份：2012

$20-$29
90

质朴单纯，将会缓慢地陈年。散发着蜜瓜、青苹果皮和柠檬果子露略带青麻香气的香气，融入淡淡多尘草本植物的清香。口感绵长丰满，洋溢着甜瓜和柠檬圆润甘甜的果味，余味绵长，收口清新紧实。

2012	90	2017-2020+
2011	94	2016-2019+
2010	94	2015-2018+
2007	87	2009-2012
2005	72	2005-2005
2003	89	2003-2004+
2002	88	2003-2004+
2001	86	2002-2003
2000	87	2001-2002
1999	85	2000-2001

★★★   Reserve Sauvignon Blanc 珍藏长相思干白葡萄酒

2012	93	2014-2017+
2011	90	2016-2019
2010	93	2012-2015+
2009	91	2011-2014+
2008	94	2010-2013+
2007	95	2012-2015
2005	91	2007-2010
2004	89	2005-2006+
2003	89	2004-2005
2002	86	2002-2003
2001	86	2002-2003+

玛格丽特河 $20-$29

当前年份：2012   93

    品质极佳，浓烈辛香中浮动着核果、甜瓜、醋栗、热带水果和浓郁的烟熏香草橡木香气以及淡淡的盐味。口感圆润柔滑，香醇绵密的果香味和精巧平衡的橡木味相互融合，余韵中透出烟熏味和咸香，酸度清新明快。橡木味尚显青涩，不过香醇的果香味能够很好地对其进行掩饰。

★★   Sauvignon Blanc Semillon 长相思赛美蓉混酿

2011	91	2012-2013+
2010	93	2012-2015
2009	91	2010-2011
2008	86	2009-2010
2007	91	2009-2012
2006	91	2008-2011
2005	86	2006-2007
2004	88	2005-2006
2003	88	2004-2005+
2002	88	2004-2007

玛格丽特河 $20-$29

当前年份：2011   91

    优雅精致，散发着葡萄柚、柠檬、芒果和西番莲的芳香，略带丝丝清新的青草气息，收口的余韵悠长持久，明亮多汁。口感顺滑内敛，感到强烈纯粹的水果浓香，充盈着温和明快的酸味。

红人酒庄 Redman

通信地址： Riddoch Highway, Coonawarra, SA 5263 · **电话：** （08）8736 3331 ·
传真： （08）8736 3013 · **网址：** www.redman.com.au · **电子邮箱：** wines@redman.com.au
产区： 古纳华拉
酿酒师： 布鲁斯·雷德曼（Bruce Redman）、尼尔·雷德曼（Daniel Redman）
执行总裁： 布鲁斯·雷德曼、马尔科姆·雷德曼（Malcolm Redman）

    坚持酿造古纳华拉葡萄酒的最古老的酒庄之一。雷德曼家族在古纳华拉拥有一些最古老、最优质的葡萄园。虽然它出品的红酒口味悠长且优雅，但很少能达到当代顶级古纳华拉红酒的那种水准——果香深邃，优雅迷人。近些年来，红人酒庄开始酿造酒体更加厚重、成熟度也更高的葡萄酒。2012年份的赤霞珠是一款广受好评的美酒，是该酒庄近年来出品的葡萄酒中最出色的一款。

★   Cabernet Sauvignon 赤霞珠

2012	94	2024-2032+
2011	86	2013-2016
2010	89	2022-2030
2009	89	2017-2021+
2008	86	2016-2020
2007	88	2015-2019
2006	89	2014-2018
2005	92	2017-2025
2004	88	2012-2016
2003	93	2015-2023

古纳华拉 $30-$49

当前年份：2012   94

    十分雅致，别具一格。淡淡的薄荷香中浮动着紫罗兰、黑醋栗、醋栗和乌梅的果香，以及雪松橡木味，淡雅的玫瑰花瓣味和干草味蕴含其间。单宁坚实细腻，余味略带咸香，黑莓味与乌梅味香醇悠长，具有极佳的平衡度。

★★   Cabernet Sauvignon Merlot 赤霞珠梅洛混酿

2009	92	2021-2029
2008	88	2013-2016+
2007	88	2015-2019+
2006	91	2018-2026
2005	90	2017-2025
2004	92	2016-2024
2003	81	2005-2008
2001	95	2013-2021+
2000	89	2008-2012
1999	86	2004-2007+
1998	94	2010-2018
1997	83	1999-2002
1996	90	2004-2008+

古纳华拉 $20-$29

当前年份：2009   92

    带有紫罗兰的香甜花香，黑醋栗、覆盆子和黑樱桃馥郁的果香，伴随着新鲜的香草橡木香气，草本植物淡淡的多尘清香和泥土的醇香飘散其间。口感优雅，洋溢着甜美的果味，酒体饱满偏中等，浸润着纯粹集中的果味，与香甜的雪松香草橡木味完美缠绕，在精致、融入板岩口感的单宁支撑下，收口余韵绵长而紧致，新鲜持久。

Shiraz 西拉 ★★

古纳华拉
当前年份：2012　　　$20-$29
　　　　　　　　　　　89

顺滑优雅，温和匀称。散发着覆盆子、红樱桃、李子和收敛雪松橡木味略带香料味和花香的香气，后味中透出干草的味道。口感细密柔顺，果香明快通透，单宁细腻柔顺，收口有怡人的长度，带有新鲜的酸度和些许酒精味。

2012	89	2020-2024+
2011	84	2013-2016
2010	91	2018-2022
2009	92	2021-2029
2008	91	2020-2028
2007	87	2012-2015
2006	92	2014-2018
2005	93	2013-2017
2004	88	2009-2012
2003	81	2005-2008

The Redman Cabernet Merlot Shiraz Blend 红人赤霞珠梅洛西拉混酿 ★★

古纳华拉
当前年份：2005　　　$50-$99
　　　　　　　　　　　92

气质内敛，富有旧世界葡萄酒风格，展现出不俗的余韵和力道。散发着黑莓果、李子和樱桃辛辣的果香，饱满清新，底蕴中透露出缕缕石南和干草带有灰尘味的香气。入口后，洋溢着深邃的果味，在细腻、带有金属质感的单宁支撑下，余韵绵长，均匀集中，收口带有清新的酸度和持久的果味，夹杂着辣味、甘草和类似石墨的味道。

2005	92	2017-2025+
2004	90	2016-2024+
2003	89	2015-2023+
2002	90	2010-2014

雷尼拉酒庄 Reynella

通信地址： Reynell Road, Reynella, SA 5161・**电话：**（08）8392 2300・**传真：**（08）8392 2301・
电子邮箱： reynella.cellardoor@cwines.com.au
产区： 麦克拉伦谷
酿酒师： 内维尔・罗温（Neville Rowe）
葡萄栽培师： 罗德尼・比奇摩尔（Rodney Birchmore）
执行总裁： 迈克尔・伊斯特

　　能够酿造奢华（如雷尼拉筐式压榨西拉）的酒庄一定是非常出色的酒庄。雷尼拉的声望并没有像它的成就那样显赫，原因或许就在于它在许多时候既被称作雷尼拉酒庄，也被称作雷尔尼（Reynell）。它在最新发布的几款酒的酒标上，也使用了这两种名称。酒庄由约翰・雷尼拉（John Reynell）创立，酒庄（现在是美誉酒业的总部）就设在在雷尼拉村中。有点糊涂了？那就按时更新你的酒品指南吧！也就是说，如果你喜欢麦克拉伦谷香味浓郁、寿命较长的红酒，你就应该了解这个品牌。

Basket Pressed Cabernet Sauvignon 筐式压榨赤霞珠干红葡萄酒 ★★★

麦克拉伦谷
当前年份：2010　　　$50-$99
　　　　　　　　　　　92

气质优雅，精致平衡，果味成熟深邃，浓郁集中，散发着乌梅、黑醋栗和桑葚的馥郁果香，与雪松橡木香气完美融合，底蕴中透露出缕缕黑橄榄的香气。在紧致精巧而圆润的单宁支撑下，口感华美，浸润着醋栗的浓郁果味，余韵悠长，收口带有葡萄干的味道。这款酒会发展出不俗的复杂口感和特性。

2010	93	2022-2030+
2007	88	2012-2015
2006	94	2018-2026
2004	88	2009-2012
2002	88	2010-2014
1998	95	2010-2018+
1997	89	2005-2009+
1996	92	2008-2016
1995	91	2007-2015

Basket Pressed Grenache 筐式压榨歌海娜干红葡萄酒 ★★★

麦克拉伦谷
当前年份：2007　　　$30-$49
　　　　　　　　　　　95

具有鲜明的地域特征和风格。散发着蓝花、浆果、李子、醋栗的迷人香气，混合着葡萄干、甘草和丁香的香气，底蕴中透出一丝古老橡木的气息，丝丝石南味道和肉香萦绕其间。绵长华丽，果香馥郁，带有炙烤土地和香料味，还夹杂着肉味，层次复杂，单宁紧实爽脆，收口带有新鲜的酸度。

2007	95	2015-2019+
2006	87	2011-2014
2004	86	2006-2009+
2002	93	2007-2010+

★★★★　　　　　**Basket Pressed Shiraz 筐式压榨西拉干红葡萄酒**

2010	94	2022-2030+
2008	95	2020-2028+
2007	94	2019-2027+
2006	94	2014-2018+
2005	95	2017-2025
2004	95	2016-2024
2003	88	2008-2011
2000	90	2002-2005
1998	95	2018-2028
1997	93	2009-2017
1996	95	2008-2016
1995	94	2007-2015

麦克拉伦谷
当前年份：2010

　　带有甘甜香气和辛香，成熟的黑莓、乌梅、黑醋栗的果味和甘甜的烟熏香草／可可橡木味完美融合，胡椒等辛香和烟熏味、可可味将各种味道烘托得恰到好处。香醇深邃，醋栗、血丝李、黑莓的果香与烟熏橡木香紧密地融为一体，成熟的酒体骨架中蕴含着质朴多尘的单宁，平衡度极佳。

$50-$99
94

理查德汉密尔顿酒庄 Richard Hamilton

通信地址： Comer Main & Johnston Road, McLaren Vale, SA 5171 · **电话：**（08）8323 8830 ·
传真：（08）8323 8889 · **网址：** www.leconfieldwines.com · **电子邮箱：** info@leconfieldwines.com
产区： 麦克拉伦谷
酿酒师： 保罗·戈登（Paul Gordon）、蒂姆·贝利（Tim Bailey）
葡萄栽培师： 李·哈汀（Lee Harding）
执行总裁： 理查德·汉密尔顿博士（Dr. Richard Hamilton）

　　麦克拉伦谷地区一座历史悠久的酒庄，酿造了不少风味独特的葡萄酒。其中最古老的一款便是百年老藤西拉干红，这款酒芳香馥郁，细密美味，尤以2012年份的品质最佳。酒庄坐落在产地最南端，覆盖于干河床上的黏土和石灰岩之上的灰壤土受近几年气候变化的影响较小。气候变化较大的2011年，保罗·戈登率领团队成功地酿出了高品质美酒，2012年该酒庄酿造的葡萄酒在品质上又提升了一个水平。

★★　　　　**Burton's Vineyard Grenache Shiraz Blend
伯顿葡萄园歌海娜西拉混酿**

2011	90	2016-2019+
2010	93	2022-2030
2009	89	2014-2017+
2006	87	2011-2014+
2005	93	2013-2017
2003	81	2005-2008
2002	88	2007-2014
2001	86	2006-2009
1999	88	2004-2007
1998	93	2003-2006+
1997	86	2005-2008
1996	89	2001-2004
1995	82	2003-2007

麦克拉伦谷
当前年份：2011

　　品质极佳，醒酒后会变得更加深邃香醇。细致花香、泥土香和草本香中浮动着乌梅味、红酸栗味和桑葚味，丁香、肉桂等辛香中带点淡淡的肉味。鲜明直接，甘甜悠长，洋溢着带有果酱味的石南和蓝莓略甜腻的余韵，味道逐渐演变成咸香味、尘土味和草本味，收口呈现出回味无穷的甘草香。

$20-$29
90

★★★　　　　**Centurion Shiraz 百年老藤西拉干红葡萄酒**

2012	95	2024-2032+
2011	91	2018-2023
2010	95	2022-2030+
2008	93	2016-2020
2007	93	2015-2019+
2006	93	2018-2026
2003	81	2005-2008
2002	93	2010-2014+
2001	91	2009-2013
2000	87	2002-2005+
1999	93	2007-2011+
1998	93	2006-2010+
1996	88	2001-2004+
1995	94	2003-2007

麦克拉伦谷
当前年份：2012

　　香醇深邃，富有层次感。浆果、李子、雪松和黑巧克力橡木味中透着紫罗兰等花香味和胡椒等辛香味。口感浓厚悠长，微酸的黑莓、李子、樱桃果味质朴集中，与巧克力、香草橡木味完美融合，干爽紧致的单宁蕴含其间，具有很高的平衡度和和谐感，收口酸度清新明快。

$50-$99
95

★★　　　　**Hut Block Cabernet Sauvignon 哈特布洛克赤霞珠干红葡萄酒**

2013	89	2025-2033
2012	91	2024-2032
2011	86	2013-2016
2010	90	2018-2022
2009	81	2011-2014
2008	92	2013-2016+
2007	82	2009-2012
2006	89	2014-2018
2005	80	2007-2010
2004	91	2012-2016
2003	91	2011-2015
2002	81	2007-2010
2001	93	2009-2013+

麦克拉伦谷
当前年份：2013

　　别具一格，具有很高的紧实度和完整度。甘甜香气中浮动着黑醋栗、黑莓、乌梅、紫罗兰和多尘的雪松／香草橡木味。酒体饱满偏中等，灵动可口的黑醋栗和乌梅果味与坚实强劲、呈粉尘质感的单宁味完美融合，余味干爽悠长，带有淡淡的矿物味和温润酒香味。

$12-$19
89

Lot 148 Merlot 洛特 148 梅洛 ★★

麦克拉伦谷
当前年份：2011　　　　　　　$20-$29
90

该年份的一款佳酿。散发着李子和樱桃跃动的深邃果香，融入雪松、巧克力橡木的香气，底蕴中透露出缕缕烟熏肉香。口感顺滑，色泽通透，酒体中等偏饱满，均匀平衡，与新鲜的橡木味和精致紧实的单宁结构紧密结合。收口多汁，通过短期到中期的窖藏可以消散这种口感。

2011	90	2013-2016+
2010	90	2015-2018+
2009	86	2014-2017+
2008	89	2010-2013
2007	81	2009-2012
2006	82	2008-2011
2005	85	2007-2010
2004	86	2006-2009
2002	86	2004-2007+
2001	89	2006-2009
2000	86	2005-2008+
1999	90	2001-2004+

Shiraz （Formerly Gumprs' Shiraz）
西拉（原名噶普斯西拉干红葡萄酒） ★★

麦克拉伦谷
当前年份：2012　　　　　　　$20-$29
91

优雅之酒，香味馥郁。散发着黑色豆胶糖、黑莓、石南和乌梅带有香料味和些许肉味的香气，夹杂着黑胡椒的味道，后味中带有新鲜雪松橡木香。口感顺滑柔润，洋溢着乌梅和浆果甘美新鲜的果味，可口的橡木味以及类似小茴香的味道，底味中透出细腻柔顺的单宁，融入清新集中的酸味中。

2012	91	2020-2024+
2011	91	2019-2023
2010	92	2018-2022+
2009	86	2017-2021
2008	91	2010-2013+
2007	90	2012-2015
2006	87	2008-2011
2005	90	2010-2013+
2004	92	2009-2012+
2003	91	2008-2011+
2002	89	2007-2010
2001	89	2006-2009
2000	90	2008-2012

Slate Quarry Riesling 采石场雷司令干白葡萄酒 ★★

麦克拉伦谷
当前年份：2013　　　　　　　$12-$19
89

带有淡雅辛香，苹果、梨和柠檬皮香气馥郁，略带油脂质感，跃动的果香味悠长持久，收口酸度清新灵动可口。

2013	89	2018-2021
2012	88	2014-2017+
2011	91	2019-2023
2010	90	2015-2018
2009	88	2011-2014
2008	86	2009-2010
2007	82	2008-2009+

瑞蒙德酒庄 Richmond Grove

通信地址： Para Road, Tanunda, SA 5352 • **电话：** （08）8563 7303 • **传真：** （08）8563 7330 •
网址： www.richmondgrovewines.com • **电子邮箱：** info@richmondgrove.com.au
产区： 南澳大利亚各大产区　**酿酒师：** 斯蒂夫·克拉森（Steve Clarkson）
葡萄栽培师： 本·吉布森　**执行总裁：** 布雷特·麦金农（Brett McKinnon）

保乐力加旗下很受欢迎的一个品牌，它的葡萄酒产自澳大利亚几个声名显赫的产区。近些年来，在沃特维尔雷司令和巴罗莎西拉系列中，有不少品质极高的佳酿，忠实地呈现了产区葡萄酒高雅而精致的品质。

French Cask Chardonnay 法国橡木桶陈酿霞多丽干白葡萄酒 ★★

帕史萨韦
当前年份：2012　　　　　　　$12-$19
88

适合早期饮用。清新而带有柑橘香气，辛香和淡雅的草本香中浮动着甜瓜味、核果味、葡萄柚味和新鲜柠檬香草橡木味，还带点淡淡的芒果味。酒醇可口，一缕烟草味烘托着淡淡的奶油蛋卷味和甜瓜味，收口时味道较淡。

2012	88	2014-2017
2011	89	2013-2016
2009	93	2011-2014
2008	86	2010-2013
2006	90	2007-2008+
2005	82	2006-2007
2003	84	2004-2005+
2002	87	2003-2004+
2001	87	2002-2003
2000	87	2002-2005
1997	80	1998-1999

Limited Release Barossa Shiraz 限量版巴罗莎西拉 ★★★

巴罗莎谷
当前年份：2010　　　　　　　$20-$29
93

散发着新鲜的黑莓和红莓的馥郁花香，略带辛辣风情，融入雪松、香草橡木香气，蕴含一缕白胡椒的气息，底蕴中透露出干草略带尘土气息的味道。明快活泼，口感呈现香甜的水果味道，明快多汁，单宁带有丝绸般的质感。收口余韵悠长柔软，持久的口味中浸润着柔软迷人的酸度。这款西拉算得上是精心酿制的上乘之作。

2010	93	2018-2022+
2008	92	2013-2016+
2007	89	2012-2015+
2006	91	2011-2014
2005	85	2007-2010+
2003	85	2005-2008
2002	90	2007-2010+
2001	90	2009-2013
2000	81	2002-2005
1999	88	2001-2004+
1998	88	2000-2003+
1997	87	1999-2002

Limited Release Coonawarra Cabernet Sauvignon
限量版古纳华拉赤霞珠干红葡萄酒

年份	评分	适饮期
2012	87	2020-2024
2010	92	2018-2022+
2008	88	2013-2016
2007	88	2012-2015+
2006	89	2014-2018
2002	83	2007-2010
2001	88	2006-2009
2000	83	2002-2005
1999	88	2004-2007
1998	86	2003-2006

古纳华拉 $20-$29
当前年份：2012   87

　　带有薄荷香气和草青味，泥土香和肉香中浮动着李子味和莓果味，底蕴带有薄荷脑味和雪松味。浓郁的黑色水果味呈现出干爽紧实、令人心旷神怡的悠长余韵，但缺乏古纳华拉特有的香醇雅致感，另外这款酒窖藏时成熟得比较慢。

★★★★ Watervale Riesling 沃特维尔雷司干白葡萄酒

年份	评分	适饮期
2012	94	2024-2030
2011	94	2019-2023+
2009	95	2021-2029
2008	89	2010-2013+
2007	82	2008-2009+
2006	91	2011-2014
2005	91	2013-2017
2004	90	2006-2009
2003	93	2008-2011
2002	95	2010-2014
2001	93	2006-2009

克莱尔谷 $20-$29
当前年份：2012   94

　　独具风格，悠长集中，散发着薰衣草和白花诱人的花香，融入白垩香，透出柑橘和核果明快的果香，梨的香甜若有似无。底味中透出细腻的白垩香，舌下香味渐强，收口带有温和的酸味和经久不散的矿物味。

剑牌酒庄 Riposte

通信地址：PO Box 256, Lobethal, SA 5241·电话：（08）8389 8149·传真：（08）8389 8178·
网址：www.timknappstein.com.au·电子邮箱：tim@timknappstein.com.au
产区：阿德莱德山　酿酒师：蒂姆·纳普斯坦（Tim Knappstein）
葡萄栽培师：蒂姆·纳普斯坦　执行总裁：戴尔·纳普斯坦

　　蒂姆·纳普斯坦是南澳大利亚最活跃、经验最丰富的酿酒师之一。经他手酿造的葡萄酒一经酿成，立即就被抢购一空。他在克莱尔谷名气斐然。剑牌出产的酒品精雕细琢，价格适中，且酒的质地和复杂度充分地呈现出葡萄的纯粹、馥郁芳香。其中以馥郁芬芳、酒质辛辣的琼瑶浆和一系列酿造工艺高超的黑皮诺品质最为突出。

★★ The Dagger Pinot Noir 匕首黑皮诺干红葡萄酒

年份	评分	适饮期
2012	90	2014-2017
2011	90	2016-2019
2010	90	2012-2015+

阿德莱德山 $20-$29
当前年份：2012   90

　　这款酒兴许是澳大利亚出产的售价在20美元上下的产品中品质最好的一款黑皮诺。酒体完整明快，散发着红樱桃、覆盆子和草莓融入麝香风味的如花芬芳，与新鲜的雪松、香草橡木香气完美融合。口感满溢甜美多汁的果味，浸润着莓果、樱桃浓烈强劲的美味。酒架精致圆润，收口展现出极佳的平衡度和清新的酸味。

★★★ The Foil Sauvignon Blanc 花剑长相思干白葡萄酒

年份	评分	适饮期
2014	90	2016-2019
2012	92	2013-2014+
2011	93	2013-2016
2010	93	2011-2012+
2009	93	2011-2014
2007	88	2008-2009
2006	91	2007-2008

阿德莱德山 $20-$29
当前年份：2014   90

　　带有淡淡的氧化味，黑醋栗、醋栗和荔枝果香甘甜、馥郁，余韵丰满悠长，紧致度和集中度略显不足。

★★★ The Rapier Traminer 细剑琼瑶浆干白葡萄酒

年份	评分	适饮期
2010	95	2012-2015+
2009	89	2010-2011
2008	93	2010-2013+
2006	90	2008-2011

阿德莱德山 $12-$19
当前年份：2010   95

　　散发着诱人的醇香，酒体精致优雅，透出荔枝、玫瑰油、金银花和红橘令人心醉且极具穿透力的馥郁花香，底蕴中升腾起缕缕肉香和矿物质的气息，更有类似肉桂的风味萦绕其间。口感绵长迷人，洋溢着纯净明快的果香，酒体中等，油质适度，避免了过于油腻厚重的尴尬，余韵柔软，极富魅力，略带一缕淡淡的矿物质味道。

The Sabre Pinot Noir 轻剑黑皮诺干红葡萄酒　　★ ★ ★

阿德莱德山　　　　　　　　　　　　　　　　　　$20-$29
当前年份：2010　　　　　　　　　　　　　　　　　92
　　酿造工艺完美无缺，芳香馥郁，成熟缓慢，散发着红莓、樱桃、甜菜和乌梅浓郁迷人的芬芳，略带烟熏味，与清新的雪松、香草橡木香气紧密交织，底蕴带有一丝大黄的气息。酒体中等偏饱满，口感紧实，果香浓郁，收口的余韵带有肉香，十分可口。

2010	92	2015-2018+
2009	92	2014-2017
2008	88	2010-2013
2007	92	2012-2015
2006	92	2008-2011+
2005	90	2007-2010+

The Stiletto Pinot Gris 匕首灰皮诺干白葡萄酒　　★

阿德莱德山　　　　　　　　　　　　　　　　　　$20-$29
当前年份：2013　　　　　　　　　　　　　　　　　89
　　特色鲜明，紧致直接，精巧的尘土香和坚果香中浮动着梨和苹果花的香味。口感紧实悠长，洋溢着苹果和梨的直接风味，底味中透出带有灰尘味的白垩香，融入清新浓烈的苹果、甜瓜酸味中。收口精致，略带甜味。

2013	89	2015-2018
2012	92	2014-2017+
2010	89	2012-2015+
2008	81	2008-2009

罗克福德酒庄 Rockford

通信地址： Krondorf Road, Tanunda, SA 5352・**电话：**（08）8563 2720・**传真：**（08）8563 3787・
网址： www.rockfordwines.com.au・**电子邮箱：** info.contact@rockfordwines.com.au
产区： 巴罗莎谷
酿酒师： 罗伯特・奥凯拉格汉（Robert 0'Callaghan）、本・瑞德福德（Ben Radford）
葡萄栽培师： 本・瑞德福德
执行总裁： 大卫・凯勒思克（David Kalleske）

　　一座积极投身葡萄酒酿造事业的巴罗莎谷小酒庄，是葡萄产区小型葡萄园及其庄园主的坚定支持者。酒庄酿造的葡萄酒十分清新，他们对潮流和时尚不屑一顾，本质上完全"自然"。2011年，酒庄只推出了一款雷司令，名为巴罗莎雷司令（94/100，适饮期：2019-2023+），紧实集中，果味强劲，带有矿物香，堪称一款经典美酒。

Barossa（Formerly Hand Picked）Riesling
巴罗莎雷司令干白葡萄酒（原手摘雷司令干白葡萄酒）　　★ ★ ★

伊顿谷　　　　　　　　　　　　　　　　　　　　$30-$49
当前年份：2011　　　　　　　　　　　　　　　　　94
　　别具一格，清新花香中浮动着柠檬汁、青苹果和柠檬的香气，略带还原味、矿石味和酵母味等复杂味道。简约质朴，紧实集中，酸橙味、柠檬味和苹果味韵味悠长，略带板岩风味，收口略带柑橘香和清新脆爽的酸度。

2011	94	2019-2023+
2010	94	2018-2022+
2009	93	2017-2021
2008	92	2013-2016+
2007	90	2012-2015
2006	89	2011-2014
2005	94	2013-2017
2004	90	2009-2012+
2003	86	2005-2008
2002	93	2007-2010+
2001	93	2009-2013
2000	95	2005-2008+

Basket Press Shiraz 筐式压榨西拉干红葡萄酒　　★ ★ ★ ★

巴罗莎谷　　　　　　　　　　　　　　　　　　　$50-$99
当前年份：2010　　　　　　　　　　　　　　　　　95
　　散发着黑莓、桑葚、黑醋栗和乌梅略带麝香和胡椒的芬芳，底蕴中透露出烟熏雪松和香草橡木的香气，一丝肉香和小羊皮的醇香飘散其间。口感绵长顺滑，浸润着蜜饯般浓郁香甜的强劲果味，明快而集中。在如同丝绸般顺滑的单宁支撑下，与多尘橡木的美味紧密结合。随着陈年时间的累积，这款酒将会变得更加美味可口。

2010	95	2022-2030+
2009	95	2021-2029
2008	94	2016-2020+
2007	94	2015-2019
2006	88	2008-2011
2005	91	2013-2017
2004	95	2016-2024+
2003	93	2011-2015
2002	96	2014-2022
2001	89	2009-2013
2000	95	2005-2008+
1999	96	2007-2011+
1998	96	2008-2018

Black Sparkling Shiraz 黑牌起泡西拉红酒

2013	92	2018-2021+
2012	96	2024-2032
2011	95	2023-2031+
2010	96	2019-2023
2009	92	2011-2014
2008	95	2013-2016
2007	88	2009-2012
2006	96	2011-2014+
2005	93	2007-2010+
2004	95	2005-2009
2003	90	2005-2008
2002	96	2006-2010
2001	95	2004-2008

巴罗莎谷　　　　　　　　　　　$50-$99
当前年份：2013（除渣）　　　　　　92

　　醇熟雅致，带有皮革香气，胡椒等辛香中浮动着红莓、黑莓、雪松和淡淡的麝香味。口感雅致柔滑，淡淡的西梅干和葡萄干味与些许巧克力味、炙烤土地味和草本味完美融合，余韵香醇悠长，干果、可可和炙烤土地的香气逡巡不散。

★ ★

Frugal Farmer Red Blend 节俭农夫红葡萄混酿

2012	90	2017-2020+
2011	90	2013-2016+
2010	89	2015-2018+

巴罗莎谷　　　　　　　　　　　$20-$29
当前年份：2012　　　　　　　　　90

　　清新质朴，适合早期饮用，浓烈辛香和淡淡肉香中浮动着乌梅、樱桃和蓝莓果味，甘甜花香和泥土芬芳夹杂其间。简朴雅致，黑莓、李子、樱桃果味清新悠长，酸度明快直接，集中度高。

★ ★ ★

Local Growers Semillon 本地种植赛美蓉干白葡萄酒

2009	92	2014-2017+
2008	94	2020-2028
2007	91	2012-2016
2006	91	2014-2018
2005	88	2010-2013
2004	92	2009-2012
2003	89	2005-2008+
2002	92	2007-2010
2001	88	2003-2006
2000	92	2002-2005+
1999	92	2004-2007

巴罗莎谷　　　　　　　　　　　$20-$29
当前年份：2009　　　　　　　　　92

　　顺滑甘美，已经开始展现出些许悦人的陈年成熟特质。略带烘焙和黄油香气，散发着甜瓜、干花和粗麦粉浓郁的芬芳，融入丝丝稻草的清香。口感圆润，浓郁饱满，甘美油腻，呈现出令人心旷神怡的顺滑奶油果味，与淡淡的烟熏橡木美味完美结合，收口展现出极佳的新鲜度和悠长余韵。

★ ★ ★

Moppa Springs Grenache Blend 沫帕泉歌海娜混酿

2010	90	2018-2022+
2009	88	2017-2021
2008	87	2010-2013
2007	89	2012-2015
2006	91	2011-2014+
2005	92	2010-2013+
2004	93	2009-2012+
2003	88	2008-2011
2002	89	2007-2010
2001	89	2003-2006+
2000	88	2002-2005

巴罗莎谷　　　　　　　　　　　$20-$29
当前年份：2010　　　　　　　　　90

　　香醇可口，带有淡淡的橡木味，有窖藏潜力。辛香和花香中浮动着深邃的血丝李、蓝莓和樱桃的果味，底蕴中呈现泥土味和皮革味，酒质匀称，泥土味、肉味、果香味和带有草青味的单宁酸融合为一体，余韵清新悠长，平衡度高。

★

Rifle Range Cabernet Sauvignon 射击场赤霞珠干红葡萄酒

2011	84	2013-2016+
2010	84	2015-2018
2009	89	2021-2029
2008	87	2013-2016
2007	84	2009-2012
2006	85	2008-2011
2005	86	2007-2010+
2004	89	2012-2016
2003	92	2011-2015

巴罗莎谷　　　　　　　　　　　$50-$99
当前年份：2011　　　　　　　　　84

　　带有草青味，淡淡的泥土香和肉香中浮动着红莓味、李子味、柔和的雪松橡木味和草本味。入口后，洋溢着红莓和李子的果味，甘甜多汁；而后味道会渐渐变得柔弱，略带金属味，收口尖锐。

★

Rod & Spur Shiraz Cabernet Blend 乐福西拉赤霞珠混酿

2011	85	2013-2016+
2010	88	2015-2018
2009	91	2014-2017+
2008	88	2013-2016+
2007	89	2009-2012
2006	87	2011-2014
2005	87	2010-2013
2004	90	2012-2016
2003	88	2005-2008+
2002	89	2004-2007+
2001	87	2003-2006

巴罗莎谷　　　　　　　　　　　$30-$49
当前年份：2011　　　　　　　　　85

　　已到适饮期。香味质朴，带有还原味，黑莓味、皮革味、雪松味和白胡椒味中央夹杂着淡淡肉香。香醇可口，酒体中等偏饱满，黑色水果和红色水果的香味悠长持久，慢慢呈现出肉香和皮革香，收口较为单薄，略带金属味。

A B C D E F G H I J K L M N O P Q R S T U V W X Y Z

玫瑰山酒庄 Rosemount Estate

通信地址： Rosemount Road, Denman, NSW 2328 · **电话：**（02）6549 6400 · **传真：**（02）6549 6499 ·
网址： www.rosemountestate.com.au · **电子邮箱：** rosemountestates.hv@cellardoor.com.au
产区： 多产区　**酿酒师：** 马特·科赫（Matt Koch）、本·米勒（Ben Miller）、兰道尔·库米斯（Randall
Cummins）、安德鲁·洛克（Andrew Locke）　**葡萄栽培师：** 萨姆·海恩（Sam Hayne）、尼格尔·艾维汉
（Nigel Everingham）　**执行总裁：** 迈克尔·克拉克

　　不久之前，玫瑰山酒庄曾是世界上利润最丰厚的葡萄酒品牌。当时，酒庄只有一小部分高端品牌，出品
的主要是顺应时代需求的低档葡萄酒，性价比极高。旗下品牌如巴洛莫、罗克斯堡、玫瑰路和蓝山（后两个
品牌已经不复存在）品质稳定，给酒庄的中低端品牌增加了耀人的光彩。在酒庄当前年份的葡萄酒中，有
一些质量上乘的美酒，而且这些酒的品质也逐渐回归到之前的最佳品质。声誉久远的珍藏系列（如今已完
全偏离其最初理念）被重新命名为产区发行系列。同样声名远播的 GSM 系列于 2012 年再创巅峰。

Balmoral Syrah 巴洛莫西拉干红葡萄酒　★★★

麦克拉伦谷　　　　　　　　　　　　　$50-$99
当前年份：2012　　　　　　　　　　　　95
　　深邃复杂，麝香、紫罗兰香和幽微的熏肉香烘托着带
有石南味的黑醋栗、黑莓、乌梅的果味以及紧实的新鲜雪
松／巧克力橡木味。雅致华美，略带酸味的浓郁果香味、
柔滑的橡木味以及丝滑的单宁味交织缠绕，余韵悠长，带
有肉香以及逡巡不散的甘草咸香。

2012	95	2024-2032
2011	91	2019-2023
2010	93	2018-2022
2008	92	2020-2028
2004	89	2009-2012
2002	87	2007-2010
2001	91	2009-2013
2000	89	2005-2008
1999	90	2004-2007
1998	97	2010-2018
1997	90	2002-2005
1996	94	2004-2008

Diamond Label Cabernet Sauvignon 钻石标签系列赤霞珠干红葡萄酒

多产区　　　　　　　　　　　　　　$12-$19
当前年份：· 2012　　　　　　　　　　86
　　简约质朴，成熟的果酱香和点心香中浮动着红莓味、
黑莓味以及淡淡的雪松／香草橡木味，一缕花香将这些味
道烘托得更为香浓。口感柔滑，余韵悠长，令人垂涎欲滴
的单宁精巧细腻，收口十分清新。

2012	86	2014-2017
2011	85	2012-2013+
2010	86	2012-2015+
2009	87	2011-2014+
2008	83	2010-2013
2005	86	2006-2007+
2003	89	2005-2008+
2001	80	2002-2003
2000	81	2002-2005

Diamond Label Chardonnay 钻石标签霞多丽干白葡萄淘　★

多产区　　　　　　　　　　　　　　$5-$11
当前年份：2013　　　　　　　　　　85
　　带有桃子、甜瓜和苹果类水果的多汁果味，柔滑顺口，
清新香醇。果香味中还带点淡淡的橡木味。

2013	85	2014-2015
2012	87	2013-2014+
2011	84	2012-2013
2009	88	2010-2011+
2008	86	2009-2010
2007	84	2008-2009
2006	87	2006-2007+

Diamond Label Shiraz 钻石标签西拉干红葡萄酒　★

多产区　　　　　　　　　　　　　　$12-$19
当前年份：2013　　　　　　　　　　85
　　柔滑可口，甘甜香气中浮动着红莓味、黑莓味、李
子味和香草橡木味，辛香和花香蕴含其间。鲜明直接，
果香味较为悠长，收口柔润平滑。

2013	85	2014-2015+
2012	85	2013-2014+
2011	88	2013-2016+
2010	89	2012-2015+
2009	82	2010-2011
2008	88	2010-2013+
2007	86	2009-2012
2006	86	2008-2011
2005	86	2006-2007
2003	88	2005-2008

District Release Cabernet Sauvignon （Formerly Show Reserve）★★
产区发行赤霞珠干红葡萄酒（原名珍藏赤霞珠干红葡萄酒）

古纳华拉（麦克拉伦谷 in 2011）　　$20-$29
当前年份：2012　　　　　　　　　　89
　　香醇匀称，别具特色，浓郁的果酱香和淡淡的点心
味中浮动着黑醋栗味、黑莓味、醋栗味和新鲜的雪松／香
草橡木味，还有一丝甘甜的紫罗兰香蕴含其间。柔滑顺口，
酒质细腻，跃动而富有层次感的黑莓、红莓和李子的果
味中透着香醇的橡木味。余味悠长，带有淡淡的咸香味。

2012	89	2020-2024
2011	89	2016-2019+
2010	87	2012-2015
2008	90	2016-2020
2006	90	2011-2014+
2005	90	2013-2017
2003	89	2011-2015
2002	88	2007-2010+
2001	87	2006-2009
2000	93	2008-2012
1999	93	2007-2011+
1998	94	2010-2018

2013	90	2015-2018
2012	83	2013-2014+
2010	87	2012-2015
2009	87	2010-2011+
2007	89	2008-2011
2006	90	2008-2011+
2005	83	2007-2010
2004	89	2006-2009
2002	92	2004-2007
2001	87	2002-2003

石灰岩海岸（2012年开始为罗布）　$20-$29

当前年份：2013　90

　　带有咸香味，菠萝味、白桃味和红葡萄味中透着淡淡的奶油香草橡木味和一缕核果味。香醇可口，桃子味和菠萝味余韵悠长，收口较为单薄，带一丝脆爽酸度。

★★ District Release Shiraz（Formerly Show Reserve）产区发行西拉干红葡萄酒（原名珍藏西拉干红葡萄酒）

2011	86	2013-2016
2010	90	2015-2018+
2005	87	2007-2010+
2004	87	2009-2012+
2003	89	2011-2015
2001	91	2006-2009
2000	87	2002-2005+
1999	86	2004-2007
1998	88	2003-2006
1997	88	2002-2005
1996	95	2004-2008
1995	91	2003-2007

麦克拉伦谷　$20-$29

当前年份：2011　86

　　口感直接，适合早期饮用，带有质朴的花香，散发着黑莓和乌梅略带辛辣气息的芬芳，融入巧克力、雪松橡木的香气中，些许薄荷、白胡椒和薄荷脑的清凉提升了整款酒的香氛。初入口时有浓郁香甜的果味，洋溢着黑醋栗和乌梅的酸涩尖锐风味，层次风味，蔓延至舌下时，果味逐渐变得中空寡淡，底味中带有单调青涩、扎口的单宁，力图展现出真正的深度和饱满度。

★★ **GSM Grenache Shiraz Mourvèdre GSM 歌海娜西拉慕合怀特混酿**

2012	93	2020-2024+
2011	89	2016-2019
2010	91	2012-2015+
2006	90	2011-2014+
2005	89	2010-2013
2004	89	2006-2009+
2003	84	2005-2008
2002	90	2007-2010
2001	91	2006-2009
1999	93	2007-2011
1998	90	2003-2006

麦克拉伦谷　$30-$49

当前年份：2012　93

　　质朴，略带罗讷河谷葡萄酒的风格。闻起来带有甜香，略带果酱味和涩味，透出具有甘甜、辛辣和胡椒味的蓝色和黑色水果的香气，夹杂着些许蔓越莓的果味。口感绵长，优雅细腻，洋溢着略酸、带有石南味的果香，狂野复杂的动物味，单宁细腻、带有灰尘味和粉末状质感，收口绵长平衡，有清新的酸味。

★★★ **Roxburgh Chardonnay 罗克斯堡霞多丽干白葡萄酒**

2009	93	2014-2017+
2007	93	2012-2015
2004	94	2009-2012
2003	90	2008-2011
2002	94	2004-2007
2001	91	2003+2006+
1999	91	2004-2007
1998	95	2003-2006+
1997	91	2002-2005
1996	94	2002-2006
1995	94	2000-2003
1994	91	1999-2002

上猎人谷　$30-$49

当前年份：2009　93

　　开始朝着古老的罗克斯堡风格靠拢，但还不是！酒香浓厚辛辣，散发着葡萄柚和蜜瓜成熟浓郁的果香，透出烘烤味，树脂的微妙味道，底蕴中隐含着丁香和肉桂的香气。口感饱满成熟，浸润着橡木的香气，酒体温和饱满、带有烘烤味，完美统一了各个层次的味觉体验。收口极为绵长，而且融入了一丝蜡味。

罗斯里酒庄 Rosily Vineyard

通信地址： 871 Yelverton Road, Wilyabrup, WA 6280 **· 电话：**（08）9755 6336 ·
传真：（08）9755 6336 · **网址：** www.rosily.com.au **· 电子邮箱：** sales@rosily.com.au
产区： 玛格丽特河　**酿酒师：** 麦克·莱莫斯（Mike Lemmes）、米克·斯科特（Mick Scott）　**葡萄栽培师：**
萨姆·卡斯莱顿（Sam Castleden）　**执行总裁：** 迈克·斯科特（Mike Scott）、肯·艾伦（Ken Allan）

　　罗斯里酒庄位于玛格丽特河岸，是当地一家颇具声望的葡萄酒生产商。酒庄酿造的葡萄酒酒香浓郁，制作精良，但是与行业中的领跑者相比，他们的酒品还缺乏浓郁度，疏于雕琢。但其出品的葡萄酒价格比较平易近人。

★ **Cabernet Sauvignon 赤霞珠**

2011	82	2013-2016
2010	91	2018-2022
2009	91	2014-2017+
2008	88	2013-2016
2007	94	2015-2019+
2005	87	2007-2010
2004	90	2009-2012
2003	87	2005-2008+

玛格丽特河　$20-$29

当前年份：2011　82

　　简单寡淡，散发着黑莓的果香，浓郁度一般，融入雪松橡木黏腻的气息中，收口带有青涩口感，缺乏说服力。

Chardonnay 霞多丽 ★ ★

玛格丽特河　　　　　　　　　　　　$20-$29
当前年份：2013　　　　　　　　　　　87
　　一款健康无害的霞多丽干白。散发着番木瓜、凤梨、甜瓜和葡萄柚的香气，后味中带有甘甜香草橡木香和奶油味。口感绵长顺滑，洋溢着甘甜的橡木香，凤梨、葡萄柚和热带水果风味明快，舌中缺乏些许紧实度，收口带有温和的柠檬酸味。

2013	87	2015-2018
2011	87	2012-2013+
2010	82	2012-2015
2009	90	2011-2014
2007	90	2009-2012
2006	89	2008-2011
2005	91	2007-2010+
2004	88	2006-2009
2003	85	2004-2005+
2001	93	2003-2006+
2000	92	2002-2005+

Sauvignon Blanc 长相思 ★

玛格丽特河　　　　　　　　　　　　$12-$19
当前年份：2012　　　　　　　　　　　89
　　一款极其复杂的葡萄酒。活泼，带有成熟的橡木风味。散发着醋栗、甜瓜和西番收敛、略带青草味的香味，后味中透出坚果味和香草味。美味可口，紧实度中等，果味长度佳，洋溢着蜡味和霉味，层次丰富，收口有明快的酸味。

2012	89	2013-2014+
2011	91	2012-2013
2010	89	2011-2012+
2009	87	2010-2011+
2008	90	2009-2010+
2007	92	2008-2009
2006	91	2007-2008
2005	87	2005-2006+
2004	82	2004-2005
2003	91	2003-2004+
2002	89	2002-2003

Semillon Sauvignon Blanc 赛美蓉长相思混酿 ★ ★

玛格丽特河　　　　　　　　　　　　$20-$29
当前年份：2013　　　　　　　　　　　88
　　醇美可口，带有些许橡木桶发酵的香料味。散发着西番莲和荔枝的明快草香，后味中透出奶油橡木香、发霉的酵母味和些许豌豆荚的味道。口感顺滑，洋溢着温和的橡木香，果味和烘烤香草橡木味黏稠，略油腻，收口有清新的酸味，略带辣味和香料味。

2013	88	2015-2018
2012	90	2013-2014+
2011	87	2013-2016
2010	91	2012-2015
2009	89	2010-2011+
2008	86	2009-2010+
2007	87	2008-2009
2006	89	2007-2008+
2005	89	2006-2007+
2004	86	2004-2005+
2001	86	2001-2002

鲁夫斯石酒庄 Rufus Stone

通信地址： Broke Road, Pokolbin, NSW 2320 · **电话：**（02）4993 7000 · **传真：**（02）4998 7723 ·
网址： www.tyrrells.com.au · **电子邮箱：** tyrrells@tyrrells.com.au
产区： 麦克拉伦谷，西斯寇特
酿酒师： 安德鲁·史宾纳兹（Andrew Spinaze）、马克·理查德森（Mark Richardson）
执行总裁： 布鲁斯·蒂勒尔（Bruce Tyrrell）

　　天瑞酒庄旗下的一个品牌。位于猎人谷。其酿造红酒的葡萄来自猎人谷外的其他地区。酒庄的西拉葡萄酒酒体中等偏饱满，易于入口，带有香料味，但不会过度成熟或者有过多的干浸出物。奇怪的是，近几个年份的西斯寇特西拉葡萄酒缺乏深度和果味，而麦克拉伦谷西拉则芳香四溢，比2011年份的好。2012年的赤霞珠马尔贝克混酿是目前酒庄最顶级的葡萄酒——一款可以放心窖藏十年以上的佳酿。

Heathcote Shiraz 西斯寇特西拉干红葡萄酒 ★

西斯寇特　　　　　　　　　　　　$12-$19
当前年份：2012　　　　　　　　　　　83
　　一款带有草本味、涩味和番茄味的葡萄酒，缺乏深度和成熟度。散发着小红莓和李子的果味，夹杂着灰尘味和些许胡椒味，口感有浓烈的果酱风味，果香馥郁。收口青涩多汁，缺乏真正的深度和浓度。

2012	83	2014-2017
2010	86	2012-2015+
2009	88	2011-2014+
2008	87	2010-2013
2007	90	2012-2015
2006	84	2011-2014
2005	84	2007-2010+
2004	86	2006-2009
2003	88	2008-2011
2002	88	2004-2007

McLaren Vale Cabernet Sauvignon Malbec 麦克拉伦谷赤霞珠马尔贝克混酿 ★ ★

麦克拉伦谷　　　　　　　　　　　　$20-$29
当前年份：2012　　　　　　　　　　　90
　　一款绵长优雅的混酿，香味和质地会随着窖藏时间的增加而愈发富有层次。散发着香甜黑醋栗、乌梅和新鲜香草橡木融合而成的明快香味，略带灰尘味和雪松味。酒体饱满集中等，单宁细腻，带有灰尘味，紧实密致。绵长均衡，黑醋栗、乌梅和黑莓果味香甜通透，与雪松橡木香紧密交织，风味浓郁，顺滑持久。

2012	90	2020-2024
2010	88	2012-2015+
2009	89	2017-2021+
2008	90	2013-2016
2004	91	2012-2016+
2003	83	2005-2008
2002	89	2007-2010+

★
McLaren Vale Shiraz 麦克拉伦谷西拉干红葡萄酒

2011	91	2016-2019+
2010	88	2012-2015
2009	86	2011-2014
2008	90	2010-2013+
2007	91	2012-2015
2006	88	2008-2011+
2005	88	2007-2010+
2004	88	2006-2009+
2003	90	2008-2011
2002	91	2010-2014+
2000	87	2002-2005+
1999	90	2004-2007

麦克拉伦谷　　　　　　　　　　$20-$29

当前年份：2011　　　　　　　　91

一款匀称优雅、具有勃艮第风格的葡萄酒。散发着桑葚、黑莓和红醋栗的果香，夹杂着灰尘味、泥土味和胡椒味，后味中透出香草、巧克力橡木香和泥土味。酒体中等偏饱满，口感顺滑，果味略酸，单宁细腻，富含矿物味。收口绵长，带有辣味。

与公牛赛跑酒庄 Running With Bulls

通信地址： Lot 4, Valley Road, Angaston SA 5353 · **电话：** 08 8561 3562 GG ·
网址： www.runningwithbulls.com.au · **电子邮箱：** info@runningwithbulls.com.au
产区： 巴罗莎谷　**酿酒师：** 山姆·威根（Sam Wigan）
执行总裁： 罗伯特·希尔·史密斯（Robert Hill Smith）

罗伯特·希尔·史密斯于几年前创造的品牌，为巴罗莎丹魄葡萄酒带来了全新的面貌。后来酒庄又推出品质相对没有说服力的拉顿布里葡萄酒。酒庄的葡萄酒明快紧实，包装时尚，适合饮用，不太适合深度剖析。我欣赏这种想法，我认为这是许多采用较温暖地区的葡萄酿制的适合早期饮用、醇美新鲜的澳大利亚红酒未来要走的路。

★★
Barossa Tempranillo 巴罗莎丹魄干红葡萄酒

2013	88	2015-2018
2012	92	2017-2020
2011	85	2013-2016
2008	90	2010-2013

巴罗莎谷　　　　　　　　　　$20-$29

当前年份：2013　　　　　　　　88

一款易于入口的年轻葡萄酒，色泽通透，明快多汁，略带果酱风味。散发着黑莓和红莓的果香，后味中透出淡淡的雪松、香草橡木香，一丝花香提升了整体的香味。酒体中等偏饱满，顺滑多汁，浆果芳香，果味绵长，单宁干燥蓬松，略带矿物味。收口有温和清新的酸味。

索莱酒庄 Saltram

通信地址： Murray Street, Angaston SA 5353 · **电话：**（08）8561 0200 · **传真：**（08）8561 0232 ·
网址： www.saltramwines.com.au · **电子邮箱：** cellardoor@saltramestate.com.au
产区： 巴罗莎谷　**酿酒师：** 莎瓦根·威尔（Shavaughn Wells）
葡萄栽培师： 安东·斯塔德尼琴科（Anton Stadniczenko）　**执行总裁：** 迈克尔·克拉克

财富酒庄旗下的另一个品牌，是巴罗莎葡萄酒行业的佼佼者。然而，因为奔富和禾富这类大品牌的光芒，索莱的经典红酒越来越难以得到人们应有的重视以及发展空间。近几年，酒庄新推出了一批品质优秀的葡萄酒，其中包括酿酒师精选西拉丹魄混酿，2012 年份的这款酒极富巴罗莎风格，具有变化发展的潜力。另一款品质卓越的酒要数 2010 年的蒙克塔路西拉干红葡萄酒（95/100，适饮期：2030-2040+），是丰满平衡的典范，从中可以看出索莱酿酒团队是如何酿造这些伟大年份的葡萄酒的。

★★★
Mamre Brook Cabernet Sauvignon 玛丽小溪赤霞珠干红葡萄酒

2011	89	2019-2023+
2010	93	2030-2040
2009	94	2029-2039
2008	91	2020-2028
2006	86	2011-2014
2005	89	2010-2013+
2004	95	2024-2034
2003	90	2011-2015
2002	95	2022-2032
2001	88	2006-2009
2000	88	2005-2008
1999	90	2004-2007

巴罗莎谷　　　　　　　　　　$20-$29

当前年份：2011　　　　　　　　89

一款细密紧实的干红。散发着黑莓、黑醋栗、石南和乌梅融合而成的香味，甘甜，带着肉味和麝香香味。底味中透出雪松、巧克力、香草橡木香，还有些许动物的味道。口感细密紧实，洋溢着黑色水果的馥郁香气，单宁带有矿物味和砾石质感。收口美味，但是长度不出众。

Mamre Brook Riesling 玛丽小溪雷司令干白葡萄酒 ★★★

伊顿谷 $20-$29

当前年份：2013   93

干燥集中，寿命中等偏长。散发着玫瑰花瓣、白花、清新苹果片和白桃的浓郁香气。口感绵长，浓厚完整，果香富含深度，主轴带有粉末质感，收口略咸，带有辣味和绵延的矿物味。

2013	93	2021-2025+
2012	93	2030-2040
2011	90	2019-2023
2009	89	2011-2014
2008	90	2010-2013+
2007	93	2012-2015+
2005	89	2010-2013
2004	81	2005-2006+

Mamre Brook Shiraz 玛丽小溪西拉干红葡萄酒 ★★

巴罗莎谷 $30-$49

当前年份：2011   90

一款醇美可口的优雅之酒，缺乏惯有的深度和丰满度。散发着黑莓和红莓的成熟果香，夹杂着香料味和些许泥土味，与雪松、香草橡木味相互融合，后味中带有胡椒味和肉味。酒体中等偏饱满，绵长优雅，洋溢着黑色浆果和李子的质朴深邃香，类似烟熏牡蛎壳味的橡木香和细腻柔韧的单宁，平衡且清新。

2011	90	2019-2023+
2010	92	2022-2030+
2009	91	2017-2021+
2008	89	2016-2020
2007	90	2011-2014+
2005	90	2010-2013
2004	93	2009-2012+
2003	89	2008-2011
2002	93	2010-2014
2001	89	2009-2013
2000	89	2005-2008
1999	93	2007-2011+
1998	95	2006-2010

No. 1 Shiraz 1 号西拉干红葡萄酒 ★★★★

巴罗莎谷 $50-$99

当前年份：2010   95

优雅细腻，具有典型巴罗莎风格的西拉干红。散发着黑醋栗和覆盆子馅饼带有果酱风味的甘甜香气，新鲜细密的雪松、香草、椰子橡木香，透出些许白胡椒和丁香的精妙香气。口感绵长，如天鹅绒般光滑，深邃成熟的果味、橡木味和结构层次丰富，顺滑流畅，收口带有辣味和咸味。

2010	95	2022-2030+
2009	94	2021-2029+
2008	89	2013-2016+
2006	95	2018-2026
2005	93	2013-2017
2004	95	2012-2016+
2003	94	2011-2015+
2002	95	2014-2022
2001	94	2009-2013
2000	90	2005-2008+
1999	94	2007-2011+
1998	96	2010-2018
1997	88	2005-2009
1996	95	2004-2008+

The Journal Shiraz 日志西拉干红葡萄酒 ★★★★

巴罗莎谷 $50-$99

当前年份：2010   96

平衡细腻，寿命较长。散发着红莓、黑莓和蓝莓的浓郁果味，夹杂着肉味和石南味，与清新的雪松、香草橡木味相互融合，深邃的香料味和干草的味道提升了整体的香气。口感绵长，顺滑柔韧，浸润着质朴、紧实深邃的果香，底味中透出带有灰尘味的细密单宁，紧实优雅。

2010	96	2030-2040
2009	92	2021-2029
2006	95	2018-2026+
2005	93	2017-2025

Winemaker's Selection Cabernet Sauvignon 酿酒师精选赤霞珠干红葡萄酒 ★★★★

巴罗莎谷 $30-$49

当前年份：2008   95

一款顶级的赤霞珠干红。散发着黑醋栗、乌梅、黑巧克力和雪松融合而成的浓郁香气，后味中透出黑樱桃、小茴香和干草的精妙香气。口感绵长，紧实细密，洋溢着纯正深邃的果香，质朴流畅，底味中透出令人垂涎的单宁，与细密的橡木香相互融合。收口甘甜、美味，极其平衡，清新集中。

2008	95	2020-2028+
2004	95	2016-2024+
2002	97	2022-2032

★★ Winemaker's Selection Shiraz Tempranillo 酿酒师精选西拉丹魄干红葡萄酒

2012	95	2020-2024+
2010	88	2018-2022+
2008	89	2016-2020

巴罗莎谷 $30-$49

当前年份：2012 95

一款狂野、平衡度极佳的混酿，带有肉味。散发着浓郁的花香和泥土味，透出黑莓、蓝莓和黑巧克力的浓烈香味，夹杂着肉味和动物味。后味中透出香甜的雪松橡木和黑胡椒的香气。口感极其绵长干净，酒体饱满偏中等，洋溢着晶莹、略酸的馥郁果味，成熟多汁，底味中透出细腻干瘪的单宁，收口集中，带有辣味。

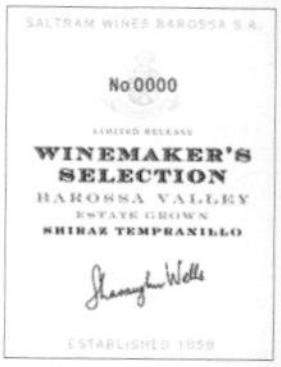

山度富酒庄 Sandalford

通信地址：777 Metricup Road, Wilyabrup WA 6280 · **电话**：（08）9755 6213 ·
传真：（08）9755 6284 · **网址**：www.sandalford.com · **电子邮箱**：sandalford@sandalford.com
产区：玛格丽特河 **酿酒师**：霍普 · 梅特卡夫（Hope Metcalf）
葡萄栽培师：彼得 · 特雷格（Peter Traeger） **执行总裁**：格兰特 · 布林克洛（Grant Brinklow）

山度富是玛格丽特河产区较大的一座酒庄。其出品的葡萄酒价格平易近人。虽然酒庄的葡萄酒品质一直在稳步上升，但是目前的年份酒品质还未达到最佳。华帝露葡萄酒过于讲究，红酒带有尖锐的味道，味道不均衡，果香丰满，橡木风味过重，味道奇怪，无法与其他味道融合。

★★ Estate Reserve Cabernet Sauvignon 庄园珍藏赤霞珠干红

2010	89	2018-2022+
2009	89	2017-2021
2008	88	2016-2020+
2007	91	2015-2019
2005	93	2017-2025
2004	90	2012-2026
2003	90	2008-2011
2002	90	2010-2014+
2001	90	2009-2013
2000	88	2005-2008
1999	87	2004-2007

玛格丽特河 $30-$49

当前年份：2010 89

散发着类似维多利亚州中部的葡萄酒的风味，黑醋栗、红酸栗和雪松 / 香草味橡木融合而成的薄荷味和桉树味，后味中透出灌木丛和干草的灰尘味。口感顺滑优雅，洋溢着黑莓、李子和雪松味橡木悠长明快的薄荷余韵，单宁细腻，紧实干燥，略带尖锐的干浸出物。收口绵长，清新集中。

★★ Estate Reserve Sauvignon Blanc Semillon 庄园珍藏长相思赛美蓉干白葡萄酒

2014	92	2016-2019
2013	88	2015-2018
2012	90	2014-2017
2011	89	2012-2013+
2009	88	2010-2011+
2008	89	2009-2010+
2007	89	2008-2009

玛格丽特河 $20-$29

当前年份：2014 92

一款精心酿制的葡萄酒，口感绵长。散发着黑醋栗、荔枝和西番莲的质朴明快果味，略带草本味，热带水果的果香提升了整体的香味。入口匀称直接，洋溢着浓郁悠长的醋栗和黑醋栗果味，纯正多汁，收口爽快集中，带有柑橘的酸味。

★★ Estate Reserve Verdelho 庄园珍藏华帝露干白葡萄酒

2013	92	2021-2025
2011	82	2013-2016
2010	91	2015-2018
2009	89	2011-2014+
2008	89	2009-2010+
2007	91	2009-2012+
2006	87	2007-2008
2005	86	2006-2007
2004	90	2006-2009

玛格丽特河 $20-$29

当前年份：2013 92

绵长紧实，富有风格。散发着核果和甜瓜细腻且复杂的果味，层次丰富的奶油酵母味，后味中带有收敛的橡木味和些许矿物味。口中洋溢着新鲜甜瓜和桃子味水果的浓郁果香，夹杂着新鲜香草橡木味、奶油味和肉味，收口爽脆，有柑橘的酸味，烟熏橡木味和浓烈的果香绵延不散。

★★ Prendiville Reserve Cabernet Sauvignon 普伦蒂维珍藏赤霞珠干红葡萄酒

2009	89	2017-2021+
2008	90	2020-2028
2005	91	2013-2017+
2003	88	2008-2011
2002	92	2014-2022+

玛格丽特河 $50-$99

当前年份：2009 89

这款葡萄酒如今已显示出变化发展的痕迹。散发着黑莓和红莓带有雪松、巧克力味的香气，后味中透出泥土味、烟熏味、些许甜瓜味，还有层次丰富的皮革味。口感顺滑，柔润细密，果味柔软多汁，略带青涩，雪松、香草橡木味浓烈。这令人很想知道酒庄采用的是哪里制作的橡木桶。

Prendiville Reserve Shiraz 普伦蒂维珍藏西拉干红葡萄酒　★★

玛格丽特河　　　　　　　　　　　　　$50-$99
当前年份：2012　　　　　　　　　　　　94
　　香味浓郁，顺滑优雅。散发着成熟黑莓、黑醋栗和乌梅的馥郁果香，夹杂着烟熏味浓烈，带有肉味和巧克力味的橡木香，后味中透出动物味。口感柔滑集中，洋溢着黑色水果和李子丰厚深邃的果味，与巧克力橡木香，紧实、略尖锐的主轴紧密交织。口中充盈着清新的酸味，收口绵长持久。需要窖藏一段时间。

2012	94	2024-2032
2011	90	2016-2019+
2009	88	2011-2014
2008	92	2013-2016

巴耐尔酒庄 SC Pannell

通信地址： Olivers Road, McLaren Vale SA 5171・**电话：**（08）8271 7118・**传真：**（08）8271 7113・
网址： www.scpannell.com.au・**电子邮箱：** sc@pannell.com.au
产区： 麦克拉伦谷、阿德莱德山、菲尔半岛　　**酿酒师：** 斯蒂夫・巴耐尔（Steve Pannell）
葡萄栽培师： 斯蒂夫・巴耐尔　　**执行总裁：** 斯蒂夫・巴耐尔

　　斯蒂夫・巴耐尔采用麦克拉伦谷、菲尔半岛和阿德莱德山葡萄酿造的葡萄酒，易于入口，优雅浓郁，巧妙地隐藏了真正的烈度和结构，常常能够带给人意料之外的惊喜。不过可惜的是，我们再也喝不到普龙托混酿了，这款酒的最后一个年份已经酿制完成，且已面世，但这款酒仍是人们关注的焦点。巴耐尔酒庄打算在麦克拉伦谷奥利弗路的旧挂毯工厂开辟一个新酒窖。此外，酒庄还新推出了一款西拉歌海娜混酿，名为河谷（2012：94/100，适饮期：2024-2032）。

Grenache 歌海娜　★★★★

麦克拉伦谷　　　　　　　　　　　　$50-$99
当前年份：2012　　　　　　　　　　　　95
　　平衡度佳，带有诱人的香味。散发着樱桃和李子的浓郁果香，基调中带有泥土味、肉味和森林大地的味道，后味中透出些许甘草香。口感柔软，带有天鹅绒般的质感，洋溢着乌梅、蓝莓和黑醋栗的馥郁果味，由细腻干燥的单宁支撑，口中洋溢着明快的酸味。

2012	95	2020-2024+
2011	94	2023-2031
2010	95	2022-2030+
2009	86	2011-2014+

Nebbiolo 内比奥罗　★★

阿德莱德山　　　　　　　　　　　　$50-$99
当前年份：2010　　　　　　　　　　　　86
　　一款富于变化的质朴葡萄酒，具有肉味和泥土味。散发着皮革味和花香，浓郁程度中等。酒体中等偏饱满，圆润多汁，蔓延至舌下时，会有更接近波特酒的味道。收口带有辣味和肉味，果味开始慢慢变干燥。

2010	86	2012-2015
2009	92	2017-2021
2007	91	2012-2015
2005	88	2013-2017

Sauvignon Blanc 长相思　★★★

阿德莱德山　　　　　　　　　　　　$20-$29
当前年份：2013　　　　　　　　　　　　87
　　一款浓郁、略带旧时风格的干白。散发着醋栗和柠檬花的强烈香味，夹杂着泥土味、草味和淡淡青草味。口感甘美多汁，洋溢着醋栗和荔枝的香味，宽阔近乎油腻，收口不够直接，缺乏集中度。

2013	87	2015-2018
2012	93	2014-2017+
2011	91	2013-2016
2010	92	2011-2012+
2009	91	2011-2014
2007	95	2008-2009+

Shiraz 西拉　★★★★

麦克拉伦谷　　　　　　　　　　　　$50-$99
当前年份：2011　　　　　　　　　　　　92
　　散发着明快的香辣味，黑莓、乌梅、黑醋栗和红樱桃融合而成的类似果酱的风味，香甜的花香和收敛的奶油香草橡木味提升了香味。在顺滑紧实的单宁支撑下，黑莓和李子味的汁液黏稠、丰富，与雪松、巧克力橡木香相互交织，收口绵长平衡，果味和白胡椒味绵延不断。

2011	92	2019-2023+
2010	92	2018-2022+
2006	95	2014-2018+
2005	94	2013-2017
2004	96	2016-2024+

★★★★   Shiraz Grenache Blend 西拉歌海娜混酿

2010	95	2018-2022+
2008	94	2016-2020+
2006	93	2014-2018
2005	92	2007-2010+
2004	95	2012-2016+

麦克拉伦谷 $50-$99
当前年份：2010   95

　　优雅精致，美味可口。散发着新鲜蓝莓、覆盆子、黑莓和黑醋栗的浓郁香气，略带草本味、灰尘味和香料味，与清新细密、具有特殊巧克力味的橡木香紧密交织。口感充盈绵长，洋溢着乌梅、浆果和石南的深邃香味，由细腻、带有白亚香的单宁支撑。收口带有辣味和香料味，余韵悠长。很美味的一款酒。

★★   Tempranillo Touriga Blend 丹魄多瑞加混酿

2013	91	2015-2018+
2012	92	2017-2020+
2009	91	2011-2014+
2007	91	2012-2015

菲尔半岛 $20-$29
当前年份：2013   91

　　散发血丝李、黑莓、烟熏肉和黑巧克力融合而成的迷人气息，狂野、带有石南味。黑胡椒的香气提升了香味。口感绵长顺滑，极其细密，带有尖锐的酸味。透出黑莓、黑醋栗和李子的浓郁果香，紧实橡木香和肉味，底味中带有细腻爽脆的单宁，收口明快，有清新的酸味。极其平衡，美味可口。

斯卡博罗酒庄 Scarborough

通信地址：179 Gillards Road, Pokolbin NSW 2320 · **电话**：（02）4998 7563 · **传真**：（02）4998 7786 ·
网址：www.scarboroughwine.com.au · **电子邮箱**：info@scarboroughwine.com.au
产区：猎人谷
酿酒师：伊恩·斯卡博罗（Ian Scarborough）、杰洛米·斯卡博罗（Jerome Scarborough）
葡萄栽培师：伊丽莎白·雷利（Elizabeth Riley）
执行总裁：伊恩·斯卡博罗 & 梅拉娅·斯卡博罗（Merralea Scarborough）

　　斯卡博罗家族在猎人谷有一定名气。现如今的成员均为家族的第二代酿酒师，都投入到了庞大的酿酒产业中，推出了一系列细腻、带有矿物味的优质赛美蓉和霞多丽葡萄酒。2013年的赛美蓉就是其中的典型。而价格稍高的白标系列结构更优秀，适合窖藏。

★   *Green Label Semillon 绿标赛美蓉干白葡萄酒*

2013	90	2018-2021+
2012	88	2017-2020+
2011	89	2013-2016
2010	89	2015-2018
2009	89	2014-2017+
2008	87	2009-2010

下猎人谷 $12-$19
当前年份：2013   90

　　一款质朴的赛美蓉，适合陈年，不过缺少同一年份白标系列拥有的集中度。略带花香和矿物香，散发着甜瓜和酸橙汁的香气，夹杂着些许白亚香，长度中等，有粉末质感，汁液丰富，富于变化。收口清新，有明快的酸味。

★★★   *White Label Chardonnay 白标霞多丽干白葡萄酒*

2012	87	2014-2017+
2011	87	2013-2016
2010	92	2015-2018
2009	93	2014-2017
2008	83	2010-2013
2007	77	2008-2009
2004	83	2005-2006
2003	82	2004-2005
2002	82	2003-2004+

下猎人谷 $30-$49
当前年份：2012   87

　　一款极其成熟的霞多丽，橡木味浓郁。散发着干花、甜瓜、柠檬和香草的香和，接近清漆和酯味的蜜饯香，缺乏新鲜度。口感温和，带有辛辣味，酒性偏烈，果味多汁直接，无法轻易蔓延至舌下，且会慢慢变得单薄，收口略尖锐、明快，需要陈年。因为缺少平衡度，所以无法得到高分。

下猎人谷 $20-$29

当前年份：2013   94

散发着新鲜柠檬和蜜瓜的精致果香，略带坚果味，后味中透出干草和些许奶油的香气。口感绵长，均衡丰满，风味浓烈，馥郁的果味蔓延至舌下。收口爽快活泼，夹杂着酸味，余韵绵长。

2013	94	2025-2033
2011	91	2019-2023
2010	93	2018-2022+
2009	92	2017-2021+
2008	91	2013-2016+

Yellow Label Chardonnay 黄标霞多丽干白葡萄酒 ★

下猎人谷 $20-$29

当前年份：2011   89

一款温和的霞多丽，醇美可口，带有典型的产区特色。散发着甜瓜和柠檬略带烟草味的浓烈果香，后味中透出新鲜香草和类似饼干的橡木味。酒体中等，口感顺滑柔润，绵长温和，甜瓜和柠檬的果味、蜡味和烘烤味绵延不散，收口略微有些青涩、尖锐。需要陈放一年。

2011	89	2013-2016+
2010	88	2012-2015+
2009	90	2011-2015
2008	89	2010-2013+
2007	88	2009-2012+
2006	90	2011-2014

苏格兰人山酒庄 Scotchmans Hill

通信地址：190 Scotchmans Road, Drysdale Vic 3222・电话：（03）5251 3176・传真：（03）5253 1743・网址：www.scotchmans.com.au・电子邮箱：info@scotchmans.com.au

产区：吉朗   酿酒商：罗宾・布洛凯特（Robin Brockett）、马库斯・霍尔特（Marcus Holt）

葡萄栽培师：罗宾・布洛凯特   执行总裁：彼得・雷耶（Peter Reillye）

一座位于吉朗附近，墨尔本菲利普湾的著名小酒庄。因为近几年干旱时间不断增加，葡萄栽培的难度越来越大。但是苏格兰人山酒庄总是能酿造出复杂质朴的葡萄酒，风格更接近于旧世界葡萄酒的风格，而非新世界风格。当前年份的葡萄酒相较之前的年份酒，更尖锐质朴，有些白葡萄酒的霉味比果味重，尤其是近年推出的康奈利系列。酒庄品质最佳的要数2012年份的西拉干红葡萄酒，明快多汁，平衡度佳，品质在一段时间内相对稳定。2008年份的诺富园黑皮诺干红葡萄酒（92/100,适饮期：2013-2016+）极其成熟，可以随时享用。

Cornelius Pinot Gris 康奈利灰皮诺干白葡萄酒 ★★

吉朗 $30-$49

当前年份：2011   82

一款坚硬尖锐的干白。带有蜡味和花香，略带干酪味，缺乏新鲜度和浓郁度。口感狂野，有羊毛质感，洋溢着坚果味、奶油味和类似甜瓜的果味融合而成的羊毛脂般的味道，收口令人愉悦，但是十分粗糙，带有酸味，结构松散，柠檬味经久不散。不足之处在于在果味深度的处理上，有些过度了。

2011	82	2013-2016
2010	88	2012-2015+
2009	83	2010-2011
2008	91	2010-2013
2007	90	2009-2012
2006	91	2008-2011+

Cornelius Sauvignon 康奈利长相思干白葡萄酒 ★★★

吉朗 $30-$49

当前年份：2011   86

味道封闭，缺乏明快的口感。散发着醋栗和甜瓜的果香，略带草本味、花香和肉味。入口后洋溢着香浓的甜瓜、葡萄柚和醋栗的顺滑多汁，收结带有砂砾质感的单宁和金属味。需要更多的果味。

2011	86	2013-2016
2010	88	2015-2018
2009	80	2010-2011
2008	92	2010-2013+
2007	93	2009-2012+
2006	94	2011-2014+

Pinot Noir 黑皮诺 ★

吉朗 $30-$49

当前年份：2012   81

干瘪尖锐，散发着红莓和李子单调、不新鲜的果味，夹杂着强烈的肉味和皮革味。口感直接，单宁细腻紧实，收口干瘪、单薄，余韵较短，肉味较重。缺乏果香。

2012	81	2014-2017
2011	89	2013-2016
2010	89	2012-2015+
2009	90	2014-2017
2008	87	2010-2013+
2007	86	2009-2012
2006	88	2008-2011+
2005	80	2007-2010
2004	88	2006-2009
2003	88	2005-2008

★

Shiraz 西拉

2012	92	2017-2020+
2010	89	2015-2018
2009	86	2011-2014
2008	89	2013-2016
2007	88	2012-2015
2006	89	2008-2011+
2005	89	2007-2010+
2004	81	2006-2009
2003	90	2005-2008+
2000	91	2002-2005+
1999	89	2001-2004+

吉朗 $20-$29
当前年份：2012 92

　　一款美味明快的年轻西拉葡萄酒，醇美可口。散发着黑莓和乌梅的浓郁果香，夹杂着石南味，新鲜的雪松、香草橡木香。后味中透出黑胡椒、小山羊皮、泥土和花的刺鼻香味。口感顺滑，带有黑醋栗、黑莓、乌梅和樱桃般的黏稠感，风味绵长明快，单宁细腻柔润。收结余韵悠长，美味可口，夹杂着小茴香和丁香的香味。

★

Sutton Vineyard Chardonnay 萨顿园霞多丽干白葡萄酒

2009	90	2014-2017+
2008	87	2010-2013
2007	89	2012-2015
2006	87	2008-2011
2005	84	2006-2007
2004	90	2006-2009
2000	91	2002-2005

吉朗 $50-$99
当前年份：2009 90

　　一款陈年之后变得丰满，带有黄铜味和肉味的霞多丽干白。散发着带有烘烤、奶油味的甜瓜和桃子的香气，夹杂着辣味和奶油味，后味中透出烟熏味和霉味。口感圆润，绵密柔顺，奶油味的桃子、甜瓜和油桃的果味绵长，另有浓郁的奶油糖、烟熏火腿和类似无花果的香味。味道复杂。收口清新集中，有浓烈的柠檬酸味。

塞佩特酒庄 Seppelt

通信地址： 36 Cemetery Road, Great Western Vic 3374・**电话：**（03）5361 2239・
传真：（03）5361 2328・**网址：** www.seppelt.com.au・**电子邮箱：** cellardoor@seppelt.com.au
产区： 格兰屏、亨蒂、西斯寇特、本迪戈
酿酒师： 亚当・加纳比（Adam Carnaby）、梅拉妮・切斯特（Melanie Chester）
葡萄栽培师： 安德雷・哈特（Andrea Hart）、拉里・萨德勒（Larry Sadler）
执行总裁： 迈克尔・克拉克

　　塞佩特酿酒团队酿造的葡萄酒总是令人惊艳。其酒品包含从低端到高端的各种维多利亚州风格的美酒。一张编辑好的名单展现出的不过是酒庄酒品的一小部分而已，无法让你尽情去感受酒品的丰富多样。今天，塞佩特推出了许多来自单一葡萄园的高品质葡萄酒，包括两款五星级美酒（真正的特级美酒）——圣彼得西拉干红和姆伯格园雷司令干白，以及一系列具有地区特色的混酿和两款品质超群的西拉起泡酒，这些酒都同样优雅、平衡、质地良好、美味可口。当前的系列，包括被我评为金奖或以上的7款酒，可以媲美世界上任何一个酒庄的葡萄酒。最令人惊艳的也许是2012年份的姆伯格园霞多丽干白葡萄酒，均衡优雅，足以令许多价位较高的同款酒黯然失色。

★★★★

Benno Shiraz 宾诺西拉干红葡萄酒

2010	89	2018-2022
2008	96	2020-2028+
2007	95	2019-2027
2006	96	2018-2026+
2005	93	2013-2017+
2004	96	2016-2024+
2003	96	2015-2023+

本迪戈 $50-$99
当前年份：2010 89

　　有些过于成熟。散发着甘甜黑莓和红酸栗略带烘烤味的果香，后味中透出五香、丁香和肉桂的香味，夹杂着薄荷、薄荷脑和可乐的精妙香气。香味浓郁，顺滑油腻。相较之前年份的同款酒而言，更加浓郁丰满。单宁柔韧蓬松。收口绵长温和，带有些许烈度酒的温暖，缺乏集中度和匀称度。

★★★★

Chalambar Shiraz 查拉巴尔西拉干红葡萄酒

2012	94	2024-2032
2010	96	2022-2030+
2009	91	2014-2017+
2008	92	2020-2028
2007	94	2015-2019+
2006	92	2014-2018
2005	88	2010-2013+
2004	96	2016-2024
2002	96	2015-2023+
2001	93	2009-2013+
2000	93	2008-2012+
1999	86	2001-2004+

维多利亚 $20-$29
当前年份：2012 94

　　带有浓郁的香气，甘甜的橡木味。散发着黑莓和红莓夹杂着胡椒味和香料味的诱人果香。后味中透出森林大地的精妙香气。酒体中等，口感绵长，富有风格，洋溢着黑莓和李子的新鲜深邃风味，略酸，与雪松、香草橡木味交织。收口有绵长的薄荷和薄荷脑味。一款诱人优雅、美味可口的葡萄酒，平衡且清新。

Drumborg Vineyard Chardonnay 姆伯格园霞多丽干白葡萄酒　★★★

亨蒂　　　　　　　　　　　　　　　$30-$49

当前年份：2012　　　　　　　　　　　95

　　一款精心酿制的葡萄酒。散发着苹果、梨和白桃的果香，带有精深深邃的花香和香料味。后味中透出丁香、肉桂、蜡和类似羊毛脂的味道。口感绵长内敛，洋溢着葡萄柚、梨、苹果和白桃通透纯正、令人愉悦的果香。收口极其雅致，集中干燥。

2012	95	2020-2024+
2011	95	2019-2023
2010	92	2015-2018
2009	93	2014-2017
2008	92	2013-2016
2007	93	2012-2015
2000	88	2002-2005
1999	90	2004-2007+
1998	93	2000-2003+
1997	93	2002-2005+

Drumborg Vineyard Riesling 姆伯格园雷司令干白葡萄酒　★★★★★

亨蒂　　　　　　　　　　　　　　　$30-$49

当前年份：2013　　　　　　　　　　　95

　　一款极其细腻、优雅、集中的干白。散发着白花、苹果片和酸橙汁的香味，后味中透出新鲜梨、白垩和矿物的香气。口感绵长，带有酸橙味，洋溢着柑橘和苹果类水果的纯正、晶莹和爽脆。香味持久，收口美味，带有柠檬的酸味，底味中带有许多湿板岩的味道。

2013	95	2025-2033
2012	96	2024-2032+
2011	96	2023-2031+
2010	96	2022-2030+
2009	98	2021-2029+
2008	96	2016-2020+
2007	98	2019-2027+
2006	95	2014-2018
2005	96	2017-2025
2004	96	2016-2024
2003	96	2015-2023
2000	94	2008-2012
1999	94	2011-2019
1998	89	2003-2006+
1997	87	2002-2005
1996	90	2001-2004
1993	94	2001-2005
1991	89	1999-2003
1988	88	1996-2000

Jaluka Chardonnay 加鲁卡霞多丽干白葡萄酒　★★

亨蒂　　　　　　　　　　　　　　　$20-$29

当前年份：2012　　　　　　　　　　　95

　　一款富有风格的优雅之酒。散发着桃子、甜瓜、梨和葡萄柚的果香，收敛通透，夹杂着灰尘味、香料味和花香，与香草、丁香和类似肉桂的橡木味相互融合。口感绵长顺滑，洋溢着油桃、桃子和梨的纯正，质地细腻，带有清新而温和的酸味，收口干净集中，有绵延不断的矿物味。

2012	95	2020-2024+
2011	92	2016-2019+
2010	91	2015-2018+
2009	91	2011-2014
2008	86	2009-2010+
2007	93	2009-2012+
2006	87	2007-2008+
2005	94	2007-2010+
2004	93	2006-2009+
2003	90	2005-2008+
2002	88	2003-2004+

Mount Ida Shiraz 伊达山西拉干红葡萄酒　★

西斯寇特　　　　　　　　　　　　$50-$99

当前年份：2012　　　　　　　　　　　96

　　一款浓郁平衡的葡萄酒。散发着黑醋栗、黑莓、异域香料、黑胡椒和雪松 / 巧克力 / 香草橡木的香味，带有麝香的香气，透出些许类似碘的味道。酒体中等偏饱满，洋溢着香料味、淡淡的泥土味、肉味和果酱味，后味中带有烟熏橡木、葡萄柚和矿物的味道。单宁紧实干燥。从风格上来说，这款酒介于西斯寇特和罗讷河谷两种风格之间。

2012	96	2024-2032+
2008	88	2013-2016+
2006	85	2008-2011
2005	88	2010-2013+
2004	94	2012-2016

Original Sparkling Shiraz 原始西拉起泡酒　★★★

维多利亚　　　　　　　　　　　　$12-$19

当前年份：2011　　　　　　　　　　　89

　　一款细腻优雅的西拉起泡酒，带有薄荷味。散发着紫罗兰、蓝莓和黑莓的香气，夹杂着香料味，接近果酱味。底味中透出些许可乐和干草的蜡味。酒体中等，口感绵长，带有白垩香，红色水果和干草类似可乐的香气，收口有温和的酸味，略带薄荷香。

2011	89	2016-2019+
2010	92	2022-2030
2007	94	2015-2019+
2006	92	2011-2014+
2005	89	2010-2013
2002	89	2004-2007+
1999	88	2004-2007
1998	90	2006-2010
1996	93	2004-2008
1995	94	2003-2007
1994	93	2002-2006+
1993	92	2001-2005

★★★★ Salinger Sparkling White 塞林格白葡萄起泡酒

2010	95	2015-2018+
2009	92	2014-2017
2008	94	2013-2016
2006	94	2011-2014+
2005	90	2010-2013
2004	89	2006-2009+
2002	89	2007-2010
2001	90	2006-2009
2000	91	2005-2008
1999	94	2004-2007
1998	94	2003-2006
1997	93	2002-2005+

多产区 $30-$49

当前年份：2010 95

　　一款复杂的起泡酒，美味可口。带有花香和麝香香气，从中透出奶油蛋卷和面包酵母融合而成的黄油味、烘烤味。口感绵长，松软细腻，洋溢着甜瓜、葡萄柚和酸橙汁带有奶油味、松脆慕斯的通透风味，酸味清新爽脆，矿物味经久不散。

★★★★ Show Reserve Sparkling Shiraz 珍藏西拉起泡酒

2004	96	2024-2034+
1994	92	2006-2014
1993	93	2005-2013
1990	95	2002-2010+
1987	90	1995-1999+
1986	95	1998-2006
1985	91	1993-1997
1984	94	1999-2001
1983	91	1995-2000
1982	94	1990-1994
1972	93	1992-1997

大西区 $50-$99

当前年份：2004 96

　　一款绵长优雅的年轻起泡酒，极其复杂。带有肉味和蘑菇的浓郁香气，从中透出黑莓、石南、黑巧克力和李子的香味，异域香料和胡椒的味道带出了整体的香气。富有风格，紧实集中，单宁细密，爽脆活泼，带有灰尘味；洋溢着黑醋栗、桑葚、黑莓和石南的浓郁风味，底味中透出可乐、甘草和干草的味道。收口美味，带有明显、均衡的甜味。适合长期窖藏。

★★★★★ St Peters Shiraz 圣彼得西拉干红葡萄酒

2012	96	2032-2042
2010	96	2030-2040+
2008	95	2020-2028
2007	95	2019-2027
2006	95	2014-2018
2005	95	2013-2017+
2004	95	2024-2034
2003	97	2023-2033
2002	98	2014-2022+
2001	96	2013-2021+
2000	95	2012-2020
1999	90	2007-2011+
1998	95	2010-2018
1997	95	2009-2017

格兰屏，大西区 $50-$99

当前年份：2012 96

　　一款世界级的西拉葡萄酒，带有胡椒味，平衡度佳。散发着紫罗兰和蓝花带有麝香的浓郁香气，夹杂着黑莓的新鲜果香，底味中透出烟熏培根和异域香料的味道。口感顺滑绵腻，酒体饱满偏中等，风味绵长，富有层次，黑色水果的果味纯正、馥郁，橡木香细腻，单宁紧实收敛，带有粉末质感。

沙朗酒庄 Shaw and Smith

通信地址：136 Jones Road, Balhannah SA 5242・电话：（08）8398 0500・传真：（08）8398 0600・网址：www.shawandsmith.com・电子邮箱：admin@shawandsmith.com

产区：阿德莱德山

酿酒师：马丁・肖（Martin Shaw）、亚当・瓦德韦兹（Adam Wadewitz）

葡萄栽培师：雷・格林（Ray Guerin）

执行总裁：马丁・肖（Martin Shaw）、迈克尔・希尔・史密斯（Michael Hill Smith）

　　沙朗酒庄只致力于酿造四款葡萄酒：黑皮诺、长相思、西拉和M3园霞多丽。M3园霞多丽是一款精心酿制的干白，风味明快，质地松软、细腻、活泼——这些品质可以带来绵长的余韵，也被酿酒师认为是霞多丽干白葡萄酒应有的品质。酒庄的西拉酒复杂紧实，散发着香料味，具有深受罗讷河谷葡萄酒影响的风格。2012年份的这款酒品质非常出众，或许是其有史以来的最佳。长相思干白一直是酒庄的招牌，它也让阿德莱德山成为澳大利亚酿造长相思葡萄酒的主要产区。

★★ M3 Vineyard Chardonnay M3 园霞多丽干白葡萄酒

2013	93	2015-2018+
2012	90	2014-2017+
2010	87	2012-2015
2009	91	2011-2014
2008	91	2010-2013
2007	95	2012-2015
2006	95	2011-2014
2005	94	2010-2013
2004	94	2009-2012
2003	94	2008-2011

阿德莱德山 $30-$49

当前年份：2013 93

　　优雅之酒，色泽通透。散发着桃子、甜瓜、葡萄柚和香草橡木的细腻香气，后味中透出烟叶和蛋黄酱的精妙味道。入口后，洋溢着梨、甜瓜、葡萄和烤苹果的风味，浓郁多汁，口感爽脆，底味中带有灰尘、香草味的细腻橡木香，收口纯正集中，柠檬、酸橙果味和清新的酸味绵延不断。

Pinot Noir 黑皮诺 ★★

阿德莱德山
当前年份：2013

$30-$49
91

富有魅力，寿命中等。散发着红樱桃和玫瑰花瓣的浓郁香气，夹杂着浓烈的雪松、香草橡木香，从中透出大黄、丁香、肉桂和些许口香糖的味道。口感温和，果味甘甜，洋溢着红樱桃成熟甘美、略带果酱的风味，由细腻柔韧的单宁支撑。收结绵长，带有明快的酸味。

2013	91	2015-2018+
2010	90	2012-2015+
2009	86	2011-2014
2008	91	2010-2013+
2007	87	2009-2012

Sauvignon Blanc 长相思 ★★★

阿德莱德山
当前年份：2014

$20-$29
87

醇美可口，活泼明快。散发着西番莲和醋栗略带酯味和热带水果味的香气，后味中带有些许草本味。口感多汁直接，洋溢着醋栗和柠檬清新、浓烈的风味，由细腻、带有灰尘质感的单宁支撑。收口有适当的酸味，但是缺乏顶级年份酒拥有的长度。

2014	87	2014-2015+
2013	94	2015-2018
2012	90	2013-2014
2011	88	2011-2012+
2010	94	2011-2012+
2009	93	2010-2011+
2008	94	2009-2010+
2007	93	2007-2008+
2006	90	2006-2007+

Shiraz 西拉 ★★★

阿德莱德山
当前年份：2012

$30-$49
95

采用气候较凉爽年份的葡萄酿制而成，平衡度佳，极其优雅。散发着甘甜黑醋栗、覆盆子和红酸栗融合而成的香料味和胡椒味，后味中带有新鲜的雪松、香草橡木味，黑胡椒和香料的香味提升了整体的味道。口感顺滑，具有丝绸质感，洋溢着黑色水果的纯正果味，与细密的橡木香紧密交织，主轴细腻爽脆。收口绵长，优雅美味。

2012	95	2020-2024+
2010	91	2015-2018+
2009	93	2017-2021
2008	89	2013-2016
2007	94	2015-2019+
2006	94	2014-2018+
2005	91	2010-2013
2004	91	2009-2012+
2003	91	2005-2008+
2002	95	2007-2010+

斯基罗加里酒庄 Skillogalee

通信地址： Trevarrick Road, Sevenhill SA 5453・**电话：**（08）8843 4311・**传真：**（08）8843 4343・
网址： www.skillogalee.com.au・**电子邮箱：** info@skillogalee.com.au
产区： 克莱尔谷
酿酒师： 丹・帕尔默（Dan Palmer）
葡萄栽培师： 克雷格・麦克林（Craig McLean）
执行总裁： 戴夫・帕尔默（Dave Palmer）

斯基罗加里酒庄位于克莱尔谷，是一座家族经营的小型酒庄。2007年被批准兴建新酒庄。其葡萄园开辟于20世纪70年代，位于海拔500米的地域，地势相对较高。酒庄出品的雷司令干白质地良好，多汁，富含矿物味，是克莱尔谷雷司令葡萄酒中的佼佼者。当前两个年份的葡萄酒都显示出了极佳的平衡度和长度。红酒优雅内敛，长度和平衡度都极佳。酒庄同时还包括一个颇受大众欢迎的餐厅以及一个精品酒店。

Basket Pressed Shiraz 筐式压榨西拉干红葡萄酒 ★★

克莱尔谷
当前年份：2009

$20-$29
88

一款有些过于成熟的葡萄酒。散发着黑醋栗、红酸栗、血丝李和雪松／石墨味橡木融合而成的有泥土味和些许薄荷味、麝香香气的香气，底蕴中透出干草和薄荷的香味，以及一丝温和皮革的味道。入口后，洋溢着集中直接的果香，酒体在舌下失去了紧实度和饱满度，变得单调尖锐、带有金属味。后味中透出香甜的雪松橡木香，收口略咸，带有些许涩味。不适合长期窖藏。

2009	88	2014-2017+
2008	94	2020-2028+
2007	90	2015-2019+
2005	85	2010-2013
2004	84	2006-2009
2003	89	2011-2015
2002	87	2007-2010
2001	87	2003-2006+
2000	81	2002-2005+
1999	85	2007-2011
1998	84	2000-2003+
1997	92	2002-2005+
1996	88	1998-2001

★★★ Basket Pressed The Cabernets 篮式压榨赤霞珠混酿

2012	91	2024-2032+
2010	92	2022-2030+
2009	92	2021-2029
2007	87	2015-2019
2006	86	2014-2018
2005	87	2010-2013+
2003	83	2005-2008
2001	87	2006-2009
2000	86	2005-2008
1999	85	2007-2011
1998	88	2003-2006
1997	91	2002-2005+

克莱尔谷 $20-$29

当前年份：2012   91

    一款优雅均衡、略带薄荷味的克莱尔谷赤霞珠混酿。散发着紫罗兰、黑莓和李子的香气，夹杂着温和雪松橡木香和辛辣的肉味，从中透出些干草的味道，以及淡淡的烘烤味。口感绵长直接，香甜果味和新鲜橡木味令人愉悦，单宁细腻，紧实爽脆。收口带有灰尘味，稍带矿物味，草本味和类似薄荷的香气经久不散。

★★★ Riesling 雷司令

2013	94	2025-2033
2012	93	2024-2032
2011	93	2019-2023+
2010	92	2018-2022+
2009	94	2021-2029
2008	90	2013-2016
2006	87	2008-2011
2005	90	2010-2013+
2004	88	2006-2009+
2003	87	2005-2008
2002	89	2007-2010

克莱尔谷 $20-$29

当前年份：2013   94

    散发着梨、苹果和酸橙汁融合而成的浓烈矿物味和香料味，底味中透出肉味和些许烟熏味。口感绵长浓烈，酸橙果味馥郁，油腻黏稠，风味细腻直接。收口平衡，酸度紧实。这是非常完整的一款酒，应该会有不错的陈年效果。

★★★ Trevarrick Riesling 特富里克雷司令干白葡萄酒

2012	94	2024-2032
2010	93	2022-2030
2008	93	2016-2020+
2007	90	2012-2015

克莱尔谷 $30-$49

当前年份：2012   94

    一款典型的克莱尔谷雷司令干白，细腻有力，纯正紧实。散发着酸橙、柠檬和青苹果皮的浓郁香气，夹杂着花香，带着烘烤味，色泽晶莹剔透。口感绵长，风味充盈，酸橙、柠檬和苹果果味深邃，底蕴中透出白垩香。收口紧实。平衡度佳，纯正集中。

索罗堡酒庄 Sorrenberg

通信地址： 49 Alma Road, Beech worth Vic 3747 · **电话：**（03）5728 2278 · **传真：**（03）5728 2278 ·
网址： www.sorrenberg.com · **电子邮箱：** info@sorrenberg.com
产区： 比奇沃斯   **酿酒师：** 巴里·莫雷（Barry Morey）
葡萄栽培师： 巴里·莫雷   **执行总裁：** 巴里·莫雷

    位于维多利亚州东北部比奇沃斯的一座小型酒庄。葡萄酒定价较高。其酿造的葡萄酒富有特点，复杂度佳，有时候让人相当惊艳。酒庄的特色是佳美葡萄酒，一款极其优雅、芳香四溢的红酒，清新紧实。其出品的霞多丽和长相思赛美蓉混酿则具有旧世界葡萄酒的优雅和风格。

★★ Cabernet Blend 赤霞珠混酿

2009	93	2021-2029
2006	90	2011-2014+
2005	89	2013-2017
2004	89	2009-2012+
2002	93	2014-2022
2001	87	2006-2009
2000	89	2005-2008+
1999	88	2004-2007
1998	87	2003-2006
1997	83	1999-2002
1995	88	1998-2003

比奇沃斯 $30-$49

当前年份：2009   93

    一款精心酿造的葡萄酒，顺滑柔润，质地细腻。散发着紫罗兰、覆盆子、红樱桃、黑醋栗和桑葚的精雅果香，与带有灰尘、香草味的橡木香融合，透出些许丁香和干草的香味。口感温和，洋溢着黑莓、樱桃和李子明快活泼的果味。收口明快、美味，有清新的酸味，绵长的烟熏味和肉味。

★ Gamay 佳美

2013	91	2015-2018+
2011	87	2013-2016
2010	89	2012-2015
2006	88	2007-2008
2005	86	2006-2007+
2004	91	2005-2006+
2002	87	2004-2007
2001	88	2003-2006
2000	91	2002-2005
1999	84	2000-2001
1998	87	1999-2000

比奇沃斯 $30-$49

当前年份：2013   91

    一款优雅迷人的葡萄酒，散发着红花、樱桃和血丝李融合而成的香料味，从中透出薄荷味、些许干草和番茄茎组成的灰尘味。口感绵长，顺滑柔软，樱桃和李子的风味明快，与略带烘烤、香草味的橡木香交织，底蕴中的单宁细腻柔韧，带有粉末感质感。收口极其干净明快，酸度清新活泼。

Sauvignon Blanc Semillon 长相思赛美蓉混酿 ★★★

比奇沃斯	$30-$49	2013	87	2015-2018
		2010	93	2015-2018
当前年份：2013	87	2009	86	2010-2011
		2008	94	2013-2016

比奇沃斯 　　$30-$49
当前年份：2013　　87

一款精心酿制的葡萄酒，果味浓郁。会随着时间的推移慢慢成熟。散发着蜡味、淡淡的花香和类似甜瓜的香味，透出些许烘烤味、蜜糖味和奶油味。后味中带有坚果酵母味。口感会不断变化，洋溢着黄油、奶油和蜜糖的风味，淡淡的香草橡木香，果味略干瘪，牛轧糖的味道慢慢变得浓郁。收口略温暖，有一定的烈度。

2013	87	2015-2018
2010	93	2015-2018
2009	86	2010-2011
2008	94	2013-2016
2006	87	2007-2008+
2005	86	2006-2007
2004	95	2006-2009+
2003	91	2005-2008
2002	95	2007-2010
2001	93	2006-2009
2000	90	2002-2005
1999	87	2001-2004

苏玛酒庄 Soumah

通信地址： 18 Hexham Road, Gruyere, Vic 3770 · **电话：**（03）5962 4716 · **传真：**（03）8678 1025 · **网址：** www.soumah.com.au · **电子邮箱：** sales@soumah.com.au
产区： 雅拉谷
酿酒师： 斯科特·麦卡锡（Scott McCarthy）
葡萄栽培师： 蒂姆·克莱特（Tim Knight）
执行总裁： 布雷特·巴切（Brett Butcher）

苏玛酒庄是雅拉河谷一道值得关注的风景。它正用智慧和对品牌、价值和风格的理解塑造自己的品牌和知名度。酒庄采用单一园（位于格鲁耶尔附近）调配方式出品的霞多丽和萨瓦涅（Savarro），品质优秀，优雅复杂，风格紧实。经过窖藏的黑皮诺会更丰满，结构也会更紧实。

Chardonnay 霞多丽 ★★

雅拉谷　　$20-$29
当前年份：2013　　91

散发着葡萄柚、甜瓜和腰果带有坚果味的明快果香，透出烟熏培根和矿物的精妙香气。极其干净，绵密柔顺，质地顺滑，洋溢着葡萄柚和甜瓜浓郁、近乎油腻的果香，底蕴中透出层次丰富的肉味。收口优雅集中。相较之前的年份，这一年份的酒更圆润、清新。

2013	91	2018-2021
2011	89	2013-2016+
2010	92	2015-2018

Pinot Noir 黑皮诺

雅拉谷　　$20-$29
当前年份：2013　　90

寿命不长（短到中期）。散发着黑莓、玫瑰花瓣、蓝莓和黑醋栗的果香，甘甜，夹杂着细腻的橡木味、灰尘味和花香，透出淡淡的肉味和些许蔓越莓的果味。酒体中等偏饱满，黑樱桃般的果味和烟熏摩卡橡木味绵长，后味中透出细腻、有颗粒质感的单宁，收口绵长干脆。

2013	90	2018-2021
2012	89	2014-2017+
2011	82	2012-2013+

Savarro 萨瓦涅 ★★

雅拉谷　　$20-$29
当前年份：2013　　88

散发着西番莲、荔枝、醋栗和番木瓜的果味，略带矿物味、淡淡青草香和热带水果的香气。口感顺滑，油腻悠长，职业丰富，底蕴中透出奶油味和类似腰果的精妙香气。收口有清新温和的酸味。一款质朴、醇美可口的葡萄酒。

2013	88	2014-2015+
2012	87	2014-2017
2011	90	2012-2013+
2010	92	2012-2015

思科齐兰酒庄 Squitchy Lane

通信地址: Medhurst Lane, Coldstream, Vic 3770・**电话:** (03) 5964 9114・**传真:** (03) 5964 9017・
网址: www.squitchylane.com.au・**电子邮箱:** info@squitchylane.com.au
产区: 雅拉谷
酿酒师: 罗伯特・保罗 (Robert Paul)
葡萄栽培师: 史蒂夫・塞德里尔 (Steve Sadlier)
执行总裁: 迈克・菲茨帕特里克 (Mike Fitzpatrick)

现为商人的迈克·菲茨帕特里克是前澳大利亚足球联盟(AFL)球员。20世纪70年代,他在牛津大学求学,居住于英格兰的牛津镇。在那里的思科齐兰酒庄,他发现了自己的酿酒兴趣。一些年后,在玛丽山酒庄约翰·米德尔顿的鼓励下,他于1996年买下了7公顷的雅拉谷葡萄园。现如今酒庄葡萄园里的葡萄藤已经有25年的历史了。酒庄的酿酒师是富有经验的罗伯特·保罗。这些酒既彰显了葡萄品质,又显示了产区特色,物有所值。当前年份的每一款酒都具有典雅的气质。

★★ Cabernet Sauvignon 赤霞珠

2012	93	2024-2032
2010	94	2018-2022+
2008	88	2013-2016
2007	88	2012-2015
2006	87	2008-2011

雅拉谷 $30-$49
当前年份:2012 93

口感顺滑,优雅细腻,富有风格。散发着紫罗兰、玫瑰花瓣、甜黑醋栗和红浆果的浓郁芳香,底蕴中透出新鲜的雪松、香草味橡木香。入口甘美,洋溢着浆果和樱桃的甘甜果味,与细腻均衡的雪松、香草橡木香紧密交织,绵长优雅,由细腻、带有灰尘味的单宁支撑,而后慢慢地建立起酒体的结构和烈度。

★★★ Chardonnay 霞多丽

2013	91	2015-2018+
2012	93	2014-2017+
2011	92	2013-2016+
2010	88	2011-2012+
2009	82	2010-2011
2008	89	2010-2013

雅拉谷 $20-$29
当前年份:2013 91

一款精心酿制的霞多丽,美味可口,橡木味浓郁。散发着些许葡萄柚、甜瓜和柠檬融合而成的灰尘味和坚果味,后味中透出香草、丁香和肉桂的奶油味。具有类似特级夏布利葡萄酒的风格,口感绵长顺滑,带有坚果味,洋溢着略甜的甜瓜和葡萄柚风味,收口紧实,美味可口。给它点儿时间,它会完全绽放出自己的香气。

★★ Fumé Blanc 白富美

2013	91	2015-2018+
2012	92	2014-2017
2011	91	2013-2016+
2010	88	2011-2012

雅拉谷 $20-$29
当前年份:2013 91

现在仍相当青涩和原始的一款酒。散发着少量醋栗和甜瓜融合而成的香味,夹杂着橡木味、灰尘味,略带草本味和香草味。酒体中等偏饱满,醋栗、甜瓜和核果风味内敛,与香料雪松味的橡木香互相融合。收口绵长,清新美味,酸度紧实,略带矿物味。

★★★ Pinot Noir 黑皮诺

2013	91	2018-2021+
2012	93	2017-2020+
2011	90	2017-2020+
2010	94	2018-2022
2008	90	2010-2013

雅拉谷 $30-$49
当前年份:2013 91

带有香甜的果味和橡木味。散发着黑樱桃、李子、雪松、香草、覆盆子和干草融合而成的浓郁芳香,些许麝香香料味烘托出了整体的香气。口感绵长多汁,果味集中,甘美明快,橡木味温和,单宁细腻、有颗粒质感。收口有悠长的余味,酸度清新。

圣哈利特酒庄 St Hallett

通信地址：St Hallett Road, Tanunda SA 5352・**电话**：（08）8563 7000・**网址**：www.sthallett.com.au・
电子邮箱：enquiries@sthallett.com.au
产区：巴罗莎谷
酿酒师：斯图亚特·布莱克维尔（Stuart Blackwell）、托比·巴洛（Toby Barlow）
葡萄栽培师：克里斯·罗杰斯（Chris Rogers）
执行总裁：斯图亚特·欧文（Stuart Irvine）

　　圣哈利特酒庄擅长酿造巴罗莎特色的西拉干红葡萄酒。信念系列西拉明快，带有香料味和丝绸般的质感；布莱克维尔系列西拉则更丰满，结构和口感也更优秀。2011年份的酒品品质极差。2010年的老区西拉也许不是这个系列品质最佳的葡萄酒，却是一款寿命极长的葡萄酒。另外，我要在这里表扬酒庄酿制的另一款佳酿——2013年的雷司令干白。见到酒庄重新回到顶级酒庄行列是一件值得开心的事情。

Blackwell Shiraz 布莱克维尔西拉干红葡萄酒　★ ★

巴罗莎谷　　　　　　　　　　　　　　　$30-$49
当前年份：2011　　　　　　　　　　　　90
　　富有风格，芳香细腻，酒体中等偏饱满。散发着黑醋栗、覆盆子和新鲜、略带烘烤雪松、香草味橡木融合而成的类似紫罗兰的甜香，透出些许麝香香料和黑胡椒的香气。口感柔润顺滑，黑莓、李子果味浓郁，夹杂着烟熏橡木和摩卡的香味，收口愉悦，长度一般，带有温和的酸味。

2011	90	2019-2023
2010	91	2018-2022+
2009	88	2014-2017
2008	87	2010-2013+
2007	88	2009-2012
2006	90	2008-2011+
2005	86	2007-2010+
2004	94	2012-2016+
2003	93	2008-2011
2002	93	2007-2010+
2001	92	2006-2009+
1999	92	2004-2007+
1998	95	2006-2010+

Eden Valley Riesling 伊顿谷雷司令干白葡萄酒　★ ★ ★

伊顿谷　　　　　　　　　　　　　　　$12-$19
当前年份：2013　　　　　　　　　　　　94
　　我喝过的酒庄最好的雷司令干白，活泼匀称。散发着苹果和矿物带有花香和酸橙风味的清雅香气。口感绵长甘美，酸橙汁风味浓郁，绵长深邃，带有板岩味。收口紧实集中，余味持久，酸味紧实、尖锐。

2013	94	2021-2025+
2011	92	2019-2023
2010	92	2018-2022
2009	90	2011-2014+
2008	91	2013-2016+
2007	90	2012-2015
2006	89	2011-2014
2005	92	2010-2014
2004	87	2006-2009
2003	92	2008-2011+

Faith Shiraz 信念西拉干红葡萄酒　★

巴罗莎谷　　　　　　　　　　　　　　　$12-$19
当前年份：2010　　　　　　　　　　　　91
　　一款具有旧时"澳大利亚勃艮第"风格的葡萄酒，极其顺滑柔软。带有香甜、胡椒和花的香气，透出黑醋栗、覆盆子和红酸栗的果香。新鲜雪松、巧克力橡木味提升了香气，后味中带有蓝莓类似歌海娜的味道。口感柔润，绵密柔顺，温和馥郁，果香明快，主轴紧实柔顺，收口带有果味，柔软绵长。

2010	91	2015-2018+
2009	85	2011-2014
2008	86	2010-2013
2007	84	2009-2012
2006	87	2008-2011
2005	89	2007-2010+
2004	87	2009-2012
2003	91	2005-2008
2002	89	2004-2007
2001	86	2003-2006
2000	82	2002-2005
1999	92	2004-2007
1998	90	2003-2006

Old Block Shiraz 老区西拉干红葡萄酒　★ ★ ★

巴罗莎谷　　　　　　　　　　　　　　　$50-$99
当前年份：2010　　　　　　　　　　　　96
　　一款优雅的巴罗莎谷西拉干红，富含深度，结构紧凑。散发着黑醋栗、乌梅和红酸栗的浓烈果香，狂野、带有香料味，与巧克力、摩卡味橡木香紧密交织。浓郁的花香提升了整体的香气，后味中透出温和的皮革和糖浆的味道。骨架细密突出，口感绵长优雅，洋溢着黑莓、李子、石南和蓝莓的轻盈风味，极其舒服、浓郁。收口绵长，美味可口，带有强烈的肉味和动物味。

2010	96	2030-2040
2009	88	2017-2021
2008	93	2020-2028
2007	88	2012-2015
2006	95	2014-2018+
2005	94	2013-2017
2003	88	2008-2011+
2002	93	2014-2022
2001	89	2009-2013
2000	84	2002-2005+
1999	94	2007-2011
1998	95	2010-2018
1997	82	1999-2002
1996	91	2001-2004
1995	89	2000-2003+

圣休伯特酒庄 St Huberts

通信地址: Cnr Maroondah Hwy and St Huberts Road, Coldstream Vic 3770 · **电话:** (03) 5960 7096 ·
传真: (03) 9739 1096 · **网址:** www.sthuberts.com · **电子邮箱:** cellardoor@sthuberts.com.au
产区: 雅拉谷
酿酒师: 格雷格·雅哈特 (Greg Jarratt)
葡萄栽培师: 大卫·阿梅兰 (David Ammerlaan)
执行总裁: 迈克尔·克拉克

20 世纪 70 年代末又重新获得了发展。酒庄的名字和名气与 19 世纪初统治雅拉葡萄种植业的三大酒庄有关,尽管其葡萄园并不位于原来的圣休伯特遗址(而是与其毗邻)。今天,酒庄和雅拉山脊、冷溪山酒庄三大品牌同为财富酒庄所有。当前年份的葡萄酒品质超群,富有风格,收敛优雅,纯正年轻,会在瓶中慢慢成熟。值得一提的是 2012 年份的赤霞珠极其优雅,结构紧凑,是酒庄多年来——甚至是一个世纪或更长时间里最佳的葡萄酒。

★★★★
Cabernet Sauvignon 赤霞珠

2012	95	2032-2042
2010	94	2022-2030
2008	93	2020-2028
2005	90	2010-2013+
2003	93	2011-2015
2001	95	2009-2013+
2000	90	2008-2012+
1999	90	2004-2007
1998	93	2006-2010
1997	92	2005-2009+
1996	87	1998-2001
1995	92	2000-2003
1994	94	2002-2006
1993	96	1998-2003
1992	93	2000-2004

雅拉谷 $30-$49
当前年份: 2012   95
一款富有风格的赤霞珠,柔软、平衡、集中。散发着黑醋栗、乌梅、黑樱桃和新鲜雪松/橡木融合而成的甜香、烟熏味,透出薄荷和干草的精妙香气,底蕴中带有砾石和紫罗兰的气味。酒体中等偏饱满,口感绵长优雅,黑色水果和新橡木的香气质朴,质地细腻。收口有极其绵长的余味,香味持久,酸味平衡。这是酒庄多年来——甚至会是一个世纪或者更长时间里最好的一款酒!

★★
Chardonnay 霞多丽

2013	91	2015-2018+
2012	93	2017-2020
2011	89	2013-2016
2010	89	2011-2012+
2009	84	2011-2014
2008	88	2010-2013
2007	89	2009-2012
2006	89	2008-2011
2005	90	2007-2010+
2004	91	2006-2009+
2003	91	2005-2008+

雅拉谷 $20-$29
当前年份: 2013   91
顺滑优雅,香味浓郁,集中平衡。散发着柠檬和甜瓜的鲜香,新鲜雪松、口香糖般橡木香以及丁香和肉味的香气,干花的香气又提升了整体的香氛。入口后,葡萄柚、甜瓜和柠檬的风味浓郁,与带有香料、香草味的橡木香紧密交织,香味悠长,绵滑柔顺,质地细腻温和。收口有清新的酸味,层次丰富的酵母味和肉桂香味经久不散。

★★★
Pinot Noir 黑皮诺

2012	87	2014-2017
2011	92	2016-2019
2010	91	2015-2018
2008	92	2010-2013+
2007	88	2009-2012
2005	86	2007-2010+
2004	89	2006-2009
2003	89	2005-2008
2002	90	2007-2010
2001	89	2003-2006
2000	86	2002-2005
1999	89	2001-2004
1998	87	2000-2003

雅拉谷 $30-$49
当前年份: 2012   87
略单薄,带有草本味,缺乏惯有的深度和丰满度。散发着红樱桃、覆盆子和草莓的果香,甘甜、带有泥土味和些许花香,后味中透出动物味和番茄茎的草本味。酒体中等,优雅柔润,果味深度中等,由带有灰尘质感的骨架支撑。收口带有青涩的酸味和单宁味。需要时间成熟。

★★★
Roussanne 瑚珊

2013	92	2018-2021
2012	95	2020-2024
2010	91	2015-2018
2006	90	2008-2011+
2005	90	2007-2010+
2004	91	2006-2009+
2003	90	2005-2008+
2002	90	2003-2004+
2000	86	2002-2005
1999	89	2001-2004

雅拉谷 $20-$29
当前年份: 2013   92
一款复杂的葡萄酒,富有风格。散发着甜瓜和柑橘的果香,新鲜、略带酯味和果香。香甜的花香烘托出果香的浓郁。酒体中等,顺滑绵柔,果肉松软温和,后味中带有肉味。收口清新,酸度温和。现在开始显露出些许令人愉悦的品质,会随着时间的推移散发出更浓烈的香气。

The Stag Pinot Noir 雄鹿黑皮诺干红葡萄酒

雅拉谷
当前年份：2013 $20-$29
90

    一款简单浓郁的年轻黑皮诺，带有灰尘味和些许草本味。散发着深色花、清新红莓和黑莓略带薄荷和香料味的香气，以及血丝李的香料味。口感绵长细腻，果肉成熟多汁，浓郁匀称，由细腻、带有灰尘质感的单宁支撑。收结绵长清新。

2013	90	2015-2018
2011	88	2013-2016
2010	86	2012-2015
2009	90	2011-2014
2008	89	2009-2010+

圣雨果酒庄 St Hugo

通信地址： Barossa Valley Way, Rowland Flat SA 5352 **·电话：** （08）8521 3000 **·**
传真： （08）8521 3003 **·网址：** www.sthugo.com **·电子邮箱：** info@sthugo.com
产区： 古纳华拉、巴罗莎谷   **酿酒师：** 山姆·克茨（Sam Kurtz）
葡萄栽培师： 本·吉布森（Ben Gibson）   **执行总裁：** 布雷特·麦金浓（Brett McKinnon）

    刚开始，是奥兰多酒业"圣"系列的一个品牌，后来被杰卡斯纳入旗下，现在则是独立的品牌。酒庄出品的葡萄酒有：古纳华拉赤霞珠——我们很熟悉，产自巴罗莎谷的西拉干红、歌海娜西拉玛塔罗干红，以及采用巴罗莎谷和古纳华拉葡萄酿造的西拉赤霞珠混酿。最顶级的两款酒来自"家族徽章"系列——古纳华拉赤霞珠（2010:96/100, 适饮期：2030-2040+）和巴罗莎西拉（2010：96/100, 适饮期：2022-2030+）。无须多说，这的确是一个值得注意的酒庄。

Cabernet Sauvignon 赤霞珠   ★★★

古纳华拉
当前年份：2010 $30-$49
93

    匀称平衡，寿命较长。闻起来带有黑醋栗、紫罗兰、红莓、桑葚和雪松味橡木略带草本味的香气，后味中透出薄荷的精妙香味。口感完整，结构紧凑，果味层次丰富，洋溢着新鲜细密的橡木香，单宁紧实、带有粉末质感。收口强烈，余味绵长。这款酒酸度清新，但因为薄荷味过重，无法得到更高的分数。

2010	93	2022-2030+
2009	88	2017-2021+
2008	93	2020-2028+
2007	92	2019-2027
2006	91	2014-2018+
2005	92	2013-2017+
2004	95	2016-2024+
2003	92	2015-2023
2002	90	2010-2014
2001	93	2013-2021
2000	88	2005-2008+
1999	95	2019-2029+

Shiraz 西拉   ★★★

巴罗莎谷
当前年份：2012 $30-$49
95

    酒体中等偏饱满，细腻优雅，富有风格。口感丰满，柔软顺滑，散发着小红莓、血丝李和新鲜雪松／巧克力／香草味橡木融合而成的紫罗兰般的香气，后味中透出些许椰子的味道。入口绵长顺滑，黑莓和李子果味质朴，汁液丰富，洋溢着新鲜雪松橡木和类似干草的味道，底蕴中透出细腻、有颗粒质感的主轴。收口柔软，清新持久。

2012	95	2024-2032+
2010	93	2022-2030
2009	90	2017-2021
2008	91	2016-2020

思露酒庄 Stefano Lubiana

通信地址： 60 Rowbottoms Road, Granton Tas 7030 **·电话：** （03）6263 7457 **·传真：** （03）6263 7430 **·**
网址： www.slw.com.au **·电子邮箱：** wine@slw.com.au
产区： 塔斯马尼亚   **酿酒师：** 斯蒂夫·卢比安纳（Steve Lubiano）、帕特·哥伦布（Pat Colombo）
葡萄栽培师： 马克·霍伊（Mark Hoey）   **执行总裁：** 斯蒂夫·卢比安纳

    小型酒庄。采用生长于气候凉爽的塔斯马尼亚葡萄酿造的葡萄酒质量优秀。酒庄每个年份的葡萄酒品质与上一个年份相比都有所提升。出品的葡萄酒包括：各种类型的黑皮诺，如萨松黑皮诺、普力马韦拉黑皮诺，以及采用其他品种酿制的葡萄酒。酒庄的两款起泡酒绵柔密顺，优雅丰满，跻身澳大利亚顶级起泡酒行列（有诸多顶级的起泡酒都产自塔斯马尼亚地区）。当前年份最佳的葡萄酒为2012年份的庄园黑皮诺干红葡萄酒，香味浓郁，雅致美味，细腻复杂。

298

★★★★   Estate Chardonnay 庄园霞多丽干白葡萄酒

2011	91	2016-2019
2010	95	2015-2018+
2008	95	2013-2016+
2006	92	2011-2014
2005	90	2010-2013
2004	92	2006-2009+
2003	92	2005-2008
2002	85	2004-2007
2001	94	2006-2009
2000	93	2005-2008
1999	91	2004-2007
1998	91	2000-2003

塔斯马尼亚 $30-$49

当前年份：2011   91

    芳香优雅，复杂度佳。散发着桃子、甜瓜、姜和丁香的香气，狂野，带有花香和些许肉味，后味中透出奶油味和黄油味。口感雅致，美味可口，洋溢着甜瓜、柠檬和桃子的复杂果香，略带香辣味，底味中透出些奶油味、坚果味，以及新鲜内敛的橡木香、细腻的白垩味。收口绵长，带有矿物味和柠檬的酸味。再多一点香料味的话，评分会更高。

★★★★   Estate Pinot Noir 庄园黑皮诺干红葡萄酒

2012	95	2020-2024+
2010	93	2015-2018
2009	94	2014-2017+
2008	95	2013-2016+
2007	86	2009-2012
2006	96	2011-2014+
2005	93	2010-2013+
2004	95	2009-2012+
2003	88	2005-2008
2002	87	2004-2007+
2001	92	2003-2006+
2000	87	2002-2005

塔斯马尼亚 $30-$49

当前年份：2012   95

    一款极富勃艮第风格的葡萄酒，口感柔软，香味浓郁，富有风格。散发着成熟黑樱桃和乌梅带有花香和香料味的馥郁香气，芳香的细密新橡木香以及浓烈的玫瑰花瓣香味，后味中透出肉桂、丁香和些许干草的味道，层次复杂。入口雅致，质朴柔顺，绵长多汁，流畅无比，洋溢着纯正、清新的淡淡果香，单宁温和，带有灰尘之感。收口紧实，酸味明快。

★★   Primavera Chardonnay 普力马韦拉霞多丽干白葡萄酒

2013	88	2015-2018
2010	93	2012-2015
2009	87	2011-2014
2008	90	2010-2013
2007	92	2009-2012
2003	89	2004-2005+

塔斯马尼亚 $20-$29

当前年份：2013   88

    一款单调直接的霞多丽。散发着葡萄柚、甜瓜和柠檬皮略带蜡味的果香，透出羊毛脂和白花的精妙香气，以及豆蔻和丁香的香料味。口感略微尖锐和刺激，带有苹果和梨的风味，香味集中，收口美味可口，夹杂着果仁味和紧实尖锐的酸味。缺乏果香，需要陈酿才能成熟。

★★★   Primavera Pinot Noir 普力马韦拉黑皮诺干红葡萄酒

2013	89	2018-2021
2010	92	2012-2015+
2009	90	2011-2014
2008	92	2010-2013
2007	93	2009-2012
2006	92	2008-2011+
2005	92	2007-2010+
2004	89	2005-2006+
2003	94	2005-2008+
2002	93	2007-2010
2001	89	2003-2006+

塔斯马尼亚 $20-$29

当前年份：2013   89

    散发着血丝李、红樱桃和雪松味橡木融合而成的香气，带有香料味和些许花香、咖啡味，底味中透出麝香的香气。在细腻柔顺、带有灰尘味的单宁支撑下，口感多汁，洋溢着李子、红莓和樱桃类水果略带烘烤味的风味，愈发柔顺、紧实。收口清新明快。应窖藏一段时间再开。

★★★   Riesling 雷司令

2013	91	2018-2021+
2010	92	2018-2022+
2009	93	2017-2021
2008	93	2013-2016+
2007	91	2012-2015
2006	89	2011-2014+
2005	94	2010-2013+
2003	90	2008-2011
2002	77	2002-2003

塔斯马尼亚 $20-$29

当前年份：2013   91

    一款需要时间才能成熟的葡萄酒。香味复杂，带有香料味、些许热带水果的果味和酯味，散发着柠檬果子露的香气，夹杂着霉味、蜡味，从中透出浴盐的矿物味。入口单调坚硬，柑橘和苹果类水果果肉紧实，后味中带有复杂的酵母味。收口带有烟熏和矿物味，略微尖锐。会随着时间的推移变得顺滑，富于变化。

斯托尼酒庄 Stoney Vineyard

通信地址： 105 Tea Tree Road, Campania Tas 7026·**电话：** （03）6260 4174·**传真：** （03）6260 4390·
网址： www.domaine-a.com.au·**电子邮箱：** althaus@domaine-a.com.au
产区： 煤河谷
酿酒师： 彼得·阿特劳斯
葡萄栽培师： 彼得·阿特劳斯
执行总裁： 彼得·阿特劳斯

　　斯托尼酒庄的葡萄园遍布煤河谷产区。最好的葡萄用于酿造贴有亘古酒标的酒——斯托尼是亘古酒庄的副牌。其出品的每款酒品质等同于诸多酒庄的第一品牌，每一款都显示出了自己的风格和理念——更接近旧时葡萄酒风格。不过显然，酒庄的酒最能体现其酿酒采用的葡萄和产区的特色。

Cabernet Sauvignon 赤霞珠　　　　　　　　　　　　　　　　★ ★ ★

煤河谷　　　　　　　　　　　　　　$30-$49
当前年份：2010　　　　　　　　　　　　93
　　优雅年轻，带有波尔多葡萄酒的风格。散发着紫罗兰、黑醋栗、乌梅和带有灰尘、雪松味的橡木融合而成的香味，夹杂着麝香和花香，底蕴中透出石南和干草的味道，以及极其微弱的薄荷香。口感柔顺细密，果实多汁，温和适度，单宁细腻蓬松，带有粉末质感。收口带有辣味、类似砾石和石墨的味道。

2010	93	2022-2030
2006	90	2018-2026
2005	90	2013-2017+
2004	89	2012-2016
2003	77	2005-2008
2002	77	2004-2008
2001	91	2006-2009+
2000	84	2005-2008
1999	80	2001-2004
1998	80	2002-2003
1996	80	2001-2003
1995	82	1997-2000

Pinot Noir 黑皮诺　　　　　　　　　　　　　　　　　　　　★ ★

煤河谷　　　　　　　　　　　　　　$30-$49
当前年份：2013　　　　　　　　　　　　92
　　一款结构良好的优雅之酒，美味可口。散发着新鲜黑樱桃、李子和收敛雪松橡木融合而成的浓郁香气，透出些许薄荷味和干草味。口感顺滑，洋溢着樱桃、浆果和李子的多汁风味，单宁带有天鹅绒质感和灰尘味。收口绵长平衡，略带草本香气。

2013	92	2021-2025
2008	90	2010-2013+
2005	87	2007-2010+
2004	89	2006-2009+
2003	90	2005-2008
2001	90	2006-2008
1996	90	1998-2001+

Sauvignon Blanc 长相思　　　　　　　　　　　　　　　　　　★

煤河谷　　　　　　　　　　　　　　$30-$49
当前年份：2013　　　　　　　　　　　　91
　　一款复杂成熟的长相思。散发着醋栗、甜瓜和荔枝略带草本和热带水果味的香气，香甜的花味又提升了香气。口感顺滑，绵柔密顺，洋溢着坚果和酵母味，底蕴中透出西番莲和热带水果收敛明快的风味，味道不断变得浓郁。收口清新集中，美味可口。

2013	91	2015-2018
2011	86	2012-2013
2010	86	2011-2012
2009	82	2009-2010
2008	91	2010-2013+
2005	89	2006-2007+
2003	90	2004-2005+
2002	89	2003-2004+
2001	87	2002-2003+
2000	87	2002-2005+

司徒妮酒庄 Stonier

通信地址： 2 Thompsons Lane, Merricks Vic 3196·**电话：** （03）5989 8300·**传真：** （03）5989 8709·
网址： www._stonier.com.au·**电子邮箱：** stonier@stonier.com.au
产区： 莫宁顿半岛
酿酒师： 迈克·西蒙斯（Mike Symons）
葡萄栽培师： 迈克·西蒙斯

　　司徒妮是莫宁顿半岛最早的酒庄之一，现在更是这里最顶级的酒庄之一。新近年份的葡萄酒细腻紧实，它也因此成为维多利亚州最好的酿酒商之一。酒庄始终坚定自己的目标，致力于酿造整体风格更为优雅的黑皮诺葡萄酒，但是这在气候较凉爽的年份是一个高风险的策略。而在气候正常的年份，这样的酒则极具魅力——尽管在不同的年份，它们同样都需要窖藏，发展平衡度和协调度。酒庄的霞多丽葡萄酒散发着特别的柠檬果味、复杂的沉淀酵母味，苹果乳酸的分量中等，需要窖藏才能完全散发出酒的潜在魅力。

★★

Chardonnay 霞多丽

年份	评分	适饮期
2013	90	2015-2018+
2012	91	2014-2017+
2011	92	2013-2016+
2010	89	2012-2015+
2009	87	2010-2011+
2008	86	2010-2013
2007	89	2009-2012
2006	88	2008-2011
2005	86	2006-2007+
2004	90	2006-2009
2003	87	2003-2004

莫宁顿半岛
当前年份：2013 　　　　$20-$29
　　　　　　　　　　　　90

一款单调的霞多丽，富有风格。散发着葡萄柚和甜瓜皮带有奶油、香料和坚果味的香气，底味中透出不断发展的肉味，干花的香味提升了整体的味道。口感绵长，洋溢着新鲜柠檬和葡萄柚的质朴风味，与橡木香相互融合。培根、奶油糖和略带金属味的苹果乳酸香味需要时间慢慢融合。陈年之后会变得优雅。

★★★★

KBS Vineyard Chardonnay KBS 园霞多丽干白葡萄酒

年份	评分	适饮期
2012	94	2017-2020+
2011	88	2013-2016
2010	94	2018-2022+
2009	96	2017-2021+
2008	88	2013-2016
2007	93	2012-2015
2006	89	2008-2011
2005	96	2010-2013+
2004	96	2006-2009+
2002	95	2004-2007+

莫宁顿半岛
当前年份：2012 　　　　$50-$99
　　　　　　　　　　　　94

一款富有风格的优雅之酒。散发着柠檬花、丁香和肉桂的香气，优雅，夹杂着肉味。口感绵长匀称，美味可口，洋溢着类似柠檬糖的明快香味，奶油、香草味橡木香以及坚果味，收口略单调，稍带矿物味。极其清新集中。

★

Lyncroft Vineyard Chardonnay 林克罗夫特园霞多丽干白葡萄酒

年份	评分	适饮期
2012	95	2017-2020+
2011	92	2016-2019
2010	89	2015-2018
2009	86	2011-2014

莫宁顿半岛
当前年份：2012 　　　　$30-$49
　　　　　　　　　　　　95

一款精心酿制的霞多丽干白，优质平衡。散发着葡萄柚、甜瓜和烟熏培根/香草味橡木融合而成的浓郁纯正香气，后味中透出奶油味、坚果味和酵母味。口感绵长质朴，洋溢着少量热带水果、柑橘和甜瓜明快多汁（近乎油腻）的风味，与底蕴中的奶油味和坚果味相互交织，收口绵长柔润，紧实集中，带有令人垂涎的酸味。

★★★

Pinot Noir 黑皮诺

年份	评分	适饮期
2013	91	2018-2021
2012	86	2013-2014+
2011	92	2016-2019
2010	92	2015-2018+
2009	85	2010-2011+
2008	89	2010-2013
2007	86	2009-2012
2006	87	2007-2008+
2005	87	2005-2006+
2004	87	2006-2009
2003	90	2004-2005+
2002	88	2003-2004+

莫宁顿半岛
当前年份：2013 　　　　$20-$29
　　　　　　　　　　　　91

一款精心酿造的莫宁顿半岛黑皮诺葡萄酒，平衡，富有风格。散发着成熟红樱桃、乌梅、玫瑰花瓣和带有类似烟熏培根味的橡木融合而成的香气，夹杂着香料味和雪松味，透出炙烤土地和巧克力的味道。口感成熟多汁，带有质朴明快的樱桃、李子果味和奶油橡木香，由细腻、带有灰尘味的丹宁支撑，口中充盈着清新的酸味。

★★★

Reserve Chardonnay 珍藏霞多丽干白葡萄酒

年份	评分	适饮期
2012	94	2017-2020+
2011	92	2016-2019+
2010	95	2018-2022
2009	87	2011-2014
2008	93	2013-2016
2007	88	2009-2012
2006	91	2008-2011+
2005	91	2007-2010+
2004	93	2009-2012
2003	93	2005-2008+
2002	93	2007-2010
2001	95	2006-2009

莫宁顿半岛
当前年份：2012 　　　　$30-$49
　　　　　　　　　　　　94

复杂平衡，自然优雅。散发着一股特殊的花香，葡萄柚、甜瓜、丁香和肉桂的香气，与新鲜香草味橡木香交织，夹杂着些许肉味和坚果味。口感丰满，富有风格，酒体饱满偏中等，洋溢着甘美的柑橘果香和奶油苹果乳酸味，酸度略微不均衡。

★★★

Reserve Pinot Noir 珍藏黑皮诺干红葡萄酒

年份	评分	适饮期
2012	92	2020-2024
2011	86	2013-2016
2010	95	2018-2022+
2009	93	2017-2021
2008	90	2010-2013
2007	90	2009-2012+
2006	90	2011-2014
2005	92	2007-2010+
2004	93	2006-2009+
2003	94	2008-2011+
2001	84	2003-2006
2000	91	2002-2005
1999	93	2004-2007

莫宁顿半岛
当前年份：2012 　　　　$50-$99
　　　　　　　　　　　　92

一款非常柔和美味的年轻葡萄酒，略带草本味。现在味道比较封闭，可能过两年才能完全展示出酒体的优雅。散发着玫瑰花瓣、红樱桃和覆盆子的浓郁果香，带有花香和葡萄梗的味道，后味中透出柑橘和森林大地的香气。口感紧实，浆果、樱桃的风味略青涩，通透纯净，单宁坚实，带有粉末质感。收口明快清新，绵长集中。

Windmill Vineyard Pinot Noir 旋风黑皮诺干红葡萄酒 ★★★★

莫宁顿半岛
当前年份：2012　　　　　　　　　　$50-$99
　　　　　　　　　　　　　　　　　96

　　一款极富魅力和风格的黑皮诺干红。散发着红樱桃和香草味橡木融合而成的质朴精雅、带有玫瑰花园味道浓郁香气，由香料味和些许胡椒味进行烘托。口感绵长柔润，洋溢着樱桃、坚果略带柑橘香的浓郁果味，底蕴中透出爽脆的单宁和温和多汁的干浸出物。收口清新明快，余味中透出些许草本味和葡萄梗味。一款经典葡萄酒，需要窖藏。

2012	96	2024-2032
2010	95	2018-2022+
2009	96	2021-2029
2008	89	2013-2016+
2007	93	2015-2019
2006	91	2011-2014
2005	89	2010-2013
2004	96	2009-2012

萨顿酒庄 Sutton Grange

通信地址： Carnochans Road, Sutton Grange Vic 3448 · **电话：**（03）9261 9919 ·
网址： www.suttongrange.com.au · **电子邮箱：** wines@suttongrange.com.au
产区： 本迪戈
酿酒师： 吉尔·拉帕鲁
葡萄栽培师： 简·伊夫·多蒙（Jean Yves Domont）
执行总裁： 彼得·西德维尔（Peter Sidwell）

　　彼得·西德维尔于在跑马场所在的同一片土地上开辟了葡萄园。酒庄的葡萄酒也由吉尔·拉帕鲁酿制，后者是一位曾在澳大利亚工作过的法国酿酒师，擅长将澳大利亚葡萄酒风格和法国葡萄酒风格进行融合。酒庄的西拉结构紧凑，富有深度，寿命较长；吉奥芙则是一款极富托斯卡纳风格的混酿（桑娇维赛和西拉），其采用的葡萄生长于本迪戈，且是由一个法国人在本迪戈酿造的！萨顿的桃红葡萄酒则具有某些吸引我的品质。结构细腻、美味可口，年年如此。

Estate Cabernet Merlot 庄园赤霞珠梅洛混酿 ★★

本迪戈
当前年份：2010　　　　　　　　　　$30-$49
　　　　　　　　　　　　　　　　　92

　　绵长匀称，平衡度佳。散发着黑莓、樱桃和血丝李的香气，甘甜、带有泥土味和类似紫罗兰的花香，余味中透出灰尘味和皮革味。口感绵长柔顺，洋溢着黑醋栗、黑樱桃和覆盆子的明快多汁，夹杂着泥土味和皮革味，单宁顺滑细密，收口有令人心旷神怡的酸味。如果新橡木的香气多一点就更好了。

2010	92	2022-2030+
2009	91	2021-2029
2008	89	2016-2020+

Estate Rosé 庄园桃红葡萄酒 ★★★

本迪戈
当前年份：2012　　　　　　　　　　$30-$49
　　　　　　　　　　　　　　　　　91

　　明快美味。散发着柑橘果香，带有坚果味、香料味和花香，底蕴中透出肉味。口感绵长，洋溢着肉味、桑娇维赛和酸浆果、樱桃狂野而尖锐的风味，收口绵长，清新集中，复杂优雅。

2012	91	2014-2017
2011	89	2013-2016
2010	92	2012-2015+
2009	93	2011-2014
2008	93	2010-2013
2007	92	2009-2012

Estate Syrah 庄园西拉干红葡萄酒 ★★★★

本迪戈
当前年份：2008　　　　　　　　　　$50-$99
　　　　　　　　　　　　　　　　　93

　　一款质朴的西拉干红，带有泥土味。散发着小黑莓、红莓、乌梅和温和橡木融合而成的香气，夹杂着灰尘味、香料味和肉味，从中透出石墨、矿物的精妙香气和些许草本味。酒体饱满偏中等，会在杯中释放味道，散发出层次丰富的黑莓、桑葚、乌梅和黑巧克力的香料味，单宁紧实，带有粉末质感。收口绵长，带有泥土味，风味活泼，酸度温和。

2008	93	2020-2028+
2007	91	2019-2027
2006	95	2018-2026+
2005	95	2017-2025+
2004	95	2016-2024+
2003	88	2011-2015+

★★　　　　　　　　　　　　　　　Estate Viognier 庄园维欧尼干白葡萄酒

2011	89	2013-2016
2010	91	2012-2015+
2009	94	2011-2014+
2008	91	2010-2013+

本迪戈　　　　　　　　　　　　　　　　　　　　$30-$49
当前年份：2011　　　　　　　　　　　　　　　　　89

复杂美味。散发着肉桂、姜和香花融合而成的香气，带有黄铜味、烘烤味和香料味。口感顺滑，绵柔密顺，极其内敛，略微干瘪，洋溢着柑橘和金银花浓烈的香料味，收敛的坚果味橡木香、奶油味和沉淀酵母味。收口带有略尖锐的酸味。

★★★　　　　　　　　Giove Sangiovese Blend 吉奥芙桑娇维赛混酿

2010	91	2015-2018
2009	91	2017-2021+
2008	95	2016-2020+
2007	93	2015-2019
2006	93	2014-2018+

本迪戈　　　　　　　　　　　　　　　　　　　$50-$99
当前年份：2010　　　　　　　　　　　　　　　　　91

　　一款优雅细密、具有产区特色的红葡萄混酿，带有薄荷味。散发着黑樱桃、浆果和雪松味橡木融合而成的香料味，余味中透出麝香的香料味和炙烤土地的味道。口感绵长顺滑，洋溢着黑色水果的多汁，夹杂着薄荷味。单宁细腻紧实，软硬适中。收结美味可口，香味绵延不断。

德宝酒庄 Tahbilk

通信地址： 254 O'Neils Road, Tabilk Vic 3608・**电话：**（03）5794 2555・**传真：**（03）5794 2360・**网址：** www.tahbilk.com.au・**电子邮箱：** admin@tahbilk.com.au

产区： 纳甘比湖

酿酒师： 阿利斯特・珀布里克（Alister Purbrick）、尼尔・拉松（Neil Larson）、艾伦・乔治（Alan George）、布朗丹・弗里曼（Brendan Freeman）

葡萄栽培师： 尼尔・拉松　**执行总裁：** 阿利斯特・珀布里克

　　德宝酒庄位于维多利亚州中部的高宝河沿岸，历史悠久。酒庄拥有大型的酒窖和大型的制桶工场。在阿利斯特・珀布里克看来，这是酿造出优质德宝红酒的关键要素。从某种程度上来说，酒庄也是一座博物馆——既可以参观，又可以在此品尝葡萄酒，而这也赋予了酒庄与众不同的特色。在当前年份中，我最中意的还是2005年份的1927年老藤玛珊干白葡萄酒，是一款极其活泼年轻的酒。2012年份的红酒更年轻，优雅迷人，带有果实的甜味，而且还保留了德宝的标志和风格。

★★★★　　　　　1860 Vines Shiraz 1860 年老藤西拉干红葡萄酒

2009	93	2021-2031+
2008	94	2028-2038
2007	93	2019-2027+
2006	93	2018-2026+
2005	93	2025-2035+
2004	96	2024-2034
2003	93	2015-2023+
2002	93	2014-2022+
2001	90	2013-2021+
2000	86	2008-2012+
1999	91	2011-2019
1998	95	2010-2018+

纳甘比湖　　　　　　　　　　　　　　　　　$100-$199
当前年份：2009　　　　　　　　　　　　　　　　93

　　一款单调、强劲有力的葡萄酒。散发着蔓越莓、乌梅、黑莓和带有雪茄盒、雪松味橡木融合而成的烟熏味和泥土味，后味中透出泥土和皮革味，以及一丝白胡椒的香味。酒体饱满偏中等，绵长优雅，黑莓和红莓果味持久，单宁爽脆，细腻紧实。收口复杂，带有泥土味、肉味和清新均衡的酸味。成熟期较长。

★★★　　　　1927 Vines Marsanne 1927 年老藤玛珊干白葡萄酒

2005	94	2017-2025+
2004	92	2016-2024
2003	92	2015-2023+
2002	91	2010-2012+
2001	94	2013-2021+
2000	92	2012-2020
1998	90	2006-2010+

纳甘比湖　　　　　　　　　　　　　　　　　$30-$49
当前年份：2005　　　　　　　　　　　　　　　　94

　　一款经典的葡萄酒，富有产区特色，也体现出了玛珊的特质。散发着新鲜奶油蛋卷、奶油吐司、金银花和肉桂融合而成的烟熏味，偏油腻，余味中透出丁香的香味和层次丰富的肉味。口感顺滑，绵柔密顺，洋溢着新鲜柑橘、甜瓜和金银花的风味，浓郁松软，底蕴中透出细腻的灰尘味。收口绵长，带有辣味和矿物味。还是非常年轻的一款酒，需要陈年。

Cabernet Sauvignon 赤霞珠 ★★

纳甘比湖 $12-$19
当前年份：2012　92

一款优雅、寿命较长的干红，具有传统的德宝风格。散发着黑莓和红莓的精雅香气，略带花香，余味中透出收敛的雪松橡木香。口感绵长，结构良好，黑莓和红莓果味通透，绵长温和，主轴细密干燥。收口清新柔顺。

2012	92	2024-2032+
2011	82	2013-2016
2010	90	2022-2030+
2009	90	2021-2029
2008	82	2010-2013+
2007	88	2019-2027
2006	91	2018-2026+
2005	90	2013-2017
2004	92	2016-2024+
2003	89	2015-2023
2002	91	2014-2022
2001	82	2006-2009+

Eric Stevens Purbrick Cabernet Sauvignon（Formerly Reserve Cabernet Sauvignon）埃里克斯蒂文斯珀布里克赤霞珠干红葡萄酒（原名珍藏赤霞珠干红葡萄酒）★★★

纳甘比湖 $50-$99
当前年份：2009　92

寿命较长，适合窖藏。散发着黑醋栗、红莓、樱桃核和不新鲜的雪松味橡木融合而成的类似薄荷的香气，从中透出些许干草的味道。入口后，带有酸味和薄荷味的浆果和乌梅的香气绵长，单宁细腻干燥，紧实度慢慢增加。收结有清新、略尖锐的酸味。

2009	92	2029-2039+
2008	83	2020-2028
2007	91	2027-2037
2006	90	2018-2026
2005	89	2017-2025
2004	93	2034-2044
2003	89	2015-2023
2002	93	2022-2032+
2001	93	2013-2021
2000	93	2012-2020+
1999	86	2007-2011
1998	93	2010-2018+
1997	93	2009-2017+
1996	95	2008-2016+
1994	89	2012-2024

Eric Stevens Purbrick Shiraz（Formerly Reserve Shiraz）★★★
埃里克斯蒂文斯珀布里克西拉干红葡萄酒（原型珍藏西拉干红葡萄酒）

纳甘比湖 $50-$99
当前年份：2009　92

闻起来有白胡椒、干草和些许薄荷的味道，黑莓和红莓果香清新收敛，后味中带有雪松橡木香。口感绵长，顺滑柔润，略酸的黑醋栗、红酸栗、血丝李和覆盆子风味温和，与收敛的橡木香相互融合，单宁均衡柔顺。平衡度佳，收口极其浓郁。

2009	92	2021-2029+
2008	91	2028-2038
2007	86	2015-2019
2006	92	2018-2026
2005	92	2017-2025+
2004	92	2016-2024+
2003	91	2015-2023+
2002	95	2022-2032
2001	92	2013-2021
2000	89	2012-2020
1999	92	2011-2019+
1998	95	2018-2028
1997	92	2009-2017

Marsanne 玛珊 ★★★

纳甘比湖 $12-$19
当前年份：2013　90

一款清新、寿命较长的葡萄酒，具有典型的德宝风格。散发着白花、橘子花、丁香和肉桂的清雅香气，略带香料味，从中透出一丝面包酵母味。口感顺滑柔软，柑橘、核果和热带水果的风味质朴，夹杂着细腻的白垩香。收口干脆，干燥持久，果味绵延，质地良好。

2013	90	2021-2025
2012	92	2020-2024+
2011	84	2013-2016
2010	92	2018-2022+
2009	90	2014-2017+
2008	84	2009-2010
2007	90	2015-2019
2006	88	2011-2014
2005	89	2010-2013
2004	92	2012-2016
2003	92	2011-2015
2002	90	2007-2010+
2001	87	2006-2009

Riesling 雷司令 ★★★

纳甘比湖 $12-$19
当前年份：2013　88

一款会不断发展变化的干白，略带烘烤味。散发着柠檬皮、酸橙汁和些许苹果融合而成的香气。口感圆润充盈，果味绵长密顺，与新鲜酸橙汁的酸味紧密融合。

2013	88	2018-2021+
2012	93	2024-2032
2011	93	2019-2023
2010	90	2015-2018+
2009	88	2014-2017
2008	86	2010-2013
2006	88	2011-2014
2005	87	2007-2010
2004	92	2009-2012+

★

Shiraz 西拉

2012	92	2024-2032
2010	92	2017-2021+
2009	87	2017-2021+
2008	86	2016-2020
2007	89	2019-2027
2006	93	2014-2018+
2005	89	2013-2017+
2004	90	2012-2016+
2003	89	2011-2015+
2002	92	2014-2022

纳甘比湖　　　　　　　　　　　　$12-$19

当前年份：2012　　　　　　　　　　92

　　结构紧实，果味香甜。闻起来清新，带有香料味和胡椒味，透出新鲜黑莓和红莓的香气，后味中带有些许雪松橡木香、丁香和干草的味道。在柔顺、带有灰尘质感的单宁的支撑下，烈度逐渐增加，收口绵长，带有辣味，洋溢着西拉的果味，明快悠长，清新雅致。

★★

Viognier 维欧尼

2013	87	2015-2018
2012	91	2014-2017+
2011	89	2012-2013+
2010	90	2012-2015
2009	93	2011-2014+
2008	87	2009-2010
2007	89	2008-2009+
2006	89	2006-2007+
2005	88	2006-2007

纳甘比湖　　　　　　　　　　　　$20-$29

当前年份：2013　　　　　　　　　　87

　　一款年轻干瘪的干白葡萄酒，需要时间成熟。散发着蜜橘、金银花、肉桂和姜的浓郁香气，余味中透出杏仁和白桃的香味。口感极其甘美，圆润油腻，果味浓郁，略青涩，舌头两侧稍带金属味。不过长度、酸度和香味几乎是同步出现的。

塔尔塔尼酒庄 Taltarni

通信地址： 339 Taltarni Road, Moonambel Vic 3478 • **电话：** (03) 5459 7900 • **传真：** (03) 5467 2306 •
网址： www.taltarni.com.au • **电子邮箱：** info@taltarni.com.au
产区： 宝丽丝、塔斯马尼亚、西斯寇特　　**酿酒师：** 罗伯特·海伍德 (Robert Heywood)
葡萄栽培师： 马修·巴利 (Matthew Bailey)　　**执行总裁：** 亚当·托皮

　　尽管在近几年，塔尔塔尼酒庄的酿酒人员不断发生变化，但酒庄一直没有易主，还是为美国人约翰·格莱 (John Goelet) 所有，他同时还拥有塔尔塔尼位于纳帕谷的"姊妹"酒庄谷园。塔尔塔尼和谷园的葡萄酒风格一脉相承，有一种罕见的过分成熟的风味，但匀称柔顺。这些酒会被陈放在大橡木桶中成熟，让酒体变得细腻平衡、结构紧凑，富有优雅魅力。我喜欢三个僧侣白富美干白葡萄酒，美味可口，带有矿物味，喜欢成熟长相思的人可以试试这款酒。酒庄的起泡酒细腻，带有奶油味。

★★

Brut Sparkling Blend 干型起泡酒

2010	89	2012-2015
2009	85	2010-2011+
2008	90	2010-2013
2006	84	2008-2011
2005	87	2007-2010
2004	90	2006-2009
2003	92	2005-2008
2002	88	2004-2007
2001	87	2003-2006
2000	88	2003-2006

多产区　　　　　　　　　　　　$20-$29

当前年份：2010　　　　　　　　　　89

　　一款优雅、风味十足的葡萄酒，带有奶油味。散发着松脆慕斯味，白桃、苹果和葡萄柚的浓郁果香，余味中透出面包酵母、小麦粉和柠檬皮的香气。入口后，洋溢着果汁的白桃和甜瓜风味类似樱桃的黑皮诺味和奶油酵母味，底蕴中透出细腻的白垩香。收口绵长清新，集中明快。

★

Brut Taché Sparkling Blend 色彩干型起泡酒

2010	90	2012-2015+
2009	85	2010-2011
2003	87	2004-2005+

宝丽丝　　　　　　　　　　　　$20-$29

当前年份：2010　　　　　　　　　　90

　　一款活泼、富含果味的起泡酒。散发着覆盆子、草莓和桃子的奶油香气，底味中带有坚果味。口感绵长，顺滑优雅，水珠爽脆，樱桃和草莓果味浓郁，质朴绵长。收口有清新的酸味。匀称明快，平衡度佳。

★★★

Estate Cabernet Sauvignon 庄园赤霞珠干红葡萄酒

2009	92	2017-2021
2007	93	2027-2037
2006	90	2018-2026
2005	92	2017-2025
2004	93	2016-2024
2002	88	2010-2014
2001	93	2013-2021
2000	84	2008-2012
1998	94	2006-2010+
1997	86	2002-2005+
1996	88	2004-2008

宝丽丝　　　　　　　　　　　　$30-$49

当前年份：2009　　　　　　　　　　92

　　一款精心酿制的赤霞珠。散发着新鲜黑醋栗、覆盆子、樱桃和收敛雪松/巧克力味橡木融合而成的香气，夹杂着灰尘味，略带草本味和烟草味。口感绵长，富有节奏，稍带烤水果的味道，浓郁持久，单宁细腻紧实，带有灰尘味。

Estate Shiraz 庄园西拉干红葡萄酒　　★★

宝丽丝　　　　　　　　　　　　　　　　　　$20-$29
当前年份：2009　　　　　　　　　　　　　　　　93
　　一款富有风格的优雅之酒，带有灰尘味。散发着类似黑醋栗的新鲜水果的石南味和香料味，与巧克力橡木香相互交织，由白胡椒和紫罗兰的香味烘托着。口感绵长美味，洋溢着黑色坚果和李子匀称明快的果味及肉味，底蕴中透出紧实爽脆的单宁。

2009	93	2017-2021+
2007	91	2015-2019+
2006	82	2011-2014
2005	87	2017-2025
2004	91	2016-2024
2003	89	2017-2023
2002	91	2010-2014+
2001	90	2009-2013
2000	93	2008-2012+
1999	93	2007-2011
1998	95	2006-2010

Reserve Shiraz Cabernet Sauvignon 珍藏西拉赤霞珠干红葡萄酒　★★★

宝丽丝　　　　　　　　　　　　　　　　　　$30-$49
当前年份：2008　　　　　　　　　　　　　　　　93
　　散发着黑莓和红莓的富裕果香，夹杂着肉味，浓烈的橡木香包裹其中，底味中带有炙烤土地的香料味。口感绵长，紧实成熟，洋溢着李子、浆果的烘烤果香，单宁干燥，强劲有力，带有干浸出物。现在的味道还比较封闭，需要时间去成熟——相信它们最终会成熟的。

2008	93	2020-2028+
2005	91	2017-2025+
2004	94	2016-2024+
2003	89	2011-2015+
2002	93	2022-2032
2001	89	2013-2021
2000	91	2008-2012

T Series Sauvignon Blanc T 系列长相思　　★★★

维多利亚，塔斯马尼亚　　　　　　　　　　　　$12-$19
当前年份：2012　　　　　　　　　　　　　　　　89
　　极其复杂的一款酒。散发着醋栗、甜瓜和西番莲果香，带有烟熏味，略带热带水果的果味和草药味，夹杂着新鲜的奶油香草橡木香和些许丁香的香味。口感绵长，透出白垩香，洋溢着果实的肉味和霉味，混有还原味、酵母味。收口绵长干燥，带有丝丝辣味。如果味道再苦一点，评分会更高。

2012	89	2014-2017
2011	86	2011-2012+
2010	91	2012-2015

Three Monks Fumé Blanc 三个僧侣白富美干白葡萄酒　　★★★

维多利亚，塔斯马尼亚　　　　　　　　　　　　$20-$29
当前年份：2011　　　　　　　　　　　　　　　　93
　　一款精心酿制的白葡萄酒，收敛匀称。带有醋栗和甜瓜的果香，淡淡的香草橡木香，后味中透出辣椒、香料和小麦粉的味道。口感绵长雅致，洋溢着醋栗、黑醋栗和西番莲的风味，绵长明快。收口有浓烈、清新、温和的酸味，极其平衡。

2011	93	2013-2016
2010	94	2012-2015+
2009	93	2011-2014
2008	90	2010-2013
2007	88	2012-2015

塔玛岭酒庄 Tamar Ridge

通信地址： 653 Auburn Road, Kayena Tas 7270 **· 电话：**（03）6394 1114 **· 传真：**（03）6334 1126 **·**
网址： www.tamarridgewines.com.au **· 电子邮箱：** info@tamarridge.com.au
产区： 塔斯马尼亚北部　**酿酒师：** 汤姆·瑞奇（Tom Ravech）
葡萄栽培师： 保罗·唐森（Paul Townsend）　　　**执行总裁：** 罗兰·瓦尔奎斯特（Roland Wahlquist）

　　近期，布朗兄弟收购了塔斯马尼亚联氏公司 400 多公顷与葡萄酒产业相关的资产，其中包括卡耶拿葡萄园内 135 公顷的植物。该葡萄园以种植黑皮诺而闻名，种植面积达 45 公顷。它为布朗家族提供了酿造高品质葡萄酒的黑皮诺。而最近，布朗兄弟将 83 公顷的白山葡萄园出售给财富酒庄。不过，布朗兄弟还是拥有可以帮助他们酿造出高品质葡萄酒、完成塔斯马尼亚壮志的葡萄园。

Kayena Vineyard Pinot Noir 卡耶拿园黑皮诺干红葡萄酒　　★★

塔玛谷　　　　　　　　　　　　　　　　　　$30-$49
当前年份：2010　　　　　　　　　　　　　　　　91
　　一款细腻美味的黑皮诺。散发着浆果和樱桃、烟熏雪松味橡木和干草融合而成的香气，浓郁复杂，略狂野，夹杂着肉味。口感明快，优雅均衡，成熟绵长，富有风格，洋溢着樱桃、浆果的质朴果味，培根味的橡木香，底蕴中透出细腻、带有粉末质感的单宁。收口平衡绵长。

2010	91	2015-2018
2009	91	2014-2017
2007	87	2009-2012+
2005	89	2007-2010+

塔娜酒庄 Tapanappa

通信地址: PO Box 174, Crafers SA 5152 · **电话:** (08) 7324 5301 · **传真:** (08) 8370 8374 ·
网址: www.tapanappawines.com.au · **电子邮箱:** wine@tapanappawines.com.au
产区: 皮卡迪利 (Piccadilly)、拉顿布里 (Wrattonbully)、南菲尔半岛 (Southern Fleurieu)
酿酒师: 布莱恩·克洛泽 (Brian Croser)
葡萄栽培师: 布莱恩·克洛泽
执行总裁: 布莱恩·克洛泽

塔娜酒庄酿酒用的葡萄来自南澳大利亚的三大葡萄园。一是位于皮卡迪利谷的泰尔葡萄园,为布莱恩·克洛泽所有,其葡萄同时也供应给葡萄之路,用于酿造王牌产品泰尔霞多丽。二是位于州东南部的拉顿布里中央的鲸须葡萄园,梅洛-品丽珠混酿和赤霞珠-西拉混酿的葡萄均来源于此。新近推出的葡萄酒包括梅洛品丽珠混酿和黑皮诺,后者年轻、带有薄荷味,需要陈年。

★★★★ Foggy Hill Vineyard Pinot Noir 朦胧山庄园黑皮诺干红葡萄酒

2013	93	2021-2025+
2010	96	2018-2022+
2009	95	2014-2017+
2008	93	2013-2016
2007	88	2012-2015

菲尔半岛　　　　　　　　　　　　　$50-$99
当前年份: 2013　　　　　　　　　　　93

　　散发着香甜樱桃、红莓和细密香草味橡木融合而成的略带草本味的清新香气,底味中带有薄荷味。口感顺滑,浓郁黏稠,果味通透,由细腻柔顺、坚硬的单宁支撑。如今的酒已散发出些许肉味和类似鸭油的味道。会随着时间的推移变得更绵长、平衡,拥有更完整的结构。

★★★★ Tiers Vineyard Chardonnay 泰尔园霞多丽干白葡萄酒

2010	95	2015-2018+
2010	95	2015-2018+
2008	93	2013-2016
2007	95	2012-2015
2006	95	2011-2014
2005	95	2010-2013

阿德莱德山　　　　　　　　　　　　$50-$99
当前年份: 2010　　　　　　　　　　　95

　　绵长紧实,极其复杂。散发着葡萄柚、甜瓜和新鲜雪松味橡木融合而成的带有蜡味和奶油味的香气,余味中透出姜和奶油糖的味道。口感成熟,洋溢着甜瓜和葡萄柚般的多汁果味,与奶油金属味、带有辣味的矿物香和烟熏肉味相互交织。底味中透出层次复杂的蜡味和果仁味。收口清新紧实,新鲜果味经久不散。

★★ Whalebone Vineyard Cabernet Shiraz 鲸须园赤霞珠西拉混酿

2010	88	2018-2022
2009	88	2014-2017
2006	90	2011-2014+
2005	93	2017-2025
2004	89	2009-2012
2003	95	2011-2015

拉顿布里　　　　　　　　　　　　　$50-$99
当前年份: 2010　　　　　　　　　　　88

　　散发着黑莓和蓝莓的果香,甘甜,带有类似薄荷的香气,后味中透出带有奶油、巧克力和雪松味的橡木香。口感浓郁,带有果酱味,黑莓和李子的果味略干瘪,底蕴中透出匀称、带有灰尘味的单宁。收口有强烈的酸味。缺乏雅致的口感和魅力。

★★ Whalebone Vineyard Merlot Cabernet Franc Blend 鲸须园梅洛品丽珠混酿

2010	92	2022-2030
2009	82	2011-2014
2007	88	2012-2015
2006	92	2014-2018+
2005	91	2013-2017

拉顿布里　　　　　　　　　　　　　$50-$99
当前年份: 2010　　　　　　　　　　　92

　　散发着乌梅、樱桃和葡萄干融合而成的烟熏味,底味中带有烘烤的坚果味。口感顺滑柔顺,酒体中等偏饱满,富有长度和深度。橡木味香甜明显,乌梅和樱桃果味如丝绸般顺滑,绵长优雅,收口带有辣味。现在饮用似乎还为时过早了,窖藏的话可以增加酒的魅力。

泰拉若拉酒庄 TarraWarra

通信地址: 311 HealesviHe-Yarra Glen Road, Yarra Glen Vic 3777・电话: (03) 5962 3311・
传真: (03) 5962 3887・网址: www.tarrawarra.com.au・电子邮箱: enq@tarrawarra.com.au
产区: 雅拉谷　酿酒师: 克莱尔·哈洛伦 (Clare Halloran)、亚当·迈凯伦 (Adam McCallum)
葡萄栽培师: 斯图尔特·西辛斯 (Stuart Sissins)　执行总裁: 克莱尔·哈洛伦

　　泰拉若拉酒庄位于雅拉谷的一座小酒庄,为贝森家族所有。20世纪80年代早期,在当代最著名的葡萄酒技师之一的大卫·沃兰帮助下创立。珍藏系列的葡萄极其引人注目,尤其是2011年份和2012年份的霞多丽。霞多丽一直以来都是彰显泰拉若拉酒庄特色和风格的"平台"。克莱尔·哈洛伦采用北罗讷河谷的白葡萄酿造混酿(两款)的技艺十分娴熟。我在这版年鉴中首次引入了庄园维欧尼-玛珊-瑚珊混酿。

Estate Chardonnay 庄园霞多丽干白葡萄酒 ★ ★

雅拉谷　　　　　　　　　　　　$20-$29

当前年份: 2012　　　　　　　　　93

　　一款优雅清新、紧实集中的年轻霞多丽。散发着葡萄柚和甜瓜略带香料味的果香,类似柠檬的香气,后味中透出新鲜雪松橡木香。口感顺滑柔润,酒体中等偏饱满,风味浓郁匀称,底蕴中带有细腻的质地,洋溢着灰尘味和些许矿物味。收口带有尖锐清新的酸味。

2012	93	2017-2020+
2011	91	2013-2016+
2010	91	2015-2018
2009	91	2011-2014+
2008	88	2009-2010+
2006	88	2008-2011
2005	89	2007-2010
2003	88	2004-2005+
2002	86	2004-2007
2001	87	2003-2006
2000	83	2001-2005

Estate Pinot Noir 庄园黑皮诺干红葡萄酒 ★

雅拉谷　　　　　　　　　　　　$20-$29

当前年份: 2012　　　　　　　　　90

　　优雅,带有烟熏味和辣味。散发着甜黑樱桃、李子和收敛雪松味橡木的香气,清新,略带草本味。口感绵长单调,柔顺收敛,底蕴中透出细腻爽脆的单宁,舌中表现略干瘦。需要陈放一段时间,才能变得充盈丰满。

2012	90	2014-2017+
2011	83	2013-2016
2010	86	2012-2015
2009	88	2011-2014
2008	82	2009-2010
2005	88	2007-2010
2005	87	2006-2007+
2002	81	2003-2004
2001	83	2003-2006
2000	87	2002-2005

Estate Viognier Marsanne Roussanne Blend 庄园维欧尼 - 玛珊 - 瑚珊混酿 ★ ★ ★

雅拉谷　　　　　　　　　　　　$50-$99

当前年份: 2011　　　　　　　　　95

　　极其平衡。散发着柠檬花、金银花、油桃和甜瓜的芳香,余味中带有些许橡木、丁香、姜、柠檬和豆蔻的味道。口感绵长温和,洋溢着浓郁的核果和甜瓜香气,不新鲜的橡木香,夹杂着奶油味和肉味的酵母味。收口温和明快。

2013	93	2018-2021+
2012	94	2020-2024+
2011	93	2016-2019
2010	92	2012-2015+

K-Block Merlot K 区梅洛干红葡萄酒 ★ ★

雅拉谷　　　　　　　　　　　　$30-$49

当前年份: 2011　　　　　　　　　88

　　一款采用气候较凉爽地区的葡萄酿造的干红,酒体轻盈,芳香四溢。散发着紫罗兰、红花、麝香、甜红樱桃、血丝李和芳香细密的橡木的香气,后味中透出些许可乐的味道。口感直接多汁,舌下表现内敛,果香温和,单宁带有灰尘味,略带干草味。收口柔顺,美味可口。

2011	88	2013-2016
2010	91	2018-2022+
2009	92	2017-2021
2008	89	2016-2020
2006	86	2008-2011+

Reserve Chardonnay 珍藏霞多丽干白葡萄酒 ★ ★ ★ ★

雅拉谷　　　　　　　　　　　　$50-$99

当前年份: 2012　　　　　　　　　96

　　泰拉若拉酒庄酿造的品质最佳的酒之一。它即便不是品质最佳的酒,也依然散发着葡萄柚、甜瓜和白桃带有烟熏味和矿物味的果香,与烟熏橡木香、似蜡的还原味和牡蛎壳的咸味相互交织。酒体中等偏饱满,口感绵长,极其顺滑,桃子、梨、苹果和葡萄柚的风味干净,底蕴中透出带有奶油、香草、丁香和肉桂味的橡木香,酸味浓烈流畅。这是一款极其复杂,带有矿物味和风格的酒。

2012	96	2020-2024
2011	95	2019-2023
2010	95	2018-2022
2008	93	2013-2016
2006	89	2008-2011
2005	95	2010-2013
2004	96	2012-2016
2003	94	2008-2011

★ ★ ★　Reserve Pinot Noir 珍藏黑皮诺干红葡萄酒

2012	93	2020-2024+
2010	95	2018-2022+
2008	93	2013-2016
2006	91	2011-2014
2004	89	2006-2009
2003	93	2008-2011
2002	89	2004-2007
2001	89	2003-2006+
2000	83	2002-2005
1999	88	2001-2004
1998	95	2006-2010
1997	90	2002-2005
1996	95	2001-2004+

雅拉谷　　　　　　　　　　　　　$20-$29
当前年份：2012　　　　　　　　　　93

　　现在味道还比较封闭。不过富含深度，层次丰富，品质会随着窖藏时间的增加而愈发卓越。散发着血丝李子、大黄和可乐融合而成的香气，带有香料和类似樱桃白兰地的味道，底味中透些许肉味和番茄味。口感顺滑柔润，洋溢着浓郁的橡木香，果香柔顺均衡，紧实清新，收口明快、绵长。会慢慢成熟，变得愈发优雅、细腻。

泰勒酒庄 Taylors

通信地址：Taylors Road, Auburn SA 5451・电话：（08）8849 1111・传真：（08）8849 1199・
网址：www.taylorswines.com.au・电子邮箱：info@taylorswines.com.au・产区：克莱尔谷、南澳大利亚各大产区
酿酒师：亚当・艾金斯（Adam Eggins）、瑞恩・韦普斯（Ryan Waples）、查德・鲍曼（Chad Bowman）
葡萄栽培师傅：克林・海因茨（Colin Hinze）　执行总裁：米切尔・泰勒（Mitchell Taylor）

　　泰勒酒庄是克莱尔谷相对较大的一座酒庄。它出品的主要系列的一些年轻葡萄酒品质还不错；圣安德鲁品牌旗下的葡萄酒则极富传统澳大利亚风格，价格也相对较高。酒庄还酿造了一系列高档葡萄酒，如"视觉"（The Visionary），零售价在120美元左右；一款极其精致、带有丝绸质感的西拉干红（2010：95/100,适饮期：2030-2040+）；一款收敛平衡的赤霞珠干红（2010:93/100,适饮期：2022-2030+）。当前年份中品质最佳的无疑是质朴紧实的圣安德鲁雷司令干白（2013），这款酒寿命较长。

★　　　　　　　　　　　　　　Cabernet Sauvignon 赤霞珠

2012	87	2017-2020+
2010	81	2012-2015
2009	87	2014-2017
2008	80	2010-2013
2007	86	2009-2012
2006	81	2008-2011
2005	82	2007-2010
2004	89	2009-2012+
2003	88	2008-2011+
2002	88	2007-2010
2001	90	2009-2013

克莱尔谷　　　　　　　　　　　　$12-$19
当前年份：2012　　　　　　　　　　87

　　一款健康的赤霞珠。散发着黑醋栗、紫罗兰和香甜雪松／巧克力／香草橡木融合而成的香气，香甜、略带薄荷味。口感柔润多汁，顺滑温和，黑莓和李子类水果果味绵长，底蕴中透出细腻、略尖锐的单宁，收口平衡，酸味清新。

★ ★ ★　Jaraman Riesling 海马园雷司令干白葡萄酒

2013	88	2015-2018
2011	88	2012-2013+
2009	93	2017-2024+
2008	85	2010-2013
2007	93	2012-2015+
2005	94	2013-2017
2004	88	2006-2009
2002	82	2004-2007

克莱尔谷，伊顿谷　　　　　　　　$20-$29
当前年份：2013　　　　　　　　　　88

　　非常直接的一款酒。散发着酸橙汁、柠檬糖和白花的香气，夹杂着酯味、果酱味和浴盐的味道。口感圆润，多汁丰盈，洋溢着浓郁成熟的果味，底蕴中透出细腻的白垩香，余味略有些短。等它变得清新明快时，再慢慢享受也不迟。

★ ★　　　　　　　　　　　　　　Riesling 雷司令

2013	89	2018-2021
2012	91	2020-2024+
2011	92	2019-2023+
2010	91	2015-2018+
2009	88	2014-2017
2008	87	2009-2010+
2007	88	2008-2009+
2006	88	2011-2014
2005	88	2005-2013

克莱尔谷　　　　　　　　　　　　$12-$19
当前年份：2013　　　　　　　　　　89

　　成熟浓郁，反映了气候更温暖的年份的特色。散发着酸橙汁和柠檬皮的香气，夹杂着香料味和淡淡的果酱味。花香提升了整体的香味。口感绵长多汁，果味浓郁，酸味略朴素。收口略带甜味，果香经久不散。

★　　　　　　　　　　　　　　　Shiraz 西拉

2013	86	2015-2018
2012	88	2017-2020+
2010	88	2015-2018
2009	88	2011-2014+
2008	88	2010-2013
2007	90	2009-2012+
2006	90	2008-2011+
2005	86	2007-2010
2004	88	2006-2009+
2003	88	2005-2008

克莱尔谷　　　　　　　　　　　　$12-$19
当前年份：2013　　　　　　　　　　86

　　一款适合早期饮用的西拉。散发着黑莓、蓝莓和覆盆子的香气，甘甜、带有果酱味，后味中透出香甜的香草、椰子糖橡木香。口感简单浓郁，洋溢着甘美果实的明快和果酱风味，单宁紧实柔韧。收口温和，略甜。

St Andrews Cabernet Sauvignon 圣安德鲁赤霞珠干红葡萄酒 ★ ★

克莱尔谷　　　　　　　　　　　　　$50-$99
当前年份：2009　　　　　　　　　　　　　87

　　带有花香、灰尘味和草药味。散发着新鲜红莓和蓝莓类似紫罗兰的香气，雪松、香草橡木香，底蕴中透出带有灰尘味的赤霞珠果香。口感略青涩、干瘪，酒体饱满偏中等，草本和薄荷味绵长，底味中带有浆果、李子的直接和果酱风味。不够充盈，缺乏水果的甜味。

2009	87	2014-2017+
2006	93	2018-2026+
2005	90	2013-2017+
2004	89	2012-2016
2002	90	2004-2007
2000	91	2012-2020
1999	90	2007-2011
1998	87	2003-2006
1997	84	2002-2005

St Andrews Riesling 圣安德鲁雷司令干白葡萄酒 ★ ★ ★ ★

克莱尔谷　　　　　　　　　　　　　$30-$49
当前年份：2013　　　　　　　　　　　　　94

　　一款质朴的年轻葡萄酒，适合窖藏。散发着酸橙汁和柠檬花的浓郁香气，底味中透出深邃的柑橘果香和些许奶油味。口感集中纯正，洋溢着馥郁的果味，绵长紧实，由白垩、带有白垩香的单宁支撑，收口平衡，带有令人心旷神怡的柠檬酸味。窖藏一些年后，酒体会愈发丰满充盈。

2013	94	2025-2033+
2010	93	2018-2022+
2009	94	2021-2029
2007	94	2019-2027
2005	95	2013-2017+
2002	82	2007-2010
2001	89	2006-2009
2000	93	2008-2012
1998	91	2003-2006

托斯纳酒庄 Teusner

通信地址： Corner Railway Terrace & Research Road, Nuriootpa SA 5355 · **电话：** （08）8562 4147 ·
传真：（08）8562 4147 · **网址：** www.teusner.com.au · **电子邮箱：** info@teusner.com.au
产区： 巴罗莎谷　**酿酒师：** 金姆·托斯纳（Kym Teusner）
葡萄栽培师： 迈克尔·佩奇（Michael Page）　**执行总裁：** 金姆·托斯纳

　　巴罗莎谷的一座小酒庄，擅长酿造收敛、美味可口，带有罗讷河谷风格的葡萄酒，其中大部分都是红酒。2002 年（小年）酒庄首次推出葡萄酒，迅速赢得了人们和市场的青睐，原因在于酒庄提供的葡萄酒物有所值，带有大酒庄想要避开的风格。年鉴中列出的四款酒是采用巴罗莎谷不同葡萄品种酿制的，包括西拉、歌海娜和玛塔罗。阿凡达混酿的品质和通常早一年份推出的不带橡木味的约书亚混酿相近。

Albert Shiraz 阿尔伯特西拉干红葡萄酒 ★ ★ ★

巴罗莎谷　　　　　　　　　　　　　$50-$99
当前年份：2012　　　　　　　　　　　　　93

　　平衡匀称，芳香馥郁。散发着黑莓、石南、乌梅和黑醋栗复杂、略带肉味和泥土味的香气，因新鲜雪松 / 巧克力橡木香，香气有所增加。灰尘味和胡椒味则提升了整体的香气。口感顺滑柔润，黑醋栗、黑莓和深色橄榄风味绵长，与温和的橡木香相互交织，底蕴中透出细密、带有类似石墨味道的单宁。收口悠长匀称，新鲜果味持久绵延，还带有些许辣味。

2012	93	2024-2032+
2011	91	2016-2019
2010	93	2022-2030
2009	94	2014-2017
2008	90	2013-2016+
2006	92	2014-2018
2005	92	2010-2013+

Avatar Grenache Mataro Shiraz ★ ★ ★
阿凡达歌海娜 - 玛塔罗 - 西拉干红混酿

巴罗莎谷　　　　　　　　　　　　　$30-$49
当前年份：2012　　　　　　　　　　　　　93

　　一款质朴稳定、平衡悠长的混酿，带有橡木味。散发着黑莓、蓝莓、乌梅和紫罗兰的香气，甘甜、略带薄荷味和花香，余味中带有巧克力 / 摩卡橡木味和些许黑樱桃的果味。口感饱满，带有辣味、顺滑的西拉果味及橡木味，洋溢着黑莓和黑醋栗的多汁风味，底蕴中透出细腻、干燥紧实的主轴。陈放一些年后，酒体会变得极其柔润顺滑。

2012	93	2020-2024
2010	92	2015-2018
2009	94	2014-2017+
2006	85	2008-2011
2005	94	2007-2010+
2004	93	2006-2009+

★ ★ ★ Joshua Grenache Mataro Shiraz 约书亚歌海娜 - 玛塔罗 - 西拉混酿

2013	92	2015-2018
2012	93	2014-2017
2011	88	2013-2016
2009	94	2014-2017
2008	92	2010-2013+
2007	90	2009-2012
2006	89	2007-2008+
2005	88	2006-2007+

巴罗莎谷

当前年份：2013

$20-$29

92

柔顺多汁，优雅年轻，色泽明亮。散发着紫罗兰、黑莓、蓝莓和黑樱桃的香气，甘甜浓郁，一丝黑胡椒和麝香的香料味提升了整体的香味。口感绵长，富有结构，乌梅和浆果风味浓郁，底蕴中透出细腻、带有灰尘味的主轴。收口带有清新、爽脆的酸味，香味绵长。

★ ★ The Riebke Shiraz 瑞姬西拉干红葡萄酒

2013	89	2015-2018
2012	91	2017-2020+
2011	89	2013-2016+
2010	92	2012-2015+
2008	89	2010-2013
2007	89	2008-2009+
2006	90	2008-2011+

巴罗莎谷

当前年份：2013

$20-$29

89

一款丰满、顺滑多汁的年轻葡萄酒。散发着黑醋栗、乌梅、黑莓和石南清新、类似果酱的香气，后味中透出香料、白胡椒和香花的味道。口感柔顺浓郁，甘美的黑色水果果肉饱满，余味中带有巧克力、摩卡、香草橡木香。收口柔软清新，不过缺乏长度，所以无法得到更高的评分。

托马斯酒庄 Thomas

通信地址：C/O The Small Winemakers Centre, McDonalds Rd, Pokolbin NSW 2320 ·
电话：（02）6574 7371 · **传真：**（02）6574 7392 · **网址：**www.thomaswines.com.au ·
电子邮箱：andrew@thomaswines.com.au
产区：猎人谷 **酿酒师：**安德鲁·托马斯（Andrew Thomas）
葡萄栽培师：多个 **执行总裁：**安德鲁·托马斯

　　安德鲁·托马斯擅长使用传统的西拉和赛美蓉酿造富有特色的猎人谷葡萄酒。这些酒的独特之处就在于它们既有过往葡萄酒的特点——极其柔顺、纯净、平衡，又具有良好的结构和优雅的气质，美味可口。酒庄的白葡萄酒纯正清新，带有矿物味；红酒则带有质朴浓郁的香气和风味，极其优雅，口感极好。2013年份的白葡萄系列显然受到了一个不够完美的葡萄生长季的影响。

★ ★ ★ Braemore Semillon 布雷莫尔赛美蓉干白葡萄酒

2013	91	2018-2021+
2012	94	2020-2024+
2011	92	2019-2023
2010	90	2015-2018
2009	93	2014-2017+
2008	95	2016-2020
2007	95	2015-2019
2006	93	2011-2014+
2005	95	2017-2025
2004	92	2009-2012+

下猎人谷

当前年份：2013

$20-$29

91

一款明快、品质出众的年轻赛美蓉。略带草本味和甜瓜类水果的香味，从中透出些许核果的味道。口感明快，甜瓜和柠檬的风味浓烈充盈，单宁略带白垩香，酸度集中、活泼，盐水味和矿物味持久绵延。

★ ★ ★ DJV Shiraz DJV 西拉干红葡萄酒

2011	91	2013-2016
2010	92	2015-2018+
2009	91	2014-2017+
2007	93	2012-2015

下猎人谷

当前年份：2011

$30-$49

91

一款带有些许黑皮诺特色的猎人谷西拉，极其优雅、细腻。闻起来带有甜樱桃、黑莓和乌梅的麝香香气，丁香、干草和花香融合而成的香料味提升了香气。酒体中等，口感柔顺细密，果味绵长明快，与蓬松、带有粉末质感的单宁和活泼的酸味相互融合。收口雅致，带有些许辣味。

★ ★ ★ ★ Kiss Shiraz 吻西拉干红葡萄酒

2011	94	2023-2031
2010	95	2022-2030
2009	95	2021-2029+
2007	95	2019-2027
2006	94	2014-2018
2005	95	2013-2017
2004	96	2012-2016+
2003	95	2011-2015+

下猎人谷

当前年份：2011

$50-$99

94

一款单调美味、富有风格的葡萄酒，会有不错的陈年效果。散发着新鲜黑醋栗、黑莓和黑樱桃融合而成的香料味，与雪松、巧克力橡木香相互融合，底蕴中透出胡椒、猪肉和皮革的味道。酒体中等偏饱满，绵长匀称，果味浓郁，底味中透出细腻、带有类似石墨味道的单宁。收口有矿物、可乐和炙烤土地的味道。

311

Six Degrees Semillon 十度赛美蓉干白葡萄酒 ★★

下猎人谷 $20-$29
当前年份：2013   92
    果味明快，散发着些许甜瓜、苹果和梨的烟熏味。雅致多汁，洋溢着甜瓜、苹果和柑橘的甜果味，透出细腻的白垩香，收口平衡，带有清新的酸味。

2013	92	2015-2018+
2012	90	2020-2024+
2011	91	2013-2016
2009	92	2011-2014+

Sweetwater Shiraz 甜水西拉干红葡萄酒 ★★★

下猎人谷 $30-$49
当前年份：2011   93
    一款多汁浓郁的西拉，带有香料味。散发着红樱桃、黑莓和带有灰尘、雪松味的橡木融合而成的香气，底蕴中透出矿物味和石墨味。酒体中等偏饱满，洋溢着新鲜黑色和红色水果的多汁风味，主轴带有砂纸质感。收口绵长，温和柔顺，酸度清新。

2011	93	2016-2019+
2010	93	2015-2018
2009	94	2017-2021
2007	94	2009-2012+

The O.C. Semillon O.C. 赛美蓉干白葡萄酒 ★★★

下猎人谷 $20-$29
当前年份：2013   88
    一款早熟、芳香四溢的葡萄酒。略甜，带有热带水果的果香。散发着核果、甜瓜和热带水果的香气。甘美多汁，洋溢着甜瓜和番木瓜略带热带水果的风味，蔓延至舌下时味道变甜，收口温和，有清新的酸味和绵延的甜味。这款酒在风格上做了较大的改变，不同于该系列惯有的风格。

2013	88	2015-2018
2012	91	2014-2017+
2011	91	2016-2019+
2010	92	2015-2018+
2009	87	2011-2014
2007	93	2012-2015+
2006	93	2011-2014

汤普森酒庄 Thompson Estate

通信地址：PO Box 36, Cowaramup WA 6284・**电话**：（08）9755 6406・**传真**：（08）9755 6406・
网址：www.thompsonestate.com・**电子邮箱**：sales@thompsonestate.com
产区：玛格丽特河   **酿酒师**：鲍勃・卡特怀特（Bob Cartwright）
葡萄栽培师：瑞恩・吉布斯（Ryan Gibbs）   **执行总裁**：彼得・汤普森（Peter Thompson）

    一座新兴的酒庄，是澳大利亚玛格丽特产区最具竞争力的酒庄之一。酒庄的葡萄酒由富有经验的鲍勃・卡特怀特酿造。新近年份的红酒在清新度和成熟度方面有了极大的提升，2011年份的赤霞珠干红表现得尤为明显。酒庄的两款白葡萄酒则一如既往地浓郁、平衡，带有矿物味，品质相当卓越。

Andrea Reserve Cabernet Merlot 安德雷珍藏赤霞珠梅洛混酿 ★★

玛格丽特河 $30-$49
当前年份：2010   90
    优雅收敛，略带旧时玛格丽特河产区葡萄酒的风格。散发着黑莓、甜甜红色水果、李子和些许石墨融合而成的略带草本味、雪松味的香气。口感顺滑柔润，黑莓、李子的风味和雪松橡木味绵长，底蕴中透出带有灰尘味、稍微柔弱的单宁。收口绵长，酸味清新，略有涩味。

2010	90	2022-2030
2008	94	2016-2020+
2007	91	2015-2019+
2005	89	2013-2017

Cabernet Merlot 赤霞珠梅洛混酿 ★★

玛格丽特河 $30-$49
当前年份：2007   84
    酒体中等偏饱满，带有肉味、涩味和植物味。闻起来有落叶的植物味。入口后洋溢着李子和浆果的香料味和类似干草的味道，与特殊的橡木香互相融合，口中留有砂砾质感的干浸出物。

2007	84	2009-2012+
2006	88	2011-2014
2005	91	2013-2017
2004	90	2012-2016+
2003	93	2015-2023
2002	80	2004-2007+

★★ Cabernet Sauvignon 赤霞珠

2011	93	2023-2031
2010	85	2018-2022
2009	88	2014-2017
2008	91	2016-2020+
2007	90	2015-2019
2006	86	2008-2011+
2005	90	2013-2017
2004	91	2012-2016+
2003	81	2008-2011+
2002	87	2010-2014

玛格丽特河
当前年份：2011

$30-$49
93

　　优雅成熟，散发着香甜黑色和红色水果的果香，浓郁深邃，与细密、带有雪松和些许巧克力味的橡木香相互交织。入口洋溢着鲜亮浆果绵长多汁的风味以及紧实的橡木香，口感均衡，单宁细致爽脆。收口带有怡人的长度，令人垂涎的酸味，干草和果味经久不散。

★★★ Chardonnay 霞多丽

2012	95	2017-2020+
2011	94	2016-2019+
2009	91	2011-2014+
2008	92	2010-2013+
2007	94	2009-2012+
2006	91	2007-2008
2005	91	2007-2010+
2004	94	2006-2009+
2003	89	2005-2008
2002	87	2004-2007
2001	93	2003-2006

玛格丽特河
当前年份：2012

$30-$49
95

　　一款顺滑柔润的霞多丽，散发着白花、黄花、油桃、葡萄柚和甜瓜的精雅果香，与略带烟熏香草和类似丁香味道的橡木香相互交织，从中透出矿物味和蜡味。酒体饱满，顺滑柔润，洋溢着清淡桃子、甜瓜和葡萄柚收敛、略带肉味的风味，味道绵长，浓烈活泼，收口带有柠檬酸味，夹杂着一丝矿物味和浴盐的味道。

★ Locum Cabernet Merlot 临时代理赤霞珠梅洛干红葡萄酒

2012	89	2017-2020+
2011	90	2019-2023
2010	87	2012-2015+
2009	81	2010-2011+
2008	87	2010-2013

玛格丽特河
当前年份：2012

$20-$29
89

　　极其醇美，带有浓郁迷人的花香，夹杂着黑醋栗和乌梅的果香，以及新鲜雪松、香草橡木香，后味中透出被碾碎的花瓣和巧克力的香味。口感雅致柔顺，果味浓郁多汁，带有李子味，绵长丰满，单宁细密。收口略强烈，干燥，带有类似醋栗的风味。

★★★ SSB Semillon Sauvignon Blanc SSB 赛美蓉长相思混酿

2013	94	2018-2021+
2012	91	2014-2017
2011	92	2013-2016+
2010	88	2012-2015
2008	90	2010-2013+
2007	90	2009-2012
2006	90	2007-2008+
2005	90	2007-2010
2004	88	2006-2009

玛格丽特河
当前年份：2013

$20-$29
94

　　优雅之酒，富有风格，散发着西番莲和柠檬花的花香，带有坚果味和些许奶油香草味的橡木香，余味中透出柠檬果干露淡淡的矿物香。口感顺滑丰满，洋溢着新鲜水果收敛细腻的风味，带有辣味的橡木香，收口绵长优雅，略带盐水味，清新平衡。

颂恩克拉克 Thorn Clarke

通信地址： 266 Gawler Park Road, Angaston SA 5353 · **电话：**（08）8564 3036 ·
传真：（08）8564 3255 · **网址：** www.thornclarkewines.com · **电子邮箱：** thornclarke@thornclarke.com.au
产区： 巴罗莎谷
酿酒师： 海伦·麦卡锡（Helen McCarthy）、安娜·布罗姆斯（Anna Broms）
葡萄栽培师： 斯蒂夫·菲比格（Steve Fiebiger）
执行总裁： 山姆·克拉克（Sam Clarke）

　　巴罗莎谷一个新兴的家族酒庄，葡萄园散布在巴罗莎谷北部（圣基茨和特鲁罗）、巴罗莎山谷底部（卡比南格）、伊顿谷的克劳福德山脉和米尔顿公园。酒庄有三大品牌，一是明快、适合早期饮用的沙鹬系列，包括西拉、赤霞珠以及混酿；二是伊顿谷系列，包括三款白葡萄酒；三是船长系列，主要为高档葡萄酒。酒庄的王牌产品为威廉兰戴尔西拉干红葡萄酒。我个人比较喜欢 2012 年份的沙鹬系列干红葡萄酒，清新、明快、平衡，完美地诠释了现代的巴罗莎西拉葡萄酒。

Sandpiper Riesling 沙鹬系列雷司令干白葡萄酒 ★

伊顿谷
当前年份：2013　　　　　　$12-$19
　　　　　　　　　　　　　91

　　一款富有格调的优雅之酒。散发着苹果皮、酸橙汁和白花略带白垩香的清雅香气。口感绵长甘美，洋溢着新鲜澄净水果的多汁风味，集中紧实，主轴细腻、带有粉末质感，收口紧实活泼，柠檬酸味浓烈。

2013	91	2021-2025
2012	89	2014-2017+
2011	88	2016-2019
2010	90	2018-2022
2009	88	2011-2014
2008	86	2010-2013+
2007	86	2009-2012
2006	88	2011-2014
2003	88	2005-2008+

Sandpiper Shiraz 沙鹬系列西拉干红葡萄酒 ★★

巴罗莎山谷
当前年份：2012　　　　　　$12-$19
　　　　　　　　　　　　　91

　　优雅之酒，酒体中等偏饱满。带有灰尘味、胡椒味和淡淡的果酱味，夹杂着黑醋栗和乌梅的果香，以及巧克力味橡木清香，由麝香和紫罗兰的香味进行烘托。底味中透出薄荷、类似薄荷的草本味以及些许石墨味。口感精致优雅，洋溢着李子和浆果的迷人风味，由细腻柔顺的单宁支撑，绵长单调，收口集中，带有迷人的酸度、长度、平衡度和紧实度。

2012	91	2014-2017+
2010	90	2015-2018+
2009	90	2011-2014+
2008	87	2010-2013+
2007	87	2009-2012+
2006	88	2008-2011
2005	87	2007-2010
2004	90	2009-2012

Shotfire Quartage Cabernet Blend 船灯系列四重奏干红葡萄酒 ★

巴罗莎山谷
当前年份：2012　　　　　　$20-$29
　　　　　　　　　　　　　85

　　散发着绵长的薄荷味和草本味，带有香甜果味和些许果酱味。透出一股内敛浆果和李子带有香料味和肉味的果香，夹杂着雪松橡木香和青涩的植物香。入口洋溢着甜浆果直接明快的风味，蔓延至舌下时，味道略有些青涩多汁，收口极其短暂。经过短期窖藏后会释放出更迷人的魅力。不过缺乏真正的成熟度。

2012	85	2017-2020
2010	89	2015-2018+
2009	87	2014-2017
2008	89	2020-2028
2007	87	2009-2012
2006	89	2008-2011+
2004	90	2009-2012+
2003	82	2005-2008
2002	91	2010-2014

Shotfire Shiraz 船灯西拉干红葡萄酒 ★★

巴罗莎山谷
当前年份：2012　　　　　　$20-$29
　　　　　　　　　　　　　88

　　顺滑柔润，散发着黑莓、黑醋栗和乌梅带有肉味、石南味和果酱类味道的香气，余韵中透出烟熏巧克力/摩卡味橡木香和些许深色橄榄的果香。极其醇美，略带烘烤味，洋溢着带有葡萄干和类似醋栗味道的果香，蔓延至舌下时，李子味和肉味变得明显。收口有些许空洞、矜持。

2012	88	2020-2024
2011	87	2013-2016+
2010	91	2018-2022+
2009	91	2014-2017+
2008	92	2013-2016
2007	89	2009-2012+
2006	91	2008-2011+
2005	88	2007-2010
2004	93	2012-2016
2003	83	2005-2008

William Randell Shiraz 威廉兰戴尔西拉干红葡萄酒 ★★★★

巴罗莎山谷
当前年份：2010　　　　　　$50-$99
　　　　　　　　　　　　　93

　　优雅迷人，陈年时结构和品质都会保持稳定。带有迷人的花香，夹杂着浆果和李子的果味，细密的雪松、口香糖味橡木清香，还有紫罗兰和覆盆子的香味。口感顺滑，风味浓郁，层次丰富，带有酸味的黑色水果风味质朴，与橡木香紧密交织，底蕴中透出紧实、带有灰尘味的单宁。收口带有长度、平衡度和清新度。

2010	93	2022-2030
2008	87	2016-2020
2006	94	2014-2018
2005	94	2010-2013
2004	95	2012-2016
2002	90	2007-2010+
2001	84	2003-2006

蒂姆亚当斯酒庄 Tim Adams

通信地址： 156 Warenda Road, Clare SA 5453 · **电话：**（08）8842 2429 · **传真：**（08）8842 3550 ·
网址： www.timadamswines.com.au **电子邮箱：** sales@timadamswines.com.au

产区： 克莱尔谷
酿酒师： 蒂姆·亚当斯（Tim Adams）
葡萄栽培师： 米克·普兰里奇（Mick Plumridge）
执行总裁： 蒂姆·亚当斯、帕姆·哥德萨克（Pam Goldsack）

　　克莱尔谷葡萄酒品质最佳、最稳定的酒庄之一。这里出产的葡萄酒价格实惠，数量巨大，因此酒庄不会获得任何与品质无关的费用。其酿造的葡萄都采自管理完善、产量较低的葡萄园，经过精心专业的工艺酿造而成，是克莱尔谷葡萄酒的典范。2010年和2012年推出的红葡萄酒纯正典雅、口感怡人，2013年和2014年推出的白葡萄酒独具特色，2014年的灰皮诺表现尤为明显。

★ ★　Cabernet（Cabernet Malbec from 2006）赤霞珠（从2006年开始更名为赤霞珠马尔贝克）

2008	89	2016-2020
2007	90	2015-2019+
2006	90	2018-2026+
2005	90	2010-2013+
2004	89	2016-2024
2003	89	2008-2011+
2002	94	2010-2014+
2001	93	2013-2021
2000	88	2005-2008
1999	87	2004-2007+
1998	90	2010-2018
1997	89	2002-2005
1996	89	2004-2008

克莱尔谷　　　　　　　　　　　　$20-$29
当前年份：2008　　　　　　　　　　89
　　这款混酿显露出了些许陈年的特质，色泽鲜亮，气质优雅。散发着烟熏味、泥土味和肉味，主调为马尔贝葡萄的浓香，后味中透出清新的雪松橡木香。酒体中等偏饱满，浸润着黑莓、黑醋栗、乌梅和红醋栗内敛、带有薄荷味的风味，由精致脆爽的单宁支撑。

★ ★ ★　Pinot Gris 灰皮诺

2014	92	2019-2022
2013	90	2015-2018
2012	93	2017-2020+
2011	93	2013-2016+
2010	93	2012-2015
2009	89	2010-2011
2008	91	2009-2010+
2007	88	2007-2008+
2006	91	2007-2008+
2005	89	2006-2007+
2004	89	2004-2005+

克莱尔谷　　　　　　　　　　　　$20-$29
当前年份：2014　　　　　　　　　　92
　　质朴优雅、富有格调，散发着浓郁的薰衣草、苹果和梨的香气，从中透出些许类似荔枝的热带水果的香气。口感柔软圆滑，强烈而甘甜多汁的果香深邃，香味绵长，如丝绸般顺滑，收口集中，带有清爽的柠檬酸味，苹果和梨的果味绵延不断。

★ ★ ★ ★　Reserve Riesling 珍藏雷司令干白葡萄酒

2010	96	2030-2040
2008	96	2020-2028+
2007	95	2019-2027
2006	94	2014-2018+

克莱尔谷　　　　　　　　　　　　$30-$49
当前年份：2010　　　　　　　　　　96
　　一款在风格上更精简细腻，拥有完美平衡度的经典澳大利亚雷司令，散发出一股纯净清新的果香。芬芳醉人，蓝色和白色花朵的香气中透出梨、苹果和酸橙汁的美妙香味。绵长集中，洋溢着如水晶般纯净的柑橘和苹果风味，含有夹杂着灰尘味的酚类物质，融入活泼尖锐的酸味之中。

★ ★ ★ ★　Riesling 雷司令

2013	92	2021-2015
2012	95	2024-2032
2011	93	2019-2023+
2010	95	2022-2030
2009	95	2021-2029
2008	93	2016-2020+
2007	94	2012-2015+
2006	94	2011-2014+
2005	95	2013-2017
2004	90	2009-2012
2003	95	2011-2015
2002	96	2010-2014+
2001	90	2006-2009

克莱尔谷　　　　　　　　　　　　$12-$19
当前年份：2013　　　　　　　　　　92
　　这款年轻的雷司令稳定绵长，质地精美，散发着酸橙汁和柠檬略带辛辣的芬芳，白花和白垩香提升了整体的香气。口感明快活泼，浸润着柠檬皮和酸橙汁浓郁剔透的风味，收口爽快平衡，略带甜味和清新的酸味。

Semillon 赛美蓉 ★★★

克莱尔谷
当前年份：2012　92

一款带有浓郁橡木香的年轻赛美蓉，散发着新鲜醋栗和甜瓜的果香，底味中透出略带烘烤味、黄油味和香草味的橡木香，夹杂着丁香和肉豆蔻微妙的灰尘味。口感绵柔密顺，洋溢着甜瓜、白桃和柠檬的清新风味，味道蔓延至舌下。收口温和，柔润流畅。陈年的时间长一些，会更成熟醇美。

$12-$19

2012	92	2020-2024
2011	92	2016-2019+
2010	93	2012-2015+
2009	90	2014-2017+
2008	90	2010-2013+
2007	92	2012-2015
2006	91	2011-2014
2005	93	2010-2013
2004	92	2009-2012
2003	93	2005-2008
2002	94	2007-2010
2001	86	2003-2006

Shiraz 西拉 ★★★

克莱尔谷
当前年份：2012　92

纯正质朴，散发着紫罗兰、覆盆子、黑莓、黑醋栗交织而成的辛辣芬芳，余韵中带有石南味和些许烘烤、香草味橡木味。口感顺滑柔润，富有节奏，洋溢着黑莓的温和风味，与甘甜的橡木和如丝绸般顺滑的紧致单宁紧密交织。平衡优雅，收口长度怡人，带有清新的酸味和淡淡的矿物味。

$20-$29

2012	92	2024-2032
2010	92	2018-2022+
2009	91	2017-2021+
2008	93	2016-2020
2007	88	2012-2015
2006	88	2011-2014
2005	93	2010-2013+
2004	91	2012-2016
2003	90	2008-2011
2002	94	2010-2014+
2001	94	2009-2013
2000	87	2002-2005+
1999	91	2007-2011

The Aberfeldy Shiraz 艾柏迪西拉干红葡萄酒 ★★★★

克莱尔谷
当前年份：2010　96

一款典型的西拉，散发着带有麝香味和些许肉味的浓香，夹杂着大量黑莓、黑醋栗和乌梅的果香，以及新鲜雪松、巧克力、香草味橡木香。异域香料和黑胡椒的味道提升了整体的香气。入口后，洋溢着新鲜成熟、略带酸味的黑色果实的甘美风味，与烟熏香草橡木香紧密交织，香味绵长，透出矿物味，融入紧实柔顺、带有粉末质感的单宁和清新的酸味之中。收口带有辣味，淡淡的薄荷香气持久萦绕其间。

$30-$49

2010	96	2022-2030
2009	95	2021-2029+
2008	93	2016-2020+
2006	93	2014-2018+
2005	91	2013-2016+
2004	95	2016-2024
2003	95	2015-2023+
2002	97	2014-2022
2001	95	2013-2021
2000	92	2008-2012+
1999	95	2007-2011+
1998	97	2010-2018+
1997	91	2005-2009+
1996	94	2008-2016
1995	96	2007-2015
1994	95	2006-2014+
1993	87	1998-2001+

The Fergus Grenache Blend 福格斯歌海娜混酿 ★★★

克莱尔谷
当前年份：2010　87

果味直接，带有果酱味、薄荷味和泥土味，夹杂着红莓和乌梅的果香，以及浓郁度中等的雪松味橡木香，底蕴中透出带有灰尘味的草本香。口感甘甜多汁，洋溢着大量浆果、李子的风味，明快绵延，与雪松、香草橡木味和柔润、带有灰尘味的单宁相互交织。略简单，缺乏惯有的质地和成分。

$20-$29

2010	87	2015-2018
2009	90	2017-2021
2008	88	2010-2013+
2007	92	2015-2019
2006	93	2011-2014+
2005	86	2007-2010+
2004	90	2009-2012
2003	92	2008-2011
2002	93	2004-2007+
2001	85	2003-2006
2000	87	2002-2005+
1999	90	2004-2007

天达纳酒庄 Tintara

通信地址： 202 Main Road, Mclaren Vale SA 5171 · **电话：** （08）8329 4110 · **传真：** （08）8329 4100 ·
网址： www.tintara.com.au · **电子邮箱：** cellardoor@tintara.com.au
产区： 麦克拉伦谷（McLaren Vale）
酿酒师： 内维尔·罗温（Neville Rowe）
葡萄栽培师： 亚当·斯蒂尔（Adam Steer）
执行总裁： 迈克尔·伊斯特（Michael East）

　　天达纳曾经是美誉酒业皇冠上的一颗明珠，今天的酒庄却成为自己过往的一个影子。它曾经以酿造高端的珍藏系列和单一园佳酿著称（尤其是采用西拉酿造的葡萄酒），现在则主要酿制顺滑、持久优雅的麦克拉伦谷红葡萄酒。这些酒品质优秀，价格也较低廉。相比 2011 年推出的系列葡萄酒，我更欣赏 2012 年的葡萄酒。

★★★   Cabernet Sauvignon 赤霞珠

2011	86	2016-2019
2010	93	2022-2030+
2008	93	2020-2028+
2007	89	2015-2019+
2006	91	2014-2018

麦克拉伦谷 $20-$29

当前年份：2011   86

略青涩，散发着黑醋栗、覆盆子和新鲜雪松橡木香融合而成的简单香气，余味中带有豌豆荚和甜椒的味道。入口洋溢着浆果、李子的果味，长度怡人，口感略紧实，底蕴中透出精致、带有粉末质感的单宁。收口之前，味道变得愈发多汁，草本味也愈重。适合短期窖藏。

★★   Shiraz 西拉

2012	92	2024-2032
2010	94	2022-2030+
2009	90	2014-2017+
2007	89	2015-2018
2006	90	2011-2014+
2005	92	2010-2013+
1998	86	2000-2003

麦克拉伦谷 $20-$29

当前年份：2012   92

平衡丰满，带有麦克拉伦谷的特色，果味为主，略带旧时风格。散发着黑莓、乌梅和黑醋栗带有肉味和石南味的浓郁香气，余味中透出雪松橡木香和石南味。入口洋溢着血丝李和黑莓的甘美深邃风味，与巧克力橡木香紧密交织，单宁紧实，带有矿物味和类似石墨的味道，收口绵长清新，带有辣味。

假小子山酒庄 Tomboy Hill

通信地址： 204 Sim Street, Baliarat Vic 3350 · **电话：**（03）5331 3785 ·

电子邮箱： tomboyhill@iprimas.com.au

产区： 巴拉瑞特（Ballarat）

酿酒师： 斯科特·埃尔兰德（Scott Ireland）、伊恩·沃特森（Ian Watson）

葡萄栽培师： 伊恩·沃特森

执行总裁： 伊恩·沃特森

    假小子山酒庄坐落于巴拉瑞特，是一家专门酿造霞多丽和黑皮诺葡萄酒的小型酒庄。酒庄酿酒用的葡萄来自六个不同的葡萄园，不同产地的葡萄酿造出的美酒独具特色。反抗者系列囊括了酒庄大约 80% 的酒品，但其质量通常略差于单一园出产的葡萄酒。2011 年推出的红葡萄酒不及其品牌的正常水准。该酒庄的特点在于它的高端葡萄酒系列（假小子）常会贴上"某某精选"的标签（这个人是与沃特森家族有密切关系的人）。这为产品的分级带来了些许困难。但在我看来，这点麻烦十分值得。

★   Rebellion Chardonnay 反抗者霞多丽干白葡萄酒

2010	85	2012-2015
2009	89	2011-2014
2008	82	2009-2010+
2007	88	2008-2009+
2006	92	2008-2011+
2005	80	2006-2007
2003	88	2006-2009

巴拉瑞特 $20-$29

当前年份：2010   85

一款丰满的葡萄酒，带有过多的人工痕迹，散发着甜瓜和金橘的金属味，香草橡木香，从中透出类似甜玉米的味道。口感圆润，带有烘烤味，洋溢着桃子和奶油的黄油味，余味中带有坚果味、肉味和一丝培根味。早熟，现在已经足够成熟，但寿命短。

★★   Rebellion Pinot Noir 反抗者黑皮诺干红葡萄酒

2011	84	2012-2013
2010	88	2015-2018
2009	89	2011-2014
2008	91	2010-2013+
2007	89	2009-2012
2006	90	2008-2011+
2005	86	2007-2010
2003	87	2005-2008
2002	80	2003-2004

巴拉瑞特 $20-$29

当前年份：2011   84

反映了一个气候凉爽湿润的年份。散发着些许覆盆子和樱桃的类似焦糖的香气，后味中透出柑橘皮和杏仁的味道。口感顺滑收敛，洋溢着小浆果、樱桃和柑橘的清雅风味，偏柔弱。收口极其短暂单薄。

Smythes Creek Pinot Noir 希腊斯迈斯黑皮诺 ★★

巴拉瑞特 $30-$49
当前年份：2011 88

　　带有泥土味和些许皮革味，散发着樱桃、浆果浓郁的果香和内敛的橡木香气，底蕴中透出柑橘的馨香。口感鲜嫩多汁、果味十足，绵长可口，富有生机的红莓、樱桃果香和略显急躁但细腻精致、有些干涩的单宁滋味交织在一起。收尾可口醉人，透露出一抹青草酸度。

2011	88	2013-2016+
2008	92	2013-2016
2007	90	2009-2012+
2006	87	2011-2014
2003	81	2005-2008
2002	82	2004-2007

The Tomboy Chardonnay 假小子霞多丽 ★★★

巴拉瑞特 $30-$49
当前年份：2011 92

　　绵长匀称，带有蜡味和老式风格。散发着辛辣味、黄铜味、烟熏味和肉味的香气，从中透出烘烤味和肉味。口感绵长优雅，浸润着桃子、甜瓜和葡萄柚浓郁、略油腻的风味，余味中透出奶油味和灰尘味，收口长度怡人，富有集中度。酸度略显青涩，不过经过中短期窖藏后，这种涩味会慢慢消失。

2011	92	2016-2019
2010	92	2015-2018
2009	93	2014-2017
2008	88	2010-2013
2007	83	2009-2012
2005	87	2006-2007
2004	89	2006-2009
2003	88	2005-2008

The Tomboy Pinot Noir 假小子黑皮诺 ★★★

巴拉瑞特 $50-$99
当前年份：2011 87

　　这款做工精良的黑皮诺只适合短期窖藏，极具挑战的酿造工艺使其散发着草莓、樱桃、红醋栗和梅干的纯粹果香，透露出辛辣和泥土质感的底蕴。刚入口时鲜嫩多汁，略带油腻的脱水水果香味，气质澄澈清爽，收尾绵长，有着淡绿的色泽和金属质感。

2011	87	2013-2016
2010	93	2015-2018
2009	91	2014-2017
2008	92	2013-2016
2007	88	2009-2012
2006	92	2011-2014+
2004	91	2006-2009
2003	77	2004-2005
2002	81	2004-2007

托布雷酒庄 Torbreck

通信地址： Roennfeldi Road Marananga SA 5355・**电话：**（08）8568 8123・**传真：**（08）8562 4195・
网址： www.torbreck.com・**电子邮箱：** cellardoor@torbreck.com
产区： 巴罗莎谷、伊顿谷
酿酒师： 克莱格・艾斯贝尔（Craig Isbel）、罗素・伯恩（Russell Burns）、斯科特・麦克唐纳德（Scott McDonald）
葡萄栽培师： 杰森・科拉根（Jason Kohlhagen）、佩特・希科克（Pete Hiscock）
执行总裁： 科林・瑞恩（Colin Ryan）

　　戴夫・鲍威尔极大地改变了我们对巴罗莎谷出产的葡萄酒的看法。近年来涌现出了大批模仿者。不管是爱它还是恨它，我们都无法忽视该酒庄葡萄酒的甘美辛辣，香气馥郁，香甜的橡木味，以及精致柔滑的单宁。它们往往混合着熟肉一般的味道，以及怡人的矿物质气息。酒庄会根据当年葡萄的具体情况进行酿造，而托布雷走的就是介于完全成熟和过度烘焙之间的路线。但是 2009 年和 2010 年的后代系列在结构和平衡上都更加传统。酒庄品质最佳的葡萄酒毫无例外地都出自特殊葡萄园，但尝过几款 2010、2012 年近乎完美的葡萄酒后，我由衷地感到，若能略早收获葡萄，一定能酿造出更加绵长顺滑、均衡丰满的葡萄酒。我认为托布雷会重整旗鼓，改善不足之处，以保持良好的声誉。

Cuvée Juveniles Grenache Mataro Shiraz 美少年歌海娜玛塔罗西拉佳酿 ★★

巴罗莎山谷 $30-$49
当前年份：2012 89

　　奢华馥郁，香气诱人，浓郁的胡椒味香气透露着蓝花、蓝莓、樱桃和黑李子辛辣甘美的麝香滋味，透露出清淡的酒精味。口感甘甜多汁，令人愉悦，散发着浓稠深邃的香气，但收尾略显油腻、酒精味儿浓烈。它需要的是更多的紧实度和集中度，酒精度再少一点就更好了。

2012	89	2014-2017+
2011	88	2013-2016
2010	93	2012-2015+
2009	91	2011-2014
2008	89	2009-2010+
2007	89	2008-2009
2006	87	2007-2008+
2005	87	2006-2007
2004	89	2005-2006+
2003	89	2004-2005+
2002	90	2003-2004
2001	89	2001-2002

★★★★ Descendant Shiraz Viognier 后代西拉维欧尼混酿

2010	94	2022-2030+
2008	89	2013-2016+
2007	92	2012-2015
2006	90	2011-2014
2005	95	2017-2025
2004	95	2012-2016+
2003	93	2011-2015
2002	96	2010-2014+
2001	89	2006-2009
2000	91	2002-2005
1999	95	2004-2007+
1998	92	2003-2006+

巴罗莎山谷　　　　　　　　　　　　　　　　$100-$199
当前年份：2010　　　　　　　　　　　　　　　　94

奢华馥郁而迷人，透露着紫罗兰和鸢尾花般异域风情的花香，散发着黑醋栗、黑莓和乌梅浓郁的果香，在细腻芬芳的崭新橡木风味熏陶下，阵阵白胡椒、丁香和肉桂的多尘馨香提升了整款酒的香气。绵长纯粹，在精致脆爽的单宁的支撑下，收口余味悠远，带有矿物质的美味和些许烈酒的热辣。

★★★★ Les Amis Grenache 朋友歌海娜干红葡萄酒

2010	87	2018-2022+
2009	95	2017-2021+
2006	95	2018-2020
2005	91	2010-2013
2003	95	2015-2023
2002	88	2010-2014

巴罗莎山谷　　　　　　　　　　　　　　　　$100-$199
当前年份：2010　　　　　　　　　　　　　　　　87

颇具波特酒风味，酒力浓烈，复杂集中，酒体稳重，结构给人留下深刻的印象。散发着葡萄干和梅子略带坚果和巧克力醇香的芬芳，略微香甜的烘焙橡木气息萦绕其间，底蕴中透露出缕缕麝香和白胡椒的馨香。口感顺滑甘美，浸润着馥郁的果味，凸显巧克力摩卡橡木的显著味道，缺乏新鲜和明快。喝起来无法太享受。

★★★★ RunRig Shiraz Viognier 小块土地干红葡萄酒

2010	89	2018-2022+
2009	91	2017-2021+
2007	94	2015-2019
2006	95	2014-2018
2005	95	2013-2017
2004	88	2009-2012
2003	93	2008-2011+
2002	92	2007-2010
2001	94	2009-2013
1999	96	2007-2011
1998	97	2010-2018+
1997	93	2005-2009+
1996	95	2008-2016+

巴罗莎山谷　　　　　　　　　　　　　　　　$200+
当前年份：2010　　　　　　　　　　　　　　　　89

味道稍甜，呈现波特酒风情，略微过熟，散发着黑莓、糖浆和石南融入烟熏巧克力和葡萄干风味的芬芳，融入多尘摩卡橡木的香气。在紧实多尘且带有粉笔口感的单宁支撑下，浸润着李子、黑醋栗和红醋栗般浓郁的果味，略带烘烤味，呈现炖煮的薄荷脑和葡萄干风情，但是由于极度成熟和热辣，缺乏平衡度和均匀度。

★★ The Factor Shiraz 管家西拉干红葡萄酒

2010	90	2022-2030
2009	88	2017-2021
2008	92	2016-2020
2007	90	2012-2015
2006	88	2011-2014
2005	91	2010-2013+
2004	90	2009-2012
2003	90	2008-2011+
2002	96	2010-2014+
2001	91	2003-2006
2000	95	2005-2008+
1999	97	2007-2011+
1998	95	2006-2010+

巴罗莎山谷　　　　　　　　　　　　　　　　$100-$199
当前年份：2010　　　　　　　　　　　　　　　　90

酒体成熟、略显夸张，馥郁丰满的多汁肉感和水果蛋糕般的浓郁果味交织融合，散发着蓝莓、黑李子、葡萄干、丁香、肉桂般的甜美芬芳，在巧克力橡木的衬托下，甘美的紫罗兰气息和胡椒滋味提升了整款酒的香氛。精致脆爽的单宁口感融入油质肉感的黑莓、黑李子浓郁果香中，收口美味怡人，一抹甘草汁的馨香萦绕其间，但缺乏长度和清新度。

★★★ The Gask Shiraz 盖斯克干红葡萄酒

2012	92	2024-2032
2008	93	2016-2020
2007	90	2009-2012+
2006	91	2014-2018
2005	93	2010-2013+

伊顿谷　　　　　　　　　　　　　　　　$50-$99
当前年份：2012　　　　　　　　　　　　　　　　92

在我看来，若葡萄早一些收获的话味道会更佳。香味纯正，精致顺滑，散发着深邃而浓烈的紫罗兰芬芳，黑醋栗、压碎胡椒的馨香缭绕其间。甘美的橡木滋味透露着干涩水果、香草、雪松和巧克力香气。在单宁多尘、柔顺的酒骨支撑下，黑浆果透彻多汁的口感延伸出清新绵长、略带矿物质感的收尾。

319

The Steading Grenache Mataro Shiraz Blend
小农场歌海娜马塔罗西拉混酿 ★★

巴罗莎山谷　　　　　　　　$30-$49
当前年份：2010　　　　　　　　91

　　辛辣浓郁，略带薄荷清凉和淡淡肉香，散发着蓝莓和李子的果香，主调为带有果酱味和葡萄干味的歌海娜果味。入口华美多汁，如同烈酒般热辣顺滑，浸润着仿似乌梅和黑莓般的果味，在紧实而精致的单宁酒骨支撑下，收口余味悠远深长，香甜的滋味持久在口中流连，十分美味。

2010	91	2015-2018+
2009	89	2014-2017
2008	92	2010-2013+
2007	88	2009-2012
2006	90	2011-2014
2005	90	2007-2010+
2004	90	2006-2009+
2003	93	2008-2011+
2002	95	2007-2010+
2001	93	2006-2009
2000	93	2005-2008
1999	95	2004-2007+

The Struie Shiraz 丝蕾洗红干红葡萄酒 ★★★

巴罗莎山谷　　　　　　　　$50-$99
当前年份：2012　　　　　　　　92

　　奢华精致、馥郁多汁，略带烘烤味。散发着活跃而辛辣甘美的黑醋栗味，桑葚、乌梅、雪松／巧克力／香草橡木滋味也萦绕其中，麝香、胡椒和浓郁的花香提升了整款酒的香氛。口感浓烈、热辣，酒劲儿足，略带葡萄干的果味明快流畅，单宁精致爽脆，收口绵长柔顺。

2012	92	2020-2024+
2010	94	2022-2030
2009	93	2017-2021+
2008	93	2016-2020+
2007	93	2015-2019
2006	91	2014-2018
2005	94	2010-2013
2004	93	2009-2012+
2003	93	2011-2014+
2002	95	2007-2010
2001	93	2003-2006+

Woodcutter's RVM White Rhône Blend 伐木工 RVM 白葡萄混酿 ★

巴罗莎山谷　　　　　　　　$20-$29
当前年份：2011　　　　　　　　86

　　采用早熟葡萄酿制而成，在丁香和肉桂辛辣香味的烘托下，散发着金银花和桃仁那蜡质一般的芬芳。入口温和精致，口感极佳，含有适度的水果清香，余韵柔软多汁，桃子和杏儿的果香升华出烘培的金银花一般的口味，流连在口唇之间。

2011	86	2012-2013+
2010	86	2011-2012
2009	92	2011-2014
2008	88	2010-2013+
2007	90	2009-2012
2002	91	2003-2004+
2001	80	2001-2001
2000	89	2001-2004

Woodcutter's Shiraz 伐木工西拉干红葡萄酒 ★★

巴罗莎山谷　　　　　　　　$20-$29
当前年份：2011　　　　　　　　91

　　这款带有罗讷河风格的红葡萄酒无可挑剔。略辛辣，口感极佳，在新鲜、沁人心脾的紫罗兰香气的烘托下，散发着白胡椒和黑胡椒的浓郁气息，融合成熟黑莓和黑醋栗的馥郁果香，更有一丝石南和麝香的辛辣味道萦绕其间。口感纯粹多汁，在精致干爽的单宁支撑下，长度怡人，略带水果的香甜。酒体优雅平衡，收口带有绵长的果味，略有一丝复杂的肉香。

2011	91	2013-2016+
2010	88	2012-2015
2009	90	2011-2014+
2008	90	2010-2013
2006	89	2008-2011
2004	84	2005-2006
2003	83	2004-2005
2002	81	2003-2004
1999	89	2001-2004

塔克岭酒庄 Tuck's Ridge

通信地址：37 Shoreham Road, Red Hill South Vic .3937・**电话：**（03）5989 8660・
传真：（03）5959 8579・**网址：**www.tucksridge.com.au・**电子邮箱：**ce 川 ardoor@tucksridge.com.au
产区：莫宁顿半岛
酿酒师：迈克尔・基博德（Michael Kyberd）、马修・毕索尼（Matthew Blsogni）
葡萄栽培师：泰森・木维斯（Tyson Lewis）　　　**执行总裁：**马修・毕索尼

　　塔克岭酒庄是莫宁顿半岛一座成熟的酒庄，近年来它重新打造了自己的品牌。除了在自身葡萄园种植采摘葡萄外，也会采用单一葡萄园的葡萄。巴克勒葡萄园2012年推出的霞多丽、黑皮诺品质都极佳。当前品质最佳的葡萄酒来自布里加迪埃——2012年的黑皮诺（92/100，适饮期：2020-2024），温和顺滑，略多汁，充满魅力。

★★★ Buckle Vineyard Chardonnay 巴克勒园霞多丽干白葡萄酒

2012	92	2014-2017+
2011	83	2013-2016
2010	93	2015-2018
2009	92	2014-2017
2008	91	2013-2016
2007	88	2009-2012
2004	90	2006-2009

莫宁顿半岛 $50-$99

当前年份：2012　92

　　果味十足，雅致内敛，散发着宛若甜瓜、桃子、梨子含蓄、略带泥土气息的馨香，黄花的香味提升了整体的香气，余味复杂，带有奶油味和肉味。口感柔顺圆滑，温和绵长，桃子、甜瓜、葡萄的鲜润果味经久缭绕，收口带有扑鼻而来的柠檬酸度。

★★ Buckle Vineyard Pinot Noir 巴克勒园黑皮诺干红葡萄酒

2012	90	2014-2017+
2011	88	2013-2016
2010	89	2012-2015+
2009	92	2014-2017+
2008	91	2014-2017
2007	89	2012-2015
2004	82	2005-2006
2001	90	2003-2006+

莫宁顿半岛 $50-$99

当前年份：2012　90

　　精致柔美、散发缕缕药草芬芳，在甘美香草橡木馨香的烘托下，玫瑰花瓣、樱桃、覆盆子的幽然香气若有似无。口感温和顺滑，散发着覆盆子、樱桃轻柔舒缓的多汁果味，但是缺乏更高层次的浓郁度和绵长余韵。

★★ Chardonnay 霞多丽

2012	89	2014-2017
2011	91	2016-2019
2010	89	2012-2015+
2009	91	2011-2014+
2008	90	2010-2013+
2007	92	2009-2012+
2006	90	2008-2011
2005	86	2006-2007
2004	89	2006-2009
2003	89	2005-2008

莫宁顿半岛 $20-$29

当前年份：2012　89

　　圆润馥郁，带有灰尘味、坚果口感，夹杂着柑橘、菠萝、桃子、甜瓜的热带水果芬芳和甘甜的香草橡木滋味。入口悠长，绵密顺滑，散发着桃子和甜瓜优雅多汁的诱人果香，收口活泼，浸润着绵长的果味和些许腰果味道，带有一丝尖锐的柠檬酸度。

★ Pinot Noir 黑皮诺

2012	87	2014-2017+
2011	86	2013-2016
2010	87	2012-2015
2009	89	2011-2014
2008	90	2010-2013+
2007	88	2009-2012+
2006	83	2008-2011
2005	86	2007-2010+
2004	87	2006-2009

莫宁顿半岛 $30-$49

当前年份：2012　87

　　辛辣甘甜，花香浓郁，宛若红樱桃、黑李子、香草橡木和焦土般的诱人馨香萦绕其间。口感平滑柔顺，散发着红醋栗的果味，但缺乏真正的绵长气息和甜度，收口单薄，带有金属质感。

★★★ Turramurra Vineyard Chardonnay 特拉慕拉霞多丽干白葡萄酒

2012	92	2017-2020
2011	92	2016-2018
2010	89	2015-2018
2009	93	2014-2017+
2008	93	2013-2016
2007	90	2009-2012+
2005	87	2007-2010

莫宁顿半岛 $30-$49

当前年份：2012　92

　　这款霞多丽浓烈强劲，带有奶油和黄油味，散发着桃子、柠檬、蜜桃的醇厚果香，浸润在坚果清新怡人的馨香中，底蕴绵密浓郁，带有蜡味的花香提升了这款酒的整体香氛，透露出阵阵烟熏般时髦跃动之感。入口圆润甘美，散发着绵密顺滑、肉质感十足的核果香味，底蕴中透露出一抹奶油糖气息，收口果香绵长，带有一丝温润酸度。

天瑞酒庄 Tyrrell's

通信地址： 1838 Broke Road. Pokolbin NSW 2320・**网址：** www.com.au・
电子邮箱： info@tyrrells.com.au・　**电话：** （02）4993 7000・**传真：** （02）4998 7723
产区： 猎人谷、西斯寇特、麦克拉伦谷　**酿酒师：** 安德鲁・斯帕纳（AndrewSpinaze）、马克・理查德森（Mark Richardson）、克里斯・泰利尔（Chris Tyrrell）　**葡萄栽培师：** 安德鲁・彭吉利（Andrew Pengilly）
执行总裁： 布鲁斯・泰利尔（Bruce Tyrrell）

　　天瑞酒庄壮足位于猎人谷，是一家秉承传统风格的葡萄酒生产商，主要出品采用早摘的葡萄酿制的未经橡木发酵的赛美蓉，以及酒体中等偏饱满、略微辛辣的美味西拉。近些年来，酒庄的红葡萄酒在深度和结构方面都取得了长足进步，2009年的葡萄酒达到了前所未有的卓越高度。2011年的葡萄酒具有相同的风格，也同样具有高品质。1号桶和斯特芬赛美蓉系列是最具猎人谷特色的白葡萄酒，陈酿极佳，纹理丰满，极具复杂感。9号桶口感独特、别具风采。木桶系列只有在展示出真正的陈年特质之后才会发布，但是在买家开启美酒之前，依然需要窖藏一段时间。

Brokenback Shiraz 断背西拉干红葡萄酒 ★★

下猎人谷 $12-$19
当前年份：2011 86

　　一款早熟的年轻西拉，极其简单，带有果酱味香料味，具有博若莱葡萄酒风格。散发着李子和莓果活跃的果香，底蕴中透露出泥土的香醇。初入口感到新鲜和浓郁，但是余韵略短。后味中带有精致多尘的单宁。会随着时间慢慢成熟。

2011	86	2013-2016
2010	90	2015-2018
2009	88	2014-2017
2006	91	2014-2018
2004	90	2006-2009+
2003	92	2008-2011+
2002	89	2007-2010+
2001	87	2003-2006
2000	86	2002-2005
1999	89	2004-2007
1998	90	2006-2010

Lost Block Semillon 迷失布洛克赛美蓉 ★

下猎人谷 $12-$19
当前年份：2013 88

　　这款通体明快精致、入口容易的赛美蓉最适合盛夏饮用。口感清爽、并不复杂，果香浓郁，散发着浓郁怡人而略带清香的绿甜瓜和新鲜柠檬味。酒精味适度，入口顺滑丰满，带有些许油脂感，柑橘和甜瓜绵长细腻的果香包裹在活泼、生机勃勃的酸味中。这是天瑞酒庄的一款时髦新品。

2013	88	2015-2018
2012	88	2014-2017
2011	91	2013-2016+
2010	89	2012-2015
2009	87	2010-2011+
2008	89	2010-2013
2007	86	2009-2012
2006	85	2007-2008+
2005	88	2006-2007
2004	87	2006-2009+
2003	88	2005-2008+
2002	92	2007-2010+
2001	92	2003-2006

Moon Mountain Chardonnay 月亮山霞多丽干白葡萄酒 ★★

下猎人谷 $20-$29
当前年份：2013 88

　　适合早期饮用的霞多丽，带有淡淡的奶油味，夹杂着香草橡木幽香，散发着桃子和甜瓜的甜美芬芳，底味带有柠檬黄油味。口感顺滑，成熟多汁，橡木香浓烈，浸润着核果、梨子和苹果的清新果味，收口间果味和酸味相互融合，呈现出新鲜感。

2013	88	2015-2018
2012	90	2014-2017
2011	90	2013-2016+
2010	91	2012-2015
2008	89	2010-2011
2007	90	2008-2009+
2006	83	2007-2008
2005	86	2006-2007+
2004	90	2005-2006+
2003	75	2003-2004
2002	90	2004-2007

Single Vineyard Stevens Semillon 斯特芬园赛美蓉干白葡萄酒 ★★★

下猎人谷 $20-$29
当前年份：2009 94

　　雅致绵长，展现出猎人谷美酒的酿造哲学，酒质活跃，略带白垩香气，展现出烟熏和矿物质感的复杂度。吐露着新鲜的花香，散发着酸橙、甜瓜和柠檬皮的清新果香，夹杂着淡淡白垩芬芳，口感浸润着葡萄、甜瓜和柠檬般的果味精华，融入紧致的柑橘酸度之中。

2009	94	2017-2021+
2008	88	2013-2016
2007	92	2015-2019
2006	93	2014-2018
2004	94	2012-2016+
2003	93	2011-2015
2002	89	2007-2010+
2001	87	2006-2009
2000	95	2012-2020
1999	93	2007-2011+
1998	94	2006-2018
1997	94	2005-2009

Single Vineyard Stevens Shiraz 斯特芬园西拉干红葡萄酒 ★★★★

下猎人谷 $30-$49
当前年份：2011 94

　　优雅美味，展现出陈年潜力，吐露着紫罗兰幽然甜美的花香，散发着黑莓果和李子的香甜芬芳，融入雪松橡木香气，底味带有五香的馨香。口感柔顺如同丝绸，在精致粗糙的单宁的支撑下，收口余味悠远跃动，紧紧包裹着清新的酸度。

2011	94	2019-2023+
2009	92	2017-2021
2007	95	2015-2019+
2006	90	2011-2014+
2005	92	2013-2017
2004	89	2009-2012+
2003	93	2011-2015+
2002	92	2007-2010+
2000	89	2005-2008+
1999	93	2007-2011
1998	90	2006-2010+
1997	88	2002-2005

Vat 1 Semillon 1 号桶赛美蓉干白葡萄酒 ★★★★

下猎人谷 $50-$99
当前年份：2009 92

　　略带草本清香，夹杂着奶油的醇香，散发着蜜瓜和柠檬的芬芳果味，底蕴透露出金橘、黄油和柠檬果子露的馨香。酒体适中，顺滑多汁，浸润着柠檬、甜瓜的果味，收口略带温和的酸味，但缺乏集中度。仍需时间才能成熟。

2009	92	2017-2021
2008	93	2020-2028
2007	95	2019-2027
2006	93	2018-2022
2005	96	2017-2025+
2004	92	2016-2024
2003	94	2015-2023
2002	95	2014-2022
2000	90	2008-2012+
1999	97	2007-2011+
1998	95	2010-2018
1997	96	2009-2017

★★★★ Vat 47 Chardonnay 47 号桶霞多丽

2010	93	2018-2022+
2009	94	2017-2021+
2008	95	2016-2020
2007	92	2012-2015+
2006	90	2008-2011+
2005	92	2010-2013
2004	96	2012-2016
2003	88	2005-2008+
2002	96	2010-2014
2001	95	2009-2013
2000	96	2008-2012
1999	94	2001-2004+
1998	95	2006-2010+
1997	90	1999-2002+

下猎人谷　$50-$99

当前年份：2010　93

散发着甜瓜、青柠和核果般幽然的花香，融入柔和的奶油橡木芬芳，在阵阵干花、坚果粉和生姜的馨香烘托下，整款酒的香氛都得到了极大的提升。口感圆润多汁，酒体适中至饱满丰盈，柔顺华美，余韵绵长内敛，收口呈现精妙的余韵，清新而持重，带有柔软的酸度。随着时光的流逝，口感变得更加富有烟熏的美味。

★★★ Vat 8 Shiraz Cabernet 8 号桶西拉赤霞珠

2011	93	2019-2023+
2010	91	2022-2030
2009	93	2017-2021
2004	90	2009-2012+
2003	90	2011-2015
2002	87	2007-2010
2000	87	2005-2008
1999	89	2004-2007+
1998	95	2006-2010
1997	92	2005-2009+
1996	91	2001-2004
1995	93	2003-2007
1994	92	2002-2006
1993	93	2001-2005

下猎人谷　$50-$99

当前年份：2011　93

这款精心酿造的红干型红酒具有产区特色。略带泥土的清新和皮革的醇香，花香馥郁，散发着乌梅、黑莓、复合水果和覆盆子的芬芳，融入了雪松 / 香草橡木馨香，底味有白胡椒的辛辣气息。口感顺滑雅致，平衡度佳，余韵悠长。入口的酸味过于浓烈，风味层次不够丰富。

★★★ Vat 9 Shiraz 9 号桶西拉

2011	91	2019-2023
2009	95	2021-2029+
2007	93	2019-2027+
2006	93	2014-2018
2005	92	2010-2013+
2004	95	2012-2016+
2002	88	2007-2010+
2001	87	2006-2009
1999	93	2007-2011+
1998	94	2010-2018
1997	89	2002-2005+
1996	88	2004-2008
1995	80	1997-2000

下猎人谷　$50-$99

当前年份：2011　91

优雅美味，花香馥郁。洋溢着淡淡的烘烤味和果味，透出迷人的泥土味和玫瑰花园的香气，夹杂着黑樱桃、黑莓的果香，干草和白胡椒清新的芳香，一抹灌木丛的气息萦绕其间。顺滑醇美，酒体适中，口感跃动，浸润着莓果和樱桃浓集的果味，在适度紧实、呈粉末状的单宁的支撑下，呈现辛辣滋味。收口青涩多汁。

菲历士 Vasse Felix

通信地址： Caves Road（Cnr Tom Cullity Drive）Formerly Harman's Road South, Margaret River WA6284・**电话：**（08）9755 5000・**传真：**（08）9755 5425・**网址：** wvww.vassefelix.com.au・

电子邮箱： info@vassefelix.com.au

产区： 玛格丽特河　**酿酒师：** 弗吉尼亚・威尔科克（Virginia Willcock）

葡萄栽培师： 巴特・莫洛尼（Bart Molony）、杰姆斯・哈里斯（James Harris），本・塞伯（Ben Seiber）

执行总裁： 保罗・福尔摩斯（Paul Holmes a Court）

菲历士是玛格丽特河产区历史悠久的顶尖葡萄酒生产商之一。酒庄出品的葡萄酒雅致醇美，结构紧实，可以满足人们对于各个层级所有葡萄酒的期望，尤其是那些芬芳馥郁，集中体现了产区特色的美酒。近些年来发布的海特斯布瑞霞多丽独具风格、品质超群，以致今天全澳大利亚的葡萄酒生产商都不惜一切代价试图酿造出这种美酒。弗吉尼亚・威尔科克著名的原因在于，其在酿造过程中保持了玛格丽特河产区葡萄的深度和纯正度，葡萄酒因此拥有了其他人梦寐以求的平衡度和细腻度。现在的海特斯布瑞红酒越来越优雅精细了。

★★ Cabernet Merlot 赤霞珠梅洛混酿

2012	88	2017-2020+
2011	88	2013-2016+
2010	92	2018-2022
2009	89	2011-2014+
2008	90	2013-2016+
2006	86	2011-2014
2005	79	2007-2010
2004	88	2009-2012
2003	88	2005-2008+
2002	80	2004-2007

玛格丽特河　$20-$29

当前年份：2012　88

适合早期饮用，花香馥郁，夹杂着雪松 / 摩卡橡木的清香，散发着红莓和李子馥郁果味，底蕴透露出薄荷脑气息。单宁细腻蓬松，口感雅致，浸润着红莓芬芳，融入了雪松橡木香，收口带有西红柿的果味，酒体层次单薄。

323

Cabernet Sauvignon 赤霞珠 ★ ★ ★ ★

玛格丽特河 $30-$49

当前年份：2011   93

    风味层次丰富，洋溢着紫罗兰的幽香，散发着黑醋栗、黑莓和李子的芬芳果味，夹杂着新鲜雪松/香草橡木香气，淡淡的草本清新和薄荷脑气息。口感雅致，余韵绵长，果味相互融合交织，橡木香气萦绕其间，单宁细腻，收口带有明快酸味，平衡度佳。

2011	93	2023-2031
2010	95	2022-2030
2009	93	2021-2029
2008	95	2020-2028
2007	91	2015-2019+
2006	87	2011-2014
2005	93	2013-2017+
2004	93	2016-2024
2003	89	2008-2011+
2002	84	2004-2007
2001	90	2006-2009
2000	93	2008-2012

Chardonnay 霞多丽 ★ ★ ★

玛格丽特河 $20-$29

当前年份：2012   95

    这款霞多丽物超所值，馥郁芬芳，果味醇厚，融入矿物质的香醇，底蕴中透露出缕缕肉桂和丁香的馨香。在一抹湿润板岩的烘托下，入口柔顺甘美，浸润着饱满果味，余韵绵长均衡，收口紧实持久，带有脆爽的酸度。

2012	95	2017-2020+
2011	93	2013-2016+
2010	92	2012-2015+
2009	94	2011-2014+
2008	92	2010-2013+
2007	90	2009-2012
2006	81	2007-2008
2005	87	2007-2010
2004	89	2006-2009
2003	89	2005-2008
2002	87	2004-2007
2001	92	2006-2009

Heytesbury Cabernet Blend 海特斯布瑞赤霞珠混酿 ★ ★ ★ ★

玛格丽特河 $50-$99

当前年份：2011   95

    口感雅致，花香馥郁，略带泥土味和肉味醇香，散发着红莓和李子的果味，融入了雪松/香草橡木馨香，萦绕着干草清新和摩卡芬芳。口感悠长，浸润着饱满果味，丝丝橡木香气，单宁紧实，带有白垩芳香。比以前的红酒系列更加雅致内敛。

2011	95	2023-2031
2010	92	2022-2030
2009	95	2021-2029+
2008	92	2020-2028
2007	95	2019-2027+
2005	93	2013-2017
2004	95	2012-2016
2003	95	2015-2023
2002	87	2004-2007+
2001	91	2006-2009+
2000	90	2005-2008
1999	91	2004-2007
1998	89	2003-2006
1997	93	2005-2009

Heytesbury Chardonnay 海特斯布瑞霞多丽 ★ ★ ★ ★ ★

玛格丽特河 $50-$99

当前年份：2012   96

    平衡雅致，具有产区特色，淡淡的花香萦绕口间，夹杂着姜的辛辣气息，散发出新鲜葡萄柚和肉桂的芬芳，略带烟熏味，底蕴透露出了熟肉和矿物的醇香。口感悠长，果味馥郁，融入橡木的香甜滋味，酸味在口间经久不散。

2012	96	2020-2024+
2011	96	2019-2023+
2010	95	2015-2018+
2009	96	2014-2017+
2008	95	2013-2016+
2007	93	2012-2015
2006	96	2011-2014+
2005	96	2007-2010+
2004	94	2009-2012
2003	95	2008-2011
2002	89	2004-2007
2001	95	2006-2009
2000	90	2002-2005
1999	90	2001-2004

Sauvignon Blanc Semillon 长相思赛美蓉混酿 ★ ★ ★ ★

玛格丽特河 $20-$29

当前年份：2013   92

    带有淡淡的青草香，散发着番石榴、百香果、醋栗和荔枝的芬芳，略带奶油味和坚果味。口感雅致，浸润着热带水果的馥郁果香，口感清新，余韵绵长，收口带有酸橙汁的酸味。

2013	92	2015-2018
2012	93	2014-2017+
2011	94	2013-2016+
2010	94	2012-2015+
2009	93	2011-2014
2008	92	2010-2013
2007	95	2009-2012

Semillon 赛美蓉

年份	评分	适饮期
2011	93	2013-2016+
2010	91	2012-2015
2009	94	2014-2017+
2008	92	2013-2016
2007	95	2009-2012+
2005	81	2005-2005
2004	86	2005-2006
2003	91	2005-2008+
2002	93	2004-2007
2001	89	2003-2006+
2000	90	2005-2008
1999	91	2004-2007

玛格丽特河 $20-$29

当前年份：2011   93

　　独具风格，优雅美丽，散发着油桃、桃子和蜜瓜的纯净果香，略有草本植物的幽香和烟熏气息，混杂着坚果、奶油的香草橡木香气。口感顺滑，淡淡的草本和蜜瓜的清香，果味绵长持久。收口柔和美味，带有丝丝温和的酸味。

★ ★

Shiraz 西拉

年份	评分	适饮期
2011	93	2023-2031
2010	89	2018-2022+
2009	89	2011-2014
2008	92	2013-2016+
2006	86	2008-2011
2005	88	2010-2013
2004	92	2012-2016
2003	88	2008-2011
2002	93	2007-2010+
2001	93	2006-2009
2000	93	2008-2012
1999	93	2004-2007+

玛格丽特河 $30-$49

当前年份：2011   93

　　成熟多汁，平衡度佳，带有淡淡的肉味醇香，散发着黑莓、黑醋栗、乌梅和复合水果香的纯净果香，与动物皮和麝香的香气相互交织，略带白胡椒的辛辣气息。顺滑多汁，果味绵长，夹杂着橡木馨香，单宁紧实细腻，收口带有明快的酸味。

温尼亚马尔逊酒庄 Vinea Marson

通信地址：411 Heathcote Rochester Road, Heathcote Vic 3523 · **电话**：（03）5433 2768 ·
传真：（03）5433 2787 · **网址**：www.vineamarson.com · **邮箱**：vineamarson@bigpond.com
产区：西斯寇特（Heathcote, Alpine Valleys）
酿酒师：马里奥·马尔逊（Mario Marson）
葡萄栽培师：安德鲁·康弗蒂（Andrew Conforti）
执行总裁：马里奥·马尔逊

　　在创办自己的酒庄之前，马里奥·马尔逊和约翰·米德尔顿博士已经一起在玛丽山酒庄研究了多年红酒。1999年，马里奥·马尔逊在西斯寇特创建了自己的酒庄。他从米德尔顿身上学到的就是关注多克隆的葡萄园，为此，他去了意大利，和波罗·德·马奇在奥莱娜小岛待了一段时间。就像大部分饮用者所能想到的，他的葡萄酒就是西斯寇特风格——完美融合了早期收获水果的芬芳果味和清新气息。他在葡萄品种上的选择使得他可以呈现他在意大利学到的东西，增加了维多利亚州优质葡萄酒的数量。

★ ★

Grazia White Blend 葛拉齐亚白葡萄酒混酿

年份	评分	适饮期
2013	91	2015-2018
2012	89	2014-2017
2011	93	2013-2016

阿尔卑斯山谷 $30-$49

当前年份：2013   91

　　略带坚果气息，果味馥郁，夹杂丝丝辛辣气息，在一抹黄花香气的烘托下，散发着甜瓜、苹果和梨子的芬芳果味，底味有奶油醇香。口感顺滑，浸润着梨子和甜瓜的饱满清新果味，收口带有肉香味和明快的酸味。

★ ★ ★

Nebbiolo 内比奥罗

年份	评分	适饮期
2010	89	2015-2018+
2009	91	2014-2017+
2008	93	2013-2016+
2007	93	2015-2019
2006	95	2014-2018+
2005	84	2007-2010

西斯寇特 $30-$49

当前年份：2010   89

　　口感复杂，洋溢淡淡的肉香和内比奥罗葡萄的芬芳，缓慢地释放出成熟莓果和樱桃的浓郁果香，底蕴中透露出缕缕红茶叶多尘辛辣的香气和植物茎秆的清新气息。在结构蓬松的单宁的支撑下，浸润着樱桃、莓果和李子般浓郁深邃的果味，收口十分美味，金橘和干草的清凉美味在味蕾上持久跃动。

Rosé 玫瑰酒 ★★

西斯寇特　　　　　　　　　　$20-$29
当前年份：2013　　　　　　　88
　　略带蜜饯味，在略带辛辣的红花幽香的烘托下，散发着覆盆子和柑橘的芳香。口感雅致，绵长多汁，浸润着柑橘的清新，草莓和覆盆子的芬芳萦绕口间，略带辛辣的坚果味。果味和酸味相互交织，融合在口间，经久不散。

2013	88	2015-2018
2012	91	2014-2017
2011	91	2013-2016
2010	91	2012-2015
2007	93	2008-2009+

Sangiovese 桑娇维赛 ★★

西斯寇特　　　　　　　　　　$30-$49
当前年份：2012　　　　　　　87
　　略带青涩的干红葡萄酒，在幽幽花香的烘托下，交织薄荷的清新，散发着红莓和樱桃果味芬芳，与干草和丁香花的香味融合交织，融入了灌木丛的清新气息。酒体适中，口感雅致，浸润着浆果的馥郁果味。但缺乏新鲜感和迷人度。

2012	87	2014-2017+
2011	89	2013-2016+
2010	89	2012-2015+
2009	91	2014-2017+
2008	90	2013-2016
2007	92	2012-2015+
2006	93	2011-2014+
2005	92	2010-2013+

Syrah 西拉 ★★★

西斯寇特　　　　　　　　　　$30-$49
当前年份：2012　　　　　　　92
　　在略带辛辣的花香的烘托下，散发着乌梅、黑莓、覆盆子和复合水果香味，夹杂着黑胡椒和肉味醇香。口感雅致，酒体适中，具有产区特色，略带泥土气息，浆果果味萦绕口间，多尘单宁细腻，余韵悠长，略带皮革香气，收口带有酸味。需要时间成熟。

2012	92	2020-2024+
2011	89	2016-2019
2010	94	2018-2022+
2009	89	2011-2014+
2008	95	2016-2020+
2007	92	2015-2019
2006	91	2011-2014
2005	93	2013-2017

Viognier 维欧尼 ★★★★

西斯寇特　　　　　　　　　　$30-$49
当前年份：2013　　　　　　　87
　　幽幽的金银花和丁香的芳香烘托，夹杂着淡淡的肉桂芳香，散发着橘子果味。余韵绵长柔和，淡淡的蜜饯味萦绕口间，果味馥郁，质地细腻，但收口缺乏紧实和新鲜感。

2013	87	2015-2018
2012	93	2017-2020+
2011	94	2013-2016
2010	95	2012-2015+
2009	95	2011-2014+

旅人酒庄 Voyager Estate

通信地址：Stevens Road. Margaret River WA 6285・电话：（08）9757 6354・传真：（08）9757 6494・
网址：wmw.voyagerestate.com.au・电子邮箱：cellardoorwoyagerestate.com.au
产区：玛格丽特河
酿酒师：特维斯・莱姆（Travis Lemm）
葡萄栽培师：斯蒂夫・詹姆斯（Steve James）
执行总裁：亚历山大・伯特（Alexandra Burt）

　　在旅人酒庄的产品目录册上，有一长串卓越出众的葡萄酒，它是优质葡萄酒生产商之一。酒庄并非通过模仿并超越其他酒庄才取得了这一成就，而是通过发展自己的特色获得了认可。在重要葡萄酒品牌价格螺旋上升的时期，酒庄出品的葡萄酒也一直是玛格丽特河葡萄酒市场中极具竞争力的酒品。

Cabernet Sauvignon Merlot 赤霞珠梅洛 ★★★★

玛格丽特河　　　　　　　　　　$50-$99
当前年份：2009　　　　　　　94
　　复杂度佳，散发着乌梅、黑醋栗和桑葚般浓郁的果香，融入淡淡草本植物的清香和一抹辣椒的馨香。口感顺滑，柔美绵长，完美无缺，浸润着各色莓果清新的果味，层次丰富分明，在精致紧实的单宁支撑下，与光洁的橡木美味完美结合，收口呈现绵长余韵，展示出不俗的新鲜度和集中度。

2009	94	2021-2029
2008	96	2028-2038
2007	96	2019-2027+
2005	95	2013-2017+
2004	95	2016-2024+
2003	96	2015-2023
2002	95	2014-2022
2001	97	2013-2021
2000	91	2008-2012
1999	92	2011-2019
1998	96	2010-2018
1997	91	2005-2009

Chardonnay 霞多丽

2010	92	2015-2018+
2009	94	2014-2017+
2008	97	2013-2016+
2007	96	2012-2015+
2006	89	2008-2011
2005	95	2010-2013
2004	96	2009-2012+
2003	95	2005-2008
2002	95	2007-2010+
2001	93	2006-2009
2000	93	2005-2008
1999	94	2001-2004
1998	88	2000-2003

玛格丽特河 $30-$49

当前年份：2010　　92

　　内敛优雅，年轻单薄，散发着复杂的香气，融入淡淡的奶油和奶酪香醇，散发着黄桃和甜瓜的果香，花香提升了整体的香氛，与清新细腻的黄油香草橡木风味紧密结合。余韵悠长蔓延，紧实集中，收口带有内敛脆爽的酸度。

★

Chenin Blanc 白诗南

2012	87	2013-2014+
2011	89	2016-2019+
2010	90	2012-2015+

玛格丽特河 $12-$19

当前年份：2012　　87

　　强劲有力，口感明快，略微香甜，散发着桃子和甜瓜夹杂着草本味的浓郁果香，底蕴中呈现出奶油腰果的风味。多汁馥郁，绵长活泼，浸润着核果和甜瓜明快甘美的果味，收口干净柔和。如果甜度再低一些，也许这款酒可以更引人注目。

★ ★

Girt By Sea Cabernet Merlot 大海环绕赤霞珠梅洛混酿

2011	90	2016-2019+
2010	88	2012-2015
2009	88	2011-2014+
2008	91	2013-2016
2007	91	2012-2015+
2006	89	2014-2018
2004	88	2006-2009+

玛格丽特河 $20-$29

当前年份：2011　　90

　　成熟多汁，洋溢着淡淡的草本植物清香，透露着多尘的如花芬芳，散发着黑醋栗、桑葚、黑樱桃和黑莓清新的果香，底蕴中透露出缕缕石南的辛辣，内敛的奶油雪松橡木香气萦绕其间。绵长优雅，浸润着黑醋栗、乌梅和蓝莓深邃的果味，在紧实带有白垩香的单宁支撑下，收口展现出清新悠长的口感，但是带有淡淡的青涩味。

★ ★ ★ ★

Sauvignon Blanc Semillon 长相思赛美蓉混酿

2013	94	2012-2015+
2012	93	2014-2017+
2011	93	2013-2016+
2010	94	2012-2015
2009	94	2011-2014+
2008	93	2010-2013
2007	91	2008-2009
2006	93	2008-2011+
2005	91	2007-2010+
2004	95	2005-2006+
2003	93	2004-2005+
2002	90	2004-2007

玛格丽特河 $20-$29

当前年份：2013　　94

　　果味馥郁，具有产区特色，散发着醋栗、甜瓜和百香果的清新果味，飘逸着淡淡草本植物的清香。口感绵长，新鲜多汁，浸润着略带白垩香的饱满果味，平衡度佳，收口带有清新的柠檬酸味。

★ ★ ★

Shiraz 西拉

2011	91	2019-2023
2010	95	2018-2022+
2009	93	2017-2021
2008	92	2013-2016
2007	89	2009-2012+
2006	95	2011-2014+
2005	93	2013-2017
2004	90	2009-2012
2003	94	2008-2011+
2002	82	2007-2010
2001	94	2006-2009
2000	88	2005-2008

玛格丽特河 $30-$49

当前年份：2011　　91

　　酒体饱满，均衡成熟，洋溢着罗讷河谷西拉的风味，集中均衡。散发着胡椒、黑莓、乌梅和黑醋栗略带辛辣的石南芬芳，底蕴中透露出熟肉的浓香和精致雪松/香草橡木的香气。口感柔顺馥郁，浸润着莓果强劲的果味，与烟熏培根橡木美味相融合，在粉末状单宁结构支撑下，收口绵长美味，带有矿物的醇香。

温特娜酒庄 Wantirna Estate

通信地址： 10 Bushy Park Lane, Wantirna South Vic 3152 · **电话：**（03）19801 2367 ·
传真：（03）9887 0225 · **网址：** www.wantirnaestate.com.au · **电子邮箱：** wantirnaestate@bigpond com
产区： 雅拉谷　**酿酒师：** 玛丽安·伊根（Maryann Egan）、雷泽·伊根（Reg Egan）
葡萄栽培师： 玛丽安·伊根、雷泽·伊根　**执行总裁：** 玛丽安·伊根、雷泽·伊根

　　温特娜酒庄精心酿制的佐餐葡萄酒口感雅致，果香馥郁，交织着细腻的橡木香气，优雅柔润，紧实顺滑，融合度佳。2012年的葡萄酒是采用勃艮第葡萄品种酿制的，优雅精致；而2011年采用波尔多葡萄品种酿制的葡萄酒则让人们看到这个位于墨尔本东部的小酒庄取得了什么进步。每款酒都富有纯正的果味长度，结构良好，展现了在困难年份成熟葡萄藤和有效管理的优势。2012年的黑皮诺相较之前的年份酒，在结构、长度和口感方面都有了提升。

Amelia Cabernet Sauvignon Merlot 艾美莉赤霞珠梅洛干红葡萄酒 ★ ★ ★ ★

雅拉谷　　　　　　　　　　　　　$50-$99
当前年份：2011　　　　　　　　　　　90
　　顺滑雅致，夹杂着丝丝花香，散发着浆果味，雪松橡木清香萦绕其间。口感绵长，浸润着果味精华，融入了浓烈的橡木幽香，单宁紧实细腻，收口略带酸味和青涩感。

2011	90	2019-2023+
2010	97	2022-2030+
2009	92	2014-2017+
2008	95	2020-2028+
2007	86	2009-2012
2006	92	2011-2014+
2005	95	2017-2025
2004	97	2016-2024
2003	91	2008-2011+
2002	93	2010-2014+
2001	95	2009-2013
2000	95	2008-2012+
1999	95	2011-2019

Hannah Cabernet Franc Merlot 汉娜品丽珠梅洛混酿　　　　　　★ ★ ★

雅拉谷　　　　　　　　　　　$100-$199
当前年份：2011　　　　　　　　　　　92
　　采用生长于较凉爽气候下的葡萄酿制而成，会让人不由自主地想起波尔多葡萄酒。在一抹丁香幽香的烘托下，散发着红莓和黑醋栗的芬芳，融入新鲜巧克力橡木香气。口感雅致，余韵绵长，浸润着浆果的饱满果味，萦绕着雪松橡木清香，在蓬松的单宁的支撑下，收口交织着馥郁果味和明快酸味。品质超群的佳品。

2011	92	2023-2031
2010	94	2018-2022+
2009	89	2014-2017+
2008	92	2020-2028
2007	81	2009-2012
2006	89	2008-2011
2005	96	2013-2017+
2004	96	2012-2016+
2003	91	2008-2011
2002	93	2007-2010+
2001	95	2013-2021+
2000	95	2008-2012+

Isabella Chardonnay 伊莎贝拉霞多丽干白葡萄酒　　　　★ ★ ★ ★

雅拉谷　　　　　　　　　　　　　$50-$99
当前年份：2012　　　　　　　　　　　96
　　一款雅致质朴、精心酿制的霞多丽。略带淡淡的橡木气息，散发着葡萄柚、甜瓜和核果的芬芳，底蕴透露出相互交织的柠檬香草、矿物味和香草味。带有白垩芳香，口感萦绕着新鲜明快的酸味，余韵悠长，果味馥郁，夹杂着橡木香气，收口平衡度佳。

2012	96	2020-2024+
2011	97	2019-2023+
2010	93	2015-2018
2009	95	2014-2017
2008	95	2013-2016
2007	86	2009-2012
2006	92	2011-2014
2005	97	2010-2013
2004	95	2009-2012+
2003	95	2008-2011
2002	95	2007-2010
2000	93	2005-2008
1999	95	2001-2004+
1998	95	2003-2006+

Lily Pinot Noir 莉莉黑皮诺干红葡萄酒　　　　　★ ★ ★ ★

雅拉谷　　　　　　　　　　　　　$50-$99
当前年份：2012　　　　　　　　　　　96
　　花香浓郁，散发着迷人的玫瑰花香，后味中透出深邃的樱桃和浆果味，夹杂着带有香料味的橡木香和些许干草香。口感绵长丰满，洋溢着浆果、樱桃和李子类水果的浓郁风味，层次丰富，略带果酱味，如丝绸般顺滑的单宁以及优雅协调的橡木香，极其收敛温和，浓郁度渐渐增加，结构也变得紧实。收口绵长清新，美味可口。这是非常精致平衡的一款酒。

2012	96	2020-2024+
2011	90	2016-2019
2010	95	2018-2022+
2009	89	2011-2014
2008	96	2013-2016
2007	82	2009-2012
2006	93	2011-2014
2005	96	2010-2013+
2004	94	2009-2012+
2003	94	2008-2011
2002	96	2007-2010
2001	94	2006-2009
2000	95	2005-2008

华乐满酒庄 Warrenmang

通信地址: 188 Mountain CreeK Road. Moonambel Vic 3478 · **电话:** (03) 5467 2233 · **传真:** (03) 5467 2309 · **网址:** www.warrenmang.com.au · **电子邮箱:** mail@warrenmang.com.au
产区: 比利牛斯 **葡萄栽培师:** 西恩·施瓦格 (Sean Schwager)
酿酒师: 怀恩·霍兰 (Wayne Holland)
执行总裁: 鲁吉·巴扎尼 (Luigi Bazzani)、阿塔莉·巴扎尼 (Ahtalie Bazzani)

华乐满酒庄坐落在维多利亚州风景如画的比利牛斯地区，是一个成熟的葡萄园。酒庄出产的红酒成熟度高，口感紧实，带有该地区特有的薄荷和薄荷脑香气。大概经约 5 年的时间，葡萄酒会更加顺滑成熟。不过酒庄有一款酒不再需要顺滑口感，因为它无论何时都非常甘美，如丝绸般顺滑，那就是奇迹西拉赤霞珠混酿 (96/100，适饮期:2028-2038)，尽管这款酒的酒精度高达 15%，却依然拥有馥郁的果味，而且极其优雅。

★ ★   Black Puma Shiraz 黑色美洲豹西拉干红葡萄酒

2009	90	2029-2039	比利牛斯	$50-$99	
2008	89	2020-2028	当前年份: 2009	90	
2007	87	2019-2027			
2006	87	2011-2014			
2005	91	2017-2025			
2004	95	2016-2024+			
2001	87	2006-2009			
2000	90	2012-2020			

一款寿命极长的葡萄酒，极其浓郁。散发着黑醋栗和乌梅的芬芳，融入了雪松橡木气息，薄荷香和干草香清新相互交织，底蕴中透露出桉树馨香。口感紧实集中，浸润着乌梅和浆果的饱满果味，夹杂着陈旧橡木香，单宁紧实细腻，收口平衡度佳。好好享受吧！

★ ★   Estate Shiraz 庄园西拉干红葡萄酒

2009	88	2017-2021+	比利牛斯	$50-$99	
2008	88	2020-2028	当前年份: 2009	88	
2007	92	2019-2027			
2006	85	2011-2014			
2005	88	2013-2017			
2004	93	2016-2024			
2002	81	2007-2010+			
2001	89	2006-2009			
2000	93	2012-2020			
1999	92	2004-2007+			
1998	81	2003-2006			
1997	90	2002-2005+			

散发着略带烘烤味的果香，缺乏清新度，透出黑莓和黑醋栗的果味，略带醋栗类的果味，后味中带有肉味、摩卡味。狂野的胡椒味提升了整体的香味。口感绵长单调，酒体饱满偏中等，洋溢着丰满、热烈和带有肉味的水果的深邃果味，单宁强劲有力，收口紧实干燥。

水车酒庄 Water Wheel

通信地址: Raywood Road, Bridgewater-on-loddon Vic 3516 · **电话:** (03) 5437 3060 · **传真:** (03) 5437 3082
产区: 本迪戈 **酿酒师:** 彼得·卡明 (Peter Cumming)，比尔·特里瓦斯基斯 (Bill Trevaskis)
葡萄栽培师: 彼得·卡明 **首席执行官:** 彼得·卡明

水车酒庄坐落于维多利亚州，是澳大利亚著名的酒庄之一。葡萄酒价格非常低廉，因此使得其他价格较高的产品顿时逊色了许多。其葡萄酒成熟直接，风味深邃、丰满。2012 年的红酒不仅均衡，而且极具典型的澳大利亚南部产区的风味，但离顶级佳酿还差了一点，需要在风味和优雅气质方面作进一步的改善。

★   Cabernet Sauvignon 赤霞珠

2012	88	2020-2024	本迪戈	$12-$19	
2011	82	2013-2016	当前年份: 22012	88	
2010	85	2012-2015			
2008	85	2010-2013+			
2007	89	2015-2019			
2006	90	2018-2026			
2005	88	2007-2010+			
2004	90	2012-2016			
2003	89	2013-2017			
2002	87	2007-2010			
2001	88	2009-2013			

一款相对简单的年轻葡萄酒，优雅细腻，丰满明快。具有淡淡的草本馨香，在一抹紫罗兰幽香的烘托下，散发着黑醋栗的芬芳，融入了雪松橡木的新鲜气息。顺滑多汁，入口绵长清新，浸润着红莓和黑莓的果味，夹杂着淡淡橡木香，单宁紧实粗糙。这是一款适合窖藏的赤霞珠。

Shiraz 西拉　　　　　　　　　　　　　　　　　　　　　　　★ ★

本迪戈　　　　　　　　　　　　　　$12-$19
当前年份：2012　　　　　　　　　　　　91

　　一款精心酿制的年轻西拉，富有风格，优雅朴素，果味浓郁。散发着带有香料味和类似紫罗兰香味的香气，夹杂着黑醋栗和红酸栗的果香，带有灰尘、香草味的橡木清香，后味中透出麝香香料和干草的味道。口感顺滑，果味香甜，洋溢着黑醋栗和森林浆果温和柔软的风味，底蕴中透出如天鹅绒般顺滑的单宁。收口带有迷人的长度、平衡度和集中度。

2012	91	2020-2024+
2011	90	2016-2019+
2010	90	2018-2022+
2009	91	2017-2021+
2008	89	2013-2016+
2007	88	2009-2012+
2006	87	2011-2014
2005	89	2010-2013
2004	90	2009-2012+
2003	90	2008-2011+
2002	92	2007-2010
2001	87	2006-2009

温德瑞酒庄 Wendouree

通信地址： Wendouree Road, Clare SA 5453 · **电话：** （08）8842 2896
产区： 克莱尔谷　**酿酒师：** 托尼·布莱迪（Tony Brady）、丽塔·布莱迪（Lita Brady）
葡萄栽培师： 丽塔·布莱迪　**执行总裁：** 托尼·布莱迪

　　温德瑞酒庄是一座标志性的酒庄，其酒品产量极少，且均是采用历史上有名的旱地克莱尔谷葡萄园的葡萄酿制而成的，味道醇厚、结构紧实、做工精良。在澳大利亚，没有哪一家酒窖会忘记收藏这个卓越产地的代表性产品。酒庄2012年份的葡萄酒依然表现出惊人的青春活力和极高的集中度，不过在纯度和平衡度方面有所欠缺，显得略微简朴浓烈，相信这些方面在窖藏成熟后会得到极大改善。

Cabernet Malbec 赤霞珠马尔贝克混酿　　　　　　　★ ★ ★ ★

克莱尔谷　　　　　　　　　　　　$50-$99
当前年份：2012　　　　　　　　　　　95

　　一款富有风格、风味浓郁、易于入口的混酿。散发着紫罗兰、黑醋栗、红酸栗、乌梅和黑莓的浓香，后味中带有可乐、干草和雪松橡木的香气。酒体饱满偏中等，果香馥郁，层次丰富，洋溢着乌梅、成熟浆果的香味，夹杂着马尔贝克的些许植物味，底味中透出泥土味和些许肉味，单宁顺滑、带有白垩味。收口带有极佳的长度、清新度，以及集中的酸度。

2012	95	2032-2042
2011	95	2016-2019+
2010	94	2022-2030+
2006	95	2026-2036

Shiraz 西拉　　　　　　　　　　　　　　　★ ★ ★ ★ ★

克莱尔谷　　　　　　　　　　　$100-$199
当前年份：2012　　　　　　　　　　　96

　　这款令人垂涎欲滴的年轻西拉，拥有极高的平衡度和纯度，淡淡肉香和胡椒香中除浮动着可口的醋栗味、黑莓味、桑葚味和甘甜的雪松／香草橡木味外，还有一抹薰衣草香和异域香料味将味道烘托得恰到好处。酒体饱满偏中等，精巧雅致，韵味悠长。质朴的小红莓和李子味与香醇细腻的橡木味交织在一起，粉末状的单宁和清新明快的酸度使收口呈现出极强的持续性与和谐感。目前这款酒还处于初期，窖藏成熟后品质将更加卓越。

2012	96	2024-2032+
2011	91	2019-2023
2010	96	2030-2040+
2008	96	2028-2038
2006	95	2026-2036+
2005	95	2017-2025+
2004	97	2024-2034+
2003	95	2015-2023
2002	95	2022-2032
2001	91	2009-2013+
1998	96	2010-2018
1997	91	2005-2009+
1995	95	2007-2015+
1991	88	2013-2021

Shiraz Mataro 西拉马塔罗　　　　　　　　　　★ ★ ★

克莱尔谷　　　　　　　　　　　　$50-$99
当前年份：2012　　　　　　　　　　　94

　　这款西拉马塔罗明艳雅致，清甜花香、尘土味和胡椒味中浮动着黑莓、荆棘、桑葚和醋栗的味道，香醇的橡木味、淡淡的肉香和甘草般的香料味蕴含其间。酒体中等偏饱满，精巧雅致，别具一格，酒质柔顺多尘，荆棘味与莓果味、李子味让韵味和谐悠长，具有很高的平衡感。收口柔和香醇，带有水果般清新明快的酸度。

2012	94	2024-2032
2011	89	2016-2019
2010	92	2022-2030
2009	93	2017-2021
2006	92	2014-2018+
2005	91	2017-2025
2004	95	2016-2024+
2003	92	2011-2015+
2002	95	2014-2022+
2001	90	2021-2031
1998	95	2010-2018+
1991	86	2003-2011

通信地址： 1283 Brayne Road, Griffth NSW 2680・**电话：**（02）6969 0800・**传真：**（02）6962 1673・
网址： www.westendestate.com.au **电子邮箱：** info@westendestate.com.au

产区： 滨海河岸、巴罗莎谷、希托普斯、坦巴伦巴、伊顿谷

酿酒师： 布莱恩・卡瑞（Bryan Currie）、比尔・卡拉布里亚（Bill Calabria）、艾玛・诺比雅图（Emma Norbiato）、托尼・斯泰芬尼亚（Tony Steffania）、杰里米・奈斯姆本（Jeremy Nascimben）

葡萄栽培师： 马克・詹尼尼（Mark Giannini）　**首席执行官：** 比尔・卡拉布里亚

　　酒庄持续地酿造出格里菲斯最好的佐餐酒。三桥系列体现出比尔・卡拉布里亚力图把滨海河岸打造成最好的葡萄酒生产地，与其他更时尚的葡萄酒产区一决高下的渴望。如果你喜欢质地淳厚、肉质香醇的红葡萄酒，如果你还没有发现三桥杜瑞夫（3 Bridges Durif），那么惊喜正在前方等着你。2012 年份的葡萄酒呈现出该区域少见的精巧雅致和极佳的平衡度，而且仍然保留了西隆维酒庄特有的馥郁果香和香醇的橡木味。2010 年份的贵腐赛美蓉是一款高品质佳酿，而 2011 年这款酒酿得比上一年还要精巧雅致。

★ ★ ★　3 Bridges Botrytis Semillon 三桥赛美蓉贵腐甜白葡萄酒

2011	95	2019-2023
2010	95	2018-2022
2009	86	2011-2014
2008	92	2010-2013+
2006	87	2008-2011
2005	89	2007-2010
2004	88	2006-2009
2003	87	2005-2008
2002	89	2004-2007
2001	88	2002-2003
1999	89	2001-2004+
1998	87	1999-2000
1997	94	1999-2002+

滨海河岸　　　　　　　　　　　　　　　　　$20-$29
当前年份：2011　　　　　　　　　　　　　　95
　　柔顺雅致，淡而质朴的辛香中浮动着芒果、甜瓜、柠檬、奶油焦糖和杏子的味道，还有一抹丁香和肉桂的辛香夹杂其间。韵味华美悠长，却又不会显得过于繁复和浓腻，恰到好处地呈现出柔滑适口的成熟甜瓜味、蜜桃味、葡萄柚味及淡淡的热带水果味，还有一缕极佳的白垩味蕴含其中。余味清新悠长，集中度高。收口带有清新淡雅的甜味和柔和的柠檬酸味。

★　3 Bridges Cabernet Sauvignon 三桥赤霞珠干红葡萄酒

2012	90	2020-2024
2011	88	2016-2019
2010	92	2018-2022+
2008	87	2013-2016
2007	87	2012-2015
2006	86	2008-2011
2004	87	2009-2012+
2002	88	2004-2007+
2001	91	2006-2009+
1999	89	2004-2007
1998	90	2003-2006+

滨海河岸　　　　　　　　　　　　　　　　　$20-$29
当前年份：2012　　　　　　　　　　　　　　90
　　极其雅致柔润，一抹跃动和成熟的荆棘香中浮动着紫罗兰、醋栗和乌梅的香气以及清甜的雪松 / 香草 / 巧克力橡木味。柔滑适口，在干爽紧实的单宁支撑下，迷人的橡木味与质朴的莓果味融合出十分悠长的余韵。收口呈现出令人心旷神怡的集中度和十分集中的酸度。

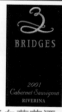

★ ★　3 Bridges Chardonnay 三桥霞多丽干白葡萄酒

2011	89	2013-2016
2010	90	2012-2015
2009	90	2011-2014
2008	93	2009-2010
2006	88	2007-2008+
2004	90	2006-2009
2003	87	2004-2005+
2002	87	2003-2004
2001	84	2002-2003
2000	88	2001-2002+
1999	87	2000-2001

滨海河岸　　　　　　　　　　　　　　　　　$20-$29
当前年份：2011　　　　　　　　　　　　　　89
　　馥郁芬芳，酒质成熟，散发着甜瓜、油桃略带辛辣气息的芬芳，融入新鲜坚果和橡木的香气，底蕴透露出青橄榄的清新和燕麦片的香醇。口感圆润多汁，浸润着热辣的核果味，长度怡人，在奶油橡木香气的烘托下，收口呈现些许辛辣和清新的酸度。

★ ★　3 Bridges Durif 三桥杜瑞夫干红葡萄酒

2012	92	2020-2024+
2010	93	2022-2030
2009	90	2017-2021
2008	88	2013-2016+
2007	90	2012-2015
2006	88	2008-2011
2005	87	2007-2010
2004	88	2006-2009
2003	89	2005-2008
2002	93	2007-2010
2001	87	2003-2006+
2000	91	2005-2008+

滨海河岸　　　　　　　　　　　　　　　　　$20-$29
当前年份：2012　　　　　　　　　　　　　　92
　　雅致适口，成熟深邃的肉香与烟熏味中浮动着葡萄干、李子、黑莓、巧克力和针叶橡木的味道，胡椒等辛香将所有有味道烘托得恰到好处。清爽爽口，单宁松散地分散于精巧内敛的酒骨中，深厚浓郁的荆棘黑莓味和乌梅味与浓郁的香草 / 巧克力 / 摩卡橡木味几乎融为一体。这款酒是对这类很受欢迎的风格的完美呈现。

3 Bridges Shiraz 三桥西拉 ★★

滨海河岸
当前年份：2012　91

　　富含果香味，不过咸香味也比之前重了。清甜的花香味和香浓的胡椒味中浮动着清新的桑葚味、醋栗味、乌梅味、樱桃味和肉香，与香草 / 雪松橡木味紧密地糅合在一起。酒体饱满偏中等，香醇柔滑，质朴多尘的单宁烘托着灵动的果香味和内敛的雪松 / 香草橡木味。余味悠长，平衡度高，带有迷人的泥土芬芳。

2012	91	2010-2024
2011	91	2013-2016
2010	91	2018-2022+
2009	92	2014-2017+
2008	89	2013-2016
2007	90	2012-2015
2006	87	2008-2011
2005	86	2007-2010+
2004	86	2006-2009
2002	91	2007-2010+
2001	90	2006-2009
2000	87	2002-2005+

威廉唐妮酒庄 William Downie

通信地址： 121 Yarragon South Road, Yarragon Vic 3823・**电话：**（03）5634 2216・
网址： www.williamdownie.com.au・**电子邮箱：** william@williamdownie.com.au
产区： 雅拉谷、吉普斯兰　**酿酒师：** 威廉・唐妮（William Downie）
葡萄栽培师： 斯图亚特・普劳德（Stuart Proud）
执行总裁： 威廉・唐妮、瑞秋・尼东巴（Rachael Needoba）

　　比尔・唐妮（Bill Downie）是澳大利亚黑皮诺葡萄酒酿造的前沿人物。在他至今仍十分短暂的职业生涯中，已经缔造了多款卓越超群的美酒佳酿。他酿造的三款黑皮诺，葡萄分别来自不同的产区，包括莫宁顿半岛、吉普斯兰和雅拉谷的单一葡萄园。他在吉普斯兰还拥有一座年轻的密植葡萄园。2013 年份产自吉普斯兰和莫宁顿半岛的葡萄品质极高，具有香醇馥郁的橡木香气，雅拉谷的葡萄酒则保留了惯有的野性与肉香，窖藏成熟后必将拥有极佳的平衡度，魅力十足。

Gippsland Pinot Noir 吉普斯兰黑皮诺干红葡萄酒 ★★★

吉普斯兰
当前年份：2013　95

　　强劲有力，寿命较长。淡淡肉香中浮动着黑樱桃味、烟熏橡木味和泥土味，极具乡土气息，带有当地鸭油的味道。仿佛天鹅绒一般柔滑爽口，在精巧质朴的单宁支撑下，香醇浓郁的樱桃、李子味和明晰的橡木味让悠长的余韵呈现出明快跃动的酸度。在瓶中存放的时间越长，这款酒也会越浓郁香醇。

2013	95	2021-2025+
2012	91	2017-2020
2011	89	2016-2019+
2010	95	2022-2030
2008	96	2016-2020+

Mornington Peninsula Pinot Noir 莫宁顿半岛黑皮诺干红葡萄酒 ★★★★

莫宁顿半岛
当前年份：2013　95

　　带有石南味和野生植物香气，夹杂肉香和酵母味的黑樱桃、血丝李和雪松橡木味，渐渐呈现出越来越浓郁复杂的香味，其中还混杂着淡淡的可可、薄荷和薄荷脑香。口感雅致柔滑，酒体骨架质朴而有力度，带有穿透力的果味使余味显得精巧悠长。此酒十分精纯，只是还需时间成熟，使平衡度达到巅峰。

2013	95	2021-2025+
2012	93	2017-2020+
2011	94	2019-2023
2010	94	2015-2018+
2009	93	2011-2014+
2008	97	2016-2020
2007	93	2012-2015+

Yarra Valley Pinot Noir 雅拉谷黑皮诺干红葡萄酒 ★★★★

雅拉谷
当前年份：2013　91

　　极具传统特色，浓烈而带有肉香，浓烈的野味与摩卡味中浮动着乌梅、莓果、可可和樱桃的香味。口感柔滑，甘甜的樱桃、大黄和李子味与幽微的橡木味融为一体，紧密劲道的单宁让余味显得十分悠长，略带番茄味。

2013	91	2021-2025
2012	94	2020-2024
2011	92	2016-2019+
2010	94	2018-2022
2008	95	2013-2016+
2007	93	2012-2015+
2006	88	2008-2011
2005	94	2010-2013+

柳溪酒庄 Willow Creek Vineyard

通信地址: 166 Balnarring Road, Merricks North Vic 3926・**电话:** （03）5989 7448・
传真: （03）5989 7584・**网址:** www.willow-creek.com.au・**电子邮箱:** cellardoor@willow-creek.com.au
产区: 莫宁顿半岛　**酿酒师:** 杰拉尔丁・麦克福克（Geraldine McFaul）
葡萄栽培师: 罗比・奥利里（Robbie O' Leary）　**执行总裁:** 路易斯・李（Louis Li）

　　柳溪酒庄在维多利亚的莫宁顿半岛拥有一座精美的葡萄园,成熟的老藤与酿酒师杰拉尔丁・麦克福克（Geraldine McFaul）娴熟的酿造技艺完美结合,缔造出真正雅致美妙的香醇佳酿。2013年份的葡萄酒十分温润,几乎已完全成熟,带有香醇的果香味和优雅、富有冲击力的结构。酒庄所在地还有一家非常出色的餐厅。

★★ 　　　　　　　　Chardonnay （Formerly Tulum Chardonnay）
霞多丽（原名图伦霞多丽）

2013	91	2015-2018+
2011	87	2013-2016
2010	89	2012-2015+
2009	93	2014-2017
2008	87	2010-2013
2006	90	2008-2011+
2005	87	2007-2010+
2004	90	2006-2009
2003	87	2005-2008

莫宁顿半岛　　　　　　　　　　$30-$49
当前年份: 2013　　　　　　　　　91
　　这款年轻的霞多丽顺滑柔润,富有特色。清新花香中浮动着黄油橡木味、蜜桃味和甜瓜味,还有一缕青橄榄味蕴含其间。口感雅致悠长,鲜明的蜜桃味、甜瓜味与绵密细腻的橡木味融为一体。收口带有灵动活跃的酸度和逡巡不散的柑橘香。

★★★ 　　　　　　　Pinot Noir （Formerly Tulum Pinot Noir）
黑皮诺（原名图伦黑皮诺）

2013	91	2018-2021+
2011	91	2013-2016+
2010	93	2015-2018
2009	93	2014-2017+
2007	82	2008-2009
2006	82	2008-2011
2005	87	2007-2010
2004	87	2006-2009+
2003	88	2005-2008
2002	88	2004-2007

莫宁顿半岛　　　　　　　　　　$30-$49
当前年份: 2013　　　　　　　　　91
　　这款年轻的黑皮诺带有深邃馥郁的香味,甘甜浓郁的黑樱桃味与紧实的雪松橡木味完美融合,还有一抹淡淡的大黄幽香蕴含其间。酒质细腻,余韵雅致悠长,带有微弱的草药香和尚未成熟的果香,收口略显质朴,带点果香味与恰到好处的酸度。窖藏一年后品质更佳。

威尔逊葡萄园 The Wilson Vineyard

通信地址: PO Box 11, Sevenhill SA 5453・**电话:** （08）8843 4310・**网址:** www.wilsonvineyard.com.au
产区: 克莱尔谷　**酿酒师:** 丹尼尔・威尔逊（Daniel Wilson）、约翰・威尔逊博士（Dr John Wilson）
葡萄栽培师: 约翰・威尔逊博士　**首席执行官:** 约翰・威尔逊博士

　　威尔逊葡萄园是克莱尔谷历史悠久的经典澳大利亚雷司令生产商之一,更是缔造经典雷司令的专业厂家。该酒庄出品的波利山河流雷司令风格饱满,馥郁芬芳,展现出缓慢成熟的优雅气质;经典的DJW雷司令时髦且带有板岩风味。2012年份和2013年份的沃特维尔雷司令（93/100,适饮期:2025-2033+）更表现出极为优秀的现代特色,令人称奇。应酒庄主人要求,我重新评估了2013年份的波利山河流雷司令,仍然认为这款酒里的酵母菌出了点问题。他们认为,品质比结构更具恒久性。

★★★ 　　　　　　　DJW Riesling DJW 雷司令干白葡萄酒

2013	93	2025-2033
2012	93	2024-2032
2010	93	2018-2022+
2009	92	2014-2017+
2008	91	2013-2016
2007	90	2012-2017
2006	94	2011-2014+
2005	89	2010-2013
2004	93	2006-2009+
2003	93	2011-2015

克莱尔谷　　　　　　　　　　$20-$29
当前年份: 2013　　　　　　　　　93
　　馥郁芬芳,带有盐水味,紧致集中,绵长完整,融入矿物质的醇香,散发着甜瓜果子露和爽身粉尤为复杂的香气,呈现强劲的奶油沉淀酵母味,在阵阵苹果、酸橙汁和白花的芬芳薰陶下,整款酒的香氛得到了极大的提升。入口华美,悠长多汁,馥郁的酸橙味道和苹果滋味略带锐利口感,收口展现出独特的白垩质地,融入脆爽的柠檬酸度之中。

Polish Hill River Riesling 波利山河流雷司令 ★★★★

克里尔谷　　　　　　　　　　$20-$29
当前年份：2013　　　　　　　　86

  正在成熟的一款葡萄酒，带有烘烤味和黄油味，散发着黄桃和柠檬辛辣的果香。略带氧化味，缺乏典型的集中度和新鲜度，收口干脆，带有柠檬味，酵母味较重，略带甜味。缺乏其应有的新鲜度和和谐度。

2013	86	2015-2018
2012	95	2024-2032+
2010	94	2022-2030
2009	94	2017-2021+
2008	88	2010-2013+
2007	92	2012-2015+
2006	88	2011-2014
2005	92	2013-2017
2004	90	2009-2012+
2003	94	2011-2015
2002	92	2007-2010+

威拿酒庄 Wirra Wirra

通信地址： PO BOX 145, McLaren Vale SA 5171・**电话：**（08）8323 8414・**传真：**（08）8323 8596・
网址： www.wirra.com.au・**电子邮箱：** info@wirra.com.au
产区： 麦克拉伦谷、阿德莱德山　**酿酒师：** 保罗・史密斯（Paul Smith）、保罗・卡彭特（Paul Carpenter）
葡萄栽培师： 凯文・费德曼（Kevin Fiddaman）　　**执行总裁：** 安德鲁・凯（Andrew Kay）

  威拿酒庄是麦克拉伦谷葡萄酒产业的重要组成部分，不过阿德莱德山已经成为酒庄白葡萄酒的来源地。今年的精选系列包括2012年份几款品质卓越的红葡萄酒，该年份的酒比往年更加优秀，尤其是中等酒和上等酒，包括好多年份都极其优秀的RSW系列和安格拉斯系列。威拿酒庄的酒一向清爽澄澈，近年来出品的酒越来越轻盈灵动、雅致细腻。

Catapault Shiraz Viognier Blend 弹弓西拉维欧尼混酿 ★★

麦克拉伦谷　　　　　　　　　$20-$29
当前年份：2012　　　　　　　　88

  带有些许草本味，幽微甘甜的肉香味中浮动着清新的黑莓味、乌梅味和内敛而微弱的烟熏雪松/巧克力橡木味，其中有一抹清甜的花香以及淡淡的可可和矿石气息将所有味道映衬得恰到好处。酒体适中至丰盈，香醇可口，带点果酱味，柔和灵动的橡木味与清新果香完美融合。酒质精纯，收口带有淡淡的草药香。

2012	88	2014-2017
2011	90	2013-2016+
2010	89	2015-2018+
2009	88	2011-2014
2008	91	2013-2016
2007	91	2009-2012+
2006	89	2008-2011+
2005	90	2007-2010+

Church Block Cabernet Shiraz Merlot 教堂赤霞珠西拉梅洛混酿 ★

麦克拉伦谷　　　　　　　　　$20-$29
当前年份：2012　　　　　　　　89

  柔滑顺口，较为复杂。紫罗兰芬芳中浮动着蓝莓味、醋栗味和淡淡的巧克力/摩卡/香草橡木味。酒体骨架质朴细腻，丰富悠长，灵动的黑莓、红莓和李子味与清新的橡木香完美融合，收口清新，平衡度佳。

2012	89	2017-2020+
2011	87	2013-2016
2010	90	2015-2018+
2009	86	2011-2014+
2008	87	2010-2013
2007	84	2009-2012
2006	87	2008-2011+
2005	83	2007-2010
2004	89	2009-2012+
2003	81	2005-2008
2002	86	2003-2004+

Hiding Champion Sauvignon Blanc 隐藏冠军长相思干白葡萄酒 ★★

阿德莱德山　　　　　　　　　$20-$29
当前年份：2013　　　　　　　　87

  简约质朴，精巧淡雅的尘土味与草药香中浮动着醋栗和黑醋栗的果味。口感单调，几近朴素，舌头表现强烈，带有内敛的果香味和紧致的柠檬酸度。

2013	87	2014-2015+
2012	87	2013-2014
2011	87	2012-2013
2010	90	2011-2012
2009	94	2010-2011+
2008	81	2008-2009
2006	87	2006-2007
2005	87	2006-2007
2003	89	2003-2004+

Original Blend Grenache Shiraz 原始歌海娜西拉混酿 ★

麦克拉伦谷　　　　　　　　　$20-$29
当前年份：2013　　　　　　　　88

  柔滑无比，香甜的果酱味与胡椒等辛香中浮动着香醇的桑葚味、红醋栗味和蓝莓味，其中还夹杂着一丝幽微的老橡木味。柔滑顺口，余韵悠长，细腻多尘的酒体支撑着软糖般的果味。收口带有一丝微弱爽口的酸度。

2013	88	2014-2015+
2012	89	2014-2017+
2011	89	2012-2013+
2010	92	2012-2015+
2009	90	2011-2014
2008	87	2010-2013
2001	86	2002-2003
1999	87	2001-2004
1998	89	2003-2006+
1997	83	1999-2002
1996	90	2001-2004

★★★   RSW Shiraz RSW 西拉干红葡萄酒

2012	96	2024-2032+
2011	91	2016-2019+
2010	93	2018-2022+
2009	90	2014-2017
2008	87	2013-2016
2007	95	2015-2019+
2006	91	2011-2014
2005	88	2010-2013+
2004	94	2012-2016+
2003	93	2011-2015+
2002	94	2010-2014+
2001	91	2006-2009
2000	87	2002-2005+

麦克拉伦谷 $50-$99
当前年份：2012   96

精巧雅致，澄澈华美，深邃内敛的黑莓味和桑葚味中蕴含着烟熏橡木味、白胡椒味以及紫罗兰馨香。口感柔润华美，酒质细腻强劲，醇熟质朴的果香味带有一丝淡淡的酸，再加上雅致的新橡木味，余韵显得十分清新爽口。这是一款非常时尚的高品质佳酿。

★   Scrubby Rise Shiraz Blend 斯科如贝拉兹西拉混酿

2013	89	2015-2018+
2012	88	2014-2017
2011	87	2013-2016
2010	88	2012-2015+
2009	84	2011-2014
2008	87	2010-2013+
2007	86	2009-2012
2006	83	2007-2008+
2005	87	2010-2013
2004	88	2006-2009+
2002	88	2004-2007

阿德莱德山 $12-$19
当前年份：2013   89

十分香醇，胡椒香中浮动着醋栗、乌梅、黑莓和桑葚的味道，一抹紫罗兰香和甜的香草/巧克力香味将其他味道映衬得恰到好处。口感柔滑，果香馥郁，令人垂涎欲滴的莓果和李子般的香味中央夹杂着甘甜的橡木味以及浓郁质朴的单宁味。收口悠长，具有十分明快、酸度很高的平衡度。

★   Scrubby Rise White Blend 斯科如贝拉兹白葡萄混酿

2013	85	2014-2015
2011	87	2012-2013
2010	88	2011-2012
2009	86	2009-2010
2008	87	2008-2009+
2006	82	2007-2008
2005	87	2005-2006
2004	86	2004-2005

南澳大利亚各产区 $12-$19
当前年份：2013   85

简朴紧实，缺乏突出的果香味，淡淡的草药香与辛香味具有符合当今潮流的紧实度，口感不够柔滑，平衡度较低。

★★★   The 12th Man Chardonnay 第十二个人霞多丽

2013	89	2015-2018+
2012	93	2014-2017+
2011	90	2013-2016
2010	92	2012-2015+
2009	91	2011-2014+
2008	86	2009-2010+
2007	92	2009-2012+
2006	88	2008-2011
2005	91	2007-2010+
2004	91	2006-2009
2002	86	2004-2007

阿德莱德山 $30-$49
当前年份：2013   89

十分华美，辛香、坚果香和石蜡香中浮动着清新的蜜桃味、葡萄柚味和甜瓜味，一缕带有辛香和薰肉味的橡木味夹杂其间。余韵甘美悠长，带有柑橘般的酸度，奶糖般的甘甜味还需要时间沉淀融合。这款酒平衡度很高，窖藏后品质更佳。

★★★★   The Angelus Cabernet Sauvignon 安哥拉斯赤霞珠

2012	94	2024-2032+
2011	93	2019-2023
2010	94	2022-2030+
2009	93	2021-2029
2007	92	2012-2015+
2006	93	2014-2018
2005	86	2007-2010+
2004	94	2016-2024
2003	90	2011-2015
2002	93	2014-2022
2001	87	2006-2009
2000	87	2005-2008
1999	88	2004-2007

麦克拉伦谷 $50-$99
当前年份：2012   94

这款尚未成熟的安哥拉斯赤霞珠具有很好的果香味和橡木味，烟熏味、雪松味和紫罗兰味中浮动着浓郁的黑莓味、桑葚味和清新的巧克力/香草橡木味。口感柔滑质朴，雅致悠长，深邃的果核香、精巧紧实的单宁与紧致细腻的橡木味完美融合，使收口呈现出清新明快的酸度。

★★   The Lost Watch Riesling（Formerly Hand Picked Riesling）遗落的怀表雷司令干白葡萄酒（原名手摘雷司令）

2013	92	2021-2025+
2012	90	2020-2024+
2011	90	2006-2009+
2010	87	2012-2015+
2009	90	2014-2017+
2008	91	2013-2016+
2007	87	2012-2015
2006	86	2008-2011
2005	90	2010-2013

阿德莱德山 $12-$19
当前年份：2013   92

这款产自凉爽地区的洛斯特瓦尺雷司令紧实雅致，集中度高，白色花朵、梨子、苹果和白桃般的香气中透着一丝柑橘香。带尘土质感的酒体紧致简朴，灵动的苹果味、酸橙味和梨子味使收口显得清新脆爽。

Woodhenge Shiraz 伍德亨治西拉 ★★

麦克拉伦谷 　　　　　　　　$30-$49
当前年份：2012 　　　　　　　　92
　　这款伍德亨治西拉精巧雅致，别具一格。甘甜的巧克力味中浮动着醋栗味、黑莓味和乌梅味，一丝淡淡的烟熏味和摩卡味夹杂其间。香醇成熟的黑色水果味、新鲜橡木味和质朴细腻的单宁完美融合，形成了一款时尚卓越、极具魅力的麦克拉伦谷西拉。

2012	92	2020-2024+
2011	91	2016-2019
2010	94	2018-2022+
2009	89	2011-2014+
2008	91	2010-2013
2007	92	2012-2015
2006	88	2011-2014
2005	88	2007-2010
2004	91	2009-2012
2003	88	2008-2011+
2002	88	2007-2010
2001	87	2003-2006

禾富酒庄 Wolf Blass

通信地址： 97 Sturt Highway, Nuriootpa SA 5355 · **电话：** （08）8568 7311 · **传真：** （08）8568 7380 ·
网址： www.wolfblass.com.au · **电子邮箱：** stephanie.anderton@treasurywineestates.com
产区： 巴罗莎谷、伊顿谷、克莱尔谷、阿德莱德山、麦克拉伦谷、兰汊溪、古纳华拉、石灰岩海岸
酿酒师： 克里斯·哈奇（Chris Hatcher）、马特·奥雷里（Matt O'Leary）、玛丽·克莱（Marie Clay）、史蒂芬·弗罗斯特（Steven Frost）、克莱尔·德里（Clare Dry）、斯图特·拉斯提特（Stuart Rusted）、约翰·艾西维尔（John Ashwell）
执行总裁： 迈克尔·克拉克

　　现代禾富酒庄品牌拥有一系列级别高低分明的酒品，其中最卓越的要数黑标（Black label）和铂金标（Platinum）西拉。这两个系列酒品的共性是，都带有浓郁的水果香味，在地窖中不需酿多年即可以享用。拥有此类品质的系列越来越多，特别是金标系列，为达到平衡雅致而做了不少妥协，尤其是2012年份的巴罗莎西拉和古纳华拉赤霞珠。喜爱澳大利亚葡萄酒多年的人看到2012年份的灰标西拉（94/100，适饮期：2024-2032+）重现禾富酒庄昔日佳酿轻盈欢快的魅力时，会备感欣慰的。

Black Label Red Blend 黑标红葡萄混酿 ★★★

南澳各产区 　　　　　　　$100-$199
当前年份：2011 　　　　　　　　92
　　一款成熟的葡萄酒，带有橡木味，散发着新鲜黑醋栗、桑葚、蓝莓和乌梅的果香，略带薄荷和草本味，余韵中透出雪松、巧克力、摩卡和香草的味道。酒体饱满偏中等，如天鹅绒般顺滑，口感丰满，长度中等，层次丰富，夹杂着黑色水果的果味，浓烈的橡木香和类似石墨的矿物味。这款酒的品质不算最好。但难得的是，在葡萄品质较差的年份，它仍保持了自己的品质与特色。

2011	92	2023-2031
2010	95	2030-2040+
2009	93	2029-2039
2008	88	2016-2020
2007	92	2019-2027
2006	90	2014-2018+
2005	92	2017-2025
2004	93	2016-2024
2003	92	2015-2023
2002	92	2022-2032
2001	92	2013-2021
2000	90	2008-2012+
1999	95	2019-2029
1998	94	2010-2018+
1997	91	2009-2017
1996	92	2008-2016

Gold Label Chardonnay 金标霞多丽干白葡萄酒 ★★★

阿德莱德山 　　　　　　　$20-$29
当前年份：2013 　　　　　　　　91
　　这款简约质朴的金标霞多丽是新近几个年份中最though集中度的一款，清新跃动的金橘香、木瓜香和葡萄柚香气中蕴含着雅致绵密的橡木味、牛轧糖味和些许蛋奶沙司味。酒体适中，精巧雅致，葡萄柚味、甜瓜味和白桃味呈现出绵长的余韵，收口带有十分脆爽的柠檬酸度。

2013	91	2015-2018
2011	91	2013-2016
2010	93	2012-2015
2009	93	2011-2014
2008	90	2010-2013
2007	87	2008-2009+
2006	87	2007-2008
2005	87	2007-2010+
2004	94	2006-2009
2003	93	2005-2008
2002	94	2004-2007+

Gold Label Riesling 金标雷司令干白葡萄酒 ★★★

伊顿谷 　　　　　　　$20-$29
当前年份：2013 　　　　　　　　90
　　馥郁香醇，甘甜淡雅的糖果味中浮动着柠檬汁、苹果、柠檬皮的香气，一缕缕麝香、辛香和花香将各种味道映衬得恰到好处。悠长可口，作为雷司令可能略显甜腻。精巧干爽的白垩味让收口显得清甜而耐人寻味。这款酒虽然没有伊顿谷葡萄酒的传统特色，但的确是一款好酒。

2013	90	2018-2021+
2012	94	2020-2024+
2011	93	2016-2019+
2010	86	2012-2015
2009	91	2011-2014+
2008	93	2010-2013+
2007	85	2008-2009
2006	89	2007-2008+
2005	87	2007-2010
2004	93	2006-2009
2003	92	2005-2006
2002	94	2007-2010

★★ Gold Label Sauvignon Blanc 金标长相思干白葡萄酒

2013	91	2014-2015+
2012	92	2013-2014+
2011	87	2013-2016
2007	90	2008-2009
2005	82	2005-2006
2004	81	2005-2006
2003	92	2004-2005+

阿德莱德山　　　　　　　　　　　　　$20-$29

当前年份：2013　　　　　　　　　　　91

　　丰富雅致，清新淡雅的青草味中浮动着醋栗香、荔枝香和西番莲香。口感柔润悠长，白垩质地的酒体骨架凝聚着质朴的荔枝味、醋栗味和西番莲味。余韵浓郁集中，收口带有清新明快的柠檬酸度。

Gold Label Shiraz 金标西拉干红葡萄酒

2012	92	2024-2032
2011	82	2013-2016
2010	92	2022-2030
2007	90	2013-2015+
2006	90	2011-2014
2005	85	2007-2010
2004	93	2012-2016
2001	88	2006-2009
2000	89	2005-2008+

巴罗莎谷　　　　　　　　　　　　　$20-$29

当前年份：2012　　　　　　　　　　　92

　　平衡度极高，甜香中浮动着乌梅味、醋栗味、黑莓味和桑葚味，清新紧密的香草和雪松橡木味蕴含其间。口感柔滑香醇，微酸的黑莓味让收口显得清新悠长。

★★ Gold Label Shiraz Viognier 金标西拉维欧尼混酿

2010	90	2018-2022
2009	87	2011-2014+
2008	86	2010-2013
2006	90	2011-2014
2005	85	2007-2010
2004	93	2009-2012+
2003	88	2005-2008+
2002	90	2004-2007

阿德莱德山　　　　　　　　　　　　$20-$29

当前年份：2010　　　　　　　　　　　90

　　带有香料味和肉味，美味可口，橡木味浓烈，层次分明，酒香味会随着时间的推移而愈发明显。散发着黑莓和黑醋栗辛辣多汁的芬芳，融入缕缕肉香，底蕴中透露出摩卡橡木香和动物味。胡椒香提升了整款酒的香氛。口感柔顺成熟，在精致脆爽的单宁支撑下，浸润着巧克力和橡木美味，收口呈现令人愉悦的美味，但是果味余韵并不绵长。

★★ Grey Label Cabernet Sauvignon 灰标赤霞珠

2010	89	2022-2030
2008	92	2020-2028
2007	90	2015-2019
2006	91	2011-2014
2005	88	2010-2013
2004	93	2016-2024+
2003	93	2011-2015+
2002	88	2010-2014
2001	90	2006-2009
2000	92	2005-2008
1999	87	2004-2007

兰汉溪　　　　　　　　　　　　　　$30-$49

当前年份：2010　　　　　　　　　　　89

　　集中多汁，呈果酱质感，散发着黑莓和乌梅略带薄荷清凉和肉香的芬芳。在本地典型的薄荷脑清爽气息的烘托下，融入巧克力橡木的香气。口感非常浓郁直接，在雅致如天鹅绒般丝滑的单宁支撑下，浸润着质朴的浆果、李子浓烈的果味，与强烈的橡木滋味紧密结合，但是缺乏真正的优雅和风格。

★★★ Grey Label Shiraz （Shiraz Cabernet in 2009）
灰标西拉干红葡萄酒（2009 年称为西拉赤霞珠）

2012	94	2024-2032+
2011	89	2019-2023+
2010	93	2030-2040
2009	89	2017-2021
2008	90	2013-2016
2007	90	2012-2015+
2006	88	2008-2011
2005	88	2007-2010
2004	93	2016-2024
2003	92	2008-2011+
2002	94	2010-2014+

麦克拉伦谷　　　　　　　　　　　　$30-$49

当前年份：2012　　　　　　　　　　　94

　　这款产自麦克拉伦谷的葡萄酒丰盈有力，质朴的胡椒香等辛香中浮动着黑莓味、醋栗味、蓝莓味和桑葚味，清新的雪松／香草橡木味及淡淡的熏肉味、丁香味和干药草味将各种味道烘托得更加突出。余韵馥郁悠长，质朴的西拉葡萄味和烟熏巧克力／摩卡橡木味完美融合，平衡感极佳。收口带有逡巡不散的果香味和烟熏牡蛎橡木味。

★★★ Platinum Label Shiraz 铂金标西拉干红葡萄酒

2010	94	2022-2030+
2009	95	2021-2029+
2008	90	2016-2020
2007	88	2012-2015+
2006	91	2014-2018+
2005	94	2013-2017+
2004	96	2024-2034
2003	94	2015-2023+
2002	96	2022-2032
2001	97	2009-2013+
2000	91	2012-2020
1999	95	2011-2019+
1998	96	2010-2018+

巴罗莎谷　　　　　　　　　　　　$100-$199

当前年份：2010　　　　　　　　　　　94

　　这款铂金标西拉带橡木香气，辛香与花香中浮动着浓郁的醋栗味、黑莓味和乌梅味，与烟熏味、雪松和摩卡味完美地融合在一起。深邃馥郁，香醇可口，余韵华美悠长，紧实而具有深度，内敛的酒骨中透着浓郁的橡木味。现在还带点酒精味，窖藏成熟后会更具澳大利亚风味。

337

White Label Chardonnay 白标霞多丽干白葡萄酒 ★★★★

皮卡迪利谷 $30-$49
当前年份：2012 94

　　保留了这款酒应有的平衡感和雅致度。奶油香、肉香和香醇可口的还原味中浮动着红宝石葡萄柚味、香草橡木味、肉桂味和姜味，这些复杂的味道中还隐含着火腿味和浴盐味，还有一点蛋奶糕饼的味道。酒体适中至丰盈，余韵馥郁悠长，绵密浓郁的蜜桃味、甜瓜味、金橘味和葡萄柚味中带点咸香和矿物香气。窖藏成熟后或许会更具野性和呈现力。

2012	94	2017-2020
2010	94	2015-2018
2007	93	2012-2015+
2005	95	2010-2013+
2004	95	2009-2014+
2003	93	2008-2011
2002	89	2004-2007
2001	91	2006-2009

伍德兰酒庄 Woodlands

通信地址：3948 Caves Road, Wilyabrup WA 6280・电话：（08）9755 6226・传真：（08）9755 6236・
网址：www.woodlandswines.com・电子邮箱：mail@woodlandswines.com
产区：玛格丽特河　酿酒师：斯图特・沃森（Stuart Watson）、安德鲁・沃森（Andrew Watson）
葡萄栽培师：杰顿・麦克莱恩（Jaden McLean）　执行总裁：大卫・沃森（David Watson）

　　创立于1973年的伍德兰酒庄目前正以惊人的速度复苏，并且没有放缓的趋势。酒庄已经发展出自己的风格——这几乎是酿造伟大葡萄酒的必备条件——香味馥郁浓重，纯粹的水果果香与清新的橡木味道完美融合。最后由经典的白垩香作为底蕴，显露出灰尘、干涩的草本植物的质感，这些特点常常出现在波尔多红酒中，而非澳大利亚的红酒中。当前发布的酒品依然稳定，同时也具有典型的窖藏潜力。实在难以从这些高品质的葡萄酒中选出一款品质最高的酒品。

Cabernet Merlot 赤霞珠梅洛混酿 ★★

玛格丽特河 $20-$29
当前年份：2012 91

　　带有深邃可口的果香味，浓郁的花香中浮动着醋栗香、黑樱桃香、红莓香和内敛的雪松/香草橡木香气，其中还夹杂着淡淡的泥土芬芳。口感柔滑，别具一格，灵动的黑莓味、樱桃味、李子味和清新的雪松/巧克力橡木味和谐地融合在质朴柔滑的酒骨里。收口清新明快，平衡度佳。

2012	91	2020-2024+
2011	88	2016-2019
2010	91	2015-2018+
2009	90	2017-2021
2008	92	2013-2016
2007	90	2012-2015+
2006	90	2014-2018
2005	90	2010-2013+
2004	93	2009-2012+
2003	92	2011-2015+
2002	82	2007-2010+

Cabernet Sauvignon 赤霞珠 ★★★★

玛格丽特河 $100-$199
当前年份：2011 96

　　适合窖藏，具有很强的传统特色，醇厚的烟熏味中浮动着醋栗香、黑樱桃香、乌梅香、荆棘香、紫罗兰香及各种小红花的香气，清新香醇的新雪松/香草橡木味夹杂其间。酒体中等偏饱满，柔滑雅致，酒质温雅多尘，质朴的黑莓味、红莓味、李子味与紧实的橡木味交织出悠长的余韵，还带点淡淡的草药香，收口展现出无与伦比的平衡度。

2011	96	2031-2041
2010	96	2022-2030+
2009	97	2021-2029+
2008	93	2016-2028
2007	96	2019-2027
2006	87	2011-2014
2005	96	2017-2025+
2004	97	2016-2024+
2003	92	2015-2023+
2002	93	2014-2022
2001	88	2009-2013

Chloe Reserve Chardonnay 克洛伊珍藏霞多丽干白葡萄酒 ★★★

玛格丽特河 $50-$99
当前年份：2012 92

　　带中果香，会随着年份发酵而日益成熟。淡淡的肉香和烟熏香中浮动着幽微的热带红宝石葡萄柚味和菠萝味，其中还夹杂着坚果味、奶油橡木味、姜味和肉豆蔻味。余韵悠长，蜜桃味、甜瓜味和香草橡木味完美融合，带有明快的柠檬酸度，收口呈现一缕逡巡不散的肉香。

2012	92	2017-2020
2011	93	2016-2019+
2010	86	2012-2015
2009	89	2011-2014
2008	93	2013-2016
2007	95	2012-2015+
2006	90	2011-2014+
2005	95	2010-2013
2004	87	2006-2009

★★★★ **Margaret Reserve Cabernet Blend**
玛格丽特珍藏赤霞珠混酿

2012	94	2024-2032
2011	95	2023-2031
2010	95	2022-2030+
2009	95	2017-2021+
2008	93	2020-2028
2007	96	2019-2027+
2006	93	2014-2018+
2005	97	2017-2025+
2004	97	2016-2024
2003	90	2011-2015
2002	87	2007-2010+
2001	88	2009-2012

玛格丽特河
当前年份：2012 $30-$49
                                                                          94

香醇可口，平衡度与和谐度都很高。酒香、花香与深邃果香中浮动着黑莓味、黑樱桃味、李子味、醋栗味、雪松味以及淡淡的巧克力味，其中还夹杂着干莳萝香。酒骨质朴柔顺，具有很高的平衡度与穿透力的浆果味、李子味、精巧的雪松 / 香草橡木味与带白垩味的单宁味完美融合，收口清新悠长，极富魅力。

伍斯塔克酒庄 Woodstock

通信地址：215 Douglas Gully Road, McLaren Flat SA 5171 · 电话：（08）8383 0156 ·
传真：（08）8383 0437· 网址：www.woodstockwine.com.au · 电子邮箱：woodstock@woodstockwine.com.au
产区：麦克拉伦谷 酿酒师：斯科特·科莱特（Scott Collett）、本·格雷策
葡萄栽培师：斯科特·科莱特 执行总裁：斯科特·科莱特

伍斯塔克酒庄的大部分酒都是在麦克拉伦谷，由澳大利亚南部最忙碌的酿酒师本·格雷策酿造的。酒庄酿造的红葡萄酒带有深邃馥郁的橡木香味，高品质的单宁和酒精让酒体拥有极佳的结构。伍斯塔克酒庄出品的酒虽然精巧细致，但缺乏一些令品酒者印象深刻的东西。

★★★ **Botrytis Semillon 贵腐赛美蓉**

2009	89	2011-2014
2006	91	2011-2014+
2005	88	2007-2010
2004	93	2006-2009+
2003	94	2005-2008+
1999	87	2001-2004
1996	92	2001-2004
1995	93	2000-2003
1994	91	2002-2006
1993	90	1995-1998

迈拉仑维尔
当前年份：2009 $20-$29
                                                                          89

口味甘甜而集中，散发着浓郁的蜜瓜、柠檬、热带水果的混合香气，还夹杂着蜡质、灰尘般和贵腐菌的味道。虽然它甘美甜腻，浸透着芳香，但是缺乏真正的悠长回味，余韵只留下甜丝丝的麦芽糖味。

★★ **Cabernet Sauvignon 赤霞珠**

2012	88	2017-2020+
2010	91	2018-2022
2009	86	2011-2014
2007	83	2009-2012
2006	90	2011-2014+
2005	89	2010-2013
2004	90	2009-2012+
2002	91	2010-2014+
2001	89	2006-2009
2000	81	2002-2005
1999	84	2001-2004+
1998	86	2003-2006

麦克拉伦谷
当前年份：2012 $20-$29
                                                                          88

适合早期饮用，带有甘甜可口的水果香，红莓香、黑莓香与巧克力 / 可可 / 香草橡木香中蕴含着薄荷脑、薄荷以及一缕碘化物的味道。华美可口干爽细腻的单宁味中，带果酱香的黑莓味与乌梅味已有点过度成熟，这使收口余韵显得不够灵动。

★ **Semillon Sauvignon Blanc 长相思赛美蓉**

2013	90	2014-2015+
2012	89	2014-2017
2010	90	2011-2012+
2009	82	2009-2010
2008	89	2010-2013
2007	88	2007-2008+
2004	88	2004-2005
2002	87	2004-2007
2001	81	2002-2003

麦克拉伦谷
当前年份：2013 $12-$19
                                                                          90

灵动可口，轻盈的热带水果芬芳中浮动着清新的番石榴味、木瓜味、甜瓜味和西番莲味，一缕辛香将这些味道烘托得更为突出。口感圆润华美，具有赛美蓉所特有的柠檬酸度，收口清新平衡，适合搭配克里斯蒂斯海滩的炸鱼和薯条。

★★ **Shiraz 西拉**

2012	88	2017-2020
2010	89	2015-2018+
2009	90	2014-2017
2008	91	2016-2020
2007	86	2009-2012+
2005	87	2007-2010
2004	91	2012-2016
2002	91	2007-2010+
2001	86	2003-2006+
2000	90	2005-2008

麦克拉伦谷
当前年份：2012 $20-$29
                                                                          88

香醇柔滑，馥郁可口，甘香中浮动着紫罗兰香、醋栗香、桑葚香和醋栗香，清新的巧克力 / 香草橡木味以及一缕薄荷脑气息夹杂其间。酒质精巧丝滑，余韵明快悠长。但较高的纯度使这款酒显得不够有特色。

Shiraz Cabernet Sauvignon 西拉赤霞珠 ★

麦克拉伦谷 　　　　　　　　　$12-$19
当前年份：2011 　　　　　　　　82

略带薄荷香味，散发着黑莓和红莓质朴的果香，略带炖煮气息和草本植物的清新，底蕴中透露出缕缕雪松/香草橡木的内敛气息，口感直接而活跃，临收口前，味道逐渐变得寡淡中空，夹杂着带有可乐味的醇香。

2011	82	2012-2013
2010	88	2015-2018
2008	87	2010-2013
2006	90	2011-2014+
2005	91	2010-2013+

The Stocks Shiraz 斯托克斯西拉 ★★

麦克拉伦谷 　　　　　　　　　$50-$99
当前年份：2010 　　　　　　　　88

柔顺雅致，口感直接，溢满甜美的果香果味，吐露着馥郁的如花芬芳，散发着黑莓、红莓和乌梅般浓重的果香，融入新鲜的雪松/香草橡木香气。酒体适中，入口感觉质朴原始而纯粹，浸润着黑醋栗、覆盆子和桑葚内敛的果味，在略带锐利质感的单宁支撑下，酒质缺乏真正的说服力和结构。

2010	88	2015-2018+
2009	88	2014-2017
2008	88	2010-2013+
2007	93	2012-2015+
2006	91	2011-2014+
2005	91	2010-2013
2004	96	2016-2024
2003	88	2007-2010+
2002	93	2007-2010+
2001	90	2003-2006+
2000	82	2005-2008

云咸酒庄 Wyndham Estate

通信地址： 700 Dalwood Road, Dalwood NSW 2335・**电话：**（02）4938 3444・**传真：**（02）4938 3555・**网址：** www.wyndhamestate.com.au・**电子邮箱：** info@wyndhamestate.com.au
产区： 多地　　**酿酒师：** 史蒂芬・美亚（Steve Meyer）
葡萄栽培师： 史蒂芬・吉尔伯德（Stephen Guillbard-Oulton）　　　　**执行总裁：** 布雷特・麦金农

尽管云咸酒庄窖藏系列依然没有改变，但随着乔治云咸系列（George Wyndham）葡萄酒的发布，云咸酒庄重塑了自身的形象。这款以西拉为主的葡萄酒混酿，原料来自多个产区，具有多种特色。选用猎人谷最优质葡萄酿造的黑树丛西拉（The Black Cluster Shiraz）精巧雅致，带有典型的地域特色。

Bin 222 Chardonnay Bin 222 霞多丽干白葡萄酒 ★

多产区 　　　　　　　　　$12-$19
当前年份：2013 　　　　　　　　88

一款年轻的霞多丽，带有轻快的柑橘香气，精巧的葡萄柚味、甜瓜味、白桃味和柠檬味与新鲜的黄油橡木味完美融合，收口清新明快，紧实集中，带有柠檬般的酸度。

2013	88	2015-2018
2012	89	2013-2014+
2011	89	2012-2013
2007	82	2007-2008
2006	84	2008-2009
2005	87	2005-2006+
2004	88	2005-2006+
2003	88	2004-2005+
2002	89	2003-2004+
2001	88	2003-2006
2000	79	2001-2002
1998	83	1999-2000

Bin 555 Shiraz Bin 555 西拉干红葡萄酒 ★

澳大利亚东南部 　　　　　　　$12-$19
当前年份：2012 　　　　　　　　82

简约醇熟，带有红莓、蓝莓和乌梅味，淡淡的雪松/巧克力/香草橡木味夹杂其间。酒体适中，柔顺适口，余韵悠长，淡淡的果酱香和过度成熟的果香味中透着淡淡的草药香。

2012	82	2014-2017
2011	87	2013-2016+
2009	84	2011-2014
2008	90	2010-2013+
2007	89	2009-2012+
2006	80	2007-2008
2005	87	2007-2010
2004	85	2006-2009
2003	87	2005-2008+
2002	82	2004-2007
2001	87	2003-2006
2000	82	2001-2002

George Wyndham Shiraz 乔治云咸西拉干红葡萄酒 ★★

兰汉溪 　　　　　　　　　$20-$29
当前年份：2012 　　　　　　　　89

来自温暖的兰汉溪，麝香和薄荷脑香中浮动着甘甜的红莓味、乌梅味以及清新的雪松/香草橡木味，还有一抹干草药香夹杂其间。香醇可口，酒质细腻，浓烈的红莓味和黑莓味中蕴含着烟熏雪松橡木味，余味雅致悠长。

2012	89	2020-2024
2010	91	2022-2030
2009	88	2014-2017+
2007	90	2012-2015+
2006	85	2011-2014

酝思古纳华拉酒庄 Wynns Coonawarra Estate

通信地址： 1 Memorial Drive, Coonawarra SA 5263 · **电话：**（08）8736 2225 · **传真：**（08）8736 2228 ·
网址： www.wynns.com.au · **电子邮箱：** cellardoor@wynns.com.au
产区： 古纳华拉（Coonawarra）
酿酒师： 苏·霍德（Sue Hodder）、萨拉·皮隆（Sarah Pidgeon）、卢克·斯基尔（Luke Skeer）
葡萄栽培师： 艾伦·杰金斯（Allen Jenkins）　**执行总裁：** 迈克尔·克拉克

如果要在澳大利亚找一座能与波尔多右岸葡萄园相媲美的大型赤霞珠葡萄园的话，那就非酝思古纳华拉酒庄莫属了。如今该酒庄是古纳华拉纯正红酒的最大酿造商，在别的地方也拥有一些规模较大的葡萄园，产量较少。在气候变化不是特别大的情况下，这些酒通常都别具一格、品质极佳。酝思古纳华拉酒庄一直是当地的标杆品牌，世界各地的饮酒者发现酒庄每年酿造的葡萄酒都拥有极佳的品质，富有风格只不过是时间问题而已。酒庄2012年份的红葡萄酒重登巅峰，2013年份的白葡萄酒则呈现出较高的集中度和极鲜明的特色。

★★★★　　Black Label Cabernet Sauvignon 黑标赤霞珠

2012	95	2022-2032+	古纳华拉		$30-$49
2011	91	2023-2031	当前年份：2012		95
2010	95	2020-2030+			
2009	95	2021-2029+			
2008	94	2020-2028+			
2007	93	2015-2019+			
2006	93	2018-2026+			
2005	95	2017-2025+			
2004	93	2016-2024			
2003	88	2008-2011			
2002	93	2014-2022+			
2001	90	2013-2021			
2000	87	2008-2012			
1999	94	2011-2019+			
1998	91	2010-2018+			

适合窖藏，十分典雅，馥郁果香味与香醇橡木味完美融合。深邃而极具诱惑力的芬芳中浮动着醋栗味、乌梅味、雪松味和香草味，还有一缕缕幽微的薄荷味、薄荷脑味和石墨味夹杂其间。余韵雅致悠长，深邃而富有层次感的黑莓味和乌梅味中透着香醇雅致的单宁味以及紧实的橡木味，带矿石香气的收口清新持久，呈现出不可思议的平衡感与集中度。

★★　　Cabernet Shiraz Merlot 赤霞珠西拉梅洛混酿

2011	84	2013-2016	古纳华拉		$20-$29
2010	91	2018-2022+	当前年份：2011		84
2009	90	2014-2017+			
2008	90	2013-2016+			
2007	89	2012-2015			
2006	89	2011-2014			
2005	90	2013-2017			
2003	86	2008-2011			
2002	87	2004-2007			
2000	82	2002-2005			
1999	82	2001-2004			
1998	85	2000-2003			

吐露着黑色小莓果多尘的芬芳，融入白胡椒和雪松/巧克力橡木的香气，底蕴中透露出缕缕石墨的清香。口感悠远单薄，绵长美味，略带酸涩口感，浸润着乌梅和黑莓香甜的果味,烟熏橡木的美味若有似无，收口略多汁，带有可乐的涩味。

★　　Chardonnay 霞多丽

2013	90	2015-2018	古纳华拉		$12-$19
2012	88	2013-2014+	当前年份：2013		90
2011	89	2012-2013+			
2010	88	2011-2012+			
2009	88	2011-2014			
2008	82	2009-2010			
2007	87	2008-2009+			
2006	87	2008-2011			
2005	90	2007-2010			

香醇浓烈，集中度高，灵动花香中浮动着蜜桃味、油桃味、菠萝味以及葡萄柚味，清新的香草橡木味蕴含其间。口感香醇圆润，带有让人心旷神怡的深邃感和澄澈润泽的果香味，余味雅致悠长，收口清新紧实。

★★★★★　　John Riddoch Cabernet Sauvignon
约翰路德池赤霞珠干红葡萄酒

2010	98	2030-2040+	古纳华拉		$50-$99
2009	97	2029-2039	当前年份：2010		98
2008	95	2028-2038			
2006	96	2026-2036			
2005	96	2017-2025+			
2004	97	2034-2044+			
2003	93	2015-2023+			
1999	97	2029-2039			
1998	92	2018-2028			
1997	87	2002-2005			
1996	95	2016-2026			
1994	96	2006-2014+			
1993	87	2001-2005			
1992	92	2004-2012+			
1991	97	2011-2021+			
1990	96	2010-2020			

架构优秀，浓郁集中，寿命较长。层次深邃分明，散发着成熟的各色水果融合的复杂果香，夹杂着紫罗兰的幽然花香，伴随着清新紧致的雪松/香草橡木的香气。结构强劲有力，入口微麻，浸润着乌梅和莓果浓烈集中的华美口感，主轴细腻、带有砾石质感，余韵绵长内敛，收口展现出不可思议的悠远滋味和平衡质感。

Michael Shiraz 迈克尔西拉干红葡萄酒 ★★★★★

古纳华拉 $50-$99
当前年份：2010 96

　　散发着黑醋栗、黑莓和桑葚融入胡椒馨香的奔放芬芳，新鲜的雪松／香草／巧克力橡木香气萦绕其间，一抹甜美的花香提升了整款酒的香氛，底味有缕缕丁香、荆棘和石墨的醇香。酒体中等偏饱满，浸润着深邃纯粹的果香，巧妙融合了紧致细腻的橡木气息，在柔顺精致的单宁支撑下，收口呈现出完美的余韵和平衡。

2010	96	2022-2030+
2009	96	2029-2039
2008	97	2028-2038+
2005	97	2017-2025+
2004	96	2016-2024+
2003	95	2015-2023
1999	89	2007-2011
1998	95	2010-2018
1997	87	2002-2005
1996	94	2008-2016
1994	96	2006-2014

Riesling 雷司令 ★★

古纳华拉 $12-$19
当前年份：2013 90

　　新鲜纯正，适合早期饮用。散发着酸橙和柠檬带有香料味和浓郁花香的香气，从中透出梨和苹果的果香。口感清新温和，浸润着酸橙和柠檬的纯粹果香，伴随着白垩香气，余韵绵长柔和。

2013	90	2021-2025
2012	90	2017-2020+
2011	90	2013-2016+
2010	90	2015-2018
2009	90	2014-2017
2008	83	2010-2013
2007	89	2012-2015
2006	88	2011-2014
2005	87	2010-2013+
2004	90	2006-2009+
2002	90	2007-2010

Shiraz 西拉 ★★★

古纳华拉 $12-$19
当前年份：2012 91

　　雅致通透，花香馥郁，散发着红莓和黑莓的果香，融合了香草和多尘雪松橡木的清新，夹杂着些许干草香和紫罗兰幽香。入口顺滑绵长，黑莓和李子的果香相互融合，幼细的单宁和巧克力／雪松橡木的气息交织在一起，收口集中纯粹。

2012	91	2024-2032
2011	89	2013-2016+
2010	91	2015-2018+
2009	92	2017-2021
2008	91	2013-2016
2007	93	2015-2019+
2006	91	2014-2018
2005	90	2010-2013+
2004	89	2009-2012
2003	87	2008-2011
2002	91	2004-2007+

The Siding Cabernet Sauvignon 站线绿标签赤霞珠干红葡萄酒 ★

古纳华拉 $12-$19
当前年份：2012 89

　　散发着黑醋栗、覆盆子和乌梅的清新果香，融入了雪松／香草橡木的馨香，丝丝薄荷和薄荷脑的清新萦绕口间。口感绵长，浸润着浆果／梅子的果味，雪松橡木的芬芳和细致的单宁交织，收口有新鲜的酸味，干草味道经久不散。

2012	89	2017-202+
2011	88	2013-2016+
2010	90	2015-2018
2009	87	2011-2014+

V & A Lane Cabernet Shiraz V & A 小巷赤霞珠西拉 混酿 ★★★★

古纳华拉 $30-$49
当前年份：2012 95

　　一款成熟的澳大利亚风格红酒，橡木香浓烈，单宁紧实细腻。略带辛辣的胡椒香气，散发着新鲜浆果、乌梅与雪松橡木香交织的香气，底味带有干草的清新。酒体中等偏饱满，融合了黑莓与雪松／香草橡木馨香，余韵绵长，口感紧实，平衡度佳。

2012	95	2032-2042
2010	94	2022-2030
2009	93	2017-2021
2008	91	2016-2020

V & A Lane Shira`z V & A 小巷西拉干红葡萄酒 ★★★★

古纳华拉 $30-$49
当前年份：2012 95

　　适合窖藏，口感雅致，在紫罗兰幽香的烘托下，散发着红醋栗和黑莓的芬芳果香，伴随着雪松橡木香，底蕴中透出五香味和薄荷味。口感绵长，结构紧实，果味馥郁，收口带有新鲜感，余味在口中经久不散，平衡度佳。

2012	95	2024-2032+
2010	96	2022-2030
2009	95	2021-2029+
2008	93	2016-2020

仙乐都酒庄 Xanadu

通信地址： Boodjidup Road, Margaret River WA 6285 · **电话：**（08）9758 9500 ·
传真：（08）9757 3389 · **网址：** www.xanaduwines.com · **电子邮箱：** info@xanaduwines.com
产区： 玛格丽特河 **酿酒师：** 格莱恩·古道尔（Glenn Goodall）
葡萄栽培师： 苏西·蒙兹（Suzie Muntz） **执行总裁：** 达伦·瑞斯邦（Darren Rathbone）

　　仙乐都酒庄是拉思伯恩酒业集团（Rathbone Wine Group）在玛格丽特河产区的分公司。酒庄采用各个地区典型的葡萄品种进行调配，酿制出了优雅顺滑、果味馥郁、价格平易近人的葡萄酒。近年来，酒庄的白葡萄酒品质稳定，赤霞珠优雅顺滑，2011 年的珍藏赤霞珠（95/100，适饮期：2023-2031+）风味浓郁，结构紧实。该酒庄的酒品有大量的追捧者。

★★★ Cabernet Sauvignon 赤霞珠

2012	91	2024-2032
2011	92	2019-2023+
2010	92	2022-2030
2009	90	2014-2017+
2008	87	2013-2016+
2007	93	2019-2027
2005	89	2013-2017
2004	86	2009-2012
2001	89	2006-2009+
2000	83	2002-2006
1999	89	2007-2011
1998	83	2003-2006

玛格丽特河
当前年份：2012　　　　　　　　91
$30-$49

　　优雅之酒，香气馥郁。散发着明快活泼的香气，夹杂着紫罗兰的花香，黑醋栗的果香，伴随着雪松／香草橡木气息和干草的灰尘味，底味有蓝莓馨香。口感顺滑，清新多汁，浆果风味和雪松橡木香相互交织，单宁蓬松干燥，余韵绵长，收口带新鲜感。风味层次不够丰富，仍需时间成熟。

★★★ Chardonnay 霞多丽

2013	90	2015-2018
2012	92	2017-2020
2011	91	2013-2016+
2009	91	2011-2014
2008	93	2010-2013+
2007	94	2012-2015
2006	93	2011-2014+
2005	82	2007-2010
2004	87	2006-2009
2003	88	2005-2008

玛格丽特河
当前年份：2013　　　　　　　　90
$20-$29

　　质朴通透，具有淡淡的矿物清香，散发着葡萄柚和凤梨的果味，热带水果的芬芳与新鲜的香草橡木香气交织在一起。口感集中，余韵绵长，浸润着葡萄柚、桃子和凤梨的甜美气息，丝丝香草橡木萦绕口间，收口带有柠檬酸味。

★★★★ Reserve Chardonnay 珍藏霞多丽

2012	95	2017-2020+
2009	96	2017-2021
2008	95	2013-2016+

玛格丽特河
当前年份：2012　　　　　　　　95
$50-$99

　　具有产区特色，顺滑油腻，层次丰富。略带烟熏味，在丁香与姜的辛辣芬芳的烘托下，散发出葡萄柚和柠檬皮融合的清香，伴随着香草橡木香。口感绵长，馥郁果味与奶油橡木相互交织，淡淡的凤梨果香萦绕口间，收口带有温和的酸味，夹杂着丝丝橡木的气息。

★★★ Sauvignon Blanc Semillon 长相思赛美蓉混酿

2012	93	2014-2017+
2011	94	2013-2016+
2009	93	2010-2011+
2008	91	2009-2010+
2007	93	2009-2012

玛格丽特河
当前年份：2012　　　　　　　　93
$20-$29

　　柔润复杂。散发着醋栗和甜瓜的果香，淡淡的类似西番莲的热带水果的果香，交织着烟熏和肉的醇香，伴随着奶油气息。口感绵长质朴，洋溢着浓郁水果明快、精致和直接的风味，夹杂着泥土味和霉味，收口绵长，带有辣味，柠檬酸味紧实，盐水味和类似牡蛎壳的味道经久不散。

★★ Shiraz 西拉

2010	89	2018-2022
2009	89	2014-2017+
2008	92	2013-2016+
2007	87	2012-2015
2005	92	2010-2013+
2004	85	2006-2009
2001	89	2009-2013
2000	89	2002-2005

玛格丽特河
当前年份：2010　　　　　　　　89
$20-$29

　　带有肉味和石南味，夹杂着黑莓和蓝莓的果味与奶油味的香草香，与淡淡的清凉味和干燥的橡木香交织，底蕴中透出泥土的醇香。紧实雅致，绵长浓郁丰润，浸润着李子和乌梅般馥郁的果味，略有过熟风味的醋梅果香，收口糅合了矿物质的质感和泥土的淡然芳香,收口略带干爽口感。

雅碧湖酒庄 Yabby Lake

通信地址：86-112 Tuerong Road, Tuerong Vic 3915・电话：（03）5974 3729・传真：（03）5974 3111・
网址：www.yabbylake.com・电子邮箱：info@yabbylake.com
产区：莫宁顿半岛　酿酒师：汤姆・卡尔森（Tom Carson）
葡萄栽培师：肯斯・哈里斯（Keith Harris）　执行总裁：汤姆・卡尔森

今天的雅碧湖酒庄正努力将它的潜力化为现实。单一园黑皮诺和霞多丽优雅复杂，产品种类繁多的单区发布系列采用不同的品种酿制，则有不错的丰满度。这个系列酒品别具特色，品质超群，只有在气候条件能够凸显该系列酒品特色的时候才会发布。2 区黑皮诺是第一次可以同时发布三种酒品的系列。相比 1 区黑皮诺（96/100，适饮期：2024-2032），这款酒口感更加明快活跃。皇家墨尔本酒展的评委打破传统，授予了这款酒吉米・华生纪念奖，使其成为第一款获此殊荣的黑皮诺葡萄酒——这一次，我与他们的意见难得的一致。

Single Block Release - Block 2 Pinot Noir
单区发布 -2 区黑皮诺干红葡萄酒

莫宁顿半岛　　　　　　　　　　　$50-$99
当前年份：2012　　　　　　　　　　94
　　极其丰满，结构紧实，橡木香浓烈。散发着红莓和乌梅的果味，夹杂着雪松 / 香草橡木的芬芳，伴随着肉桂幽香。口感雅致清新，果味内敛，橡木清新，单宁顺滑，余韵绵长。这是品质超群的佳品。

2012	94	2024-2032
2010	95	2015-2018+
2008	95	2013-2016+

Single Block Release Chardonnay 单区发布霞多丽干白葡萄酒　★ ★ ★ ★

莫宁顿半岛　　　　　　　　　　　$50-$99
当前年份：2012　　　　　　　　　　96
　　平衡度佳，口感集中，略带蜡质质感，在白花幽香的烘托下，散发着葡萄柚的迷人馨香，伴随着火柴杆的橡木香气，还有一缕牡蛎壳儿的气味，底味有矿物味。极富层次感，果味与略带奶油的香草橡木香气交织，收口余韵绵长，带有矿物味和明快的酸味。

2012	96	2020-2024
2010	95	2015-2018+
2009	94	2014-2017+
2008	96	2013-2016+

Single Vineyard Chardonnay 单一园霞多丽干白葡萄酒　　　★ ★ ★

莫宁顿半岛　　　　　　　　　　　$50-$99
当前年份：2013　　　　　　　　　　94
　　雅致集中，层次丰富，散发着新鲜的白桃、葡萄柚和柠檬的芬芳，淡淡的香草橡木清香，与姜味和丁香的香氛交织，略带矿物味。口感顺滑，复杂度佳，收口余韵悠长，酸味与葡萄柚和凤梨的果味融合，在口中经久不散。

2013	94	2018-2021+
2011	91	2013-2016+
2010	90	2012-2015+
2009	92	2014-2017
2008	94	2013-2016
2007	92	2009-2012+
2006	92	2011-2014
2005	93	2007-2010+
2004	93	2006-2009
2003	89	2005-2008
2002	82	2003-2004+

Single Vineyard Pinot Noir 单一园黑皮诺干红葡萄酒　　　★ ★ ★

莫宁顿半岛　　　　　　　　　　　$50-$99
当前年份：2013　　　　　　　　　　90
　　成熟度高，在红花幽香的烘托下，散发着覆盆子、甜菜根和黑莓的果味，交织着香草 / 雪松橡木香气，底蕴透露出薄荷脑和松针的清新。口感顺滑，质朴清新，略带果酱味，收口余韵绵长，但缺乏集中感。

2013	90	2017-2021
2011	89	2013-2016
2010	93	2015-2018+
2009	92	2014-2017
2008	92	2013-2016
2007	88	2009-2012
2006	92	2011-2014+
2005	89	2007-2010
2004	87	2006-2009
2003	92	2005-2008+
2002	89	2004-2007

御兰堡酒庄 Yalumba

通信地址：Eden Valley Road, Angaston SA 5353・**电话**：（08）8561 3200・**传真**：（08）8561 3393・
网址：www.yalumba.com・**电子邮箱**：info@yalumba.com
产区：巴罗莎谷、古纳华拉、伊顿谷　**酿酒师**：路易莎・罗斯（Louisa Rose）、彼得・甘贝塔（Peter Gambetta）、凯文・格拉斯顿布利（Kevin Glastonbury）
葡萄栽培师：罗宾・奈特贝克（Robin Nettelbeck）　　**执行总裁**：罗伯特・希尔・史密斯

　　御兰堡酒庄出产的葡萄酒主要集中在巴罗莎地区（还包括伊顿谷的一个次级区域），其中包括好几个旗舰品牌。御兰堡葡萄酒顺畅、优雅、融合度高，红酒表现得尤为明显。有时候他们会用公司自己制造的橡木桶来装红酒，所以酒体可以很好地与紧实的雪松橡木味融合。酒庄酿制的葡萄酒品质相当超群。珍藏系列是新近推出的——我对它第一个年份的品质一直相当怀疑。酒庄的旗舰赤霞珠和孟席斯赤霞珠（古纳华拉赤霞珠）一直都是标杆。

★ ★ ★　　　　Eden Valley Viognier 伊顿谷维欧尼干白葡萄酒

2013	92	2015-2018+
2012	92	2017-2020
2010	93	2012-2015+
2009	92	2011-2014+
2008	87	2009-2010
2007	94	2009-2012
2006	87	2007-2008+
2005	88	2006-2007
2004	90	2005-2006
2003	90	2004-2005+
2002	86	2003-2004

巴罗莎谷　　　　　　　　　　　　$20-$29
当前年份：2013　　　　　　　　　　92
　　富有风格，维欧尼果味较重。散发着柑橘和红橙刺激、几乎带有金属味的香气，带有浓郁花香的香料味提升了整体的香气，底味中透出矿物、丁香和肉桂的香味。口感顺滑，果味四溢，融入奶油味和肉香，收口绵长温和，略带矿物味。

★ ★ ★　　FDR1A Cabernet Shiraz FDR1A 赤霞珠西拉干红葡萄酒

2011	92	2023-2031
2010	92	2022-2030
2009	92	2017-2021
2008	93	2020-2028
2006	92	2014-2018+
2000	86	2008-2012

巴罗莎谷　　　　　　　　　　　　$30-$49
当前年份：2011　　　　　　　　　　92
　　优雅平衡。在淡淡的紫罗兰幽香的烘托下，散发着黑醋栗、覆盆子和红醋栗的果味，伴随着新鲜雪松／香草橡木香气，底味有矿物味。口感顺滑细腻，浸润着醋栗、乌梅和桑葚的芳香，紧实新鲜，避免了这款红酒常常会出现的青涩口感。

★ ★ ★　Hand Picked Shiraz Viognier 手摘西拉维欧尼混酿

2010	90	2018-2022
2009	92	2017-2021
2008	92	2016-2020
2007	93	2015-2019
2006	87	2008-2011
2005	88	2007-2010+
2004	89	2009-2012
2003	85	2005-2008
2002	91	2007-2008

巴罗莎谷　　　　　　　　　　　　$30-$49
当前年份：2010　　　　　　　　　　90
　　雅致美味，带有泥土味和香料味，散发着黑莓和李子的幽然芬芳，在阵阵蓝色花蕾幽香的熏陶下，融入麝香和熟食肉的浓郁风情。酒体中等偏饱满，口感柔润细腻，浸润着华美甜润的果味，在精致呈粉末状的单宁的支撑下，收口余韵绵长。

★ ★　　　　Old Bush Vine Grenache 老藤歌海娜干红葡萄酒

2013	86	2018-2021+
2012	89	2014-2017
2011	87	2012-2013+
2010	92	2015-2018
2009	88	2011-2014+
2008	90	2010-2013+
2007	87	2009-2012
2006	93	2007-2008
2005	90	2007-2010+
2003	82	2005-2008
2002	89	2004-2007+

巴罗莎谷　　　　　　　　　　　　$20-$29
当前年份：2013　　　　　　　　　　86
　　一款简单、带有果酱味的葡萄酒。缺乏真正的酒味。甘甜多汁，具有不同寻常的热带水果香味，夹杂着覆盆子、李子和蔓越莓的果味，淡淡的花香萦绕其间，夹杂着肉香、奶油和酵母的复杂气息。口感顺滑成熟，在紧实、带有谷粒质感的单宁的支撑下，花香馥郁，收口带有淡淡的苦味，余韵也不持久。

★ ★ ★ ★ The Menzies Cabernet Sauvignon 孟席斯赤霞珠干红葡萄酒

2010	94	2022-2030+
2009	87	2017-2021
2008	91	2016-2020
2007	94	2015-2019+
2006	95	2018-2026+
2005	95	2017-2025
2004	88	2008-2012
2003	87	2008-2011
2002	87	2010-2014
2001	87	2009-2013

巴罗莎谷　　　　　　　　　　　　$50-$99
当前年份：2010　　　　　　　　　　94
　　富有风格，极其匀称。在一抹紫罗兰幽香的烘托下，散发出黑醋栗和红莓的果味，融入雪松／香草橡木香气，底味带有干草的清新。在多尘单宁的支撑下，浸润着浆果的果味与新鲜雪松橡木芬芳相互交织，余韵绵长，收口平衡度佳。

The Octavius Shiraz 乌大维西拉干红葡萄酒 ★★★★

巴罗莎谷 　　　　　　　　$100-$199
当前年份：2008 　　　　　　　　87

　　一款精心酿造的葡萄酒，但橡木味过重，果味难以与之平衡。散发着黑莓、黑醋栗和李子的浓烈果香，底蕴中透出巧克力／摩卡橡木的甜美气息。口感颇具烘焙气息和浓汤滋味，浸润着黑莓、李子、梅子、醋栗和葡萄干的果味，但是缺乏甜美的果味精华，余韵也不持久。收口显得寡淡，植物味经久不散。

2008	87	2016-2020
2006	95	2018-2026+
2005	95	2017-2025
2004	97	2016-2024+
2003	87	2008-2011+
2002	96	2014-2022
2001	92	2009-2013+
2000	89	2008-2012
1999	93	2011-2019
1998	95	2006-2010
1997	87	2002-2005
1996	89	2004-2008
1995	93	2003-2007
1994	95	2002-2006+
1993	91	1998-2001

The Reserve Cabernet Shiraz Blend 珍藏赤霞珠西拉混酿 ★★★

巴罗莎谷 　　　　　　　　$100-$199
当前年份：2006 　　　　　　　　94

　　典型的澳大利亚混酿，成熟，橡木香浓烈，口感雅致。略带泥土清新和肉味醇香，散发着黑莓和红醋栗的果味，夹杂着巧克力／雪松橡木香气，略带皮革醇香，底蕴透露出略带辛辣的干草气息，带有黑巧克力利口酒的口感。醇美可口，浸润着醋栗、黑莓、乌梅和红梅的果味，伴随着橡木香，与细腻的单宁融合，收口绵长清新。

2006	94	2026-2036
2004	95	2024-2034+
2001	90	2013-2021
1998	86	2003-2006+
1996	87	2001-2004+
1992	87	2000-2004
1990	94	2002-2010+

The Signature Cabernet Sauvignon Shiraz 旗舰赤霞珠西拉混酿 ★★★★

巴罗莎谷 　　　　　　　　$50-$99
当前年份：2010 　　　　　　　　95

　　香气馥郁，平衡度佳，寿命较长，适合窖藏。略带辛辣的胡椒香气，散发着醋栗、紫罗兰和覆盆子的果味，夹杂橡木芬芳，底味有干草的清香。口感绵长，酒体饱满偏中等，浸润着乌梅、黑莓、黑醋栗与巧克力／雪松橡木交织的香气，单宁紧实，收口带有新鲜明快的酸味。

2010	95	2030-2040+
2009	87	2017-2021
2006	95	2026-2036
2005	95	2017-2025+
2004	94	2016-2024
2003	91	2011-2015+
2002	95	2014-2022
2001	86	2006-2009
2000	89	2008-2012
1999	94	2011-2019
1998	95	2010-2018+
1997	89	2005-2009
1996	93	2008-2016
1995	90	2003-2007
1994	96	2006-2014

The Virgilius Viognier 维吉尔园维欧尼干白葡萄酒 ★★★★

巴罗莎谷 　　　　　　　　$50-$99
当前年份：2012 　　　　　　　　91

　　一款精心酿制的葡萄酒，复杂，带有肉味，散发着杏子、柑橘类水果和干酪融合而成的不断演化的霉味，从中缓慢透出香料味和花香。口感圆润，浸润着果味香气，伴随着丝丝肉味醇香，泥土味和奶油味交织，余韵绵长顺滑，收口带丝微油腻感。窖藏一年后大概会有不一样的口感。

2012	91	2017-2020+
2010	93	2015-2018+
2009	95	2014-2017
2008	91	2010-2013+
2007	89	2008-2009+
2006	89	2008-2011
2005	93	2007-2010+
2004	95	2006-2009+
2003	93	2005-2008
2002	90	2003-2004+
2001	91	2003-2006+
2000	87	2002-2005

雅拉堤 Yarrabank

通信地址： 38 Melba Highway, Yering Vic 3775 · **电话：**（03）9730 0100 · **传真：**（03）9739 0135 ·
网址： www.yering.com · **电子邮箱：** info@yering.com
产区： 雅拉谷　**酿酒师：** 迈古尔·派瑞索特（Michael Parisot）、汤姆·卡尔森
葡萄栽培师： 约翰·埃文斯（John Evans）
执行总裁： 道格·拉斯伯恩（Doug Rathbone）、劳伦·吉莱（Laurent Gillet）

　　当雅拉堤还是德沃的小酒庄时，香槟酿酒师迈克尔·派瑞索特就与优伶酒庄合作，搜集来自澳大利亚维多利亚州不同凉爽产区的葡萄，酿制起泡葡萄酒。发展到今天，雅拉堤出产的葡萄酒已经逐渐形成精致复杂的独特风格：从嗅觉上而言，富含白垩和矿物质气息；从口感上而言，结构层次也更加清晰。换句话说，雅拉堤的葡萄酒已经成为绝佳的开胃酒选择。2009 年的酒品虽然层次丰富，但奶油味过重，口感略显油腻。

2009	93	2014-2017+
2008	94	2013-2016+
2007	93	2012-2015+
2006	92	2011-2014
2005	93	2010-2013+
2004	91	2009-2012+
2003	93	2008-2011
2002	89	2007-2010
2001	93	2006-2009
2000	90	2005-2008
1999	95	2004-2007
1998	89	2000-2003+
1997	88	2002-2005

维多利亚州 $30-$49

当前年份：2009   93

开始释放出复杂的蜡质口感，酒香深邃浓郁，圆润馥郁，散发着桃子、甜瓜和油桃的果香，融入麝香、花朵和烘焙的香气，底蕴中透露出缕缕干草、烘烤酵母和烟熏气息。入口清脆怡人，绵长均衡，剔透的甜瓜、核果果味与更加成熟的辅味之间形成了完美的平衡。收口绵长明快，带有清新集中的酸味。

雅拉洛克酒庄 YarraLoch

通信地址：11 Range Road, Coldstream Vic 3770・电话：（03）9696 1604・传真：（03）9682 7687・
网址：www.yarraloch.com.au・电子邮箱：info@yarraloch.com.au
产区：雅拉谷　酿酒师：大卫・比克奈尔（David Bicknell）
执行总裁：史蒂芬・伍德（Stephen Wood）

作为雅拉谷雄心勃勃的葡萄酒生产商，雅拉洛克酒庄已经认识到保持葡萄酒一流品质的重要性。雅拉洛克出产的葡萄酒风格华丽，复杂多变。大卫・比克奈尔可以赋予葡萄酒极其细腻的质地。我想再说说酒庄 2012 年的黑皮诺。这款酒在窖藏时会慢慢发展，所以年轻特色保持的时间会比其他酒长一些，这并非一定就是坏事，因为这可能就意味着它会有更长的窖藏寿命。

★ ★   Single Vineyard （Formerly Estate）Arneis
单一园（原名酒庄系列）阿内斯干白葡萄酒

2012	91	2014-2017
2011	92	2013-2016
2010	90	2012-2015
2008	90	2010-2013+

雅拉谷 $20-$29

当前年份：2012   91

复杂雅致，带有着淡的幽然花香，散发着梨子、白桃和龙井绿茶略带蜡质的芬芳，底蕴中透露出缕缕草本植物的清新气息。口感绵长活跃，浸润着新鲜的苹果、梨子的果味，展现出奶酪和肉香的复杂度，收口余味绵长，带有清新的酸味。具有该葡萄品种难得一见的紧实感和集中感。

★ ★ ★ ★   Single Vineyard （Formerly Estate）Chardonnay
单一园（原名酒庄系列）霞多丽干白葡萄酒

2013	91	2018-2021
2012	92	2017-2020
2011	94	2016-2019
2008	95	2013-2016+
2007	91	2012-2015
2006	92	2008-2011
2005	94	2010-2013

雅拉谷 $30-$49

当前年份：2013   91

果味馥郁，口感纯正，吐露着淡淡的矿物味，散发着葡萄柚、酸橙汁和苹果的芳香，夹杂着新鲜的香草橡木气息。口感绵长，芳香多汁，浸润着桃子、葡萄柚和甜瓜的果味，紧紧包裹在新鲜的酸味里。收口呈现集中和平衡感。

★ ★ ★   Single Vineyard （Formerly Estate）Pinot Noir
单一园（原酒庄系列）黑皮诺干红普通酒

2012	89	2014-2017+
2011	92	2016-2019
2010	94	2018-2022
2008	88	2010-2013
2006	90	2011-2014+
2004	91	2009-2012

雅拉谷 $30-$49

当前年份：2012   89

酒质略显辛辣浓烈，散发着黑樱桃和红樱桃般浓郁的果香，与雪松橡木的香气紧密缭绕，口感柔顺甘美，余韵悠长。入口顺滑，浸润着深色莓果和樱桃清新的果味，在细腻尘尘的结构支撑下，收口展现出持久徘徊的丁香和香料味。只是酒色过于光亮，无法得到更高的分数。

Stephanie's Dream Pinot Noir 梦幻黑皮诺干红葡萄酒 ★★★

雅拉谷
当前年份：2012

$30-$49
92

单薄内敛，散发着成熟黑樱桃和莓果浓郁辛辣的芬芳，在一抹烟熏橡木香气和悠然花香的熏陶下，底蕴中融入缕缕熟食肉和干草的醇香。口感颇为紧实，依然需要时间来慢慢释放，浸润着樱桃、莓果、李子纯粹明快而集中的果味，单宁柔和、略多汁，带有年轻尖锐的酸度。

2012	92	2017-2020+
2011	86	2013-2016+
2010	93	2018-2022+
2008	90	2010-2013

黄色峡谷酒庄 Yellowglen

通信地址： 58 Queensbridge Street, Southbank Vic 3006 · **电话：** 1300 651 650 ·
网址： www.yalloeglen.co.au
产区： 澳大利亚东南部　**酿酒师：** 蒂娜·史密斯（Trina Smith）
葡萄栽培师： 费莉西蒂·考克斯（Flicity Cox）　**执行总裁：** 迈克尔·克拉克

黄色峡谷酒庄一直致力于酿造符合时代特色的 Y 系列起泡酒，同时酒庄也酿制品质超群的珀尔起泡酒和年份桃红葡萄酒。酒品风味层次丰富，平衡度佳，成熟度高，物有所值。

Perle Sparkling White 珀尔起泡酒 ★★★

各地区
当前年份：2009

$20-$29
94

雅致复杂，花香芬芳，散发着草莓、樱桃和覆盆子的果味，夹杂着肉味醇香，淡淡的酸橙和柑橘皮清香萦绕口间。口感悠长，浸润着芬芳果味，略带矿物味、咸味和柑橘味。收口带酸味，平衡度高。

2009	94	2014-2017+
2008	92	2013-2016
2007	91	2012-2015
2006	92	2011-2014+
2005	93	2007-2010+
2004	94	2006-2009+
2003	88	2005-2008

优伶酒庄 Yering Station

通信地址： 38 Melba Highway, Yering Vic 3775 · **电话：**（03）9730 0100 · **传真：**（03）9739 0135 ·
网址： www.yering.com · **电子邮箱：** info@yering.com
产区： 雅拉谷　**酿酒师：** 威利·莱恩（Willy Lunn）、布兰登·霍克（Brendan Hawker）
葡萄栽培师： 约翰·埃文斯（John Evans）　**执行总裁：** 达伦·拉斯伯恩

优伶酒庄是雅拉谷最令人印象深刻的酒庄之一，近期对旗下的酒品结构进行了整合。在优伶酒庄出品的珍藏系列中，每一款酒都表现出超群品质；珍藏系列依次分为酒庄系列产品、村庄系列产品，以及小优伶品牌。除上述品牌之外，还增加了来自不同葡萄园出产的系列佳酿，形成了完整的产品结构。就该酒庄整券产品线而言，最令人敬佩的一点是，无论葡萄酒的价格或者等级如何，在酿造时都一视同仁，采用同样的标准对待。

Cabernet Sauvignon 赤霞珠

雅拉谷
当前年份：2012

$20-$29
92

一款精心酿制的葡萄酒，雅致紧实，平衡度佳。在一抹紫罗兰幽香的烘托下，散发着醋栗、红莓的果味，融入了雪松／香草橡木芬芳，底蕴中透露出干草的清新和奶油的醇香。口感顺滑，浸润着醋栗和乌梅的馥郁果味，夹杂着淡淡的多尘香草橡木香气，但收口略带青涩味，陈放一段时间后口感会更好。

2012	92	2024-2032
2010	92	2018-2022+
2008	82	2010-2013
2005	88	2010-2013
2004	82	2006-2009
2003	86	2005-2008
2001	87	2003-2006+
2000	83	2002-2005
1999	89	2004-2007
1998	82	2000-2003
2000	88	2002-2005
1999	83	2000-2001
1998	89	2000-2003

★ ★ Estate Chardonnay 酒庄霞多丽干白葡萄酒

2011	92	2013-2016+
2010	93	2012-2015+
2009	88	2011-2014
2008	90	2010-2013
2007	86	2009-2012
2006	90	2008-2011
2005	90	2007-2010
2004	89	2006-2009
2002	87	2003-2004
2001	87	2003-2006
2000	84	2001-2002
1999	87	2000-2001

雅拉谷 $20-$29

当前年份：2011 92

顺滑雅致，夹杂着淡淡的矿物质感，散发着葡萄柚和甜瓜的芬芳，融入了清新的烟熏香草橡木香气，底蕴透露出了香蕉和凤梨的馨香。口感悠长，浸润着多汁核果和柑橘融合的果香，收口带有清新的酸味，平衡度佳。

★ ★ ★ Estate Pinot Noir 酒庄黑皮诺干红葡萄酒

2012	92	2017-2020+
2010	94	2012-2015+
2009	84	2010-2011+
2008	90	2010-2013
2007	83	2008-2009
2006	90	2008-2011+
2005	87	2007-2010
2004	86	2006-2009
2003	86	2004-2005
2002	86	2004-2007
2001	80	2002-2003
2000	88	2002-2005

雅拉谷 $30-$49

当前年份：2012 92

具有产区特色，花香四溢，散发着红莓、覆盆子和草莓的芳香，新鲜的雪松/香草橡木清新与丁香和肉桂的芬芳交织。酒体适中，口感顺滑，浸润着浆果、覆盆子和李子的果香，结构紧实，收口雅致，带有柔和的酸味。

★ ★ Estate Shiraz Viognier 酒庄西拉维欧尼混酿

2012	93	2020-2024+
2011	90	2016-2019
2010	90	2015-2018
2008	90	2013-2016
2007	89	2009-2012
2006	92	2011-2014
2005	89	2007-2010+
2004	91	2009-2012
2003	92	2005-2008+
2002	94	2007-2010
2001	92	2003-2006+
2000	89	2002-2005

雅拉谷 $20-$29

当前年份：2012 93

优雅之酒，具有产区特色，略带麝香的辛辣口感，散发着黑莓和红莓的果味，融入了新鲜的淡淡烘焙的雪松/香草橡木气息，交织着胡椒芬芳，衬托出紫罗兰的幽香气息。浸润着树莓与雪松橡木的清香，在带有淡淡的矿物质感的单宁支撑下，果味新鲜，平衡感佳，芬芳经久不散。

★ ★ ★ MVR Marsanne Viognier Roussanne
MVR 玛珊维欧尼瑚珊混酿

2009	92	2011-2014+
2008	92	2010-2013+
2006	91	2008-2011+
2005	90	2007-2010
2004	88	2006-2009
2003	91	2004-2005+

雅拉谷 $20-$29

当前年份：2009 92

新鲜、迷人、明快，散发着金银花、蜜瓜和柑橘的诱人芬芳，夹有一丝麝香、丁香和肉桂的气息和诱人的瓜果香。入口甘美顺滑，带来奶油般绵密柔顺的口感。馥郁浓重的水果味道混合着些许肉味。温和平衡的酸度使完美的余韵在口中久久缭绕，同时也能够感觉到一丝酒精的味道。

★ ★ ★ ★ Reserve Chardonnay 珍藏霞多丽干白葡萄酒

2012	95	2020-2024+
2010	96	2018-2022
2006	93	2008-2011+
2005	95	2010-2013+
2002	95	2007-2010+
2001	95	2006-2009
1999	95	2004-2007+
1997	95	2002-2005

雅拉谷 $50-$99

当前年份：2012 95

在一丝烟熏气味的烘托下，散发着梨子、苹果、葡萄柚和甜瓜的果香，夹杂着多尘香草橡木气息，呈现出新鲜的白桃果香，丁香和肉豆蔻的香气萦绕口间。入口绵长，口感纯正，略带油腻和奶油味，平衡度高，收口略带新鲜柠檬酸味。适合窖藏。

Reserve Pinot Noir 珍藏黑皮诺干红葡萄酒 ★★★

雅拉谷 $50-$99
当前年份：2012   94

适合窖藏，极其纯正，香味浓郁。带有玫瑰花瓣的扑鼻幽香，散发着覆盆子和黑莓的果香，与新鲜雪松/香草橡木香味萦绕，融入了红李芬芳，透露出一丝灌木丛清新和香料味。入口绵长，口感圆润，满口樱桃、莓果的芳香，丝丝肉味醇香，雅致内敛。

2012	94	2020-2024+
2010	95	2018-2022
2006	93	2011-2014
2005	92	2010-2013
2003	88	2005-2008
2002	88	2004-2007+
2000	90	2002-2004+
1998	87	2000-2003+
1997	93	2002-2005

Reserve Shiraz Viognier 珍藏西拉维欧尼混酿 ★★★★

雅拉谷 $50-$99
当前年份：2012   94

温和优雅，多尘的辛辣气息，在紫罗兰和红花的幽香烘托下，散发着蓝莓和黑莓的果味，交织着新鲜雪松橡木香气，丝丝麝香、丁香和肉桂香气萦绕。酒体适中，浸润着略带辛辣的浆果气息，带着甘草与橡木的清新，收口顺滑，新鲜集中。

2012	94	2020-2024+
2010	95	2018-2022+
2006	95	2014-2018
2005	92	2010-2013+
2003	89	2005-2008
2002	96	2007-2010+
2001	93	2006-2009+

Village ED Pinot Noir Rosé 村庄 ED 黑皮诺桃红葡萄酒 ★★

雅拉谷 $20-$29
当前年份：2011   91

活泼奔放而明快，充满生机，覆盆子、红樱桃和白色的花朵的浓郁芬芳扑鼻而来，随之便有一丝辛辣和肉味融入其中。口感绵长且柔顺，强烈多汁的滋味令人精神为之一振，适宜的酸度热情洋溢，柠檬冰冻果子露的滋味口中经久不散。

2011	91	2013-2016
2010	91	2012-2015
2008	89	2009-2010+
2006	88	2006-2007+
2005	86	2005-2006+
2003	89	2003-2004+
2002	82	2002-2003
2001	83	2002-2003
2000	87	2000-2001

雅伦堡酒庄 Yeringberg

通信地址： 810 Maroondah highway, Coldstream Vic 3770 · **电话：**（03）9739 0240 ·
传真：（03）9739 0048 · **网址：** www.yeringberg.com · **电子邮箱：** info@yeringberg.com
产区： 雅拉谷   **酿酒师：** 桑德拉·迪普瑞（Sandra de pury）
葡萄栽培师： 大卫·迪普瑞（David de Pury）   **执行总裁：** 贵尔·迪普瑞（Guill de Pury）

雅伦堡酒庄是澳大利亚维多利亚州最重要的葡萄种植地之一。这里的葡萄酒产量极少，但极为精致，它们陈放在 19 世纪的酿酒厂的古老地窖里。雅伦堡酒庄出产的葡萄酒是品质的保证，优雅内敛，而且随着窖藏时间的累积，酒香将更加馥郁，酒力也会更加劲道。即使 2013 年的维欧尼果质不尽如人意，但当年出产的白葡萄酒仍然品质出众。来自 2012 年份凉爽季节的红酒口感紧实，平衡度高，果味馥郁——雅拉谷葡萄酒的特有的 170 多年历史的风格。

Chardonnay 霞多丽 ★★★

雅拉谷 $30-$49
当前年份：2013   93

酒体饱满，这款略带奶油味的霞多丽，融入了辛辣的淀粉芬芳，散发着桃子、甜瓜和葡萄柚的果香，融入了丁香和生姜的馨香，与烟熏橡木香气交织。成熟度高，浸润着坚果和奶油的果味芬芳，橡木香浓烈。收口清新，带有温和的酸味。

2013	93	2018-2021+
2012	93	2020-2024
2011	91	2016-2019
2010	93	2015-2018+
2009	91	2011-2014+
2008	91	2010-2013+
2007	96	2012-2015+
2006	95	2011-2014+
2005	96	2010-2013+
2004	94	2009-2012
2003	93	2008-2011

2013	93	2021-2025
2012	95	2020-2024+
2011	92	2016-2019
2010	93	2018-2022+
2009	91	2011-2014+
2008	91	2013-2016+
2006	93	2011-2014
2005	94	2010-2013+
2004	94	2009-2012
2003	94	2008-2011+
2002	90	2007-2010+
2001	93	2009-2013

雅拉谷　　　　　　　　　　　　　　　　　　　$50-$99
当前年份：2013　　　　　　　　　　　　　　　　93

平衡度高，复杂度高。散发着柑橘花、金银花般辛辣的花香，融入了丁香和肉桂的馨香，淡淡肉香味和酵母醇香，夹杂着香草橡木气息。口感绵长顺滑，洋溢着甜瓜、核果和柑橘的饱满果味，余味中带有坚果味、奶油味和清雅的橡木香，收口雅致集中，带有明快的酸味。

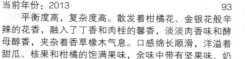

2012	95	2024-2032
2011	90	2016-2019+
2010	91	2018-2022
2008	94	2016-2020
2006	87	2008-2011
2005	95	2010-2014+
2004	93	2009-2012
2003	92	2008-2011
2002	94	2007-2010+
2001	90	2003-2006
2000	92	2005-2008
1999	89	2004-2007
1998	82	2000-2003

雅拉谷　　　　　　　　　　　　　　　　　　　$50-$99
当前年份：2012　　　　　　　　　　　　　　　　95

带有烟熏味和肉味，散发着黑莓、樱桃和乌梅的果香，夹杂着雪松 / 巧克力橡木清新，交织着丁香幽香，底蕴透露出黑醋栗、可乐和肉桂芬芳。口感圆润，层次丰富，浸润着多汁果味，在干燥单宁的支撑下，余韵绵长，芬芳四溢，平衡度高。随着时间的积累，它也会缓慢释放出更好的特质。

2012	95	2024-2032
2011	86	2013-2016
2010	96	2018-2022+
2008	94	2013-2016+
2006	91	2011-2014
2005	93	2010-2013
2004	88	2009-2012
2003	80	2005-2008
2002	80	2004-2007

雅拉谷　　　　　　　　　　　　　　　　　　　$50-$99
当前年份：2012　　　　　　　　　　　　　　　　95

优雅之酒，具有旧时代的酿酒风格，花香四溢，散发着黑莓和红莓的果香，胡椒的辛辣与清新的橡木香互相交织。口感圆润绵长，果味馥郁，平衡度佳，在含有颗粒质感的单宁的支撑下，橡木香气萦绕，收口带有新鲜酸味。口感类似年轻的黑皮诺。

2013	86	2015-2018
2012	93	2014-2017+
2011	93	2013-2016
2010	95	2012-2015+
2009	91	2011-2014+

雅拉谷　　　　　　　　　　　　　　　　　　　$30-$49
当前年份：2013　　　　　　　　　　　　　　　　86

圆润，复杂度高，带有辛辣味，散发着柑橘和杏般略带淡淡清漆的香气，融入丁香的幽香和肉桂的芬芳。顺滑多汁，夹杂着干草清新，在核果的果味熏陶下，口感变得圆润轻快，收口略显油腻。

2012	95	2032-2042+
2011	91	2019-2023+
2010	96	2030-2040
2008	95	2020-2028
2007	88	2009-2012
2006	95	2018-2026
2005	96	2017-2025+
2004	93	2012-2016
2003	90	2011-2015
2002	89	2010-2014
2001	96	2013-2021
2000	94	2012-2020+
1999	92	2007-2011

雅拉谷　　　　　　　　　　　　　　　　　　　$50-$99
当前年份：2012　　　　　　　　　　　　　　　　95

在紫罗兰幽香的烘托下，散发着黑醋栗、蔓越莓和红莓的芬芳，夹杂着干草香气，底蕴透露出灌木丛的香味。入口绵长紧实，浸润着果酱馨香，在橡木香气和多尘单宁的支撑下，收口带有一丝月桂叶的香气，经久不散。具有产区特色，平衡度佳。

佐玛酒庄 Zema Estate

通信地址: 14944 Riddoch Highway, Coonawarra SA 5263 · **电话:** （08）8736 3219 ·
传真: （08）8736 3280 · **网址:** www.zema.com.au · **电子邮箱:** zemaestate@zema.com.au
产区: 古纳华拉（Coonawarra） **酿酒师:** 格雷格·克莱菲尔德（Greg Clayfield）
葡萄栽培师: 尼克·佐玛（Nick Zema） **执行总裁:** 尼克·佐玛

　　佐玛酒庄是一座家族经营的小型酒庄,在古纳华拉地区拥有几处重要的葡萄园——总面积达 60 公顷,葡萄园采用传统的手工培植方法。2010 年系列的葡萄酒新鲜紧实,口感纯正,香气馥郁,单宁精致,平衡度佳。

Cabernet Sauvignon 赤霞珠　★★

古纳华拉　　　　　　　　　　　$20-$29
当前年份: 2010　　　　　　　　　89
　　顺滑优雅,散发出黑醋栗、桑葚、新鲜雪松橡木和些许紫罗兰融合而成的香气,夹杂着灰尘味和丝丝草本味。口感多汁柔顺,洋溢着黑醋栗、乌梅和覆盆子的浓郁果香,从中透出些许草本味,收口略带涩味。

2010	89	2018-2022+
2009	84	2014-2017
2008	86	2013-2016
2007	91	2015-2019
2006	90	2011-2014+
2005	88	2010-2013+
2004	93	2016-2024
2003	89	2011-2015+
2002	84	2010-2014

Cluny Cabernet Blend 克鲁尼赤霞珠混酿　★

古纳华拉　　　　　　　　　　　$20-$29
当前年份: 2010　　　　　　　　　90
　　一款优雅之酒,柔顺平衡,结构紧实,带有灰尘味,会随着陈年时间的增加而愈发雅致、复杂。散发着黑醋栗、桑葚以及带有收敛灰尘味和雪松味的橡木融合而成的清新花香,从中透出新鲜薄荷、干草和一丝擦剂的味道。口感顺滑多汁,单宁紧实干燥,浸润着黑醋栗和红莓的果味与明快酸味。值得好好享受。

2010	90	2018-2022+
2009	85	2014-2017
2008	89	2013-2016
2006	86	2011-2014
2005	82	2007-2010
2004	91	2012-2016
2003	89	2011-2015
2002	81	2004-2007+
2001	82	2003-2006+
2000	87	2005-2008
1999	89	2007-2011+
1998	93	2010-2018

Family Selection Cabernet Sauvignon 家族精选赤霞珠干红葡萄酒　★★

古纳华拉　　　　　　　　　　　$30-$49
当前年份: 2008　　　　　　　　　87
　　具有酿造的旧式风格,散发着乌梅、黑醋栗和桑葚的芬芳,交织着烟熏橡木清香,底味有薄荷和薄荷脑香气。口感绵长,略带烘焙气息的果味紧实,融合了肉味醇香,收结干爽。

2008	87	2016-2020+
2006	87	2014-2018
2005	88	2013-2017+
2004	95	2016-2024+
2002	87	2010-2014
2001	93	2013-2021+
2000	88	2005-2008+
1999	91	2011-2019
1998	93	2010-2018
1996	90	2008-2016

Family Selection Shiraz 家族精选西拉干红葡萄酒　★★

古纳华拉　　　　　　　　　　　$30-$49
当前年份: 2008　　　　　　　　　92
　　橡木香浓烈,平衡度佳,具有旧式风格。带有烟熏味、雪松味和橡木味,从中透出黑莓、红莓、紫罗兰和李子的香气,余味中带有干草的灰尘味、香料味和胡椒味以及一丝石墨的味道。口感绵长顺滑,橡木香浓烈,洋溢着黑莓和李子的集中、强烈的果味,单宁紧实细腻,收口绵长,集中完整。

2008	92	2020-2028
2006	91	2014-2018
2005	89	2013-2017
2004	87	2009-2012+
2002	89	2010-2014
2001	87	2009-2013
2000	88	2008-2012+

Shiraz 西拉　★★

古纳华拉　　　　　　　　　　　$20-$29
当前年份: 2010　　　　　　　　　90
　　酒体中等偏饱满,口感顺滑,柔润多汁,果味香甜。散发着黑莓、红莓和雪松橡木融合而成的香气,略带灰尘味和草本味,白胡椒的味道提升了整体的香气。入口洋溢着红酸栗、黑莓、黑醋栗和荔枝类水果类似果酱的风味,温和柔韧,富有长度,优雅清新,收口清新,带有辣味、薄荷和薄荷脑的香味经久不散。

2010	90	2018-2022
2009	92	2017-2021+
2008	90	2013-2016
2007	90	2015-2019
2006	88	2011-2014
2005	87	2010-2013
2004	95	2016-2024
2003	86	2005-2008+
2002	88	2007-2010
2001	91	2013-2021
2000	87	2005-2008